시원스쿨 토익

최서아
시원스쿨어학연구소

750+

RC+LC 3주 완성

시원스쿨 LAB

시원스쿨 토익 750+

초판 1쇄 발행 2019년 6월 20일
초판 12쇄 발행 2024년 9월 12일

지은이 최서아 · 시원스쿨어학연구소
펴낸곳 (주)에스제이더블유인터내셔널
펴낸이 양홍걸 이시원

홈페이지 www.siwonschool.com
주소 서울시 영등포구 영신로 166
교재 구입 문의 02)2014-8151
고객센터 02)6409-0878

ISBN 979-11-6150-2465 13740
Number 1-110107-13130407-02

머리말

토익은 일반 영어와 다릅니다.

제 외할아버지께서는 항상 "영어는 평생 공부하는 거란다."라고 말씀하셨습니다. 네, 맞습니다. 일반적으로 영어 공부는 전반적인 의사소통 능력을 목표로 하기 때문에 범위가 매우 넓고 끝이 없습니다. 하지만, 토익은 다릅니다. Reading과 Listening 2개 영역에서 국제 비즈니스 환경에 사용되는 내용들로만 출제되는 토익은 시험 범위가 아주 명확하고 반드시 끝이 있습니다.

그런데 토익에서 중요한 것은 끝이 있느냐 없느냐가 아니라, 빨리 끝나야 한다는 것입니다. 당장 취업을 앞둔 분들과 이직, 승진, 편입 등 다른 기회들을 위해 하루하루 힘겹게 달려나가는 많은 분들에게 토익은 생존을 위한 통과의례와 같은 것이고, 가급적 짧게 끝내야 합니다. 그러기 위해서는 토익에 나오는 영어와 그렇지 않은 영어를 철저히 선별하여 공부해야 합니다.

저는 토익의 각 파트를 철저히 검증된 기출 POINT들로 잘게 부수어 정리하고 페이지마다 토익 정복 꿀팁들을 실었습니다. 그렇게 만든 이 책 한 권을 통해 여러분 인생의 '영어'를 책임지겠다는 말씀을 드릴 수는 없지만, 감히 '토익 750+'라는 목표만큼은 '초단기에' 달성해드릴 수 있다고 장담합니다.

RC와 LC를 함께 공부하세요.

피아노는 왼손과 오른손이 함께 연주하고, 운전도 손과 발이 함께 합을 맞춥니다. 그리고 언어는 조금만 사용하지 않아도 사용법을 잊어버립니다. 한국에서 오래 생활한 외국인들이 종종 모국어를 헷갈려 하는 모습을 본 경험이 있으실 것입니다. 두꺼운 RC 교재로 두 달 공부하고 LC 교재를 보면 LC 점수가 떨어지고, 그 반대의 경우에는 RC 능력이 떨어집니다. 본서는 3주라는 빠른 기간에 RC와 LC를 거의 동시에 공부하면서 어느 한 영역에 치우치지 않도록 중심을 잡아주며, 또한 다른 교재들과는 달리 좀 더 목표가 분명하여, 점수가 빨리 오르는 RC 공부를 먼저 시작하는 것이 특징입니다.

토종 토익 전문가라서 행복해요.

제가 교포였다면 어땠을까요? 제가 중·고등학교와 대학교를 모두 영어권 국가에서 공부했다면 어땠을까요? 장담하건대, 아마 지금처럼 가르치는 일을 할 수가 없었을 것입니다. 비록 미국에서 유학을 하기는 했지만, 저는 여러분과 똑같은 교육과정을 거치면서 영어 공부에 대한 어려움과 애환을 누구보다도 잘 이해하고 있습니다. 제가 겪었던 어려움과 같은 환경에서 학생들이 느끼는 가려움을 이해하면서, 강사로서 어디를 긁어줘야 할지를 정확히 알게 되었고 그 결과 본서가 세상에 나오게 되었습니다.

> 단 3주 만에 토익의 가장 핵심적인 출제 포인트를 전문가에게 전수받을 수 있는 책
> 먼저 토익을 정복한 선배의 기출 학습 노하우가 가득 담긴 인생 족보 같은 책

본서가 많은 토이커들에게 도움이 되길 바라는 저의 진심을 전하며, 시원스쿨어학연구소 모든 분들의 토익 전문가로서의 열정과 도움과 조언에 감사드립니다.

최서아

목차

RC

LC

별책
- [해설서] 정답 및 해설
- [미니북] 토익 빅데이터 최빈출 정답 어휘 500

시원스쿨랩 홈페이지
lab.siwonschool.com
- 본서 음원(MP3)
- 실전 모의고사 시험지 ǀ 음원(MP3) ǀ 해설 ǀ 해설강의

왜 「시원스쿨 토익 750+」인가?

❶ RC 먼저 끝내는 [RC + LC] 한 권 토익

▹ 토익 점수가 급하지만 공부할 수 있는 시간은 한정되어 있는 학습자들이 한 권의 교재에 집중하여 단기간에 필요한 점수를 받을 수 있도록 [RC + LC] 한 권으로 구성하였습니다.

▹ 최근 3년간의 토익 시험을 낱낱이 분석해 보면, RC Part 5, 6의 경우, 주요 포인트들이 반복 출제되며, 어려운 문법 사항을 묻는 문제는 거의 출제되지 않음을 알 수 있습니다. 따라서, 자주 나오는 포인트로 출제 범위를 명확히 설정해 집중 학습한다면 단기간에 점수를 올릴 수 있습니다. Part 7의 경우, 문제 유형에 따른 풀이 전략이 몸에 배도록 충분히 연습함으로써 문제풀이 시간을 대폭 줄일 수 있으며, 이는 곧 점수 향상으로 이어집니다. 반면에, LC의 경우에는 출제 범위를 설정하기가 어렵고, 듣기 능력이 하루 아침에 길러지는 것이 아니기 때문에 점수 향상이 이뤄지기까지 시간이 다소 걸립니다.

▹ 단기간에 낮은 점수를 750+ 수준으로 올리기 위해서는 출제 범위가 명확한 RC를 먼저 학습해야 합니다. 이 교재는 토익 출제 범위가 명확한 Part 5, 6를 가장 먼저 집중 학습하고, 이어서 필수 전략과 함께 Part 7을 연습함으로써 공부하는 즉시 점수 향상을 맛볼 수 있도록 구성되었습니다.

❷ 단 3주 만에 750+ 완성

▹ 단 3주 만에 750+를 달성하도록 [RC + LC]를 한 권으로 구성하였습니다.

▹ [RC 20일 + LC 20일] 구성으로, 하루에 Day 2개씩 학습해 20일만에 교재를 끝내고, 마지막으로 실제 시험과 같은 실전 모의고사를 풀면서 단 3주만에 토익 750+를 달성할 수 있습니다.

▹ 하루에 Day 2개 학습이 충분히 가능하도록 RC와 LC의 각 Day가 부담 없는 분량으로 구성되어 있습니다.

▹ 3주 완성 학습 플랜을 제공하여 학습 진도를 한 눈에 파악할 수 있도록 하였습니다.

❸ 저자 최서아 강사의 밀착 코칭 족집게 강의

▹ 토익 학습자들과의 1:1 소통으로 유명한 최서아 강사가 「서아쌤 밀착 코칭 TIP」을 통해 필수 출제 포인트뿐만 아니라, 실전에서 쉽게 활용할 수 있는 유용한 팁까지 자세히 설명합니다.

▹ 저자 직강 인강! 토익 입문부터 중급까지 학습자들에 대한 이해가 매우 깊은 저자가 가장 빨리 750점을 달성할 수 있도록 최빈출 출제 포인트만을 골라 콕콕 짚어주며, 중급까지의 학습자들이 특히 취약한 부분을 찾아 시원하게 긁어줍니다. 또한, 반복해 헷갈리는 요소들을 명확히 구분하여 오래 기억하는 법을 알려줍니다.

4 **[미니북] 토익 빅데이터 최빈출 정답 어휘 500**

▸ 지난 3년간 토익에서 정답으로 가장 자주 출제되었던 어휘들을 모아 Day별로 학습하도록 구성하였습니다. 매일 25개씩만 외운다면, 단 20일만에 최빈출 정답 어휘 500개를 완전히 정복할 수 있습니다.

▸ 어휘 문제의 정답 출제 빈도를 ★ 개수로 표시하였으며, 특히 품사 찾기 문제의 빈출 정답 단어까지도 포함시킴으로써 단어의 용법도 한 번 더 생각할 수 있도록 하였습니다.

▸ 휴대가 간편한 미니북 형태로 제작하여 언제 어디서나 자주 꺼내서 암기할 수 있도록 하였습니다.

5 **영어시험 연구 전문 조직이 공동 개발**

▸ 토익/텝스/토플 베스트셀러 집필진, 토익 990점 수십 회 만점자, 시험영어 콘텐츠 개발 경력 10년 이상의 원어민 연구원, 미국/호주/영국의 명문대학원 석사 출신 영어시험 전문가들이 포진한 영어시험 연구 전문 조직인 시원스쿨어학연구소와 공동 개발하였습니다.

▸ 시원스쿨어학연구소의 연구원들은 매월 토익 시험에 응시하여 시험에 나온 모든 문제를 철저하게 해부하고 분석함으로써 최신 출제 경향을 정확하게 꿰뚫고 있으며, 기출 문제 빅데이터 분석을 통해 빠르고 효율적인 고득점 학습 솔루션을 개발하고 있습니다. 이러한 노하우를 바탕으로 「시원스쿨 토익 750+」의 콘텐츠 개발과 검수를 완수하였습니다.

6 **시험장에서 바로 통하는 실전형 전략서**

▸ 3주만에 750+를 달성하는 것이 목표이기 때문에, 지나치게 기초적이거나 워밍업 과정은 배제하였습니다.

▸ 그 대신, 본서를 공부하고 나면 토익의 주요 문제 유형과 그에 따른 실전 전략이 머리 속에 완벽히 정리가 되도록 예제와 「서아쌤 밀착 코칭 TIP」을 통해 체계적으로 상세히 다루었습니다.

▸ 모든 예문과 기출 확인 문제 그리고 실전 모의고사는 최신 기출 변형 문제로 구성되어 있습니다.

7 **최신 경향 실전 모의고사 1회분**

▸ 최신 토익 시험과 난이도 및 유형 면에서 거의 유사한 실전 모의고사 1회분을 시원스쿨랩 홈페이지(lab.siwonschool.com)에서 제공합니다.

▸ 모의고사의 음원, 스크립트, 상세한 해설 또한 모두 무료로 제공합니다.

▸ 도서 내 쿠폰을 이용해 최서아 강사의 명품 해설강의도 무료로 들을 수 있습니다.

이 책의 구성과 특징

족집게 출제 POINT

기출 빅데이터 정밀 분석을 바탕으로 토익 Part 5, 6에서 가장 자주 출제되는 정답 포인트들을 수록하였습니다. 각 기출 변형 예문마다 정답과 혼동 오답을 대비시켜 설명함으로써, 학습자들이 출제 포인트를 명확히 이해하고 실전에서 헷갈리지 않고 정답을 고를 수 있도록 하였습니다.

필수 예제

750+ 달성에 필수적인 출제 포인트를 담은 대표 문제를 이해하기 쉽게 풀이하여 빠르고 정확하게 정답을 찾는 과정을 직접 시연합니다. 이 과정을 차근차근 따라해 보고 실전 문제에 활용하는 연습을 꾸준히 하면서 실제 시험에서 자신감을 가지고 문제를 풀 수 있도록 합니다.

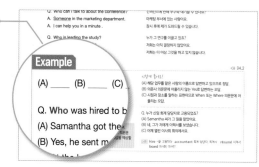

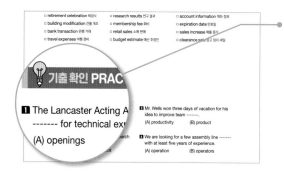

기출 확인 PRACTICE

기출 문제의 정답 포인트를 강조한 간단한 퀴즈를 통해 출제 포인트를 완벽히 체득할 수 있도록 하였습니다. LC의 경우, 시험에 자주 나오는 정답 포인트 및 주요 구문을 받아쓰도록 함으로써 학습한 내용을 완벽하게 소화하도록 하였습니다.

이거 알면 점수 UP!

기본적인 학습 내용에서 더 나아가, 고난도 문제 유형의 대처 능력을 높여주는 심화 학습 내용을 정리한 코너입니다. 750점보다 더 높은 점수를 획득하고자 하는 학습자들은 반드시 챙겨 봐야 하는 부분입니다.

서아쌤 밀착 코칭 TIP

반드시 알아야 할 필수 출제 포인트를 한 번 더 확인시켜주고, 실전에서 바로 적용할 수 있는 유용한 팁과 학습법까지 자세히 안내합니다. 「시원스쿨 토익 750+」 인강에서는 기초 설명과 함께 더 많은 상세한 팁을 확인할 수 있습니다.

정답 찾기 시뮬레이션

초중급자들이 가장 어려워하는 Part 6, 7 유형에서 정답 찾기 과정을 단계적으로 상세히 설명합니다. 전문가의 문제풀이 과정을 따라함으로써 가장 빠르고 정확하게 정답을 찾는 직관력을 기를 수 있습니다.

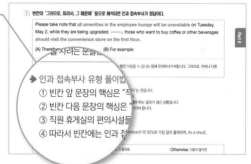

토익 빅데이터 최빈출 정답 어휘 500 [미니북]

지난 3년간 토익에서 정답으로 가장 자주 출제되었던 정답 어휘들만 모아 Day별로 암기하도록 구성하였습니다. 매일 25개씩만 외운다면, 단 20일만에 최빈출 정답 어휘 500개를 모두 정복할 수 있습니다.

기출 변형 실전 모의고사 (온라인)

토익 최신 출제 경향을 완전히 반영한 실전 모의고사 1회분을 시원스쿨랩 홈페이지(lab.siwonschool.com)에서 제공합니다. 실전 모의고사 문제와 음원, 해설까지 모두 무료입니다. 또한, 도서 내 쿠폰을 이용하면 저자 최서아 강사의 명쾌한 해설강의를 무료로 수강할 수 있습니다.

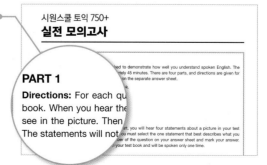

TOEIC이란?

TOEIC은 ETS(Educational Testing Service)가 출제하는 국제 커뮤니케이션 영어 능력 평가 시험(Test Of English for International Communication)입니다. 즉, 토익은 영어로 업무적인 소통을 할 수 있는 능력을 평가하는 시험으로서, 다음과 같은 비즈니스 실무 상황들을 다룹니다.

기업일반	계약, 협상, 홍보, 영업, 비즈니스 계획, 회의, 행사, 장소 예약
제조	공장 관리, 조립 라인, 품질 관리
금융과 예산	은행, 투자, 세금, 회계, 청구
개발	연구, 제품 개발
사무실	회의, 서신 교환(편지, 메모, 전화, 팩스, E-mail 등), 사무용품/가구 주문과 사용
인사	입사 지원, 채용, 승진, 급여, 퇴직
부동산	건축, 설계서, 부동산 매매 및 임대, 전기/가스/수도 설비
여가	교통 수단, 티켓팅, 여행 일정, 역/공항, 자동차/호텔 예약 및 연기와 취소, 영화, 공연, 전시

토익 파트별 문항 구성

구성	파트	내용		문항 수 및 문항 번호		시간	배점
Listening Test	Part 1	사진 묘사		6	1-6	45분	495점
	Part 2	질의 응답		25	7-31		
	Part 3	짧은 대화		39 (13지문)	32-70		
	Part 4	짧은 담화		30 (10지문)	71-100		
Reading Test	Part 5	단문 빈칸 채우기 (문법, 어휘)		30	101-130	75분	495점
	Part 6	장문 빈칸 채우기 (문법, 문맥에 맞는 어휘/문장)		16 (4지문)	131-146		
	Part 7	독해	단일 지문	29	147-175		
			이중 지문	10	176-185		
			삼중 지문	15	186-200		
합계				200 문제		120분	990점

접수부터 성적 확인까지

접수

▷ TOEIC 위원회 인터넷 사이트(www.toeic.co.kr)에서 접수 일정을 확인하고 접수합니다.

▷ 접수 시 최근 6개월 이내에 촬영한 jpg 형식의 사진이 필요하므로 미리 준비합니다.

▷ 토익 응시료는 (2024년 9월 기준) 정기 접수 시 52,500원입니다.

▷ 시험 30일 전부터는 특별추가접수에 해당하여 5천원의 추가 비용이 발생하니 잊지 말고 정기 접수 기간에 접수하도록 합니다.

시험 당일 할 일

▷ 아침을 적당히 챙겨 먹습니다. 빈속은 집중력 저하의 주범이고 과식은 졸음을 유발합니다.

▷ 고사장을 반드시 확인합니다.

▷ 시험 준비물을 챙깁니다.

- 신분증 (주민등록증, 운전면허증, 기간 만료 전 여권, 공무원증만 인정. 학생증 안됨. 단, 중고등학생은 국내학생증 인정)
- 연필과 깨끗하게 잘 지워지는 지우개 (볼펜이나 사인펜은 안됨. 연필은 뭉툭하게 깎아서 여러 자루 준비)
- 아날로그 시계 (전자시계는 안됨)
- 수험표 (필수 준비물은 아님. 수험번호는 시험장에서 감독관이 답안지에 부착해주는 라벨을 보고 적으면 됨)

▷ 고사장으로 이동하는 동안에는 「시원스쿨 토익 750+」의 음원을 들으며 귀를 예열합니다.

▷ 최소 30분 전에 입실을 마치고(오전 시험은 오전 9:20까지, 오후 시험은 오후 2:20까지) 지시에 따라 답안지에 기본 정보를 기입합니다.

▷ 안내 방송이 끝나고 시험 시작 전 5분의 휴식시간이 주어지는데, 이때 화장실에 꼭 다녀옵니다.

시험 진행

오전 시험	오후 시험	내용
9:30 – 9:45	2:30 – 2:45	답안지 작성 오리엔테이션
9:45 – 9:50	2:45 – 2:50	수험자 휴식시간
9:50 – 10:10	2:50 – 3:10	신분증 확인, 문제지 배부
10:10 – 10:55	3:10 – 3:55	청해 시험
10:55 – 12:10	3:55 – 5:10	독해 시험

성적 확인

▷ 시험일로부터 9일 후 낮 12시에 한국 TOEIC 위원회 사이트(www.toeic.co.kr)에서 성적이 발표됩니다.

TOEIC 파트별 문제 맛보기

Part 1 사진묘사

▷ 문항 수: 6문항

▷ 반드시 미리 사진을 훑어본 뒤 듣도록 합니다.

▷ 소거법을 이용해 오답을 철저하게 가려내야 합니다.

📋 문제지에 보이는 형태	🎧 음원
1 	Number 1. Look at the picture marked number 1 in your test book. (A) The man is looking at a monitor. (B) The man is talking on the phone. (C) The man is crossing his legs. (D) The man is holding a pen.

해설 남자가 휴대폰으로 통화를 하고 있는 모습이므로 이를 묘사한 (B)가 정답이다.

Part 2 질의응답

▷ 문항 수: 25문항

▷ 할 수 있는 최대한의 집중력을 발휘하며, 질문의 첫 부분을 반드시 들어야 합니다.

▷ 소거법을 이용해 오답을 가려내는 방식으로 풀어야 합니다.

📋 문제지에 보이는 형태	🎧 음원
7. Mark your answer on your answer sheet.	Number 7. When will you return from your vacation? (A) Next Tuesday. (B) Because I don't have time. (C) To Europe.

해설 의문사 When을 통해 휴가에서 돌아오는 시점을 물었으므로 다음 주 화요일이라고 답한 (A)가 정답이다.

▸ 문항 수: 39문항

▸ 2~3인의 대화를 듣고 관련 질문에 대한 정답을 고르는 유형입니다.

▸ 총 13개 대화가 나오고, 대화 한 개당 3문제씩 제시됩니다.

▸ 마지막 3개 대화에서는 시각자료가 함께 제시되는데, 대화 내용과 시각자료를 연계해서 정답을 찾는 문제가 포함됩니다.

▸ 반드시 문제(질문과 선택지)를 먼저 읽고서 대화를 들어야 합니다. 선택지까지 읽는 것이 힘들다면 질문만이라도 미리 읽어 두어야 합니다.

📋 문제지에 보이는 형태

32. Why is the man calling?
   (A) To purchase a product
   (B) To enroll in a class
   (C) To sign up for an event
   (D) To extend an invitation

33. According to the woman, what does the man have to do?
   (A) Attend an interview
   (B) Fill out a form
   (C) Send a payment
   (D) Check a pamphlet

34. What does the woman request?
   (A) The man's phone number
   (B) The man's e-mail address
   (C) The man's home address
   (D) The man's credit card number

🎧 음원

Questions 32-34 refer to the following conversation.

M Hello. I'm calling to register for the electronics conference. I saw an advertisement for it in the newspaper.
W Sorry, but this phone number is just for inquiries. To register, you'll need to complete the form on our Web site.
M Actually, I tried to do that, but I think the site is broken.
W Oh, well, please give me your contact number and I will ask one of the event organizers to call you.

Number 32. Why is the man calling?
Number 33. According to the woman, what does the man have to do?
Number 34. What does the woman request?

해설

32. 남자는 대화 시작 부분에 I'm calling to ~ 표현을 이용해 용건을 알리고 있으며, 그 내용이 '컨퍼런스에 등록하는 것(to register for the electronics conference)'이므로 이를 '행사에 등록하기 위해'라는 말로 바꿔 표현한 (C)가 정답이다.

33. 여자는 대화 중반부에 등록할 때 해야 하는 일을 To register, you'll need to complete the form on our Web site라고 알리고 있는데, 웹사이트에서 양식을 작성하는 것이 핵심이므로 이와 같은 방법에 대해 언급한 (B)가 정답이다.

34. 여자가 말하는 요청 사항은 '연락처를 알려 달라는 것(give me your contact number)'인데, 이를 통해 '행사 주최 담당자에게 요청해 남자에게 전화하게 하려 한다(I will ask one of the event organizers to call you)'고 말하고 있으므로 여자가 원하는 연락처는 전화번호임을 알 수 있다. 따라서 (A)가 정답이다.

TOEIC 파트별 문제 맛보기

Part 4 짧은 담화

▷ 문항 수: 30문항

▷ 전화 메시지, 안내 방송, 라디오 방송, 광고 등 한 사람이 말하는 담화를 듣고 관련 질문에 대한 정답을 고르는 유형입니다.

▷ 총 10개 담화가 나오고, 담화 한 개당 3문제씩 제시됩니다.

▷ 마지막 2개 담화에서는 시각자료가 함께 제시되는데, 담화 내용과 시각자료를 연계해서 정답을 찾는 문제가 포함됩니다.

▷ 반드시 문제(질문과 선택지)를 먼저 읽고나서 대화를 들어야 합니다. 선택지까지 읽는 것이 힘들다면 질문만이라도 미리 읽어 두어야 합니다.

📋 문제지에 보이는 형태

71. What is the purpose of the talk?
   (A) To give details about job openings
   (B) To promote an upcoming performance
   (C) To welcome new employees
   (D) To describe a recruitment event

72. Where in the center should the listeners go when they arrive?
   (A) To the basement
   (B) To the box office
   (C) To the banquet hall
   (D) To the conference room

73. What will be given to all participants?
   (A) A free meal
   (B) A software package
   (C) A reference letter
   (D) A personal evaluation

🎧 음원

Questions 71-73 refer to the following announcement.

Good afternoon. I'd like to invite you to Career Showcase, which is scheduled to be held in the Atlantica Center. This career fair will connect you with employers who can offer you several job opportunities. The admission is free. When you turn up at the center, you just go to the box office to get a visitor's pass. Also, you will be assigned to classes depending on your interests and be scheduled for individual test interviews. At the end of the job fair, you will be given a personal report evaluating your strengths as a job candidate.

Number 71. What is the purpose of the talk?
Number 72. Where in the center should the listeners go when they arrive?
Number 73. What will be given to all participants?

해설

71. 화자는 청자들에게 특정 행사에 초대한다고 알리면서 그 행사의 특징을 This career fair will connect you with employers who can offer you several job opportunities라고 말하고 있다. 채용 박람회를 통해 여러 구직 기회를 제공할 수 있는 회사들과 연결될 수 있다는 의미이므로 '채용 행사를 설명하는 것'이라는 의미를 나타내는 (D)가 정답이다.

72. 화자는 담화 중반부에 센터에 도착하는 청자들이 해야 할 일로 '매표소에 가서 방문객 출입증을 받으라(When you turn up at the center, you just go to the box office to get a visitor's pass)'고 말하고 있다. 따라서 매표소에 가야 한다는 것을 알 수 있으므로 (B)가 정답이다.

73. 화자는 담화 끝부분에 행사가 끝날 때 '취업 지원자로서 장점들을 평가한 내용이 담긴 개인 보고서가 주어질 것(you will be given a personal report evaluating your strengths as a job candidate)'이라고 알리고 있으므로 이를 '평가서'를 의미하는 evaluation으로 바꿔 표현한 (D)가 정답이다.

Part 5 단문 빈칸 채우기

▷ 문항 수: 30문항

▷ 한 문장의 빈칸에 알맞은 단어나 표현을 고르는 유형입니다.

▷ 문법 문제와 어휘 문제가 섞여 나오는데, 출제 비중은 대략 문법 60%, 어휘 40% 정도입니다.

▷ 문제당 권장 풀이 시간이 20초 정도로 매우 짧기 때문에 일일이 해석해서 풀 수 없습니다. 해석이 필요 없는 문법 문제들은 최대한 빠르게 처리하도록 합니다.

문법 문제

101. Devona Motors encourages qualified candidates to apply for the positions ------- background.
(A) regardless of
(B) whatever
(C) in fact
(D) whether

해설 빈칸 앞에 명사가 있고 뒤에도 명사가 있으므로 두 개의 명사를 연결하는 전치사가 필요하다는 것을 알 수 있다. 따라서 선택지에서 유일한 전치사인 (A) regardless of가 정답이다.

어휘 문제

102. Ms. Lee has requested your ------- at the department meeting which is scheduled to take place on Friday.
(A) occurrence
(B) urgency
(C) presence
(D) insistence

해설 해석상 적합한 어휘를 찾는 문제이다. 핵심 단어는 'requested(요구했다)'와 'meeting(모임)'이다. 모임에 대해 사람이 할 수 있는 일은 참석하는 것이므로 출석(presence)을 요구하는 것이 의미상 적절하다. 따라서 정답은 (C)이다.

Part 6 장문 빈칸 채우기

▷ 문항 수: 16문항

▷ 한 개의 지문에 4개의 빈칸이 들어있고, 그 빈칸에 들어갈 알맞은 어휘/표현/문장을 고르는 유형입니다.

▷ 총 4개의 지문이 출제됩니다. 문제당 권장 풀이 시간은 25초 정도로 매우 짧습니다.

Questions 131-134 refer to the following e-mail.

From: bchadwick@radiowkm.com
To: oliverpoole@ashton.ac.uk

Date: 10 February
Subject: Our gratitude

Dear Professor Poole,

We cannot thank you enough for ------- our radio station on Saturday. Of course, your decision to join our
131.
live debate panel -------. Based on the feedback we received, your opinions on the recession and its impact
132.
on international trade proved to be very enlightening. Throughout this year, we intend to broadcast several
more debates on various topics that interest our listeners. Would ------- consider returning to appear on
133.
similar radio talk shows in the future? -------. I would love to hear your thoughts on this.
134.

Best regards,
Bruce Chadwick

---

131. (A) referring   (B) employing
      (C) launching   (D) visiting

▷ Part 5와 동일하게 해석으로 풀이한다. 장소에 대해 가장 타당한 행위는 '방문'이므로 (D)가 정답이다.

132. (A) is appreciating   (B) appreciates
      (C) was appreciated   (D) will be appreciated

▷ 빈칸 이후의 내용 중 'received', 'proved' 등을 통해 과거 시제임을 알 수 있으므로 (C)가 정답이다.

133. (A) they   (B) you
      (C) those   (D) yours

▷ would는 요청을 이끄는 조동사이므로 그 주어는 2인칭인 you가 되어야 한다. 따라서 (B)가 정답이다.

134. (A) Many radio stations plan to cover the event.
      (B) If so, it would certainly make our listeners happy.
      (C) Your expertise has also benefited many local businesses.
      (D) Some individuals disagreed with your points.

▷ 앞 문장에서 출연 의향이 있는지를 물었으므로 '만약 그렇다면(If so) 청취자들이 기뻐할 것이다'라는 내용의 (B)가 정답이다.

▹ 문항 수: 54문항

▹ 주어진 글을 읽고 질문에 답하는 유형입니다. 한 개의 지문을 읽고 푸는 유형, 두 개의 지문을 읽고 푸는 유형, 세 개의 지문을 읽고 푸는 유형이 있는데 지문당 문제 개수는 지문에 따라 2~5개로 달라집니다.

Questions 157-158 refer to the following article.

Nakata Motors Issues International Recall of 3.5 Million Cars

Nakata Motors has announced a worldwide recall of 3.5 million cars due to a problem with power window switches. The recall accounts for approximately sixty percent of the automaker's yearly global production and involves some of the company's best-selling vehicles.

According to Nakata Motors, the switches on the passenger side of some models can potentially malfunction because not enough lubricant was applied to them during the manufacturing process. This can cause dust and dirt to build up around the electrical contact points, resulting in the switch overheating and melting. The automaker said it has been made aware of more than twenty incidents in which car interiors were scorched and five cases where drivers suffered minor burns to their hands.

The affected cars were produced between 2012 and 2015, and currently include Nakata's Volt, Vector, Quasar, and Phaeton models, while the Triton models are undergoing further investigation.

The manufacturing year of the affected cars can vary slightly depending on where the Nakata vehicle was made. If one of the affected models was purchased during the aforementioned time period, owners are advised to get in touch with a Nakata Motors dealer. Nakata mechanics will inspect the window switch and apply heat-resistant lubricant in order to address the issue. Nakata Motors will perform all necessary work free of charge and provide the car owners with an extended parts warranty.

157. What is indicated about Nakata Motors?

(A) It sells sixty percent of its cars in Asia.
(B) It has issued many product recalls in the past.
(C) It manufactures at least five car models.
(D) It plans to slow down production this year.

▹ 셋째 단락에 Nakata 사의 자동차 모델로 Volt, Vector, Quasar, Phaeton, Triton이 언급되고 있으므로 (C)가 정답이다.

158. What are owners of affected models encouraged to do?

(A) Perform a mechanical inspection
(B) Refrain from driving their vehicle
(C) Check the conditions of a warranty
(D) Contact a Nakata representative

▹ 문장의 키워드 'encourage'가 달리 표현된 'advise' 부분에서 정답을 찾을 수 있다. 마지막 단락에 owners are advised to get in touch with a Nakata Motors dealer라고 하므로 (D)가 정답이다.

3주 완성 초단기 학습 플랜

- 다음 학습 진도표를 참조하여 21일간 매일 꾸준하게 학습합니다.
- 해당일의 학습을 하지 못했더라도 앞으로 돌아가지 말고 오늘에 해당하는 학습을 계속합니다. 그래야 끝까지 완주할 수 있습니다.
- VOCA는 교재 뒤에 수록된 미니북 「토익 빅데이터 최빈출 정답 어휘 500」를 말하며 Day별로 구성되어 있습니다.
- 교재의 학습을 모두 마치면 시원스쿨랩 홈페이지(lab.siwonschool.com)에서 토익 최신 경향이 반영된 실전 모의고사를 다운로드하여 풀어보고 최서아 강사의 명쾌한 해설강의까지 들어보세요.
- 교재를 끝까지 한 번 보고 나면 2회독에 도전합니다. 두 번째 볼 때는 훨씬 빠르게 끝낼 수 있습니다. 토익은 교재를 천천히 1회 보는 것보다 빠르게 2회, 3회 보는 것이 훨씬 효과가 좋습니다.

RC부터 먼저 끝내는 플랜

Day 1	Day 2	Day 3	Day 4	Day 5
RC Day 1, 2 VOCA Day 1	RC Day 3, 4 VOCA Day 2	RC Day 5, 6 VOCA Day 3	RC Day 7, 8 VOCA Day 4	RC Day 9, 10 VOCA Day 5
완료 □	완료 □	완료 □	완료 □	완료 □
Day 6	**Day 7**	**Day 8**	**Day 9**	**Day 10**
RC Day 11, 12 VOCA Day 6	RC Day 13, 14 VOCA Day 7	RC Day 15, 16 VOCA Day 8	RC Day 17, 18 VOCA Day 9	RC Day 19, 20 VOCA Day 10
완료 □	완료 □	완료 □	완료 □	완료 □
Day 11	**Day 12**	**Day 13**	**Day 14**	**Day 15**
LC Day 1, 2 VOCA Day 11	LC Day 3, 4 VOCA Day 12	LC Day 5, 6 VOCA Day 13	LC Day 7, 8 VOCA Day 14	LC Day 9, 10 VOCA Day 15
완료 □	완료 □	완료 □	완료 □	완료 □
Day 16	**Day 17**	**Day 18**	**Day 19**	**Day 20**
LC Day 11, 12 VOCA Day 16	LC Day 13, 14 VOCA Day 17	LC Day 15, 16 VOCA Day 18	LC Day 17, 18 VOCA Day 19	LC Day 19, 20 VOCA Day 20
완료 □	완료 □	완료 □	완료 □	완료 □

Day 21

□ 실전 모의고사 문제 풀이

RC + LC 골고루 학습하는 플랜

Day 1	Day 2	Day 3	Day 4	Day 5
RC Day 1 LC Day 1 VOCA Day 1	RC Day 2 LC Day 2 VOCA Day 2	RC Day 3 LC Day 3 VOCA Day 3	RC Day 4 LC Day 4 VOCA Day 4	RC Day 5 LC Day 5 VOCA Day 5
완료 □	완료 □	완료 □	완료 □	완료 □
Day 6	**Day 7**	**Day 8**	**Day 9**	**Day 10**
RC Day 6 LC Day 6 VOCA Day 6	RC Day 7 LC Day 7 VOCA Day 7	RC Day 8 LC Day 8 VOCA Day 8	RC Day 9 LC Day 9 VOCA Day 9	RC Day 10 LC Day 10 VOCA Day 10
완료 □	완료 □	완료 □	완료 □	완료 □
Day 11	**Day 12**	**Day 13**	**Day 14**	**Day 15**
RC Day 11 LC Day 11 VOCA Day 11	RC Day 12 LC Day 12 VOCA Day 12	RC Day 13 LC Day 13 VOCA Day 13	RC Day 14 LC Day 14 VOCA Day 14	RC Day 15 LC Day 15 VOCA Day 15
완료 □	완료 □	완료 □	완료 □	완료 □
Day 16	**Day 17**	**Day 18**	**Day 19**	**Day 20**
RC Day 16 LC Day 16 VOCA Day 16	RC Day 17 LC Day 17 VOCA Day 17	RC Day 18 LC Day 18 VOCA Day 18	RC Day 19 LC Day 19 VOCA Day 19	RC Day 20 LC Day 20 VOCA Day 20
완료 □	완료 □	완료 □	완료 □	완료 □

Day 21

□ 실전 모의고사 문제 풀이

시원스쿨 토익 750+
RC+LC 3주 완성

RC

PART 5

Part 5 최신 출제 경향

▷ 문항 수: 총 30문항

▷ 출제 경향: Part 5는 크게 어렵거나 쉬운 시험이
거의 없이 매월 중간 정도의 난이도로 출제되고
있다. 특히 문법에서는 난이도 높은 문제의 출제
비중이 줄어들었으며 빈출 유형이 반복적으로
출제되고 있다. 복잡한 문법을 묻기보다는 해석
할 필요 없이 문장 구조를 파악해 빈칸에 필요한
품사/어형 혹은 대명사의 격 등을 결정하는
문제의 비중이 상당히 높다.

문법에서 품사/어형 유형이 차지하는 비율

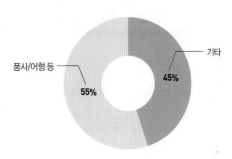

품사/어형 등 55%

기타 45%

Part 5 핵심 전략

1 해석이 필요 없는 문법 문제들은 빠르게 처리한다.

동일한 어휘가 품사만 달리한 형태로 선택지가 구성된(예를 들어, norm, norms, normal, normally) 문
제의 경우, 빈칸에 필요한 품사를 묻는 것이므로 해석할 필요 없이 문장 구조 분석을 통해 빈칸에 알맞은
품사로 된 단어를 고르면 된다. 평소에 문장 구조를 꼼꼼히 확인하는 습관을 들여 정답을 빠르게 찾는 능
력을 길러야 한다.

2 문법 문제의 단서를 빠르게 파악한다.

대명사의 격을 묻는 문제의 경우, 빈칸의 위치가 명사 앞인지(소유격 대명사 자리) 또는 동사 앞인지(주격
대명사 자리), 동사 뒤인지(목적격 대명사 자리)를 확인해 빈칸의 역할을 파악한다. 시제 문제의 경우, 시
제 파악의 단서가 되는 시점 표현(예를 들어, last나 next와 같은)을 재빠르게 찾는 등 빠른 문제 풀이에
필요한 전략을 평소에 익혀 두어야 한다.

3 어휘는 출제 빈도가 높은 것부터 암기한다.

어휘 문제는 주로 과거에 이미 출제되었던 어휘들이 대부분 다시 출제된다. 따라서, 무조건 많이 외우는 것
보다는 자주 출제되는 어휘들을 우선 학습하는 것이 바람직하다. 특히 여러 의미를 나타내는 단어의 경우,
시험에 나왔던 의미로 암기해야 한다.

명사 정답 자리

POINT 1　빈칸이 명사 자리임을 알려주는 단서

1　관사, 소유격, 형용사 다음은 명사 정답 자리이다.

- 관사 다음, 또는 관사 + 형용사 다음

The restaurant offers **an extensive** (selection / select) of desserts.

그 레스토랑은 매우 다양한 디저트를 제공한다.

❍ 관사 an과 형용사 extensive의 수식을 동시에 받을 명사가 필요한 자리입니다.

- 소유격 대명사 다음

Customers are encouraged to leave **their** (suggestions / suggests) regarding our new menu.

고객들께서는 저희의 새로운 메뉴에 관해 의견을 남겨 주시기 바랍니다.

❍ 소유격 대명사 their의 수식을 받을 명사가 필요한 자리입니다.

2　타동사, 전치사 다음은 명사 정답 자리이다.

- 타동사 다음

You need to **seek** professional (advice / advises) when preparing for your job interview.

취업 면접 준비를 할 때 전문적인 조언을 구할 필요가 있다.

❍ 타동사 seek의 목적어 자리이면서 형용사의 수식을 받는 명사 자리입니다. advises는 동사(3인칭 단수형)입니다.

- 전치사 앞 또는 뒤

Please contact one of our locations **for** (support / supported).

지원을 받으시려면 저희 지점들 중 한 곳으로 연락하십시오.

❍ 전치사 for의 목적어로 쓰일 명사가 필요한 자리입니다.

(Restorable / Restoration) **of** the historic mansion will begin in May.

역사적 저택의 복원이 5월에 시작될 것입니다.

❍ 주어 자리에서 전치사 of와 바로 연결되는 품사는 명사입니다.

 **기출 확인 PRACTICE**　📖 해설서 p.2

1 The ------- to the Emerson Bridge will reduce traffic congestion.

　(A) improvement　　(B) improves

2 It will take more than a month to obtain ------- from the Building Department.

　(A) approval　　(B) approve

POINT 2 두 개의 명사 중에서 하나를 골라야 할 때

1 사람명사와 추상명사(=행위명사)는 부정관사 유무로 구별한다.

- 앞에 부정관사 a나 an이 있다면 단수 사람명사, 없다면 추상명사가 정답이다.

(Attendee / **Attendance**) at the festival was lower than expected.

축제 참석자 수가 예상보다 더 적었다.

❶ 앞에 부정관사 An이 없으므로 부정관사가 필요한 사람명사 Attendee(참가자)는 오답입니다.

- 앞에 복수를 나타내는 수량형용사가 있다면 복수명사가 정답이다.

It would be a good time to consider hiring **five** more (accounting / **accountants**).

다섯 명의 회계사를 추가 채용하는 것을 고려할 적기인 것 같습니다.

❶ 다수를 나타내는 형용사 five 뒤에는 추상명사 accounting이 쓰일 수 없습니다.

2 단수 가산명사와 복수 가산명사는 부정관사 또는 동사의 수로 구별한다.

- 앞에 a나 an이 있다면 단수 가산명사가, 없다면 복수명사가 정답이다.

The Sunrise Discount Store offers a discount **for first-time** (buyer / **buyers**).

Sunrise Discount Store는 처음 방문하는 구매자들에게 할인을 제공한다.

❶ 사람명사 buyer(구매자)는 가산명사이므로 앞에 부정관사가 없다면 복수 형태가 정답입니다.

- 단수동사 앞에는 단수명사가, 복수동사 앞에는 복수명사가 정답이다.

Our (design / **designers**) **are** ready to answer questions about our latest products.

저희 디자이너들은 저희 최신 제품에 관한 질문에 답변해드릴 준비가 되어 있습니다.

❶ be동사의 복수형태인 are와 어울리는 주어가 필요하므로 복수명사인 designers가 정답입니다.

서아쌤 밀착 코칭 TIP

수 일치로 가릴 수 없는 경우에는 의미로 구별해야 해요. 예를 들어, 복수명사들끼리의 구별은 해석을 통해 어울리는 것을 찾으면 됩니다. 아래의 경우, 형용사 brief가 시간 길이를 나타내므로 행위 명사인 consultations가 brief와 어울려요.

예 visit the main office for brief (**consultations** / consultants) 간단한 상담을 위해 본사를 방문하다

 📖 해설서 p.2

1 Every candidate should have a degree in -------.

(A) accountant   (B) accounting

2 First Bank offers financial ------- to home buyers.

(A) assistant   (B) assistance

3 We provide a one-hour free consultation for potential -------.

(A) customer   (B) customers

4 Mr. Jones posted an ------- in the local newspaper.

(A) advertisement   (B) advertisements

1 토익에 잘 나오는 가산명사와 불가산명사

가산명사(사람, 사물) vs 불가산명사(사물, 행위)			
accountant 회계사	accounting 회계	adviser 조언자	advice 조언
attendee 참석자	attendance 참석(자의 수)	developer 개발자	development 개발
assistant 보조, 조수	assistance 지원, 도움	permit 허가서	permission 허가
certificate 증명서	certification 증명	competitor 경쟁자	competition 경쟁
expert 전문가	expertise 전문지식	opening 공석, 빈자리	openness 개방성
supervisor 책임자, 감독	supervision 감독, 관리	participant 참가자	participation 참가

2 토익이 좋아하는 가산명사

discount 할인	request 요청(서)	increase 증가	approach 접근(법)
profit 수익	deadline 마감 시한	suggestion 제안	

3 토익이 좋아하는 불가산명사

information 정보	advice 충고	merchandise 상품	access 접근
assistance 지원	equipment 장비	funding 자금 제공	seating 좌석, 자리

4 다른 품사로 착각하기 쉬운 특이한 명사 형태

-al	proposal 제안(서)	approval 승인	removal 제거	potential 잠재력	rental 임대
-ive	initiative 계획	alternative 대안	representative 대표, 대리인, 직원		
기타	response 응답	architect 건축가	pleasure 즐거움	receipt 영수증	emphasis 강조

기출 확인 PRACTICE 해설서 p.2

1 We are seeking ------- for various technical problems.

(A) adviser (B) advice

2 Home builders should receive ------- from the city council.

(A) permission (B) permit

POINT 4 완전한 문장에서 명사 옆에 빈칸이 있다면 명사 자리

1 복합명사 유형은 수 일치를 활용한다.

- 선택지에 명사가 하나일 때, 완전한 문장의 명사 옆에 빈칸이 있다면 빈칸은 명사 자리이다.

  Mr. Feynman takes customer (satisfaction / satisfactory) seriously.

  Feynman 씨는 고객 만족을 진지하게 생각한다.

  ❷ 동사의 목적어인 가산명사 customer 앞에 부정관사가 없으므로 빈칸에는 복수명사 또는 불가산명사, 즉 명사가 필요합니다.

- 선택지에 명사가 두 개일 때는 수 일치로 해결한다.

  Mr. Kohl should order some office (supplies / supplier) this afternoon.

  Kohl 씨는 오늘 오후에 일부 사무용품을 주문해야 한다.

  ❷ 복합명사 유형은 수 일치로 접근하면 해석하지 않아도 1초만에 풀 수 있습니다. 가산명사 office 앞에 부정관사가 없으므로 빈칸에 복수명사가 필요합니다.

  예 many community (activities / activity) ❷ 형용사 many 뒤에는 복수를 나타내는 복합명사가 필요합니다.

2 토익 빈출 복합명사

복합명사는 두 개의 명사로 구성되며, 앞의 명사가 형용사처럼 뒤의 명사를 꾸며준다. 해석을 하거나 수 일치로 풀이할 수도 있지만, 빈출 복합명사들을 한 단어처럼 익혀 두면 1초만에 정답을 찾을 수 있다.

☐ parking permit 주차 허가증	☐ client satisfaction 고객 만족	☐ job openings 공석
☐ rental property 임대 건물	☐ safety equipment 안전 장비	☐ office supplies 사무용품
☐ admission fee 입장료	☐ baggage allowance 수하물 허용량	☐ safety precautions 안전 예방책
☐ interest rate 이자율	☐ marketing strategy 마케팅 전략	☐ travel itinerary 여행 일정(표)
☐ retirement celebration 퇴임식	☐ research results 연구 결과	☐ account information 계좌 정보
☐ building modification 건물 개조	☐ membership fee 회비	☐ expiration date 만료일
☐ bank transaction 은행 거래	☐ retail sales 소매 판매	☐ sales increase 매출 증가
☐ travel expenses 여행 경비	☐ budget estimate 예산 추정안	☐ clearance sale 창고 정리 세일

 기출 확인 PRACTICE 📖 해설서 p.3

1 The Lancaster Acting Academy has several job ------- for technical experts.

(A) openings　　　　(B) openness

2 Delta Labs will increase its budget for research -------.

(A) equips　　　　(B) equipment

3 Mr. Wells won three days of vacation for his idea to improve team -------.

(A) productivity　　　　(B) product

4 We are looking for a few assembly line ------- with at least five years of experience.

(A) operation　　　　(B) operators

Check-up Test

- 출제포인트에 유의하여 다음 기출문제들을 풀어보세요.

1. Lewissa Ford is renowned for her ------- in the technology industry.
(A) accomplish
(B) accomplishing
(C) accomplishes
(D) accomplishments

2. ------- to the budget report must only be made by Ms. Clarkson.
(A) Adding
(B) Additions
(C) Additionally
(D) Added

3. After two weeks of -------, the parking lot has been reopened to employees.
(A) renovative
(B) renovator
(C) renovation
(D) renovated

4. Dr. Kim always recommends acupuncture as an ------- to medication.
(A) alternative
(B) alternatively
(C) alternatives
(D) alternation

5. The Bangkok tourist map shows the locations of popular tourist ------- in the city.
(A) attracts
(B) attractions
(C) attracting
(D) attractive

6. The head cook has changed some ingredients in ------- to customer reviews.
(A) respond
(B) responsive
(C) response
(D) responded

7. The ------- conducted by the marketing team was extremely beneficial to our firm.
(A) surveys
(B) surveyor
(C) surveyed
(D) survey

8. If the product is malfunctioning, please call 425-9855 for technical -------.
(A) supported
(B) supporter
(C) support
(D) supporting

9. According to the MC Telecom policy, they collect monthly ------- on the first day of every month.

(A) paid
(B) payers
(C) payment
(D) pays

10. Goodwill Inc. will develop unique advertising ------- to increase sales of its merchandise.

(A) strategy
(B) strategies
(C) strategic
(D) strategically

11. American Science Online has an electronic ------- of more than 10,000 science-related research papers and articles.

(A) collects
(B) collecting
(C) collection
(D) collected

12. Wilshire Bank ATMs cannot accept ------- made with bills of lower value than $10.

(A) deposited
(B) to deposit
(C) depositing
(D) deposits

13. Ms. Bridges canceled the ------- on the corporate limousine one day before selling the vehicle.

(A) registering
(B) registered
(C) register
(D) registration

14. The competitiveness between the product design departments at Kingsman Toys strongly encourages -------.

(A) innovative
(B) innovatively
(C) innovation
(D) innovates

15. The climate analysis software allows meteorologists to make more precise ------- about potential fluctuations in temperatures.

(A) predicts
(B) predicting
(C) predictive
(D) predictions

DAY 02

대명사

POINT 1 인칭대명사

1 빈칸 위치에 따라 인칭대명사의 격을 구별해야 한다.

- 명사(구) 앞에는 소유격 대명사

Please submit (you / **your**) **travel expense forms** with proper receipts.

귀하의 출장 경비 양식을 알맞은 영수증들과 함께 제출해 주십시오.

- 동사 앞에는 주격 대명사

(**You** / Your) **can purchase** tickets online.

온라인으로 티켓을 구매하실 수 있습니다.

- 전치사나 동사의 목적어 자리에는 목적격 대명사

Ms. Rose's order will be shipped **to** (**her** / herself) in two hours.

Rose 씨의 주문품이 두 시간 후에 그녀에게 배송될 것이다.

- 소유물을 나타낼 때는 소유대명사(소유격 + 명사)

Mr. Wayne finished **his report**, but Ms. Brown **has** not yet **submitted** (her / **hers**).

Wayne 씨는 보고서를 끝냈지만, Brown 씨는 아직 자신의 것을 제출하지 않았다.

2 재귀대명사는 목적어 또는 부사 자리에 쓰인다.

- 목적어 자리 – 목적어가 주어와 동일한 대상일 경우 (재귀용법)

All employees should familiarize (them / **themselves**) with the new policy.

전 직원은 새로운 정책을 숙지해야 합니다.

- 부사 자리 – 빈칸 앞에 완전한 문장이 있을 경우 (강조용법)

The CEO interviewed each candidate (him / **himself**).

CEO는 각 후보자를 직접 면접했다.

  ○ 주어와 동사, 그리고 목적어까지 구성이 완전한 문장이므로 강조부사의 역할을 하는 재귀대명사가 필요합니다. 이 경우, 재귀대명사는 '직접, 스스로'와 같이 해석합니다.

 기출 확인 PRACTICE 🔍 해설서 p.5

1 Ms. Mayson is on leave now, but ------- will be returning soon.

(A) she   (B) her

2 Mr. Galloway usually arranges his appointments -------.

(A) him   (B) himself

3 Ms. Hailey received a promotion because of ------- outstanding service.

(A) she   (B) her

4 I enjoy working with Ms. Samuelson because she is similar to a friend of -------.

(A) I   (B) mine

POINT 2 지시대명사

1 this, that과 these, those는 지시하는 명사 및 동사와 수가 일치한다.

· 『this/that + 단수명사 + 단수동사』, 『these/those + 복수명사 + 복수동사』

(This / **These**) **items are** currently provided at a reduced price.

이 제품들은 현재 할인된 가격에 제공됩니다.

✪ 복수명사 items를 수식해야 하므로 These가 정답입니다.

2 반복을 피하기 위한 that 또는 those는 앞에 나온 명사의 수에 따라 결정된다.

· 반복되는 단어가 단수명사일 경우에는 that, 복수명사일 경우에는 those를 사용한다.

The **evaluation score** of the first interviewee is higher than (this / **that**) of the second candidate.

첫 번째 면접자의 평가 점수가 두 번째 지원자의 것보다 높다.

✪ 비교 대상에 해당되는 명사구 evaluation score의 반복을 피하기 위해 대명사 that이 사용되어야 합니다.

Proposals from a start-up firm may receive less interest than (**those** / them) from larger companies.

신생 회사로부터의 제안은 더 큰 기업들의 것보다 관심을 덜 받을 수 있다.

✪ 비교 대상이 되는 복수명사 Proposals의 반복을 피하기 위해 those가 사용되어야 합니다. those의 경우, 아래 관용구의 출제 빈도가 압도적으로 많습니다.

3 관용구 those who, those with, those p.p.(~하는 사람들)

· those는 people의 뜻으로 who절, with/in 전치사구, 또는 과거분사의 수식을 받을 수 있다.

(**Those** / They) **who** want to volunteer can call Mr. McGuire.

자원하고자 하시는 분들은 McGuire 씨에게 전화하시면 됩니다.

✪ 바로 뒤에 위치한 who절의 수식을 받을 수 있는 Those가 정답입니다. 이때 Those는 '~하는 사람들'의 의미로 쓰입니다.

Among the applicants for the position, Mr. Gibson prefers (this / **those**) **with** more experience.

그 직책에 대한 지원자들 중에서, Gibson 씨는 더 많은 경험을 지닌 사람들을 선호한다.

✪ 바로 뒤에 위치한 with 전치사구의 수식을 받아 '~하는 사람들'을 의미할 수 있는 those가 정답입니다.

기출 확인 PRACTICE   ▤ 해설서 p.6

1 ------- interested in the internal openings should submit applications to Ms. Nolan.

(A) This   (B) Those

2 Job seekers at the International Job Fair will take ------- opportunity to apply to the world's leading IT company.

(A) this   (B) these

3 The living costs of cities are not always higher than ------- of rural areas.

(A) that   (B) those

4 Only ------- with a valid photo ID can get access to confidential information.

(A) those   (B) whom

POINT 3 부정대명사

1 앞의 명사와 종류가 같은 어떤 하나를 가리킨다면 one이 정답.

- one은 관사나 형용사의 수식을 받으며, 복수명사를 받을 때는 복수형 ones로 사용된다.

Zenon's Optima 5 digital camera is the most versatile (**one** / it) on the market.
Zenon 사의 Optima 5 디지털 카메라는 시중에서 가장 다양한 기능을 지닌 것이다.

2 앞의 명사와 종류가 같은 또다른 하나를 추가한다면 another가 정답.

- another는 대명사로 쓰일 뿐만 아니라, 형용사로서 명사를 수식하기도 한다.

The chair we ordered was defective, so the manufacturer will send us (**another** / that) soon.
우리가 주문한 의자가 결함이 있었기 때문에, 제조사가 우리에게 곧 하나를 더 보내줄 것이다.

3 상호 관계를 나타내는 목적어 자리에는 each other 또는 one another가 정답.

- each other: 둘 이상의 관계인 '서로'

Coworkers should **help** (**each other** / them) to meet the deadline.
직원들은 마감시한을 맞추기 위해 서로 도와야 한다.

- one another: 셋 이상의 관계인 '서로'

The new CEO encourages employees to **challenge** (**one another** / each) to increase productivity.
신임 CEO는 생산성을 높이기 위해 직원들이 서로에게 도전하도록 권장한다.

○ each other와 one another는 동사나 전치사의 목적어로 쓰입니다.

4 동사가 단수이면 each, 동사가 복수이면 all이 정답.

- each는 대명사와 형용사로 쓰이며, 단수 취급한다.

(**Each** / All) of the new members **is** provided with a mentor.
신입사원들 각각에게 멘토가 붙는다.

○ 「each one of the + 복수명사」나 「each one of 소유격 + 복수명사」의 형태로도 출제됩니다.

- all은 대명사와 형용사로 쓰이며, 복수 취급한다.

Please make sure that (**all** / every) lights **are** turned off when you leave the office.
퇴근할 때 반드시 모든 전등이 꺼졌는지 확인하시기 바랍니다.

○ 「all of the + 복수명사」나 「all of 소유격 + 복수명사」 형태로도 출제됩니다.

기출 확인 PRACTICE 🔍 해설서 p.6

1 People can easily move from one place to ------- with the new map.

(A) other   (B) another

2 All managers of the sales team have excellent skills to communicate effectively with -------.

(A) other   (B) each other

POINT 4 주요 대명사 관용구

1 **one's own은 소유격 대명사로서 뒤에 명사가 필요하다.**

- one's own(자신의)은 「소유격 + 형용사」이므로 그 뒤에 위치한 빈칸은 명사 자리이다.

Johnson's Apparel has been selling **its own** (**products** / productive) online since last July.

Johnson's Apparel 사는 지난 7월부터 자사의 제품들을 온라인으로 판매해 오고 있다.

2 **one's own은 소유대명사로서 명사 자리에서 보어나 목적어로 쓰인다.**

- one's own(자신의 것)은 「소유격 + 대명사」이기도 하므로 명사 자리에 올 수 있다.

Mr. Simpson said that the **new design** is (**his own** / him) rather than **Ms. Simons'**.

Simpson 씨는 그 새로운 디자인이 Simons 씨의 것이 아니라 자신의 것이라고 말했다.

○ 2형식 동사 is 뒤에는 주어 new design과 동격이 될 보어가 필요하며, Ms. Simons'와 격이 일치해야 하므로 '그의 것'을 뜻하는 소유대명사 his own이 정답입니다.

서아쌤 밀착 코칭 TIP

one's own은 전치사 on 또는 of와 함께 종종 출제된다는 점을 함께 기억해 두세요. on one's own은 '혼자, 스스로'라는 의미를, of one's own은 '자기 자신의'라는 의미를 나타내요.

예 All members of the sales crew are able to work very effectively on (**their own** / them).
영업부의 모든 사원들은 스스로 매우 효율적으로 일할 수 있다.

3 **재귀대명사는 전치사 by 또는 for와 함께 자주 쓰인다.**

- 재귀대명사(자기 자신)는 by oneself(혼자) 또는 for oneself(스스로) 등 관용 표현으로 출제된다.

Mr. Kim offered to organize the presentation materials (**by** / to) **himself**.

Kim 씨는 혼자 발표 자료를 준비하겠다고 제안했다.

 기출 확인 **PRACTICE** 📖 해설서 p.6

1 Joseph and Sarah planned to leave the office where they had both worked for fifteen years in order to start a business of -------.

(A) theirs　　　　(B) their own

2 Employees often rely on Mr. Hammond when they lack the time to prepare for a large event by -------.

(A) them　　　　(B) themselves

• 출제포인트에 유의하여 다음 기출문제들을 풀어보세요.

1. The panel of judges is pleased to announce that ------- have selected the winner of this year's Achievement in Engineering award.
   (A) we
   (B) our
   (C) us
   (D) ourselves

2. According to an article in Bullseye Magazine, many darts players do not consider ------- to be professional athletes.
   (A) it
   (B) their
   (C) themselves
   (D) itself

3. Ms. Rogers will be flying to the green energy conference with ------- personal assistant.
   (A) she
   (B) her
   (C) hers
   (D) herself

4. After reviewing all of the job applications, Ms. Zola will interview the most suitable candidates -------.
   (A) herself
   (B) hers
   (C) her
   (D) she

5. Benjamin Kim, the human resources director, requested that ------- be given sole responsibility for all recruitment decisions.
   (A) he
   (B) him
   (C) his
   (D) himself

6. Most book critics praised every aspect of Tom Wolfe's new novel, although ------- disliked certain elements of the plot.
   (A) one
   (B) one another
   (C) each other
   (D) other

7. The new fleet of delivery trucks will allow us to easily transport goods from one warehouse to -------.
   (A) one
   (B) other
   (C) one another
   (D) another

8. Although our sales representatives typically work on their own, monthly social gatherings provide an opportunity for them to interact with -------.
   (A) the same
   (B) this
   (C) each other
   (D) much

9. Kitchen staff must ensure that ------- of the grills is properly cleaned at least once per hour.

(A) every

(B) all

(C) each

(D) much

10. ------- who are interested in signing up for the computer skills training course must submit a completed registration form by 5 p.m. this Friday.

(A) Whoever

(B) Those

(C) Themselves

(D) Whichever

11. Ms. Romero has been focusing on ------- business venture since leaving Glickman Corporation.

(A) hers

(B) herself

(C) her own

(D) she

12. Ms. Capaldi started the workshop by ------- but was later assisted by Mr. Sellers.

(A) she

(B) hers

(C) her

(D) herself

13. Dice Electronics lists branch locations on the main page of ------- Web site.

(A) it

(B) its

(C) theirs

(D) themselves

14. The CEO insists that ------- work schedule be posted every Monday morning.

(A) we

(B) our

(C) ours

(D) ourselves

15. Most department managers at our company often find ------- being invited to meals with the company president.

(A) they

(B) them

(C) theirs

(D) themselves

동사 (수/태)

POINT 1 주어와 동사는 수가 일치해야 한다.

1 『단수주어 + 단수동사』, 『복수주어 + 복수동사』

The **new menu** (include / includes) a variety of vegetarian dishes.

새로운 메뉴는 다양한 채식 요리들을 포함하고 있다.

○ 3인칭 단수 주어 new menu와 수 일치가 되는 동사가 필요하므로 동사에 s가 붙은 형태인 includes가 정답입니다. 참고로, 동명사구나 명사절이 주어로 쓰일 경우에는 단수 취급하므로 단수동사가 필요하다는 점도 함께 기억해 두세요.

Some customers (have asked / has asked) for a refund even without an original receipt.

어떤 고객들은 심지어 원본 영수증 없이 환불을 요청했다.

○ 주어 Some customers가 복수이므로 복수동사의 형태인 have asked가 정답입니다.

2 조동사 또는 과거 시제 동사는 수 일치의 영향을 받지 않는다.

A new water purification system (are / will be) available in the lobby for all visitors.

모든 방문자들을 위해 새 정수기가 로비에서 이용 가능할 것입니다.

○ 주어 A new water purification system은 단수이므로 단수동사가 사용되어야 합니다. 그런데 선택지에 수 일치하는 단수동사가 없다면 수 일치의 영향을 받지 않는 조동사가 포함된 선택지가 정답입니다.

Mr. Patrick (participate / participated) in the workshop, so he knows how to operate the device.

Patrick 씨는 그 워크숍에 참석했기 때문에, 그 기기를 작동하는 법을 알고 있다.

○ Mr. Patrick은 3인칭 단수 주어인데 participate은 복수동사이므로 수 일치가 되지 않습니다. 이때는 수 일치의 영향을 받지 않는 과거 시제 participated를 정답으로 고르면 됩니다.

 **기출 확인 PRACTICE** 📖 해설서 p.9

1 The vice president announced that the profits ------- steady due to the popularity of the new products.

(A) is remaining   (B) have remained

2 Complaints posted on our Web site ------- addressed immediately by our representatives.

(A) is   (B) will be

POINT 2 기타 수 일치

1 주격 관계대명사가 이끄는 절의 동사는 선행사와 수 일치한다.

The company moved to **a building** which (are / **is**) large enough to accommodate all the employees.
회사가 모든 직원들을 수용하기에 충분히 넓은 건물로 이전했다.

❍ 주격 관계대명사 which가 이끄는 절이 수식하는 선행사 a building이 단수이므로 which 뒤에 이어지는 동사로 단수동사 is가 쓰여야
알맞습니다.

2 당위성을 나타내는 동사나 형용사 뒤의 that절에는 동사원형이 쓰인다.

The editor **proposed** that the writer (limits / **limit**) his article to less than one page.
편집자는 그 기자에게 기사 내용을 한 페이지 미만으로 제한하도록 제안했다.

❍ 당위성을 나타내는 동사 proposed(제안하다)의 목적어 역할을 하는 that절의 동사는 수 일치와 상관없이 동사원형을 사용하므로 limit이
정답입니다.

당위성을 나타내는 동사

advise 조언하다	suggest[propose] 제안하다	recommend 추천하다
insist 주장하다	ask[require, request, demand] 요구하다	

It is **important** that the system (**be upgraded** / was upgraded) to avoid any additional issues.
어떠한 추가적인 문제든 피할 수 있도록 그 시스템이 업그레이드되는 것이 중요하다.

당위성을 나타내는 형용사

important[vital, crucial] 중요한	urgent 긴급한	imperative 반드시 해야 하는
necessary[essential] 필수적인	mandatory 의무적인	

기출 확인 PRACTICE 📖 해설서 p.9

1 The supervisor has suggested that all the files related to the project ------- confidential.

(A) keeps (B) be kept

2 Employees who ------- the issues with refunds should be aware of the new policies.

(A) handle (B) handles

3 The management has requested that the company outing ------- until next month.

(A) be postponed (B) postponed

4 The organizers thank all volunteers who ------- assistance at yesterday's event held downtown.

(A) provides (B) provided

POINT 3 능동태/수동태

1 **선택지의 동사가 3형식 타동사일 때, 빈칸 뒤에 목적어가 없으면 수동태가 정답이다.**

The package will (deliver / be delivered) to the reception desk.
그 소포는 안내 데스크로 전달될 것이다.

○ 동사 deliver(~을 전달하다)는 목적어를 필요로 하는 3형식 타동사인데, 빈칸 뒤에 목적어 없이 to전치사구만 있으므로 수동태인 be delivered가 정답입니다.

Every item should (inspect / be inspected) carefully prior to shipping.
모든 물품은 배송 전에 꼼꼼하게 검사되어야 합니다.

○ 동사 inspect(~을 검사하다)는 목적어를 필요로 하는 3형식 타동사인데, 빈칸 뒤에 목적어 없이 부사만 있으므로 수동태인 be inspected가 정답입니다.

서아쌤 밀착 코칭 TIP

능동태/수동태 동사를 선택할 때 주어와 동사 사이의 의미 관계를 확인하는 방법으로도 풀 수 있어요. 위 예문에서 주어 package(소포)는 사람에 의해 전달되는 것이어야 하므로 동사 deliver의 주어가 될 수 없죠. 따라서 package가 주어인 문장에서 동사 deliver가 수동태로 쓰여야 한다는 것을 알 수 있어요.

2 **선택지의 동사가 3형식 타동사일 때, 빈칸 뒤에 목적어가 있으면 능동태가 정답이다.**

We should (be completed / complete) the project before the deadline.
우리는 마감시한 전에 그 프로젝트를 완료해야 한다.

○ 동사 complete(~을 완료하다)는 목적어를 필요로 하는 3형식 타동사인데, 빈칸 뒤에 명사 목적어가 있으므로 능동태인 complete가 정답입니다.

NEC Electronics (anticipates / is anticipated) significant revenue increases next quarter.
NEC Electronics 사는 다음 분기에 상당한 수익 증가를 예상하고 있다.

○ 동사 anticipate(~을 예상하다)는 목적어를 필요로 하는 3형식 타동사인데, 빈칸 뒤에 명사구 목적어가 있으므로 능동태인 anticipates가 정답입니다.

 기출 확인 **PRACTICE** 🔎 해설서 p.9

1 The area can only be ------- by some of the employees.

  (A) accessed   (B) accessing

2 The department store ------- near an art museum.

  (A) is located   (B) was locating

3 All the issues ------- at the monthly meeting.

  (A) have addressed

  (B) have been addressed

4 The management will ------- the deadline for submitting sales reports.

  (A) be extending   (B) be extended

POINT 4 빈출 수동태 표현

1 수동태 + 전치사

Meeting room B **is** (equipping / equipped) **with** a new projector.

회의실 B는 새 프로젝터를 갖추고 있다.

○ be동사 is 및 전치사 with와 함께 '~을 갖추고 있다'라는 의미를 나타내야 하는데, 이때 동사 equip의 과거분사를 사용하므로 equipped가 정답입니다.

빈출 수동태 + 전치사

be surprised at ~에 놀라다	be pleased with ~에 기뻐하다	be satisfied with ~에 만족하다
be interested in ~에 관심이 있다	be involved in ~에 관련되다	be equipped with ~을 갖추고 있다
be related to ~에 관련되다	be based on ~을 기반으로 하다	

2 수동태 + to부정사

All employees **are** (requiring / required) **to attend** the workshop.

전 직원이 그 워크숍에 참석해야 한다.

○ be동사 are 및 to부정사와 결합해 '~해야 하다'라는 의미를 나타내야 하는데, 이때 동사 require의 과거분사를 사용하므로 required가 정답입니다.

빈출 수동태 + to부정사 표현

be asked to do ~하도록 요청 받다	be advised to do ~하도록 권해지다	be allowed to do ~하도록 허용되다
be expected to do ~할 것으로 예상되다	be required to do ~해야 하다	be scheduled to do ~할 예정이다
be encouraged to do ~하도록 권장되다	be prepared to do ~할 준비가 되다	

기출 확인 PRACTICE 해설서 p.10

1 Construction of the new movie theater is ------- to last throughout the end of the month.

(A) expected
(B) expecting

2 The sales representatives were fully ------- to give a demonstration of how to use the new item.

(A) prepare
(B) prepared

3 Mr. Simpson is very ------- with the business contract with the local company.

(A) pleased
(B) pleasant

4 Some customers who complained about our new product were not ------- with its durability.

(A) satisfying
(B) satisfied

Check-up Test

출제포인트에 유의하여 다음 기출문제들을 풀어보세요.

- 출제포인트에 유의하여 다음 기출문제들을 풀어보세요.

1. Stanstead Art Museum is highly ------- by leading architects for its unique appearance.

(A) regard
(B) regarding
(C) regarded
(D) to regard

2. The cast of the ballet production ------- by the choreographer, Mark Eggers.

(A) introduce
(B) was introduced
(C) be introducing
(D) have introduced

3. The seasonal discounts are ------- only to those who have signed up for a store membership.

(A) offer
(B) to offer
(C) offering
(D) offered

4. Deborah Manning, the mayor of Letham, ------- the town's lack of sports facilities at tomorrow's public forum.

(A) had been addressing
(B) is addressing
(C) will be addressed
(D) should be addressed

5. Please ------- the budget proposal that includes the changes to employee travel allowances.

(A) submit
(B) submitted
(C) be submitted
(D) to be submitted

6. Mr. Bell ------- to take my calls while I am out of the office this afternoon.

(A) agreeing
(B) to agree
(C) agreement
(D) has agreed

7. Once the city's downtown area has been -------, house prices are likely to increase significantly.

(A) development
(B) developing
(C) develop
(D) developed

8. Tenants are ------- to contact the landlord if they are unable to pay their rent on the due date.

(A) require
(B) requires
(C) requiring
(D) required

9. Eagle Financial ------- its business goals on the main page of its Web site.
(A) outlining
(B) outlines
(C) is outlined
(D) to outline

10. An improved procedure for handling customer complaints at Britstar Telecom ------- on June 15.
(A) will be implemented
(B) are implemented
(C) to implement
(D) implement

11. The change to business hours is ------- to increase our weekly earnings by 30 percent.
(A) expected
(B) expectation
(C) expecting
(D) expectant

12. Most local residents that we polled were ------- with the mayor's building development proposal.
(A) satisfying
(B) satisfied
(C) satisfaction
(D) satisfactory

13. The company's spokesperson was fully ------- to answer any questions about the new mobile phone application.
(A) prepare
(B) prepared
(C) prepares
(D) preparation

14. The manager asked that store clerks ------- large bills as payment without using the counterfeit bill scanner first.
(A) not accept
(B) not accepting
(C) are not accepting
(D) not be accepted

15. Once you have paid the subscription fee, you are ------- to browse our complete collection of online journals and articles.
(A) allow
(B) allows
(C) allowed
(D) has allowed

동사 (시제)

POINT 1 현재, 과거, 미래 시제의 주요 단서

1 현재 시제 동사와 어울리는 부사

frequently[often] 자주, 종종	occasionally 때때로	regularly 정기적으로	routinely 일상적으로
normally 통상적으로, 보통	usually 주로, 보통	generally 일반적으로	every month[year] 매달[매해]

The mayor (**frequently** / finally) **appears** on television.
그 시장은 텔레비전에 자주 출연한다.

서아쌤 밀착 코칭 TIP

각 선택지가 부사이고 현재 시제로 된 동사를 수식하는 부사를 골라야 하는 경우, 반복성을 나타내는 부사를 고르면 돼요. 현재 시제 동사는 일반적이거나 반복적인 일을 나타내므로 '일반적으로, 때때로, 보통' 등과 같이 반복 주기와 관련된 의미를 나타내는 부사의 수식을 받아요. 반대로, 반복성을 지닌 부사가 수식하는 동사를 고를 경우에는 현재 시제 동사가 정답이에요.

2 과거 시제 동사와 어울리는 부사

last week[month, year] 지난주[달, 해]	~ ago ~전에	yesterday 어제	once 한때
previously 이전에	recently 최근에		

Last summer, we (**visited** / visit) one of the company's new facilities.
지난 여름에, 우리는 그 회사의 새 시설물 중 한 곳을 방문했다.

3 미래 시제 동사와 어울리는 부사

next week[month, year] 다음주[달, 해]	tomorrow 내일	soon[shortly] 곧
in + 기간: ~ 후에	later 나중에	

The construction (**will be finished** / was finished) **next week**.
공사가 다음주에 완료될 것이다.

기출 확인 PRACTICE   📖 해설서 p.12

1 One of the new employees ------- late yesterday.

(A) arrives   (B) arrived

2 Some managers ------- have a meeting after the working hours.

(A) often   (B) soon

3 The event ------- next weekend in the downtown area.

(A) held   (B) will be held

4 Ms. Kim usually ------- overtime during the weekdays, but she left early today.

(A) works   (B) will work

POINT 2 현재완료, 과거완료, 미래완료 시제의 주요 단서

1 현재완료 시제 동사와 어울리는 표현

over[for, in, during] the last[past] + 기간: 지난 ~ 동안 recently 최근에 * recently는 과거 시제 동사와도 사용 가능	since + 과거시점: ~한 이래로 lately 최근에	for + 기간: ~동안 so far 지금까지

Dr. Choi (**has received** / received) many awards **over the past 10 years**.
Choi 박사는 지난 10년 동안 많은 상을 받아왔다.

○ 과거 시제인 received는 단순히 과거의 한 시점에 발생된 사실만 나타내므로 기간을 나타내는 over 전치사구와 어울리지 않습니다.

2 과거완료 시제 동사와 어울리는 표현

Before + 주어 + 과거동사, 주어 + had p.p.: ~하기 이전에 …했었다
By the time + 주어 + 과거동사, 주어 + had p.p.: ~했을 때쯤, 이미 …했었다

Before she **joined** our team, she (**had worked** / will work) in a different field for five years.
그녀가 우리 팀에 합류하기 전에, 다른 분야에서 5년 동안 일했었다.

○ 과거완료 시제는 과거의 특정 시점보다 더 이전의 과거 시점에 발생된 일을 나타냅니다.

3 미래완료 시제 동사와 어울리는 표현

By + 미래시점, 주어 + will have p.p.: ~까지 …하게 될 것이다
By the time + 주어 + 현재동사, 주어 + will have p.p.: ~할 때쯤이면 …하게 될 것이다

Mr. Park (**will have worked** / has work) for 10 years as a manager **by next year**.
Park 씨는 내년이면 매니저로서 10년 동안 일하게 될 것이다.

○ 미래완료 시제는 과거나 현재에 발생된 일이 미래의 특정 시점에 완료되는 것을 의미합니다.

기출 확인 PRACTICE   해설서 p.13

1 The institution has ------- announced its plan to expand.

(A) shortly   (B) recently

2 The company has already purchased the same item three times ------- last week.

(A) since   (B) beyond

3 The local company announced that the sales figures ------- dramatically since last year.

(A) increase   (B) have increased

4 Ms. Johnson ------- for the law firm for 15 years by the end of the year.

(A) will work   (B) will have worked

Q. The number of individuals with permanent positions ------- to exceed 100 next year.
(A) is increased
(B) are increasing
(C) will be increased
(D) increasing

1 빈칸의 역할부터 파악한다.

주어 The number 뒤로 전치사구 of individuals와 with permanent positions가 있고, 빈칸 뒤에는 to부정사구만 위치한 구조이므로 빈칸이 문장의 동사 자리임을 알 수 있습니다.

2 동사 자리에 맞지 않는 가짜동사(to부정사와 동명사)를 오답 소거한다.

(A) is increased와 (B) are increasing, 그리고 (C) will be increased는 모두 문장의 동사로 쓰일 수 있는 형태입니다. 하지만 동명사의 형태인 (D) increasing은 동사의 역할을 할 수 없으므로 먼저 오답으로 소거합니다.

3 주어와 동사의 수 일치 여부를 확인한다.

주어 The number는 단수이므로 단수 동사 (A) is increased나 수 일치의 영향을 받지 않는 조동사가 포함된 (C) will be increased 중에서 하나를 골라야 합니다.

4 빈칸 뒤에 목적어가 있으면 능동태를, 없으면 수동태를 고른다.

능/수동 여부를 확인할 때 빈칸 뒤에 목적어가 있으면 능동태 동사를, 목적어 없이 전치사나 부사 등의 수식어가 있으면 수동태 동사를 고릅니다.

5 시점 표현과 어울리는 시제로 된 동사를 고른다.

현재 시제인 (A) is increased와 미래시제인 (C) will be increased 중에서, 문장 끝에 위치한 미래 시점 next year와 어울려야 하므로 미래시제 동사인 (C) will be increased가 정답입니다.

기출 확인 PRACTICE 해설서 p.13

1 Starting next month, the museum ------- a series of art exhibitions throughout the summer period.

(A) will hold   (B) holding

2 Many employees who ------- the workshop last month were satisfied with the training.

(A) attends   (B) attended

POINT 4 동사의 조합만 알아도 푸는 가정법

1 **If절에 과거 시제 동사가 있으면 주절의 동사로 『would/could/might + 동사원형』을 고른다.**

If Ms. Martin **were** experienced, we (**could hire** / hired) her.

Martin 씨가 경험이 많다면, 우리가 그녀를 채용할 수 있을 텐데.

○ 반대로 주절에 『would/could/might + 동사원형』이 있을 경우, If절의 동사로 과거 시제 동사를 고르면 됩니다.

2 **If절에 had p.p.가 있으면 주절의 동사로 『would/could/might have p.p.』를 고른다.**

If Ms. Martin **had been** experienced, we (**would have hired** / hired) her.

Martin 씨가 경험이 많았다면, 우리가 그녀를 채용했을 텐데.

○ 반대로 주절에 『would/could/might have p.p.』가 있을 경우, If절의 동사로 had p.p.를 고르면 됩니다.

3 **If절에 현재 시제 동사가 있으면 주절의 동사로 『will/can/may + 동사원형』을 고른다.**

If you **are** not satisfied with the service, you (**can call** / called) us immediately.

서비스에 만족하지 못하신다면, 저희에게 즉시 전화하실 수 있습니다.

○ 반대로 주절에 『will/can/may + 동사원형』이 있을 경우, If절의 동사로 현재 시제 동사를 고르면 됩니다.

4 **If가 생략된 경우, 도치 구조를 만드는 조동사가 정답이다.**

(**Had** / When) the weather **been** bad, the cruise **could not have been offered**.

날씨가 나빴었다면, 크루즈 여행은 제공될 수 없었을 것이다.

○ If가 생략되면서 Had가 앞으로 이동해 『Had + 주어 + p.p.』 구조가 된 문장입니다.

(**Should** / Although) you **have** any problem, **please talk** to one of our representatives.

어떤 문제라도 있으실 경우, 저희 직원들 중 한 명에게 이야기하시기 바랍니다.

○ If가 생략되면서 Should가 앞으로 이동해 『Should + 주어 + 동사원형』 구조가 된 문장입니다.

기출 확인 PRACTICE 해설서 p.14

1 If the factory manager ------- at the meeting, we could discuss the urgent problems.

(A) is   (B) were

2 If the event venue had been reserved well in advance, we ------- more people.

(A) would have accommodated

(B) would accommodate

3 ------- the company hired more designers, we would have released the product on time.

(A) Had   (B) Were

4 If you were able to attend the seminar, you ------- register for it online.

(A) would   (B) will

• 출제포인트에 유의하여 다음 기출문제들을 풀어보세요.

1. Team meetings in the graphic design department ------- last for around forty-five minutes.

(A) gradually

(B) suddenly

(C) generally

(D) lightly

2. Last month, Dr. Marvin Adkins ------- for his article on pediatric health.

(A) praise

(B) praises

(C) was praised

(D) is praising

3. During yesterday's board meeting, the financial director ------- the company's monthly expenses.

(A) reviewing

(B) will review

(C) to review

(D) reviewed

4. Instructors from Grady Music College ------- perform at local concerts.

(A) frequently

(B) exactly

(C) almost

(D) formerly

5. Mr. Allen ------- a member of the charitable organization since 2007.

(A) will be

(B) is

(C) was

(D) has been

6. Next weekend, Ms. Dillon ------- her sculptures at Vertigo Art Gallery.

(A) to exhibiting

(B) exhibited

(C) will be exhibited

(D) will exhibit

7. Three months ago, Mr. Jones ------- Vericore Inc. to establish his own company.

(A) will leave

(B) left

(C) leaves

(D) was left

8. For the past decade, Seven Trees Hotel ------- high standards in the hospitality industry.

(A) has set

(B) to set

(C) sets

(D) will be setting

9. When Ms. Henderson ------- to Thailand in 1998, she opened a school for children from low-income families.

(A) moves

(B) has moved

(C) moving

(D) moved

10. Reece Pharmaceuticals ------- last week that it would expand into European markets over the next two years.

(A) announcing

(B) has announced

(C) announced

(D) announce

11. If management had offered better incentives for subscription renewals, the company ------- fewer customers.

(A) loses

(B) lost

(C) would lose

(D) would have lost

12. If the construction team had installed a stronger foundation, the monument ------- during the storm.

(A) would not have collapsed

(B) was collapsed

(C) will not be collapsed

(D) have collapsed

13. ------- Matthew made more of an effort to learn about the company's products, he might have progressed to the next stage of the interview process.

(A) Should

(B) Were

(C) Have

(D) Had

14. If you had done more research about the cultural differences in China, you ------- the overseas relocation more easily.

(A) will handle

(B) will be handled

(C) would have handled

(D) would have been handled

15. Mr. Daniels would have been the first speaker at the seminar if his flight ------- on time.

(A) arrives

(B) will arrive

(C) had arrived

(D) arriving

DAY 05

형용사 & 부사

POINT 1 빈칸이 형용사 자리임을 알려주는 단서

1 관사 또는 소유격과 명사 사이는 형용사 정답 자리이다.

- 관사와 명사 사이, 소유격과 명사 사이

You should write **the** (correctly / correct) **address** on the form.

양식에 올바른 주소를 작성하셔야 합니다.

○ 정관사 the와 명사 address 사이는 address를 수식할 형용사 자리입니다.

2 타동사와 명사 사이는 형용사 정답 자리이다.

- 타동사와 명사 목적어 사이

Ms. Shultz **has** (extensive / extension) **knowledge** of the industry.

Shultz 씨는 업계에 대한 폭넓은 지식을 갖고 있다.

○ 타동사 has와 명사 목적어 knowledge 사이는 knowledge를 수식할 형용사 자리입니다.

3 2형식 동사 다음은 형용사 정답 자리이다.

- be, become, remain, seem, sound, feel 등 2형식 동사 다음

The advertising campaign **was** very (profitability / profitable).

그 광고 캠페인은 매우 수익성이 좋았다.

○ be동사 was 다음은 주어 advertising campaign의 상태를 나타낼 형용사 보어 자리입니다.

4 5형식 동사의 목적어 다음은 형용사 정답 자리이다.

- make, find, consider, keep 등 5형식 동사의 목적어 다음

Most consumers **find the new design** more (attractively / attractive).

대부분의 소비자들은 새 디자인이 더 매력적이라고 생각한다.

○ 『find + 목적어 + 목적보어』의 구조로 쓰이는 5형식 동사 find의 목적어 the new design 다음은 형용사 목적보어 자리입니다.

서아쌤 밀착 코칭 TIP

2형식 동사 다음에 형용사가 아닌 명사가 보어로 쓰이려면 주어와 동격이 되어야 해요. 마찬가지로, 5형식 동사의 목적어 다음에도 형용사가 아닌 명사가 목적보어로 쓰이려면 그 명사가 목적어와 동격이 되어야 보어 역할이 가능해요.

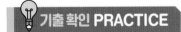

기출 확인 PRACTICE 📖 해설서 p.16

1 The addition of new amenities will make our guests more ------- during their stay.

(A) comfortable　　(B) comfort

2 The business has been extremely ------- since its founding three years ago.

(A) successfully　　(B) successful

POINT 2 수량 형용사와 명사의 수 일치

1 **each, every, one 다음은 단수 가산명사 자리이다.**

- each, every, one은 단수 가산명사만 수식한다.

It is impossible to interview (all / **every**) **applicant**.
모든 지원자를 면접보는 것은 불가능하다.

○ every는 기본적으로 단수명사를 수식하지만, 예외적으로 every three weeks(3주마다)와 같이 반복 주기를 나타낼 때는 숫자가 포함된 복수명사와 결합해 사용합니다.

2 **several, many, numerous, few, a few 다음은 복수명사 자리이다.**

- several, many, numerous, few, a few는 복수명사만 수식한다.

(Every / **Many**) **workers** attended the training workshop.
많은 직원들이 교육 워크숍에 참석했다.

3 **much, little, a little 다음은 불가산명사 자리이다.**

- much, little, a little은 불가산명사만 수식한다.

The file contains too (many / **much**) **information**.
그 파일은 너무 많은 정보를 담고 있다.

4 **all, some, most, a lot of는 복수명사와 불가산명사를 모두 수식한다.**

- all, some, most, a lot of 뒤에는 복수명사 또는 불가산명사가 모두 쓰일 수 있다.

(Every / **All**) the **advice** that you gave to me was useful.
저에게 해 주셨던 모든 조언이 유용했습니다.

기출 확인 PRACTICE 해설서 p.16

1 ------- personal belongings will be checked at the entrance.

(A) Every   (B) All

2 Several ------- will be needed to help organize the event.

(A) participant   (B) participants

3 We have received ------- information about the training workshop.

(A) little   (B) a few

4 At the monthly meeting, ------- employee is required to bring the materials that were sent via e-mail.

(A) each   (B) several

POINT 3 빈칸이 부사 자리임을 알려주는 단서

1 주어와 동사 사이는 부사 정답 자리이다.

- 주어와 동사 사이는 동사를 수식할 부사 자리이다.

  Mr. Jones (promptly / prompt) **addressed** the complaint.

  Jones 씨는 신속하게 불만 사항을 처리했다.

2 자동사 다음은 부사 정답 자리이다.

- 목적어가 필요 없는 자동사 다음은 동사를 수식할 부사 자리이다.

  Our profits **have risen** (sharply / sharp) over the last year.

  우리의 수익이 지난 한 해에 걸쳐 급격히 상승했다.

3 관사와 형용사 사이 또는 동사와 형용사 사이는 부사 정답 자리이다.

- 부사는 관사와 형용사 사이 또는 동사와 형용사 사이에서 형용사를 수식한다.

  Hanoi has become **an** (increasingly / increase) **popular** destination.

  하노이는 점점 더 인기 있는 여행지가 되었다.

4 전치사와 동명사 사이는 부사 정답 자리이다.

- 전치사와 동명사 사이는 동명사를 수식할 부사 자리이다.

  The company was able to cut costs **by** (effectively / effective) **managing** its resources.

  그 회사는 효과적으로 회사 자원을 관리함으로써 비용을 줄일 수 있었다.

5 수동태 동사 또는 현재완료 동사 사이는 부사 정답 자리이다.

- 수동태(be p.p.) 또는 현재완료(have p.p.) 사이는 동사를 수식할 부사 자리이다.

  The café **is** (conveniently / convenient) **located** near the station.

  그 카페는 역 근처에 편리하게 위치해 있다.

서아쌤 밀착 코칭 TIP

be conveniently located(편리하게 위치해 있다)는 숙어처럼 덩어리째 외워두세요.

기출 확인 PRACTICE   📖 해설서 p.16

1 Ms. Robertson ------- completed all the projects.

(A) succeed   (B) successfully

2 The manager has ------- said that we need to save electricity in the office.

(A) repeat   (B) repeatedly

3 By ------- designing the product, the company was able to improve its annual sales.

(A) innovative   (B) innovatively

4 The writer has travelled ------- throughout the country.

(A) extensive   (B) extensively

POINT 4 부사의 종류

1 숫자 표현 앞에 사용하는 부사

| approximately[nearly, almost, about] 대략, 거의 | over[more than] ~가 넘는 | up to 최대 ~까지 |
| only[just] 단지, 오직 | at least 최소한, 적어도 | |

The concert will last for (approximately / approximate) three hours.
그 콘서트는 대략 세 시간 동안 지속될 것이다.

2 빈도 부사

| always 항상 | usually 보통 | often 자주 | sometimes 때때로 |
| hardly[rarely, seldom, scarcely, barely] 거의 ~않다 | | never 결코 ~않다 | |

The copy machine in meeting room B is (hard / hardly) working.
회의실 B에 있는 복사기는 거의 작동하지 않는다.

3 증감을 나타내는 동사와 잘 어울리는 부사

considerably[substantially, significantly] 상당히		
dramatically[drastically, remarkably, sharply, noticeably] 급격히		
gradually 점차적으로	steadily 꾸준히	slightly 약간

The sales increased (dramatically / highly) due to our new marketing strategies.
우리의 새로운 마케팅 전략 때문에 매출이 급격히 증가했다.

4 명사구 수식이 가능한 부사

simply[only, just] 단지	mainly[largely] 주로	even 심지어 (~조차)	only 오직
formerly 이전에, 예전에	clearly 명백히	originally 원래	once 한때
almost 거의			

We provide (mainly / highly) fruits and nuts for vegetarians.
저희는 채식주의자들을 위해 주로 과일과 견과류를 제공합니다.

기출 확인 PRACTICE 📖 해설서 p.17

1 Sales figures have decreased ------- due to the lack of new products.

(A) considerable   (B) considerably

2 The management recommended that ------- ten more new employees be hired.

(A) at least   (B) too many

3 The property, ------- an old house, is now a popular Italian restaurant.

(A) formerly   (B) extremely

4 ------- our most knowledgeable employees have decided to participate in the workshop.

(A) Even   (B) Despite

● 출제포인트에 유의하여 다음 기출문제들을 풀어보세요.

1. Ms. Hawke will lead ------- seminars on the topic of financial management.
   (A) introduced
   (B) introducing
   (C) introductory
   (D) introductions

2. The health inspector emphasized that most restaurant injuries are -------.
   (A) preventing
   (B) preventable
   (C) prevent
   (D) prevention

3. All bill payments must be made to the Accounting department in a ------- manner.
   (A) time
   (B) timing
   (C) timely
   (D) timer

4. The air purification system we installed has proven to be very -------.
   (A) beneficial
   (B) benefit
   (C) beneficiary
   (D) beneficially

5. New technology makes the car's steering wheel more ------- to hand movement.
   (A) responded
   (B) responsive
   (C) responsively
   (D) response

6. Mr. LaRusso ------- hoped to relocate his store in June, but it will be moved in July instead.
   (A) initial
   (B) initialize
   (C) initialized
   (D) initially

7. The Web design team will need to work more ------- to complete work on the new Web site by October 1.
   (A) quickly
   (B) quick
   (C) quickness
   (D) quickest

8. Applying for a construction permit is a ------- process that can take several weeks.
   (A) length
   (B) lengthen
   (C) lengthy
   (D) lengthens

9. Donations received from private donors often total ------- $50,000 per month.
   (A) farther
   (B) over
   (C) aside from
   (D) in addition to

10. Ms. Werner's first ever bronze sculpture was exhibited for ------- eight weeks.
   (A) now that
   (B) within
   (C) more than
   (D) still

11. Last year's increase in property prices in Laketown was ------- a side effect of the city's successful urban development efforts.
   (A) large
   (B) largely
   (C) larger
   (D) largest

12. Ermax Business Solutions has ------- held its annual recruitment fair at Bowyer University.
   (A) traditions
   (B) traditional
   (C) traditionally
   (D) traditionalism

13. The star of the stage play ------- addressed the audience members after the performance.
   (A) confident
   (B) confidently
   (C) confidence
   (D) confidences

14. The express buses are traveling at ------- reduced speeds due to inclement weather conditions.
   (A) slightest
   (B) slighted
   (C) slighting
   (D) slightly

15. Bill Witherspoon was ------- an intern, but he was offered a permanent position after six months.
   (A) originality
   (B) original
   (C) originals
   (D) originally

to부정사 & 동명사

POINT 1 to부정사와 어울리는 빈출 단어 1

① to부정사와 어울리는 빈출 형용사

likely[bound] 할 것 같은	(un)able 할 수 있는(없는)	willing 의향이 있는	reluctant 꺼려하는
hesitant 주저하는	eligible 자격이 있는	prepared[ready] 준비가 된	eager 갈망하는
scheduled 예정된	pleased[delighted] 기쁜	excited 흥분된	proud 자랑스러운
fortunate 다행인			

Our members **are** (eligible / exclusive) **to receive** a gift certificate.
저희 회원들은 상품권을 받을 자격이 있습니다.
◐ 바로 뒤에 위치한 to부정사와 어울려 '~할 자격이 있다'라는 의미를 나타낼 때 사용하는 eligible이 정답입니다.

② to부정사와 어울리는 빈출 동사

want 원하다	intend 계획하다	wish 바라다	hope 희망하다	plan 계획하다
offer 제안하다	arrange 조정하다	decide 결정하다	aim 목표로 하다	refuse 거절하다

We are **planning** (to hire / hire) five new engineers.
우리는 다섯 명의 신입 엔지니어를 고용할 계획이다.
◐ 바로 앞에 위치한 동사 plan은 to부정사와 어울려 '~할 계획이다'라는 의미를 나타내므로 to hire가 정답입니다.

③ to부정사와 어울리는 빈출 명사

right 권리	effort 노력	way 방법	intention[intent] 의도	opportunity 기회
plan 계획	attempt 시도	ability 능력	decision 결정	

The park reserves the (right / duty) **to refuse** admission.
공원은 입장을 거부할 권리를 지니고 있습니다.
◐ 바로 뒤에 위치한 to부정사와 어울려 '~할 권리'라는 의미를 나타내는 right이 정답입니다.

기출 확인 PRACTICE 해설서 p.19

1 Our company has decided ------- its headquarters next year.
(A) to move   (B) move

2 We are ------- to welcome Mr. Kim, the new financial director, to Skyline Corporation.
(A) involved   (B) delighted

3 Our design team's ------- to create innovative products has been successful.
(A) attempt   (B) argument

4 Ms. Lampard is willing ------- a presentation at the national conference.
(A) give   (B) to give

POINT 2 to부정사와 어울리는 빈출 단어 2

1 『동사 + 목적어 + to부정사』의 구조로 쓰이는 동사

ask 요구하다	instruct 지시하다	encourage 권장하다	enable 가능하게 하다
advise 조언하다	remind 상기시키다	expect 기대하다	allow[permit] 허락하다

Your donation (**enables** / intends) **us to hold** this year's exhibition.
귀하의 기부로 인해 저희가 올해 전시회를 개최할 수 있습니다.

○ 빈칸 뒤에 위치한 『목적어 + to부정사』 구조와 어울려 '~가 …할 수 있게 하다'라는 의미를 나타낼 때 사용하는 enables가 정답입니다.

서아쌤 밀착 코칭 TIP

『동사 + 목적어 + to부정사』 구조로 쓰이는 동사들은 목적어가 주어 자리로 위치를 옮긴 『be p.p. + to부정사』 수동태 구조로도 자주 쓰여요.

예 Employees were instructed (**to attend** / attendance) the workshop. 직원들은 그 워크숍에 참석하도록 지시 받았다.

2 『가주어 + 진주어』 구문에 쓰이는 형용사

difficult 어려운	important 중요한	easy 쉬운	hard 어려운	possible 가능한
necessary 필수인	convenient 편리한	dangerous 위험한	safe 안전한	

We think that **it is** (**necessary** / responsible) **to improve** our productivity.
우리는 생산성을 향상시키는 것이 필수라고 생각한다.

○ 『it is ~ to do』 구조로 된 『가주어 + 진주어』 구문에 쓰일 수 있는 형용사인 necessary가 정답입니다.

3 to부정사와 사용하는 in order

Please return the book by tomorrow (**in order** / only if) **to avoid** a fine.
벌금을 피할 수 있도록 내일까지 해당 도서를 반납하시기 바랍니다.

○ 바로 뒤에 위치한 to부정사와 어울려 '~하기 위해'라는 의미를 나타내는 in order가 정답입니다.

기출 확인 PRACTICE 📖 해설서 p.20

1 The new shopping mall is expected -------
many visitors to the area.

(A) attracts   (B) to attract

2 ------- to increase security, we will purchase a
new program.

(A) In order   (B) In addition

3 It is important ------- appropriate safety gear
on the factory floor.

(A) to wear   (B) wear

4 The gift certificate ------- customers to receive
a 10% discount on their next purchase.

(A) celebrates   (B) allows

1 동명사와 어울리는 빈출 동사

mind 꺼려하다	enjoy 즐기다	give up 포기하다	admit 인정하다
put off[postpone] 연기하다	practice 연습하다	suggest 제안하다	finish 끝내다
avoid 피하다	recommend 권하다	deny 부정하다	discontinue 중단하다
dislike 싫어하다	consider 고려하다		

Ms. Moore **recommended** (reviewing / review) the budget reports thoroughly.
Moore 씨는 예산 보고서를 면밀히 검토하도록 권했다.

○ 바로 앞에 위치한 동사 recommended는 동명사와 어울리는 동사이므로 reviewing이 정답입니다.

The manager asked Mr. Lee to (consider / offer) **participating** in the event.
책임자가 Lee 씨에게 그 행사에 참가하는 것을 고려해 보도록 요청했다.

○ 바로 뒤에 위치한 동명사 participating과 어울릴 수 있는 동사 consider가 정답입니다.

2 빈출 동명사 관용 표현

contribute to -ing ~하는 데 공헌하다	look forward to -ing ~하기를 고대하다
be used to -ing ~하는 데 익숙하다	object to -ing ~하는 데 반대하다
be committed to -ing ~하는 데 전념하다	be dedicated[devoted] to -ing ~하는 데 헌신적이다
cannot help -ing ~하지 않을 수 없다	be worth -ing ~할 만한 가치가 있다
be busy (in) -ing ~하느라 바쁘다	have difficulty[trouble] (in) -ing ~하는 데 어려움을 겪다

Mr. Walter **is busy** (interviewing / to interview) applicants at the moment.
Walter 씨는 현재 지원자들을 면접 보느라 바쁘다.

○ 바로 앞에 위치한 be busy는 동명사와 함께 '~하느라 바쁘다'라는 의미를 나타내므로 interviewing이 정답입니다.

Mr. Tilman **is** (dedicated / dedicating) **to raising** awareness about environmental pollution.
Tilman 씨는 환경 오염에 대한 인식을 고취시키는 일에 헌신하고 있다.

○ '~하는 데 헌신하다'라는 의미를 나타낼 수 있는 『be dedicated to -ing』의 표현이 만들어져야 알맞으므로 dedicated가 정답입니다.

 기출 확인 **PRACTICE**   해설서 p.20

1 The team members are ------- to addressing
urgent issues.

(A) dedicated   (B) dedicating

2 The Web site is operated by an organization
that is committed to ------- the environment.

(A) protecting   (B) protect

POINT 4 to부정사/동명사 관련 기타

☐1 **전치사와 명사(구) 사이는 동명사 정답 자리이다.**

You can cancel your order **by** (call / **calling**) **our service center**.

저희 서비스 센터에 전화하셔서 주문을 취소하실 수 있습니다.

❍ 명사구 our service center를 목적어로 취함과 동시에 전치사 by의 목적어 역할을 할 동명사구가 구성되어야 알맞으므로 동명사 calling이 정답입니다.

☐2 **동명사는 부사의 수식을 받는다.**

After (careful / **carefully**) **reviewing** the proposals, the board of directors will choose one.

제안서들을 신중히 검토한 후에, 이사회가 하나를 선택할 것이다.

❍ 바로 뒤에 위치한 동명사 reviewing을 수식할 수 있는 것은 부사이므로 carefully가 정답입니다. careful은 형용사이므로 명사를 수식해야 합니다.

☐3 **동명사는 관사 뒤에 위치할 수 없다.**

The (supervising / **supervisor**) of the Management Department has worked here since 2014.

경영 부서의 책임자는 2014년부터 이곳에서 근무해왔다.

❍ 정관사 The는 명사를 수식하므로 동명사가 바로 뒤에 이어질 수 없습니다.

☐4 **문장에 이미 동사가 있을 경우 to부정사 또는 동명사를 선택한다.**

(Improve / **Improving**) our products **is** one of our most important goals.

우리의 상품들을 개선하는 것이 우리의 가장 중요한 목표들 중 하나이다.

❍ 문장에 이미 동사 is가 있으므로 또 다른 동사 Improve는 쓰일 수 없습니다. 따라서 동명사 Improving이 정답입니다.

기출 확인 PRACTICE
🔍 해설서 p.20

1 Employees can't use some doors during the -------.

(A) renovation   (B) renovating

2 Ms. Bale said that she is interested in ------- the upcoming seminar.

(A) attendance   (B) attending

3 Ms. Robson is responsible for ------- documents that are needed for the report.

(A) compiling   (B) compiles

4 You should consider obtaining advice ------- applying for an opening.

(A) before   (B) in order to

• 출제포인트에 유의하여 다음 기출문제들을 풀어보세요.

1. The customer service manager will modify the product return policy ------- sale items.
   (A) inclusive
   (B) to include
   (C) inclusion
   (D) will include

2. Primo's Restaurant hopes to attract new diners by ------- its menu to provide more vegan options.
   (A) updates
   (B) updating
   (C) updated
   (D) update

3. There are several Asian auto manufacturers eager ------- the North American market.
   (A) enter
   (B) will enter
   (C) entering
   (D) to enter

4. According to the theater manager, the ------- of promotional flyers will bring additional people to the play's opening night.
   (A) distributing
   (B) distribute
   (C) distributes
   (D) distribution

5. The Saudi Arabian government is ready ------- a lucrative construction contract to the engineering firm that will construct the 150-floor skyscraper.
   (A) offers
   (B) offering
   (C) to offer
   (D) has offered

6. Annalise Kennett is known for her skill in ------- the most visually appealing product packaging.
   (A) creation
   (B) created
   (C) creating
   (D) creative

7. ------- hiring new assembly line workers, Craig Jeffries trains them during their first week of employment.
   (A) Therefore
   (B) Likewise
   (C) In addition to
   (D) As a result

8. At the Mayfair Hotel, we are always ------- to provide our guests with sightseeing recommendations and tour itineraries.
   (A) preferred
   (B) willing
   (C) committed
   (D) possible

9. ------- painting the office walls, Mr. Moretti ensured that the windows were open.

(A) In order to

(B) However

(C) Before

(D) Therefore

10. Instead of ------- Christmas gifts to staff, the company director added a generous bonus to each employee's December salary.

(A) provide

(B) providing

(C) provision

(D) to provide

11. After ------- redesigning the company's Web site, Mr. Hill was commended by the CEO for his contribution.

(A) substantial

(B) substance

(C) substantially

(D) substantive

12. Ms. Diaz has been committed to ------- gender inequality issues in the workplace for more than 30 years.

(A) address

(B) addressed

(C) addressing

(D) will address

13. At the end of the film premiere, audience members will be given 20 minutes ------- the director questions.

(A) ask

(B) asked

(C) to ask

(D) has asked

14. To receive a higher starting salary at our firm, it is ------- to complete an advanced sales course at our training facility.

(A) necessary

(B) necessarily

(C) necessitate

(D) necessity

15. Simply click the 'Chat' button if you wish ------- an online chat session with one of GMU Bank's representatives.

(A) to begin

(B) beginning

(C) began

(D) begun

분사

POINT 1 분사 자리 1

1 **be동사와 명사(구) 사이는 현재진행형을 구성하는 현재분사 형태가 정답이다.**

The marketing department is (planning / planned) **a new advertising campaign.**

마케팅부는 새로운 광고 캠페인을 계획하고 있다.

❍ be동사 is와 결합할 수 있으면서 명사구 a new advertising campaign을 목적어로 취할 수 있는 것은 현재분사이므로 planning이 정답입니다.

2 **명사(구)와 명사(구) 사이에 동사가 올 때 현재분사 형태가 정답이다.**

Customers are looking for **a store** (selling / sold) **a variety of fresh fruits.**

고객들이 여러 가지 신선한 과일을 판매하는 매장을 찾고 있다.

❍ 뒤에 위치한 명사구 a variety of fresh fruits를 목적어로 취함과 동시에 앞에 위치한 명사 a store를 수식할 분사가 필요하므로 목적어를 취할 수 있는 현재분사 selling이 정답입니다.

3 **be동사와 부사[전치사구] 사이는 수동태를 구성하는 과거분사 형태가 정답이다.**

The supervisor insisted that new computers **be** (purchased / purchasing) **immediately.**

그 관리자는 새 컴퓨터들이 즉시 구입되어야 한다고 주장했다.

❍ 목적어 없이 부사(immediately)의 수식을 받음과 동시에 be동사와 결합하는 구조에 어울리는 것은 과거분사이므로 purchased가 정답입니다.

4 **명사(구)와 부사[전치사구] 사이에 동사가 올 때, 과거분사 형태가 정답이다.**

Ms. Han tried to open the **contract file** (attached / attaching) **to the e-mail.**

Han 씨는 이메일에 첨부된 계약서 파일을 열기 위해 노력했다.

❍ 목적어 없이 전치사구와 결합해 앞에 위치한 명사(구)를 수식하는 역할을 하는 분사는 과거분사이므로 attached가 정답입니다.

기출 확인 PRACTICE 📖 해설서 p.23

1 Those order forms must be ------- by Mr. Chang by the end of the week.

(A) approved   (B) approving

2 Managers ------- the annual seminar should register for it online.

(A) attending   (B) attended

POINT 2 분사 자리 2

1 관사와 명사 사이, 또는 소유격과 명사 사이는 분사 정답 자리이다.

Many companies are concerned about the (**rising** / rise) **production costs**.

많은 회사들이 증가하는 생산비를 우려하고 있다.

❍ 형용사와 마찬가지로 분사도 명사를 수식하는 역할을 하므로 명사 production costs를 수식할 수 있는 분사 rising이 정답입니다.

Please inform me of **your** (prefer / **preferred**) **flight arrangements** so that I can take care of the reservations.

제가 예약을 처리할 수 있도록 저에게 선호하시는 비행 스케줄을 알려주시기 바랍니다.

❍ 명사구 flight arrangements를 수식할 수 있는 분사 preferred(선호하는)가 정답입니다.

서아쌤 밀착 코칭 TIP

한 동사의 여러 형태가 선택지에 제시된 경우, 문장에 동사가 있는지 먼저 확인해 보세요. 이미 동사가 존재하는 구조로 된 문장일 경우, 또 다른 동사가 쓰일 수 없으므로 선택지에서 동사의 형태로 된 것을 먼저 오답 소거해야 합니다.

2 수식하는 명사와의 의미 관계에 따라 현재분사 또는 과거분사를 선택한다.

- 명사가 분사의 주어인 능동적인 의미 관계일 때는 현재분사가 정답이다.

Due to the (approached / **approaching**) **storm**, all morning flights from Bangkok were canceled.

다가오는 태풍으로 인해, 방콕에서 출발하는 모든 오전 비행기들이 취소되었다.

❍ 태풍(storm)이 스스로 다가오는 것이므로 '~하는'이라는 능동의 의미를 나타낼 수 있는 현재분사 approaching이 정답입니다.

- 명사가 분사의 목적어인 수동적인 의미 관계일 때는 과거분사가 정답이다.

Our newly (electing / **elected**) **director** will make a speech tomorrow.

새롭게 선출된 이사님께서 내일 연설하실 것이다.

❍ 이사(director) 직책은 스스로 뽑는 것이 아니라 다른 사람에 의해 뽑히는 것이므로 '~되는'이라는 수동의 의미를 나타낼 수 있는 과거분사 elected가 정답입니다.

 기출 확인 **PRACTICE** 📖 해설서 p.23

1 We need to require a ------- estimate for the renovation.

(A) detailed   (B) details

2 Participants have to sit in their ------- seat.

(A) assigned   (B) assignment

3 A ------- policy will be announced during the meeting.

(A) revising   (B) revised

4 There is a ------- demand for sustainable energy.

(A) growing   (B) grow

1 감정을 유발하는 주체에 대해서는 현재분사를 사용한다.

The manager submitted an (interesting / interested) proposal.

그 부서장은 흥미로운 제안서를 제출했다.

➊ 제안서(proposal)가 흥미로움을 유발하는 주체에 해당되므로 현재분사 interesting이 정답입니다.

The sales figures for the new items are quite (disappointing / disappointed).

신제품 매출 수치가 상당히 실망스럽다.

➊ 매출 수치(sales figures)가 실망스러움을 유발하는 주체에 해당되므로 현재분사 disappointing이 정답입니다.

토익에 자주 출제되는 감정 동사의 현재분사			
pleasing 기분 좋게 하는	exciting 흥분하게 하는	delighting 기쁘게 하는	satisfying 만족시키는
disappointing 실망시키는	confusing 혼란스럽게 하는	embarrassing 난감하게 하는	interesting 관심 갖게 하는
surprising 놀라게 하는			

2 감정을 느끼는 사람에 대해서는 과거분사를 사용한다.

Mr. Martinez is (exciting / excited) about the promotion.

Martinez 씨가 승진에 대해 들떠 있다.

➊ 사람인 Martinez 씨가 들뜬 감정을 느끼는 것이므로 과거분사 excited가 정답입니다.

(Interesting / Interested) **people** can apply on our Web site.

관심 있으신 분들은 저희 웹 사이트에서 지원하실 수 있습니다.

➊ 사람인 people이 관심을 느끼는 것이므로 과거분사 Interested가 정답입니다.

토익에 자주 출제되는 감정 동사의 과거분사			
pleased 기분 좋은	excited 흥분한	delighted 기쁜	satisfied 만족한
disappointed 실망한	confused 혼란스러워 하는	embarrassed 난감한	interested 관심 있는
surprised 놀라워 하는			

기출 확인 PRACTICE 📖 해설서 p.24

1 The quarterly profits were -------, so the management has decided to create a new advertisement.

(A) disappointing　　(B) disappointed

2 Some employees said that they found the result -------.

(A) satisfied　　(B) satisfying

POINT 4 분사 관련 기타

1 자동사의 분사를 고를 때는 현재분사가 정답이다.

The (**existing** / existed) members don't need to pay the fee.

기존 회원들은 요금을 지불하실 필요가 없습니다.

○ 자동사 exist는 과거분사의 형태로 명사를 수식할 수 없으므로 현재분사 existing이 정답입니다.

토익에 자주 출제되는 자동사의 현재분사			
existing 기존의	missing 빠진, 없는	lasting 지속되는	leading 선도하는
promising 유망한	rewarding 보람 있는	challenging 어려운	

2 분사구문에서도 목적어가 있으면 현재분사를, 없으면 과거분사를 고른다.

Before (**operating** / operated) **the machine**, please read the instructions thoroughly.

기계를 작동하기 전에, 설명서를 철저히 읽어 보시기 바랍니다.

(**Arriving** / Arrived) **early**, some customers got a discount.

일찍 도착했기 때문에, 일부 손님들이 할인을 받았다.

○ 분사구문에서도 자동사가 쓰일 경우, 현재분사를 정답으로 선택합니다.

서아쌤 밀착 코칭 TIP

명사를 수식할 단어를 골라야 하는데 선택지에 형용사와 분사가 섞여 있을 경우, 형용사를 우선 선택하세요.
이때, 형용사의 의미를 알고 있다면 더욱 명확히 정답으로 고를 수 있어요.

예 The restaurant serves food at (**reasonable** / reasoned) prices.
그 레스토랑은 합리적인 가격에 음식을 제공한다.

기출 확인 PRACTICE   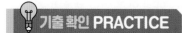 해설서 p.24

1 The sales representatives try to make a ------- impression.

(A) lasted   (B) lasting

2 Music Heaven is one of the ------- weekly pop music magazines in the country.

(A) leading   (B) led

3 Although ------- a few days ago, the proposal still needs to be approved.

(A) completing   (B) completed

4 When ------- customer complaints, please share your idea of how to address them.

(A) handled   (B) handling

Check-up Test

출제포인트에 유의하여 다음 기출문제들을 풀어보세요.

1. Ms. Channing was praised for her ------- achievements at Moray Corporation.

(A) impressive

(B) impressed

(C) impressively

(D) impress

2. The head chef made several ------- improvements to the menu.

(A) notably

(B) notable

(C) noting

(D) noted

3. Mr. Gower thinks that the ------- cost of the building extension is inaccurate.

(A) assessed

(B) assesses

(C) assessing

(D) to assess

4. We are extremely ------- with the efforts of our fundraising volunteers.

(A) pleasant

(B) pleasing

(C) pleased

(D) pleasure

5. A meal will be planned to welcome the recently ------- managers of the Portsmouth branch.

(A) appoint

(B) appointed

(C) appointing

(D) appoints

6. The music festival will include a ------- performance by a local jazz band.

(A) fascinating

(B) fascination

(C) fascinates

(D) fascinated

7. The council members will hold a meeting about recently ------- changes to traffic laws.

(A) propose

(B) proposed

(C) proposes

(D) proposal

8. Madrid-based Agora Corporation is a ------- developer of smartphone apps.

(A) leading

(B) leader

(C) led

(D) leadership

9. As a result of ------- gas prices, many people prefer to use public transportation.

(A) risen

(B) to rise

(C) rising

(D) rise

10. Ms. Shaw's nutritional supplements were shipped along with a pamphlet ------- their health benefits.

(A) describing

(B) described

(C) have described

(D) describes

11. Please include the new vacation leave policy when ------- the employment contract.

(A) revising

(B) revises

(C) revised

(D) revise

12. Tickets ------- through the theater's Web site may be collected from the box office on the day of the performance.

(A) book

(B) are booked

(C) booked

(D) will book

13. Please inform your server of any dietary requirements before ------- your meal order.

(A) place

(B) placing

(C) places

(D) placed

14. Ms. Moore will need to see your personal health card when ------- your follow-up appointment at our clinic.

(A) scheduled

(B) schedules

(C) scheduling

(D) will schedule

15. The management at The National Science Museum is ------- a lower admission fee in an effort to attract more visitors.

(A) considered

(B) considering

(C) considers

(D) consider

전치사 & 등위 접속사

POINT 1 전치사의 종류 1

1 시점 표현과 사용하는 전치사

since ~이래로	from ~부터	before ~ 전에	after ~ 후에	until (지속) ~까지
by (기한) ~까지	as of ~부터, ~부로			

Ms. Allen intends to retire (before / onto) the end of this year. Allen 씨는 올 연말 전에 은퇴할 생각이다.

2 기간 표현과 사용하는 전치사

for ~동안	during ~ 동안, ~ 중에	within ~ 이내에	throughout ~ 동안 내내	over ~ 동안에 걸쳐

Our sales will increase sharply (during / about) the promotional period.
우리 매출이 홍보 기간 중에 급격히 증가할 것이다.

3 장소, 범위를 나타내는 전치사

beside[next to, by] ~ 옆에	near ~ 근처에	around ~ 주위에	behind ~ 뒤에
in front of ~ 앞에	throughout ~ 전역에 걸쳐	within ~ 이내에	

A newly launched product is right (next to / on) you. 새롭게 출시된 제품이 당신 바로 옆에 있습니다.

4 방향, 변화를 나타내는 전치사

from ~로부터	to ~쪽으로	across ~을 가로질러	through ~을 (관)통하여
along ~을 따라	into ~로	toward ~을 향해, ~을 위해	

We are going to send a parcel (to / by) you very soon. 저희가 곧 귀하께 소포를 발송할 예정입니다.

기출 확인 PRACTICE 📖 해설서 p.26

1 Some important signs have been posted ------- the event venue.

(A) throughout   (B) from

2 We encourage you to return the book ------- 15 days.

(A) before   (B) within

3 The required proposal has to be submitted ------- the end of the month.

(A) by   (B) on

4 The company is hoping to expand ------- Asia by next year.

(A) around   (B) into

POINT 2 전치사의 종류 2

① 이유를 나타내는 전치사

because of, due to, owing to, on account of, thanks to ~때문에, ~로 인해

(**Due to** / About) **the inclement weather**, the event has been canceled.
악천후로 인해, 그 행사가 취소되었다.

② 추가를 나타내는 전치사

besides, plus, in addition to, apart from ~에 더해, ~뿐만 아니라

(**In addition to** / Behind) **the music program**, several new shows will be introduced.
그 음악 프로그램 뿐만 아니라, 여러 새로운 쇼들이 소개될 것이다.

③ 양보를 나타내는 전치사

despite, in spite of, notwithstanding ~에도 불구하고

(Within / **Despite**) **her efforts**, Ms. Garvey failed to get a new job.
노력에도 불구하고, Garvey 씨는 새로운 직장을 얻지 못했다.

④ 기타 전치사

according to ~에 따르면	as a result of ~의 결과로	in response to ~에 응하여
in case of ~의 경우에	in preparation for ~에 대비하여	on behalf of ~을 대표해[대신해]
in charge of ~을 담당하는	regardless of ~에 상관없이	with[in] regard to ~와 관련해
in place of ~을 대신하여	in conjunction with ~와 함께	except (for) ~을 제외하고
instead of ~ 대신	regarding[concerning] ~에 관해	including ~을 포함하여
following ~ 후에		

Mr. Gibson is (in case of / **in charge of**) **the new design project**.
Gibson 씨가 새로운 디자인 프로젝트를 책임지고 있다.

기출 확인 PRACTICE 해설서 p.27

1 ------- the extended deadline, the project team wasn't able to complete the design.

(A) Despite   (B) Furthermore

2 ------- our records, your membership will expire next month.

(A) Such as   (B) According to

3 The renovation has been delayed ------- the lack of funds.

(A) due to   (B) instead of

4 Ms. Wang is responsible for training new employees ------- recruiting them.

(A) along   (B) in addition to

전치사 문제 풀이 전략

① 명사(구) 앞은 전치사 자리이다.

- 전치사는 명사(구)를 목적어로 취한다.

(**Despite** / Although) **some delays**, the shipment arrived on time.

일부 지연 문제에도 불구하고, 배송품이 제시간에 도착했다.

❍ 명사구 some delays를 목적어로 취할 수 있는 전치사 Despite이 정답입니다. Although는 접속사이므로 『주어 + 동사』가 포함된 절을 이끌어야 합니다.

② 여러 개의 전치사가 있을 경우 의미를 확인해야 한다.

- 선택지에 2개 이상의 전치사가 제시되면 의미상 적절한 것을 찾아야 한다.

We operate several branches (**throughout** / against / while) **this region**.

저희는 이 지역 전체에 걸쳐 여러 지점을 운영하고 있습니다.

❍ 명사구 this region을 목적어로 취할 수 있는 전치사 throughout과 against 중에서 하나를 골라야 합니다. this region은 지사 운영 범위를 나타내는 장소이므로 '~ 전체에 걸쳐'를 뜻하는 장소 전치사 throughout이 정답입니다. against도 전치사이지만 '~에 반대하여, 맞서, 기대어' 등을 나타내므로 문장의 의미에 맞지 않습니다. while은 접속사이므로 『주어 + 동사』가 포함된 절을 이끌어야 합니다.

Some new policies will be announced (**during** / inside / regarding) **the monthly meeting**.

일부 새로운 정책들이 월간 회의 중에 발표될 것이다.

❍ 세 개의 전치사들 중에서, 목적어 the monthly meeting과 의미가 어울리는 것을 찾아야 합니다. 새 정책이 회의 시간 중에 발표된다는 의미가 되어야 알맞으므로 '~ 중에, ~ 동안'을 뜻하는 during이 정답입니다.

서아쌤 밀착 코칭 TIP

선택지에 전치사와 접속사가 섞여 나올 가능성이 많으므로, 두 가지가 모두 선택지에 포함되어 있을 경우, 빈칸 다음 부분의 구조를 먼저 확인해야 해요. 빈칸 바로 뒤에 명사(구)가 있으면 빈칸은 전치사 자리, 『주어 + 동사』가 포함된 절이 있으면 접속사 자리예요. 따라서 선택지의 전치사와 접속사를 구분하는 것과 함께 빈칸 다음 부분의 구조를 명확히 파악하는 것이 중요해요.

 기출 확인 PRACTICE 📖 해설서 p.27

1 A variety of local events will be taking place ------- the new park.

(A) during (B) throughout

2 The shopping mall is located ------- walking distance of the office.

(A) within (B) on

3 Mr. Shin will be out of town ------- the end of the week.

(A) until (B) whether

4 Ms. Henderson will give a demonstration ------- the conference.

(A) during (B) within

Part 5

POINT 4 등위 접속사

1 등위 접속사의 종류

and 그리고	or 또는	but 그러나	so 그래서

The book was published 10 years ago, (and / that) **it is** still **selling** well.

그 책은 10년 전에 출간되었고, 여전히 잘 판매되고 있다.

◑ 『주어 + 동사』가 각각 포함된 두 개의 절을 동등하게 연결할 수 있는 등위 접속사 and가 정답입니다.

Seats are available, (but / then) **limited.**

좌석이 이용 가능하기는 하지만, 제한되어 있습니다.

◑ 보어로 쓰인 두 형용사 available과 limited를 연결할 수 있는 등위 접속사 but이 정답입니다.

The store has a large selection of snacks (and / also) **beverages.**

그 매장은 아주 다양한 간식과 음료를 갖추고 있다.

◑ 전치사 of의 목적어로 쓰인 명사 snacks와 beverages를 연결할 수 있는 등위 접속사 and가 정답입니다.

2 상관 접속사(부사 + 등위접속사)의 종류

both A and B A와 B 둘 모두	not A but B A가 아니라 B	either A or B A 또는 B 둘 중의 하나
neither A nor B A와 B 둘 모두 아닌	not only A but (also) B A뿐만 아니라 B도	

Attendees must show (both / either) **tickets and photo identification.**

참가자들은 반드시 티켓과 사진이 포함된 신분증 둘 모두를 제시해야 합니다.

◑ 『A and B』의 구조와 어울려 'A와 B 둘 모두'라는 의미를 나타내는 상관 접속사를 구성하는 both가 정답입니다.

If you want to register for the event, you should (either / not only) **sign up online or call us.**

행사에 등록하기를 원하시면, 온라인으로 신청하시거나 저희에게 전화 주셔야 합니다.

◑ 『A or B』의 구조와 어울려 'A 또는 B 둘 중의 하나'라는 의미를 나타내는 상관 접속사를 구성하는 either가 정답입니다.

기출 확인 PRACTICE 🔍 해설서 p.28

1 ------- experienced employees and newly hired ones have to attend the meeting.

(A) Both　　　　　(B) Either

2 Our new copy machine is ------- efficient, but also versatile.

(A) both　　　　　(B) not only

3 If you have a problem, please contact us either by phone ------- by e-mail.

(A) and　　　　　(B) or

4 Ms. Johnson's performance was outstanding, ------- he wasn't promoted.

(A) but　　　　　(B) moreover

Check-up Test

- 출제포인트에 유의하여 다음 기출문제들을 풀어보세요.

1. We will be unable to deliver your office supplies ------- July 12.
   (A) between
   (B) within
   (C) above
   (D) before

2. The manufacturing plant will not reopen ------- the last week of October.
   (A) until
   (B) when
   (C) yet
   (D) whether

3. ------- the heavy rain, more than twenty thousand people watched the city's annual street parade.
   (A) Even though
   (B) Whether
   (C) Provided that
   (D) In spite of

4. The City Planning Department will make a final decision ------- 14 days of receiving your building permit application.
   (A) toward
   (B) between
   (C) among
   (D) within

5. Ms. Swanson predicts that the hotel's ballroom renovations will be completed ------- the end of the year.
   (A) within
   (B) if
   (C) that
   (D) by

6. Oliver Neilson plans to open a new hotel ------- two kilometers of the new airport terminal.
   (A) for
   (B) almost
   (C) nearby
   (D) within

7. ------- the personnel manager, Marjorie Bates is responsible for most decisions regarding employee work conditions.
   (A) As
   (B) How
   (C) Because
   (D) Similarly

8. ------- the Web design manager, the new online store will increase traffic to our site by 30 percent.
   (A) According to
   (B) Next to
   (C) Instead of
   (D) So that

9. Construction of the $30 million art gallery was eventually completed ------- private investments.

(A) as well as

(B) overall

(C) thanks to

(D) even if

10. The increasing number of 'dollar stores' appearing ------- the country reflects the rising number of low-income families.

(A) into

(B) throughout

(C) during

(D) as

11. If a sales representative consistently receives customer complaints, it will affect not only the reputation of that representative ------- that of the entire sales team.

(A) provided that

(B) even if

(C) but also

(D) just as

12. Remember to bring a portfolio of professional photographs ------- several different outfits to the acting audition.

(A) so

(B) but

(C) and

(D) if

13. Please provide your home phone number, mobile number, ------- e-mail address so that we can contact you about future job opportunities.

(A) but

(B) that

(C) or

(D) as

14. Unless the gym finds ways to attract more members, it may ------- close down, but may also have to declare bankruptcy.

(A) not only

(B) in case

(C) most often

(D) as well

15. The Mont-Royal Hotel provides ------- dry cleaning and beauty therapy services to all guests free of charge.

(A) either

(B) only if

(C) but also

(D) both

부사절 접속사

POINT 1 부사절 접속사 자리

1 빈칸 뒤로 『주어 + 동사, 주어 + 동사』 구조로 된 두 개의 절이 있는 경우

(**Since** / Prior to) **the restaurant is located** near the airport, **it attracts** many tourists.

그 식당은 공항 근처에 위치해 있기 때문에, 많은 관광객들을 끌어들이고 있다.

❶ 『주어 + 동사』의 구조로 된 두 개의 절이 뒤에 이어지고 있으므로 이 절들을 연결해 하나의 문장으로 만들어 줄 부사절 접속사 Since가 정답입니다. Prior to는 전치사이므로 명사(구)나 동명사구를 목적어로 취해야 합니다.

2 빈칸 앞뒤로 『주어 + 동사』 구조로 된 절이 각각 위치한 경우

Mr. Tobin cannot attend the meeting (**because** / in order to) **he is** so busy.

Tobin 씨는 너무 바빠서 그 회의에 참석할 수 없다.

❶ 『주어 + 동사』의 구조로 된 절이 앞뒤에 각각 위치해 있으므로 이 절들을 연결해 하나의 문장으로 만들어 줄 부사절 접속사 because가 정답입니다. in order to는 동사원형과 결합해 '~하기 위해'라는 의미를 나타냅니다.

서아쌤 밀착 코칭 TIP

각 선택지에 접속사와 전치사, 부사 등이 섞여 있는 경우, 문장 구조를 먼저 파악하라는 말과 같아요. 따라서 빈칸 다음이나 앞뒤에 『주어 + 동사』로 된 두 개의 절이 위치한 구조인지, 또는 『주어 + 동사』와 명사(구)가 위치한 구조인지 등을 빠르게 확인해 빈칸이 문장 내에서 어떤 역할을 하는지를 알아내야 해요.

기출 확인 PRACTICE 📖 해설서 p.30

1 We will implement new policies ------- the work process can go more smoothly.

(A) so that   (B) due to

2 ------- Ms. Moore joined the company only a few months ago, she has already been promoted.

(A) Even though   (B) Despite

3 ------- there's any suitable applicant, we will arrange an interview immediately.

(A) If   (B) Even

4 The meeting room is not accessible ------- the projector is being installed.

(A) during   (B) while

POINT 2 부사절 접속사의 종류

1 이유 부사절 접속사

because ~하기 때문에	since ~하기 때문에	as ~하므로	now that 이제 ~이므로

Customers prefer online banking (**because** / then) **it is more convenient.**
더 편리하기 때문에 고객들은 온라인 뱅킹을 선호한다.

2 시간 부사절 접속사

once 일단 ~하면, ~하자마자	as soon as ~하자마자	before ~하기 전에	after ~한 후에
until ~할 때까지	since ~한 이래로	when ~할 때	while ~하는 동안

(**Once** / So) **the construction is complete, we will start** hiring workers.
공사가 완료되자마자, 저희는 직원들을 고용하기 시작할 것입니다.

3 양보 부사절 접속사

although[though, even though, even if] (비록) ~이지만, ~한다 하더라도

(**Although** / How) **sales increased dramatically, the company is concerned** about rising costs.
매출이 급격히 증가하기는 했지만, 회사는 상승하는 비용을 걱정하고 있다.

4 조건 부사절 접속사

if ~한다면	unless ~하지 않는다면	whether (or not) ~이든 아니든
provided (that) ~라는 조건 하에	as long as ~하는 한, ~하기만 하면	

(**If** / Such) **you need assistance with the product, don't hesitate** to call us.
그 제품에 대해 도움이 필요하시다면, 주저하지 말고 저희에게 전화 주십시오.

5 목적, 결과 부사절 접속사

so that ~할 수 있도록	in order that ~할 수 있도록	so ~ that 너무 ~해서 …하다

Please contact us immediately (**so that** / because of) **we can finalize the details of your trip.**
귀하의 여행 세부 사항을 최종 확정할 수 있도록 즉시 저희에게 연락해 주시기 바랍니다.

기출 확인 PRACTICE
해설서 p.31

1 ------- seating is limited, interested individuals should register in advance.

(A) So (B) Since

2 ------- you sign up, we will send you a confirmation e-mail.

(A) Once (B) Although

POINT 3 부사절 접속사와 전치사의 구분

1 빈칸 다음이 『주어 + 동사』 구조로 된 절이면 부사절 접속사 자리이다.

The newly built library is very popular with the residents (**because** / due to) **it is** easy to access.
새로 지어진 도서관은 주민들에게 매우 인기가 많은데, 이는 접근하기 쉽기 때문이다.

○ 『주어 + 동사』의 구조로 된 절이 뒤에 이어져 있으므로 이 절을 이끌 부사절 접속사 because가 정답입니다. due to는 전치사이므로 명사(구) 등의 목적어가 뒤에 쓰여야 합니다.

2 부사절 접속사 vs. 전치사

	부사절 접속사	전치사
이유	because, since, as, now that ~이기 때문에	because of, due to, owing to, thanks to ~ 때문에
양보	although, though, even though, even if, while, whereas ~이지만, ~임에도 불구하고	despite, in spite of, notwithstanding ~에도 불구하고
시간	while, after, before, when, as, at the time (that)	during, for, following, after, prior to, before, at the time of
조건	in case (that), in the event (that), unless, provided (that), providing (that), if, on condition that, only if	in case of, in the event of, without
~처럼	like, as if, as though, (just) as 마치 ~한 것처럼	like ~처럼
목적	so that, in order that ~이도록 하기 위해	in order to do, so as to do ~하기 위해
고려	given that, considering (that) ~라는 점을 고려하면	given, considering ~을 고려하여
제외	except that, except when ~라는 점을 제외하고	except, except for, excluding ~을 제외하고

서아쌤 밀착 코칭 TIP

부사절 접속사를 묻는 문제의 오답 선택지로 비슷한 뜻을 가진 전치사가 등장하기 때문에 의미를 해석하는 방법으로 접근하면 헷갈려요. 빈칸 뒤의 구조가 절인지 명사구인지를 파악해서 절이면 접속사, 명사구이면 전치사를 고르도록 하세요.

기출 확인 PRACTICE   📖 해설서 p.31

1 Employees will not be reimbursed ------- they hand in original receipts.

(A) until   (B) except

2 ------- there were many applicants, it was not easy to find a suitable one.

(A) Despite   (B) Although

3 ------- we purchase the new program, the security problem will be solved.

(A) Once   (B) In case of

4 Ms. Clarkson received an extra vacation day ------- she secured the contract.

(A) after   (B) during

POINT 4 고득점을 위한 부사절 접속사

1 시간이나 조건을 나타내는 부사절에서는 현재 시제가 미래시제를 대신한다.

When I went to Paris last month, I stayed at the Paradis Hotel. 지난달에 파리에 갔을 때 나는 파라디스 호텔에 머물렀다.	접속사 when이 이끄는 시간부사절이나 if가 이끄는 조건부사절의 동사는 보통 주절의 동사와 시제를 일치시킵니다.
When I go to Paris next month, I will stay at the Paradis Hotel. 다음달에 파리에 갈 때 나는 파라디스 호텔에 머물 것이다.	단, 주절의 동사가 미래시제일 때는 시간부사절이나 조건부사절에 미래시제 동사 대신 현재 시제 동사를 사용합니다.
When I will go to Paris next month, I will stay at the Paradis Hotel. (X)	

2 부사절 접속사의 의미 구분

- 선택지에 부사절 접속사가 2개 이상 제시되면 의미상 적절한 것을 찾아야 한다.

(Before / As soon as) Ms. Thomson **joined** our team, she **had worked** at the New York branch.

Thomson 씨가 우리 팀에 합류하기 전에, 뉴욕 지사에서 근무했었다.

○ Before와 As soon as 모두 부사절 접속사이지만, 두 절에 쓰인 동사 시제 사이의 의미 관계(과거완료 시제 had worked가 과거 시제 joined보다 더 이전의 일을 나타냄)에 어울리는 것은 '~하기 전에'를 뜻하는 Before입니다.

3 부사절 접속사와 전치사로 모두 쓰이는 것들

after (접) ~한 후에 (전) ~ 후에	**before** (접) ~하기 전에 (전) ~ 전에
as (접) ~할 때, ~이므로 (전) ~로서, ~처럼	**until** (접) ~할 때까지 (전) ~까지
since (접) ~이므로, ~한 이후로 (전) ~ 이후로	**like** (접) ~한 대로, ~인 것처럼 (전) ~와 같이, ~처럼

기출 확인 PRACTICE

해설서 p.32

1 ------- you need to find out more about it, please visit our Web site.

(A) So that　　　　(B) If

2 Please refer to the user manual ------- the machine displays an error message.

(A) so that　　　　(B) when

3 Ms. Anderson applied for the position, ------- she wasn't accepted.

(A) but　　　　(B) until

4 The manager placed the order, ------- the delivery will be made within five days.

(A) and　　　　(B) unless

5 We had to purchase a new air conditioner ------- the old one was out of order.

(A) because　　　　(B) even though

6 ------- the confirmation e-mail has been sent, we can print out the itinerary.

(A) Now that　　　　(B) While

● 출제포인트에 유의하여 다음 기출문제들을 풀어보세요.

1. ------- Ms. Singh purchased a mobile phone, she compared several new models online.

   (A) So that
   (B) Before
   (C) As well as
   (D) Therefore

2. Simon Arnott has been in charge of all hiring decisions ------- he was promoted to HR manager.

   (A) instead
   (B) while
   (C) however
   (D) since

3. ------- the hotel offers a shuttle bus to the airport, many guests prefer to take a taxi there.

   (A) Although
   (B) Despite
   (C) However
   (D) Whether

4. ------- you submit the application form by 4 P.M. on Friday, you will be considered for the job vacancy.

   (A) As long as
   (B) Despite
   (C) Prior to
   (D) In order to

5. ------- the ice is removed from the runway quickly, several flights will be delayed.

   (A) Unless
   (B) Therefore
   (C) Otherwise
   (D) Instead

6. Mr. Smith was able to purchase the office building on Fifth Street ------- falling property prices in the area.

   (A) as well as
   (B) because
   (C) thanks to
   (D) even if

7. A free gift will be included ------- you purchase a refrigerator or washing machine during our grand opening event.

   (A) if
   (B) for
   (C) yet
   (D) either

8. ------- Petra Chemicals' output has slowed down this year, its monthly earnings have continued to rise.

   (A) While
   (B) Since
   (C) When
   (D) However

9. Harold Lee has been transferred to the Seoul facility ------- he can oversee the training of new factory workers.

(A) nor

(B) before

(C) instead of

(D) so that

10. When Ms. Van Horne ------- to Brazil in October, she will fly with the newly-founded Samba Airlines.

(A) goes

(B) to go

(C) was going

(D) going

11. The staff cafeteria will be closed to all employees for three days ------- renovation work is being carried out.

(A) while

(B) during

(C) though

(D) that

12. We always take clients to Diamanti Bistro ------- there are several other highly-regarded restaurants nearby.

(A) except

(B) owing to

(C) although

(D) in order to

13. ------- Mr. Bettany has no experience in marketing, he was tasked with creating a new logo for the company.

(A) Though

(B) Despite

(C) As if

(D) Just as

14. ------- telephone sales representatives are occasionally allowed to work from home, they are required to submit a detailed report of all customer calls.

(A) While

(B) Rather than

(C) In view of

(D) As a result of

15. ------- April is the wettest month of the year, Emerald Valley Resort experiences a significant drop in reservations.

(A) So

(B) For

(C) As

(D) During

명사절 접속사

POINT 1 명사절 접속사 자리

1 『빈칸 + 주어 + 동사』 뒤에 동사가 또 이어지는 경우

(**Whether** / Because) **Mr. Cook accepts the offer depends** on the size of the salary.

Cook 씨가 제안을 받아들일지는 연봉의 규모에 달려 있다.

○ 주어(Mr. Cook)와 동사(accepts), 목적어(the offer)로 구성된 절 뒤로 곧 바로 또다른 동사 depends가 이어지는 구조입니다. 이러한 구조는 Mr. Cook accepts the offer가 명사절이 되어 depends의 주어로 쓰여야 한다는 것을 의미하므로 명사절 접속사 Whether가 정답입니다.

2 타동사 뒤로 『빈칸 + 주어 + 동사』 구조가 이어지는 경우

Our records **indicate** (**that** / but) **the item was shipped yesterday.**

저희 기록에 그 제품이 어제 배송된 것으로 나타납니다.

○ indicate는 목적어를 필요로 하는 타동사이므로 the item was shipped yesterday가 목적어 역할을 하는 명사절이 되어야 합니다. 따라서 명사절 접속사 that이 정답입니다.

3 전치사 뒤로 『빈칸 + 주어 + 동사』 구조가 이어지는 경우

We are uncertain **about** (**when** / although) **the proposal will be approved.**

저희는 언제 그 제안이 승인될지 확실치 않습니다.

○ 전치사 about은 목적어를 필요로 하므로 the proposal will be approved가 목적어 역할을 하는 명사절이 되어야 합니다. 따라서 명사절 접속사 when이 정답입니다.

4 be동사 뒤로 『빈칸 + 주어 + 동사』 구조가 이어지는 경우

The problem **is** (**that** / since) **you missed an important deadline.**

문제는 당신이 중요한 마감시한을 놓쳤다는 점입니다.

○ be동사 is 뒤에는 보어가 쓰여야 하므로 you missed an important deadline이 보어 역할을 하는 명사절이 되어야 합니다. 따라서 명사절 접속사 that이 정답입니다.

기출 확인 PRACTICE   해설서 p.35

1 We ask ------- you download the program to avoid any virus issues.

(A) that   (B) so

2 During the meeting, the team members will talk about ------- the company should launch the new product.

(A) when   (B) unless

POINT 2 명사절 접속사의 종류 1

① 완전한 절을 이끄는 that, whether, when, where, why, how

Colman Hotel Group **announced** (**that** / which) **it acquired Quicknap Travel Inns**.

Colman Hotel Group은 Quicknap Travel Inns 사를 인수했다고 발표했다.

○ 타동사 announced의 목적어 역할을 하는 명사절이 주어(it)와 동사(acquired), 그리고 목적어(Quicknap Travel Inns)까지 구성이 완전한 절이므로 완전한 절을 이끄는 명사절 접속사 that이 정답입니다.

that절을 목적어로 취하는 동사			
think ~라고 생각하다	announce ~임을 알리다	know ~임을 알다	explain ~라고 설명하다
realize ~임을 알아차리다	show[indicate] ~임을 나타내다	decide ~라고 결정하다	request[ask] ~하도록 요청하다

In the meeting, we talked **about** (**how** / that) **we can improve our sales**.

회의 중에, 우리는 어떻게 매출을 향상시킬 수 있는지에 관해 이야기했다.

○ 전치사 about의 목적어 역할을 하는 명사절이 주어(we)와 동사(can improve), 그리고 목적어(our sales)까지 구성이 완전한 절입니다. how와 that 모두 완전한 절을 이끄는 명사절이지만, that 명사절은 전치사의 목적어로 쓰이지 않으므로 how가 정답입니다.

The management has not determined (**when** / what) **the demonstration will be held**.

경영진은 언제 시연회가 개최될 것인지를 결정하지 않았다.

○ 동사 has determined의 목적어 역할을 하는 명사절이 주어(the demonstration)와 수동태 동사(will be held)로 구성된 완전한 절이므로 완전한 절을 이끄는 명사절 접속사 when이 정답입니다.

서아쌤 밀착 코칭 TIP

문장의 전체적인 구조를 확인해 빈칸이 명사절 접속사 자리임을 알게 되고 나면, 빈칸 이하 부분이 어떻게 구성되어 있는지를 파악해야 해요. 그래야 빈칸에 필요한 명사절 접속사가 완전한 절을 이끄는 것인지, 또는 불완전한 절을 이끄는 것인지를 알 수 있어요. 이렇게 하면 문장을 해석할 필요 없이 구조를 파악하는 것만으로도 쉽게 풀 수 있는 경우가 많아요.

기출 확인 PRACTICE  📖 해설서 p.35

1 The research findings indicate ------- we should improve our service.

(A) that (B) while

2 Volunteers will show you ------- you can keep your personal belongings.

(A) where (B) what

3 The management will decide ------- we provide customers with discounts or not.

(A) whether (B) which

4 During the tour, you can see ------- our items are manufactured.

(A) who (B) how

POINT 3 명사절 접속사의 종류 2

1 **불완전한 절을 이끄는 who, whom, what, which, whose**

We need to check (**who** / that) **sent the parcel yesterday**.

우리는 누가 어제 그 소포를 보냈는지 확인해야 한다.

❍ to부정사로 쓰인 타동사 check 뒤로 주어 없이 동사(sent)와 목적어(the parcel)로 구성된 불완전한 절이 이어져 있으므로 불완전한 절을 이끄는 명사절 접속사 who가 정답입니다.

(**What** / That) **we should do** to attend the event was sent via e-mail.

그 행사에 참석하기 위해 우리가 무엇을 해야 하는 지가 이메일을 통해 전송되었다.

❍ 문장 전체의 주어 역할을 해야 하는 명사절 we should do to attend the event가 동사 do의 목적어가 빠진 불완전한 구조이므로 불완전한 절을 이끄는 명사절 접속사 What이 정답입니다.

2 **what, which, whose는 명사를 수식함과 동시에 명사절을 이끈다.**

The customer hasn't decided (**which** / when) **model he should choose**.

그 고객은 어느 모델을 선택해야 할지 결정하지 못했다.

❍ model he should choose가 타동사 decide의 목적어 역할을 하는 명사절이 되어야 하는데, 명사 model을 수식함과 동시에 이 명사절을 이끌어야 하므로 이 역할이 가능한 which가 정답입니다.

The manager will talk about (**whose** / who) **idea is better**.

부장님께서 누구의 아이디어가 더 나은지에 대해 이야기하실 것이다.

❍ idea is better가 전치사 about의 목적어 역할을 하는 명사절이 되어야 하는데, 명사 idea를 수식함과 동시에 이 명사절을 이끌어야 하므로 이 역할이 가능한 whose가 정답입니다.

 기출 확인 PRACTICE   📖 해설서 p.35

1 Mr. Chen explained ------- affected the popularity of the new menu items.

(A) what   (B) why

2 The board of directors will determine ------- opinion should be considered.

(A) that   (B) whose

3 The document clearly shows ------- is in charge of each project.

(A) who   (B) that

4 ------- employee gets promoted will be decided during the meeting.

(A) Where   (B) Which

POINT 4 명사절 접속사 관련 기타

1 to do와 결합 가능한 명사절 접속사

whether to do ~인지 (아닌지) where to do ~하는 곳	how to do ~하는 법 when to do ~하는 때	what to do ~하는 것

During the workshop, employees will learn (**how** / after) **to use the new program.**

워크숍 중에, 직원들은 새로운 프로그램을 사용하는 방법을 배울 것이다.

○ to do 구조로 된 to use the new program과 결합 가능한 것은 '~하는 법'이라는 의미를 나타낼 때 사용하는 how입니다.

2 빈칸 뒤에 『형용사[부사] + 주어 + 동사』가 있을 때는 how를 선택한다.

The report shows (**how** / what) **well Ms. Toomey is leading the committee.**

보고서는 Toomy 씨가 위원회를 얼마나 잘 이끌고 있는지를 보여준다.

○ 타동사 shows의 목적어 역할을 할 명사절 well Ms. Toomey is leading the committee를 이끌 명사절 접속사가 필요한데, 부사 well을 수식할 수 있어야 하므로 이 역할이 가능한 how가 정답입니다.

3 that과 what의 구분

- that은 구조가 완전한 절을, what은 주어나 목적어, 보어 등이 빠진 불완전한 절을 이끈다.

A poll found (**that** / what) **most customers find the design innovative.**

한 여론 조사는 대부분의 고객들이 그 디자인을 획기적이라고 생각한다는 사실을 알아냈다.

○ most customers find the design innovative가 동사 found의 목적어 역할을 해야 하는 명사절이 되어야 하는데, 주어와 동사, 그리고 목적어와 목적보어에 이르기까지 완전한 구조로 된 절이므로 that이 정답입니다.

The travel agent explained (that / **what**) **is included in the package.**

그 여행사 직원은 패키지에 무엇이 포함되어 있는지를 설명했다.

○ 동사 explained의 목적어로서 명사절이 되어야 하는 is included in the package는 주어가 빠진 불완전한 구조로 된 절이므로 불완전한 절을 이끄는 what이 정답입니다.

기출 확인 PRACTICE 📖 해설서 p.36

1 Mr. Jackson wants to talk about ------- many guests should be invited.

(A) how   (B) so

2 Please note ------- it may take a few days to deliver the package.

(A) what   (B) that

3 Recent research indicates ------- demand for the new items is increasingly high.

(A) that   (B) what

4 Ms. Park will call a meeting to discuss ------- to distribute the flyers in the downtown area.

(A) whom   (B) how

• 출제포인트에 유의하여 다음 기출문제들을 풀어보세요.

1. The accounting manager emphasized ------- the plan would result in lower monthly expenditure.
   (A) that
   (B) what
   (C) those
   (D) whose

2. The mayor has yet to make a decision as to ------- to close Ferry Road to traffic during the food fair.
   (A) after
   (B) that
   (C) whether
   (D) whom

3. Ms. Donahue was delighted by ------- quickly the decorating company painted the office.
   (A) so
   (B) more
   (C) this
   (D) how

4. The company president announced ------- the construction of the new warehouse has been delayed.
   (A) that
   (B) but
   (C) what
   (D) later

5. Storm IT Solutions added an informational video to its Web site to explain ------- its software does.
   (A) what
   (B) about
   (C) when
   (D) that

6. Mr. Hamm is still uncertain about ------- he will give a speech at the firm's year-end banquet.
   (A) whether
   (B) while
   (C) that
   (D) them

7. The invoice must show ------- many items the customer ordered.
   (A) what
   (B) how
   (C) unless
   (D) though

8. The market research indicates ------- consumers value good customer service over slight price drops.
   (A) about
   (B) that
   (C) what
   (D) therefore

9. The board members must decide ------- will give the product demonstration at the convention in Shanghai.
(A) who
(B) that
(C) where
(D) why

10. The chances of Sarah being offered a permanent position depend on ------- well she performs during the 3-month internship period.
(A) how
(B) therefore
(C) only
(D) most

11. Safety inspectors are having difficulty in figuring out ------- caused the fire in the research laboratory.
(A) what
(B) that
(C) whose
(D) those

12. Once Ms. Bartha has reviewed the floor plan, she will decide ------- desks will be moved to the new office.
(A) who
(B) whom
(C) whoever
(D) whose

13. ------- Mr. Griggs will be transferred to our branch in London is a matter for the board members to decide.
(A) If
(B) Whether
(C) Because
(D) Since

14. The goal of these tests is to determine ------- the sugar content of our soft drink range is too high.
(A) neither
(B) whereas
(C) although
(D) whether

15. The weekly progress report must clearly indicate ------- is in charge of each work project.
(A) because
(B) where
(C) why
(D) who

형용사절 접속사

POINT 1 형용사절 접속사 자리 1

1 **사람 명사와 동사 사이에 빈칸이 있다면 who가 정답이다.**

It is important to hire an **expert** (which / **who**) **is** famous in the industry.
업계 내에서 유명한 전문가를 고용하는 것은 중요하다.

O is famous in the industry가 사람 명사 expert(전문가)를 수식하는 형용사절이 되어야 하므로 사람 명사를 수식하는 형용사절을 만들어주는 주격 관계대명사 who가 정답입니다.

2 **사람 명사와 목적어가 없는 절 사이에 빈칸이 있다면 whom이나 that이 정답이다.**

The manager had a meeting with new **employees** (which / **whom**) **the company recently hired.**
그 부서장은 회사가 최근에 고용한 신입 직원들과 회의를 했다.

O the company recently hired가 사람 명사 employees를 수식하는 형용사절이 되어야 하는데, 동사 hired의 목적어가 빠진 구조입니다. 따라서 사람 명사를 수식하는 형용사절을 만들어주는 목적격 관계대명사 whom이 정답입니다. whom 대신 that이 사용될 수도 있습니다.

3 **사물 명사와 동사 사이에, 또는 사물 명사와 목적어 없는 절 사이에 빈칸이 있다면 which나 that이 정답이다.**

Mr. Smith has some **skills** (whom / **which**) **are** necessary to apply for the position.
Smith 씨는 그 직책에 지원하는 데 필수인 일부 기술을 지니고 있다.

O are necessary to apply for the position이 사물 명사 skills를 수식하는 형용사절이 되어야 하므로 are의 주어 역할을 함과 동시에 사물 명사를 수식하는 형용사절을 만들어주는 주격 관계대명사 which가 정답입니다. which 대신 that이 사용될 수도 있습니다.

The **proposal** (**that** / who) **they accepted** was unexpectedly successful.
그들이 수락했던 제안이 예상치 못하게 성공적이었다.

O they accepted가 사물 명사 proposal을 수식하는 형용사절이 되어야 하는데, 동사 accepted의 목적어가 빠진 구조입니다. 따라서 목적격 관계대명사로서 사물 명사를 수식하는 형용사절을 만들어주는 that이 정답입니다. that 대신 which가 사용될 수도 있습니다.

기출 확인 PRACTICE 📖 해설서 p.39

1 We have met with the designer ------- will be in charge of the renovation.

(A) he   (B) who

2 Ms. Peterson suggested an idea ------- aims to optimize the system.

(A) that   (B) it

3 It can be applied to anyone ------- wants to participate in the event.

(A) who   (B) whose

4 Mr. Kim will lead the orientation ------- is scheduled for June 11.

(A) that   (B) whose

POINT 2 형용사절 접속사 자리 2

1 빈칸 앞뒤의 명사들이 소유 관계가 성립될 때는 whose가 정답이다.

We have hired **a designer** (which / **whose**) **experience** is extensive.

우리는 경력이 폭넓은 디자이너를 한 명 고용했다.

❍ 빈칸 앞뒤에 각각 위치한 a designer와 experience는 a designer's experience(디자이너의 경험)와 같이 소유 관계가 성립되므로 소유격 관계대명사 whose가 정답입니다.

The machine (**whose** / that) **parts** are broken should be reported to the supervisor immediately.

부품이 고장 난 기계는 즉시 책임자에게 보고되어야 한다.

❍ 빈칸 앞뒤에 각각 위치한 The machine과 parts는 The machine's parts(기계의 부품)와 같이 소유 관계가 성립되므로 소유격 관계대명사 whose가 정답입니다.

2 시점 명사와 완전한 절 사이는 when이 정답이다.

Ms. Chan will visit the branch on **the day** (**when** / where) **the inspection is scheduled**.

Chan 씨는 점검 작업이 예정되어 있는 날에 그 지사를 방문할 것이다.

❍ 완전한 절 the inspection is scheduled가 시점 명사 day를 수식하는 형용사절이 되어야 하므로 관계부사로서 시점 명사를 수식하는 형용사절을 만들어주는 when이 정답입니다.

3 장소 명사와 완전한 절 사이는 where가 정답이다.

The event will be held at **the restaurant** (**where** / which) **we had dinner last week**.

그 행사는 우리가 지난주에 저녁 식사를 했던 레스토랑에서 개최될 것이다.

❍ 완전한 절 we had dinner last week이 장소 명사 restaurant를 수식하는 형용사절이 되어야 하므로 관계부사로서 장소 명사를 수식하는 형용사절을 만들어주는 where가 정답입니다.

4 이유 명사와 완전한 절 사이는 why가 정답이다.

The manager asked Mr. Kim about **the reason** (**why** / when) **he hadn't met the deadline**.

부서장은 Kim 씨에게 마감시한을 충족하지 못한 이유에 관해 물었다.

❍ 완전한 절 he hadn't met the deadline이 이유 명사 reason을 수식하는 형용사절이 되어야 하므로 관계부사로서 이유 명사를 수식하는 형용사절을 만들어주는 why가 정답입니다.

 기출 확인 **PRACTICE** 해설서 p.39

1 All the sales representatives will meet in the conference room ------- the previous meeting was held.

(A) where　　　　(B) that

2 Our HR manager will contact an applicant ------- experience is especially outstanding.

(A) who　　　　(B) whose

1 수량 표현과 동사 사이는 whom 또는 which가 정답이다.

관계대명사와 사용하는 수량 표현		
one of ~ 중 하나	both of ~ 둘 모두	many of ~ 중 많은 것[사람]
several of ~ 중 몇몇	most of ~ 중 대부분	some of ~ 중 일부

There will be **new employees** from overseas, **some of** (them / **whom**) **will join** our team next week.
해외에서 오는 신입 사원들이 있는데, 그들 중 일부는 다음 주에 우리 팀에 합류할 것이다.

○ some of 이하가 사람 명사 new employees를 수식하는 형용사절이 되어야 하므로 수량 표현 some of와 어울릴 수 있으면서 사람에 대해 사용하는 관계대명사 whom이 정답입니다.

We plan to purchase some **copy machines, one of** (whom / **which**) **is** quite expensive.
우리는 몇몇 복사기를 구입할 계획인데, 그중 하나는 상당히 비싸다.

○ one of 이하가 사물 명사 copy machines를 수식하는 형용사절이 되어야 하므로 수량 표현 one of와 어울릴 수 있으면서 사물 명사에 대해 사용하는 관계대명사 which가 정답입니다.

2 선행사에 따라 형용사절의 동사에 수 일치한다.

The city has to make **a major decision** that (affect / **will affect**) the whole community.
그 도시는 지역 사회 전체에 영향을 미칠 중대한 결정을 내려야 한다.

○ 주격 관계대명사가 사용된 형용사절의 동사는 선행사와 수 일치합니다. a major decision이 단수 명사구이므로 수 일치의 영향을 받지 않는 조동사가 포함된 will affect가 정답입니다. affect는 복수 동사이므로 선행사가 복수 명사일 경우에 사용 가능합니다.

서아쌤 밀착 코칭 TIP

주격 관계대명사 다음에 위치할 동사를 고르는 문제에서는 선행사와 동사 사이의 의미 관계를 한번 확인해야 해요. 아래 예문을 보면, 설명서는 사람에 의해 포함되는 대상이기 때문에 수동의 의미를 나타낼 수 있는 수동태 동사가 that 다음에 쓰여야 해요. 이렇게 선행 사와 동사 사이의 능/수동 관계를 확인해야 하는 경우도 있기 때문에 아무 동사나 바로 고르지 않도록 주의하세요.

예 Be sure to read the manual that (to include / include / **is included**) in the box.
상자에 포함된 사용 설명서를 꼭 읽어 보시기 바랍니다.

 기출 확인 PRACTICE   📖 해설서 p.39

1 We recently hired new servers, several of
------- have worked in the industry for more
than two years.

(A) whom   (B) which

2 A program that ------- to improve security will
be set up tomorrow.

(A) is designed   (B) design

3 There will be two presentations this afternoon,
both of ------- look very interesting.

(A) them   (B) which

4 There were many customers who ------- about
our refund policy.

(A) complains   (B) complained

POINT 4) 형용사절 접속사 관련 기타 2

1) 관계대명사 that은 콤마(,) 다음에 위치할 수 없다.

The new items, (that / **which**) were released last month, have become very popular.

지난달에 출시된 신제품들이 매우 큰 인기를 얻게 되었다.

❍ 주어 The new items와 동사 have become 사이에 콤마와 함께 삽입된 절을 이끌 관계대명사가 필요한데, 이렇게 콤마와 함께 사용되는 절에는 that이 쓰이지 않습니다.

2) 명사절 접속사 that은 완전한 절을, 형용사절 접속사 that은 불완전한 절을 이끈다.

- 명사와 같은 역할을 하는 절을 이끄는 명사절 접속사 that은 완전한 절과 함께 사용한다.

Our company has announced (**that** / which) **it will open a few new branches soon**.

우리 회사는 곧 몇몇 새 지점을 개장할 것이라고 발표했다.

❍ 동사 has announced의 목적어 역할을 할 명사절 it will open a few new branches soon은 구성이 완전한 절이므로 완전한 절과 함께 사용하는 명사절 접속사 that이 정답입니다.

- 선행사를 수식하는 역할을 하는 절을 이끄는 형용사절 접속사 that은 주어나 목적어 등이 빠진 불완전한 절을 이끈다.

This is **the book** (**that** / what) **the famous author spent over five years writing**.

이것은 그 유명 작가가 5년 넘게 시간을 들여 쓴 책이다.

❍ 선행사 the book을 수식하는 불완전한 절 the famous author spent over five years writing을(동명사 writing의 목적어가 없음) 이끌어야 하므로 that이 정답입니다.

서아쌤 밀착 코칭 TIP

빈칸 이하의 절이 선행사를 수식하는 불완전한 구조로 되어 있을 경우, 선택지에 what이 있으면 바로 오답 소거해야 해요. what도 주어나 동사의 목적어 등이 빠진 불완전한 절을 이끌기는 하지만 선행사를 수식하는 역할은 하지 않기 때문이에요.

기출 확인 PRACTICE 📖 해설서 p.40

1 All the new employees, ------- have already signed up for the seminar, are encouraged to read the materials in advance.

(A) who   (B) that

2 Heaven Software, ------- has recently become a leading game design company, plans to move to a larger building.

(A) that   (B) which

3 During the meeting, we are going to discuss a few complaints ------- have been made by some customers.

(A) what   (B) that

4 Please be aware ------- we are closing this coming Friday.

(A) that   (B) which

Check-up Test

• 출제포인트에 유의하여 다음 기출문제들을 풀어보세요.

1. Tomorrow's Planet is a radio show ------- focuses on advanced technology.
   (A) they
   (B) both
   (C) where
   (D) that

2. The special guest was Dr. Helen Sharma, ------- work on renewable energy sources has been highly praised.
   (A) whose
   (B) which
   (C) about
   (D) in

3. Ms. Wells, ------- organized this year's company banquet, will be unable to attend the event.
   (A) she
   (B) her
   (C) who
   (D) which

4. Home Helpers is a family-run business ------- specializes in cleaning residences and business premises.
   (A) them
   (B) that
   (C) when
   (D) whose

5. Guests ------- are interested in the scuba diving class should speak to a member of staff at the front desk.
   (A) when
   (B) since
   (C) who
   (D) whom

6. Many teenagers are fans of the fashion brand Enigma, ------- new clothing line was released last month.
   (A) it
   (B) whose
   (C) which
   (D) who

7. The judging panel includes several movie directors ------- have directed some of the most successful films ever made.
   (A) recently
   (B) where
   (C) who
   (D) still

8. The new Fairfax Shopping Mall, ------- will include more than 500 retail outlets, is set to open in May.
   (A) this
   (B) which
   (C) whenever
   (D) it

9. The mayor announced a new subway line that ------- the airport to the downtown bus terminal.

(A) connects

(B) connection

(C) connecting

(D) connect

10. Employees who ------- to take time off over the Christmas period must submit a request no later than November 30.

(A) wish

(B) wishes

(C) wishing

(D) wishful

11. The conference room ------- the presentation will take place is equipped with the latest audiovisual technology.

(A) where

(B) in it

(C) in that

(D) when

12. PK Tower Building has eight elevators, four of ------- are currently inaccessible due to scheduled maintenance.

(A) whose

(B) which

(C) either

(D) other

13. The incentives ------- are offered when purchasing a home Internet subscription are only available to new customers.

(A) them

(B) those

(C) that

(D) this

14. A celebration has been organized to show appreciation to Nina Anderson, ------- will step down from her position as CEO next month.

(A) who

(B) which

(C) whose

(D) whom

15. An artist ------- work is exhibited at Acacia Gallery of Modern Art will be profiled on the gallery's Web site.

(A) who

(B) whom

(C) which

(D) whose

PART 6

▷ 문항 수: 총 4지문 16문항

▷ 출제 경향: 문장 삽입 문제의 난이도가 매월 다르게 출제되고 있다. 쉽게 출제될 경우, 문장 앞뒤의 해석만으로 간단히 풀이할 수 있지만, 명확한 단서가 주어지지 않고 전체 흐름상의 논리를 파악해야만 풀이할 수 있는 고난도의 문제가 출제되기도 한다. 또한 어휘 문제의 난이도가 상승했다. 과거에는 해당 문장 혹은 바로 앞뒤 문장 같은 매우 가까운 곳에 단서가 있었지만, 최신 Part 6 어휘 문제는 여러 문장의 단서를 조합하거나 전체 흐름을 파악해야 정답을 찾을 수 있다.

문맥을 필요로 하는 문제의 유형 분류

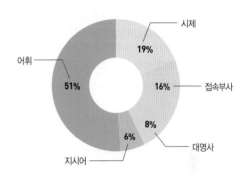

- 시제 19%
- 접속부사 16%
- 대명사 8%
- 지시어 6%
- 어휘 51%

Part 6 핵심 전략

1 문법과 어휘 문제는 Part 5와 유사하게 푼다.

문법은 기본적인 구조와 품사에 대한 이해만 있으면 수월하게 풀리기 때문에 Part 5에서 학습한 것을 토대로 풀면 된다. 어휘 역시 마찬가지이지만, 문맥을 파악해 앞뒤 흐름에 맞는 답을 고르도록 해야 한다.

2 전체 지문을 읽어야 잘 풀린다.

빨리 풀겠다는 욕심에 빈칸의 앞뒤만 보고 풀려고 하면 더 어렵다. Part 6는 Part 5와 달리 문맥 파악이 관건이다. 따라서 반드시 지문 시작 부분부터 차분히 보면서 한 문제씩 해결해 나가야 한다.

3 문장 삽입 문제의 경우 연결 고리를 찾는 데 집중한다.

문장 삽입 문제는 선택지의 각 문장에 연결 고리에 대한 단서가 있다. 주로 접속부사, 지시어, 관사 등이 그 단서 역할을 한다. 따라서 이 단서들을 바탕으로 빈칸 앞 또는 뒤에 위치한 문장과 내용 흐름상 가장 적절한 문장을 찾아야 한다.

접속부사 문제

POINT 1 양보 접속부사

빈칸 앞의 내용에서 기대되는 것과 반대되는 내용을 연결하는 것을 양보 접속부사라고 하며, '하지만, 그럼에도 불구하고' 등의 의미로 연결될 때 사용합니다. 접속부사 출제의 약 30%를 차지하는 가장 중요한 부분입니다.

1 빈칸이 '하지만, 그럼에도 불구하고'로 해석되면 양보 접속부사가 정답이다.

As I had already mentioned to you, I had a bad experience last year during my previous stay at your hotel. Naturally, **I was very nervous about checking in again.** -------, the receptionist at the front desk **immediately put me at ease** and made me feel that everything would go smoothly.

(A) However   (B) Thus

제가 이미 귀하께 말씀드렸다시피, 작년에 귀하의 호텔에서 숙박하는 동안 좋지 않은 경험이 있었습니다. 당연히, 저는 투숙 수속을 다시 밟는 것에 있어 매우 긴장했습니다. 하지만, 프런트데스크의 안내 직원은 저를 금방 안심시켜 주었으며, 모든 일이 순조로울 것이라고 느끼게 해주었습니다.

➡ 양보 접속부사 유형 풀이법
　① 빈칸 앞 문장은 "아주 긴장했다(very nervous)"는 의미입니다.
　② 빈칸 다음 문장은 "금방 안심시켰다(immediately put me at ease)"는 상반된 의미입니다.
　③ 따라서 양보 관계를 나타내는 접속부사인 (A) However(하지만)가 정답입니다.

2 토익 빈출 양보 접속부사

Part 6에서는 다음 양보 접속부사가 자주 출제되는데, 특히 However가 70% 이상 출제됩니다.

However 하지만	**In fact** 사실, 실제로	**Even so** 그렇다 하더라도
Nevertheless 그럼에도 불구하고	**Nonetheless** 그럼에도 불구하고	**On the other hand** 반면에, 한편

 기출 확인 PRACTICE   📖 해설서 p.42

1

Paper straws are provided in most coffee shops as they are biodegradable and cheaper than metal straws. -------, unlike paper straws, metal ones can be washed and reused numerous times. Therefore, many outlets are beginning to switch to metal.

　(A) Besides   (B) On the other hand

빈칸 앞에 원인, 이유, 조건을 나타내는 문장이 나오고, 빈칸 뒤에 그 결과가 나올 때 둘 사이를 연결하는 인과 접속부사는 Part 6 접속부사 유형 중 약 25%를 차지하는 매우 중요한 부분입니다.

1 **빈칸이 '그러므로, 따라서, 그 때문에' 등으로 해석되면 인과 접속부사가 정답이다.**

Please take note that **all amenities in the employee lounge will be unavailable** on Tuesday, May 2, while they are being upgraded. -------, those who want to buy coffee or other beverages **should visit the convenience store on the first floor.**

(A) Therefore

(B) For example

직원 휴게실의 모든 편의시설들이 5월 2일 화요일에 개선되는 동안 이용할 수 없다는 점에 유의하시기 바랍니다. 그러므로, 커피나 다른 음료를 사려는 분들은 1층에 있는 편의점을 방문하시기 바랍니다.

➤ 인과 접속부사 유형 풀이법
 ① 빈칸 앞 문장의 핵심은 "직원 휴게실의 편의시설들을 이용할 수 없다"는 것입니다.
 ② 빈칸 다음 문장의 핵심은 "1층 편의점을 이용해야 한다"는 것입니다.
 ③ 직원 휴게실의 편의시설들이 이용 중지되기 때문에 편의점을 이용해야 하는 결과가 생긴 상황입니다.
 ④ 따라서 빈칸에는 인과 접속부사인 (A) Therefore(그러므로)가 들어가야 합니다.

2 **토익 빈출 인과 접속부사**

원인, 이유, 조건에 따른 결과적인 내용을 이끄는 접속부사로 Therefore가 약 30%로 가장 많이 출제되며, As a result, Otherwise, Accordingly, Then, Thus 등도 자주 출제됩니다.

Therefore 그러므로	**As a result** 그 결과로	**Otherwise** 그렇지 않다면
Accordingly 따라서	**Then** 그렇다면	**Thus** 그리하여
If so 그렇다면	**For that[this] reason** 그런 이유로	**Consequently** 결국
With that said 그런 이유로	**In this case** 이 경우에	

기출 확인 PRACTICE 🔍 해설서 p.43

1

I apologize for the confusion regarding the invoice for your recent order on our Web site. After checking our records, I see that you were mistakenly charged $120 for the outdoor headphones instead of $90. -------, the amount of $30 will be credited back into your bank account by noon tomorrow.

(A) Accordingly

(B) Otherwise

POINT 3 추가 접속부사

빈칸 앞의 내용과 맥락이 같은 문장을 이끄는 추가 접속부사는 Part 6 접속부사 유형에서 약 25%를 차지하는 중요한 부분입니다.

1 빈칸이 '또한, 게다가, 그 밖에, 덧붙여' 등으로 해석되면 추가 접속부사가 정답이다.

> Your subscription **entitles you to access our online music site 24 hours a day.** -------, you will **receive a free gift once a month.** For more information on our service, please visit our Web site.
>
> (A) Therefore   (B) In addition
>
> 구독하시면 하루 24시간 저희 온라인 음악 사이트를 이용하실 수 있는 자격이 주어집니다. 또한, 한 달에 한 번씩 무료 선물도 받으시게 됩니다. 저희 서비스에 관한 추가 정보를 원하시면, 저희 웹 사이트를 방문해 주시기 바랍니다.

➔ **추가 접속부사 유형 풀이법**
   ① 빈칸 앞 문장은 "음악 사이트를 하루 종일 이용할 자격을 준다"는 의미입니다.
   ② 그리고 빈칸 다음 문장은 "월 1회 무료 선물을 받는다"는 의미입니다.
   ③ 언뜻 보면 두 문장이 연관성이 없는 것 같지만, 둘 다 subscription이 가져다주는 혜택을 의미함을 알 수 있습니다.
   ④ 따라서 빈칸에는 맥락이 같은 내용을 추가할 때 사용하는 접속부사 (B) In addition(또한, 게다가)이 들어가야 합니다.

2 토익 빈출 추가 접속부사

추가 접속부사로는 In addition(50%)과 Additionally(15%) 등 addition의 파생어가 65% 정도 출제되며, 그 다음으로 Also(20%), Furthermore(10%) 등의 순으로 출제됩니다.

In addition 또한, 게다가	**Also** 또한	**Additionally** 게다가	**Besides** 게다가
Furthermore 더욱이	**Moreover** 더욱이	**Plus** 더하여, 더해서	

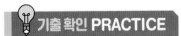

기출 확인 PRACTICE   📖 해설서 p.43

1

> Among the products we manufacture are ergonomic desks, office chairs, filing cabinets, display cases, and bookshelves. -------, our various pieces of furniture made from recycled materials are 100 percent environmentally-friendly.

  (A) Furthermore   (B) Afterward

POINT 4 기타 고난도 접속부사

접속부사 문제의 약 20%는 빈칸 전후의 의미 관계뿐만 아니라 제3의 단서가 필요하거나 지문 전체 흐름을 파악해야 하는 고난도 유형으로 출제됩니다. 예시, 시간, 대체, 감정 등을 나타내는 접속부사들이 이에 해당합니다.

1 빈칸 다음이 앞 문장의 예시에 해당하면, 예시 접속부사가 정답이다.

Although the software may seem complicated at first, **the new messaging system offers numerous advantages.** ------, **project team members from different departments no longer have to hold frequent meetings.**

(A) In contrast　　　　　　　(B) For example

처음에는 그 소프트웨어가 복잡한 것처럼 보이지만, 새 문자 전송 시스템은 수많은 장점들을 제공합니다. 예를 들어, 서로 다른 부서에 속한 프로젝트 팀 구성원들이 더 이상 잦은 회의를 열 필요가 없습니다.

➡ 예시 접속부사 유형 풀이법
　① 빈칸 앞 문장의 핵심은 "numerous advantages(수많은 장점들)"입니다.
　② 빈칸 다음 문장은 "더 이상 잦은 회의를 열지 않아도 된다"는 뜻으로 앞 문장의 주어 the new messaging system(새 문자 시스템)이 지닌 한 가지 장점에 해당한다는 것을 알 수 있습니다.
　③ 그러므로 예시를 나타내는 접속부사 (B) For example이 정답입니다.

빈출 예시 접속부사		
In particular 특히	For example 예를 들어	For instance 예를 들어

2 빈칸 앞뒤가 시간 흐름이나 동시성을 나타내면 시간 접속부사가 정답이다.

Over the course of this week, **all job applications will be evaluated** by our HR manager. ------, **the most suitable candidates will be contacted** and invited to attend an interview session.

(A) Moreover　　　　　　　(B) Afterward

이번 주에 걸쳐, 모든 구직 지원서들이 인사 책임자에 의해 평가될 것입니다. 그 후에, 가장 적합한 후보들이 연락을 받고 인터뷰 시간에 참석하도록 요청 받을 것입니다.

➡ 시간 접속부사 유형 풀이법
　① 빈칸 앞 문장은 "모든 구직 지원서가 평가된다"는 내용입니다.
　② 빈칸 다음 문장은 "가장 적합한 지원자들이 연락을 받을 것"이라는 내용으로, 이 글이 job applications(구직 지원서)가 처리되는 과정을 설명하고 있음을 알 수 있습니다.
　③ 따라서 빈칸에는 시간 흐름을 나타내는 접속부사인 (B) Afterward가 가장 적절합니다.
　④ 뚜렷한 연결 관계가 바로 드러나지 않으므로 지문의 키워드를 이용해 의미 관계를 유추해야 하는 고난도 유형입니다.

빈출 시간 접속부사			
Afterward 그 후에	Previously 이전에	At that time 그 당시에	Now 현재
At present 현재	After that time 그 이후에	At the same time 동시에	

3 빈칸 뒤에 기대에 못 미치거나 기대를 충족하는 내용이 올 때 감정 접속부사가 정답이다.

I recently found my old Goliath XT mountain bike in my parent's garage. It had been stored there ever since I left home to go to university, but **it still seemed to be in decent condition.** -------, upon further inspection, **I found that the gears and chain were not functioning properly.** I'd like to know **how I can get my bike back in perfect working order.**

(A) Initially   (B) Unfortunately

최근 제 오래된 Goliath XT 산악자전거를 부모님 차고에서 발견했습니다. 제가 대학에 가려고 집을 떠났을 때부터 거기에 보관되어 있었던 것인데, 아직도 멀쩡한 상태로 보였습니다. 안타깝게도, 더 점검을 해보니, 기어와 체인이 제대로 작동하지 않는다는 것을 알았습니다. 어떻게 하면 제 자전거가 다시 완벽하게 작동하게 할 수 있을 지 알고 싶습니다.

➡ 감정 접속부사 유형 풀이법
 ① 빈칸 앞 문장은 "여전히 상태가 좋은 것 같다"는 기대감을 나타내고 있습니다.
 ② 빈칸 다음 문장에 "기어와 체인의 상태가 좋지 않다"는 상반된 내용이 있지만, 선택지에는 상반된 내용을 연결하는 양보 접속부사가 없기 때문에 다른 접근이 필요합니다.
 ③ "여전히 상태가 좋은 것 같다"며 기대감을 보이다가 "제대로 작동하지 않는다"라는 실망스러운 내용을 제시하므로, 빈칸에는 실망감을 나타내는 감정 접속부사 (B) Unfortunately가 가장 적절합니다.

서아쌤 밀착 코칭 TIP

빈출 감정 접속부사	
Unfortunately 안타깝게도	Fortunately 다행스럽게도

감정 접속부사는 서비스 오류나 중단, 요청 거절, 또는 아주 특별한 제안 등에 주로 사용됩니다.

4 빈칸 앞이 방침의 변경을 나타내면 대체 접속부사가 정답이다.

Due to understaffing in the Personnel Department, **we will no longer be booking hotels on behalf of our traveling sales executives.** -------, **please arrange your own accommodations for business trips** and submit the receipts to the Finance Department upon your return. Reimbursement will be provided along with your next monthly salary.

(A) Likewise   (B) Instead

인사팀의 인력 부족으로 인해, 저희가 더 이상 출장가시는 영업이사들을 대신해 호텔을 예약하지 않을 것입니다. 대신, 직접 출장에 필요한 숙박 시설을 예약하시고, 복귀하시자마자 재무팀에 영수증을 제출하시기 바랍니다. 환급 비용은 익월 급여와 함께 지급될 것입니다.

➡ 대체 접속부사 유형 풀이법
 ① 빈칸 앞 문장에 중단을 나타내는 부사 no longer가 사용된 것에서 정책의 변화가 핵심임을 알 수 있습니다.
 ② 빈칸 다음에 요청을 나타내는 please 명령문이 나오는데, 이 명령문은 앞에서 고지한 정책 변화에 따른 대응 조치, 즉 전에 하던 일 대신에 해야 하는 일을 설명하고 있습니다.
 ③ 그러므로 빈칸에는 대체를 나타내는 접속부사 (B) Instead가 가장 적절합니다.

서아쌤 밀착 코칭 TIP

빈출 대체 접속부사	
Instead 그 대신	Alternatively 그 대신, 그렇지 않으면

no longer 외에도 정책 변경을 알릴 때 Please note that ~(~에 주목하시오), Please do not ~ (~하지 마시오) 등의 표현이 자주 사용됩니다.

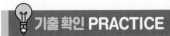
1

I appreciated having the opportunity to speak with you regarding the renovation project at the warehouse on Bridge Street. I am confident that my team and I can achieve all of the remodeling goals you described to me. -------, we are very experienced in replacing old flooring and light fixtures, as per your request.

(A) However

(B) In particular

2

Including several pre-programmed exercise routines of varying intensity levels and a user-friendly touchscreen interface, this machine can be used by anyone with ease. -------, the Tornado Pro treadmill features a cutting-edge heartbeat-monitoring device.

(A) At the same time

(B) In other words

3

Attention Food Lovers!

Are you interested in being paid to eat delicious food? -------, we are looking for people to visit and review restaurants in cities all around the US, all at our expense. Please consider becoming a member of Travelicious now!

(A) Fortunately

(B) Besides

4

Please do not hesitate to visit one of our branches to find out more about our services. -------, you can chat with one of our representatives online using our Web site's Digital Support feature.

(A) For example

(B) Alternatively

Part 6

Questions 1-4 refer to the following letter.

Geena Abruzzi
Geena's Pizza Parlor
1134 Davis Avenue
Cheyenne, WY 82002

Dear Ms. Abruzzi,

With regret, I am writing to inform you that, as of October 1, Prestige Packaging will be closing its branch and warehouse in your state. Our sales in Wyoming have steadily declined, and it is unprofitable for us to continue operating in the state. -------, we have chosen to focus our business
1.
in the states of Colorado and Nebraska.

I would suggest you consider using Sundown Packaging as an -------. Sundown supplies containers
2.
and boxes to numerous pizza outlets near you at ------- prices. The company is highly regarded for
3.
its reliable food packaging. I hope you enjoy continued success with your pizza parlor. -------.
4.

Best regards,

Jim Kelso
Customer Service Manager
Prestige Packaging

1. (A) For example
   (B) However
   (C) Therefore
   (D) Yet

2. (A) alternating
   (B) alternative
   (C) alternatively
   (D) alternation

3. (A) prolific
   (B) rare
   (C) potential
   (D) reasonable

4. (A) It has been our pleasure to serve you as a client.
   (B) We can send you some samples of our packaging supplies.
   (C) We hope you choose to renew the business arrangement between us.
   (D) We would have been unable to achieve this without your support.

Questions 5-8 refer to the following letter.

September 2
Ms. Dana Jones
Glide Fitness Inc.
New York City, NY 10010

Dear Ms. Jones,

I am very pleased to hear that your firm will install treadmills, weights, and other exercise

equipment in the fitness room at our headquarters in Brooklyn. This letter serves as ------- of the
                                                                                      5.
terms we drafted during our meeting yesterday.

As we discussed, your company will provide a wide range of exercise equipment as well as a -------
                                                                                            6.
supply of accessories for devices that require them. The installation will begin on September 9,

and we would prefer if you could have the work finished within one or two days. -------, the full cost
                                                                                 7.
of the installation will be no more than $15,000, as we agreed yesterday.

Once you have prepared the formal contract based on the above-mentioned terms and conditions,

please make two copies, sign them, and forward them to me. -------.
                                                            8.

Sincerely,

Lee Steiner
Operations Manager
Statham Corporation

---

5. (A) termination
   (B) stipulation
   (C) limitation
   (D) confirmation

6. (A) sufficiency
   (B) sufficiently
   (C) sufficient
   (D) sufficed

7. (A) For example
   (B) Therefore
   (C) In contrast
   (D) In addition

8. (A) We will notify you as soon as your
       shipment has left our warehouse.
   (B) Yours can then be picked up on the day
       the work begins.
   (C) I look forward to providing you with our
       best assortment of products.
   (D) Thank you for your interest in careers at
       Glide Fitness.

문맥 문제

POINT 1 시제

Part 6의 시제는 90% 이상 다른 문장에서 단서를 찾아야 하는 문맥 유형으로 출제된다는 것이 Part 5와 다른 점입니다.

1 지문 시작 부분에서 시제 단서 찾기

Dear Rose Avenue and Fowler Road Residents,

Please be informed that urgent road maintenance at the junction of Rose Avenue and Fowler Road **is scheduled for May 10 through May 15.** Drivers ------- significant traffic congestion **throughout this time.** Temporary traffic lights and lane closures are necessary in order to get the work done efficiently. We appreciate your understanding and cooperation.

(A) are experiencing   (B) will experience

Rose Avenue 및 Fowler Road 주민 여러분께,

Rose Avenue와 Fowler Road가 만나는 교차로에서 5월 10일부터 15일까지 긴급 도로 보수 작업이 예정되어 있다는 것을 알아두시기 바랍니다. 이 기간에 운전자들은 상당한 교통 정체를 겪게 될 것입니다. 작업을 효율적으로 마치려면 임시 신호등 설치와 차선 폐쇄가 필요합니다. 여러분의 이해와 협조에 감사드립니다.

➡ 지문 시작 부분에 시제 단서가 주어지는 유형 풀이법
  ① 지문 시작 부분에 글의 주제를 밝히는 공지나 기사 유형은 시작 부분에 시제 단서가 포함되는 경우가 많다는 것을 염두에 두고 읽어야 합니다. 첫 문장을 보면, 미래 시점을 암시하는 「Please be informed that(~을 알아두시기 바랍니다)」 표현으로 시작하고 있습니다.
  ② 첫 문장의 동사 is scheduled(예정되어 있다)를 통해 미래 상황에 대한 공지임을 재확인할 수 있습니다.
  ③ 빈칸 문장의 시점 부사 throughout this time에서, this는 바로 앞에 제시된 기간을 가리키므로 미래 시점의 일을 나타내는 문장이 되어야 한다는 것을 알 수 있습니다.
  ④ 그러므로 미래를 나타내는 (B) will experience가 정답입니다.

서아쌤 밀착 코칭 TIP

Part 6에서 미래 시점을 암시하는 공지 표현으로 「is happy to announce that + 미래 시점의 일」과 「is honored to present that + 미래 시점의 일」 등이 자주 등장합니다.

 기출 확인 **PRACTICE** 📖 해설서 p.46

1

Garmont Hotel Group, one of Canada's leading boutique hotel chains, will launch its tenth location later this week. The hotel, which is situated in downtown Vancouver, includes 130 guest bedrooms, a fitness room, and a business center. Guy LaPorte, the CEO of the hotel group, announced that the first 100 guests to check in at the new hotel ------- a complimentary fruit basket and a bottle of champagne.

(A) received   (B) will receive

Attention: All Community Center Fitness Club Members

Posted: July 20

We are pleased to make the following announcement! We have decided to expand our current changing room for the benefit of our members. In order to do this, part of the lounge area ------- renovated. This work will begin on July 27.

(A) was   (B) will be

공지: 주민회관 피트니스 클럽 회원 여러분께

게시일: 7월 20일

다음과 같은 공지를 해드리게 되어 기쁩니다! 저희는 회원 여러분의 편의를 위해 현재의 탈의실을 확장하기로 결정했습니다. 이를 위해, 휴게실 일부가 개조될 것입니다. 이 공사는 7월 27일에 시작될 예정입니다.

▶ 지시어 또는 대명사로 시제 단서 찾는 유형 풀이법

① 빈칸 다음 문장이 This work로 시작하며 미래시제 동사 will begin이 쓰여 있습니다.

② 그런데 This가 바로 앞 문장에 제시된 내용을 가리키는 지시형용사이므로 This work의 시점과 「part of the lounge area ------- renovated」의 시점이 동일함을 알 수 있습니다.

③ 따라서 will begin과 같은 시점을 나타내는 미래시제 (B) will be가 정답입니다.

 기출 확인 PRACTICE 📖 해설서 p.46

2

Blitz Video Game Design Institute Presents
Video Game Design Basics

Do you have innovative ideas for video games, but lack the skills or tools required to make your vision a reality? Our three highly experienced and enthusiastic course instructors can help. Each of them ------- invaluable skills and knowledge about various aspects of video game design and development.

(A) has   (B) had

3

Dear Staff,

As we discussed at the staff meeting earlier this month, the Finance Department ------- a review of the company's monthly waste and expenses. Its goal is to determine ways to eliminate unnecessary spending and boost our overall profits.

We would appreciate your cooperation during the review. Please take note of all waste and expenses and provide the data to your direct supervisor.

(A) performs   (B) will be performing

Part 6의 대명사 역시 다른 문장에서 단서를 찾아야 하는 문맥 유형으로 출제되며, Part 5처럼 수 일치로 결정되는 경우는 드뭅니다.

1 선택지에 대명사가 있으면 앞 문장에서 단서를 찾는다.

We have a large variety of courses to choose from. **Some** are designed for beginners. **Others** are only suitable for experienced gardeners. ------- **of the courses** are reasonably priced and run by highly-skilled landscape gardeners.

(A) All   (B) Both

저희는 선택 가능한 매우 다양한 강좌들을 보유하고 있습니다. 어떤 강좌들은 초보자들을 대상으로 하고 있습니다. 다른 것들은 경험이 많은 정원사들에게만 적합합니다. 모든 강좌들은 수강료가 저렴하게 책정되어 있으며, 매우 숙련된 조경사들이 진행하고 있습니다.

➔ 대명사 유형 풀이법
  ① 부정대명사 All과 Both가 선택지에 제시되어 있으므로 앞 문장에서 대명사로 가리킬 수 있는 명사의 수를 확인해야 합니다.
  ② 앞 문장에 셋 이상의 다수 가운데 일부를 대비시키는 「Some ~. Others ~.」 구조로 강좌의 종류를 나타내고 있으므로 강좌가 최소한 셋 이상임을 알 수 있습니다.
  ③ 그러므로 빈칸에는 두 개의 대상을 가리키는 Both가 올 수 없습니다.
  ④ 따라서 다수 그룹의 전체를 가리키는 대명사 (A) All이 정답입니다.

서아쌤 밀착 코칭 TIP

Part 6 최빈출 대명사
지시대명사: this, these, it
인칭대명사: our, ours, your, yours, their, them
부정대명사/부정형용사: one, each, some, both, all

기출 확인 PRACTICE   해설서 p.47

1

Dear Mr. Danforth,

According to our records, the following books were due to be returned to the library by 5 p.m. on Friday, March 30: *The Birdwatcher's Handbook* and *Wildlife in Great Britain*. Please make sure to return ------- to the circulation desk at your earliest possible convenience.

(A) them   (B) it

2

Musical groups from the city of Los Angeles have gained worldwide recognition. Many of ------- can be credited with creating a unique sub-genre of rock music.

(A) this   (B) these

POINT 3 어휘

Part 6의 어휘는 Part 5와 달리 문장 자체가 아니라 지문의 다른 부분에서 단서를 찾아야 하는 대표적인 문맥 유형입니다. 따라서 단어 자체는 평이하지만 단서를 찾는 과정에 따라 다소 어려워질 수 있습니다.

1 빈칸 앞에 지시어, 정관사, 소유격이 있으면 바로 앞에서 단서를 찾는다.

Many professional athletes claim that sports beverages can prevent dehydration and boost energy. However, according to a recent study, these ------- are only experienced by a relatively small percentage of people who drink them.

(A) benefits   (B) causes

많은 전문 운동 선수들은 스포츠 음료가 탈수 현상을 방지하고 에너지를 증진시킨다고 주장한다. 하지만, 최근의 한 연구에 의하면, 이러한 이점들은 스포츠 음료를 마시는 사람들 중 상대적으로 적은 비중에게서만 경험되고 있다.

▶ 앞에서 지시어 단서를 찾는 어휘 유형 풀이법
  ① 빈칸 앞의 these가 결정적 단서로, 바로 앞 문장에서 these가 가리키는 내용을 파악해야 합니다.
  ② 앞 문장에 스포츠 음료가 주는 효과로 「prevent dehydration(탈수 예방)」과 「boost energy(에너지 증진)」 두 가지가 언급되었습니다.
  ③ 그러므로 빈칸에는 두 가지 긍정적인 효과를 공통으로 나타낼 수 있는 단어가 필요합니다.
  ④ 선택지에서 스포츠 음료가 주는 긍정적인 효과를 나타내기에 적절한 것은 (A) benefits(이점, 혜택)입니다.

기출 확인 PRACTICE   해설서 p.47

1
Summit Pro is regarded as one of the leading manufacturers of sturdy leather hiking boots. If you sign up for our monthly e-newsletter, you will be eligible to take advantage of special deals that allow you to buy our boots for up to 25 percent less than you would find them in retail shoe stores nationwide! In addition to these remarkable -------, we provide a complimentary pair of quality wool socks.

(A) prices   (B) branches

2
(PITTSBURGH – April 20) Bell & Levitt, the Pittsburgh-based architectural company, announced that it has formally agreed to a $3.5 million contract to design a state-of-the-art museum in Washington, D.C. The museum will house a wide range of exhibits, from historical artifacts to modern artworks. The ------- is likely to take at least one year to complete. Once Bell & Levitt has finalized and submitted its design, construction will begin immediately .

(A) survey   (B) project

Part 6

2 **첫 문장에 빈칸이 있으면 바로 뒷 문장에 나오는 핵심 단어와 유사한 어휘를 고른다.**

> The pharmaceutical firm announced a significant ------- in annual profits. Its CEO, Brad Kim, said that **the increase** is the result of the success of its latest range of pain medications.
>
> (A) boost (B) decline
>
> ....
>
> 그 제약회사는 연간 수익의 상당한 상승을 발표했다. 이 회사의 최고경영자 Brad Kim 씨는 그 증가가 자사의 최신 진통제 제품들이 성공한 결과라고 밝혔다.

➜ 뒤에서 유의어 단서를 찾는 어휘 유형 풀이법
   ① 빈칸 뒤에 in annual profits가 있으므로 빈칸에는 상승 또는 하락을 나타내는 단어가 들어가야 한다는 것을 예상할 수 있습니다.
   ② 그리고 빈칸 바로 다음 문장을 살펴보면 the increase라는 단어가 쓰여 있습니다. 정관사 the는 앞에 이미 제시된 단어를 가리키는 중요한 기능을 하므로, 빈칸에 들어갈 단어가 increase와 같은 의미임을 유추할 수 있습니다.
   ③ 그러므로 선택지에서 '증가'를 의미하는 단어인 (A) boost(증가, 상승)가 정답입니다.

서아쌤 밀착 코칭 TIP

Part 6 어휘 문제는 빈칸이 속한 문장 자체가 아니라 지문의 다른 문장에서 단서를 골라야 하므로 어려운 유형입니다.
하지만, 선택지에 제시되는 단어 자체의 난이도는 그리 어렵지 않아서 단서만 제대로 찾는다면 쉽게 정답을 고를 수 있어요.

기출 확인 PRACTICE 📖 해설서 p.48

3

> We are excited to inform our customers that Livewell Health Foods has -------. Our new store in the Feldman Shopping Center provides a lot more space, which allows us to stock an even wider variety of healthy foods and nutritional supplements. We hope to see you all soon!
>
> (A) relocated (B) promoted

4

> Dear Ms. Shepard,
>
> I'm writing to thank you for your invaluable ------- in South Korea, Taiwan, and Japan. Your sales team has attracted more new clients in these countries than we could have possibly imagined. Such work is worthy of an appropriate reward.
>
> (A) attributes (B) efforts

3 빈칸 앞 또는 뒤의 연결 논리 관계를 확인해 알맞은 어휘를 고른다.

Thank you for contacting us regarding your company's annual training workshop. **Our hotel typically hosts small events** such as weddings and informal gatherings. **However**, we also **have some ------- rooms** that might be more suitable for your corporate event.

(A) large   (B) cheap

귀사의 연례 교육 워크샵과 관련해 저희에게 연락 주셔서 감사합니다. 저희 호텔은 보통 결혼식이나 비공식 모임과 같은 소규모 행사들을 주최합니다. 하지만, 저희는 또한 귀하의 기업 행사에 더 적합할 수도 있는 대형 공간들도 보유하고 있습니다.

➔ 연결 논리 관계를 파악하는 어휘 유형 풀이법
  ① 빈칸이 속한 문장이 However로 시작된다는 것에 주목하세요. 역접 접속사나 접속부사는 항상 중요한 단서가 됩니다.
  ② 이 점을 염두에 두고 바로 앞 문장을 보니 「typically hosts small events(보통 작은 행사들을 주최한다)」는 내용이 나옵니다.
  ③ 접속부사 앞뒤를 확인해 보면 「small events(소규모 행사) - However(하지만) - [빈칸] rooms(~한 공간)」의 흐름이 됩니다.
  ④ small과 역접으로 연결되려면 그와 상반되는 개념이 되어야 하므로 빈칸에는 '크기가 큰'이라는 의미의 형용사 (A) large가 들어가는 것이 옳습니다.

서아쌤 밀착 코칭TIP
이런 유형의 어휘 문제를 풀 때는 문장을 해석하지 말고 핵심 키워드와 접속부사, 그리고 빈칸의 연결 논리만 가지고 빠르게 풀어야 시간을 줄일 수 있어요.

기출 확인 PRACTICE 📖 해설서 p.48

5

Do you want to always succeed in selling your used goods on auction sites? If so, it is recommended that you sign up for -------. This way, you will receive a text message whenever a user makes a bid on your auction item.

(A) alerts   (B) activities

6

To provide convenience to our conference speakers, we offer a free shuttle bus from the airport to the conference venue. Additionally, a deluxe room at the Regal Hotel will be provisionally allocated for each speaker. The hotel room is -------. In other words, you do not have to stay there if you would prefer to arrange your own accommodations.

(A) spacious   (B) optional

Part 6

Questions 1-4 refer to the following memo.

To: Griffon Biolabs Employees
From: Belinda Graves, Personnel Manager
Date: May 22

-------. This is to ------- a camera crew who will be visiting our neighborhood to shoot some
  1.   **2.**
important scenes for a major television show that is currently in development.

I apologize if ------- causes any inconvenience to those who normally park their cars in this parking
      3.
lot. Any staff members who drive to work in their own vehicles ------- to use the the smaller parking
                                               4.
lot behind our building, or find a vacant space on nearby Epping Street. I appreciate your
understanding regarding this change.

---

1. (A) Be advised that some of our departments will be closing early.
   (B) Staff should remember to display their parking permits at all times.
   (C) We are considering postponing some of our current projects.
   (D) Please note that the main parking lot will be inaccessible tomorrow.

2. (A) estimate
   (B) celebrate
   (C) improve
   (D) accommodate

3. (A) this
   (B) there
   (C) another
   (D) some

4. (A) will be required
   (B) has been required
   (C) were required
   (D) requiring

Questions 5-8 refer to the following memo.

To: All Benning Beauty Inc. Staff
From: Angela Benning
Date: October 15
Subject: New Advertising Method

At this month's board meeting, a new advertising method was introduced that will allow us to reach a wider range of potential customers. The marketing director ------- details of the new **5.** approach during the meeting. He is confident that shifting focus away from our traditional print and billboard advertising and toward social media will be hugely beneficial for us, and I completely agree.

His recent market research indicates that sales resulting from newspaper and magazine ads have dropped significantly. Therefore, ------- will reduce the print advertising budget by 50 percent, **6.** starting next year.

Additionally, the marketing director recommended a complete overhaul of our online presence. This includes the layout and presentation of our Web site, the functionality of our online store, and our Web-based interactions with customers. -------. Very rapidly, these ------- should result in higher **7.** **8.** revenue for our business in all markets, home and abroad.

5. (A) will have unveiled
   (B) is unveiling
   (C) will unveil
   (D) unveiled

6. (A) his
   (B) we
   (C) this
   (D) theirs

7. (A) The new product line has been delayed so that improvements can be made.
   (B) This is due to the difficulty we have had in hiring experienced Web designers.
   (C) The feedback indicates that our online customers appreciated the changes.
   (D) Though this will require a lot of work, it will be worth it in the long run.

8. (A) promotions
   (B) appointments
   (C) devices
   (D) measures

문장 삽입 문제

POINT 1 지시어, 대명사, 정관사 단서 활용하기

선택지 문장의 주어 또는 핵심어에서 앞 문장에 사용된 단어를 가리키는 지시어, 대명사, 또는 정관사(the)를 파악하여 앞 문장과의 연결 논리를 확인하는 유형으로, 문장 삽입 유형의 50% 정도를 차지하는 중요한 유형입니다.

1 선택지 문장에 지시어나 대명사가 있으면 앞 문장에서 그 대상을 파악한다.

> Please be advised that more employees will be hired at our company's downtown service center early next month **in an effort to upgrade the standard of our technical support**. -------.
>
> **(A) This** will allow us to restore our reputation as the best customer service provider.
> **(B)** We are grateful to all of the staff members who made this success possible.

다음 달 초에 우리 기술 지원 서비스의 수준을 개선하기 위한 노력의 일환으로 우리 회사의 시내 서비스 센터에 더 많은 직원들이 채용될 것임을 알아 두시기 바랍니다. 이것은 우리가 최고 고객 서비스 기업이라는 명성을 회복하도록 해줄 것입니다.

➜ 지시어를 단서로 활용한 유형 풀이법
　① 지시대명사 this는 바로 앞의 내용을 가리키므로 선택지에 this가 있다면 앞 문장에서 그 대상을 확인합니다.
　② 빈칸 앞에 upgrade the standard of our technical support(우리의 기술 지원 서비스 수준 개선)라는 특별한 일이 언급되어 있습니다.
　③ 따라서, 그와 같은 행위를 This로 가리켜 그에 따른 결과로서 restore our reputation as the best customer service provider(최고 고객 서비스 기업이라는 명성을 회복)를 말하는 흐름이 되어야 의미 연결이 자연스러우므로 (A)가 정답입니다.

서아쌤 밀착 코칭 TIP
지시어가 Before doing this, After this, To do so와 같이 구에 포함되어 제시되기도 하므로 주의하세요.

기출 확인 PRACTICE 📖 해설서 p.51

1
> With regret, we are writing to inform you that the Laurence Gourlay performance that was scheduled to take place on July 29 at Collins Concert Hall will no longer be able to be held as planned. -------.

(A) You may be able to take a detour to avoid the traffic.
(B) We are very sorry for this inconvenience.

2 선택지 문장에 「the + 명사」가 있으면 앞 문장에 해당 대상이 있는지 파악한다.

> Upon opening the package that arrived this afternoon, I found **a crack in the laptop screen**, making it almost impossible to view anything on it. -------. Then, I was advised to return the laptop to your store.
>
> (A) To discuss **the defect**, I promptly made a call to your service center.
> (B) I noticed that some of my orders were missing from the delivery.
>
> --
>
> 오늘 오후에 도착한 배송품을 개봉하자마자, 노트북 모니터에 금이 간 흔적을 발견했고, 그 때문에 모니터에 있는 뭔가를 보는 것이 거의 불가능했습니다. 이 결함에 관해 논의하기 위해, 저는 즉시 귀사의 서비스 센터로 전화를 걸었습니다. 그리고 나서, 귀하의 매장으로 해당 노트북 컴퓨터를 반품하라는 권고를 받았습니다.

▶ 「the + 명사」를 단서로 활용한 유형 풀이법
① 정관사 the는 앞에 제시된 사물이나 사람을 가리키는 기능을 합니다.
② 따라서 선택지 문장에 「the + 명사」가 있다면, 이 단어가 가리키는 대상이 앞 문장에 제시되기 마련입니다.
③ 빈칸 앞에 「a crack in the laptop screen(노트북 모니터에 금이 간 흔적)」이 언급되었으므로 이것을 가리키는 the defect(이 결함)가 뒤에 와야 가장 자연스럽습니다.
④ 따라서 To discuss the defect로 시작하는 (A)가 정답입니다.

기출 확인 **PRACTICE**   📖 해설서 p.51

2
> CALGARY (June 13) - British coffee chain Union Coffee is hoping to break into the coffee shop market in Canada. Yesterday, Union Coffee announced that its first four Canadian branches will be situated throughout the province of Ontario, and the first one is scheduled to open on November 7. -------.

(A) Many of these coffee varieties are sourced locally.
(B) The others will open early next year.

3
> Come and celebrate the launch of the latest book in the internationally successful *Littlest Monster* book series! Author Mary Stein will be at Downtown Books to read excerpts from her latest book, and illustrator Marcus Cole will discuss the art style of the book. Ms. Stein will also be happy to sign copies of the book and promotional posters. -------.

(A) The event will conclude with a Q&A session at 4 P.M.
(B) Authors should contact the bookstore to find out more.

POINT 2 연결어 단서 활용하기

이전 문장과의 논리적 연관성을 나타내는 연결어를 통해 앞 문장과의 연결 논리를 확인하여 정답을 고르는 유형으로, 전체 문장 삽입 유형의 약 20%에 해당합니다.

1 선택지 문장에 대표적 연결어인 접속부사가 포함된 경우, 앞 문장과의 논리 관계를 확인한다.

> We would like to renew our business contract with DigitalDistribution.com. Ever since we started promoting our merchandise on your Web site, **our sales have risen steadily**. -------.
>
> (A) Therefore, the Web site would benefit from some improvements.
> (B) **Also**, there has been a significant increase in our brand awareness.
>
> ....
>
> 저희는 DigitalDistribution.com 사와의 사업 계약을 갱신하고자 합니다. 귀사의 웹 사이트에 저희 상품을 광고하기 시작한 이후로, 저희 매출이 꾸준히 증가했습니다. 또한, 저희 브랜드 인지도도 크게 증가했습니다.

➡ 접속부사를 단서로 활용한 유형 풀이법
  ① 접속부사는 앞 문장과의 연결 논리를 나타냅니다.
  ② 바로 앞 문장에서 「our sales have risen steadily(우리 매출이 꾸준히 증가했다)」라며 웹 사이트 광고의 효과를 이야기하고 있습니다.
  ③ 이 내용과 연결이 가장 자연스러운 것은 추가를 나타내는 접속부사 Also를 통해 웹 사이트 광고의 또 다른 이점을 언급하는 것입니다.
  ④ 따라서 광고로 인해 브랜드 인지도가 향상되었음을 설명하는 (B)가 정답입니다.

문장 삽입 유형에 주로 출제되는 연결어		
In the interim 그동안, 한편	To that effect 그런 목적으로	As well 또한
In addition to ~에 덧붙여	Luckily 다행스럽게도	Then 그리고 나서
Regrettably 안타깝게도	Sometimes 때때로	After this 이 이후에

기출 확인 PRACTICE   해설서 p.51

1

> Asiatic Airlines allows passengers to check in two items of luggage each for international flights, as well as one carry-on bag. Travelers may also bring a laptop bag, a handbag, or a bag of baby supplies at no extra cost. -------.

(A) However, a $50 charge will be applied to any bag considered oversized.
(B) In that case, the airline will issue a full ticket reimbursement.

2

> If you could describe for me exactly what type of accommodations you would prefer, I can search for available rooms close to the conference venue. Just let me know the number of beds required, the price range, and any amenities that you will require during your stay. -------.

(A) For example, our business center is very popular with our guests.
(B) Then, I will get back to you with some suitable hotels in the area.

특별한 단서 없이 해석을 통해 내용 흐름을 파악하여 정답을 고르는 최고난도 유형으로, 전체 문장 삽입 문제의 30% 이상을 차지합니다. 상세하게 해석하는 것이 아니라 문장의 키워드를 통해 최단 시간에 내용을 요약하는 능력이 관건입니다.

1 지시어나 대명사 등의 특정 단서가 없는 경우, 앞뒤 문장의 흐름을 파악한다.

> **To renew your membership card,** just **visit our Web site, complete a form** and **submit it.** Make sure to **include all** requested **details.** -------. **Your new card will be sent** to the address you wrote on your application form.
>
> (A) Allow at least two days for **processing.**
> (B) We survey our members on a regular basis.
>
> 회원 카드를 갱신하시려면, 저희 웹 사이트를 방문하셔서, 양식을 작성하시고 그것을 제출하시면 됩니다. 반드시 세부 요청사항들을 모두 포함시켜 주시기 바랍니다. 최소 2일간의 처리 시간을 감안해 주십시오. 귀하의 새 카드는 신청 양식에 기입하신 주소로 우송될 것입니다.

➡ 내용 흐름으로 파악하는 고난도 유형 풀이법
 ① 선택지에 지시어 또는 접속부사 등 뚜렷한 단서가 보이지 않으면 내용 흐름을 파악해야 합니다.
 ② 첫 문장의 「To renew your membership card(회원 카드를 갱신하려면)」를 보고 절차를 나타내는 내용들이 뒤에 나올 것임을 예측할 수 있습니다.
 ③ 카드 신청에서부터, 카드가 도착하기 전까지 진행되는 일은 카드 신청의 processing(처리)입니다.
 ④ 따라서 processing을 포함한 문장인 (A)가 정답입니다. 문장을 모두 해석할 필요 없이 핵심 단어들만 빠르게 연결해 내용 흐름을 파악해야 하는 문제입니다.

기출 확인 PRACTICE   📖 해설서 p.52

1

Dear Mr. Halley,

I just listened to your message regarding the house at 120 Downton Road. The property is still available and the owner is very eager to find a buyer. -------. You mentioned that you currently live quite close to Downton Road. So, I assume it will be convenient to meet you at the property sometime this week.

(A) Specifically, do you have any questions about the rooms?
(B) If you remain interested, I can arrange a viewing immediately.

2

Thank you for choosing Philippine Tours for your upcoming holiday. Although we don't expect anything unfortunate to occur during your trip, your tour comes with free travel insurance. -------. In the event that you do require medical attention during your trip, please call the insurance provider directly at 555-3878 and provide your policy number: 3278268.

(A) Tour guides will be happy to recommend various sightseeing destinations.
(B) You are automatically covered and do not need to do anything.

Questions 1-4 refer to the following notice.

Vendor Booths at Dundee Street Carnival

Would you like to promote your business's products during the upcoming Dundee Street Carnival? Our vendor booths come with all the ------- you need to show off your merchandise, from display
1.
stands to lighting. If you are interested, please be aware that a permit ------- for anyone wishing to
2.
sell their wares during the event. Apply for your vendor's permit -------. There are a limited number
3.
of vendor booths available. Also, please note that you will be personally responsible for setting up
and dismantling the booth. -------. Dundee Council is committed to keeping the city center clean
4.
and tidy at all times. Please call 555-9870 for more details.

1. (A) staff
    (B) equipment
    (C) space
    (D) information

2. (A) require
    (B) requiring
    (C) is required
    (D) was required

3. (A) early
    (B) regularly
    (C) afterwards
    (D) briefly

4. (A) Event organizers will be on hand to provide parking information.
    (B) Vendors will sell a wide variety of goods during the event.
    (C) We appreciate your valuable feedback on this matter.
    (D) All waste must also be removed from your site at the end of the event.

Questions 5-8 refer to the following information.

Glenford City Council is delighted ------- its first ever Computers for Schools Initiative (CSI), which
5.
will begin on January 1.

The purpose of the CSI is to encourage businesses to pass on their old or unused computers to
the city council, which will then distribute them ------- local elementary schools and high schools.
6.

Business owners who wish to become ------- can visit the council Web site for details of drop-off or
7.
pick-up times and locations.

A severe lack of funding has led to a shortage of resources in local schools over the past few
years. -------. For further information, please visit www.glenfordcouncil.com/csi.
8.

5. (A) announcement
   (B) announced
   (C) to announce
   (D) announces

6. (A) along
   (B) beside
   (C) among
   (D) before

7. (A) clients
   (B) donors
   (C) employers
   (D) beneficiaries

8. (A) The initiative should help to address this
       problem.
   (B) As a result, several teaching positions
       must be filled.
   (C) Your contribution has enabled us to
       make many improvements.
   (D) The falling number of students has led to
       increased unemployment.

PART 7

Part 7 최신 출제 경향

▷ 문항 수: 총 54문항
  (단일 지문 10개, 이중 지문 2개, 삼중 지문 3개)

▷ 출제 경향: RC의 다른 파트에 비해 매월 난이도
  의 차이가 크다. 어렵게 출제될 경우, 고득점자
  조차 시간 내에 풀기 힘들만큼 지문이 길고 문제
  의 난이도가 높다. 특히 이중, 삼중 지문의 25문
  제를 해결하는 데 오랜 시간이 걸리는 만큼 시간
  안배가 가장 중요한 변수가 되고 있다. Part 7의
  난이도가 RC 전체의 난이도를 결정할 정도로
  그 비중이 크므로 Part 7에 더 많은 노력을 기울
  여야 한다.

Part 7 질문 유형별 비율

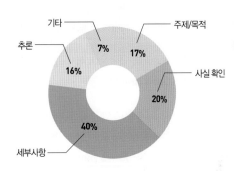

주제/목적 17%
사실 확인 20%
세부사항 40%
추론 16%
기타 7%

Part 7 핵심 전략

1 문제 1개당 1분씩 배분해서 시간 내에 푸는 연습을 하자.

가장 시간이 부족한 파트가 Part 7이다. 보통 문제 1개당 1분을 기준으로 풀어나가면 된다. 당장 목표
점수가 750점대인 학습자들은 삼중 지문은 포기하더라도 나머지 지문에서 정답률을 높이는 것이 더욱
유리하다.

2 지문 유형에 익숙해지자.

Part 7에서 자주 나오는 지문의 유형은 정해져 있다. 이메일/편지는 주로 요청 사항이 많고, 광고는 제품
이나 서비스, 회사 등을 홍보하는 성격이 강하며, 기사는 지역 경제나 합병 소식이 주를 이룬다. 메시지 대
화 지문은 구어체 표현과 함께 회사에서 나눌 법한 대화가 많으며, 공고는 회사나 공공장소에서 직원이나
사람들을 위해 어떤 일을 알려주는 글이다. 지문 유형에 따라 지문 속에 어떤 내용이 어떻게 배치되는지를
파악하면 문제를 풀 때 시간을 줄일 수 있다.

3 단어 암기가 생명이다.

단어를 모르고 독해를 할 수 없다. 원활한 해석과 시간 단축을 위해서 단어 암기를 꼭 해야 한다. 특히 자
신이 기사 지문에 약하다면 기사와 관련된 단어들을 위주로 암기하는 것도 전략이다.

세부사항 & 추론 문제

POINT 1 세부사항

① 세부사항을 묻는 질문 유형

① What: 키워드와 함께 질문에서 묻는 특정 정보가 제시되는 부분에서 단서를 찾습니다.

What will happen on **May 1**? 5월 1일에 무슨 일이 있을 것인가?

What kind[type] of **business** is **Keneshika Industries**? Keneshika Industries는 무슨 종류의 업체인가?

② Who: 특정 인물의 직책, 업무 등이 제시되는 부분에서 단서를 찾습니다.

Who is Ms. **Galia Smith**? Galia Smith 씨는 누구인가?

③ How: 방법, 수량, 기간, 빈도, 가격 등의 정보가 제시되는 부분에서 단서를 찾습니다.

How did Mr. **Park learn** about Mr. **Barak**? Park 씨는 어떻게 Barak 씨에 대해 알게 되었는가?

How much did Ms. **Jones pay** for her **subscription**? Jones 씨는 구독료로 얼마를 지불했는가?

④ Where: 장소, 지명 등의 정보가 제시되는 부분에서 단서를 찾습니다.

Where is Ms. **Lampert's office** located? Lampert 씨의 사무실은 어디에 위치해 있는가?

⑤ When: 시점 표현이 제시되는 부분에서 단서를 찾습니다.

When did Ms. **Arnott leave** for a **trip**? Arnott 씨는 언제 여행을 떠났는가?

② 세부사항 질문의 단서 찾는 방법

① 질문의 키워드가 지문에 쉽게 드러나는 경우: Who wrote ⇒ From(발신자)

> To: Dana Jeffries, President
> From: Rich Meyer, Assistant Vice President of Sales
> Q. **Who wrote** the memorandum? (A) Rich Meyer

② 질문의 키워드가 지문에서 패러프레이징되는 경우: meeting ⇒ To share your opinion, join us

> **To share your opinion,** please **join us in the staff lounge** on December 18 at 2:00 P.M.
> 여러분의 의견을 나누시려면, 12월 18일 오후 2시에 직원 휴게실에 모여 주시기 바랍니다.
> Q. **Where** will the **meeting** be held? (A) **In the staff lounge**

③ 질문의 키워드가 지문에서 유추되는 경우: closure begin ⇒ will be closed ⇒ maintenance ⇒ The replacement will be scheduled to begin

> The 6th floor of the headquarters building **will be closed** next weekend for **maintenance**. All the fire equipment in the offices on that floor will be replaced. **The replacement will be scheduled to begin** on October 13 and last until October 15.
> 본사 건물 6층이 다음 주말 동안 유지 보수로 폐쇄될 것입니다. 그 층 사무실의 모든 소방 설비가 교체될 것입니다. 이 교체 작업은 10월 13일에 시작되어 10월 15일까지 지속될 예정입니다.
> Q. **When** will the **closure begin**? (A) **On October 13**

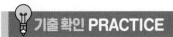

1

Short-term rental: A spacious bedroom in a 4-bedroom house downtown, only for one person, available from June 1 to December 31.

Q. What is being advertised?

(A) An apartment in the suburbs
(B) A room in a house

2

To stay profitable during the economic slowdown, many restaurants have begun offering alternative dishes that can be taken out.

Q. How are restaurants coping with the poor economy?

(A) By offering more discounts
(B) By offering different foods

3

The special guest, Mr. Bentley, highly praised the book's author, Ryan Cooper, on a TV show hosted by Lisa Marsh, who often writes articles for an entertainment Web site.

Q. Who is Ms. Marsh?

(A) A show host
(B) A book author

4

To: All Employees
From: Edith Peltzer, HR Manager
Date: February 6
Subject: Administration Office

To prevent any unauthorized personnel or service people from entering our administration office, management has arranged for a new security system to be installed. From February 9, staff members will be required to electronically verify that they are authorized to enter the administration office by using a retina scanning device. To prepare for this change, IT staff will be scanning all employee retinas on Wednesday, February 8, in the HR department. Two sessions will take place: one in the morning, and the other after lunch. By 4:30 P.M. tomorrow, please ensure you have signed up for one of the sessions by adding your name to the appropriate list on the staff room notice board.

Thank you.

Q. When should employees visit the HR department?

(A) February 6
(B) February 7
(C) February 8
(D) February 9

POINT 2 추론

1 추론 질문 유형

① 추정 부사 most likely, probably

What will **most likely** happen on May 14? 5월 14일에 무슨 일이 발생하겠는가?

Who most likely is Ms. Snyder? Snyder 씨는 누구이겠는가?

Where does Mr. Bailey **most likely** work? Bailey 씨는 어디에서 일하겠는가?

What probably caused the problem? 무엇이 문제를 초래했겠는가?

② 간접 암시 suggest, indicate, imply

What is suggested[indicated] about the training session? 교육 시간에 대해 암시되는 것은 무엇인가?

What is implied about Mr. White? White 씨에 대해 암시되는 것은 무엇인가?

What does Ms. Martell **imply** in the e-mail? Martell 씨는 이메일에서 무엇을 암시하는가?

③ 유추 infer

What can be inferred about the workshop? 워크숍에 대해 유추할 수 있는 것은 무엇인가?

2 추론 vs. 패러프레이징

① 추론: 정답이 단서에 직접 드러나지 않으므로 약간의 사고력이 필요합니다.

> 질문: Who most likely is **Mr. Parsons**?
> 단서: (From: **Mark Parsons**) I have a question about **the changes you asked me to make for the drawings of the floor plans** of the shopping mall.
> (발신: Mark Parsons) 그 쇼핑몰의 설계도 그림에 대해 적용하도록 저에게 요청하신 변경 사항과 관련해 질문이 있습니다.
> 정답: An architect

1단계 Mr. Parsons는 누구? From ⇒ 이메일 작성자 ⇒ I, me 등의 대명사로 지칭

2단계 이메일 작성자의 업무인 the changes you asked me to make for the drawings of the floor plans가 단서

3단계 make changes for the drawings of the floor plans ⇒ An architect(건축가)

② 패러프레이징: 단서 내용이 동의어 등 다른 표현으로 바뀌어 정답으로 제시됩니다.

> 질문: Who is **Mr. Davila**?
> 단서: **Actor Jonathan Davila won this year's award** for Best Actor in a Leading Role.
> 배우 Jonathan Davila 씨가 올해의 남우 주연상을 수상했습니다.
> 정답: An award-winning performer

1단계 Davila가 포함된 문장 Actor Jonathan Davila won this year's award가 단서

2단계 패러프레이징 Actor = performer, won this year's award = award-winning

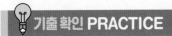

1

I'm fully aware that you face deadline pressure when releasing a new issue every day, but I strongly believe that it certainly will harm our credibility if we print a magazine with fake news articles.

Q. What is suggested about the magazine?

　(A) It is published daily.

　(B) It includes entertainment news.

2

This gift voucher may not be used with any other vouchers or special offers. This offer ends on March 31.

Q. What is indicated about the voucher?

　(A) It is valid for a limited time.

　(B) It can be used to purchase sale items.

3

Although this is a freelancer position, and you won't be paid on the same date every month, we will guarantee a steady flow of work.

Q. What is implied about the listed position?

　(A) It requires special editing skills.

　(B) It involves an irregular pay schedule.

4

You are invited to attend the opening night of "A History of French Cinema" at the Cinematheque Theater on Saturday, July 10, Screening Room 1. On the evening of the event, we will be happy to accept any donations you wish to make, no matter how big or small they may be. As a patron of the theater, your assistance is always greatly appreciated. All proceeds will be put towards the work being carried out on Screening Room 4, which will accommodate 50 more people than our other screening rooms do.

Q. What is suggested about the Cinematheque Theater?

　(A) It recommends reserving event tickets one week in advance.

　(B) It intends to open a more spacious screening room in the future.

　(C) It recently carried out renovations in Screening Room 1.

　(D) It regularly hosts talks given by famous movie directors.

Part 7

Questions 1-2 refer to the following article.

Exciting Developments at The Durham Center

Catherine Tate
Editor-in-Chief, Atherton City Times

The Durham Center, one of the oldest historical buildings in Atherton City, has opened a new child-friendly facility, located on its first and second floors, with work on the third floor still ongoing. Named the Atherton City Children's Library, it houses over ten thousand books, including fiction and non-fiction.

"The Atherton City Children's Library has been designed to house a number of additional sections, such as an IT lounge and a comfortable reading room with bean bags," noted Linus O'Malley, the head consultant at Smart Designs, who helped transform the space at The Durham Center from an office building into a library.

Library supervisor Jonas Mulgrew added, "This library is not just a place to bring your children when you're bored; it's a place where they can really engage with the material and become interested in a number of diverse topics." Mr. Mulgrew also said that many of the books were donated by local business owners.

Membership to the library, which was funded wholly by private donors throughout the city, will be free for the first month, until July 31, although a small donation from new members is encouraged. Next month, it will begin charging $10 per month for adults and $5 for children, but membership will also include special events on the third floor. Families can find prices for year-long membership packages, weekend and holiday hours, and detailed information about all book collections at www.durhamcenter.org.

1. What is the purpose of the article?
   (A) To announce plans for the reconstruction of a building
   (B) To solicit donations for a recently opened library
   (C) To highlight the work of a local business owner
   (D) To report on the opening of a children's facility

2. Who is Mr. O'Malley?
   (A) A newspaper writer
   (B) An interior designer
   (C) A renowned author
   (D) A library supervisor

Questions 3-5 refer to the following notice.

Solange Publishing Corporation

Some changes due to upcoming romodeling

Collaboration between staff in the Sales Department on the fourth floor and the Advertising Department on the eighth floor may suffer next week due to scheduled renovations that will require the suspension of elevator service, beginning on Tuesday, September 22, at 9 A.M. For the entire week, the elevator will run only between the first and fourth floors. The Personnel Department, on the sixth floor, will be undergoing major remodeling, and this will affect the elevator shaft and electricity on that floor.

It will be inconvenient for staff members to frequently go up and down the stairs, so we have temporarily installed online chatting software on the computers on the fourth and eighth floors in order to maintain close collaboration, and this may be used while the remodeling work is underway. However, if this proves to be beneficial to our staff and boosts overall productivity, we will consider using it even after the remodeling is complete.

---

3. On what floor is renovation work scheduled to be carried out?

   (A) The first floor

   (B) The fourth floor

   (C) The sixth floor

   (D) The eighth floor

4. According to the notice, why is the software being installed?

   (A) To facilitate work between two departments

   (B) To improve communication with customers

   (C) To ensure that computers are protected against viruses

   (D) To allow branch offices to exchange monthly data

5. What is indicated about the software?

   (A) It will only be used in the Sales Department.

   (B) It will result in an increase in profits.

   (C) It may be implemented permanently.

   (D) It was recommended by the personnel manager.

주제/목적&사실 확인 문제

POINT 1 주제/목적

1 주제/목적을 묻는 질문 유형

① 주제

What is the notice **about**? 이 공지는 무엇에 관한 것인가?
What is the **main subject** of the article? 이 기사의 주제는 무엇인가?

② 목적

What is the **purpose** of the article? 이 기사의 목적은 무엇인가?

③ 이유

Why was the e-mail **written[sent]**? 이메일이 쓰여진[보내진] 이유는 무엇인가?

2 주제/목적을 나타내는 정답 단서들

① Please 명령문(~해 주시기 바랍니다)

Please complete the questionnaire and send your suggestions by clicking the "Submit" button below.
설문지를 작성하시고 아래의 "제출" 버튼을 눌러 여러분의 제안 사항들을 보내주세요.

② Would[Could, Can] you ~?(~해 주시겠습니까?)

Can you take my shift on Wednesday? 수요일에 제 교대 근무를 대신해 주시겠어요?

③ I am writing to ~(~하기 위해 글을 씁니다)

I am writing to let you know that ~ ~을 알려 드리기 위해 이 글을 씁니다.

④ This letter is to ~(이 편지는 ~하기 위한 것입니다)

This letter is to confirm the details of ~ 이 편지는 ~의 세부사항을 확인해 드리기 위한 것입니다.

⑤ The purpose of this letter is to ~(이 편지의 목적은 ~하는 것입니다)

The purpose of this letter is to compliment one of your employees, Mr. Marcus.
이 편지의 목적은 귀사의 직원 중 한 분인 Marcus 씨를 칭찬해 드리기 위한 것입니다.

⑥ We would like to ~(저희는 ~하고자 합니다)

We would like to respond to your comments on ~ 저희는 ~에 대한 귀하의 의견에 답변해 드리고자 합니다.

1

In order for us to continue offering professional landscaping at affordable rates, we would like you to visit our Web site and give our service a 5-star rating.

Q. What is the purpose of the letter?

(A) To adjust a schedule with a client

(B) To request feedback on a service

2

Could you please let me know if your new Savannah hiking boots would be suitable for difficult hikes? I'm planning to visit Fern Mountain and am now looking for a reliable brand that is sufficient for my needs. Thank you.

Q. What is the purpose of the e-mail?

(A) To inquire about a product

(B) To give directions to a store

3

We regret to inform you that our free shipping is no longer available. Even so, we will continue to provide free gift wrapping to all our customers.

Q. Why was the notice written?

(A) To make a complaint about a service

(B) To announce a change in policy

4

Dear Jeremy,

Ben told me about your request to take three weeks off in January to visit Los Angeles for the wedding of your brother. I certainly understand your wish to join your family for this exciting event. I myself have two brothers and treasure every moment with them. Unfortunately, the company policy restricts you from taking three consecutive weeks of vacation until you have been with the company for ten years. Until that time, you are limited to twelve consecutive work days off for vacation. I am sorry about this, and I hope you understand.

Sincerely,

Tina Brown
Personnel Manager

Q. What is the purpose of the e-mail?

(A) To clarify a work policy　　　　　　(B) To approve a request

(C) To ask for information　　　　　　(D) To announce an opportunity

Part 7

POINT 2 사실 확인

1 사실 확인 질문 유형

① 지문 내용과 일치하는 것을 확인하는 질문

What is mentioned about Mr. **Oh's proposal**? Oh 씨의 제안에 대해 언급된 것은 무엇인가?

What is stated about **Simons Corporation**? Simons Corporation에 대해 언급된 것은 무엇인가?

What is included in the **advertisement**? 광고에 포함된 것은 무엇인가?

What is true about the **special offer**? 특가 상품에 대해 사실인 것은 무엇인가?

② 지문 내용과 일치하지 않는 것을 확인하는 질문

What is NOT mentioned about Mr. **Ford**? Ford 씨에 대해 언급되지 않은 것은 무엇인가?

What is NOT stated in the **e-mail**? 이메일에서 언급되지 않은 것은 무엇인가?

What is NOT included in Mr. **Cooper's e-mail**? Cooper 씨의 이메일에 포함되지 않은 것은 무엇인가?

What is NOT true about Ms. **Moore**? Moore 씨에 대해 사실이 아닌 것은 무엇인가?

2 사실 여부를 확인하는 방법

① 질문의 키워드를 활용해 단서 위치를 파악해야 하며, 이때 패러프레이징에 유의합니다.

> "Protect the Environment", a newsletter published by a government organization, is printed and distributed throughout the state every Friday.
> 정부 기관에 의해 출간되는 소식지 "환경을 보호하자"는 인쇄되어 매주 금요일에 주 전역에 배포된다.
> Q. What is mentioned about this publication? (A) It is delivered every Friday.

② NOT 질문의 경우, 지문에서 단서를 찾아 각 선택지의 내용과 대조하며 오답을 소거합니다.

> The successful applicant should not only have a deep knowledge of current cinema, but should also be able to (A) edit that information specifically for an online audience. He or she should attempt to seek out exciting new filmmakers who have not become famous yet. We would rather (B) employ someone who will take big chances and fail than someone who just plays it safe all the time. Finally, he or she needs to (C) be familiar with much more than just mainstream Western cinema, as we plan on expanding the scope of our magazine to include a wider variety of films.
>
> 합격자는 요즘 영화에 대한 깊은 지식을 지니고 있어야 할 뿐만 아니라, 특별히 온라인상의 독자들을 위해 그 정보를 편집할 수도 있어야 합니다. 또한 아직 유명하지 않은 흥미로운 새 영화 제작자들도 찾아내도록 노력해야 합니다. 항상 안전하게 일을 처리하는 분보다는, 도전하고 실패도 경험할 분을 채용하려 합니다. 마지막으로, 채용되는 분은 단순히 주류 서구 영화를 넘어서 훨씬 다양한 영화에 익숙해야 하는데, 저희가 더욱 다양한 종류의 영화를 포함할 수 있도록 저희 잡지의 범위를 넓힐 계획이기 때문입니다.
>
> Q. What is NOT mentioned as a requirement of this job?
>   (A) An understanding of creating online content 언급됨 (O)
>   (B) A willingness to take risks 언급됨 (O)
>   (C) Knowledge of a wide range of film genres 언급됨 (O)
>   (D) Experience in managing other writers 자동으로 오답 처리 (X)

1

> Vouchers only applicable to items bought in-store.
> * May not be used to purchase foods or beverages from our "Green Gourmet" range.

Q. What is mentioned about the vouchers?

(A) They should be used in person.

(B) They can be used to buy any item in the shop.

2

> **Return Policy**
> - Items can be returned within five days of purchase.
> - Only store credit will be provided for returned items.

Q. What is stated about items to be returned?

(A) They are returnable only for a limited period.

(B) They are returned for a cash refund.

3

> Brownstone Support Outlets CEO Ian Glenn said, "Customers no longer have to send products to our main depot and wait weeks for them to be returned. Brownstone Support Outlets will provide same-day technical support or, in worst-case scenarios, a replacement for defective items under warranty. We will also be able to replace faulty camera lenses, and will sell a wide range of products such as tripods, straps, and carry cases."

Q. What will NOT be available at Brownstone Support Outlets locations?

(A) Photography lessons   (B) Technical assistance

(C) Camera accessories   (D) Replacement lenses

4

> **Job Opening**
>
> Sandwich King is seeking a responsible individual to fill a night manager position at our 298 Richmond Road restaurant. This position requires applicants who have outstanding communication skills and a willingness to work from 10 P.M. to 5 A.M. This position will not require delivery driving, but prior experience in the food service industry is a must. Experience in management positions is an added plus.
>
> Qualified applicants should send their résumés and expected salary along with two letters of recommendation to Bill Shankley, Sandwich King, 298 Richmond Road, Liverpool, L1 1DE.

Q. What are applicants NOT asked to submit?

(A) A résumé   (B) Wage expectations

(C) Letters of reference   (D) A cover letter

Questions 1-2 refer to the following e-mail.

To:	Beatrice Grimes, BT Property <bgrimes@btproperty.com>
From:	Gillian Barr, EduCorp <gbarr@educorp.com>
Date:	March 27
Subject:	Beale Street

Dear Beatrice,

I wanted to thank you for taking the time to show me the building on Beale Street. It looks like it may be a perfect match for our company's new distribution facility. The size is perfect, and the location is very convenient for highway access. However, I do have a couple of quick questions about the property.

Does the lease allow for any renovation work? We may need to enlarge the warehouse on the east side of the building in order to accommodate our sizable inventory. It is important that we maintain a large inventory at all times.

I do have another concern about the property. Approximately how many parking spaces are available? It looked like there are several other businesses in the same industrial park, so I guess there are a limited number of spaces. We would require about 75 for our employees and delivery drivers, but I get the impression that we would be allocated far fewer.

I would really appreciate it if you could get back to me and answer these questions. Once we are fully satisfied, we will be ready to sign the lease.

Thank you,

Gillian Barr

1. What is the main purpose of the e-mail?
   (A) To ask for more information
   (B) To apply for a construction permit
   (C) To announce a new parking facility
   (D) To schedule a property tour

2. What concern does Ms. Barr have about the property?
   (A) Its structure is in poor condition.
   (B) Its location is inconvenient.
   (C) Its parking area may be too small.
   (D) Its monthly rent is too high.

Questions 3-4 refer to the following memo.

To: All staff members
From: Yvonne Styles
Date: July 7
Subject: Upcoming event

It's that time again for the annual company family fun day. We hope you will all be there with your loved ones!

Date: Sunday, August 2
Time: 10:00 A.M.– 3:00 P.M.
Place: Gull Park, at the corner of Trinity Avenue and Regent Street

Over the past year, Daley Financial has experienced a variety of successes, all due to your hard work. We've taken on more than 50 new corporate clients, been recognized for our excellence in business, and have increased our revenue by over 40%. We have a lot to celebrate as a Daley Financial family!

We are especially pleased that our founder, Roger Daley, will be joining us at this year's fun day. He will give a talk about the future goals of Daley Financial and will then join us to eat hotdogs fresh off the grill and enjoy a performance from a local band.

Please contact my assistant, Wilma Roberts, if you cannot make it, so that we know how many people will be turning up. I hope to see you all there!

Yvonne Styles
Human Resources Manager

3. What is the purpose of the event?

(A) To present a new business plan

(B) To give workers a chance to socialize

(C) To introduce a new manager

(D) To express gratitude to clients

4. What will NOT be offered at the event?

(A) Live music

(B) A speech

(C) Games

(D) Food

문장 삽입 문제

1 문장 삽입 유형의 풀이 과정

① 제시된 문장을 읽고 의미를 파악합니다. 이때 다음과 같은 주요 키워드를 중심으로 문장을 읽습니다.

- 지시어: this, that, these, those, such, each 등
- 접속부사: therefore, however, in addition, also, for example 등
- 부사구: after, before, prior to, and then, first 등
- 인칭대명사: they, it, he, she 등
- 정관사: the + 명사(구)

② 각 키워드가 지닌 특성에 따라 바로 앞 문장에 올 수 있는 내용을 유추합니다.

- These can be done on our Web site. ⇒ These를 통해 복수명사가 앞 문장에 위치해 있음을 알 수 있다.
- However, employees should use another parking lot. ⇒ However를 통해 앞 문장에 상반된 내용이 있음을 알 수 있다.

③ 제시된 문장과 관련된 내용을 담은 단락을 찾아 키워드를 바탕으로 유추한 내용과 비슷한 맥락의 문장이 있는지 확인한 후 제시된 문장을 삽입해 앞뒤 문장과 흐름이 자연스럽게 연결되는지 확인합니다.

2 문장 삽입 유형의 단서 찾기

① 지시어 이용

Eastern Gas, the largest gas provider in the country, announced price increases this week. 「This is the first price increase in over a decade for the gas company.」
국내의 가장 큰 가스 공급 업체인 Eastern Gas가 이번 주에 가격 인상을 발표했다. 「이것은 그 가스 회사에게 있어 10년이 넘는 기간만의 첫 가격 인상이다.」

1단계 지시대명사 this는 앞서 제시된 특정 대상 또는 앞 문장 전체를 가리킨다.

2단계 제시된 문장에 주어 This에 대한 보어로 first price increase가 쓰여 있음을 확인한다.

3단계 price increases가 언급된 문장 뒤에 위치해 가격 인상이 지니는 의미를 말하는 흐름이 되어야 자연스럽다.

② 인칭대명사 이용

The bicycles are targeted at urban workers who choose to ride a bike to work on a regular basis rather than drive. 「They feature several new innovations including a lightweight frame and shock absorption.」 Think about these characteristics when choosing a name.
그 자전거는 운전을 하기보다 주기적으로 자전거를 타고 출근하기로 선택하는 도시 직장인들을 대상으로 합니다. 「그것들은 경량 프레임과 충격 흡수 장치를 포함해 여러 새로운 혁신적인 요소들을 특징으로 하고 있습니다.」 명칭을 고를 때 이러한 특징들을 생각해 주십시오.

1단계 복수를 나타내는 인칭대명사 They를 통해 복수명사가 쓰인 문장 뒤에 위치해야 함을 알 수 있다.

2단계 They를 주어로 제품의 몇몇 특징들을 설명하는 문장임을 확인한다.

3단계 복수주어 The bicycles가 언급된 문장 뒤에 위치해 그 특징을 설명하는 흐름이 되어야 자연스럽다.

③ 접속부사 이용

Thank you for your inquiry about the technology conference on May 4. As of yesterday, the event has sold out. We are no longer offering advance registration. 「However, we do hold some waiting list spots open until noon on the day of the event.」 There are always some people who are unable to attend at the last minute.

5월 4일에 있을 기술 학회에 대해 문의해 주셔서 감사합니다. 어제부로, 이 행사는 매진되었습니다. 저희는 더 이상 사전 등록 서비스를 제공하지 않습니다. 「하지만, 행사 당일 오후 12시까지 일부 대기자용 자리들을 열어 두고 있습니다.」 항상 마지막 순간에 참석하지 못하는 몇몇 사람들이 존재하기 때문입니다.

1단계 제시된 문장에 상반된 내용을 말할 때 사용하는 접속부사 However가 쓰여 있음을 확인한다.

2단계 However와 함께 대기자용 자리가 있음을 말하고 있으므로 좌석 이용과 관련된 문장 뒤에 위치해야 한다.

3단계 따라서 사전 등록을 할 수 없다는 말로 더 이상 좌석 이용이 불가능한 것처럼 알리는 문장 뒤에 위치해 좌석 이용이 가능한 상반된 내용을 말하는 흐름이 되어야 자연스럽다.

기출 확인 PRACTICE

해설서 p.62

1

While the origins of some cocktails are mysterious, how Pineapple Sunburst was invented is well-known to all staff and patrons of Zanzibar Bistro. – [1] –. This mistake created the signature cocktail of Zanzibar Bistro. – [2] –.

Q. In which of the positions marked [1] and [2] does the following sentence best belong?

"This cocktail was made by accident when Castro picked up a bottle of pineapple juice instead of orange juice."

(A) [1]　　　　　　　　　　　　　　(B) [2]

2

Our local knowledge, experience and credibility make *The Highfield Gazette* the best option for meeting your advertising needs. – [1] –. We have developed a number of ad packages to help local businesses reach target markets in the area. – [2] –.

Q. In which of the positions marked [1] and [2] does the following sentence best belong?

"Also, we offer a range of advertising options for larger commercial organizations."

(A) [1]　　　　　　　　　　　　　　(B) [2]

3

Re: New Policy

We are considering implementing a new policy for customer support teams. We have decided to place customer support representatives into teams of two to handle customer inquiries and complaints together. – [1] –. We feel that the representatives in each team can combine their knowledge and experience to handle issues more efficiently. This will also allow customers to have more than one contact with the company so that they can speak with a specific customer support representative more easily. – [2] –. With this memo, I have included a list of the two-person teams so that you can see which people we have chosen to work together. – [3] –. We based these decisions on several criteria including customer feedback, experience, and work schedules for each staff member. If you have concerns about the team to which you've been assigned, please take it up with Marcus Penrose. – [4] –.

Q. In which of the positions marked [1], [2], [3], and [4] does the following sentence best belong?

"He will be the main contact for each team."

(A) [1]　　　　　(B) [2]　　　　　(C) [3]　　　　　(D) [4]

Check-up Test

Questions 1-4 refer to the following letter.

Mr. Ryan Ashcroft
Bodyplus Gym
251 Maine Road
Kalamazoo, MI 49003

Dear Mr. Ashcroft,

I am writing to tell you that we are so grateful for your generosity. The five old desktop computers you donated from your business, as well as the desks and office chairs, have allowed us to create an IT lounge here at Kalamazoo Community Center. — [1] —. We now have seven computers in total, and our IT lounge is already popular. You previously asked me about how we plan to make use of the items. Well, we will allow local residents to use our computers for free between 9 A.M. and 4 P.M., Monday to Friday. Individuals who do not reside in Kalamazoo may also use the equipment for a small charge of five dollars per hour. We ask all visitors to use the computers responsibly and shut them down when not in use. — [2] —.

In addition, the furniture you kindly gave us allows us to better serve our visitors. The desks and chairs have been set up in an old meeting room that we rarely used. — [3] —. Next month, we will even begin offering some computing classes now that we are better equipped to do so. Would you be interested in registering for one? — [4] —. If so, please let me know.

Thank you once again for supporting the Kalamazoo Community Center!

Best wishes,

Olivia Hart
Senior Supervisor
Kalamazoo Community Center

1. Why is Ms. Hart writing to Mr. Ashcroft?

   (A) To invite him to visit the community center

   (B) To explain a procedure for using an IT lounge

   (C) To ask him to speak with community center visitors

   (D) To show that she is grateful for his donations

2. What is indicated about the computers at Kalamazoo Community Center?

   (A) They are for Kalamazoo residents only.

   (B) They are in brand new condition.

   (C) They are free for local residents to use.

   (D) They are available seven days a week.

3. What is implied about the Kalamazoo Community Center?

   (A) It will be closing due to remodeling work.

   (B) It hosts regular fundraising activities.

   (C) It does not have enough space for some furniture.

   (D) It does not currently offer computing classes.

4. In which of the positions marked [1], [2], [3], and [4] does the following sentence best belong?

   "Thanks to this change, computer users will no longer need to wait for the computer in the reception area."

   (A) [1]

   (B) [2]

   (C) [3]

   (D) [4]

의도 파악 문제

1 의도 파악 유형의 질문 예시

What does Mr. Devito most likely mean when he writes, "That's an old one"?

Devito 씨가 "그건 오래된 것이에요"라고 쓴 의도는 무엇이겠는가?

What does Mr. Muraz most likely mean when he writes, "We're working on them"?

Muraz 씨가 "저희가 그것들을 작업하는 중입니다"라고 쓴 의도는 무엇이겠는가?

What does Yoon most likely mean when she writes, "Definitely"?

Yoon 씨가 "틀림없어요"라고 쓴 의도는 무엇이겠는가?

What does Ms. Sion most likely mean when she writes, "You're in luck"?

Sion 씨가 "운이 좋으시네요"라고 쓴 의도는 무엇이겠는가?

2 의도 파악 유형의 풀이 과정

① 질문에 주어진 특정 표현을 먼저 확인하고 기본적인 의미를 파악합니다.

- At 12:14 P.M., what does Ms. Langley most likely mean when she writes, "How could I forget!"?
  ⇒ "How could I forget!"이 "어떻게 잊을 수 있죠"라는 의미라는 것을 먼저 확인해 둔다.

② 의도 파악 문제에서는 기본적인 의미보다 대화 상황 속에 숨어 있는 의미를 찾는 것이 관건이므로 해당 문장 앞에 제시된 어떤 문장과 연관성이 있는지 확인합니다.

> **Clark Piton MS technician (12:13 P.M.)**
> Are you sure that the cable is plugged in? Try checking the connection between the printer and the computer.
> 전선 플러그가 꽂혀 있는 것이 확실한가요? 프린터와 컴퓨터 사이의 연결 상태를 확인해 보세요.
>
> **Michelle Langley (12:14 P.M.)**
> How could I forget! Thank you so much! I'll check and reach out to you soon.
> 어떻게 그걸 잊을 수 있죠! 정말 감사합니다! 확인해 보고 곧 다시 연락 드릴게요.

③ 앞선 문장과 연계해 "How could I forget"이 대화 상황에서 어떤 의미를 나타내는지 파악하는 데 집중합니다.

- 프린터와 컴퓨터 사이의 연결 상태를 확인해 보라고 알리는 말에 대해 "어떻게 그걸 잊을 수 있죠"라고 대답하는 흐름이다.

④ 해당 의미와 관련해 선택지에 적절하게 패러프레이징된 것이 있는지 찾습니다.

- 연결 상태 확인 요청 → "어떻게 그걸 잊을 수 있죠" → 연결 상태를 확인하는 일을 하지 않음 → 그 생각을 시도해 보지 않음
  [정답] She has not tried the technician's idea.

1

Belinda Hogg (7:44 A.M.)
Well, I hope the course instructor will be understanding if I need him to explain things more than once.

Fred Sawyer (7:46 A.M.)
Without a doubt. He's experienced in dealing with beginners who might have difficulty with some topics.

Q. At 7:46 A.M., what does Mr. Sawyer mean when he writes, "Without a doubt"?

    (A) He is suggesting that Ms. Hogg take a beginner's class.

    (B) He is assuring Ms. Hogg that the instructor is patient.

2

Rob Shale (9:02 A.M.)
Christine, I'm just about to board the train for the software convention in Phoenix tomorrow, but I left my itinerary in my office. Can you help me?

Christine Kim (9:05 A.M.)
Certainly.

Q. At 9:05 A.M., what does Ms. Kim mean when she writes, "Certainly"?

    (A) She is sure that Mr. Shale will arrive on time.

    (B) She is happy to assist Mr. Shale.

3

BOB RIDDELL Hi, Timothy. I'm just wondering whether you bought the tickets for the music festival yet.	9:29 P.M.
TIMOTHY BELL I haven't had the time. My firm needs me to create an important marketing campaign by the end of the week.	9:31 P.M.
BOB RIDDELL Ah, I understand. I'm busy at my company, too. Well, I think we have plenty of time to buy tickets anyway. I doubt it'll sell out.	9:33 P.M.
TIMOTHY BELL Exactly. I'll just go on the Web site the week before the festival and buy them then.	9:36 P.M.

Q. At 9:31 P.M., what does Mr. Bell mean when he writes, "I haven't had the time"?

    (A) He would prefer to reschedule the event.

    (B) He had not heard about the music festival.

    (C) He has not had a chance to buy tickets.

    (D) He was late in submitting some work.

Part 7

Check-up Test

Questions 1-2 refer to the following text message chain.

SUSIE WHYTE [2:11 P.M.]
Ali, you seemed a little stressed at the meeting. Is everything going okay with your work?

ALI HUSSEIN [2:13 P.M.]
Not really... I'm falling a little behind with the mixing and mastering of Alex Corrie's new album.

SUSIE WHYTE [2:14 P.M.]
Oh... Aren't we supposed to be releasing that by the end of this month?

ALI HUSSEIN [2:15 P.M.]
That's right. And there's a huge launch event scheduled to take place at Tower Record Store.

SUSIE WHYTE [2:17 P.M.]
Well, I'd be happy to lend a hand. I'm not working on anything urgent, and we need to stick to our record release schedules.

ALI HUSSEIN [2:19 P.M.]
I could use all the help I can get. I'll send you the digital files of the music recordings. Perhaps you can help me mix some of the tracks.

1. What are the writers mainly discussing?
   (A) The opening of a record store
   (B) The details of a launch event
   (C) The release of an album
   (D) The hiring of new music engineers

2. At 2:19 P.M., what does Mr. Hussein imply when he writes, "I could use all the help I can get"?
   (A) He received some files from Ms. Whyte.
   (B) He appreciates Ms. Whyte's offer.
   (C) He is ready to lend Ms. Whyte a hand.
   (D) He plans to contact Mr. Corrie.

Part 7

Questions 3-5 refer to the following text message chain.

SHARON VONN [10:19 A.M.]

Guys, I know you are both busy working on your own assignments for our drug trials and analysis, but I'm hoping one of you will make the presentation handouts before Friday's shareholder meeting.

JIM GATLIN [10:21 A.M.]

I'm afraid I'll be compiling data from our lab experiments all week. Eva?

EVA MONTERO [10:22 A.M.]

I will. I'll be done with the last phase of trials by 3 P.M. tomorrow. What exactly do you need?

SHARON VONN [10:24 A.M.]

Thanks, Eva. An information sheet with accompanying graphs and charts of our findings would be perfect.

EVA MONTERO [10:26 A.M.]

No problem. Do you have any idea how many shareholders will be in attendance on Friday?

SHARON VONN [10:27 A.M.]

I was just about to call each of them to confirm. I'll let you know this afternoon.

3. For what kind of business does Jim most likely work?

(A) An event planning agency

(B) A print shop

(C) A financial service

(D) A pharmaceutical company

4. At 10:22 A.M., what does Ms. Montero mean when she writes, "I will"?

(A) She will assist Mr. Gatlin with some work.

(B) She will accompany Ms. Vonn to a meeting.

(C) She will create presentation materials.

(D) She will finish her work ahead of schedule.

5. What will Ms. Vonn do next?

(A) Reschedule a meeting

(B) Confirm a room reservation

(C) Prepare some graphs

(D) Contact the shareholders

이중 지문

1 이중 지문의 대표적인 지문 조합

① e-mail과 e-mail: 첫 이메일 지문의 50%를 두 번째 이메일과 연계

② advertisement와 e-mail: 광고 지문의 60%를 이메일과 연계

③ article과 e-mail: 기사 지문의 42%를 이메일과 연계

④ letter와 e-mail: 편지 지문의 36%를 이메일과 연계

2 이중 지문 문제 풀이 전략

① 이중 지문의 대체적인 문제 구성은 다음과 같습니다. 질문에 언급되는 고유 명사나 the first e-mail과 같은 키워드를 통해 순서를 정하고 지문을 읽어야 낭비되는 시간을 줄일 수 있습니다.

- 첫째 지문: 1번 질문, 2번 질문, 3번 질문(어휘 문제 또는 연계 문제)
- 둘째 지문: 4번 질문(연계 문제), 5번 질문

② 주제/목적, 세부사항, 어휘 문제부터 풀이합니다.

- What's the purpose ~? Why did[does] ~?, What ~, When ~, Who ~ 등의 질문은 단서를 찾기가 상대적으로 수월하므로 먼저 풀이한다.

③ 단순한 정보를 요구하는 문제는 나중에 풀이합니다.

- 선택지가 패러프레이징 없이 지문 속 정보와 같은 종류의 명사나 숫자, 날짜 등 단순 정보로 구성되는 문제는 두 지문에서 단서를 찾아야 하는 연계 문제이며, 정답을 찾는 데 시간이 걸리므로 나중에 풀이한다.

④ 많은 정보를 확인해야 하고 패러프레이징도 심하게 된 사실 확인 문제와 추론 문제는 나중에 풀이합니다.

- 질문의 동사가 mentioned, indicated, stated, required, expected인 경우, 주로 세부사항을 묻는 문제이지만, 복잡한 패러프레이징을 거치거나 추론에 가까운 수준일 가능성이 높으므로 나중에 풀이하는 것이 좋다.
- 질문에 True[NOT True]가 있다면 지문에서 여러 단서를 찾아 대조해야 하는 사실 확인 유형인데, 시간이 많이 필요하므로 나중에 풀이하는 것이 좋다.
- 질문에 suggested[suggest], implied[imply], inferred[infer] 등이 포함된 경우, 특정 단서를 기반으로 추론해야 하는 유형일 가능성이 높다. 이와 같은 유형도 시간이 많이 필요하므로 나중에 풀이하는 것이 좋다.

⑤ 이중 지문에서 연계 문제 또한 많은 정보를 바탕으로 해야 하므로 나중에 풀이합니다. 이중 지문 유형에서 연계 문제를 미리 추려내는 요령은 다음과 같습니다.

- 질문에 suggested[suggest], implied[imply], inferred[infer], most likely 등이 들어가는 추론 유형은 두 지문 연계 문제일 가능성이 높다.
- 질문의 키워드를 지문에서 바로 찾을 수 없다면 다른 지문까지 읽어야 하는 연계 문제일 가능성이 높다.
- 선택지가 패러프레이징 없이 지문 속 정보와 같은 종류의 명사나 숫자, 날짜, 고유 명사 등으로 구성되면 두 지문을 모두 참조해야 하는 연계 문제일 가능성이 높다.

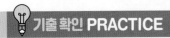

1

CHOOSE GREEN PINE RESORT FOR YOUR NEXT FAMILY VACATION!

Situated on the west bank of the Tawny River, Green Pine is surrounded by lush forests and natural hot springs. When there is smog back in the city, you can bet the air is always clean and refreshing up in the forest. Get away from the chaos and pollution of the city at Green Pine Resort. More information can be found at www.greenpineresort.com.

New Resort Proving Popular with Holidaymakers
by Louis Collins

Green Pine Resort is a new resort complex just west of Tawny River and to the south of Mount Jasper. The resort's brochure promises clean air all year round at their location. I was only there for ten days, so I can't verify that, but I can say that my family and I did appreciate the fresh air and natural surroundings during our stay.

Q. What location does Mr. Collins mention that the advertisement does not?
(A) Mount Jasper
(B) Tawny River

2

The work at Billings Apartment Building was completed in a timely fashion on November 9, and we are very happy with the result. The maintenance workers carried out all tasks quickly and professionally and provided the building manager, Mr. Heron, with regular progress reports.

Client's name: Steven Heron
Invoice for repairs requested at Billings Apartment Building
Date of issue: November 16

Details of repairs: Two elevators were serviced and malfunctioning parts were replaced where necessary. Lighting in the building's meeting room and fitness center was fixed, and exposed wiring on the rooftop was tidied up and concealed in an appropriate manner.

Total cost: $5,500

Q. When did the maintenance company submit the invoice to Mr. Heron?
(A) As soon as the construction work was finished
(B) One week after the construction work was completed

3

Hi Tonya,

I have a favor to ask of you. I know that your office security system was replaced recently. It looks like our branch office is planning to tighten security, so we'll be replacing our system in the near future. You mentioned that the company that worked on your system stuck to the agreed budget and completed the work on time. I was hoping that you could pass on their contact details to me.

Hi Ray,

I was interested to hear that you guys are planning to replace your security system, too. It must be as ineffective as ours was. Anyway, the company that we chose was Bulwark Security. They are a new business, but they have already made a name for themselves in the field. The person to talk to is Paul Jenkins, the owner. His phone number is 555-8271. Tell him I recommended him. It was a pleasure working with him.

Q. Why is Ray specifically interested about Bulwark Security?
(A) Its staff is known to be the most skilled in the field.
(B) It kept within a budget and time frame on a recent job.
(C) It is known to use highly advanced devices.
(D) It is the largest company of its type in the region.

Questions 1-5 refer to the following memo and e-mail.

MEMORANDUM

To: All staff
From: Gerry Mandel, CEO
Date: July 11
Subject: Staff Picnic

This year, the annual company outing will take place at Vernon Lake Campground, near Arnottsville. We have rented the entire campground for our employees and their families for Saturday, August 2, and Sunday, August 3. The picnic itself will be on the 2nd, from 1 P.M. to 4 P.M., but if you choose to, you can camp overnight and leave on the 3rd. BBQ and cold beverages will be provided by Alpha Electric, but feel free to bring your own refreshments as well.

There will be a baseball tournament, fun team-building activities, and a karaoke session, as well as hiking and biking in the woods all day long. If you are going to stay overnight in a tent, which can be provided free of charge, you need to contact Alan Dance, the campground manager, to reserve a camping spot. Only 40 spaces are available, and they will be assigned on a first-come, first-served basis.

If you have any suggestions or questions about the event, contact your supervisor or Lee Poole in Human Resources. They will be able to help you out.

I hope to see you all there!

Gerry Mandel, CEO
Alpha Electric

From: Amy Roberts <aroberts@alphaelectric.com>
To: Tom Bergen <tbergen@alphaelectric.com>
Date: July 13
Subject: Staff Picnic

Dear Mr. Bergen,

I'm curious whether employees' children are welcome to play in the baseball tournament or if it is only open to Alpha Electric staff members. My son loves playing baseball, and he is actually very talented at the sport, despite being only 13. I hope you will allow children over a certain age to take part.

I also have an idea regarding the waterfall area not far from the campground. There will likely be several children attending the staff picnic, and we don't want any of them wandering off unattended to the waterfall, where there are some steep cliffs. There are also other potential dangers around the campground. I think someone should give a talk about these things when we arrive, to ensure everyone's safety, especially that of the children.

Let me know what you think about that. You can e-mail me when you have time, or contact me at my desk at extension 108.

Sincerely,

Amy Roberts

1. When will the picnic take place?
   (A) On Saturday morning
   (B) On Saturday afternoon
   (C) On Sunday morning
   (D) On Sunday afternoon

2. What is mentioned about the campground?
   (A) Tents can be hired for an additional fee.
   (B) It is equipped with shower facilities.
   (C) Advance notification is required to stay overnight.
   (D) Alpha Electric owns the facilities.

3. What does Ms. Roberts want to know about the baseball tournament?
   (A) What equipment is provided
   (B) When it will begin
   (C) Where it will take place
   (D) Who can participate

4. Who most likely is Tom Bergen?
   (A) Mr. Mandel's assistant
   (B) A campground worker
   (C) A department manager
   (D) An event organizer

5. What does Ms. Roberts suggest?
   (A) Organizing a waterfall trip
   (B) Holding a safety talk
   (C) Removing dangerous items
   (D) Splitting staff into groups

삼중 지문

1 삼중 지문 문제 풀이 전략

① 삼중 지문은 이중 지문보다 지문이 하나 더 늘어나서 읽어야 할 분량이 조금 더 많다는 점과 연계 문제가 하나 더 나올 가능성이 있다는 것 외에는 이중 지문과 크게 다르지 않습니다. 따라서 문제 풀이 전략이 이중 지문의 경우와 큰 차이는 없습니다. 이중 지문 문제와 마찬가지로, 질문에 언급되는 고유 명사나 the first e-mail과 같은 키워드를 통해 순서를 정하고 지문을 읽어야 낭비되는 시간을 줄일 수 있습니다.

- 첫째 지문: 1번 질문, 2번 질문(어휘 문제), 3번 질문(연계 문제)
- 둘째 지문: 3번 질문(연계 문제), 4번 질문(연계 문제)
- 셋째 지문: 4번 질문(연계 문제), 5번 질문

② 주제/목적, 세부사항, 어휘 문제부터 풀이합니다.

- What's the purpose ~? Why did[does] ~?, What ~?, When ~?, Who ~? 등의 질문은 단서를 찾기가 상대적으로 수월하므로 먼저 풀이한다.

③ 단순한 정보를 요구하는 문제는 나중에 풀이합니다.

- 선택지가 패러프레이징 없이 지문 속 정보와 같은 종류의 명사나 숫자, 날짜 등 단순 정보로 구성되는 문제는 두 지문에서 단서를 찾아야 하는 연계 문제이며, 정답을 찾는 데 시간이 걸리므로 나중에 풀이한다.

④ 많은 정보를 확인해야 하고 패러프레이징도 심하게 된 사실 확인 문제와 추론 문제는 나중에 풀이합니다.

- 질문의 동사가 mentioned, indicated, stated, required, expected인 경우, 주로 세부사항을 묻는 문제이지만, 복잡한 패러프레이징을 거치거나 추론에 가까운 수준일 가능성이 높으므로 나중에 풀이하는 것이 좋다.
- 질문에 True[NOT True]가 있다면 지문에서 여러 단서를 찾아 대조해야 하는 사실 확인 유형인데, 이런 문제들은 푸는 데 시간이 많이 필요하므로 나중에 풀이하는 것이 좋다.
- 질문에 suggested[suggest], implied[imply], inferred[infer] 등이 포함된 경우, 특정 단서를 기반으로 추론해야 하는 유형일 가능성이 높다. 이와 같은 유형도 시간이 많이 필요하므로 나중에 풀이하는 것이 좋다.

⑤ 삼중 지문에서 첫째와 둘째 지문, 또는 둘째와 셋째 지문을 연계한 문제들이 나오는데, 두 지문 사이에서 단서들이 연계되는 방식은 이중 지문과 다르지 않지만, 둘째와 셋째 지문을 연계하는 문제가 나올 수 있다는 점에 유의해야 합니다. 삼중 지문 유형에서 연계 문제를 미리 추려내는 요령은 다음과 같습니다.

- 질문에 suggested[suggest], implied[imply], inferred[infer], most likely 등이 들어가는 추론 유형은 두 지문 연계 문제일 가능성이 높다.
- 질문의 키워드를 지문에서 바로 찾을 수 없다면 다른 지문까지 읽어야 하는 연계 문제일 가능성이 높다.
- 선택지가 패러프레이징 없이 지문 속 정보와 같은 종류의 명사나 숫자, 날짜, 고유 명사 등으로 구성되면 두 지문을 참조해야 하는 연계 문제일 가능성이 높다.

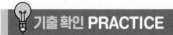

1-2

Terry,

As per your request, I have booked a room for you at the Lucky Seven Hotel for your upcoming business trip to Las Vegas. Your room for the night costs $230, but the company will cover the expense. Please be aware that you will still have to pay a $150 security deposit when you arrive at the hotel.

Anna

LUCKY SEVEN HOTEL

459 Corolla Avenue, Las Vegas
Standard Single Room - $150 per night
Premier Single Room - $230 per night

Anna,

Thanks a lot for helping me with my accommodations. I'm really looking forward to staying at the Lucky Seven Hotel again. I'll make sure to give you all my travel receipts and the cash you loaned me for the security deposit when I return to the office on Monday.

Terry

---

1. What type of room has most likely been reserved for Terry?
   (A) Standard Single Room
   (B) Premier Single Room

2. How much money will Terry give to Anna on Monday?
   (A) $150
   (B) $230

3-4

Dear Ms. Mirren,

Thank you for your inquiry regarding our Japanese art classes. We have two classes available during the spring semester. I have included a schedule for you to look at. If you would like to sign up for a class, please let me know the class you would like to take, your student ID number, and phone number, and I'll register you for it.

David Kawasaki
Rivera Art School

Rivera Art School, Spring Semester
(April 1 – June 30)
Japanese Art Classes

- Woodblock Printing: Every Monday and
  Thursday, 9 A.M. – 11 A.M.
- Ceramics Painting: Every Tuesday and Friday,
  6 P.M. – 8 P.M.

Dear Mr. Kawasaki,

Thank you for sending the information to me. I have decided that I would like to sign up for the class that runs in the mornings. I work in the evenings, so this class would suit me best. My student ID number is 033291. Please let me know if there's anything else you need.

Thank you,
Pauline Mirren

---

3. Which class would Ms. Mirren like to sign up for?
   (A) Woodblock Printing
   (B) Ceramics Painting

4. What information did Ms. Mirren forget to include?
   (A) Her student ID number
   (B) Her phone number

Questions 1-5 refer to the following article, e-mail, and floor plan.

UPCOMING EVENTS IN LEWISTON (JULY)

Don't forget that the City Sounds Musical Instrument Fair will be making a return to the Lewiston Community Center later this month. The fair has been held in the nearby city of Knightsbridge for the past three years, but the event organizers now want to bring it back to its original location. This year's fair will run from July 29 to July 31 and feature a diverse range of vendors from all around the country. Those who purchase tickets for the event can expect to find a vast range of musical instruments and accessories.

According to event organizer Sharon Roper, this year's event will boast more vendors than ever before. Ms. Roper said, "We are working hard to ensure that this is the most comprehensive and successful fair yet. In addition to this year's lower rental fees for vendor spaces, we are offering an added incentive for vendors. If you own a small business (fewer than 20 employees) registered in Lewiston, we will run your business advertisement on our Web site for the next two months."

Anyone interested in becoming a vendor at the event should contact Ms. Roper directly at sroper@citysounds.com.

From:	Clive Marriot <cmarriot@ekeyboards.com>
To:	Sharon Roper <sroper@citysounds.com>
Subject:	Vendor Space
Date:	June 24

Dear Ms. Roper,

A friend of mine, Rachel Archer, suggested that I contact you regarding the upcoming City Sounds Musical Instrument Fair. She owns a small business selling violins, and she has already secured a vendor space at this year's fair. She told me that my business, just like hers, would be eligible to receive an extra benefit by becoming a vendor at the event. That's something I'm very interested in! I founded my business six months ago, and its main focus is on selling electronic keyboards, although I do sell some other instruments and accessories.

I'd like to reserve a space right next to Ms. Archer's booth, if at all possible. And I have quite a large inventory, so I'd like one of your larger spaces. I don't mind how much the rental fee is. I'd appreciate it if you could send me a floor plan showing the available vendor spaces, as I'd like to register for the event as soon as possible.

Best wishes,

Clive Marriot

	BBQ Area		City Sounds Musical Instrument Fair	
	Space 9 Drums	Space 6 Rental Fee: $35	Space 4 Trumpets	Space 2 Rental Fee: $35
				Main Entrance
	Space 8 Flutes	Space 5 Rental Fee: $30	Space 3 Violins	Space 1 Pianos
	Space 7 Rental Fee: $20			

1. What is implied about the City Sounds Musical Instrument Fair?

(A) It will take place in two cities this year.

(B) It is a two-day event.

(C) It is free for local residents.

(D) It was held in Lewiston in the past.

2. In the article, the word "boast" in paragraph 2, line 1, is closest in meaning to

(A) arrange

(B) showcase

(C) raise

(D) possess

3. What is suggested about Ms. Archer?

(A) Her business was established six months ago.

(B) She is a close acquaintance of Ms. Roper.

(C) Her business will be promoted on a Web site.

(D) She has yet to choose a vendor space.

4. What is indicated on the floor plan?

(A) The vendor spaces are all the same size.

(B) All of the vendor spaces cost the same amount to rent.

(C) There are at least four vendor spaces still available.

(D) Some vendor spaces are located in the BBQ area.

5. What space will Mr. Marriot most likely be interested in renting?

(A) Space 2

(B) Space 5

(C) Space 6

(D) Space 7

시원스쿨 토익 750+
RC + LC 3주 완성

PART 1

▷ 문항 수: 총 6문항

▷ 출제 경향: 대체로 쉽다. 사진을 보고 예측 가능한 묘사가 정답이 되는 경우가 많고, 정답과 선택지도 평이한 어휘와 표현으로 이루어져 있다. 보통 5문제는 쉬운 문제로 나오고, 1문제가 다소 어렵게 출제된다.

사진 종류별 출제 비율

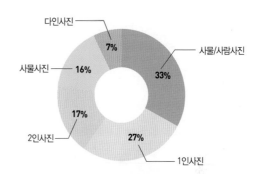

- 다인사진 7%
- 사물/사람사진 33%
- 사물사진 16%
- 1인사진 27%
- 2인사진 17%

1 **사진을 미리 훑어본다.**

Part 1에 대한 시험 진행 안내가 나오는 동안 사진을 미리 훑어보고 어떻게 묘사될 지 예측해본다.

2 **반드시 소거법을 사용한다.**

(A), (B), (C), (D) 문장을 들으면서 확실한 오답은 X, 확실한 정답은 O, 모호한 것은 △ 표시하며 듣는다. 듣는 도중 정답이라고 생각되는 선택지가 있더라도 끝까지 듣고 확인한 후 정답을 마킹한다.

● 소거법 요령

🎧 **듣기**

(A) One of the men is climbing a ladder. X
(B) The men are unloading a box from a vehicle. △
(C) One of the men is carrying bricks. X
(D) The men are repairing a truck. X

① (A) 사다리(ladder)는 보이지 않으므로 X 한다.

② (B) 박스를 내리는(unloading) 건가? 확실치 않으므로 △ 한다.

③ (C) 벽돌(bricks)은 보이지 않으므로 X 한다.

④ (D) 트럭을 고치는(repairing) 모습이 아니므로 △ 표기했던 (B)가 정답인 것이 확실해졌다. (B)를 정답으로 정한다.

사람 사진

> 사람 사진 문제는 매회 4~5 문항 정도 출제됩니다.

> 2인 이상 사진에서는 사람들의 공통적인 동작이나 상태, 혹은 개인의 모습을 묘사하는 문제가 출제됩니다.

> 어려운 문제의 경우, 사람이 중심인 사진이지만 사진에 보이는 사물을 주어로 묘사하는 문장이 정답이 되기도 합니다.

POINT 1 1인 사진

1 주로 사람이 주어로 나옵니다.
  – A woman, A man, She, He

2 사람이 특정 동작을 하는 중임을 나타내는 「현재진행형(be -ing)」이 쓰입니다.
  – is walking, is pushing(밀고 있다), is looking, is watering(물을 주고 있다), is sitting 등

🗨 가능한 답변　　　　　　　🔊 D1_1

▸ A woman is sitting on a chair.
▸ A woman is typing on a keyboard.
▸ A woman is looking at a screen.

서아쌤 밀착 코칭 TIP

녹음이 나오기 전 사진을 먼저 스캔 → 선택지를 들으며 정답 같으면 O, 확실한 오답은 X, 헷갈리면 △라고 표시하며 오답 소거
→ 정답 선택

Example　　　　　　　　　　　　　　　　　　　　🔊 D1_2

(A) ____　(B) ____　(C) ____　(D) ____

(A) A woman is paying for some items.
(B) A woman is lifting up a shopping basket.
(C) A woman is entering a supermarket.
(D) A woman is selecting some fruit.

─────────────────────────────

이렇게 풀어요!

(A) 여자가 물건 값을 지불하고 있다. X
(B) 여자가 쇼핑 바구니를 들어올리고 있다. X
(C) 여자가 슈퍼마켓에 들어가고 있다. X
(D) 여자가 과일을 고르고 있다. O

[어휘] **pay for** 계산하다, 값을 치르다(= make a purchase, make a payment) **lift up** ~을 들어 올리
다 **enter** ~로 들어가다 **select** ~을 고르다, 선택하다

① 음원을 듣고 소거법을 이용하여 정답을 골라보세요.
② 음원을 다시 들으면서 빈칸을 채워보세요.
③ 채점 후 스크립트를 큰 소리로 3회 읽고 마무리하세요.

1

(A) A woman is _____.

(B) A woman is _____ a car.

(C) A woman is _____.

(D) A woman is _____ her bag.

(A) _____ (B) _____ (C) _____ (D) _____

2

(A) He's _____.

(B) He's _____ a knife away.

(C) He's _____ a counter.

(D) He's _____.

(A) _____ (B) _____ (C) _____ (D) _____

3

(A) She's _____ on a sofa.

(B) She's _____ an apron.

(C) She's _____ the floor.

(D) She's _____ some _____ plants.

(A) _____ (B) _____ (C) _____ (D) _____

✏️ **꼭! 암기**

lean over a railing 난간에 기대다 push a cart 수레를 밀다, 카트를 밀다 prepare food 음식을 준비하다 put A away: A를 치우다 wipe ~을 닦다 arrange ~을 정리하다 pillows 쿠션, 베개 put on ~을 착용하다(동작) cf. wear ~을 입다(상태) sweep the floor 바닥을 쓸다 water ~에 물을 주다 potted plant 화분

1 여러 사람을 나타내는 주어나 여러 사람 중 한 명을 표현하는 주어가 쓰입니다.
   - They, People, Some people, The men, The women
   - One of the men, One of the women, The man, The woman

2 사람이 특정 동작을 하고 있는 중임을 나타내는 「현재진행형(be -ing)」이 쓰입니다.
   - are/is shaking hands, are/is preparing, are/is watching 등

💬 가능한 답변   🔊 D1_4

▸ They're standing behind a counter.
▸ They're looking at a screen.
▸ The woman is pointing at a screen.

서아쌤 밀착 코칭 TIP

녹음이 나오기 전 사진을 먼저 스캔 → 선택지를 들으며 정답 같으면 O, 확실한 오답은 X, 헷갈리면 △라고 표시하며 오답 소거 → 정답 선택

Example   🔊 D1_5

(A) _____ (B) _____ (C) _____ (D) _____

(A) The women are shaking hands.
(B) One of the women is drinking from a cup.
(C) One of the men is reaching for a briefcase.
(D) They're examining some papers.

- -

이렇게 풀어요!

(A) 여자들이 악수하고 있다. O
(B) 여자들 중 한 명이 컵으로 마시고 있다. X
(C) 남자들 중 한 명이 서류가방에 손을 뻗고 있다. X
(D) 사람들이 문서를 검토하고 있다. X

어휘 **shake hands** 악수하다 **reach for** ~에 손을 뻗다, 손이 닿다 **briefcase** 서류가방 **examine** ~을 검토하다 **papers** 문서, 서류(= documents)

① 음원을 듣고 소거법을 이용하여 정답을 골라보세요.

② 음원을 다시 들으면서 빈칸을 채워보세요.

③ 채점 후 스크립트를 큰 소리로 3회 읽고 마무리하세요.

1

(A) They're waiting in a _____.

(B) They're _____ in a store.

(C) A man is _____ on the shelf.

(D) A woman is _____ her bag with _____.

(A) _____ (B) _____ (C) _____ (D) _____

2

(A) The woman is _____.

(B) They're _____ next to each other.

(C) They're _____ in the park.

(D) The man is _____ a bicycle.

(A) _____ (B) _____ (C) _____ (D) _____

3

(A) A man is _____ a suitcase.

(B) The women are _____.

(C) People are _____ from a bus.

(D) One of the women is _____ open.

(A) _____ (B) _____ (C) _____ (D) _____

✏️ **꼭! 암기**

checkout line 계산을 위한 줄 browse (가게 안의 물건들을) 둘러보다 merchandise 물품, 상품 fill A with B: A를 B로 채우다 tie one's shoes 신발 끈을 매다,
묶다 be seated 앉아 있다 next to each other 서로 나란히 stroll 산책하다, 거닐다 repair ~을 고치다, 수리하다 unload (짐 등을) 내리다 suitcase 여행 가방
face each other 서로 마주보다 step down from ~에서 내리다 hold A open: A를 열어 놓은 채 있다

● 실제 시험 난이도와 똑같은 실전 문제들을 풀며 학습한 내용을 확인해 보세요.

1.

2.

3.

Part 1

4.

5.

6.

> 사람이 등장하지 않는 사물/풍경 사진 문제는 매회 1~2 문항 정도 출제되며, 주로 마지막 문제로 나옵니다.
> 다소 생소한 어휘와 수동태 표현이 사용되어 어려운 편이므로 미리 여러 사물 명사와 관련 동사를 학습해 두는 것이 좋습니다.

POINT 1 사물 사진

1 주로 사물이 주어로 나옵니다.
   - A vase, A monitor, Boxes, Chairs, A pillow, A drawer 등

2 사물의 상태를 표현할 때 「수동태(be p.p.)」나 「현재완료 수동태(have been p.p.)」가 잘 쓰입니다.
   - A monitor is placed on a desk. / A monitor has been placed on a desk.

3 사물의 위치를 표현하기 위해 전치사가 자주 출제됩니다.
   - on(~ 위에) / between(~ 사이에) / behind(~ 뒤에) / in(~ 안에) / along(~을 따라) 등

🗨 가능한 답변   ◁)) D2_1

▹ Flowers have been put in a vase.
▹ A computer monitor has been placed on a desk.
▹ Some binders have been put on the shelves.

Example   ◁)) D2_2

(A) _____ (B) _____ (C) _____ (D) _____

(A) Both of the chairs are occupied.
(B) Books are arranged on the shelves.
(C) A dining area is crowded with people.
(D) A painting has been left on the floor.

이렇게 풀어요!

(A) 두 개 의자에 모두 사람이 앉아 있다. X
(B) 책들이 선반에 정렬되어 있다. O
(C) 식사 공간이 사람들로 붐비고 있다. X
(D) 그림이 바닥에 놓여 있다. X

어휘 occupied 사용(되는) 중인 arrange ~을 정렬하다, 정리하다 be crowded with ~로 붐비다 leave ~을 놓다, 두다

① 음원을 듣고 소거법을 이용하여 정답을 골라보세요.
② 음원을 다시 들으면서 빈칸을 채워보세요.
③ 채점 후 스크립트를 큰 소리로 3회 읽고 마무리하세요.

1

(A) A table _____ for a meal.

(B) Some chairs _____ in the corner.

(C) Curtains _____.

(D) Some food _____.

(A) _____ (B) _____ (C) _____ (D) _____

2

(A) Pillows _____ on a sofa.

(B) _____ is being _____.

(C) _____ is being _____.

(D) Some artwork _____ on a wall.

(A) _____ (B) _____ (C) _____ (D) _____

3

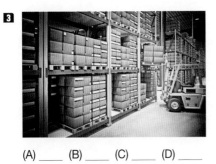

(A) Boxes are _____.

(B) A vehicle _____.

(C) A cart _____ with items.

(D) Some packages _____ on the floor.

(A) _____ (B) _____ (C) _____ (D) _____

✏️ 꼭! 암기

set a table 식탁을 차리다 meal 식사, 끼니 stack ~을 쌓다 in the corner 구석에 serve (음식을) 제공하다 pillow 쿠션, 베개 arrange ~을 정리하다, 정렬하다 rug 깔개, 러그 roll up ~을 둘둘 말다 shelf 선반, 책꽂이 install ~을 설치하다 artwork 미술품 hang 걸려 있다, 매달려 있다 on top of each other 차곡차곡 repair ~을 수리하다, 고치다 load (짐 등) ~을 싣다, 적재하다

1 주로 야외 공간인 공원, 강 위의 다리, 부두(dock, pier) 등의 사진이 자주 출제됩니다.

2 풍경도 사물의 일종으로 상태를 묘사할 때 「수동태(be p.p.)」나 「현재완료 수동태(have been p.p.)」가 잘 쓰입니다.
   – The chairs are unoccupied. 의자들이 사용되지 않고 있다.
   – The lights have been turned on. 조명이 켜져 있다.

📧 가능한 답변 〈i〉 D2_4
▷ Cars are parked in a row.
▷ Trees have been planted along a path.
▷ A fence runs along a pathway.

Example 〈i〉 D2_5

(A) People are swimming in the river.
(B) A boat is tied to a dock.
(C) Some trees are being watered.
(D) A bridge crosses over a river.

(A) _____ (B) _____ (C) _____ (D) _____

이렇게 풀어요!

(A) 사람들이 강에서 수영을 하고 있다. X
(B) 배가 부두에 정박되어 있다. X
(C) 나무에 물이 주어지고 있다. X
(D) 다리가 강 위를 가로지르고 있다. O

어휘 be tied to ~에 정박되어 있다 dock 부두 water ~에 물을 주다 bridge 다리 cross over
      ~위를 가로지르다

서아쌤 밀착 코칭 TIP

동사 cross의 두 가지 쓰임
1. A bridge crosses over a river. (강 위로 가로지르다.)
2. Some people are crossing a street. (길을 건너고 있다.)

① 음원을 듣고 소거법을 이용하여 정답을 골라보세요.
② 음원을 다시 들으면서 빈칸을 채워보세요.
③ 채점 후 스크립트를 큰 소리로 3회 읽고 마무리하세요.

1

(A) Some stairs _____ an entrance.

(B) Some flowers _____.

(C) Some trees _____.

(D) Some _____ are being _____ on a _____.

(A) _____ (B) _____ (C) _____ (D) _____

2

(A) Some artwork is _____.

(B) An _____ area is _____ with people.

(C) A field of grass _____.

(D) Picnic tables are lined up _____.

(A) _____ (B) _____ (C) _____ (D) _____

3

(A) A train is _____.

(B) The platform is _____.

(C) Some train tracks _____.

(D) A clock _____ on the wall.

(A) _____ (B) _____ (C) _____ (D) _____

🖊️ 꼭! 암기

lead up to ~까지 이어지다 entrance (건물) 입구 plant (식물)~을 심다 trim ~을 다듬다, 손질하다 brick 벽돌 pile ~을 쌓다 on a patio 야외 테라스에 artwork 미술품 be on display 진열되어 있다 outdoor 야외의, 실외의 be crowded with ~으로 붐비다 mow ~을 깎다, 베다 be lined up 줄지어 있다 in a row 한 줄로, 연이어 platform 승강장 fix ~을 수리하다 be mounted on ~위에 올려져 있다

● 실제 시험 난이도와 똑같은 실전 문제들을 풀며 학습한 내용을 확인해 보세요.

1.

2.

3.

Part 1

4.

5.

6.

Part 1 만점 도전

> Part 1은 토익 전체에서 가장 쉬운 파트이므로 하나라도 틀려선 안됩니다. Part 1 만점을 위해 최빈출 어휘와 표현, 어려운 동사 시제를 정리해 외워둡시다.

POINT 1 최빈출 어휘/표현

1 사람의 동작/상태를 묘사하는 빈출 동사   ◁)) D3_1

'~하고 있는 중이다'를 표현하는 현재 진행형(be –ing)의 형태로 주로 나오기 때문에, 다음과 같이 동사에 –ing를 붙여서 소리 내어 읽으며 암기하는 것이 좋습니다.

보다	□ looking at 보다	□ looking into 들여다보다	□ inspecting 점검하다
	□ watching 보다	□ browsing 둘러보다	□ reviewing 검토하다
	□ examining 자세히 들여다보다	□ studying 자세히 보다	□ facing 향해 있다

손동작	□ reaching for 손을 뻗다	□ pulling 끌다	□ raking 갈퀴로 모으다
	□ carrying 들고 있다, 나르다	□ pouring (액체를) 붓다	□ trimming 다듬다
	□ holding 들다, 붙잡다	□ pointing at 가리키다	□ mowing (잔디를) 깎다
	□ using 사용하다	□ adjusting 조절하다	□ copying 복사하다
	□ typing 타이핑하다	□ applauding 박수치다	□ serving (음식을) 제공하다
	□ pushing 밀다	□ sweeping (빗자루로) 쓸다	□ paying for 값을 지불하다
	□ wiping 문질러 닦다	□ mopping 대걸레질 하다	□ distributing 나눠주다

발	□ walking 걷다	□ climbing 오르다	□ getting off 내리다
	□ strolling 거닐다	□ descending 내려가다	□ marching 행진하다
	□ stepping up 계단을 올라가다	□ boarding 탑승하다	□ standing 서 있다
	□ stepping down 계단을 내려가다	□ riding 타다	□ crossing 건너다

| 입다/벗다 | □ putting on (동작) 입는 중이다 | □ wearing (상태) 입은 상태이다 | |
| | □ taking off 벗다 | □ removing (옷 등을) 벗다 | |

| 기대다 | □ leaning over ~ 위에 기대다 | □ leaning against ~에 기대다 | □ leaning forward 앞으로 숙이다 |

사람 사진 빈출 명사 🔊 D3_2

사람이 어떤 동작을 하고 있는 사진에서 목적어로 자주 나오는 명사들을 알아봅시다. 특히, 토익이 좋아하는 사물의 정확한 명칭을 아는 것이 중요하므로 암기해 놓도록 합니다.

사무실		
☐ photocopier 복사기	☐ cabinet 캐비닛	☐ bookcase 책장
☐ binder 바인더	☐ shelf 선반	☐ whiteboard 화이트보드
☐ drawer 서랍	☐ screen 화면	☐ chalkboard 칠판
☐ vending machine 자판기	☐ presentation 발표	☐ floor (실내의) 바닥
☐ bulletin board 게시판	☐ audience 청중	☐ notepad 메모장
☐ equipment 장비	☐ briefcase 서류 가방	☐ workstation 작업대

식당/상점		
☐ diner 식사하는 사람	☐ container 용기, 그릇	☐ aisle 복도, 통로
☐ server 서빙하는 사람	☐ produce 농산물	☐ product 제품
☐ beverage 음료	☐ apron 앞치마	☐ merchandise 상품
☐ cookware 취사 기구	☐ serving tray 서빙 쟁반	☐ display case 진열장
☐ patio 야외 테라스	☐ tablecloth 테이블보	☐ checkout counter 계산대
☐ utensil 가정용 기구	☐ microwave 전자레인지	☐ cash register 금전 등록기

공사장/도심		
☐ fence 울타리	☐ traffic light 신호등	☐ bucket 양동이
☐ construction site 공사 현장	☐ crosswalk 횡단보도	☐ tool box 공구 상자
☐ ladder 사다리	☐ shovel 삽	☐ gloves 장갑
☐ roof 지붕	☐ ramp 경사로	☐ pavement 포장 도로, 보도
☐ railing 난간	☐ brick 벽돌	☐ timber 목재
☐ intersection 교차로	☐ wheelbarrow 외바퀴 손수레	☐ worksite 작업장
☐ statue 조각상	☐ column[pillar] 기둥	☐ safety gear 안전 장비

☑ **생소한 어휘 사진으로 익히기**

patio 야외 테라스

container 용기, 그릇

checkout counter 계산대

railing 난간

ramp 경사로

wheelbarrow 외바퀴 손수레

3 사물/풍경을 묘사하는 빈출 동사

사물이나 풍경을 묘사할 때, 상태를 나타내는 동사로 수동태(be p.p.)나 현재완료 수동태(have been p.p.)가 자주 나옵니다. 또한, 사물 명사를 주어로 해서 진행 중인 동작을 나타내는 현재진행 수동태(be being p.p.)도 자주 쓰입니다.

놓여져 있다

- be parked 주차되다
- be arranged 정렬되다
- be displayed 진열되다
- be decorated 장식되다
- be put[placed, positioned, left] 놓이다
- be set 준비되다 / be set up 설치되어 있다

- be occupied 사용 중이다
- be mounted on ~위에 놓이다
- be stacked[piled] 쌓여 있다
- be assembled 조립되다
- be full of ~로 가득차 있다
- be propped against ~에 기대어져 있다

이동/교통 수단

- be being moved 옮겨지고 있다
- be being carried 옮겨지고 있다
- be being delivered 배달되고 있다
- be being towed 견인되고 있다
- be parked 주차되다
- be tied 묶이다
- be docked 정박되다

- be secured 고정되다
- be being repaired 수리되고 있다
- be being washed 닦이고 있다
- floating 떠다니고 있다
- passing 지나가고 있다
- crossing 건너고 있다
- sailing 항해하고 있다

건물/길

- be being constructed 건설되고 있다
- be being painted 칠해지고 있다
- overlook 내려다보다
- be under construction 공사 중이다

- be surrounded 둘러싸이다
- be reflected 반사되다, 비치다
- lead to ~로 이어지다
- be divided 나뉘다

기타

- be suspended 매달려 있다
- be hung 걸려 있다

- be lined up 줄지어 있다
- be spread out 펼쳐져 있다

☑ 생생한 어휘 사진으로 익히기

be reflected 반사되다, 비치다

lead to ~로 이어지다

be docked (부두에) 정박되다

be being towed
견인되고 있다

be propped against
~에 기대어져 있다, 괴어져 있다

be mounted on the wall
벽에 걸려 있다

4 **사물/풍경 사진 빈출 명사**

🔊 D3_4

1문제 정도 밖에 출제되지 않지만 단어의 난이도가 높은 편이므로 사물을 표현하는 단어들을 꼼꼼히 암기합시다.

자연		
□ stream 시냇물	□ fountain 분수	□ landscape 풍경
□ shadow 그늘	□ pond 연못	□ forest 숲, 삼림
□ archway 아치형 입구, 길	□ bush 관목, 덤불	□ hill 언덕
□ pole 막대기, 기둥	□ shore 해변	□ field of grass 잔디밭

길		
□ trail, path, pathway 좁은 길	□ street, road 길, 도로	□ curb 연석

교통		
□ dock, pier 부두	□ ferry, ship 배	□ gate 문, 탑승구
□ port, harbor 항구	□ runway (비행기) 활주로	□ waiting area 대기실, 대합실
□ deck (배의) 갑판	□ baggage, luggage 짐, 수하물	□ train tracks 철로
□ cargo 화물	□ suitcase 여행 가방	□ intersection 교차로

주택/건물		
□ artwork 예술 작품	□ ceiling 천장	□ stool (등받이, 팔걸이 없는) 의자
□ pillow 쿠션, 베개	□ scaffolding (공사장) 비계	□ armchair 안락의자
□ sink 싱크대	□ painting 그림	□ refrigerator 냉장고
□ blind 블라인드	□ light fixture 조명 기구	□ stairway 계단

정원		
□ grass 잔디	□ branch 나뭇가지	□ hose 호스
□ lawn mower 잔디 깎는 기계	□ potted plant 화분	□ courtyard 뜰, 마당

Part 1

☑ 생소한 어휘 사진으로 익히기

curb 연석

stool 등받이 없는 의자

scaffolding (공사장) 비계

bushes 덤불, 관목

dock, pier 부두

archway 아치형 입구, 길

1 현재진행 수동태: be being p.p. (~되는 중이다) 〔◁〕 D3_5

현재진행 수동태는 사진 속에 나타나 있는 동작을 묘사할 때 사람이 아니라 사물을 주어로 하는 경우에 쓰입니다. 사람에 의해 어떤 일이 진행되고 있는 모습을 사물에 초점을 맞춰 표현하는 것입니다.

They **are watering** some flowers.
사람들이 꽃에 물을 주고 있다.

Some flowers **are being watered**. 꽃에 물이 주어지고 있다.

He's **trimming** a tree.
남자가 나무를 손질하고 있다.

A tree is **being trimmed**.
나무가 손질되고 있다.

He's **repairing** a roof.
남자가 지붕을 수리하고 있다.

A roof **is being repaired**.
지붕이 수리되고 있다.

☑ 현재진행 수동태 최신 정답 표현

◦ Flowers **are being planted**.	꽃들이 심어지고 있다.
◦ A statue **is being polished**.	조각상이 닦이고 있다.
◦ A lamppost **is being fixed**.	가로등 기둥이 수리되고 있다.
◦ Some bricks **are being piled** on a patio.	벽돌들이 야외 테라스에 쌓이고 있다.
◦ Some stairs **are being cleaned**.	계단이 청소되고 있다.
◦ A notice **is being hung** on a post.	공지가 기둥에 걸리고 있다.
◦ A basket **is being removed** from a cart.	바구니가 수레에서 치워지고 있다.
◦ Some pencils **are being placed** in a drawer.	연필들이 서랍에 넣어지고 있다.
◦ Water **is being sprayed** from a hose.	호스에서 물이 뿌려지고 있다.
◦ A rug **is being rolled up**.	양탄자가 둘둘 말리고 있다.

📗 꼭! 암기

water ~에 물을 주다 trim ~을 손질하다, 다듬다 repair ~을 수리하다 roof 지붕 plant ~을 심다 statue 조각상 polish ~을 닦다, 광을 내다 lamppost 가로등 기둥 fix ~을 수리하다, 고치다 pile ~을 쌓다, 포개다 patio 야외 테라스 clean ~을 청소하다 notice 공지, 알림 hang ~에 걸다, 매달다 post 기둥 remove A from B: A에서 B를 치우다, 제거하다 cart 수레, 카트 place v. ~을 놓다, 두다 drawer 서랍 spray 물을 뿌리다 rug 양탄자 roll up ~을 둘둘 말다

2 현재완료 수동태: have been p.p. (~인 상태로 있다) 🔊 D3_6

현재완료 수동태는 사물의 상태를 나타낼 때 쓰이는데, 사물이 '~된 상태로 한동안 있어 왔다'라는 의미를 지닙니다.

A vehicle door **has been left** open.
차량 문이 열린 채로 있다.

The chairs **have been stacked** against a wall.
의자들이 벽에 기대어 쌓여 있다.

Some bicycles **have been parked** outside.
자전거 몇 대가 밖에 세워져 있다.

☑ 현재완료 수동태 최신 정답 표현

◦ Some pictures **have been posted** on a board.   몇몇 사진들이 안내판에 게시되어 있다.
◦ Some magazines **have been displayed**.   몇몇 잡지들이 진열되어 있다.
◦ A bicycle **has been mounted** on a car.   자전거가 차 위에 올려져 있다.
◦ A lamp **has been set up** beside a bulletin board.   전등이 게시판 옆에 설치되어 있다.
◦ A briefcase **has been opened**.   서류 가방이 열려 있다.
◦ Some sunglasses **have been put** on display.   몇몇 선글라스가 진열대 위에 놓여 있다.
◦ Refreshments **have been left** on a table.   다과가 탁자 위에 놓여 있다.
◦ A potted plant **has been placed** on the floor.   화분이 바닥에 놓여 있다.
◦ Two desks **have been positioned** side by side.   책상 두 개가 나란히 놓여 있다.
◦ Some containers **have been filled** with food.   몇몇 용기에 음식이 채워져 있다.

🖋 꼭! 암기

vehicle 차량 stack ~을 쌓다 against the wall 벽에 기대어 park ~을 주차하다 outside 밖에 post ~을 게재하다, 게시하다 board 안내판, 게시판 display ~을 진열하다, 전시하다 be mounted on ~ 위에 올려져 있다 set up ~을 설치하다 bulletin board 게시판 briefcase 서류 가방 put ~을 놓다 on display 전시된, 진열된 refreshments 다과 be left[placed, positioned] 놓이다 potted plant 화분 floor 바닥 side by side 나란히 container 용기, 그릇 be filled with ~로 가득 차다

● 실제 시험 난이도와 똑같은 실전 문제들을 풀며 학습한 내용을 확인해 보세요.

1.

2.

3.

4.

5.

6.

PART 2

▷ 문항 수: 25문항

▷ 출제 경향: 의문사 의문문의 출제 비중이 월등히 높으며, 나머지 의문문들은 비슷한 출제 비중을 보인다. 의문사 의문문의 난이도가 점차 높아지고 있는데, 의문사 종류에 맞게 답하는 직접 답변(When → 시점으로 대답, Where → 위치/장소로 대답)의 출제 비중이 줄고 간접 응답과 제3의 응답 비중이 높아졌다.

질문 유형별 출제 비중

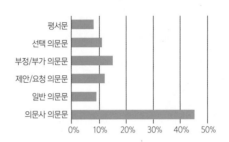

Part 2 핵심 전략

1 **최대한 집중력을 유지한다.**

질문과 각 선택지가 순식간에 지나가기 때문에 0.5초만 딴 생각을 해도 놓치게 된다.

2 **의문사 의문문이 나오면 문제지에 의문사를 적는다.**

안 적으면 나중에 헷갈려서 엉뚱한 선택지를 고르게 된다.

3 **반드시 소거법을 사용한다.**

(A), (B), (C) 문장을 들으면서 확실한 오답은 x, 확실한 정답은 O, 모호한 것은 △ 표시하며 듣는다. 듣는 도중 정답이라고 생각되는 선택지가 있더라도 끝까지 듣고 확인한 후 정답을 마킹한다.

4 **제대로 못 들었다면 미련 없이 포기하고 다음 문제를 푼다.**

의문사 의문문 I

POINT 1 Who 의문문

◁》 D4_1

Who 의문문은 특정 상태나 동작과 관련된 인물 또는 주체를 묻는 질문으로, 매회 평균 2~3 문항 출제됩니다.

1 사람 이름, 부서명, 회사명, 직책명 응답

Q. **Who** is responsible for reserving the room? 그 방을 예약하는 일은 누가 책임지고 있나요?

A. <u>Ms. Collins</u> will do it. Collins 씨가 할 것입니다.

A. <u>The assistant manager.</u> 부팀장님이요.

서아쌤 밀착 코칭 TIP

'~을 담당하다'
be responsible for = be in charge of = take care of

Q. **Who** organized the product testing groups? 누가 제품 테스트 그룹을 편성했나요?

A. <u>The Marketing Department.</u> 마케팅 부서요.

A. <u>Mr. Pitt</u> was in charge of that. 그 일은 Pitt 씨가 담당했습니다.

2 인칭대명사, 간접적인 응답

Q. **Who** can I talk to about the conference? 컨퍼런스에 관해 누구와 얘기할 수 있나요?

A. <u>Someone</u> in the marketing department. 마케팅 부서에 있는 사람이요.

A. <u>I</u> can help you in a minute. 잠시 후에 제가 도와드릴 수 있습니다.

Q. **Who** is leading the study? 누가 그 연구를 이끌고 있죠?

A. We haven't decided yet. 저희는 아직 결정하지 않았어요.

A. We're no longer doing it. 저희는 더 이상 그것을 하고 있지 않습니다.

Example

◁》 D4_2

(A) _____ (B) _____ (C) _____

Q. **Who** was hired to be the new accountant?

(A) Samantha got the job.

(B) Yes, he sent me his résumé.

(C) At the board meeting yesterday.

서아쌤 밀착 코칭 TIP

질문이 시작되는 순간에 특히 집중해야 하며, Who가 들리는 순간 적어 두세요. Who 의문문이므로 사람 이름이나 부서명 등의 대답을 예상할 수 있습니다.

이렇게 풀어요!

(A) 해당 업무를 맡은 사람의 이름으로 답변하고 있으므로 정답.

(B) 의문사 의문문에 어울리지 않는 Yes로 답변하는 오답.

(C) 시점과 장소를 말하는 표현이므로 When 또는 Where 의문문에 어울리는 오답.

Q. 누가 신임 회계 담당자로 고용되었죠?

(A) Samantha 씨가 그 일을 맡았어요.

(B) 네, 그가 저에게 이력서를 보냈습니다.

(C) 어제 열린 이사회 회의에서요.

어휘 hire ~을 고용하다 accountant 회계 담당자, 회계사 résumé 이력서 board 이사회, 이사진

PRACTICE 기출 확인

🔊 D4_3 | 📖 해설서 p.80

① 음원을 듣고 소거법을 이용하여 정답을 골라보세요.
② 음원을 다시 들으면서 빈칸을 채워보세요.
③ 채점 후 스크립트를 큰 소리로 3회 읽고 마무리하세요.

1 Mark your answer on your answer sheet. (A) ____ (B) ____ (C) ____

Q. _____ the customer service program?

(A) She _____ here.

(B) _____.

(C) You should _____ the meeting _____.

2 Mark your answer on your answer sheet. (A) ____ (B) ____ (C) ____

Q. _____ our IT department?

(A) _____ for this.

(B) Mr. Price was _____.

(C) On the _____.

3 Mark your answer on your answer sheet. (A) ____ (B) ____ (C) ____

Q. _____ in our next perfume _____?

(A) A famous _____.

(B) This one _____.

(C) It will _____ overseas.

✏️ 꼭! 암기

lead ~을 이끌다, 진행하다, 안내하다, 데리고 가다 **within + 기간:** ~ 이내에 **meeting minutes** 회의록 **be in charge of** ~을 책임지다, 담당하다 **pay for** ~에 대한 값을 지불하다 **promote** ~을 승진시키다 **appear** ~에 출연하다, 나타나다 **commercial** n. 광고 (방송) **air** v. 방송되다, 방송하다 **overseas** 해외에, 해외로

DAY 04 Part 2 의문사 의문문 I 171

When 의문문에서는 다양한 시점 표현과 시제에 초점을 맞춰 들어야 하며, 매회 평균 1~2 문항 출제됩니다.

1 시점 표현 응답 – 시점/날짜/요일/시간 등을 나타내는 숫자 표현

Q. **When** did Allie ask for her documents?	Allie 씨가 언제 문서를 요청했나요?
A. Sometime <u>last month</u>.	지난달 중에요.
A. <u>Last Thursday</u>.	지난 목요일에요.
Q. **When** did you make the phone call?	언제 전화하셨나요?
A. On <u>March 3rd</u>.	3월 3일에요.
A. Around <u>3 P.M.</u>	오후 3시쯤에요.

2 시제에 주의해야 하는 응답, 간접적인 응답

Q. **When** was the last announcement?	마지막 발표가 언제였죠?
A. It was <u>last Friday</u>. (O)	지난 금요일이었습니다. (O)
A. It will be sometime next week. (X)	다음 주 중으로 있을 거예요. (X)
Q. **When** will the show start?	공연이 언제 시작되나요?
A. Sorry, I don't know.	죄송하지만, 저는 모르겠어요.
A. Ask an employee.	직원에게 물어보세요.

Example ◁》 D4_5

(A) ____ (B) ____ (C) ____

Q. **When** will the Express Line be available for use?
(A) Supposedly next year.
(B) There's a long line.
(C) At Park Station.

이렇게 풀어요!
(A) 대략적인 미래 시점으로 답변하고 있으므로 정답.
(B) 질문에 사용된 line의 다른 의미(줄)를 이용해 혼동을 유발하는 오답.
(C) 위치 표현이므로 Where 의문문에 어울리는 오답.

Q. Express Line은 언제 이용 가능할까요?
(A) 아마 내년일 거예요.
(B) 긴 줄이 있어요.
(C) Park Station에서요.

어휘 available 이용 가능한 supposedly 아마

서아쌤 밀착 코칭 TIP
질문이 시작되는 순간에 특히 집중해야 하며,
When을 듣자마자 적어 두세요. When 의문문이
므로 시점 표현 대답을 예상할 수 있습니다.

① 음원을 듣고 소거법을 이용하여 정답을 골라보세요.

② 음원을 다시 들으면서 빈칸을 채워보세요.

③ 채점 후 스크립트를 큰 소리로 3회 읽고 마무리하세요.

1 Mark your answer on your answer sheet.   (A) _____ (B) _____ (C) _____

Q. _____ we last _____ an appointment?

(A) Right, I'll see you soon.

(B) The meeting _____ long.

(C) _____ .

2 Mark your answer on your answer sheet.   (A) _____ (B) _____ (C) _____

Q. _____ you _____ today?

(A) Tom and I _____ .

(B) She just _____ .

(C) Maybe _____ .

3 Mark your answer on your answer sheet.   (A) _____ (B) _____ (C) _____

Q. _____ we _____ our _____ ?

(A) _____ the show.

(B) There are _____ .

(C) On the Web site.

 꼭!암기

schedule an appointment 약속을 잡다, 예약을 하다 last v. 지속되다 leave ~에서 나가다, ~을 떠나다 in + 시간: ~후에 There is A p.p.: ~된 A가 있다 several 여러 개, 여러 명

이거 알면 점수 UP!

◁)) D4_7

- **알면 잘 들리는 Who/When 의문문 어순**

  ① 의문사 + 조동사 + 주어 + 동사 + 전치사구/부사구

Who	should	I	contact about the issues?
Who	can	I	talk to about my broken computer?
When	will	the conference	begin?
When	will	the mobile phone	be repaired?

  그 문제들과 관련해 누구에게 연락해야 하나요? / 고장 난 제 컴퓨터에 관해 누구와 얘기할 수 있나요? / 회의가 언제 시작될까요? / 그 휴대 전화기는 언제 수리될까요?

  ② Who가 의문사이면서 주어로 쓰인 「Who + 일반 동사」의 구조도 자주 나옵니다.

  Who called the customer service department?
  Who organized the retirement party?

  누가 고객 서비스 부서에 전화했나요? / 누가 그 은퇴 기념 파티를 주최했나요?

- **When 의문문 정답에 잘 나오는 특정 시점 표현**

  - **at the beginning of March** 3월 초에
  - **a month ago** 한 달 전에
  - **a while ago** 조금 전에
  - **very[pretty] soon** 곧
  - **just now** 지금 막
  - **at the latest** (아무리) 늦어도
  - **every 5 minutes** 5분마다 한 번씩
  - **every other week** 격주로
  - **by Friday** 금요일까지
  - **sometime next week** 다음 주 중에
  - **no later than 6 P.M.** 늦어도 오후 6시까지는
  - **within a week** 일주일 이내에
  - **in (about) two hours** (약) 두 시간 후에

  - **not until October** 10월이나 되어야
  - **only[quite] recently** 불과 최근에
  - **later this month** 이달 후반에
  - **anytime tomorrow afternoon** 내일 오후 언제든
  - **at the end of the month** 이달 말에
  - **any minute** 당장에라도, 금방이라도 (= very soon)
  - **a year from now** 지금부터 1년
  - **around 10 A.M.** 오전 10시 즈음에
  - **not for another week** 일주일 더 있다가
  - **between 3 P.M. and 5 P.M.** 오후 3시에서 5시 사이에
  - **as soon as possible** 가능한 한 빨리

● 실제 시험 난이도와 똑같은 실전 문제들을 풀며 학습한 내용을 확인해 보세요.

1. Mark your answer.　(A)　(B)　(C)

2. Mark your answer.　(A)　(B)　(C)

3. Mark your answer.　(A)　(B)　(C)

4. Mark your answer.　(A)　(B)　(C)

5. Mark your answer.　(A)　(B)　(C)

6. Mark your answer.　(A)　(B)　(C)

7. Mark your answer.　(A)　(B)　(C)

8. Mark your answer.　(A)　(B)　(C)

9. Mark your answer.　(A)　(B)　(C)

10. Mark your answer.　(A)　(B)　(C)

11. Mark your answer.　(A)　(B)　(C)

12. Mark your answer.　(A)　(B)　(C)

13. Mark your answer.　(A)　(B)　(C)

14. Mark your answer.　(A)　(B)　(C)

15. Mark your answer.　(A)　(B)　(C)

Part 2

의문사 의문문 II

POINT 1 Where 의문문

◁)) D5_1

Where 의문문은 장소나 위치, 출처 등을 묻는 질문으로, 매회 평균 2~3 문항 출제됩니다. 정답으로 장소나 위치 등을 나타내는 전치사구가 잘 나오므로 다양한 장소 전치사 표현들을 알아 두면 유리합니다.

1 다양한 「전치사 + 장소/위치 명사」 응답

Q. **Where** is the nearest bus station?
A. It's just <u>down the street</u>.
A. It's <u>in front of the supermarket</u>.

가장 가까운 버스 정류장이 어디에 있나요?
이 길을 따라 바로 내려가면 있습니다.
슈퍼마켓 앞에 있습니다.

Q. **Where** is conference room B?
A. <u>On the third floor</u>.
A. It's <u>across from the break room</u>.

회의실 B가 어디에 있나요?
3층이요.
휴게실 맞은편에 있습니다.

2 출처에 대한 응답, 간접적인 응답

Q. **Where** did you get the flyer?
A. <u>Tina</u> in the marketing department.
A. <u>The event planner</u> sent it to me.

그 전단은 어디에서 났어요?
마케팅 부서의 Tina 씨요.
행사 기획자가 저에게 보내줬어요.

Q. **Where** is the lecture being given?
A. Oh, I thought you weren't interested.
A. I wasn't paying attention.

그 강의는 어디에서 진행될 건가요?
아, 전 당신이 관심 없다고 생각했어요.
저는 주의를 기울이고 있지 않았어요.

Example

◁)) D5_2

(A) _____ (B) _____ (C) _____

Q. **Where** should I meet you for the exhibition?
(A) Around 6 o'clock.
(B) I have the ticket.
(C) At the museum entrance.

이렇게 풀어요!
(A) 시점 표현이므로 When 또는 What time 의문문에 어울리는 오답.
(B) exhibition과 관련 지을 수 있는 ticket을 사용해 혼동을 유발하는 오답.
(C) 특정 위치 표현으로 답변하는 정답.

Q. 전시회에 가기 위해 어디서 만날까요?
(A) 6시쯤에요.
(B) 제가 티켓을 갖고 있어요.
(C) 박물관 입구에서요.

어휘 exhibition 전시회 around ~쯤, ~경에 entrance 입구

서아쌤 밀착 코칭 TIP

질문이 시작되는 순간에 특히 집중해야 하며, Where이 들리는 순간 적어 두세요. Where 의문문이므로 위치/장소 등의 대답을 예상할 수 있습니다.

기출 확인
PRACTICE

◁)) D5_3 | 📖 해설서 p.85

① 음원을 듣고 소거법을 이용하여 정답을 골라보세요.
② 음원을 다시 들으면서 빈칸을 채워보세요.
③ 채점 후 스크립트를 큰 소리로 3회 읽고 마무리하세요.

1 Mark your answer on your answer sheet.　　(A) ＿＿ (B) ＿＿ (C) ＿＿

Q. ＿＿＿＿＿＿ are the ＿＿＿＿＿＿＿＿ being ＿＿＿＿＿＿?

(A) Mr. Rogers can ＿＿＿＿＿＿＿＿＿＿＿＿＿＿＿.

(B) In Pittsburgh.

(C) 600 dollars each.

2 Mark your answer on your answer sheet.　　(A) ＿＿ (B) ＿＿ (C) ＿＿

Q. ＿＿＿＿＿＿ did you ＿＿＿＿＿＿＿ the sales ＿＿＿＿＿＿?

(A) ＿＿＿＿＿＿＿＿＿＿＿＿＿＿＿＿＿.

(B) The ＿＿＿＿＿＿ was Friday.

(C) No, it ＿＿＿＿＿＿＿＿ OK.

3 Mark your answer on your answer sheet.　　(A) ＿＿ (B) ＿＿ (C) ＿＿

Q. ＿＿＿＿＿＿ will the executive ＿＿＿＿＿＿＿＿＿＿＿＿＿＿＿＿＿＿?

(A) The ＿＿＿＿＿＿＿＿＿＿＿ as usual.

(B) If they have the ＿＿＿＿＿＿ for it.

(C) To ＿＿＿＿＿＿ the branch office.

 꼭! 암기

make a copy 사본을 만들다, 복사하다 **turn in** ~을 제출하다, 내다 **sales** 매출, 영업, 판매 **turn out + 형용사:** ~한 것으로 드러나다, 판명되다 **executive staff** 임원
진 **as usual** 평소대로, 늘 그렇듯이 **budget** 예산 **inspect** ~을 점검하다 **branch office** 지사, 지점

What 의문문은 매회 평균 2~3 문항 출제되는데, 날짜/금액/시간/의견/정보 등 다양한 내용에 대해 물을 수 있습니다. 따라서 자주 출제되는 What 질문들을 미리 익혀 두는 것이 좋습니다. 특히, What/What's 뒤에 나오는 명사를 꼭 챙겨 들어야 합니다. What으로 의견을 묻는 질문 또한 자주 나오는 유형입니다.

1 시간/날짜/가격을 묻는 What – 숫자 표현으로 응답

Q. **What time** will the performance begin?　　공연이 몇 시에 시작될 건가요?
A. At 8 o'clock.　　8시에요.

Q. **What day** is Ms. Wilson planning to join us?　　Wilson 씨가 언제 합류할 계획인가요?
A. I think it's February 2nd.　　2월 2일인 것 같아요.

Q. **What's the admission fee** for the museum?　　박물관 입장료가 얼마인가요?
A. 12 dollars each.　　각각 12달러입니다.

2 의견을 물어보는 What – 긍정/부정/간접적인 응답

Q. **What do you think about** the video?　　그 동영상에 대해 어떻게 생각하세요?
A. It looks fine.　　괜찮아 보여요.
A. Can we edit it some more?　　우리가 이걸 조금 더 편집할 수 있나요?
A. I haven't watched it yet.　　저는 그걸 아직 본 적이 없어요.

3 무슨 일이 발생했는지 묻는 What – 문제 상황에 대해 설명하는 응답

Q. **What happened to** the television?　　텔레비전에 무슨 일이 생긴 거예요?
A. It's not working.　　작동하지 않고 있어요.
A. We need a new one.　　새것이 필요해요.

Example　🔊 D5_5

(A) _____ (B) _____ (C) _____

Q. **What's the membership fee** at your fitness center?
(A) I heard it's located on Park Street.
(B) 90 dollars a month.
(C) I strongly recommend the place.

이렇게 풀어요!
(A) 장소 표현이므로 Where 의문문에 어울리는 오답.
(B) 한 달을 기준으로 한 비용 정보를 말하는 정답.
(C) fitness center를 지칭하는 것처럼 들리는 the place를 이용해 혼동을 유발하는 오답.

Q. 당신의 피트니스 센터의 회비가 얼마인가요?
(A) Park Street에 위치해 있다고 들었어요.
(B) 한 달에 90달러요.
(C) 저는 그곳을 강력히 추천합니다.

[어휘] membership fee 회비 be located on ~에 위치해 있다
strongly 강력히 recommend ~을 추천하다

서아쌤 밀착 코칭 TIP
What 의문문에서는 의문사 What 자체보다 그 뒤에 이어지는 명사를 제대로 파악해야 합니다. 이 질문에서는 membership fee가 핵심어죠.

🔊 D5_6

Which는 '어느 것, 어느'를 의미하며, What과 달리 선택의 범위가 정해져 있는 상황에서 사용합니다. What 의문문처럼 Which 의문문에서도 Which와 함께 제시되는 명사(구)를 놓치지 않고 들어야 합니다. Which 의문문에 대한 답변에 대명사 one이 쓰이면 정답일 확률이 높습니다. 이때 one은 질문에 언급된 명사와 같은 종류의 것 하나를 지칭하는 대명사로, '~한 것'이라고 해석합니다.

| one을 이용한 응답, 간접적인 응답

Q. **Which of the watches** do you prefer?　　　　이 시계들 중 어느 것을 선호하시나요?

A. The <u>one in the middle</u>.　　　　가운데 있는 거요.

A. I prefer the <u>brown one</u>.　　　　저는 갈색 시계가 더 좋아요.

Q. **Which airline** are we using for the business trip　　　런던으로 가는 출장을 위해 어느 항공사를 이용할 건가요?
　 to London?　　　　지난 번에 이용한 곳과 같은 곳이요.

A. The <u>same one</u> we used last time.　　　　Harry 씨가 알 거예요.

A. Harry would know.

Q. **Which band** did you like the best?　　　　어떤 밴드가 가장 마음에 드셨나요?

A. The <u>second one</u>.　　　　두 번째 밴드요.

A. They were all so good.　　　　모두 정말 좋았어요.

Example　　　　🔊 D5_7

(A) _____　(B) _____　(C) _____

Q. **Which camera** did you buy?

(A) I have an extra lens.

(B) I bought it from an online store.

(C) I ordered the cheapest one.

서아쌤 밀착 코칭 TIP

Which 의문문도 의문사 자체보다 그 뒤에 이어지는 명사를 제대로 파악하는 것이 중요해요.
이 질문에서는 camera가 핵심어겠죠?

이렇게 풀어요!

(A) camera와 연관성 있게 들리는 lens를 활용한 오답.

(B) 구입 장소를 말하고 있으므로 Where 의문문에 어울리는 오답.

(C) camera를 one으로 지칭해 구입한 제품의 가격 수준을 말하며 특징을 언급하는 정답.

Q. 어느 카메라를 구입하셨나요?

(A) 저에게 여분의 렌즈가 있어요.

(B) 온라인 매장에서 구입했어요.

(C) 가장 저렴한 것으로 주문했어요.

[어휘] **extra** 여분의, 추가의 **order** ~을 주문하다 **cheapest** 가장 저렴한

◁» D5_8

• 알면 잘 들리는 What/Which 의문문의 중요 어순

① 의문사 + 명사 + 동사 + 주어

What floor   is   the dentist   on?

그 치과 의사가 몇 층에 있나요?

② 의문사 + 명사 + 조동사 + 주어 + 동사구

What time   should   I   call the executive?
Which tourist company   would   you   like to choose?

몇 시에 제가 그 이사님께 전화 드려야 하나요? / 어느 여행사를 선택하고 싶으세요?

• 의견을 물어보는 What 질문 유형

What do you think of(about)~? ~에 대해 어떻게 생각해요?	Q. **What do you think of** the product designs? 제품 디자인에 대해 어떻게 생각해요? A. They're a big improvement. 크게 개선된 것들이네요. A. They look great. 좋아 보여요. A. I have some suggestions. 몇몇 제안사항들이 있어요.
What is/was ~ like? ~는 어때요?/어땠나요?	Q. **What was** the speech **like**? 그 연설은 어땠나요? A. It was very inspiring. 대단히 영감을 주는 것이었어요. A. I couldn't hear it. 그것을 들을 수 없었어요.
What about ~? ~는 어때요?	Q. **What about inviting** Mike on the trip? 여행에 Mike를 초대하는 게 어때요? A. I haven't thought of that. 그건 생각하지 못했어요. A. Isn't he busy with work? 그는 일 때문에 바쁘지 않나요?
What if 주어 + 현재동사 ~? ~하면 어떨까요?	Q. **What if we move** these chairs to the other room? 이 의자들을 다른 방으로 옮기면 어떨까요? A. That's a good idea. 좋은 생각이에요. A. That could make more space here. 그렇게 하면 이곳에 더 많은 공간이 생길 수 있겠네요.

① 음원을 듣고 소거법을 이용하여 정답을 골라보세요.
② 음원을 다시 들으면서 빈칸을 채워보세요.
③ 채점 후 스크립트를 큰 소리로 3회 읽고 마무리하세요.

1 Mark your answer on your answer sheet. (A) ____ (B) ____ (C) ____

Q. _____ of an engine check?

(A) A _____ .

(B) It's only _____ .

(C) Some engine _____ .

2 Mark your answer on your answer sheet. (A) ____ (B) ____ (C) ____

Q. _____ do you have _____ for our _____ ?

(A) A _____ from China.

(B) Thanks for the _____ .

(C) I have _____ to a _____ .

3 Mark your answer on your answer sheet. (A) ____ (B) ____ (C) ____

Q. _____ should we _____ from tonight?

(A) I'd rather _____ .

(B) How about 7 o'clock?

(C) Sure, if that's _____ .

🖊 꼭! 암기
―――――――――――――――――――――――――――――――――――――――
What's the price of ~? ~의 가격이 얼마인가요? **schedule** v. ~의 일정을 잡다 **suggestion** 제안, 의견 **I'd rather + 동사원형:** 차라리 ~하고 싶다
How about ~?: ~은 어때요?

• 실제 시험 난이도와 똑같은 실전 문제들을 풀며 학습한 내용을 확인해 보세요.

1. Mark your answer.   (A)   (B)   (C)

2. Mark your answer.   (A)   (B)   (C)

3. Mark your answer.   (A)   (B)   (C)

4. Mark your answer.   (A)   (B)   (C)

5. Mark your answer.   (A)   (B)   (C)

6. Mark your answer.   (A)   (B)   (C)

7. Mark your answer.   (A)   (B)   (C)

8. Mark your answer.   (A)   (B)   (C)

9. Mark your answer.   (A)   (B)   (C)

10. Mark your answer.   (A)   (B)   (C)

11. Mark your answer.   (A)   (B)   (C)

12. Mark your answer.   (A)   (B)   (C)

13. Mark your answer.   (A)   (B)   (C)

14. Mark your answer.   (A)   (B)   (C)

15. Mark your answer.   (A)   (B)   (C)

시원스쿨
토익
750+
RC+LC 3주 완성

의문사 의문문 III

POINT 1 Why 의문문

◁)) D6_1

Why 의문문은 매회 평균 1~2 문항씩 출제되며, 주로 부정적인 상황이나 평소와 같지 않은 상황에 대한 이유를 물어볼 때 쓰입니다. What 의문문과 마찬가지로 질문 내용을 정확히 이해해야 정답을 고를 수 있는 고난도 문제입니다. Why 의문문에 대해 일반적으로 Because로 대답하는 것이 가장 흔하지만, 조금 더 어려운 문제일 경우에 Because 없이 바로 이유를 언급할 수도 있습니다.

1 Because, 「So (that) + 주어 + can」, To 부정사, 「For + 명사」 응답

Q. **Why** is the hiking trip rescheduled? 등산 여행 일정이 왜 재조정되었나요?
A. <u>Because</u> there will be storms that day. 그날 폭풍이 올 것이기 때문입니다.
A. <u>So (that)</u> we can finish our project. 그래야 우리가 프로젝트를 끝낼 수 있으니까요.

Q. **Why** are you going to Germany? 당신은 독일에 왜 가시나요?
A. <u>To attend</u> the training. 교육 행사에 참석하기 위해서요.
A. <u>For</u> the dance competition. 댄스 경연 대회 때문에요.

2 완전한 문장으로 대답

Q. **Why** has the train been delayed? 기차가 왜 지연되었나요?
A. There has been a mechanical problem. 기계적인 문제가 있었습니다.

Q. **Why** are the supply cabinets locked? 비품 캐비닛이 왜 잠겨 있나요?
A. It's a new security measure. 새로운 보안 조치입니다.

Q. **Why** hasn't Jessica arrived yet? Jessica 씨가 왜 아직 도착하지 않았죠?
A. I'll give her a call. 제가 그분께 전화해 보겠습니다.

Example

◁)) D6_2

(A) _____ (B) _____ (C) _____

Q. **Why** will the store be renovated?
(A) Yes, it's a nice layout.
(B) To attract new customers.
(C) The store is closed.

이렇게 풀어요!
(A) 의문사 의문문에 어울리지 않는 Yes로 답변하는 오답.
(B) To 부정사구를 이용해 새로운 고객 유치를 위해서라는 이유를 언급하고 있으므로 정답.
(C) 질문의 store를 반복한 답변으로 매장 개조 이유로 맞지 않는 오답.

Q. 매장이 왜 개조될 건가요?
(A) 네, 좋은 배치입니다.
(B) 새로운 고객들을 끌어들이기 위해서요.
(C) 그 매장은 문을 닫았어요.

어휘 renovate ~을 개조하다 layout 배치 attract ~을 끌어들이다

서아쌤 밀착 코칭 TIP

의문사 Why 뒤에 이어지는 내용을 파악하는 데 특히 집중해야 하며, 핵심 내용과 연결되는 이유나 목적, 결과 등이 언급되는 선택지를 골라야 합니다.

① 음원을 듣고 소거법을 이용하여 정답을 골라보세요.
② 음원을 다시 들으면서 빈칸을 채워보세요.
③ 채점 후 스크립트를 큰 소리로 3회 읽고 마무리하세요.

❶ Mark your answer on your answer sheet.　　(A) ＿＿　(B) ＿＿　(C) ＿＿

Q. ＿＿＿＿＿ did Eunhye ＿＿＿＿＿＿＿＿＿＿＿＿＿ last night?

(A) Can you ＿＿＿＿＿＿＿＿＿＿＿＿＿＿＿＿＿＿？

(B) ＿＿＿＿＿＿ 9 P.M.

(C) She had to ＿＿＿＿＿＿＿＿＿＿＿＿＿＿＿.

❷ Mark your answer on your answer sheet.　　(A) ＿＿　(B) ＿＿　(C) ＿＿

Q. ＿＿＿＿＿ is the storage ＿＿＿＿＿＿＿＿＿＿＿＿？

(A) ＿＿＿＿＿＿＿＿＿ the ＿＿＿＿＿ team.

(B) At the end of ＿＿＿＿＿＿＿＿＿＿.

(C) Check in the ＿＿＿＿＿＿＿＿＿＿＿＿＿.

❸ Mark your answer on your answer sheet.　　(A) ＿＿　(B) ＿＿　(C) ＿＿

Q. ＿＿＿＿＿ the expense ＿＿＿＿＿＿＿＿＿＿＿＿＿？

(A) About ＿＿＿＿＿＿＿＿＿＿＿＿＿＿.

(B) It's ＿＿＿＿＿＿＿＿＿＿＿＿＿＿＿.

(C) We had to ＿＿＿＿＿＿＿＿＿＿＿＿＿.

✏️ **꼭! 암기**

meet the deadline 마감시한을 충족하다, 마감일을 맞추다　re-do ~을 다시 하다　storage 보관, 저장　maintenance 시설 관리, 유지 관리　shift 교대 근무(조)
expense report 지출 보고서　take long (시간이) 오래 걸리다　within one's budget ~의 예산 범위 내에 있는　fix an error 오류를 바로잡다, 고치다

Part 2

How 의문문은 매회 평균 2~3 문항씩 출제되며, 단독으로 쓰여 '어떻게'라는 뜻으로 방법이나 수단을 묻기도 하고, 『how + 형용사/부사』의 구조로 쓰여 '얼마나 ~한/~하게'라는 뜻으로 기간/가격/수량/범위/빈도 등을 묻기도 합니다. 또한 How를 활용해 의견을 묻거나 제안을 하는 것도 가능하므로 주의해야 합니다.

1 방법/수단 응답

Q. **How** can I get downtown?　　　　　시내에 어떻게 갈 수 있나요?
A. By taxi/bus/subway/train.　　　　　택시/버스/지하철/기차로요.

2 [How + 형용사/부사] 질문에 따른 다양한 응답

Q. **How many** people are attending the seminar?　세미나에 얼마나 많은 사람들이 참석할 건가요?
A. Around 300, I've heard.　　　　　대략 300명이라고 들었어요.

Q. **How much** are these monitors?　　이 모니터들은 얼마인가요?
A. They're $200 each.　　　　　　각각 200달러입니다.

Q. **How often** do you take inventory?　재고 조사를 얼마나 자주 하시나요?
A. Once a week.　　　　　　　일주일에 한 번이요.

Q. **How long** were you overseas?　　해외에 얼마나 오래 계셨어요?
A. About three weeks.　　　　　약 3주 동안이요.

Q. **How far** is the bus station?　　버스 정류장이 얼마나 멀리 있나요?
A. About 3 miles.　　　　　　약 3마일이요.

Q. **How soon** can I get the certificate?　얼마나 빨리 자격증을 받을 수 있나요?
A. I'll give it to you this afternoon.　오늘 오후에 드리겠습니다.

Example　　　　　　　　　　　　　◁») D6_5

(A) _____　(B) _____　(C) _____

Q. **How often** do you work out at the gym?
(A) Whenever I have time.
(B) About six months.
(C) I should do that, too.

이렇게 풀어요!
(A) 반복 주기와 관련된 표현이므로 정답.
(B) 빈도가 아닌 기간을 말하는 오답.
(C) 빈도가 아닌 의지를 나타내는 말이므로 오답.

Q. 얼마나 자주 체육관에서 운동하시나요?
(A) 시간이 있을 때마다 해요.
(B) 약 6개월이요.
(C) 저도 그것을 해야 합니다.

서아쌤 밀착 코칭 TIP
How often을 듣자마자 적어 두도록 하세요.
빈도를 묻는 질문이므로 반복 주기를 나타내는
답변을 예상할 수 있어요.

어휘 work out 운동하다 gym 체육관 whenever ~할 때마다 about 약, 대략

① 음원을 듣고 소거법을 이용하여 정답을 골라보세요.
② 음원을 다시 들으면서 빈칸을 채워보세요.
③ 채점 후 스크립트를 큰 소리로 3회 읽고 마무리하세요.

1 Mark your answer on your answer sheet.   (A) _____ (B) _____ (C) _____

Q. _____ do I _____ the _____ on the stage?

(A) That should be _____.

(B) During _____.

(C) The _____ is _____.

2 Mark your answer on your answer sheet.   (A) _____ (B) _____ (C) _____

Q. _____ does Ramona _____ the designs?

(A) I'll _____.

(B) Give her _____.

(C) The client was _____.

3 Mark your answer on your answer sheet.   (A) _____ (B) _____ (C) _____

Q. _____ will the _____?

(A) Okay, we're _____.

(B) _____.

(C) No, I _____.

 꼭/암기

turn off ~을 끄다 intermission (연극 등의) 중간 휴식 시간 make a sign 표지판을 만들다 impressed 깊은 인상을 받은 get here 여기로 오다, 이곳에 도착하다
in + 시간: ~ 후에

◀》 D6_7

• 제안 의문문 Why don't you/we/I ~?

이 유형의 의문문은 이유를 묻는 것이 아니라 제안 사항을 말하는 것입니다. 따라서 수락/동의 또는 거절을 나타내는 말이 적절한 답변에 해당됩니다.

Why don't you[we] ~? ~하는 게 어때요?	Q. **Why don't you** join us for dinner tonight? A. I'd be glad to. 오늘 밤에 우리와 함께 저녁식사를 하는 게 어때요? 기꺼이 그렇게 하겠습니다. Q. **Why don't we** start the presentation? A. We'd better wait for John. 발표를 시작하는 게 어때요? John 씨를 기다리는 게 좋겠어요.
Why don't I ~? 제가 ~할까요?	Q. **Why don't I** arrange the meeting room? A. That would be really helpful. 제가 회의실을 준비할까요? 그렇게 해 주시면 정말 도움이 될 거예요.

• How로 의견을 물어보는 질문

고난도 유형의 질문으로, 미리 익혀 두지 않으면 들었을 때 생소해서 놓치기 쉬우므로 지금 바로 연습해 두세요.

How would you like A? A를 어떻게 해 드릴까요?	**How would you like** your soup? 수프를 어떻게 해 드릴까요?
How would you like to ~? 어떻게 ~하기를 원하세요?	**How would you like to** send this package? 이 소포를 어떻게 보내기를 원하세요?
How did A like[enjoy] B? A가 B를 마음에 들어 했나요?	**How did** the customers **like** the new menu? 고객들이 새 메뉴를 마음에 들어 했나요? **How did** you **like** the cake? 케이크가 마음에 드셨나요? **How did** you **enjoy** your stay? 숙박이 마음에 드셨나요?
How did A go? A는 어떻게 되었나요?, A는 어땠나요?	**How did** the year-end party go? 연말 파티는 어땠나요?

- 실제 시험 난이도와 똑같은 실전 문제들을 풀며 학습한 내용을 확인해 보세요.

1. Mark your answer.   (A)   (B)   (C)

2. Mark your answer.   (A)   (B)   (C)

3. Mark your answer.   (A)   (B)   (C)

4. Mark your answer.   (A)   (B)   (C)

5. Mark your answer.   (A)   (B)   (C)

6. Mark your answer.   (A)   (B)   (C)

7. Mark your answer.   (A)   (B)   (C)

8. Mark your answer.   (A)   (B)   (C)

9. Mark your answer.   (A)   (B)   (C)

10. Mark your answer.   (A)   (B)   (C)

11. Mark your answer.   (A)   (B)   (C)

12. Mark your answer.   (A)   (B)   (C)

13. Mark your answer.   (A)   (B)   (C)

14. Mark your answer.   (A)   (B)   (C)

15. Mark your answer.   (A)   (B)   (C)

Part 2

일반 의문문 & 선택 의문문

POINT 1 일반 의문문(긍정/부정)

◁)) D7_1

일반 의문문은 매회 평균 6~7 문항 정도 출제됩니다. 조동사(Do/Does/Did, Have/Has, Can/Could, Will/Would, Should)나 be동사로 묻는 질문들이 골고루 출제되며, 이 의문문에서는 본동사 부분을 듣는 것이 중요하며, Yes/No로 답변하는 것이 기본이지만 Yes/No를 생략한 답변도 자주 출제된다는 것을 알아두세요. 부정 의문문 형태로도 잘 나오는데, 부정어를 의식하지 말고 not을 뺀 일반 의문문으로 해석하면 쉽습니다.

1 조동사 질문(Do/Have/Will/Should)

Q. **Do[Don't]** you **want** me to pick you up?
A. (Yes,) I'd appreciate it.
A. (No,) I've made arrangements.

제가 차로 모시러 갈까요?
(네,) 그럼 감사하겠습니다.
(아뇨,) 제가 조치해 두었습니다.

Q. **Have[Haven't]** you **finished** the draft revisions?
A. (Yes,) I just submitted them.
A. (No,) I haven't had time.

초안 수정본을 완료하셨나요?
(네,) 방금 제출했습니다.
(아뇨,) 시간이 없었습니다.

2 Be동사 질문

Q. **Is[Isn't]** the music **distracting** you?
A. (Yes,) it's very disruptive.
A. I don't mind it.

음악이 당신을 방해하나요?
(네,) 매우 방해됩니다.
상관없습니다.

Q. **Were[Weren't]** you **planning** to move this year?
A. I have a new place close to the office.
A. I need to save more money.

올해 이사 가실 계획이었죠?
사무실 근처에 새 집이 있어요.
돈을 더 모아야 합니다.

Example

◁)) D7_2

(A) _____ (B) _____ (C) _____

Q. **Haven't** you already **got tickets** for the concert?
(A) Not yet, I'll get them tomorrow.
(B) 30 dollars each.
(C) It was an amazing performance.

서아쌤 밀착 코칭 TIP

부정 의문문은 그냥 긍정으로 해석하세요.
'Haven't you = Have you'라고 생각하는 거죠.
그래야 헷갈리지 않아요.

이렇게 풀어요!
(A) tickets를 them으로 지칭해 상대의 말을 부정하면서 구입 계획을 밝히고 있으므로 정답.
(B) 티켓 소지 유무가 아닌 티켓의 가격을 언급하는 오답.
(C) concert와 연관성 있게 들리는 performance를 이용한 오답.

Q. 콘서트 티켓을 벌써 구하지 않으셨나요?
(A) 아직이요, 내일 구입할 거예요.
(B) 각각 30 달러요.
(C) 멋진 공연이었어요.

어휘 **already** 이미 **Not yet** (앞서 언급된 일에 대해) 아직 아니다 **each** 각각 **amazing** 멋진, 놀라운 **performance** 공연

① 음원을 듣고 소거법을 이용하여 정답을 골라보세요.
② 음원을 다시 들으면서 빈칸을 채워보세요.
③ 채점 후 스크립트를 큰 소리로 3회 읽고 마무리하세요.

1 Mark your answer on your answer sheet.　　　(A) ____ (B) ____ (C) ____

Q. _____ for your presentation?

(A) He's an _____.

(B) I prefer to _____.

(C) It was very _____.

2 Mark your answer on your answer sheet.　　　(A) ____ (B) ____ (C) ____

Q. _____ more _____?

(A) No, _____.

(B) We can go _____.

(C) A new _____.

3 Mark your answer on your answer sheet.　　　(A) ____ (B) ____ (C) ____

Q. _____ shopping with us?

(A) At the _____.

(B) No, he's _____.

(C) I have your _____ for you.

🖊 꼭! 암기

handout 유인물 informative 유익한 application 애플리케이션, 신청(서), 지원(서), 적용, 응용 receipt 영수증 cf. 발음은 [뤼씨-ㅌ]

선택 의문문   ◁)) D7_4

선택 의문문은 'A or B'와 같이 두 가지 선택 사항을 제시하는 의문문으로, 둘 중 한 가지를 선택해 직접 언급하거나 다른 말로 살짝 바꾸어 답변하기도 하며, 둘 중 어느 것도 아닌 제 3의 것을 언급하는 경우도 있으므로 유의해야 합니다. 매회 평균 1~2 문항씩 출제되며, [단어/구 or 단어/구] 혹은 [문장 or 문장]의 형태로 질문이 구성됩니다.

1 둘 중 한 가지를 선택하는 응답

Q. Do you want to take a bus or a taxi?   버스를 타길 원하세요, 아니면 택시를 타길 원하시나요?

A. A taxi is more expensive.   택시가 더 비쌉니다.

A. I'd prefer a taxi.   저는 택시를 선호합니다.

2 둘 다 좋다 / 둘 다 싫다 / 제 3의 선택 응답

Q. Do you take your toast with jam, or would you   토스트에 잼을 발라 드시나요, 아니면 버터가 좋으세요?
   like butter?

A. I use them both.   저는 두 가지 모두 이용합니다.

A. Whatever is available.   무엇이든 가능한 것으로요.

A. Just plain is fine.   그냥 그대로가 좋습니다.

A. Is there any peanut butter?   땅콩 버터가 있나요?

3 간접적인 응답

Q. Did you sign up for Monday's workshop or   월요일 워크숍에 등록하셨나요, 아니면 화요일 것으로 등록하셨나요?
   Tuesday's?

A. I haven't registered yet.   아직 등록하지 않았어요.

A. When did you sign up for?   당신은 언제로 등록하셨나요?

Example   ◁)) D7_5

(A) _____ (B) _____ (C) _____

Q. Would you like another drink, or do you have
   to get home?

(A) You only had a few.

(B) We're leaving now.

(C) Probably by taxi.

이렇게 풀어요!

(A) 답변자 자신이 아닌 상대방에 관해 말하고 있으므로 질문과 맞지 않는 오답.

(B) 이제 집에 갈 것이라는 말로 술을 더 마시지 않겠다는 뜻을 나타내는 정답.

(C) 집에 갈 것인지 묻는 질문 내용과 무관하게 교통 수단을 말하는 오답.

·······

Q. 한 잔 더 하시겠어요, 아니면 집에 가셔야 하나요?

(A) 당신은 몇 잔 안 마셨잖아요.

(B) 저희는 이제 갈 겁니다.

(C) 아마도 택시로요.

어휘 get home 집에 가다 a few 몇 개, 몇 명 leave 떠나다, 가다 probably 아마도

서아쌤 밀착 코칭 TIP

'A or B' 선택 의문문에서 A와 B가 모두 문장으로 제시되는 경우, 질문이 길어지기 때문에 끝까지 집중력을 유지해야 해요. 또한, 'A or B' 중 하나를 선택할 때 질문의 표현을 그대로 사용하지 않고 paraphrase하는 경우에 특히 유의하세요.

기출 확인 PRACTICE

🔊 D7_6 | 📖 해설서 p.94

① 음원을 듣고 소거법을 이용하여 정답을 골라보세요.
② 음원을 다시 들으면서 빈칸을 채워보세요.
③ 채점 후 스크립트를 큰 소리로 3회 읽고 마무리하세요.

1 Mark your answer on your answer sheet.　　(A) ＿＿　(B) ＿＿　(C) ＿＿

Q. Have you been ＿＿＿＿＿＿＿＿＿＿＿＿＿＿ or ＿＿＿＿＿＿？

(A) It's ＿＿＿＿＿＿＿＿＿＿＿＿＿＿.

(B) I'll have one for ＿＿＿＿＿＿＿＿＿＿＿.

(C) ＿＿＿＿＿＿＿＿＿ the muffins.

2 Mark your answer on your answer sheet.　　(A) ＿＿　(B) ＿＿　(C) ＿＿

Q. Do you work ＿＿＿＿＿＿＿＿＿ or ＿＿＿＿＿＿＿＿＿＿＿＿？

(A) It's a great ＿＿＿＿＿＿＿.

(B) I ＿＿＿＿＿＿ one, too.

(C) ＿＿＿＿＿＿＿＿＿＿＿＿＿＿＿＿＿.

3 Mark your answer on your answer sheet.　　(A) ＿＿　(B) ＿＿　(C) ＿＿

Q. Should we get ＿＿＿＿＿＿＿＿＿ for dinner, or would you ＿＿＿＿＿＿＿＿＿？

(A) I ＿＿＿＿＿＿＿＿＿＿＿＿＿.

(B) No, ＿＿＿＿＿＿＿＿＿＿＿＿＿ there.

(C) ＿＿＿＿＿＿＿＿＿ is always great.

✏️ **꼭! 암기**

about 대략, 약 **even** 균등한, 동일한 **sales** 영업, 판매, 매출 **actually** 실은, 사실은 **prefer** ~을 더 좋아하다, 선호하다

이거 알면 점수 UP!

서아쌤 밀착 코칭 TIP

일반 의문문의 핵심은 주어와 동사를 듣고 기억하는 것이랍니다.

 D7_7

- **알면 잘 들리는 일반 의문문의 어순**

① 조동사 + 주어 + 동사구

Do/Does/Did	Do **you have** some brochures? 안내 책자 좀 갖고 있으세요?
Have/Has/Had	Has **your manager approved** your vacation yet? 혹시 부장님께서 당신 휴가를 승인해 주셨나요?
Can/Could	Could **you send** me Ms. Shin's contact information? Shin 씨의 연락처를 저에게 보내주시겠어요?
Should	Shouldn't **we hire** more accountants? 회계 직원을 더 고용해야 하지 않을까요?

② be동사 + 주어 + 형용사/분사/전치사구

Are **you ready** to go to lunch? 점심 식사하러 갈 준비 됐나요?

Is **the heater working** again? 난방 기기가 다시 작동하나요?

③ be동사 + there + 주어

Is there a ticket for tonight? 오늘 밤 입장 티켓이 있나요?

- **선택 의문문 답변 완전 정복**

Q. Do you prefer a window seat or an aisle seat?
창가 쪽 좌석을 선호하세요, 아니면 통로 쪽 좌석을 선호하세요?

A or B 중 택 1	I prefer a window seat. 전 창가 쪽 좌석이 더 좋아요. I would like to choose an aisle seat. 전 통로 측 좌석을 선택하고 싶어요.
둘 다 좋아요	I like both of them. 저는 둘 다 좋아요. Both will do. 둘 다 괜찮을 거예요.
둘 다 싫어요	Neither. I would like to have a middle seat. 둘 다 싫어요. 저는 중간 좌석을 원합니다.
아무거나 괜찮아요	Either will be fine. 둘 중 아무거나 괜찮을 겁니다. Either is okay with me. 둘 중 아무거나 괜찮아요. I have no preference. 아무거나 괜찮아요. I don't mind anything. 아무거나 괜찮아요.
간접적인 응답	Can I have some time to think about it? 생각할 시간을 좀 가질 수 있을까요? Do you have any recommendation? 추천해주실 만한 게 있나요? Which seat is better? 어느 좌석이 더 좋은가요? Is there a difference in price? 가격에 차이가 있나요?

• 실제 시험 난이도와 똑같은 실전 문제들을 풀며 학습한 내용을 확인해 보세요.

1. Mark your answer.   (A)   (B)   (C)

2. Mark your answer.   (A)   (B)   (C)

3. Mark your answer.   (A)   (B)   (C)

4. Mark your answer.   (A)   (B)   (C)

5. Mark your answer.   (A)   (B)   (C)

6. Mark your answer.   (A)   (B)   (C)

7. Mark your answer.   (A)   (B)   (C)

8. Mark your answer.   (A)   (B)   (C)

9. Mark your answer.   (A)   (B)   (C)

10. Mark your answer.   (A)   (B)   (C)

11. Mark your answer.   (A)   (B)   (C)

12. Mark your answer.   (A)   (B)   (C)

13. Mark your answer.   (A)   (B)   (C)

14. Mark your answer.   (A)   (B)   (C)

15. Mark your answer.   (A)   (B)   (C)

Part 2

POINT 1 제안/요청 의문문

D8_1

제안/요청 의문문은 매회 2~3 문항씩 출제됩니다. 의문사로도 제안이나 요청을 할 수 있으므로 질문 유형을 꼼꼼히 익혀두는 것이 중요하며, 수락/동의 또는 거절을 나타내는 답변이 주로 정답으로 제시되지만, 어려운 문제 유형으로 수락/동의 또는 거절을 하기 위한 조건을 되묻는 것이 정답으로 제시되기도 합니다.

1 수락/동의/거절 응답

Q. **Would you like me to** reserve a table?

A. That would be helpful.

A. Thanks, but Mr. Beck will do it.

Q. **Could you** schedule our weekly meetings?

A. Sure, let me take care of it.

A. Sorry, but I don't have time.

제가 테이블을 예약할까요?

그렇게 해 주시면 도움이 될 거예요.

감사합니다만, Beck 씨가 할 거예요.

주간 회의 일정을 잡아 주시겠어요?

그럼요, 제가 처리하겠습니다.

죄송하지만, 저는 시간이 없습니다.

2 간접 응답, 반문 응답

Q. **Do you want to** go to the restaurant opening with us later?

A. I need to check my work schedule.

A. When are you going?

Q. **Could you** cover my shift on Wednesday?

A. Check with the manager first.

A. Did something important come up?

나중에 저희와 레스토랑 개업식에 함께 가시겠어요?

업무 일정을 확인해봐야 해요.

언제 가세요?

수요일에 제 근무 좀 대신해 주시겠어요?

먼저 매니저와 상의해 보세요.

중요한 일이 생겼나요?

Example

D8_2

(A) _____ (B) _____ (C) _____

Q. Would you like me to put the groceries away?

(A) Just a snack, please.

(B) Thanks, I knew you'd like it.

(C) Sure, if you don't mind.

이렇게 풀어요!

(A) groceries와 연관성 있게 들리는 snack을 이용해 혼동을 유발하는 오답.

(B) 질문의 like를 반복 사용한 오답.

(C) 도움을 수락하는 표현이므로 정답.

Q. 제가 식료품을 정리해서 넣을까요?

(A) 그냥 간식만 주세요.

(B) 고마워요, 당신이 그걸 좋아할 줄 알았어요.

(C) 좋아요, 괜찮으시면요.

어휘 Would you like me to do? 제가 ~해 드릴까요? put away ~을 정리해서 넣다 groceries 식료품

서아쌤 밀착 코칭 TIP

질문이 시작될 때 제안/요청 의문문이라는 것이 파악되는 순간, 기본적으로 수락/동의/거절 응답을 예상하고 들어와야 해요. 하지만 수락/거절과 상관없는 대답이 나올 가능성도 함께 생각하며 듣도록 하세요.

① 음원을 듣고 소거법을 이용하여 정답을 골라보세요.
② 음원을 다시 들으면서 빈칸을 채워보세요.
③ 채점 후 스크립트를 큰 소리로 3회 읽고 마무리하세요.

1 Mark your answer on your answer sheet.　　(A) ____　(B) ____　(C) ____

Q. _____ before your speech?

(A) Thanks, I thought _____.

(B) OK, but _____.

(C) We've _____.

2 Mark your answer on your answer sheet.　　(A) ____　(B) ____　(C) ____

Q. _____ the new _____?

(A) Yes, _____.

(B) Check your _____.

(C) _____ you could make it.

3 Mark your answer on your answer sheet.　　(A) ____　(B) ____　(C) ____

Q. _____ with Jin and me?

(A) Here are _____.

(B) In which _____?

(C) _____.

 꼭! 암기

make an introduction 소개하다　make A 형용사: A를 ~하게 만들다　brief 간략한, 잠시 동안의　be willing to do ~할 의향이 있다　transfer to ~로 전근하다
branch 지사, 지점　account 계좌, 계정　make it 가다, 도착하다

「Do you know + 의문사」 또는 「Do you remember + 의문사」와 같은 형태의 의문문을 간접 의문문이라고 합니다. 간접 의문문은 시험마다 1문제 정도 출제되는데, 핵심이 되는 의문사를 잘 들어야 합니다. 일반의문문(Do you know ~)으로 시작되는 구조이므로 Yes/No 응답도 가능하지만, Yes/No를 생략하는 경우가 더 많습니다.

1 Yes/No를 포함한 응답

　　Q. **Do you know who** shared the press release?　　보도 자료를 누가 공유해 주었는지 아세요?

　　A. <u>Yes</u>, Ms. Yen did it.　　네, Yen 씨가 했습니다.

　　A. <u>No</u>, it was a secret.　　아뇨, 기밀이었습니다.

2 의문사에 대한 응답, 간접 응답

　　Q. **Do you know why** Jenny quit?　　Jenny가 왜 그만뒀는지 아세요?

　　A. She got a better job.　　더 좋은 직장을 구하셨어요.

　　A. She's starting her own business.　　개인 사업을 시작하실 거예요.

　　A. I never heard anything.　　저는 아무 것도 듣지 못했어요.

서아쌤 밀착 코칭 TIP

간접 의문문의 형태
Do you know? + Who is he? → Do you know who he is?

Example 　　　　　　　　　　　　　　　　　　　　　　　　　　　　　　◁》 D8_5

(A) ____　(B) ____　(C) ____

Q. **Do you know where** Daniel's office is?

(A) That's where it's located.

(B) Let me find you another one.

(C) It's on the third floor.

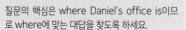

서아쌤 밀착 코칭 TIP

질문의 핵심은 where Daniel's office is이므로 where에 맞는 대답을 찾도록 하세요.

이렇게 풀어요!

(A) 질문의 where를 반복 사용한 답변으로 Daniel 씨 사무실 위치가 아니므로 오답.

(B) 위치를 묻는 질문의 내용과 무관한 표현이므로 오답.

(C) Daniel's office를 It으로 지칭해 특정 위치를 나타내는 표현을 제시하고 있으므로 정답.

Q. Daniel 씨 사무실이 어디에 있는지 아세요?

(A) 그곳이 바로 그게 위치한 곳이에요.

(B) 제가 다른 것으로 하나 찾아 드릴게요.

(C) 3층에 있어요.

어휘 **be located** 위치해 있다 **Let me + 동사원형:** 제가 ~해드릴게요 **floor** 층

① 음원을 듣고 소거법을 이용하여 정답을 골라보세요.
② 음원을 다시 들으면서 빈칸을 채워보세요.
③ 채점 후 스크립트를 큰 소리로 3회 읽고 마무리하세요.

1 Mark your answer on your answer sheet.   (A) ____ (B) ____ (C) ____

Q. Do you know _____?

(A) That's _____.

(B) _____.

(C) No, _____.

2 Mark your answer on your answer sheet.   (A) ____ (B) ____ (C) ____

Q. Do you know _____ the new messaging _____?

(A) Yes, _____.

(B) I _____.

(C) It seems _____.

3 Mark your answer on your answer sheet.   (A) ____ (B) ____ (C) ____

Q. Do you see _____ the Roman _____ is on this floor guide?

(A) The museum _____.

(B) It's _____ of the main entrance.

(C) I _____.

꼭! 암기

drawer 서랍 find out 알아내다, 찾아내다 how to do ~하는 법 let me + 동사원형: 제가 ~해 드릴게요 seem 형용사: ~인 것 같다 efficient 효율적인 exhibit 전시회 floor guide 층별 안내(도) to the right of ~의 오른편에

이거 알면 점수 UP!

● 제안/요청 의문문 완전 정복　　　　　　　　　　　　　　　　🔊 D8_7

What about -ing? ~하는 게 어때요?	**What about** tak**ing** our clients to a play? 우리 고객들을 연극 공연에 모시고 가는 건 어때요?
How about -ing? ~하는 게 어때요?	**How about** mak**ing** a slideshow for the dinner? 저녁 만찬 행사를 위해 슬라이드쇼를 만드는 건 어때요?
Why don't you/we/I~? ~하는 게 어때요?	**Why don't you** give a demonstration tomorrow? 내일 시연을 해주시는 게 어때요?
Could[Can] you~? ~해 주시겠어요?	**Can you** recommend a mechanic? 정비사를 추천해 주시겠어요?
Could[Can] I~? ~해도 될까요?	**Can I** borrow that hammer for tomorrow? 그 망치를 내일 빌려도 될까요?
Would you (please) ~? ~해 주시겠어요?	**Would you please** call him for me? 그 남자분께 저 대신 전화해 주시겠어요?
Would you like to do? ~하시겠어요?	**Would you like to** receive updates through e-mail? 이메일을 통해 최신 정보를 받으시겠어요?
Would you like me to do? 제가 ~해 드릴까요?	**Would you like me to** send the package? 제가 소포를 보내 드릴까요?
Do you want me to do? 제가 ~해 드릴까요?	**Do you want me to** update your computer? 제가 컴퓨터를 업데이트해 드릴까요?
Do[Would] you mind -ing? Do[Would] you mind if 주어 + 과거 동사? ~해도 될까요?	**Do you mind** unload**ing** the truck now? 트럭 짐을 지금 내려도 될까요? **Would you mind if** I kept the door open? 문을 열어 놓아도 될까요?
Let's ~ ~합시다.	**Let's** move the chairs upstairs. 의자들을 위층으로 옮깁시다.
Please ~ ~해 주세요.	**Please** read this manual before tomorrow's training session. 내일 있을 교육에 앞서 이 설명서를 읽어 주세요.
Be sure to do / Don't forget to do 꼭 ~해 주세요. / 잊지 말고 ~해 주세요.	**Don't forget to** reschedule the event. 행사 일정을 잊지 말고 재조정해 주세요.
I'd[We'd] like you to do ~해 주셨으면 합니다.	**We'd like you to** present your research at the next directors' meeting. 다음 임원 회의에서 당신의 연구 내용을 발표해 주셨으면 합니다.
I think you[we] should do ~해야 할 것 같아요.	**I think we should** leave early for our client lunch. 우리는 고객과의 점심 식사를 위해 일찍 나가야 할 것 같아요.

◁)) D8_8 | 📖 해설서 p.99

● 실제 시험 난이도와 똑같은 실전 문제들을 풀며 학습한 내용을 확인해 보세요.

1. Mark your answer.   (A)   (B)   (C)

2. Mark your answer.   (A)   (B)   (C)

3. Mark your answer.   (A)   (B)   (C)

4. Mark your answer.   (A)   (B)   (C)

5. Mark your answer.   (A)   (B)   (C)

6. Mark your answer.   (A)   (B)   (C)

7. Mark your answer.   (A)   (B)   (C)

8. Mark your answer.   (A)   (B)   (C)

9. Mark your answer.   (A)   (B)   (C)

10. Mark your answer.   (A)   (B)   (C)

11. Mark your answer.   (A)   (B)   (C)

12. Mark your answer.   (A)   (B)   (C)

13. Mark your answer.   (A)   (B)   (C)

14. Mark your answer.   (A)   (B)   (C)

15. Mark your answer.   (A)   (B)   (C)

Part 2

평서문 & 부가 의문문

POINT 1 평서문

◁))) D9_1

평서문은 매회 2~4 문항씩 출제되며 사실/정보의 전달, 도움 요청, 문제점 언급, 의견 제시 등 매우 다양한 의도를 나타낼 수 있습니다. 의문문과 달리 평서문은 적절한 답변을 예상하기가 쉽지 않기 때문에 수험생들이 가장 어려워합니다. 짧은 시간 안에 말하는 이의 의도를 파악하고 각 답변과의 의미 관계를 명확히 판단해 내는 것이 가장 중요합니다. 이러한 능력은 많은 연습을 통해서만 기를 수 있습니다.

1 수락/거절, 동의/반대의 응답

Q. Please teach me how to use the copier.   복사기 사용법 좀 가르쳐 주세요.
A. Sure, give me a minute.   물론이죠, 잠깐만요.
A. Sorry, I was just leaving.   죄송해요, 제가 막 나가려던 참이었어요.

Q. The meeting with the investors is Friday.   투자자들과의 회의가 금요일에 있습니다.
A. Yes, everything is ready.   네, 모든 것이 준비되어 있습니다.
A. No, the schedule was changed.   아뇨, 일정이 변경됐습니다.

2 추가 정보 제시, 반문 응답

Q. Our appointment has been delayed again.   저희 약속이 다시 연기됐습니다.
A. Let's go for lunch together then.   그럼 함께 점심 식사하러 갑시다.
A. I think we should reschedule it.   우리가 그 일정을 재조정해야 할 것 같아요.

Q. I'm going to Vancouver for my next vacation.   저는 다음 휴가로 밴쿠버에 갈 거예요.
A. When is that?   그게 언제인가요?
A. Did you book a hotel already?   호텔을 벌써 예약했나요?

Example

◁))) D9_2

(A) ____ (B) ____ (C) ____

Q. I'll pick you up at the airport at 10.
(A) OK. I'll be waiting outside.
(B) Just give it to Jason.
(C) An eight-hour flight.

이렇게 풀어요!
(A) OK와 함께 기다리겠다는 말로 제안을 수락하는 정답.
(B) 데리러 가겠다는 상대방의 제안과 무관한 답변이므로 오답.
(C) airport와 연관성 있게 들리는 flight를 이용해 혼동을 유발하는 오답.

Q. 10시에 공항으로 모시러 갈게요.
(A) 좋아요. 밖에서 기다리고 있겠습니다.
(B) 그냥 Jason 씨에게 주세요.
(C) 8시간 비행입니다.

서아쌤 밀착 코칭 TIP
평서문에서 가장 중요한 것은 동사이므로 문장이 시작될 때 「주어+동사」 부분의 의미를 재빨리 파악하고 요약하는 데 집중해야 해요.

어휘 pick A up: (차로) A를 데리러 가다 outside 밖에서 flight 비행

① 음원을 듣고 소거법을 이용하여 정답을 골라보세요.
② 음원을 다시 들으면서 빈칸을 채워보세요.
③ 채점 후 스크립트를 큰 소리로 3회 읽고 마무리하세요.

1 Mark your answer on your answer sheet.   (A) ____ (B) ____ (C) ____

Q. _____ from Mr. Quinn is _____.

(A) _____.

(B) _____.

(C) _____ few days.

2 Mark your answer on your answer sheet.   (A) ____ (B) ____ (C) ____

Q. I really _____ the latest _____.

(A) The _____.

(B) Thanks, I've been _____.

(C) _____ this afternoon.

3 Mark your answer on your answer sheet.   (A) ____ (B) ____ (C) ____

Q. I'm going to _____.

(A) Yeah, it's _____.

(B) _____ today.

(C) I'll _____, too.

 꼭! 암기

confusing 헷갈리게 하는, 혼란 시키는 explain ~을 설명하다 every few days 며칠마다 한 번씩 figure 수치, 숫자 expense 경비, 지출 비용 exercise 운동하다
by (기한) ~까지 take off ~을 벗다 brand new 완전히 새로운 take A off: A만큼 쉬다

부가 의문문은 평서문에 꼬리말을 붙여서 『평서문 + 안 그래?/맞지?』와 같이 상대방으로부터 동의를 이끌어 내거나 사실을 확인하는 용도로 쓰입니다. 이 꼬리말의 해석은 전혀 중요하지 않으며, 주의해야 할 점은 not의 존재 여부와 상관없이 제시된 평서문의 내용에 대해 긍정이면 Yes, 부정이면 No로 답한다는 것입니다. 이때 Yes/No를 생략하기도 합니다. 매회 1~3 문항 출제되며, 평서문을 제대로 듣고 이해하는 것이 우선입니다.

1 긍정/부정 답변

Q. The door is locked, **isn't it?**	문이 잠겨 있죠, 그렇지 않나요?
A. Yes, but I know the password.	네, 하지만 제가 비밀번호를 알아요.
A. No, I left it open.	아뇨, 제가 열어 놨어요.

Q. You will be at the interviews, **won't you?**	면접 자리에 오실 거죠, 그러지 않으실 건가요?
A. Yes, but I'll miss the first one.	네, 하지만 첫 번째 것은 빠질 거예요.
A. No, I have a meeting then.	아뇨, 그때 회의가 있어요.

2 Yes/No 생략한 답변

Q. I can take the highway, **right?**	제가 고속도로를 타도 되죠, 그렇죠?
A. As long as it isn't rush hour.	혼잡 시간대만 아니면요.
A. I wouldn't recommend it.	그걸 권해 드리고 싶진 않네요.

Q. You are opening your own café, **aren't you?**	개인 카페를 개업하실 예정이죠, 그렇지 않나요?
A. If everything goes according to plan.	모든 게 계획대로만 진행된다면요.
A. I don't have enough money.	자금이 충분하지 않아요.

Example 　🔊 D9_5

(A) _____ (B) _____ (C) _____

Q. The elevator will be repaired today, won't it?
(A) No, not until tomorrow.
(B) We'll meet at eleven.
(C) Yes, I bought a pair.

이렇게 풀어요!
(A) 부정을 뜻하는 No와 함께 수리되는 시점을 알리고 있으므로 정답.
(B) 수리되는 시점을 묻는 질문 내용과 무관한 답변이므로 오답.
(C) repair와 일부 발음이 같은 pair를 이용해 혼동을 유발하는 오답.

Q. 엘리베이터가 오늘 수리될 거죠, 그렇지 않나요?
(A) 아뇨, 내일이나 되어야 해요.
(B) 저희는 11시에 만날 거예요.
(C) 네, 제가 한 쌍 구입했어요.

[어휘] repair ~을 수리하다　not until A: A나 되어서야　a pair 한 쌍

서아쌤 밀착 코칭 TIP

문장이나 꼬리말에 not이 있든 없든 무조건 긍정으로 해석한 뒤 그 내용이 맞으면 Yes로, 아니면 No로 답변하는 것을 찾으세요. 단, Yes/No 뒤에 어울리지 않는 내용을 배치해 혼동을 유발하는 오답에 주의해야 합니다.

기출 확인 PRACTICE

D9_6 | 해설서 p.103

① 음원을 듣고 소거법을 이용하여 정답을 골라보세요.

② 음원을 다시 들으면서 빈칸을 채워보세요.

③ 채점 후 스크립트를 큰 소리로 3회 읽고 마무리하세요.

1 Mark your answer on your answer sheet. (A) _____ (B) _____ (C) _____

Q. _____ replacement _____ for the motor, _____?

(A) It _____ the promotion.

(B) Thanks. I just _____.

(C) _____.

2 Mark your answer on your answer sheet. (A) _____ (B) _____ (C) _____

Q. _____ get us _____, can you?

(A) It's _____.

(B) Pack for _____.

(C) No, _____.

3 Mark your answer on your answer sheet. (A) _____ (B) _____ (C) _____

Q. _____ a copy of the order form, right?

(A) We can all _____.

(B) Yes, it's _____.

(C) I have _____ every morning.

꼭! 암기

replacement 교체(품) **part** 부품 **depend on** ~에 따라 다르다, ~에 달려 있다 **promotion** 판촉, 홍보 **get A B:** A에게 B를 주다, 구해주다 **pack** 짐을 꾸리다, 싸다 **remember to do** ~하는 것을 기억하다 **copy** 1부, 1장, 1권 **order form** 주문서 **drawer** 서랍

DAY 09 Part 2 평서문&부가 의문문 205

🔊 D9_7

- **평서문 응답 분석**

동의	Q. I was very impressed with her work. A. Yes, she has really improved.	그녀가 한 일에 매우 깊은 인상을 받았어요. 네, 정말 향상되셨어요.
반대	Q. We should message all the members. A. No, they already know.	모든 회원들에게 메시지를 보내야 해요. 아뇨, 그들은 이미 알고 있어요.
수락	Q. Please share your ideas at the meeting. A. OK, I won't let you down.	회의에서 당신의 의견을 공유해 주세요. 네, 실망시켜 드리지 않겠습니다.
거절	Q. Let me know when you land. A. Sorry, but I won't have service.	착륙하면 알려 주세요. 죄송하지만, 서비스가 안 될 거예요.
정보 제공	Q. I don't recommend using that copier. A. The technician just finished repairing it.	저 복사기는 쓰지 마세요. 기술자가 방금 수리를 끝냈어요.
해결	Q. Our printer is broken again. A. I've ordered a new one.	프린터가 또 고장 났어요. 제가 새 프린터를 주문해 놨어요.
반문	Q. I need to purchase new editing software. A. Won't it be expensive?	새로운 편집 소프트웨어를 구입해야 해요. 비싸지 않을까요?
간접	Q. I booked a table for 8 o'clock. A. But the movie starts at 8:30.	8시로 테이블을 예약했어요. 하지만 영화는 8시 반에 시작해요.

- **부가 의문문의 형태**

부가 의문문의 꼬리말은 평서문에 사용된 be동사 또는 조동사를 이용해 만듭니다. 이때 평서문이 긍정문이면 꼬리말에 not을 붙이고, 부정문이면 not을 뺍니다.

The sky <u>is</u> so blue, <u>isn't it</u>?   하늘이 굉장히 푸르죠, 그렇지 않나요?

Mina <u>won't</u> leave Korea, <u>will she</u>?   Mina 씨가 한국을 떠나지 않을거죠, 그렇죠?

평서문 끝에 사용되는 꼬리말로 right? 또는 don't you think?를 붙이는 부가 의문문도 종종 출제됩니다.

You are going to sign for the apartment, right?   아파트 계약을 하실거죠, 그렇죠?

Our designs are becoming plain, don't you think?   우리 디자인이 단조로워지고 있어요, 그렇게 생각하지 않으세요?

• 실제 시험 난이도와 똑같은 실전 문제들을 풀며 학습한 내용을 확인해 보세요.

1. Mark your answer.   (A)   (B)   (C)

2. Mark your answer.   (A)   (B)   (C)

3. Mark your answer.   (A)   (B)   (C)

4. Mark your answer.   (A)   (B)   (C)

5. Mark your answer.   (A)   (B)   (C)

6. Mark your answer.   (A)   (B)   (C)

7. Mark your answer.   (A)   (B)   (C)

8. Mark your answer.   (A)   (B)   (C)

9. Mark your answer.   (A)   (B)   (C)

10. Mark your answer.   (A)   (B)   (C)

11. Mark your answer.   (A)   (B)   (C)

12. Mark your answer.   (A)   (B)   (C)

13. Mark your answer.   (A)   (B)   (C)

14. Mark your answer.   (A)   (B)   (C)

15. Mark your answer.   (A)   (B)   (C)

Part 2

간접 응답 집중 연습

POINT 1 간접 응답 유형 1

◁)) D10_1

간접 응답이란 [When ~? → 시점], [Where ~? → 위치/장소], [일반 의문문 → Yes/No] 등과 같이 특정 의문문에 대한 전형적인 응답 유형을 벗어난 것을 말합니다. 의문사 의문문뿐만 아니라, 일반 의문문, 부가 의문문, 선택 의문문, 간접 의문문, 제안/요청 의문문, 평서문 등 Part 2의 모든 질문 유형에 대해 정답이 될 수 있는 응답입니다. 간접 응답에도 여러 종류가 있는데, 그 중에서 '모르겠어요' 유형과 '아직 결정되지 않았어요' 유형을 먼저 알아봅시다.

1 '모르겠어요' 응답 유형

I don't know. / I have no idea. / I'm not sure. / I'm not really sure.	모르겠어요.
Not that I know of. / Not that I'm aware of.	제가 알기론 아니에요.
I haven't heard about it.	그것에 관해 들은 바가 없어요.
I'm not in charge of it.	제가 담당하는 것이 아닙니다.
I missed it, too.	저도 그것을 놓쳤어요.
We're not sure yet.	아직 확실하지 않습니다.

2 '아직 결정되지 않았어요' 응답 유형

It hasn't been decided[confirmed, announced] yet.	아직 결정되지[확정되지, 발표되지] 않았어요.
We're still deciding.	여전히 결정하는 중이에요.
I'm still waiting.	아직 기다리고 있는 중이에요.
I haven't decided yet.	아직 결정하지 않았어요.
We won't know until March.	3월이나 되어야 알게 될 거예요.
They're still working.	사람들이 여전히 작업중이에요.
Those figures aren't available yet.	그 수치들은 아직 이용할 수 없어요.

Example

◁)) D10_2

(A) _____ (B) _____ (C) _____

Q. What venue did you hire to host the seminar?
(A) It's open until midnight.
(B) Catelyn was an excellent host.
(C) I haven't decided yet.

이렇게 풀어요!
(A) 시간 정보를 나타내는 말이므로 When 의문문에 어울리는 오답.
(B) 장소를 묻는 질문 내용과 관련 없는 답변이므로 오답.
(C) 어떤 장소를 선택할지에 대한 결정을 아직 내리지 않았다는 말이므로 정답.

Q. 세미나를 주최하기 위해 어떤 장소를 빌리셨어요?
(A) 그곳은 자정까지 문을 열어요.
(B) Catelyn 씨는 훌륭한 주최자였어요.
(C) 아직 결정하지 않았어요.

서아쌤 밀착 코칭 TIP
질문 유형에 관계없이 '모르겠어요', '아직 결정되지 않았어요' 유형의 답변이 나오면 거의 정답이랍니다. 혹시 질문을 제대로 못 들었는데, 이 유형의 선택지가 나온다면 그걸 고르세요.

어휘 venue 행사장, 개최 장소 hire ~을 빌리다 host v. ~을 주최하다 n. 주최자 until ~까지 midnight 자정 decide ~을 결정하다 yet 아직

① 음원을 듣고 소거법을 이용하여 정답을 골라보세요.

② 음원을 다시 들으면서 빈칸을 채워보세요.

③ 채점 후 스크립트를 큰 소리로 3회 읽고 마무리하세요.

1 Mark your answer on your answer sheet.   (A) ____ (B) ____ (C) ____

Q. _____ need to _____ to this laptop?

(A) I understand.

(B) _____ .

(C) No, I have _____ .

2 Mark your answer on your answer sheet.   (A) ____ (B) ____ (C) ____

Q. _____ for the Sales Person of the Year?

(A) Almost 60 people were _____ .

(B) At the _____ next week.

(C) _____ .

3 Mark your answer on your answer sheet.   (A) ____ (B) ____ (C) ____

Q. _____ do we need for the training session?

(A) I already _____ .

(B) It'll last _____ .

(C) The attendee list _____ .

✏️ 꼭!암기

repair 수리 (작업) **win** (상 등) ~을 받다, 타다 **award** 상 **sales** 영업, 판매, 매출 **in attendance** 참석한 **board** 이사회, 이사진 **announce** ~을 발표하다 **pamphlet** 팸플릿, 소책자 **training session** 교육 시간 **sign up for** ~을 신청하다, ~에 등록하다 **last** v. 지속되다 **about** 약, 대략 **attendee** 참석자 **available** 이용 가능한

간접 응답 유형 중에서도 가장 난이도가 높은 '~에게 알아보세요' 유형과 반문하기 유형, 그리고 새 정보 제공 유형에 관해 알아보겠습니다. 따로 풀이 전략이 있지 않기 때문에 평소에 다양한 조합의 [질문-대답]을 많이 연습해 두어야 합니다.

1 '~에게 알아보세요/참조하세요' 응답 유형

Ask the manager. 부장님께 여쭤보세요.	It was Alberto's opinion. Alberto 씨의 의견이었어요.
Let me ask the manager. 제가 부장님께 여쭤볼게요.	You should check the itinerary. 일정표를 확인해 보셔야 해요.
Let me get my supervisor. 제 상사와 연결해 드릴게요.	
I know Jeff's written a lot of them. 제가 알기로 Jeff 씨가 그것들을 많이 작성하셨어요.	Please read the instructions. 설명서를 읽어 보세요.
	Sheryl talked about it. Sheryl 씨가 그것에 관해 말했어요.
Chloe would know. Chloe 씨가 아실 거예요.	Ms. Wilson is in charge. Wilson 씨가 담당입니다.

2 반문하기, 새로운 정보 제공 응답 유형

Q: Why has the orientation been lengthened? 오리엔테이션이 왜 연장됐죠?
A: Have you looked at everything on the itinerary? 일정표의 모든 내용을 보셨나요?

Q: How much will it be to fix this laptop? 이 노트북 컴퓨터를 고치려면 얼마가 들까요?
A: Do you have a warranty? 품질 보증서가 있으신가요?

Q: Where do we keep the presentation binders? 발표용 바인더를 어디에 보관하고 있죠?
A: We've used them all. 그것들을 모두 다 사용했어요.

Q: Where are the discounted socks? 할인된 양말 제품이 어디에 있나요?
A: That sale has ended. 그 세일 행사는 종료됐습니다.

Example ◁))) D10_5

(A) _____ (B) _____ (C) _____

Q. Who's in charge of revising the staff handbook?
(A) Isn't it up to date?
(B) It takes two hours to charge.
(C) A number of changes.

서아쌤 밀착 코칭 TIP

이 유형은 순수 듣기 실력과 빠른 상황 파악 능력이 필요해요. 꽤 어렵기 때문에 소거법 이용 시 세모(△)를 적극 활용하세요. 정답인지 오답인지 헷갈릴 경우에는 일단 △ 표시를 해 두고 끝까지 들은 다음 결정하는 거죠.

이렇게 풀어요!
(A) 최신 정보로 되어 있지 않은 지 반문하는 것으로 수정 작업이 필요한 지 되묻고 있으므로 정답.
(B) charge의 또 다른 의미(충전하다)를 활용한 오답.
(C) charge와 발음이 유사하게 들리는 change를 이용해 혼동을 유발하는 오답

Q. 누가 직무 안내서를 수정하는 일을 담당하나요?
(A) 최신 정보로 되어 있지 않나요?
(B) 충전하는 데 2시간 걸려요.
(C) 많은 변동 사항들이요.

어휘 **be in charge of** ~을 담당하다 **revise** ~을 수정하다 **handbook** 안내서, 설명서 **up to date** 최신 정보로 되어 있는 **it takes + 시간:** ~의 시간이 걸리다 **charge** 충전하다 **a number of** 많은

① 음원을 듣고 소거법을 이용하여 정답을 골라보세요.
② 음원을 다시 들으면서 빈칸을 채워보세요.
③ 채점 후 스크립트를 큰 소리로 3회 읽고 마무리하세요.

❶ Mark your answer on your answer sheet.　　(A) ＿＿ (B) ＿＿ (C) ＿＿

Q. ＿＿＿＿＿ the most recent newsletter ＿＿＿＿＿＿＿＿＿＿＿＿＿＿＿＿＿?

(A) Michelle ＿＿＿＿＿＿＿＿＿＿＿＿＿＿＿.

(B) ＿＿＿＿＿＿＿＿＿＿＿＿＿＿＿＿＿＿＿.

(C) That's an interesting ＿＿＿＿＿＿＿＿.

❷ Mark your answer on your answer sheet.　　(A) ＿＿ (B) ＿＿ (C) ＿＿

Q. ＿＿＿＿＿＿＿＿＿＿＿＿＿ do you ＿＿＿＿＿ at this museum?

(A) A famous ＿＿＿＿＿.

(B) Isn't it ＿＿＿＿＿?

(C) ＿＿＿＿＿＿＿＿＿＿＿ here before.

❸ Mark your answer on your answer sheet.　　(A) ＿＿ (B) ＿＿ (C) ＿＿

Q. The submission ＿＿＿＿＿＿＿＿＿＿＿＿＿＿＿＿＿＿＿.

(A) ＿＿＿＿＿＿＿＿＿＿＿＿＿＿＿＿＿＿?

(B) Three ＿＿＿＿＿＿＿＿.

(C) ＿＿＿＿＿＿＿＿＿＿＿＿＿＿＿＿＿.

꼭! 암기

recent 최신의　send out ~을 발송하다　exhibit 전시회　overrate ~을 과대 평가하다　submission 제출　deadline 마감 기한　finalist 최종 후보자, 결선 진출자
wait and see 두고 보다

🔊 D10_7

● Part 2 역대급 고난도 문제 맛보기

Part 2에서 가장 어려운 문제는 의외의 답이 정답이 되는 문제입니다. 즉, 전형적인 응답 유형을 벗어나 제 3의 상황이나 정보를 언급하거나, 질문에 대한 답 대신 다시 질문을 하는 경우, Yes/No를 생략하고 바로 부연 설명을 하는 경우 등입니다. 이러한 문제들은 풀이 전략이 따로 있는 것이 아니기 때문에 수많은 연습을 통해 듣기 능력과 상황 파악 능력을 길러야 합니다. 다음은 실제로 출제되었던 역대급 고난도 문제들입니다. 소리 내어 읽으면서 대화 상황을 파악하려 노력해 봅시다.

1	Q: When will the washing machine be repaired? A: I just ordered new parts.	세탁기가 언제 수리될까요? 제가 이제 막 새 부품을 주문했어요.
2	Q: Where's the nearest branch of Royale Bank? A: I'm on my way there now.	가장 가까운 Royale Bank 지점이 어디죠? 제가 지금 그리로 가는 길입니다.
3	Q: Who's going to post the work schedule on the notice board? A: I thought it was put up this morning.	누가 게시판에 근무 스케줄을 게시할 거죠? 오늘 오전에 게시된 줄 알았는데요.
4	Q: How do you like your new apartment? A: I move in next week.	새 아파트가 마음에 들어요? 저는 다음 주에 이사해요.
5	Q: How much is a ticket to the airport? A: Our buses don't go there.	공항까지 가는 티켓이 얼마죠? 저희 버스는 거기에 가지 않습니다.
6	Q: What kind of Internet package do you have? A: Are you thinking of changing yours?	어떤 종류의 인터넷 패키지를 쓰세요? 당신 것을 바꿀 생각인가요?
7	Q: You ordered a taxi for us, didn't you? A: Hasn't the driver arrived yet?	저희를 위해 택시 불러주셨죠, 아닌가요? 기사가 아직 도착 안했나요?
8	Q: Have the customer comment cards been gathered yet? A: They aren't as positive as we'd hoped.	고객 의견 카드가 취합되었나요? 바랐던 것만큼 긍정적이진 않네요.
9	Q: Are we staying at the Riva Hotel when we get to London? A: Didn't you see the revised travel itinerary?	런던에 도착하면 Riva Hotel에 묵을 건가요? 수정된 여행 일정 못 봤어요?
10	Q: Wasn't he promoted to branch manager last month? A: You're thinking of his brother.	그가 지난달에 지점장으로 승진하지 않았나요? 당신은 그의 형을 생각하고 있군요.

• 실제 시험 난이도와 똑같은 실전 문제들을 풀며 학습한 내용을 확인해 보세요.

1. Mark your answer. (A) (B) (C)

2. Mark your answer. (A) (B) (C)

3. Mark your answer. (A) (B) (C)

4. Mark your answer. (A) (B) (C)

5. Mark your answer. (A) (B) (C)

6. Mark your answer. (A) (B) (C)

7. Mark your answer. (A) (B) (C)

8. Mark your answer. (A) (B) (C)

9. Mark your answer. (A) (B) (C)

10. Mark your answer. (A) (B) (C)

11. Mark your answer. (A) (B) (C)

12. Mark your answer. (A) (B) (C)

13. Mark your answer. (A) (B) (C)

14. Mark your answer. (A) (B) (C)

15. Mark your answer. (A) (B) (C)

PART 3

▷ 문항 수: 총 39문항

▷ 출제 경향: 속독 능력을 키워야 고득점을 할 수 있다. 최근 기출 문제를 보면 모든 선택지가 문장으로 이루어진 문제가 7~10개 정도 나오기 때문에 문장의 핵심을 빠르게 읽고 파악하는 능력이 무척 중요하다. 또한 의도 파악 문제가 어려워지고 있기 때문에 대화의 흐름을 쫓아가는 연습도 탄탄히 해 두어야 한다.

대화 주제별 출제 비율

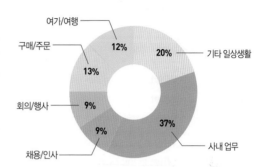

- 여가/여행 12%
- 기타 일상생활 20%
- 구매/주문 13%
- 회의/행사 9%
- 사내 업무 37%
- 채용/인사 9%

Part 3 핵심 전략

Part 3를 풀 때는 반드시 다음과 같은 리듬으로 풀어야 한다.

대화 시작 전	1. 질문과 선택지를 빠르게 읽고 핵심을 파악한다. 2. 시각자료가 주어진 경우, 그 정보를 미리 파악해 둔다. 3. 질문과 선택지의 정보를 바탕으로 대화 흐름을 예측해 본다. 4. 질문의 순서와 정답 단서가 나오는 순서는 대부분 일치한다는 것을 염두에 두자.
대화 듣는 중	1. 미리 읽은 질문과 관련된 내용을 노려 듣는다. 2. 시선은 선택지에 둔다. 3. 정답이 나오면 문제지에 체크하고 바로 다음 문제를 읽는다. 답안지 마킹은 나중에 한꺼번에 해도 된다. 4. 앞부분을 들을 때는 첫 번째 문제를, 중간 부분을 들을 때는 두 번째 문제를, 끝부분을 들을 때는 세 번째 문제를 본다. 5. 단서를 놓친 것 같은 생각이 들면 과감히 다음 문제로 시선을 옮긴다.
대화 종료 후	1. 대화가 끝나면 주저하지 말고 다음 대화의 질문과 선택지를 읽는다. 지나간 문제에 연연해서는 안 된다.

문제 유형 I

Part 3 문제를 풀 때 가장 중요한 것은 대화가 나오기 전에 문제를 먼저 읽고 그에 해당하는 내용을 노려 들을 준비를 하는 것입니다. 이때 문제를 순식간에 읽고 재빨리 의미를 파악할 줄 알아야 하는데, 자주 나오는 문제들을 미리 익혀 두면 문제 읽는 시간을 크게 단축할 수 있어 유리합니다. 아래에 소개하는 문제 예시를 여러 번 읽고 익혀서 실전에서는 볼드 부분만 재빨리 보고 문제 유형을 파악하도록 합니다.

POINT 1 전체 대화 관련 문제

1 주제/목적

화자들이 이야기하고 있는 주된 내용 또는 전화나 방문의 목적을 묻는 문제로, 각 대화의 첫 번째 문제로 잘 나옵니다.

주제	**What** are the speakers **mainly discussing**? **What** is the conversation **mainly about**? **What** are the speakers **discussing**?	① 대화의 초반에 주제가 언급되는 경우가 많으므로 대화 초반을 반드시 들어야 합니다. ② 대화 초반을 놓치거나, 들었지만 제대로 파악하지 못한 경우에는 끝까지 듣고 대화에 딸린 다른 문제들을 푼 다음에 풀도록 하세요. 대화 전체에 퍼져 있는 단서들을 조합해서 풀 수도 있어요!
목적	**Why** is the **woman calling**? **What** is the **purpose** of the call? **What** is the **purpose** of the **man's visit**?	③ 특히 전화 대화일 경우, 전화를 건 이유나 목적을 묻는 문제가 꼭 출제되므로 전화 건 사람의 첫 대사를 놓치지 않도록 하세요.

2 화자의 신분/직업, 대화 장소

특정 화자 또는 화자들의 신분/직업, 또는 대화가 이뤄지고 있는 장소를 묻는 문제입니다. 역시 대화의 첫 번째 문제로 잘 나옵니다.

신분/직업	**Who** most likely is the **man**? **Who** are the **speakers**? **Where** most likely does the **man work**? **Where** do the **speakers** most likely **work**? **What** most likely is the **woman's profession**?	① 대화 곳곳에 언급되는 신분이나 직업, 장소와 관련된 핵심 단어들을 놓치지 않고 들었다가 이를 이용해 풉니다. ② 대화 초반에 결정적인 단서가 언급되는 경우가 많습니다.
대화 장소	**Where** most likely are the **speakers**? **Where** is the conversation most likely **taking place**? **Where** does this conversation **take place**?	③ 특정 신분이나 직업, 장소와 관련된 표현들을 미리 알아 두면 유리합니다.

① 대화를 듣기 전에 각 문제를 먼저 읽고 문제의 핵심어에 동그라미 표시를 합니다. (볼드 표시된 곳에 직접 동그라미 해보세요.)

② 음원을 틀고 표시한 부분과 관련된 내용이 나오는 부분을 노려 듣습니다.

③ 듣는 동안 시선은 1번 문제 선택지에 둡니다. 1번 문제의 정답을 고르고 나면 재빨리 시선을 옮겨 2번 문제의 선택지에 시선을 두고 있다가 단서를 듣자마자 정답을 고르고, 3번도 같은 과정으로 풉니다.

문제	Script
1. **Where** do the **speakers** most likely **work**? (A) At a supermarket (B) At a furniture store (C) At a restaurant (D) At an advertising agency	Questions 1-3 refer to the following conversation. **M:** Ivy, I'm just taking a look at **1** **2** the comment cards our servers placed on the tables throughout September.
2. **What** are the speakers mainly **discussing**? (A) An online review (B) A renovation plan (C) Some new employees (D) Some customer comments	**W:** Oh, right. The ones asking diners to rate **1** our new menu items? **2** What type of comments did they leave? **M:** Well, most people love our new appetizers and main dishes. But, a lot of people found the new dessert too sweet. **3** Do you think the chef would consider changing the recipe?
3. **What** does the **woman suggest** the man do? (A) Speak with a coworker (B) Contact some customers (C) Change a meeting day (D) Review some documents	**W:** Well, he's normally reluctant to make changes. **3** Why don't you mention it to him during Monday's staff meeting?

이렇게 풀어요!

1. 대화 초반부에 종업원들이 테이블마다 놓아 두었던 의견 카드를 언급하는 부분(the comment cards our servers placed on the tables)과 신규 메뉴 항목(new menu items)을 말하는 부분을 통해 화자들이 레스토랑에서 근무한다는 것을 알 수 있으므로 (C)가 정답입니다.

2. 남자가 테이블마다 놓아 두었던 의견 카드를 언급하자, 여자가 무슨 의견이 있었는지(What type of comments did they leave?) 물은 뒤로 남자가 고객들의 의견을 말해주는 대화 흐름이죠. 따라서 고객 의견이 대화 주제임을 알 수 있으므로 (D)가 정답입니다.

3. 남자가 대화 중반부에 요리사가 조리법을 변경할지 묻자(Do you think the chef would consider changing the recipe?), 여자가 회의 중에 요리사에게 그 일을 말해 보도록(Why don't you mention it to him during Monday's staff meeting?) 제안하고 있습니다. 이는 요리사, 즉 동료 직원과 이야기를 나눠 보라는 뜻이므로 (A)가 정답입니다.

해설서 p.112

Part 3

1 요청/제안

What does the **man ask** the **woman** to **do**? **What** does the **man request**? **What** does the **man suggest[recommend]** doing? **What** does the **woman suggest** the **man do**? **What** does the **woman suggest[recommend]**? **What** does the **woman offer** to **do**?	문제에 suggest, recommend, request, ask, offer 등의 단어가 나오면 이 유형입니다. 이때 문제에서 주어를 제대로 파악하고, 대화에서 그 사람이 요청하거나 제안하는 바를 잘 들어야 합니다.

2 미래 행동

What will the **woman** most likely **do next**? **What** will **happen next week**? **What** is the **man planning to do**? According to the **woman**, **what** will **happen** in **December**?	마지막 문제로 잘 나오므로, 대화의 후반부에 미래 시제로 표현되어 나오는 내용을 잘 듣도록 합니다. 문제에 next week, December처럼 특정 시점이 나오면 대화에서 이 시점이 언급될 것을 예상하고 들어야 합니다.

3 원인/문제점

Why is the **woman** in a **hurry**? **Why** is the delivery **delayed**? **What** is the **problem**? **What problem** does the **man mention**? **What** is the **man concerned[worried]** about?	대화에서 주로 부정적인 내용으로 단서가 제시됩니다. 이 유형의 문제에서는 선택지가 문장으로 제시되는 경우가 많아, 평소 속독 연습을 많이 해 두어야 합니다.

4 언급

What does the **woman say** about a **new product**? **What** does the **man mention** about **his office**? **What** is **mentioned** about the **program**?	say[mention] about의 형태로 나오는데, about 다음에 나오는 키워드에 반드시 표시해 두고, 이에 대해 화자가 뭐라고 하는지 잘 듣습니다. 이때 정답이 paraphrasing되는 경우가 많기 때문에 다르게 표현된 것을 순간적으로 알아차리고 고를 수 있어야 합니다.

5 특정 세부 사항

What did the **woman recently do**? **What happened yesterday**? **What** will **newly hired** employees **receive**? **Who** is **Amy Sinatra**? **What** does the **woman say** is **special** about the **new car**?	다양한 문제들을 눈에 많이 익혀 두어서 읽자마자 재빨리 키워드를 파악하고, 그 내용을 노려 듣는 것이 가장 중요합니다.

Example

① 대화를 듣기 전에 각 문제를 먼저 읽고 문제의 핵심어에 동그라미 표시를 합니다. (볼드 표시된 곳에 직접 동그라미 해보세요.)

② 음원을 틀고 표시한 부분과 관련된 내용이 나오는 부분을 노려 듣습니다.

③ 듣는 동안 시선은 1번 문제 선택지에 둡니다. 1번 문제의 정답을 고르고 나면 재빨리 시선을 옮겨 2번 문제의 선택지에 시선을 두고 있다가 단서를 듣자마자 정답을 고르고, 3번도 같은 과정으로 풉니다.

문제	Script
1. **What** does the **man say** about **Rachel Whyte**? (A) She lacks a necessary qualification. (B) She has an enthusiastic attitude. (C) She has worked at several firms. (D) She is currently studying at university. 2. **What** will **happen** at the **Rochester** branch **next month**? (A) A promotional event will be held. (B) A manager will retire. (C) A new policy will be implemented. (D) A new work project will begin. 3. **What** will the **woman** probably **do next**? (A) Call a manager (B) Schedule some interviews (C) Reserve a train ticket (D) Meet with Ms. Whyte	Question 1-3 refer to the following conversation. M: I'd like to know what you think about Rachel Whyte, the first person we interviewed yesterday. She seems well-suited for the position, but **1** her degree is in online advertising, not in marketing, which is one of the strict job requirements. W: Well, we could have her undergo some marketing training in Rochester first. That would help her a lot. M: Oh, that would be a good solution. But do you think **3** the marketing manager at **2** the Rochester branch will have time to train her? **2** That branch is starting a very big project for a new client next month. W: You're right. **3** I'll call him right away and find out if he will be able to train Ms. Whyte.

Part 3

이렇게 풀어요!

1. 남자가 Rachel Whyte에 관해 말하는 초반부에, 그 사람이 마케팅이 아닌 온라인 광고 학위를 소지하고 있다는 말과 함께 마케팅 학위를 지니는 것이 엄격한 자격 요건의 하나라고(~ her degree is in online advertising, not in marketing, which is one of the strict job requirements) 말하고 있습니다. 이는 자격 요건의 부족을 말하는 것이므로 (A)가 정답입니다. 이와 같이 say about 유형 문제의 선택지는 문장으로 구성되고, 대화 내용이 정답 선택지에 다른 표현으로 바뀌어 나오기 때문에 특히 많은 연습이 필요합니다.

2. Rochester branch가 언급되는 중반부에 남자가 그 지사를 That branch로 지칭해 다음달에 큰 프로젝트를 시작한다고(That branch is starting a very big project for a new client next month) 말합니다. 따라서 (D)가 정답입니다.

3. 대화 마지막 부분에 여자가 누군가에게 당장 전화하겠다고(I'll call him right away ~) 말하고 있는데, 여기서 him은 바로 앞서 언급된 마케팅 부장(the marketing manager)을 가리키므로 부장에게 전화하는 일을 의미하는 (A)가 정답입니다.

📖 해설서 p.113

① 문제와 선택지를 먼저 읽은 뒤 음원을 듣고 정답을 골라보세요.

② 음원을 다시 들으면서 빈칸을 채워 보세요.

③ 채점 후 스크립트를 큰 소리로 3회 읽고 마무리하세요.

1 What are the speakers **discussing**?

(A) A Web site layout

(B) A business trip

(C) A store's upcoming sale

(D) A proposed location

Question 1 refers to the following conversation.

M: Becky, your _____ for our company's founding celebration is excellent!

W: I'm glad to hear that! What did you think about the _____? Do you think it's _____ _____ all the guests?

M: Yes, it's perfect. But I think we'll need to take care when we design the seating layout.

2 **Who** most likely is the **woman**?

(A) A gym instructor

(B) A watch designer

(C) A security consultant

(D) A marketing manager

Question 2 refers to the following conversation.

M: Hi, I was here earlier to take your _____ _____, but I just realized my watch isn't in my bag.

W: Oh, I'm sorry about that. Would you like to check to see if it's _____?

M: That would be great. I maybe put it down somewhere while I was getting changed.

3 **What** is the **problem**?

(A) A room has been booked twice.

(B) A customer has canceled a reservation.

(C) A business is temporarily closing.

(D) A computer has broken down.

Question 3 refers to the following conversation.

W: Hi, Marcus. I see that you _____ for our private dining room for this Saturday at 7:30 p.m. But, I _____ for a party of ten that evening.

M: Oh, really? Our computer system normally alerts us when a room _____ _____.

W: Yes, I think it did, but you just didn't notice. You'd better contact your customer to let them know.

꼭! 암기

proposal 제안(서) location 장소, 위치 spacious enough to do ~하기에 충분히 널찍한 accommodate ~을 수용하다 take care 주의하다, 조심하다 seating layout 좌석 배치(도) exercise 운동 realize (that) ~임을 알게 되다, 깨닫다 check to see if 확인해서 ~인지 알아보다 take a reservation 예약을 받다 reserve ~을 예약하다 normally 보통 alert ~에게 알리다 book ~을 예약하다 notice 알아차리다, 인식하다 contact ~에게 연락하다

4 According to the **woman, why** should **Mr. Hodge download** an **app**?

(A) To make an appointment

(B) To order medications

(C) To receive a discount

(D) To review a service

Question 4 refers to the following conversation.

W: Excuse me, Mr. Hodge, did the doctor _____ _____ for you?

M: Yes, so I'll need to find a pharmacy nearby.

W: Well, you can now _____ _____ if you download our app. It links you to all nearby pharmacies.

M: That's convenient! Where can I download the app?

---

5 What will the **man** probably **do next**?

(A) Call a friend

(B) Prepare an estimate

(C) Visit a Web site

(D) Attend an event

Question 5 refers to the following conversation.

W: I just received a call from Crown Catering. They said that they won't be able to _____ _____ on May 20 due to a staffing problem.

M: Oh, that's unfortunate. We will need to find a different firm as soon as possible then.

W: Would you mind _____ _____ to get some estimates?

M: Actually, a friend of mine recommended Prestige Catering. I'll go online and _____ _____ now.

---

6 What does the **woman say** about **her job**?

(A) It provides a good salary.

(B) It requires a lot of travel.

(C) It is very tiring.

(D) It is at a fitness center.

Question 6 refers to the following conversation.

M: Ms. Dawson, I'm happy to tell you that the results of your health check are all perfectly normal.

W: That's great news, Dr. Ramsay. My company asks me to have a health check every year, because my job is physically and mentally _____. Would you mind filling out this form for my personnel manager, please?

M: Sure. I'll complete it later today and send it to your office by courier.

꼭! 암기

prescribe a medication 약을 처방하다 **pharmacy** 약국 **nearby** 근처에, 근처의 **link A to B:** A를 B에 연결해주다 **catering** 행사 음식 공급 **cater an event** 행사에 음식을 제공하다 **staffing problem** 직원 운용 문제 **estimate** 견적(서) **health check** 건강 검진 **physically** 육체적으로 **mentally** 정신적으로 **exhausting** 지치게 하는 **fill out a form** 서식을 작성하다 **personnel manager** 인사부장 **complete** ~을 작성하다, 완료하다 **by courier** 택배로

● 실제 시험 난이도와 똑같은 실전 문제들을 풀며 학습한 내용을 확인해 보세요.

1. Where do the speakers most likely work?

(A) In a printing shop

(B) At a real estate agency

(C) At a recruitment firm

(D) In an appliance store

2. What problem does the man mention?

(A) An e-mail was not sent.

(B) A list was misplaced.

(C) An order was canceled.

(D) A customer made a complaint.

3. What will happen at 11 a.m.?

(A) A client will arrive.

(B) A meeting will be held.

(C) A product launch will take place.

(D) An order will be sent.

4. What are the speakers mainly discussing?

(A) A factory inspection

(B) A machine installation

(C) A training session

(D) A renovation plan

5. What does the woman suggest doing?

(A) Postponing an event

(B) Transferring some staff

(C) Holding job interviews

(D) Revising a procedure

6. What does the man say he will do?

(A) Place an advertisement

(B) Work extra hours

(C) Lead a new project

(D) Update a work schedule

7. Why is the man calling the woman?

(A) To express disappointment
(B) To thank her for her work
(C) To invite her to a presentation
(D) To describe a job opening

8. What does the man say about Colin Peterson?

(A) He is a team leader.
(B) He is inexperienced.
(C) He will attend a training class.
(D) He has a positive attitude.

9. What does the woman promise to do on Monday?

(A) Give a presentation
(B) Send some product samples
(C) Contact a potential client
(D) Visit the head office

10. Where most likely do the speakers work?

(A) At a textiles factory
(B) At a shipping company
(C) At a dry cleaner
(D) At a fashion boutique

11. What is the woman concerned about?

(A) Employee performance
(B) Increased expenses
(C) Missing products
(D) Decreased sales

12. What does the woman ask the man to do?

(A) Check an inventory
(B) Contact a supplier
(C) Schedule a meeting
(D) Transport some merchandise

문제 유형 II

POINT 1 의도 파악 문제

대화 중의 특정 문장을 대상으로 그 말을 한 화자의 의도를 물어보는 문제로서, 평균 2-3 문항이 출제됩니다. 해당 문장 자체의 해석보다도 앞뒤의 문맥 파악이 중요합니다.

제 컴퓨터가 뭔가 이상한데 오셔서 좀 봐줄 수 있으세요?

아, 제가 지금 바로 회의가 있어요.

Q. 남자가 "아, 제가 지금 바로 회의가 있어요."라고 말할 때 무엇을 암시하는가?
  정답 지금은 도와줄 수 없다.

1 질문 형태

다음 세 가지 형태로만 나옵니다.

What does the man **imply** when he says, "~"? 남자가 "~"라고 말할 때 무엇을 암시하는가?
What does the man **mean** when he says, "~"? 남자가 "~"라고 말할 때 무엇을 의미하는가?
Why does the woman **say**, "~"? 여자는 왜 "~"라고 말하는가?

2 풀이 전략

① 문제 미리 읽고 대비하기

문제에 when (s)he says, "----문장----"이 들어가 있으면 의도 파악 문제입니다. "----문장----" 부분을 미리 읽고 의미를 파악한 다음, 선택지를 읽어 두세요. 선택지들은 긴 문장으로 구성되는 경우가 많기 때문에 빠르게 읽고 파악해야 합니다. 또한, 3개의 문제 중 몇 번째 문제인지도 봐 두도록 합니다. 첫 번째 문제로 나온다면 대화 첫 부분에, 마지막 문제로 나온다면 대화 후반부에 결정적 단서가 나옵니다. 이렇게 미리 파악해두고 이 부분을 노려 듣지 않으면 허둥대다 놓치기 쉽습니다.

② 상황과 흐름 파악은 필수

주어진 문장을 있는 그대로 해석하는 것만으로 절대 정답을 고를 수 없습니다. 물론 해당 문장의 바로 앞 내용이 가장 중요하지만, 전체적인 흐름도 파악해야 정확한 답을 고를 수 있습니다.

③ 1차원적인 해석 피하기

주어진 문장을 단순히 해석한 선택지는 오답입니다. 이에 속지 않도록 조심하세요.

① 대화를 듣기 전 문제에 주어진 문장에 밑줄을 그은 뒤 미리 읽고 해석해 둡니다.

② 음원을 틀고 표시해 두었던 문장이 나오는 부분을 노려 듣습니다.

문제	Script
1. What does the **woman imply** when she says, "My office is just across the hall"? (A) She recently **moved** to a **new office**. (B) She will be happy to **give assistance**. (C) She wants the **man to follow her**. (D) She wants the **man to finish** a **task** quickly.	Question 1 refers to the following conversation. **W:** And that concludes the first part of this morning's training. Now you know the basics of how to schedule dental appointments for our patients. **M:** Thanks, you explained everything really clearly. **W:** We still have thirty minutes until lunch, so why don't you try to take a few phone calls and schedule some appointments yourself? You can refer to the information pamphlet if you get stuck. And don't forget; my office is just across the hall.

서아쌤 밀착 코칭 TIP

주어진 문장에 밑줄을 치고 재빨리 해석해 본 후 선택지들도 살펴봅니다. 이때 선택지를 일일이 읽으면 시간이 많이 걸리므로 핵심어(볼드 표시된 부분)만 골라 읽습니다.

Part 3

이렇게 풀어요!

대화 마지막 부분에 막히는 부분이 있으면 정보 안내 책자를 참고하라는 말과 함께 기억해야 할 것이 있다고 말하면서(You can refer to the information pamphlet if you get stuck. And don't forget) 자신의 사무실이 복도 바로 맞은편에 있다고 알려주는 대화 흐름입니다. 이는 가까이에 있으니 도움을 주겠다는 의미이므로 (B)가 정답이에요.

1. 여자가 "제 사무실은 복도 바로 맞은편에 있습니다"라고 말할 때 무엇을 암시하는가?
   (A) 최근에 새로운 사무실로 옮겼다.
   (B) 기꺼이 도움을 줄 것이다.
   (C) 남자가 자신을 따라오기를 원하고 있다.
   (D) 남자가 일을 빨리 끝내기를 원하고 있다.

여: 그리고 지금까지 얘기한 것으로 오늘 오전 교육의 첫 번째 부분을 끝마치겠습니다. 이제 여러분은 우리 환자들을 위해 치과 치료 예약 일정을 잡는 방법의 기본 사항들을 알게 되셨습니다.

남: 감사합니다, 모든 부분을 정말 명확하게 설명해 주셨어요.

여: 점심 식사 시간까지 아직 30분이 남아 있기 때문에, 직접 몇몇 전화를 받아 보시면서 일부 예약 일정을 잡아 보시는 건 어떨까요? 막히는 부분이 있으면 정보 안내 책자를 참고하시면 됩니다. 그리고 잊지 마세요, 제 사무실은 복도 바로 맞은편에 있습니다.

[어휘] conclude ~을 끝마치다 basics 기본 사항, 기본 원리 how to do ~하는 법 schedule a dental appointment 치과 예약을 잡다 schedule v. ~의 일정을 잡다 appointment 예약, 약속 patient 환자 explain ~을 설명하다 clearly 명확히 why don't you ~? ~하는 게 어때요? try to do ~하려 하다 take a phone call 전화를 받다 oneself 직접, 스스로 refer to ~을 참고하다 pamphlet 안내 책자, 소책자 get stuck (진행, 흐름 등이) 막히다, 갇혀 있다 forget (~을) 잊다 across ~ 맞은편에 hall (건물 안의) 복도 recently 최근에 give assistance 도움을 주다 follow ~을 따르다 task 일, 업무

약도, 그래프, 스케줄 등의 시각자료가 제시되고, 대화 내용과 이 시각자료를 연계해서 푸는 문제가 출제됩니다. 최대 3문항까지 출제되며 Part 3의 마지막 3개 대화에서 출제됩니다. 출제되는 시각자료 유형은 약도, 그래프, 스케줄, 가격표, 메뉴, 리스트 등 다양하지만 자주 나오는 유형이 정해져 있으므로 이들을 미리 눈에 익혀두면 쉽습니다. 주의할 점은 반드시 시각자료를 먼저 파악한 후 대화를 듣는 것입니다. 대화를 듣고 나서 그제서야 부랴부랴 시각자료를 보면 늦습니다.

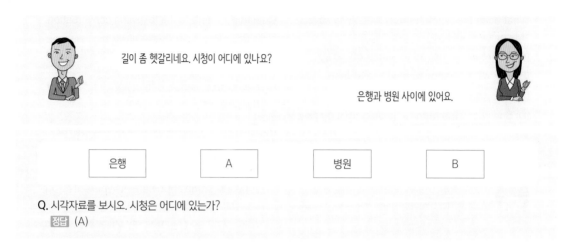

Q. 시각자료를 보시오. 시청은 어디에 있는가?
　　정답 (A)

1　**질문 형태**

항상 [Look at the graphic. + 구체적인 질문]의 형태로 나옵니다.

Look at the graphic. Which floor will the woman go to?	시각자료를 보시오. 여자는 몇 층으로 갈 것인가?
Look at the graphic. Where is the City Hall?	시각자료를 보시오. 시청은 어디에 있는가?
Look at the graphic. How much did the man most likely pay?	시각자료를 보시오. 남자는 얼마를 지불했겠는가?

2　**풀이 전략**

① 문제 미리 읽어서 대비하기

시각자료 연계 문제는 항상 Look at the graphic.으로 시작하기 때문에 바로 알아볼 수 있습니다. 문제를 먼저 읽고 어떤 정보를 요구하는지 파악합니다.

② 시각자료를 미리 이해하기

약도나 평면도의 경우는 위치 관계를, 스케줄표, 일정표, 티켓, 영수증 등과 같이 텍스트 정보가 많이 적혀 있는 편이라면 그 내용을 꼼꼼히 읽고 수치, 시간 장소 등의 정보를 파악해 둡니다. 그런 다음, 미리 읽어 둔 문제와 어떻게 연결될 것인지도 짐작해 봅니다.

③ 끝까지 듣고 정답 고르기

일정이 변경되거나 위치를 다시 정정하는 경우도 나오므로 대화 초반만 듣고 성급히 답을 골라선 절대 안됩니다. 또한, 시각자료만 보고도 답이 나오는 듯한 문제의 경우 100% 함정이므로 반드시 명확한 정답 근거를 듣고 답을 골라야 합니다.

① 대화를 듣기 전에 문제를 먼저 읽고 무엇을 묻는지 파악합니다.

② 시각자료를 보고 무슨 내용인지 파악한 뒤, 문제와 어떻게 연계되는지 살펴봅니다.

문제	Script
Dessert Menu	Question 1 refers to the following conversation and menu.

문제

Dessert Menu	
Chocolate Cake $7	Apple Pie $9
Cherry Cheesecake $10	Ice Cream Sundae $8

1. Look at the graphic. **Which price** might **change**?
   (A) $7
   (B) $9
   (C) $10
   (D) $8

Script

Question 1 refers to the following conversation and menu.

W: Ben, I've been reviewing the results of the questionnaire we gave out to diners recently.

M: Were there any negative comments about the desserts?

W: Well, actually, some people feel the apple pie is a bit overpriced. They commented that it's a rather small slice for the price. Perhaps we could make the apple pie a bit cheaper.

M: That's worth considering. Let's talk about it more at this afternoon's meeting.

서아쌤 밀착 코칭 TIP
- 문제 파악: 가격이 바뀔 예정이군.
- 시각자료 파악: 디저트 메뉴 4개랑 각각의 가격이 나와 있네.
- 연계성 파악: 어떤 디저트 가격이 바뀔 것인지 잘 들어봐야지.

이렇게 풀어요!

대화 후반부에 손님들이 애플 파이가 비싸다고 생각하고 있다는 사실을 알리며(~ some people feel the apple pie is a bit overpriced) 그 가격을 저렴하게 하도록 제안하고(Perhaps we could make the apple pie a bit cheaper) 있습니다. 이를 듣고 시각자료에서 애플 파이 가격을 찾아보면 $9이므로 (B)가 정답입니다.

디저트 메뉴	
초콜릿 케이크 7달러	애플파이 9달러
체리 치즈케이크 10달러	아이스크림 8달러

1. 시각 정보를 보시오. 어느 가격이 변경될 수도 있는가?
   (A) $7
   (B) $9
   (C) $10
   (D) $8

여: Ben 씨, 우리가 최근에 식사 손님께 나눠 드렸던 설문지 결과를 제가 계속 검토하고 있어요.

남: 디저트에 관한 부정적인 의견도 있나요?

여: 저, 실은, 몇몇 사람들이 애플 파이가 조금 많이 비싸다고 느끼고 있어요. 그 사람들은 가격에 비해 한 조각의 크기가 다소 작다고 의견을 남겼어요. 아마 우리가 애플 파이 가격을 약간 더 저렴하게 할 수 있을 거예요.

남: 그 부분은 고려해 볼 만한 가치가 있어요. 오늘 오후에 있을 회의에서 그에 관해 더 얘기해 봐요.

어휘 review ~을 검토하다, 살펴보다 result 결과(물) questionnaire 설문지 give out ~을 나눠 주다 diner 식사 손님 recently 최근에 negative 부정적인 comment n. 의견 v. 의견을 남기다 actually 실은, 사실은 a bit 조금, 약간 overpriced 가격이 너무 비싼 rather 다소, 오히려, 좀 make A 형용사: A를 ~하게 만들다 worth -ing ~할 만한 가치가 있는 consider ~을 고려하다

PART 3 빈출 시각자료 파악하는 법

• 리스트

September 25 Afternoon Schedule Diane Lockhart	
2:00 PM	
3:00 PM	Intern Interviews
4:00 PM	Board Meeting
5:00 PM	
6:00 PM	Client Teleconference

Diane의 오후 스케줄이구나. 3시에 인턴 면접, 4시에 이사회, 6시에 고객과 화상회의가 예정되어 있네.

• 교통 안내

ARRIVALS		
From	Flight #	Carousel #
Paris	CX6	1
London	GF22	2
Amsterdam	PA322	3
Frankfurt	LF521	4

공항에서 볼 수 있는 항공편 도착 안내인 것 같군.
출발 도시, 항공편 번호, 짐 찾는 곳 번호가 나타나 있네.

• 제품 이용 가이드

AMANA Dishwasher (Model DMT300)

Error Code	Details
F1	No water
F2	Temperature sensor bad
F3	Drain error
F4	Dirty filter

식기세척기 모델의 에러 코드 안내로군. F1이 뜨면 물이 없다는 뜻, F2는 온도 센서 이상, F3는 배수 이상, F4는 필터 오염. 대화에서 이 문제들 중 하나를 언급하겠군.

• 지도/평면도

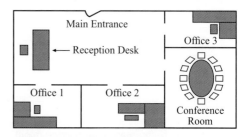

평면도구나. 입구로 들어오면 바로 안내데스크, 정면에 1번, 2번 사무실이 있고, 2번, 3번 사무실 사이에 회의실이 있군.

• 그래프

시장 점유율을 나타내는 차트구나. The Park Group이라는 데 가 압도적인 1등이고, 그 다음은 Armer Company네.

• 별점 리뷰

Elia's Greek Restaurant
http://eliasgreek.com

Location ★★★
Menu Options ★★★★★
Atmosphere ★★★★
Prices ★★

어느 식당의 평점이로군. 메뉴 종류에서 점수를 가장 많이 받았고, 가장 낮은 점수를 받은 부문은 가격이네.
가격이 비싼가 보군.

• 시각자료 연계 문제 필수 어휘

가격 목록

account 계정
payment 납입
item 품목
price 가격
receipt 영수증
quote 견적(= estimate)
quantity 수량
amount 양
inventory 재고 (목록)
bill 계산서
description 설명
order # 주문 번호
product code 제품 고유 번호
price per person 인당 가격
fee 요금, 회비
discount 할인
price list 가격 리스트

스케줄

booked 예약된(= reserved)
assignment 업무 배정
staff meeting 직원 회의
shareholder's meeting
주주 회의
deadline 마감일

행사 안내

rain date 우천 시 열리는 대체일
career fair 취업 박람회

그래프

market share 시장 점유율
capacity 수용력
output 생산량, 산출량
production level 생산 수준
pie chart 원 그래프

지도

route 노선
stop at ~에 들르다, 서다
fuel station 주유소

trail 산책로, 능산길
entrance 입구
exit 출구
gate 정문, 대문
parking area[lot] 주차장
section 구역
city hall 시청
rest area 휴식 구간

평면도

floor plan 평면도
layout 배치도
hallway 통로
booth 부스
entrance 입구, 출입문
vendor 판매자
conference room 회의실
reception 접수처, 안내데스크
checkout counter 계산대
copy room 복사실
suite 스위트룸
(침실과 응접실이 따로 된) 고급 객실
complex 복합건물
directory 층별 안내
lobby 로비
floor 층
business center 비즈니스 센터
meeting room 회의실
fitness center 체력단련실

명부/안내

office directory 사무실 안내판
employee directory 직원 안내
telephone directory 전화번호부
extension 내선 번호

쿠폰, 티켓

member 회원
non member 비회원
valid[good] until ~까지 유효한
expiration date 유효기간
ticket holder 티켓 소지자

save 절약
voucher 상품권
(= gift certificate)

교통 관련 안내

departure 출발
arrival 도착
gate (공항) 탑승구
status 상황
delayed 지연된
on schedule 일정대로
on time 정시에 (도착/출발)
canceled 취소된
baggage claim 짐 찾는 곳
carousel 짐 찾는 곳
(컨베이어 벨트)
landed 착륙한
boarding pass 탑승권
flight number 항공편 번호

별점 리뷰

rating 순위, 점수
menu options 메뉴 종류
customer service 고객서비스
atmosphere 분위기
location 위치
room appearance 객실 상태
facilities 시설

제품 사용 관련

warranty 제품 보증서
error code 에러 코드
display 보여주다, 표시하다

극장

film title 영화 제목

① 문제와 선택지를 먼저 읽은 뒤 음원을 듣고 정답을 골라보세요.

② 음원을 다시 들으면서 빈칸을 채워 보세요.

③ 채점 후 스크립트를 큰 소리로 3회 읽고 마무리하세요.

1 **What** does the **man imply** when he says, "I've been coming here for more than ten years"?

(A) He wants a better table.

(B) He is impressed with the service.

(C) He plans to come back in the future.

(D) He recognizes the woman.

Question 1 refers to the following conversation.

M: I reserved a table for the dinner show this evening, and I expected to receive a table in front of the stage, _____.

W: I'm very sorry, sir, but the restaurant is very busy this evening. All of our best tables _____ _____.

M: Well, I've been coming here for more than ten years.

W: I understand, sir, but I'm afraid there's nothing I can do.

2 **Why** does the **woman** say, "we have fewer employees now"?

(A) To request the man's assistance

(B) To inform the man of a job vacancy

(C) To ease the man's concerns

(D) To explain a hiring process to the man

Question 2 refers to the following conversation.

M: Maria, you're in charge of organizing this year's Christmas party, right?

W: That's right. I've been looking at a few different locations and menus. I think the package offered by the Ralston Hotel might be best. It costs $45 per head and includes a 3-course meal.

M: Hmm… it seems a little expensive. _____ _____ last year? We don't want to _____.

W: Well, we have fewer employees now.

M: I suppose you're right. It should work out roughly the same.

🖋 꼭! 암기

reserve ~을 예약하다 expect to do ~할 것으로 기대하다, 예상하다 in front of ~ 앞에 next to ~ 옆에 in advance 사전에, 미리 I'm afraid (that) (부정적인 일에 대해) ~인 것 같다 be impressed with ~에 깊은 인상을 받다 recognize ~을 알아보다 | in charge of ~을 책임지는, 맡고 있는 organize ~을 조직하다, 준비하다 location 장소, 위치 offer ~을 제공하다 cost + 비용: ~의 비용이 들다 per head 1인당 include ~을 포함하다 seem 형용사: ~한 것 같다 go over budget 예산을 초과하다 work out ~로 계산되다, 산출되다 roughly 대략 request assistance 도움을 요청하다 job vacancy 공석 ease one's concerns ~의 걱정을 덜어주다 hiring process 채용 과정

Los Angeles to San Diego		
Train	**Departs**	**Arrives**
796	10:20 a.m.	1.25 p.m.
458	11:45 a.m.	2:40 p.m.
316	12:15 p.m.	3:05 p.m.
922	2:05 p.m.	5:10 p.m.

3 Look at the graphic. **What train** will the **woman** most likely **take**?

(A) Train 796

(B) Train 458

(C) Train 316

(D) Train 922

Question 3 refers to the following conversation and schedule.

W: Hello, I need to take a train from Los Angeles to San Diego on Wednesday. I normally purchase tickets through your Web site, but it seems to be having problems.

M: Yes, it's down for maintenance right now. Don't worry. You can buy a ticket over the phone right now. When would you like to leave Los Angeles on Wednesday?

W: I don't really mind what time I leave. But, I definitely _____ San Diego _____ in the afternoon. I have an interview, and I can't be late for it.

Wine List	
Eden Valley	$25
Springhill	$20
Jolly Grape	$18
Big White	$28

4 Look at the graphic. **Which brand name** does the **man choose**?

(A) Eden Valley

(B) Springhill

(C) Jolly Grape

(D) Big White

Question 4 refers to the following conversation and list.

W: Hi, Mr. Harper. I'm calling to see whether you've had a chance to look at the wine list that I sent to you.

M: Yes, I had a look at it yesterday.

W: Great. Did you decide which one you would like us to provide at your corporate event?

M: Well, I'm trying to _____ , so I'll just _____ _____ . I'm planning to spend more money on the food and entertainment instead.

🖊 꼭! 암기

normally 보통, 일반적으로 it seems to do ~하는 것 같다 maintenance 유지 보수 over the phone 전화상으로 leave (~을) 떠나다, 출발하다 mind ~을 상관하다 definitely 꼭, 분명히 get to ~에 도착하다 | see whether ~인지 (아닌지) 알아보다 have a chance to do ~할 기회가 있다 have a look at ~을 한 번 살펴보다 decide ~을 결정하다 would like A to do: A가 ~하기를 원하다 corporate 회사의, 기업의 try to do ~하려 하다 keep within a tight budget 빠듯한 예산 이내로 유지하다 go with ~로 결정하다 plan to do ~할 계획이다 spend money on ~에 돈을 소비하다 entertainment 공연, 오락(물) instead 대신에

• 실제 시험 난이도와 똑같은 실전 문제들을 풀며 학습한 내용을 확인해 보세요.

1. Who most likely is the man?

(A) A mechanic

(B) A salesperson

(C) A taxi driver

(D) A real estate agent

2. Why does the man say, "This is going to be an all-day job"?

(A) To ask for assistance

(B) To extend an invitation

(C) To decline a request

(D) To explain a procedure

3. What does the woman say she will do?

(A) Call a customer back

(B) Check some appointments

(C) Order some replacement parts

(D) Offer a customer a discount

4. What are the speakers planning?

(A) A client meeting

(B) A community event

(C) A training workshop

(D) A company dinner

5. What does the woman mean when she says, "we've gone there for the past four years"?

(A) She has gained a lot of work experience.

(B) She thinks the staff will be pleased.

(C) She would prefer a different location.

(D) She knows how to reach a destination.

6. What does the man say he is concerned about?

(A) The duration of travel

(B) The cost of a ticket

(C) The size of a budget

(D) The date of an event

London History Museum
Building Information

North Wing – Paintings & Sculptures
West Wing – Tools & Weapons
East Wing – Clothing & Jewelry
South Wing – Transportation & Industry

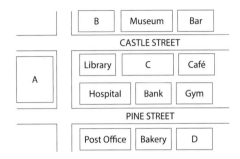

7. Look at the graphic. Which wing will the man visit?

(A) North Wing
(B) West Wing
(C) East Wing
(D) South Wing

8. What is the man going to do?

(A) Repair some machinery
(B) Install some lighting
(C) Attend a job interview
(D) Move some exhibits

9. Why was the man unable to come to the museum yesterday?

(A) He was absent from work.
(B) His vehicle broke down.
(C) He had a scheduling conflict.
(D) He was waiting for some parts.

10. Who most likely is the man?

(A) A courier
(B) A taxi driver
(C) An airport worker
(D) A hotel manager

11. What problem does the man mention?

(A) A route has a lot of traffic.
(B) Some customers have complained.
(C) A road is temporarily closed.
(D) Some information was not provided.

12. Look at the graphic. Where will the man go next?

(A) To Location A
(B) To Location B
(C) To Location C
(D) To Location D

문제 유형 III

POINT 1 3인 대화 문제

3인 대화는 매회 1~2개씩 출제되고 있습니다. [여자2명 + 남자 1명], 혹은 [여자 1명 + 남자 2명]의 조합으로 나오는데, 같은 성별의
화자들이 대화를 나눌 때 목소리 구분이 잘 안될 수 있으므로 더욱 집중력이 필요합니다.

휴대폰을 떨어뜨려서 맡겼는데 여기서 스크린을 교체해주기로 했어요.

잠시만 기다리세요. Mark, 스크린 교체 작업이 다 됐나요?

네, 됐습니다. 여기요. 서비스가 마음에 드시면 사이트에 후기 남겨주세요~

Q1. 남자들은 어디서 일하는가? 　　정답 전자제품점
Q2. 여자는 왜 왔는가? 　　　　　정답 휴대폰 수리
Q3. 여자에게 뭘 하라고 하는가? 　정답 후기 작성

---

1 질문 형태

문제에 men 또는 women이 보이거나, 화자의 이름이 직접 언급됩니다.

What did the men do yesterday? 　　남자들은 어제 무엇을 했는가?
Where do the women most likely work? 　여자들은 어디에서 일할 것 같은가?
What does Fred advise the woman to do? 　Fred는 여자에게 무엇을 하라고 충고하는가?

2 풀이 전략

① 3인 대화임을 빨리 알아차리고 마음의 준비를 하기

　질문에 나오는 특정 표현을 통해, 혹은 녹음에서 안내하는 ~ refer to the following conversation with three speakers를
듣고 3인 대화임을 미리 알 수 있으므로, 3명의 화자가 나올 것이라는 마음의 준비를 합니다. 또한, 문제에 화자의 이름이 직접
언급되어 있으면 3인 대화 문제일 확률이 큽니다. 미리 마음의 준비를 하고 듣는 것과, 막상 닥쳐서 비슷하게 들리는 같은 성별의
성우가 하는 말을 헷갈려하는 것은 정답률에 있어서 하늘과 땅 차이입니다.

② 대화 중에 호명하는 사람의 이름을 잘 듣고 구분해 두기

　성별이 같은 화자를 구별하기 위해 대화 중에 특정인의 이름을 부르는 경우가 많으므로, 이를 잘 듣고 누가 누구인지 구분해
두고, 그 사람에 해당하는 내용을 잘 들어야 합니다.

③ 전체 대화 길이는 비슷하므로 자신감 갖기

　3인 대화라고 해서 대화가 엄청 길어지진 않습니다. 2인 대화와 비슷한 길이이며, 문제 유형 자체가 다르지도 않으므로, 자신감
을 갖고 풀도록 합니다.

① 대화를 듣기 전에 문제를 먼저 읽고 문제의 핵심어에 동그라미 표시를 합니다. (볼드 표시된 곳에 직접 동그라미 해보세요.)

② 음원을 틀고 표시해 두었던 부분과 관련된 내용이 나오는 부분을 노려 듣습니다.

문제	Script
1. **Why has Olivia not rented a car yet?** (A) She cannot find a good deal. (B) She wants to check a budget. (C) She has been busy at work. (D) She is considering other options.	Question 1 refers to the following conversation with three speakers. **M:** Hi, Olivia and Beatrice. It's only one week until our trip to Paris! I can't wait to go away on vacation. **W1:** Same here! Olivia, did you rent a car for us yet? **W2:** I'm afraid not. I've been so busy finishing my reports in the office. But, I've seen some nice deals, so I'll do it this weekend. **W1:** Great. And, John, you've taken care of our accommodations, right? **M:** Yes, we have three rooms at the Grand Park Hotel.

서아쌤 밀착 코칭 TIP

이렇게 문제에 사람 이름이 나오는 경우는 100%는 아니지만 거의 3인 대화 문제랍니다. 대화를 들을 때 Olivia가 누구인지 파악하고 그녀가 차를 빌리지 않은 이유가 언급되는 부분이 있다는 것을 예상하고 들어야 해요.

이렇게 풀어요!

대화 중반부에 여자 한 명이 Olivia를 부르면서 차를 대여했는지 묻자, 바로 이어서 다른 여자가 사무실에서 보고서를 완료하느라 바빴다는 (I've been so busy finishing my reports in the office) 사실을 말하고 있으므로 (C)가 정답입니다. busy finishing my reports in the office를 busy at work라고 바꾸어 표현한 것을 눈 여겨 봐두세요.

1. Olivia 씨는 왜 아직 차를 빌리지 않았는가?

   (A) 좋은 거래 상품을 찾을 수 없다.

   (B) 예산을 확인하고 싶어 한다.

   (C) 직장에서 계속 바빴다.

   (D) 다른 선택권을 고려하고 있다.

남: 안녕, Olivia 그리고 Beatrice. 파리로 가는 우리 여행이 겨우 일주일 밖에 남지 않았어! 빨리 휴가로 멀리 떠나고 싶어.

여1: 나도 그래! Olivia, 혹시 우리에게 필요한 차를 빌렸어?

여2: 아직 못했어. 사무실에서 보고서를 완료하느라 계속 너무 바빴어. 하지만, 몇몇 아주 좋은 거래 상품을 봐 두었기 때문에, 이번 주말에 할 거야.

여1: 좋아. 그리고, John, 우리 숙소 문제를 처리해두었지?

남: 응, Grand Park Hotel에 객실 3개를 잡아 놨어.

[어휘] can't wait to do 빨리 ~하고 싶다 go away 멀리 가다 on vacation 휴가로 rent ~을 빌리다, 대여하다 I'm afraid not. 유감스럽게도 그렇지 않아.
be busy -ing ~하느라 바쁘다 deal 거래 상품, 거래 조건 take care of ~을 처리하다, 다루다 accommodation 숙소, 숙박 시설 find a good deal
(가격이) 좋은 거래 상품을 찾다 budget 예산 at work 직장에서 consider ~을 고려하다 option 선택 사항

POINT 2 3인 대화 + 의도 파악 문제

가끔씩 3인 대화와 의도 파악 문제가 함께 나올 때도 있습니다. 두 가지 어려운 유형이 합쳐진 고난도의 문제이지만 충분한 연습으로 대비가 가능합니다.

공사 완공까지 얼마나 걸릴까요?

저는 담당자가 아닙니다. Wilma, 혹시 알아요?

아직 예산 문제가 마무리되지 않았어요.

Q. 여자가 "저는 담당자가 아닙니다."라고 말할 때 무엇을 암시하는가?

정답 정보를 제공해 줄 수 없다.

1 질문 형태

다음 세 가지 형태로만 나옵니다.

What does the man **imply** when he says, "~"? 남자가 "~"라고 말할 때 무엇을 암시하는가?
What does the man **mean** when he says, "~"? 남자가 "~"라고 말할 때 무엇을 의미하는가?
Why does the woman **say**, "~"? 여자는 왜 "~"라고 말하는가?

2 풀이 전략

① 문제 미리 읽고 대비하기

문제에 when (s)he says, "----문장----"이 들어가 있는 것을 보고 의도 파악 문제임을 알아차린 후, 재빨리 "----문장----" 부분을 미리 읽고 의미를 파악해 두세요. 가능하면 선택지까지 읽어 두는 것이 좋습니다. 또한, 대화 시작 전에 나오는 ~ refer to the following conversation with three speakers를 듣고 3인 대화에 대한 마음의 준비를 하도록 합니다.

② 상황과 흐름 파악은 필수

물론 해당 문장의 바로 앞 내용이 가장 중요하지만, 전체적인 흐름도 파악해야 정확한 답을 고를 수 있습니다. 3인 대화이므로, 대화를 들을 때는 성별이 같은 두 명의 화자를 구분하기 위해 이름을 부르는 부분을 특히 주의 깊게 듣고 누가 누구인지, 누구에 대한 내용인지를 제대로 파악하도록 합니다.

③ 1차원적인 해석 피하기

주어진 문장을 단순히 해석한 선택지는 오답입니다. 이에 속지 않도록 조심하세요.

Example

① 대화를 듣기 전 문제에 주어진 문장에 밑줄을 그은 뒤 미리 읽고 해석해 둡니다.

② 음원을 틀고 표시해 두었던 문장이 나오는 부분을 노려 듣습니다.

문제	Script
1. **What** does the **man imply** when he says, "I haven't posted this month's schedule yet"? (A) He would like to request some time off. (B) His computer is currently being repaired. (C) He has been too busy with other work. (D) A change can still be made.	Question 1 refers to the following conversation with three speakers. **M:** I've just heard from management that our production target for this month has been increased by almost 100 percent. Do either of you have any ideas for how we can handle that? **W1:** That will be difficult. Maybe we could try to hire some temporary workers for the month? **W2:** That won't be necessary. A lot of workers on our assembly line have been asking for extra shifts. **W1:** That's true, but it might be too short notice. **M:** Well, I haven't posted this month's schedule yet. **W1:** In that case, I'll get the names of staff who are willing to work late this month.

서아쌤 밀착 코칭 TIP

주어진 문장을 읽고 해석한 뒤에 선택지도 읽어 둬야 하는데, 그러기엔 시간이 너무 빠듯하죠. 정 시간이 부족하면 선택지 미리 읽기는 포기하더라도 주어진 문장만큼은 반드시 읽어야 해요!

Part 3

이렇게 풀어요!

대화 후반부에 남자가 아직 이달 일정표를 게시하지 않았다고 말한 뒤로, 여자 한 명이 그렇다면 늦게까지 근무할 의향이 있는 직원들의 이름을 받아 놓겠다고(In that case, I'll get the names of staff who are willing to work late this month) 말하는 흐름입니다. 이는 늦게까지 근무할 직원들을 일정표에 추가할 수 있다는 의미로서, 일정표를 변경할 수 있다는 뜻이므로 (D)가 정답입니다. 결정적인 힌트가 문장 뒤에 나오는 유형이지요.

1. 남자가 "제가 아직 이달 일정표를 게시하지 않았어요"라고 말할 때 무엇을 암시하는가?

(A) 휴무를 요청하고 싶어 한다.

(B) 자신의 컴퓨터가 현재 수리되고 있다.

(C) 다른 일로 계속 너무 바빴다.

(D) 변경 작업이 여전히 이뤄질 수 있다.

남: 우리의 이달 생산 목표치가 거의 100퍼센트 증가되었다는 얘기를 경영진으로부터 막 들었습니다. 두 분 중에 우리가 이 문제를 어떻게 처리할 수 있는지에 대한 아이디어가 있으신 분 있으세요?

여1: 어렵겠는데요. 아마 한 달 동안 임시 직원들을 좀 고용해 볼 수도 있을 것 같은데요?

여2: 그럴 필요는 없을 거예요. 우리 조립 라인에서 근무하고 있는 많은 직원들이 추가 교대 근무를 계속 요청하고 있어요.

여1: 사실이기는 하지만, 너무 촉박한 통보일지 몰라요.

남: 저, 제가 아직 이달 일정표를 게시하지 않았어요.

여1: 그런 경우라면, 이번 달에 늦게까지 근무할 의향이 있는 직원들의 이름을 받아 놓겠습니다.

[어휘] management 경영(진) production target 생산 목표 increase ~을 증가시키다 by (차이) ~만큼 almost 거의 either of ~ 둘 중의 하나 handle ~을 처리하다, 다루다 try to do ~하려 하다 hire ~을 고용하다 temporary 임시의, 일시적인 necessary 필요한, 필수의 assembly 조립 ask for ~을 요청하다 extra 추가의, 별도의 shift 교대 근무(조) short notice 촉박한 통보 post ~을 게시하다 in that case 그런 경우라면 be willing to do ~할 의향이 있다 request ~을 요청하다 time off 휴무 currently 현재 repair ~을 수리하다 make a change 변경하다

① 문제와 선택지를 먼저 읽은 뒤 음원을 듣고 정답을 골라보세요.

② 음원을 다시 들으면서 빈칸을 채워 보세요.

③ 채점 후 스크립트를 큰 소리로 3회 읽고 마무리하세요.

1 **What problem** does **Greg** say he had?

(A) He had trouble using some software.

(B) He arrived late for a presentation.

(C) He forgot his computer password.

(D) He was unable to answer some questions.

Question 1 refers to the following conversation with three speakers.

W: Hi, Brian and Greg, thanks for stopping by my office. I wanted to find out how your presentation went yesterday at BCT Corporation.

M1: It was a great success. The CEO of the firm agreed to collaborate with us on the construction project.

W: That's amazing! Greg, did you enjoy the experience? I know this was your first time being involved in an important business presentation.

M2: Yes, but I _____ with the presentation slides. I'm _____ _____ we used, so I'll try to learn more about it right away.

2 **What** does the **woman ask William** to **do**?

(A) Test a product

(B) Respond to a customer

(C) Assemble a team

(D) Lead a training session

Question 2 refers to the following conversation with three speakers.

M1: I'd like to use today's meeting to _____ _____ some new ways to perform market research for our store. Do any of you have any ideas?

W: Well, one thing we have never tried is surveying consumers on the street. William, you said you _____ for your previous company, right?

M2: Yes, I did, and I think it's a really effective technique.

W: Great. In that case, I'd like you to _____ _____ your team and then survey shoppers in the city center this weekend.

M2: No problem. I have some people in mind already.

 꼭!암기

stop by ~에 들르다 find out ~을 알아내다, 확인하다 firm 회사 agree to do ~하는 데 동의하다 collaborate with ~와 협업하다 be involved in ~에 관여하다, ~와 관련되다 have difficulty with ~에 어려움을 겪다 be familiar with ~에 익숙하다, ~을 잘 알다 right away 당장 be unable to do ~할 수 없다 l come up with (아이디어 등) ~을 생각해 내다 perform market research 시장 조사를 실시하다 survey v. ~에게 설문 조사하다 n. 설문 조사 consumer 소비자 conduct a survey 설문 조사를 실시하다 previous 이전의, 과거의 in that case 그런 경우라면, 그렇다면 select ~을 선발하다 join ~에 합류하다 have A in mind: A를 염두에 두다, 생각해 두다 assemble ~을 소집하다, 모으다 lead ~을 이끌다

3 **Why** does **Lenny** say, "I just ordered from the one on Fifth Street"?

(A) To complain about a delivery
(B) To give directions to a business
(C) To recommend a different branch
(D) To explain a way to reduce costs

Question 3 refers to the following conversation with three speakers.

W: Hey, Lenny, do you have any idea why I can't get through to the Zen Sushi branch on Holly Avenue? I'm trying to order some lunch.

M1: Sorry… I have no idea. But, I just ordered from the one on Fifth Street. So…

W: Oh, but _____ from our office? How long will the delivery take?

M2: I order my lunch from there every day, and it normally takes about thirty minutes.

---

4 **What** does the **man mean** when he says, "Fiona, you're the most qualified in this area"?

(A) He is recommending Fiona for a position.
(B) He is happy to be trained by Fiona.
(C) He believes Fiona deserves more credit.
(D) He wants Fiona to give her opinion.

Question 4 refers to the following conversation with three speakers.

W1: Hi, Fiona and Vernon. I wanted to talk to you about a concern I have regarding the covers on our new range of books.

W2: No problem. Did you find something wrong with them?

W1: Well, we took the books to a bookstore for the official launch event and _____ _____ from customers. Most of them commented that the books _____ on the shelves. Is it too late to _____ ?

M: Fiona, you're the most qualified in this area.

W2: I'm afraid that would require a lot of work, and it would make us fall behind on other projects. The best we could do would be to design a new cover for the second editions.

✏️ 꼭! 암기

get through to ~에 전화 연결이 되다 **branch** 지점, 지사 **order** ~을 주문하다 **pretty** 꽤, 아주 **far from** ~에서 멀리 떨어진 **take** ~의 시간이 걸리다 **normally** 보통, 일반적으로 **give directions to** ~로 가는 길을 알려주다 **reduce costs** 비용을 줄이다 | **concern** 우려, 걱정 **regarding** ~에 관해 **range** (제품) 종류, 군 **official** 정식의, 공식적인 **launch** 출시(회) **gather feedback** 의견을 수집하다 **comment that** ~라는 의견을 말하다 **stand out** 눈에 띄다 **qualified** 자격을 갖춘, 적격인 **require a lot of work** 많은 작업을 필요로 하다 **fall behind on** ~에서 일정이 뒤처지다 **edition** (출간 도서 등의) 판, 호 **deserve credit** 인정을 받을 만하다 **give opinion** 의견을 말하다

• 실제 시험 난이도와 똑같은 실전 문제들을 풀며 학습한 내용을 확인해 보세요.

1. What does the man offer to do?

(A) Send an e-mail

(B) Call a coworker

(C) Organize a meeting

(D) Check a schedule

2. What is James needed for?

(A) Contacting a customer

(B) Conducting a survey

(C) Creating a flyer

(D) Ordering new stock

3. Why does the man say, "Lola has a degree in graphic design"?

(A) To praise Lola's contribution to a project

(B) To recommend that Lola help with a task

(C) To suggest holding a computer training class

(D) To propose that two departments be merged

4. In which department do the speakers work?

(A) Customer Service

(B) Marketing

(C) Accounting

(D) Sales

5. What does the man suggest that the women do?

(A) Share transportation

(B) Exercise together

(C) Collaborate on a project

(D) Train some employees

6. What does Samantha ask for?

(A) A door passcode

(B) A building location

(C) A membership card

(D) An office number

7. What service does Everglow provide?

(A) Corporate cleaning

(B) Event planning

(C) Public relations

(D) Landscaping

8. What did the man's company do three months ago?

(A) It renovated a warehouse.

(B) It opened a new business location.

(C) It laid off some staff.

(D) It moved its head office.

9. What does Patricia offer to do?

(A) Give a cost estimate

(B) Provide a discount

(C) Show some samples

(D) Organize staff training

10. Who are the speakers expecting?

(A) Business founders

(B) New employees

(C) Health inspectors

(D) Company investors

11. What will Barbara do after lunch?

(A) Give a presentation

(B) Conduct a tour

(C) Speak with employees

(D) Distribute documents

12. What does the man say he will do?

(A) Organize transportation

(B) Book a restaurant table

(C) Send a memo

(D) Confirm accommodations

Part 3

DAY 14
비즈니스 관련 대화

토익 Part 3에서 가장 많이 나오는 상황은 회사, 사무, 거래, 계약, 실적 등 비즈니스와 관련된 것들입니다. 이와 관련된 주요 어휘와 표현을 익히고, 이들이 대화나 선택지에서 어떻게 나타나며, 어떤 문제들을 풀게 되는지 알아봅시다.

POINT 1 **사내 업무 일반**

조립 라인(assembly line) 기계들에 문제가 있나 봐요.
제대로 작동이 안 되네요(not working properly).

네, 제가 기술자(technician)에게 알릴게요.
수리를 위해 라인을 언제 닫을지(when to shut down the line for the repair) 일정을 정해(schedule a time) 봅시다.

---

1 최빈출 주제

1위 기기 등에 문제가 있어 기술지원팀(Technical Support)이나 시설 관리 부서(Maintenance), 혹은 기술자(technician)에게 연락하는 상황

2위 보고서나 프로젝트 진행과 관련된 상황/일정을 확인하거나 문제점에 대해 논의하는 상황

3위 매출액(sales figures) 또는 고객 설문조사(customer survey)와 관련하여 광고나 마케팅 전략 회의를 하는 상황

---

2 최빈출 어휘

◁))) D14_1

매출 / 경영 / 회의

□ sales figures 매출액	□ profitable 수익성이 있는
□ customer base 고객층	□ profits went down 수익이 줄었다
□ promote ~을 홍보하다, 촉진하다	□ merge with ~와 합병하다 cf. merger 합병
□ client 고객(= customer)	□ business is slow 사업이 부진하다
□ quarter 분기	□ receive more funding 더 많은 자금 지원을 받다
□ advertising campaign 광고 캠페인	□ establish[create] a company 회사를 세우다
□ cost n. 비용 v. ~의 비용이 들다	□ cut costs 비용을 줄이다
□ find a new supplier 새 공급업자를 찾다	□ competitor 경쟁사
□ be worth the extra cost 추가 비용을 들일 가치가 있다	□ hours of operation 운영 시간
□ sign a contract 계약서에 서명하다	□ staff meeting 직원 회의
□ negotiate a discount 할인에 대해 협상하다	□ meeting minutes 회의록
□ limited budget 제한적인 예산	□ put A on the agenda: A를 회의 안건에 올리다
□ go out of business 폐업하다 cf. go bankrupt 파산하다	□ get A under control: A를 통제하다

직급 / 부서

- □ executive 임원
- □ staff 직원(들) cf. staff member, employee 직원 (개인)
- □ associate / coworker / colleague 동료 (직원)
- □ supervisor 감독관, 상사
- □ director 이사, 부장
- □ Accounting 회계(부)
- □ Human Resources / Personnel 인사(부)
- □ Customer Service 고객 서비스(부)
- □ Marketing 마케팅(부)
- □ Advertising 광고(부)

- □ Sales 영업(부)
- □ Technical Support 기술지원(부)
- □ R&D / Research & Development 연구 개발(부)
- □ Shipping 배송(부)
- □ Maintenance 시설 관리(부)
- □ Public Relations 홍보(부)
- □ security office 보안실, 경비실
- □ London branch 런던 지사
- □ headquarters 본사(= head office, main office)

사무기기 / 사무용품

- □ work properly 제대로 작동하다
- □ broken 고장난
- □ office equipment 사무기기
- □ office supplies 사무용품
- □ sign in[log on] to one's computer 컴퓨터에 로그인하다
- □ password is incorrect 비밀번호가 틀리다
  cf. password has expired 비밀번호가 만료되다

- □ shut the computer off 컴퓨터를 끄다
- □ help desk 업무 지원 센터
- □ send a technician 기술자를 보내다
- □ identify the problem 문제점을 알아내다
- □ arrange for repairs 수리 일정을 잡다
- □ troubleshoot (문제 등) ~을 해결하다

프로젝트 / 보고서

- □ budget 예산
- □ estimates 견적(서)
- □ write up a proposal 제안서를 쓰다
- □ official approval 정식 승인
- □ selling point 상품이 지닌 장점
- □ sales report 매출 보고서
- □ expense report 지출 보고서
- □ review ~을 검토하다(= go over)
- □ submit ~을 제출하다(= hand in)
- □ market research 시장 조사
- □ behind schedule 일정에 뒤처진
  cf. ahead of schedule 일정보다 앞선
- □ give A an extension: A에게 기한을 연장해주다
  cf. extension 기한 연장
- □ extend the deadline 마감일을 연장하다

- □ due + 일시: ~가 기한인
- □ follow up on a proposal 제안에 대해 후속 조치를 취하다
- □ miss some information 몇 가지 정보를 빠뜨리다
- □ in preparation for ~을 준비하여
- □ collaborate on ~을 공동으로 작업하다
- □ revise ~을 수정하다 cf. revision 수정, 수정본
- □ finalize ~을 마무리하다, 최종 확정하다
- □ paperwork 서류 (작업), 문서 (업무)
- □ make progress 진전을 보이다 cf. in progress 진행중인
- □ at the latest 늦어도
- □ tight schedule 빠듯한 일정 cf. tight budget 빠듯한 예산
- □ travel expenses 출장 경비
- □ reimburse (비용) ~을 환급해주다 cf. reimbursement 환급
- □ get A done: A를 마치다, 끝내다

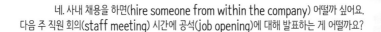

CFO가 곧 퇴직하시니(is retiring) 그 자릴 채울(fill that position) 사람이 필요해요.

네. 사내 채용을 하면(hire someone from within the company) 어떨까 싶어요.
다음 주 직원 회의(staff meeting) 시간에 공석(job opening)에 대해 발표하는 게 어떨까요?

① 최빈출 주제

1위 직원 공석(vacant position) 및 채용에 대한 논의

2위 구인 광고를 보고 면접 관련 문의를 하거나 면접을 보는 상황

3위 직원 교육 관련 준비 및 일정과 관련된 상황

② 최빈출 어휘   ◀)) D14_2

취업 / 채용

□ **job opening** 공석(= vacancy, vacant position)

□ **cover letter** 자기소개서

□ **résumé** 이력서

□ **qualified** 자격을 갖춘 cf. qualify 자격을 갖추다

□ **job interview** 취업 면접

□ **job applicant** 취업 지원자(= job candidate)

□ **apply for** ~에 지원하다

□ **application (form)** 지원서

□ **reference** 추천인 cf. reference letter 추천서

□ **job offer** 취업 제안

□ **job requirements** 자격 요건

□ **previous (work) experience** 이전의 (근무) 경력

□ **background** 경력, 배경

□ **application deadline** 지원 마감일
    cf. accept applications 지원서를 받다

□ **job advertisement** 구인 광고

□ **fill out** ~을 작성하다

□ **job fair** 취업 박람회

□ **requirement** 필수 요건 cf. qualification 자격(증)

□ **recruit** ~을 모집하다

□ **employment agency** 취업 알선소

□ **work full-time** 정규직으로 일하다
    cf. work part-time 시간제로 일하다

□ **be well qualified for** ~에 적임자이다

□ **field** 분야

□ **conduct a job interview** 취업 면접을 실시하다

□ **be conducted face-to-face** 면대면으로 시행되다

□ **portfolio** (구직 시에 제출하는) 포트폴리오, 작품집
    cf. update a portfolio 포트폴리오를 업데이트하다

인사 이동 / 회사 정책

□ **retire** 퇴직하다
    cf. retirement 퇴직 retirement party 퇴임 파티

□ **resign** 사임하다

□ **transfer to** ~로 전근하다 cf. relocate to ~로 이전하다

□ **be promoted to** ~로 승진되다 cf. promotion 승진

□ **assign technicians to** 기술자들을 ~에 배정하다

□ **policy change** 정책 변화

□ **be implemented** 시행되다

□ **starting + 시점**: ~부로(= effective + 시점, as of + 시점)

□ **safety regulations** 안전 규정

□ **routine maintenance** 정기적인 유지 보수

근무

- □ training session 교육 시간
- □ orientation (session) 예비 직무 교육
- □ trainee 교육 받는 사람
- □ assignment 배정된 업무
- □ duties 직무
- □ day-to-day responsibilities 일일 업무
- □ handle ~을 다루다, 처리하다(= deal with, take care of)
- □ shift 교대 근무 cf. extra shift 추가 근무
- □ work overtime 초과 근무를 하다
- □ performance 성과
- □ be out sick 아파서 결근하다
- □ on short notice 갑작스러운 공지에도
- □ tour a facility 시설을 둘러보다
- □ organize a training 교육을 마련하다
- □ notify the manager 매니저에게 알리다
- □ receive outstanding performance reviews
  뛰어난 업무 수행을 했다는 평가를 받다

- □ valuable member of the team 팀의 소중한 일원
- □ take on more responsibility 더 많은 책임을 맡다
- □ understaffed 일손이 부족한(= shorthanded)
- □ workplace 직장, 일터
- □ identification badge 사원증
- □ take initiative 솔선하다
- □ resolve a problem 문제를 해결하다
- □ benefits 혜택 cf. employee benefits 직원 복리후생
- □ workforce 전 직원
  cf. staff 직원들 a staff member 직원 한 명
- □ be professionally certified 전문 자격을 갖추다
- □ work flexible hours 탄력근무 시간제로 일하다
- □ pay raise 급여 인상
- □ socialize with ~와 사귀다, 어울리다
- □ in recognition of ~을 인정하여
- □ employee of the year 올해의 직원 (상)

행사

- □ register for ~에 등록하다(= sign up for)
- □ registration 등록 cf. registration form 등록 서식
  registration fee 등록비
- □ upcoming 다가오는, 곧 있을
- □ charity event 자선 행사
- □ fundraising 모금
- □ reception 환영회, 축하 연회(= banquet)
- □ keynote speaker 기조 연설자
- □ caterer 출장 요리 업체
  cf. cater 음식을 조달하다 catering service 출장요리 서비스
- □ refreshments 간단한 음식, 다과
- □ organize a corporate event 회사 행사를 준비하다
- □ handout 유인물 cf. brochure 소책자
- □ accommodate + 사람 수: ~명을 수용하다
- □ arrange for transportation 교통편을 마련하다
- □ sponsor the event 행사를 후원하다
- □ volunteer v. 자원하다 n. 자원봉사자

- □ product launch 제품 출시
- □ product demonstration 제품 시연(회)
- □ press conference 기자 회견
- □ on a regular basis 정기적으로
- □ seating capacity 좌석 수용량, 좌석수
- □ seating arrangement 좌석 배치
- □ reschedule ~의 일정을 다시 잡다
- □ scheduling conflict 일정상의 충돌
- □ tentative schedule 임시 일정
- □ miss a meeting 회의에 참석하지 못하다
- □ participant 참가자(= attendee)
- □ auditorium 강당
- □ rent some equipment 장비를 빌리다
- □ postpone ~을 미루다, 연기하다
- □ confirm (예약 사항 등) ~을 확인하다

기출 확인
PRACTICE

① 문제와 선택지를 먼저 읽은 뒤 음원을 듣고 정답을 골라보세요.

② 음원을 다시 들으면서 빈칸을 채워 보세요.

③ 채점 후 스크립트를 큰 소리로 3회 읽고 마무리하세요.

1 **What** is the man **concerned about**?

  (A) A decrease in sales

  (B) A marketing campaign

  (C) A rise in operating costs

  (D) A new business competitor

2 What **complaint** do customers have about the **blueberry smoothie**?

  (A) The texture is too thick.

  (B) The flavor is too sweet.

  (C) The price is too high.

  (D) The serving size is too small.

3 **What** does the **man** say he will **do**?

  (A) Make an announcement

  (B) Close a business

  (C) Meet with some customers

  (D) Lower a price

Questions 1-3 refer to the following conversation.

M: Zoe, have you seen the sales figures for our new blueberry smoothie? I'm really _____

_____ since we introduced it to the menu.

W: Yes, and I just can't understand it. That flavor was so popular at first. However, I have heard some of our customers say that the blueberry smoothie

_____ .

M: In that case, let's reduce the amount of sugar in the recipe to give it a better taste. I'll _____

_____ at tomorrow's staff meeting.

W: That should work. And, we should also let customers know about it.

 꼭! 암기

sales figures 매출액 be worried about ~에 대해 걱정하다 sharply 급격히 drop 하락하다 since we introduced it 그것을 도입한 이후로 flavor 맛, 풍미 at first 처음에는 contain too much sugar 너무 많은 설탕을 포함하고 있다 in that case 그런 경우라면 reduce the amount of ~의 양을 줄이다 recipe 조리법 taste 맛 staff meeting 직원 회의 That should work. 효과가 있을 겁니다. a decrease in ~의 감소 a rise in ~의 증가 operating costs 운영비 competitor 경쟁업체 price is too high 가격이 너무 비싸다 serving size 제공되는 양 make an announcement 공지하다, 발표하다 lower a price 가격을 낮추다

4 **What** are the speakers mainly **discussing**?

(A) A vacant property

(B) A job opening

(C) A staff orientation

(D) A remodeling proposal

5 **What** type of **company** does the **man** most likely **work** for?

(A) An interior design firm

(B) A shipping company

(C) A real estate agency

(D) A cleaning service

6 **What** does the **man suggest** that the **woman do**?

(A) Visit his workplace

(B) E-mail a document

(C) Attend a recruitment fair

(D) Update a portfolio

Questions 4-6 refer to the following conversation.

W: Hi. This is Amy Sadler. I'm _____ _____ that you posted online last week. Have you already hired someone for the position?

M: Actually, we're still looking. As you probably noticed, we want to hire someone who has at least three years of experience _____ _____. Do you meet that requirement?

W: Yes, I've been working in both residential and corporate real estate for almost a decade now, and I have a long list of satisfied clients.

M: Oh, then you definitely sound qualified. Why don't you _____ so that we can talk in person? And, please bring along your résumé.

Part 3

🖊 꼭/암기

post a vacancy 공석을 게시하다 online ad. 온라인으로, 온라인에서 hire A for the position: 그 직책에 A를 고용하다 notice (~을) 알아차리다 have at least three years of experience in ~에 적어도 3년의 경력이 있다 real estate field 부동산 분야 meet the requirement 자격 요건을 충족하다 both A and B: A와 B 둘 모두 residential 주거의 corporate 기업의 decade 10년 definitely 분명히 sound + 형용사: ~인 것 같다 qualified 자격을 갖춘, 적격인 stop by ~에 들르다 so that A can: A가 ~할 수 있도록 in person 직접 (만나서) bring along ~을 지참하고 가다, 챙겨 가다 résumé 이력서 job opening 일자리, 공석 proposal 제안(서) real estate agency 부동산 중개업체 workplace 직장, 일터 recruitment fair 취업 박람회(= job fair)

Check-up Test

• 실제 시험 난이도와 똑같은 실전 문제들을 풀며 학습한 내용을 확인해 보세요.

1. What did the woman do recently?

   (A) Design a product
   (B) Sign a contract
   (C) Review some Web sites
   (D) Lead a training session

2. What department does the woman work in?

   (A) Finance
   (B) Customer Service
   (C) Human Resources
   (D) Advertising

3. What does the woman plan to do this afternoon?

   (A) Check sales figures
   (B) View an apartment
   (C) Reserve a venue
   (D) Give a presentation

4. What position is the man most likely inquiring about?

   (A) Restaurant server
   (B) Head chef
   (C) Sales representative
   (D) Repair technician

5. What does the man mean when he says, "Then look no further"?

   (A) He believes he is qualified.
   (B) He has located a document.
   (C) He cannot find a business.
   (D) He can recommend a worker.

6. What does the woman ask the man to do?

   (A) Check a job description
   (B) Visit a Web site
   (C) Send a résumé
   (D) Attend an interview

7. What type of business is the woman most likely contacting?

    (A) A catering company

    (B) A party supplies store

    (C) An advertising agency

    (D) A department store

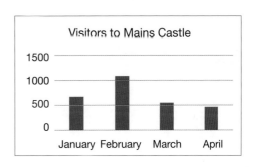

8. What does the woman request?

    (A) A price estimate

    (B) A product sample

    (C) A catalog

    (D) A discount

10. What is the woman preparing for?

    (A) An exhibition opening

    (B) A guided tour

    (C) A building renovation

    (D) A business presentation

9. According to the man, how can the woman place an order?

    (A) By registering on a Web site

    (B) By completing an online form

    (C) By calling the man back

    (D) By visiting the business

11. Look at the graphic. In which month did the man begin working for the company?

    (A) January

    (B) February

    (C) March

    (D) April

12. What does the woman ask the man to do?

    (A) Purchase some items

    (B) Revise a schedule

    (C) Display some products

    (D) Cover her work shift

일상생활 관련 대화

토익에서는 비즈니스 관련 대화 외에도 쇼핑, 여행, 약속 정하기 등 기본적인 일상생활과 관련된 대화도 꽤 자주 등장합니다. 특히 최근 들어서 일상생활 관련 대화의 출제 비중이 높아지고 있습니다.

POINT 1 구매, 주문

제가 태블릿 PC를 온라인 매장에서 주문했는데요. 오늘 오전에 오기로 되어 있었는데 (was supposed to arrive this morning) 안 왔어요.

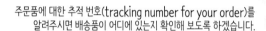

주문품에 대한 추적 번호(tracking number for your order)를 알려주시면 배송품이 어디에 있는지 확인해 보도록 하겠습니다.

1 최빈출 주제

1위 제품 구매 문의 또는 제품 주문

2위 제품에 대한 불만으로 인한 교환 또는 환불 문의

3위 부동산 중개 업체에 집/사무실 문의

2 최빈출 어휘

🔊 D15_1

제품 구매 / 판매

- □ catalogue 카탈로그
- □ item 상품 cf. goods, merchandise 물건, 상품
- □ sold out 매진된
- □ sell well 잘 팔리다
- □ damaged 손상된
- □ aisle 복도 cf. [아일]이라고 발음
- □ defective 결함 있는 cf. broken 고장 난
- □ warehouse 창고
- □ fit well 잘 맞다
- □ have A in stock: A를 재고로 갖고 있다
- □ out of stock 재고가 없는 cf. in stock 재고가 있는
- □ Does your store carry ~? 당신의 매장은 ~을 취급합니까?
- □ What colors does it come in? 어떤 색상들로 나오나요?
- □ take inventory 재고를 파악하다
- □ product specifications 제품 사양

- □ be in high demand 수요가 높다
- □ be discontinued 단종되다
- □ customized product 맞춤 제작 제품
  cf. customize ~을 맞춤 제작하다
- □ try on ~을 입어보다, 신어보다
- □ be still in good condition 아직 상태가 좋다
- □ sample v. ~을 시험 사용해보다, 시음해보다
- □ kiosk 가판대
- □ come with ~와 함께 나온다, ~이 딸려 있다
- □ feature n. (제품의) 특징 v. ~을 특징으로 하다
- □ durable (제품이) 튼튼한
- □ lightweight (제품이) 가벼운
- □ retail store 소매 상점 cf. retailer 소매업자, 소매업체
- □ be compatible with ~와 호환되다
- □ receipt 영수증(= proof of purchase)

□ place an order 주문하다(= order)

□ double the number of ~의 수를 두 배로 늘리다

□ checkout counter 계산대(= register 금전 등록기)

□ tracking number 배송 조회 번호

□ status of an order 주문품 배송 상태

□ ship A to A를 ~로 배송하다 cf. shipment 선적(물)

□ be handled carefully 조심히 다뤄지다

□ overnight delivery 익일 배송

□ pay one's bill online 온라인으로 납부하다

□ misplace some receipts 영수증을 잃어버리다

□ pay in installments 할부로 납입하다

□ special offer[promotion] 특가 행사

□ offer a 20% discount on ~에 대해 20% 할인을 해주다

□ get 50 dollars off 50달러를 할인 받다

□ at a reduced price 할인된 가격으로

□ reasonable (가격이) 적절한(= affordable)

□ valid 유효한(= good)

□ gift certificate 상품권 cf. gift card 선불 카드

□ voucher 상품권, 할인권, 쿠폰

□ expire 기한이 만료되다

□ clearance sale 정리 세일

□ deal 거래, 거래 상품

□ regular price 정가(= original price)

□ be eligible for ~을 받을 자격이 있다

□ TV commercial TV 광고

교환 / 환불 / 보증

□ replace ~을 교체하다 cf. replacement 교체(품)

□ exchange n. 교환 v. ~을 교환하다

□ return n. 반환 v. ~을 반환[반품]하다

□ refund n. 환불 v. ~을 환불하다 cf. a full refund 전액 환불

□ part 부품

□ cost estimate 가격 견적(서)

□ customer feedback 고객 의견

□ comment card 의견 카드

□ extended warranty 기간 연장된 품질 보증

□ extend the business hours 영업 시간을 늘리다

□ customer complaints 고객 불만 사항

□ color option 색상 선택 사항

□ free of charge 무료로 cf. complimentary 무료의

부동산 / 금융

□ property 부동산, 건물

□ property manager 부동산 관리자

□ real estate 부동산 cf. real estate agent 부동산 중개업자

□ rent v. ~을 대여하다, 임대하다 n. 임대료, 월세

□ rental agreement 임대 계약(서)

□ renew a lease 임대 계약을 갱신하다

□ tenant 임차인, 세입자

□ residence 주거, 주거지 cf. resident 주민

□ vacant 비어 있는

□ furnished apartment 가구가 구비되어 있는 아파트

□ availability 이용[구매] 가능성

□ landscaping 조경

□ commute n. 통근 v. 통근하다

□ be in good shape 상태가 좋다

□ potential home buyer 잠재 주택 구매자

□ neighborhood 지역, 동네, 인근

□ be within short walking distance of
 ~에서 걸어서 가까운 거리에 있다

□ be conveniently located 편리한 곳에 위치해 있다

□ show A around B: A에게 B를 구경시켜 주다

□ water bill 수도세

□ be within one's price range 가격 범위 내에 있다

□ apply for a loan 대출을 신청하다

□ loan officer 대출 담당 직원

외식, 여행, 여가, 기타 일상생활

회의가 연기되어서 그쪽 여행사(travel agency)를 통해 했던 항공편 및 호텔 예약을 변경해야 (need to change the flight and hotel reservations) 해요.

문제 없습니다만, 추가 수수료(extra charge)가 발생합니다.

1 **최빈출 주제**

1위 항공편, 호텔 예약 및 문의

2위 영화, 공연, 전시회, 박물관 등에 대한 방문 및 예약 관련(입장료, 시간, 할인 등) 문의

3위 병원 관련 예약, 취소, 변경

2 **최빈출 어휘**

◁》 D15_2

외식

□ a party of six 6명의 일행

□ chef 주방장

□ appetizer 전채 요리

□ dish 요리

□ outdoor[open-air] dining area 야외 식사 구역

□ have a good reputation 평판이 좋다

□ book a table 테이블을 예약하다

□ receive negative reviews 부정적인 평가를 받다
  cf. favorable review 호의적인 평가

□ be all booked up 예약이 꽉 차다

□ waiting list 대기자 명단

□ win an award 상을 타다

□ waitstaff 서빙 직원

□ nutritious meal 영양가가 높은 식사

□ healthy ingredients 건강에 좋은 재료

휴가 / 여행

□ travel agency 여행사

□ brochure 안내 책자, 소책자

□ vacation package 휴가 패키지 상품

□ cruise 크루즈, 유람선 여행

□ travel destination 여행지 cf. destination 목적지

□ hotel receptionist 호텔 접수 직원

□ check into the hotel 호텔 투숙 수속을 밟다

□ tourist attraction 관광 명소

□ tour 여행, 관람, 견학 cf. tour guide 여행 가이드

□ guided tour 가이드 동반 견학[관람]

□ sightseeing 관광

□ flight 항공편 cf. later flight 더 늦은 시간대의 항공편

□ boarding pass 탑승권

□ transfer 갈아타다

□ round trip ticket 왕복 티켓 cf. one-way 편도의

□ bound for + 지명: ~행의, ~가 목적지인

□ accommodation 숙박 시설, 숙소

□ seating preference 선호 좌석

- □ travel overseas 해외 여행을 하다
- □ baggage to check in 부치는 짐
- □ baggage carousel 수하물 컨베이어 벨트
  cf. baggage claim area 짐 찾는 곳
- □ renew one's passport 여권을 갱신하다
- □ take a detour 우회로를 이용하다
- □ travel itinerary 여행 일정(표)
- □ a last-minute change 최종 순간의 변경 사항
- □ be temporarily suspended 일시적으로 중단되다
- □ amenities 편의시설, 오락시설

- □ sign up for a tour 투어를 신청하다
- □ connecting flight 연결 비행편
- □ carry-on luggage 기내용 수하물
- □ souvenir shop 기념품점
- □ miss a flight 비행기를 놓치다
- □ take a later flight 더 늦은 시간의 비행기를 타다
- □ tourist attraction 관광 명소
- □ budget hotel 저렴한 호텔
- □ suite 스위트룸 (연결된 몇 개의 방으로 이루어진 공간)

문화 생활

- □ film n. 영화(= movie) v. 영화를 찍다
- □ showing (영화 등의) 상영 cf. showtimes 상영시간
- □ play 연극
- □ performance 공연, 연주(회)
- □ review 평가, 후기
- □ box office (극장 등의) 매표소
- □ critic 비평가
- □ acting 연기 cf. act 연기하다
- □ exhibition 전시(회)(= exhibit)
- □ curator 큐레이터, 화랑 직원
- □ display v. ~을 전시하다 n. 전시
- □ sculpture 조각품
- □ sold out 매진된

- □ admission 입장 cf. admission fee 입장료
- □ collection 수집품, 소장품
- □ theater production[performance] 극장 공연
- □ qualify for the group price
  단체 가격 혜택을 받을 자격이 되다
- □ book signing 도서 사인회
- □ special exhibit 특별 전시(회)
- □ Everything is included with regular admission.
  일반 입장권에 모든 것이 포함되어 있다.
- □ be good for ~에 유효하다
- □ main character 주연, 주인공
- □ front row 앞줄
- □ group discount 단체 할인

병원 / 약국 / 건강

- □ prescription 처방전
- □ medication 약(= medicine)
- □ appointment 진료 예약 cf. medical appointment
  병원 진료 예약 dental appointment 치과 진료 예약
- □ check-up 검진, 검사
- □ medical history 병력
- □ pharmacy 약국 cf. pharmacist 약사
- □ medical practice 진료소(= medical clinic)
- □ doctor's office 개인 병원 cf. dental office 치과

- □ fully booked 예약이 다 찬
- □ opening 빈 시간대
- □ waiting list 대기자 명단
- □ fitness center 피트니스 센터 cf. gym 체육관
- □ membership 회원권
- □ medical records 의료 기록
- □ reschedule an appointment 진료 예약 시간을 다시 잡다
- □ need a later appointment
  더 늦은 시간으로 예약을 잡아야 한다

기출 확인
PRACTICE

① 문제와 선택지를 먼저 읽은 뒤 음원을 듣고 정답을 골라보세요.
② 음원을 다시 들으면서 빈칸을 채워 보세요.
③ 채점 후 스크립트를 큰 소리로 3회 읽고 마무리하세요.

1 **Who** most likely is the **man**?

(A) A building manager

(B) An interior designer

(C) A real estate agent

(D) A repair technician

2 **Why** is the **woman surprised**?

(A) A building is conveniently located.

(B) A neighborhood has been developed.

(C) A business proposal has been approved.

(D) A price is lower than expected.

서아쌤 밀착 코칭 TIP

이렇게 모든 선택지가 문장인 문제가 회당 최대 10개까지 나옵니다. 일일이 읽고 풀기가 부담되기 때문에 빠르게 핵심어만 읽는 연습을 해야 합니다.

3 **What** will the **woman do** on **Friday**?

(A) Submit some documents

(B) View an apartment

(C) Begin a work project

(D) Move into a new office

Questions 1-3 refer to the following conversation.

M: Hi, Karen. As you requested, I've been _____ _____ for you in downtown Chicago. I think I've finally found the perfect place. It's a new 2-bedroom apartment in Highfield Tower, and it costs $180,000.

W: Wow! I _____ _____, especially in the downtown area.

M: Yes, it's a great deal, so you'd better move fast as it won't be on the market long.

W: Okay, would you be able to meet me on Friday at 10 a.m. and _____ _____?

M: Sure, I'm free all morning. Let's meet at my office and we can go together in my car.

✏️ **꼭/ 암기**

suitable 적합한, 알맞은 finally 마침내, 드디어 cost + 액수: ~의 비용이 들다 expect A to do: A가 ~할 것으로 예상하다, 기대하다 a lot (비교급 수식) 훨씬 especially 특히 downtown area 시내 지역 a great deal 좋은 조건의 거래 had better + 동사원형: ~하는 게 좋다 be on the market (물건이) 시장에 나와 있다 be able to do ~할 수 있다 show A around B: A에게 B를 구경시켜 주다 real estate agent 부동산 중개업자 be conveniently located 편리한 곳에 위치해 있다 neighborhood 인근, 지역 business proposal 사업 제안(서) approve ~을 승인하다 lower than expected 예상보다 낮은 view ~을 보다 move into ~로 이사하다

4 **Who** most likely is the woman?

(A) A tour guide

(B) A Web designer

(C) A resort manager

(D) A travel agent

Questions 4-6 refer to the following conversation.

M: Hi, I saw an ad on your company's Web site for a _____ to Santorini in Greece. I was wondering if any cabins on that cruise were still available.

W: Oh, I'm afraid you're just a little too late. However, we are currently _____

_____ for cruises to some other European locations.

5 **What** does the woman **mention** about **her business**?

(A) It is trying to fill some job vacancies.

(B) It has recently opened a new branch.

(C) It will be closing down soon.

(D) It is offering some discounts.

M: I'd be interested in hearing about them. I'm retiring on May 1 and plan to use some time to travel around the world. Would you be able to _____ _____, both for the cruises and for other vacation packages?

W: Sure, I'd be happy to. Just tell me your mailing address and I'll do that today.

> **서아쌤 밀착 코칭 TIP**
>
> ~ mention[say] about ~? 질문은 Part 3 에서 난이도가 가장 높은 유형의 문제입니다. 일단 선택지가 문장으로 구성되어 있고, 길어요. 따라서 대화를 듣는 동안 단서를 놓치지 않아야 할 뿐만 아니라, 해당 단서가 패러프레이징된 정답 선택지를 빠르게 찾는 연습을 해 둬야 합니다.

6 **What** does the **man want to do**?

(A) Speak with a manager

(B) Visit the business in person

(C) Receive some materials

(D) Sign up for a membership

🖋️ **꼭! 암기**

ad 광고 cruise 크루즈, 여객선 (여행) wonder if ~인지 궁금하다 cabin 객실, 선실 available 이용 가능한, 구입 가능한 I'm afraid (that) (부정적인 일에 대해) ~인 것 같다 currently 현재 offer 25 percent off ~에서 25퍼센트 할인을 제공하다 normal price 정가 location 장소, 위치 retire 은퇴하다 plan to do ~할 계획이다 be able to do ~할 수 있다 brochure 안내 책자, 소책자 both A and B: A와 B 둘 모두 vacation package 휴가 패키지 상품 be happy to do 기꺼이 ~하다 mailing address 우편 주소 travel agent 여행사 직원 fill job vacancies 공석을 채우다 open a new branch 새 지점을 열다 close down 문을 닫다, 폐업하다 offer discounts 할인을 제공하다 in person 직접 (가서) material 자료 sign up for a membership 회원 가입 신청을 하다

• 실제 시험 난이도와 똑같은 실전 문제들을 풀며 학습한 내용을 확인해 보세요.

1. What type of product are the speakers discussing?

(A) A portable hard drive

(B) A mobile phone

(C) A laptop computer

(D) A construction tool

2. What does the man ask about?

(A) The memory size

(B) The available colors

(C) The battery life

(D) The installation procedure

3. What will the man most likely do next?

(A) Receive a refund

(B) Compare two products

(C) Pay for his purchase

(D) Visit a different store

4. Where most likely are the speakers?

(A) At a factory

(B) At a hospital

(C) At a restaurant

(D) At a supermarket

5. What is the reason for the delay?

(A) A business opened late.

(B) A delivery has not arrived.

(C) Some employees are off sick.

(D) Some equipment has malfunctioned.

6. What does the man offer to do?

(A) Recommend a different item

(B) Perform some repairs

(C) Contact a manager

(D) Provide a discount

7. Where most likely does the man work?

   (A) At a manufacturing plant

   (B) At a furniture store

   (C) At a courier company

   (D) At a construction firm

8. What does the man want to check?

   (A) A product price

   (B) A delivery schedule

   (C) An order number

   (D) A store location

9. What does the man ask the woman to do?

   (A) Call a different number

   (B) Complete a form

   (C) Visit the business

   (D) Submit a receipt

Eaton Community Center
Professional Development Seminars

August 15	Graphic Design
August 29	Public Speaking
September 12	Business Management
September 26	Computer Programming

---

10. Why can the man attend professional development seminars for free?

   (A) He is currently a student.

   (B) He works at the community center.

   (C) He paid an annual membership fee.

   (D) He will lead one of the sessions.

11. Look at the graphic. On which date will the man attend the seminar?

   (A) August 15

   (B) August 29

   (C) September 12

   (D) September 26

12. What will Edward Mills talk about?

   (A) A product design

   (B) A business merger

   (C) A software package

   (D) A marketing technique

Part 3

PART 4

▷ 문항 수: 총 30문항

▷ 출제 경향: 정답 단서가 되는 내용이 일부 단어만 바뀌어서 정답으로 나오는 유형이 대부분이지만, 간혹 단서 전체가 다른 표현으로 바뀌는 고난도 패러프레이징이 적용되기도 하므로 고득점을 원하는 학습자는 패러프레이징 연습을 충분히 해두어야 한다. 시각자료 연계 문제는 대체로 쉽지만, 담화 내용을 시각자료와 비교해 소거해 나가야 하는 유형들도 출제되고 있어 반드시 담화를 듣기 전에 시각자료를 미리 파악해 두어야한다.

담화 유형별 출제 비율

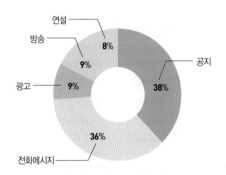

연설 8%
방송 9%
광고 9%
전화메시지 36%
공지 38%

Part 4 핵심 전략

Part 4를 풀 때는 반드시 다음과 같은 리듬으로 풀어야 한다.

담화 시작 전	1. 질문과 선택지를 빠르게 읽고 핵심을 파악한다. 2. 시각자료가 주어진 경우, 그 정보를 미리 파악해 둔다. 3. 질문과 선택지의 정보를 바탕으로 담화 흐름을 예측해 본다. 4. 질문의 순서와 정답 단서가 나오는 순서는 대부분 일치한다는 것을 염두에 두자.
담화 듣는 중	1. 미리 읽은 질문과 관련된 내용을 노려 듣는다. 2. 시선은 선택지에 둔다. 3. 정답이 나오면 문제지에 체크하고 바로 다음 문제를 읽는다. 답안지 마킹은 나중에 한꺼번에 해도 된다. 4. 앞부분을 들을 때는 첫 번째 문제를, 중간 부분을 들을 때는 두 번째 문제를, 끝부분을 들을 때는 세 번째 문제를 본다. 5. 단서를 놓친 것 같은 생각이 들면 과감히 다음 문제로 시선을 옮긴다.
담화 종료 후	1. 담화가 끝나면 주저하지 말고 다음 담화의 질문과 선택지를 읽는다. 지나간 문제에 연연해서는 안 된다.

문제 유형 I

> Part 4 역시 Part 3와 마찬가지로 녹음이 나오기 전에 문제를 먼저 읽고 그에 해당하는 내용을 노려 들을 준비를 해야 합니다. 이때 문제를 순식간에 읽고 재빨리 의미를 파악하기 위해 아래에 정리한 문제 유형들을 확실히 익혀 두도록 합시다.

POINT 1 전체 담화 관련 문제

1 **주제/목적**

화자가 이야기하고 있는 주된 내용 또는 전화나 회의의 목적을 묻는 문제로, 각 담화의 첫 번째 문제로 잘 나옵니다.

주제	**What** is being **discussed**? **What** is the talk **mainly about**? **What** is the **topic** of the news report? **What** is being **advertised**? **What** is the speaker **mainly discussing**?	① 담화의 초반에 주제가 언급되는 경우가 많으므로 담화 초반을 반드시 들어야 합니다. ② 담화 초반을 놓치거나, 들었지만 제대로 파악하지 못한 경우에는 끝까지 듣고 담화에 딸린 다른 문제들을 푼 다음에 풉니다. 담화 전체에 퍼져 있는 단서들을 조합해서 풀 수 있습니다. ③ 특히 전화 메시지의 경우 전화를 건 이유나 목적을 묻는 문제가 꼭 출제되므로 전화 건 사람의 첫 대사를 놓치지 않도록 하세요.
목적	**What** is the **purpose** of the announcement? **What** is the speaker's **reason for calling**? **Why** is the man **calling**?	

2 **화자의 신분/직업, 담화 장소**

화자 또는 청자들의 신분/직업, 또는 담화가 이뤄지고 있는 장소를 묻는 문제입니다. 역시 담화의 첫 번째 문제로 잘 나옵니다.

화자의 신분/직업	**Who** is the **speaker**? **Who** most likely is the **speaker**?	① 담화 곳곳에 언급된 신분이나 직업, 장소와 관련된 핵심 단어들을 놓치지 않고 들었다가 이를 이용해 풉니다. ② 담화 초반에 결정적인 단서가 언급되는 경우가 많습니다. ③ 특정 신분이나 직업, 특정 장소와 관련된 표현들을 미리 알아두면 유리합니다.
청자의 신분/직업	**Who** most likely are the **listeners**? **Who** is the speaker **talking to**? **Who** is the message **for**? **Who** is the advertisement **intended for**?	
담화 장소	**Where** is the talk **being made**? **Where** most likely are **the listeners**? **Where** most likely is this announcement **being made**? **Where** is the talk most likely **taking place**?	

① 담화를 듣기 전에 각 문제를 먼저 읽고 문제의 핵심어에 동그라미 표시를 합니다. (볼드 표시된 곳에 직접 동그라미 해보세요.)

② 음원을 틀고 표시한 부분과 관련된 내용이 나오는 부분을 노려 듣습니다.

③ 듣는 동안 시선은 1번 문제 선택지에 둡니다. 1번 문제의 정답을 고르고 나면 재빨리 시선을 옮겨 2번 문제의 선택지에 시선을 두고 있다가 단서를 듣자마자 정답을 고르고, 3번도 같은 과정으로 풉니다.

문제	Script
1. **Where** does the speaker most likely **work**? (A) At an appliance store (B) At a museum (C) At a clothing store (D) At a bakery	Questions 1-3 refer to the following telephone message. Ben, we've decided to go with your great idea for attracting customers to **1** our bakery. **2** By holding a public cooking demonstration, we can let people see how we make our cakes and
2. **What** is the talk mainly **about**? (A) A demonstration (B) A concert (C) A seasonal sale (D) A new product	pastries. We will need to decide on a suitable location and choose which employees will take part. **3** I'll post a notice in the staff room this morning, and any workers interested in taking part can write their names on it. We can discuss the other details at the weekly meeting on Friday.
3. **What** does the speaker say he will **do this morning**? (A) Attend a meeting (B) Evaluate employees (C) Put up a notice (D) Distribute a memo	

서아쌤 밀착 코칭 TIP

위의 3번처럼 문제가 What does the speaker say ~로 시작하면 형식적인 표현인 does the speaker에 괄호를 치고 나머지를 읽어보세요. 핵심 내용이 더 잘 눈에 들어올 거예요.

What (does the speaker say) he will do this morning?

- -

이렇게 풀어요!

1. 화자가 담화를 시작하면서 소속 업체를 our bakery라고 지칭하고 있으므로 (D)가 정답입니다.

2. 담화 초반부에 사람들을 대상으로 하는 시연회를 개최하는 일(By holding a public cooking demonstration ~)을 언급한 뒤로, 그 행사에 필요한 부분들을 설명하는 내용으로 담화가 진행되고 있으므로 (A)가 정답입니다.

3. this morning이라는 시점이 언급되는 담화 후반부에 직원실에 공고를 게시한다고(I'll post a notice in the staff room this morning ~) 알리고 있으므로 (C)가 정답입니다.

📖 해설서 p.143

POINT 2 구체적인 내용을 묻는 문제

① 요청/제안

What does the speaker **ask** the listeners to do? **What** does the speaker **request**? **What** are the listeners **asked** to **review**? **What** are listeners **asked** to **provide**? **What** are listeners **instructed** to do? **What** are some listeners **invited** to do? **What** does the speaker **suggest**? **What** does the speaker **recommend**? **What** does the speaker **encourage** the listeners to do?	문제에 ask, request, suggest, encourage 등의 단어가 나오면 이 유형입니다. 화자가 요청하거나 제안하는 바를 잘 들어야 합니다. Part 4에서 화자의 요청 사항은 Please ~ 구문으로 잘 나옵니다.

② 미래 행동

What will the listeners probably **do next**? **What** will the speaker most likely **do next**? **What** will **take place next month**? **What** is **planned** for **March 1**?	마지막 문제로 잘 나오므로, 담화의 후반부에 나오는 내용을 잘 듣도록 합니다. 문제에 next month, March 1처럼 특정 시점이 나오면 담화에서 이 시점이 언급될 것을 예상하고 들어야 합니다.

③ 원인/문제점

What is the **problem**? **What** does the speaker say is a **problem**? **What** is the **cause** of the **delay**? **Why** was the annual meeting **canceled**?	주로 부정적인 내용으로 단서가 제시됩니다. 이 유형의 문제에서는 선택지가 문장으로 제시되는 경우가 많아, 평소 속독 연습을 많이 해 두어야 합니다.

④ 언급

What does the speaker **say about** the **company**? **What** does the speaker **mention about** the **factory**? **What** is **mentioned about** the **tour**?	say[mention] about의 형태로 나오는데, about 다음에 나오는 키워드에 반드시 표시해 두고, 이에 대해 화자가 뭐라고 하는지 잘 듣습니다.

⑤ 특정 세부 사항

What event does the speaker mention? **What** is the **benefit** of registering for a **membership** program? **Who called** the reception desk **yesterday**? **When** will the listeners **receive** a new **identification card**? **How** can listeners **receive** a **coupon**?	다양한 문제들을 눈에 많이 익혀 두어서 읽자마자 재빨리 키워드를 파악하고, 그 내용을 노려 듣는 것이 가장 중요합니다.

① 담화를 듣기 전에 각 문제를 먼저 읽고 문제의 핵심어에 동그라미 표시를 합니다. (볼드 표시된 곳에 직접 동그라미 해보세요.)

② 음원을 틀고 표시한 부분과 관련된 내용이 나오는 부분을 노려 듣습니다.

③ 듣는 동안 시선은 1번 문제 선택지에 둡니다. 1번 문제의 정답을 고르고 나면 재빨리 시선을 옮겨 2번 문제의 선택지에 시선을 두고 있다가 단서를 듣자마자 정답을 고르고, 3번도 같은 과정으로 풉니다.

문제	Script
1. **Why** is the speaker **interested** in the **Sprint Focus car**? (A) It is affordable. (B) It is safe. (C) It is spacious. (D) It is fuel-efficient. 2. **What** does the speaker **want** in the **vehicle**? (A) A repair manual (B) A security device (C) A navigation system (D) A spare tire 3. **What** does the speaker say **she** will **do today**? (A) Inspect the vehicle (B) Compare some prices (C) Cancel an appointment (D) Go on a business trip	Questions 1-3 refer to the following telephone message. Hello, I'm leaving this message for Trevor Smith. I noticed your advertisement and saw that you are selling your Sprint Focus sedan. I'm interested in buying it. I noticed that **1** it's a large car, which I'm happy about because I need a lot of space for my three children! As for the optional extras you mentioned in the ad, **2** I'd love to keep the satellite navigation device, as I'm always getting lost while driving. **3** I'll be going out of town on business today, but I'm free over the weekend. Please call me at 555-4568 so that we can arrange a time to meet. Thanks.

이렇게 풀어요!

1. 담화 중반부에 큰 차라서 만족한다는 말과 함께 아이들 때문에 많은 공간이 필요하다고(~ it's a large car, which I'm happy about because I need a lot of space for my three children!) 말하고 있으므로 (C)가 정답입니다.

2. 담화 중반부에 내비게이션 장치를 유지하고 싶다고(I'd love to keep the satellite navigation device ~) 말하면서 그 이유를 설명하고 있으므로 (C)가 정답입니다.

3. today라는 시점이 언급되는 후반부에 출장 때문에 다른 지역으로 간다고(I'll be going out of town on business today ~) 말하고 있으므로 (D)가 정답입니다.

🔍 해설서 p.144

① 문제와 선택지를 먼저 읽은 뒤 음원을 듣고 정답을 골라보세요.
② 음원을 다시 들으면서 빈칸을 채워 보세요.
③ 채점 후 스크립트를 큰 소리로 3회 읽고 마무리하세요.

1 Who most likely is the speaker?

(A) A technician
(B) A scientist
(C) A tour guide
(D) A catering manager

Question 1 refers to the following talk.

Hi, everyone. My name is Tim. Once the other group members have arrived, we'll begin this morning's _____. I'd like to inform you of a few rules before we set off. First, please do not bring any food or drink into the exhibition spaces. Also, please do not touch any of the scientific devices on display, as they are easily broken.

2 What type of business is being advertised?

(A) A software company
(B) An interior design firm
(C) A restaurant
(D) An appliance store

Question 2 refers to the following advertisement.

Here at Happy Living, we have all the technology you need for your home. Come on down and check out our _____. For this week only, all dishwashers, refrigerators, and washing machines will be marked down by up to 25 percent. And, we'll be offering a free gift with all purchases of $300 or more.

3 What is the main topic of the talk?

(A) Local real estate
(B) A construction proposal
(C) Home improvement
(D) A book signing event

Question 3 refers to the following radio broadcast.

Good morning, listeners, and welcome to DIY Extra. Today, we are going to discuss _____ to its original condition. We all know that wood floors can easily be scratched and become unattractive. Thankfully, there are some easy ways to fix this yourself, with just a little bit of knowledge. Our guest today, Peter Henshaw, will talk about his newly published book, Home DIY for Beginners.

꼭! 암기

inform A of B: A에게 B를 알리다 set off 출발하다 exhibition 전시(회) exhibit 전시(품) device 기기, 장치 on display 전시 중인, 진열 중인 broken 망가진, 고장 난 | Come on down and ~ 어서 오셔서 ~해 보세요 goods 상품, 제품 be marked down 할인되다 by up to 25 percent 최대 25퍼센트까지 | how to do ~하는 법 restore A to its original condition: A를 원래의 상태로 복구하다 flooring 바닥재 scratched 흠집이 생긴 become unattractive 보기 좋지 않게 되다 thankfully 다행히도 fix ~을 바로잡다, 고치다 knowledge 지식 newly published book 새로 출간된 책 DIY 직접하기(=Do It Yourself)

4 **What** does the speaker **ask the listeners to do?**

(A) Complete a survey

(B) Speak to customers

(C) Provide ideas

(D) Test out new products

Question 4 refers to the following excerpt from a meeting.

The next item I'd like to discuss is our marketing strategy for next year's clothing lines. Mr. Tarrant, our head of product development, will join our meeting today and give a presentation on our newest lines of pants and shirts. After Mr. Tarrant's presentation, I'd like you all to _____ _____ that we can promote the products.

---

5 What does the speaker **say about the order?**

(A) A dish is no longer available.

(B) Some items are behind schedule.

(C) It was sent to the wrong location.

(D) It will be delivered sometime tomorrow.

Question 5 refers to the following telephone message.

Hello, Ms. Dawkins. This is Roy Farmer from Farmer Catering. I'm calling about the food you ordered from us for your office party today. The pastas and soups are all ready, but the chocolate cake and carrot cake are _____ due to a _____ _____.

Do you want me to deliver the pastas and soups at noon, and the cakes at around 1:30? Please let me know as soon as possible. Thank you.

---

6 **What** is **causing a traffic jam?**

(A) A community event

(B) Poor weather conditions

(C) Road maintenance

(D) A bridge closure

Question 6 refers to the following radio broadcast.

Hello, everyone, this is Rachel Davis with the traffic report. The roads are not very congested this morning in the northern side and eastern side areas. However, there is a traffic jam on Highway 500 _____ _____. Workers have closed three lanes and these will not open until later today. So, I recommend avoiding Highway 500 on your way to work this morning.

📝 **꼭!암기**

item 항목, 품목 marketing strategy 마케팅 전략 line (제품) 라인, 종류 head 우두머리, 장 product development 제품 개발 join ~에 함께 하다 give a presentation 발표하다 show A B: A에게 B를 보여주다 garment 의류 describe ~을 설명하다 innovative way 혁신적인 방법 promote ~을 홍보하다 | behind schedule 일정보다 뒤처진 due to malfunction 고장 때문에 no longer available 더이상 이용할 수 없는 | congested 혼잡한 traffic jam 교통 체증 close lanes 차선을 막다 recommend -ing ~할 것을 권하다 avoid ~을 피하다 on one's way to ~로 가는 길에 road maintenance 도로 보수 closure 폐쇄

• 실제 시험 난이도와 똑같은 실전 문제들을 풀며 학습한 내용을 확인해 보세요.

1. What is the purpose of the talk?

   (A) To outline a new business plan

   (B) To announce the opening of a store

   (C) To introduce an award winner

   (D) To explain a workshop schedule

2. According to the speaker, how did Mr. Edwards help the company?

   (A) He reduced operating expenses.

   (B) He exceeded several sales goals.

   (C) He simplified a procedure.

   (D) He hired skilled new employees.

3. What will happen next?

   (A) A live performance will take place.

   (B) An event will end.

   (C) A meal will be served.

   (D) A slideshow will begin.

4. What type of business is the speaker calling?

   (A) A shipping service

   (B) A travel agency

   (C) A furniture manufacturer

   (D) A department store

5. What does the speaker say will happen in April?

   (A) He will relocate to a new job.

   (B) A business conference will take place.

   (C) His company will launch new products.

   (D) Items will be delivered to France.

6. What does the speaker ask the listener to do?

   (A) Send samples of a product

   (B) Provide details about rates

   (C) Confirm a travel itinerary

   (D) Schedule a meeting

7. Where does the speaker probably work?

(A) In a stadium

(B) At a theater

(C) At a radio station

(D) In a park

8. What does the speaker advise listeners to do?

(A) Take an umbrella

(B) Put on warm clothes

(C) Avoid a closed road

(D) Apply sunscreen

9. According to the speaker, what will happen this evening?

(A) A storm will begin.

(B) A parade will take place.

(C) A concert will be held.

(D) A sports event will start.

10. Where is the talk being made?

(A) In a restaurant

(B) In a university

(C) In a supermarket

(D) In a factory

11. Why are the listeners told they will need to wait?

(A) A document was misplaced.

(B) A machine is faulty.

(C) A manager is late.

(D) A meeting room is occupied.

12. What are the listeners asked to do?

(A) Attend a seminar

(B) Fill out a form

(C) Prepare some questions

(D) Read some materials

Part 4

문제 유형 II

POINT 1 의도 파악 문제

담화의 특정 문장을 대상으로 그 말을 한 의도를 물어보는 문제로서, 평균 2-3 문항이 출제됩니다. 해당 문장의 해석보다도 앞뒤의 문맥 파악이 중요합니다.

여러분들은 이것이 어려운 프로젝트가 될 거라고 생각할 거예요.
하지만 우린 이미 이전에 해 봤었죠. 우리 회사는 업계 최고입니다.

Q. 화자가 "하지만 우린 이미 이전에 해 봤었죠." 라고 말하는 이유는?
　　정답 팀원들의 걱정을 덜어주기 위해서

1 질문 형태

다음 세 가지 형태로만 나옵니다.

What does the speaker **imply** when (s)he says, "~"? 화자가 "~"라고 말할 때 무엇을 암시하는가?
What does the speaker **mean** when (s)he says, "~"? 화자가 "~"라고 말할 때 무엇을 의미하는가?
Why does the speaker **say**, "~"? 　　　　　　　　화자는 왜 "~"라고 말하는가?

2 풀이 전략

① 문제 미리 읽고 대비하기

문제에 when (s)he says, "----문장----"이 들어가 있으면 의도 파악 문제입니다. "----문장----" 부분을 미리 읽고 의미를 파악한 다음 선택지를 읽어 두세요. 선택지들은 긴 문장으로 구성되는 경우가 많기 때문에 빠르게 읽고 파악해야 합니다. 또한, 3개의 문제 중 몇 번째 문제인지도 봐 두도록 합니다. 첫 번째 문제로 나온다면 담화 첫 부분에, 마지막 문제로 나온다면 담화 후반부에 결정적 단서가 나옵니다. 이렇게 미리 파악해두고 노려 듣지 않으면 허둥대다 놓치기 쉽습니다. Part 3와 달리 한 사람이 말하는 형식이기 때문에 성별 구분을 할 필요가 없으므로 화자의 말에만 집중하면 됩니다.

② 상황과 흐름 파악은 필수

주어진 문장을 있는 그대로 해석하는 것만으론 절대 정답을 고를 수 없습니다. 물론 해당 문장의 바로 앞 내용이 가장 중요하지만, 전체적인 흐름도 파악해야 정확한 답을 고를 수 있습니다.

③ 1차원적인 해석 피하기

주어진 문장을 단순히 해석한 선택지는 오답입니다. 이에 속지 않도록 조심하세요.

① 담화를 듣기 전 문제에 주어진 문장에 밑줄을 그은 뒤 읽고 해석해 둡니다.

② 음원을 틀고 표시해 두었던 문장이 나오는 부분을 노려 듣습니다.

문제	Script
1. **Why** does the speaker **say**, "<u>check out how many people are outside!</u>"? (A) To suggest that a promotion was effective (B) To recommend rescheduling an event (C) To explain why a business is closing early (D) To ask for assistance in handing out flyers	Question 1 refers to the following introduction. Good morning, staff! Before we open the doors and let everyone in for the start of our Winter Sale, I'd like to thank you all for agreeing to come in early today. I wasn't sure how popular the sales promotion would be, but check out how many people are outside! In a moment, I'll open the doors, so make sure you are ready to serve our customers and help them find the items they are looking for.

이렇게 풀어요!

담화 중반부에 판촉 할인 행사가 사람들에게 얼마나 인기를 끌지 확신이 없었다고(I wasn't sure how popular the sales promotion would be) 말한 뒤 "하지만 밖에 얼마나 많은 사람들이 와 있는지 확인해 보세요"라고 언급하는 흐름입니다. 이는 밖에 사람들이 많이 와 있다는 뜻으로, 판촉 행사가 대단히 효과적이었음을 나타내는 말이므로 (A)가 정답입니다.

| 1. 화자는 왜 "밖에 얼마나 많은 사람들이 와 있는지 확인해 보세요!" 라고 말하는가?

 (A) 판촉 행사가 효과적이었음을 나타내기 위해

 (B) 행사 일정을 재조정하도록 권하기 위해

 (C) 업체가 왜 일찍 문을 닫는지 설명하기 위해

 (D) 전단을 배부하는 데 필요한 도움을 요청하기 위해 | 안녕하세요, 직원 여러분! 겨울 세일 행사 시작을 위해 문을 열고 모든 사람들을 들어오도록 하기 전에, 오늘 일찍 나오는 데 동의해 주신 것에 대해 여러분 모두에게 감사 드리고자 합니다. 세일 판촉 행사가 얼마나 사람들에게 알려질지 확신할 수 없었지만, 밖에 얼마나 많은 사람들이 와 있는지 확인해 보세요! 잠시 후에, 제가 문을 열 것이므로, 고객들에게 서비스를 제공하고 그들이 찾는 제품을 발견하도록 도움을 드릴 준비를 반드시 해 주시기 바랍니다. |

[어휘] **let A in**: A를 들어오게 하다 **agree to do** ~하는 데 동의하다 **popular** 사람들에게 알려진, 인기 있는 **promotion** 판촉 행사 **in + 시간**: ~ 후에 **make sure (that)** 반드시 ~하도록 하다 **be ready to do** ~할 준비를 하다 **serve** ~에게 서비스를 제공하다 **find** ~을 발견하다, 찾다 **look for** ~을 찾다, 구하다 **suggest that** ~임을 나타내다, 암시하다 **effective** 효과적인 **recommend -ing** ~하는 것을 권하다 **reschedule** ~의 일정을 다시 잡다 **ask for assistance** 도움을 요청하다 **hand out** ~을 나눠주다, 배부하다 **flyer** 전단

Part 4

Part 3와 마찬가지로 약도, 그래프, 스케줄 등의 시각자료가 제시되고, 담화 내용과 이 시각자료를 연계해서 푸는 문제가 출제됩니다. 주로 2문제가 출제되며 Part 4의 마지막 2개 대화에서 출제됩니다. 출제되는 시각자료 유형은 약도, 그래프, 스케줄, 가격표, 메뉴, 리스트 등 다양하지만 자주 나오는 유형이 정해져 있으므로 이들을 미리 눈에 익혀두면 쉽습니다. 주의할 점은 반드시 시각자료를 먼저 파악한 후 담화를 듣는 것입니다. 담화를 다 듣고 나서 그제서야 부랴부랴 시각자료를 보면 늦습니다.

일기 예보를 보니 회사 야유회 때 날씨가 흐릴 것 같네요. 해가 나지 않아 추울 수 있으니 재킷을 가져오세요.

Saturday	Sunday	Monday	Tuesday
Partly Sunny	Cloudy	Rain	Rain

Q. 시각자료를 보시오. 회사 야유회는 무슨 요일에 열리는가?
　　정답　일요일

1　질문 형태

항상 [Look at the graphic. + 구체적인 질문]의 형태로 나옵니다.

Look at the graphic. Which street will be closed?　　시각자료를 보시오. 어느 길이 폐쇄될 것인가?

Look at the graphic. Which information has changed?　　시각자료를 보시오. 어느 정보가 변경되었는가?

Look at the graphic. How much will the inspection cost?　　시각자료를 보시오. 검사는 얼마가 들 것인가?

2　풀이 전략

① 문제 미리 읽어서 대비하기

시각자료 연계 문제는 항상 Look at the graphic.으로 시작하기 때문에 바로 알아볼 수 있습니다. 문제를 먼저 읽고 어떤 정보를 요구하는지 파악합니다.

② 시각자료를 미리 이해하기

약도나 평면도의 경우는 위치 관계를, 스케줄표, 일정표, 티켓, 영수증 등 텍스트 정보가 많이 적혀 있는 경우라면 그 내용을 꼼꼼히 읽고 수치, 시간, 장소 등의 정보를 파악해 둡니다. 그런 다음, 미리 읽어 둔 문제와 어떻게 연결될 것인지도 짐작해 봅니다.

③ 끝까지 듣고 정답 고르기

일정이 변경되거나 위치를 다시 정정하는 경우도 나오므로 대화 초반만 듣고 성급히 답을 골라선 안됩니다. 또한, 시각자료만 보고도 답이 나오는 듯한 문제의 경우 100% 함정이므로 반드시 명확한 근거를 듣고 답을 골라야 합니다.

① 담화를 듣기 전에 문제를 먼저 읽고 무엇을 묻는지 파악합니다.

② 시각자료를 보고 무슨 내용인지 파악한 뒤, 문제와 어떻게 연계되는지 살펴봅니다.

문제	Script
Festival Highlights 9:00 A.M. – 10:30 A.M. Live music 10:30 A.M. – 11:30 A.M. Cooking show 1:30 P.M. – 3:00 P.M. Stand-up comedy 4:00 P.M. – 5:30 P.M. Fireworks display 1. Look at the graphic. **When** can festival attendees **see a British celebrity**? (A) 9:00 A.M. – 10:30 A.M. (B) 10:30 A.M. – 11:30 A.M. (C) 1:30 P.M. – 3:00 P.M. (D) 4:00 P.M. – 5:30 P.M.	Question 1 refers to the following broadcast and schedule. If you live here in New Hartford, don't forget that we are hosting our annual city festival on Saturday, August 10. We are expecting a large crowd this year, as we have a few celebrities taking part in the events. Not only will some popular singers be opening the event, but the famous British chef Gordon Blayne will be here to give a televised demonstration of his skills in the morning. It's Blayne's first live cooking program in our city, and it will be broadcast live on Channel 7. For ticket information, call 555-3876.

이렇게 풀어요!

담화 중반부에 영국의 유명 요리사인 Gordon Blayne 씨가 와서 요리 시연을 보인다는(~ the famous British chef Gordon Blayne ~) 말이 있는데, 시각자료에서 요리와 관련된 시간대가 '10:30 A.M. – 11:30 A.M. Cooking show'이므로 (B)가 정답입니다.

축제 주요 행사

오전 9:00 – 오전 10:30 라이브 음악 공연
오전 10:30 – 오전 11:30 요리 프로그램
오후 1:30 – 오후 3:00 스탠드업 코미디 공연
오후 4:00 – 오후 5:30 불꽃놀이

1. 시각 정보를 보시오. 축제 참석자들은 언제 영국의 유명인을 볼 수 있는가?

(A) 오전 9:00 – 오전 10:30

(B) 오전 10:30 – 오전 11:30

(C) 오후 1:30 – 오후 3:00

(D) 오후 4:00 – 오후 5:30

이곳 New Hartford에 거주하고 계시다면, 저희가 8월 10일 토요일에 연례 도시 축제를 주최한다는 사실을 잊지 마십시오. 저희는 올해 많은 사람들이 찾을 것으로 예상하고 있는데, 행사에 참여하는 몇몇 유명인들이 있기 때문입니다. 일부 인기 가수들이 행사 개막을 알릴 뿐만 아니라, 영국의 유명 요리사인 Gordon Blayne 씨도 이곳에 오셔서 오전 시간에 TV로 방송되는 요리 기술 시연회를 진행하실 것입니다. 이는 우리 도시에서 열리는 Blayne 씨의 첫 번째 생방송 요리 프로그램이며, 7번 채널에서 라이브로 방송됩니다. 티켓 정보를 원하시는 분은, 555-3876번으로 전화 주시기 바랍니다.

어휘 ⎜ forget that ~임을 잊다 host ~을 주최하다 annual 연례의, 해마다의 expect ~을 예상하다, 기대하다 crowd 사람들, 군중 as ~이므로 celebrity 유명인 take part in ~에 참여하다 not only A but (also) B: A뿐만 아니라 B도 give a demonstration 시연회를 하다 televised TV로 방송되는 skill 기술 broadcast ~을 방송하다 live 라이브로, 생방송으로 highlight 주요 부분 stand-up 서서 하는 fireworks display 불꽃놀이 attendee 참가자

PART 4 빈출 시각자료 파악하는 법

• 리스트

Record of Personal Expense	
Purchase	Cost
Gasoline	$80
Accommodation	$240
Promotional Items	$90
Food	$120
	Total: $530

구매 비용 내역이로군. 기름값이 80달러, 숙박에 240달러, 홍보용 품에 90달러, 음식에 80달러가 들어갔네. 숙박비가 많이 나왔군.

• 그래프

Monthly Subscribers

월별 구독자 수를 나타낸 자료구나. 2월이 가장 많았고 4월에 급격히 하락한 것을 보면 대책이 필요하겠어. 이 부분에 대한 회의 내용이 문제로 나오겠네.

• 티켓/쿠폰

Axolotl Airlines

Michael Fishman

Mexico City ➔ Dallas   Seat: 22B

AA 032	Gate	Boarding Time	Boarding Group
MEX➔DFW	46	7:55 AM	C
Fri, May 17			

Michael의 비행기 탑승권(boarding pass)이군. Mexico City에서 출발해 Dallas로 가는 항공편이고, 항공편명(AA032) 좌석번호(22B), 게이트 번호(46), 탑승 시각(7:55AM) 확인 완료!

• 지도/평면도

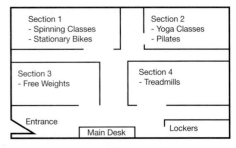

체육관 입구 가까이에 안내데스크와 3번방이 가까이에 있네. 구역별로 운동의 종류와 기기가 다르게 준비 되어 있는 것도 특징이군.

• 보고서/설문지

Subscriber Survey Results
Fewer advertisements ---- 25%
More celebrity interviews ---- 40%
Exclusive web content ---- 20%
More content variety ---- 15%

구독자 설문 조사 결과로군. 유명인 인터뷰(celebrity interviews)를 바라는 사람이 월등히 많네. 그 외 의견으로는 적은 광고(fewer advertisements), 고급 웹 컨텐츠(exclusive web content), 다양한 컨텐츠(more content variety) 등이 있네.

• 일정표

Schedule (Thursday, May 28)		
08:30	Managers Meeting	Staff Room
09:30	Marketing Presentation	Room 233
10:30	Monthly Sales Review	Room 117
11:30	Staff Training	Meeting Room B

8:30 매니저 회의, 9:30 마케팅 발표, 10:30 월별 매출 검토, 11:30 직원 교육. 일정과 장소를 잘 매치시켜야겠구나.

• 시각자료 연계 문제 필수 어휘

리스트
checklist 체크리스트
purchase 구매
quantity 수량
directory 안내 책자
rank 순위
introduction 도입부, 서론
inspection 검사
content 목차
policy 규정
days late 연체 일수
reimbursement 상환, 환급
cost 비용
free shipping 무료 배송
update (정보를) 최신화하다
type 유형
price estimate 가격 견적서
rate 요금

스케줄
board meeting 이사회 회의
departure 출발
arrival 도착
itinerary 여행 일정
prepare 준비하다
presentation 발표
conference 회의
conference call (다수의) 전화 회담
consultation 상담
banquet hall 연회장

그래프
region 지역
quarter 분기
market share 시장 점유율
average 평균
growth 성장
profit 이익
flow chart 업무 절차도
the majority of 대다수의
rating 순위, 등급

지도
courtyard 작은 뜰
garden 정원
road 도로
avenue 거리, -가
gift shop 기념품 가게
pond 연못
lake 호수
wing 부속 건물
trail 오솔길
street 길거리 (시내 거리)
dock 부두
path 길
course 경로

평면도
gallery 미술관, 화랑
lobby 로비
entrance 입구
exhibit 전시회
sculpture 조각상
route 경로, 노선
directory 층별 안내
be closed 폐쇄되다
story (건물의) 층
floor 층
copy machine 복사기
information desk 안내소
security 보안
reception 접수처, 안내데스크
lounge 휴게실
supply room 비품실

좌석 배치표
stage 무대
buffet table 뷔페 테이블
section 구역
front row 앞 줄
photography area 사진 촬영 구역

쿠폰/탑승권
expire 만료되다
subscription 구독
location 지점
valid 유효한
off 할인되어
discount 할인
refund 환불
gift certificate 상품권
gate (공항의) 탑승구
seat 좌석
flight 비행편

보고서/설문지
survey 조사
result 결과
figure 수치
feedback 의견
procedure 절차
expense 비용
request 요청서
operating cost 운영 비용
amount 총액
description 설명
agenda 의제, 안건
review 검토하다
questionnaire 설문지
budget 예산
cleanliness 청결도
friendliness 친절도
star (호텔 등의 등급을 나타내는) 별
equipment 장비
summary 요약

표지판
gate 문
block 막다, 차단하다
stop 정류장
parking area 주차 구역
approach 접근하다
visitor 방문객

Part 4

① 문제와 선택지를 먼저 읽은 뒤 음원을 듣고 정답을 골라보세요.

② 음원을 다시 들으면서 빈칸을 채워 보세요.

③ 채점 후 스크립트를 큰 소리로 3회 읽고 마무리하세요.

1 What does the speaker **imply** when she says, "<u>It's already Thursday</u>"?

(A) She needs a deadline extension.

(B) She has not received her wages.

(C) Her business trip was postponed.

(D) Her request is urgent.

Question 1 refers to the following telephone message.

Hi, Jim. This is Karen calling. You know the business trip you took to Paris at the start of the month? Well, I need to process the travel expense reimbursements by the end of this week, and I realized I _____ _____. It's already Thursday. As you know, I process all staff payments together at the end of each month, so I'm afraid _____ _____. Please get back to me as soon as possible.

2 **Why** does the speaker **say**, "<u>There's normally a long waiting list</u>"?

(A) To apologize for a cancellation

(B) To encourage participation

(C) To explain a delay

(D) To complain about a service

Question 2 refers to the following talk.

Attention, all hotel guests. We would like to inform you that two spaces have just become available on tomorrow's Midnight Safari tour. Unfortunately, two of our guests who booked spots on the safari have become ill and will not be able to participate. Rather than asking for a refund, they have offered their spots to any interested guests, free of charge! This is an _____. There's normally a long waiting list. So, if you are interested, please _____ our front desk manager. Thank you!

꼭! 암기

business trip 출장 process ~을 처리하다 travel expense reimbursement 여행 경비 환급 receipt 영수증 I'm afraid(that) (부정적인 내용) ~인 것같다 give A extra time A에게 시간을 더 주다 get back to ~에게 나중에 다시 연락하다 deadline extension 마감 시한 연장 wage 임금 postpone ~을 연기하다 urgent 긴급한 ｜ inform A that: A에게 ~라고 알리다 book v. ~을 예약하다 spot 자리 become ill 아프게 되다 participate 참가하다 rather than ~하는 대신 ask for ~을 요청하다 refund 환불 free of charge 무료로 opportunity 기회 normally 보통은, 일반적으로 don't hesitate to do ~하기를 주저하지 않다 apologize for ~에 대해 사과하다 participation 참가, 참여 delay 지연, 지체 complain about ~에 대해 불평하다

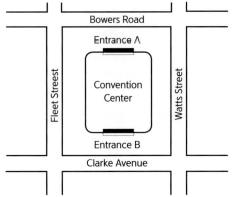

Question 3 refers to the following broadcast and map.

This is Beverly Marsh with your local news report on WTR Radio. A large pop concert is taking place at the convention center this evening. More than twenty thousand people are expected to attend, and the city council has taken action to avoid problems with traffic congestion near the venue. The main change is that the street _____

_____

will be _____

_____ to all traffic, but will reopen early tomorrow.

3 Look at the graphic. **Which road** will be **closed** to vehicles **today**?

(A) Bowers Road

(B) Fleet Street

(C) Clarke Avenue

(D) Watts Street

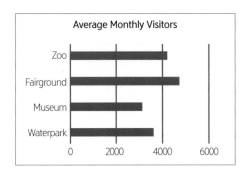

Question 4 refers to the following excerpt from a meeting and chart.

Hi, everyone. During this meeting, I'd like to take a look at the visitor numbers for the four main attractions here in our town. Our budget next year will allow us to make improvements to one or two of the attractions. At the previous meeting, we already discussed ways to attract more visitors to our waterpark. Today, let's _____

_____ the attraction that

_____.

4 Look at the graphic. **Which attraction** will the speaker **discuss next**?

(A) The zoo   (B) The fairground

(C) The museum (D) The waterpark

꼭! 암기

take place (일, 행사 등이) 개최되다, 발생되다 be expected to do ~할 것으로 예상되다 attend 참석하다 city council 시 의회 take action 조치를 취하다 avoid ~을 피하다 traffic congestion 교통 체증 venue 행사장 temporarily 일시적으로 | attraction 명소, 인기 장소 budget 예산 allow A to do: A가 ~할 수 있게 하다 make improvements 개선하다, 향상시키다 previous 이전의, 과거의 turn one's attention to ~로 주의를 돌리다

Part 4

• 실제 시험 난이도와 똑같은 실전 문제들을 풀며 학습한 내용을 확인해 보세요.

1. Where does the speaker probably work?

(A) At a dry cleaner

(B) At a manufacturing plant

(C) At a vehicle repair shop

(D) At an electronics store

2. What does the speaker imply when he says, "And, it doesn't end there"?

(A) He finished some work ahead of schedule.

(B) He found many additional problems.

(C) He thinks an item is no longer available.

(D) He doesn't want to close his business.

3. What does the speaker say he has done?

(A) Sent an estimate

(B) Ordered new parts

(C) Upgraded an item

(D) Scheduled a delivery

4. According to the speaker, what will take place next month?

(A) A building renovation

(B) A company expansion

(C) A recruitment event

(D) A training workshop

5. Why does the speaker say, "there are only a couple of candidates left"?

(A) To request assistance

(B) To express concern

(C) To change an interview schedule

(D) To explain why he is leaving early

6. What does the speaker ask the listener to do?

(A) Check the job requirements

(B) Inspect a warehouse

(C) Speak with employees

(D) Organize a training session

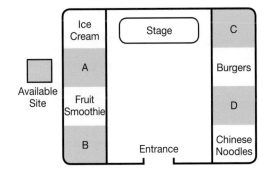

4th Floor Directory	
Room	**Department**
401	Sales
402	Personnel
403	Accounting
404	General Affairs

7. What kind of business does the speaker most likely own?

(A) A pizza restaurant

(B) A beverage company

(C) A bakery

(D) A health food store

8. Look at the graphic. Which vendor site did the speaker choose to rent?

(A) A

(B) B

(C) C

(D) D

9. What does the speaker request that Penelope do?

(A) Schedule a meeting

(B) Create some promotional materials

(C) Contact an event organizer

(D) Visit an event location

10. What is the speaker mainly discussing?

(A) A new vacation policy

(B) An upcoming event

(C) A department merger

(D) A new security system

11. What problem does the speaker mention?

(A) A room is not accessible.

(B) An item was damaged.

(C) There is a software error.

(D) Staff are underqualified.

12. Look at the graphic. Which department are the listeners advised to go to if they require help?

(A) Sales

(B) Personnel

(C) Accounting

(D) General Affairs

전화 메시지 & 광고

POINT 1 전화 메시지

1 최빈출 주제

전화 메시지
- 일정상의 변경으로 조정이 필요한 상황
- 제품 주문 변경/취소/확인 관련 내용(품절, 배송 지연, 불량품 등)

자동응답 메시지
- 출장 등 부재 시 비상연락망 제공
- 영업장 위치, ARS 업무 처리 방법 등을 안내

2 최빈출 어휘

◁)) D18_1

- □ This message is for A. 이 메시지는 A에게 전하는 것입니다.
- □ I'm calling to do ~하기 위해 전화드립니다
- □ I'm calling about ~에 관해 전화드립니다
- □ I'm calling because ~ 때문에 전화드립니다
- □ make[set up] an appointment (만날) 약속을 잡다
- □ confirm an appointment 예약을 확인하다
- □ set up a meeting 회의를 잡다
- □ get one's approval ~의 승인을 받다
- □ call A back: A에게 다시 전화하다
- □ return one's call ~의 전화에 답신하다
- □ give A a call: A에게 전화하다
- □ reschedule 일정을 재조정하다
- □ put off ~을 연기하다(= postpone)
- □ place an order 주문하다
- □ make a decision 결정을 내리다
- □ upcoming 곧 있을
- □ inquire about ~에 대해 문의하다
- □ regarding ~에 관해
- □ be away on vacation 휴가로 부재중이다
- □ If anything comes up 무슨 일이 일어나면
- □ while I'm gone 제가 없는 동안
- □ cover one's shift ~의 교대 근무를 대신하다
- □ realize (that) ~임을 깨닫다

- □ be supposed to do ~하기로 되어 있다
- □ look over ~을 검토하다(= review)
- □ make it on time 제 시간에 가다[하다]
- □ when you're available 당신이 시간이 될 때
- □ see if ~인지 알아보다
- □ follow up on ~에 대해 후속 조치를 취하다
- □ check with + 사람: ~에게 확인하다
- □ need one's assistance ~의 도움이 필요하다
- □ look forward to -ing ~하기를 매우 기대하다
- □ stop by ~에 잠깐 들리다
- □ at your earliest convenience 가급적 빨리
- □ be currently unavailable 현재 자리에 없다
- □ You've reached + 업체명: ~에 전화 주셔서 감사합니다.
- □ office hours 영업 시간
- □ in observance of the holiday 휴일을 준수하여
- □ be currently closed 현재 문을 닫은 상태이다
- □ dial extension 4582 내선번호 4582로 전화하다
- □ will be with you shortly 곧 응대해 드릴 겁니다
- □ after the beep 삐 소리 후에
- □ stay on the line 끊지 않고 기다리다
- □ put A through to B: A의 전화를 B에게 연결시켜주다
- □ press 0 0번을 누르다
- □ resume operation 운영을 재개하다

Example

◁)) D18_2

① 담화를 듣기 전에 각 문제를 먼저 읽고 문제의 핵심어에 동그라미 표시를 합니다. (볼드 표시된 곳에 직접 동그라미 해보세요.)

② 음원을 틀고 표시한 부분과 관련된 내용이 나오는 부분을 노려 듣습니다.

③ 듣는 동안 시선은 1번 문제 선택지에 둡니다. 1번 문제의 정답을 고르고 나면 재빨리 시선을 옮겨 2번 문제의 선택지에 시선을 두고 있다가 단서를 듣자마자 정답을 고르고, 3번도 같은 과정으로 풉니다.

서아쌤 밀착 코칭 TIP

전화 메시지는 일정한 흐름에 따라 전개되기 때문에 이를 미리 알아두면 유리합니다.

Telephone Message

Hello, Ms. Breyer. ❶This is Graham Jackson from the Indigo Gallery. ❷ The opening night of your upcoming exhibition is supposed to be next Friday, but I'm afraid we'll have to change it. ❸ Our current exhibition has proven to be quite popular, so I had a meeting yesterday with my colleagues to see about extending it. I know this change is inconvenient, but I promise that it will benefit you. In fact, if you could e-mail me a short introduction about you and your work, I will add it to our current pamphlet as an announcement for upcoming events. ❹ I look forward to your e-mail. Thanks.

❶ 자기소개
이름, 직위, 소속 부서 등 신분과 관련된 정보를 밝힙니다.

❷ 전화를 건 목적
전화 건 목적을 한마디로 이야기합니다.

❸ 용건 및 요청 사항
용건을 구체적으로 설명한 후 요청 사항을 말합니다.

❹ 마무리
연락처를 남기거나, 수신자가 메시지를 듣고 난 후 해야 할 일 등을 언급하며 마칩니다.

이렇게 풀어요!

1. **Why** has the **man called** Ms. Breyer?
   (A) To ask her to give a speech
   (B) To make a complaint
   (C) To assign a task
   (D) To reschedule an event

1. 담화를 시작하면서 상대방의 전시회 행사가 다음 주 금요일로 예정되어 있다는 말과 함께 그 시점을 변경해야 할 것 같다고(The opening night of your upcoming exhibition is supposed to be next Friday, but I'm afraid we'll have to change it) 알리고 있으므로 일정 재조정을 의미하는 (D)가 정답입니다.

2. **What** did the man **do yesterday**?
   (A) Made a reservation
   (B) Met with his coworkers
   (C) Canceled a contract
   (D) Purchased some artwork

2. 어제라는 시점이 언급되는 메시지 중반부에 자신의 동료들과 회의를 했다고(I had a meeting yesterday with my colleagues ~) 언급하고 있으므로, 동료와 만난 것을 언급한 (B)가 정답입니다.

3. **What** does the man **ask Ms. Breyer to do**?
   (A) E-mail some information
   (B) Return a call
   (C) Design a flyer
   (D) Visit a location

3. 메시지 수신자로 처음에 언급된 Breyer 씨를 you로 지칭해 그 사람 자신과 그의 작품에 관한 소개를 이메일로 보내 달라고(~ if you could e-mail me a short introduction about you and your work ~) 요청하고 있으므로 (A)가 정답입니다.

해설서 p.156

1 최빈출 주제

제품 및 서비스 광고

- 전자기기, 소프트웨어, 사무용품, 가구 등의 제품
- 휴대폰 서비스, 건물 관리 서비스, 오디오북, 잡지, 여행 상품, 보험 등의 서비스

업체 및 행사, 기타 광고

- 의료 업체, 피트니스 센터
- 컨벤션, 학원 강좌
- 광고 영상 공모

2 최빈출 어휘

D18_3

- Are you tired of ~? ~가 지겨우세요?
- Are you looking for ~? ~를 찾고 계세요?
- be ready to do ~할 준비가 되어 있다
- offer a special deal 특가 상품을 제공하다
- extended warranty 기한 연장된 보증서
- Visit our Web site at + 웹 사이트주소. 저희 웹 사이트 ~를 방문해 주세요.
- discount coupon 할인 쿠폰
- voucher 상품권, 할인권
- be pleased to do ~하게 되어 기쁘다
- exclusive 독점적인 cf. exclusively 독점적으로
- expire 만료되다
- run a promotion 홍보 행사를 진행하다
- A is here to help. A가 도와드리겠습니다.
- purchase one's service ~의 서비스를 구매하다
- complimentary 무료의
- at no extra charge 추가 비용 없이
- free of charge 무료로
- free consultation 무료 상담
- take advantage of ~을 이용하다
- give A access to B: A가 B를 이용할 수 있게 하다
- hold a sale 세일하다, 할인하다
- inventory 재고
- including ~을 포함하여
- That's not all. 그게 다가 아닙니다.

- be designed to do ~하기 위해 고안되다
- customize ~을 주문 제작하다
- be impressed 깊은 인상을 받다
- representative (판매) 직원
- 20% off any purchase 모든 구매에 대한 20% 할인
- state-of-the-art 최첨단의, 최신식의
- reliable 믿을 수 있는
- same day service 당일 서비스
- compact size 소형 사이즈
- fit neatly 깔끔하게 들어맞다
- be accessed from any device 어떤 장치로든 접속 가능하다
- for a limited time only 한정된 시간 동안만
- for a list of our locations 저희 지점 목록을 원하시면
- for comments from users 사용자 후기를 보려면
- click on "Reviews" "후기"를 클릭하다
- put your worries behind you 걱정하지 마세요
- step-by-step video 단계별로 보여주는 영상
- All you need is ~ ~만 있으면 됩니다
- competitor 경쟁업체, 경쟁사
- have several locations 여러 지점이 있다
- track daily exercise 매일의 운동량을 추적하다
- allow A to do: A가 ~할 수 있게 해주다
- one-month subscription to + 서비스: ~의 1개월 구독[이용]
- subscribe to ~을 구독하다

Example

① 담화를 듣기 전에 각 문제를 먼저 읽고 문제의 핵심어에 동그라미 표시를 합니다. (볼드 표시된 곳에 직접 동그라미 해보세요.)

② 음원을 틀고 표시해 두었던 내용이 나오는 부분을 노려 듣습니다.

③ 듣는 동안 시선은 1번 문제 선택지에 둡니다. 1번 문제의 정답을 고르고 나면 재빨리 시선을 옮겨 2번 문제의 선택지에 시선을 두고 있다가 단서를 듣자마자 정답을 고르고, 3번도 같은 과정으로 풉니다.

서아쌤 밀착 코칭 TIP

광고는 일정한 흐름에 따라 선개되기 때문에 이를 미리 알아두면 유리합니다.

Advertisement

❶ Have you always dreamed of mastering the piano? ❷ You can learn all the skills you need to amaze your friends at your next dinner party by following the detailed lessons in our Ivory Keys video series. These video lessons start with the foundations and then quickly build toward advanced techniques that will have you playing classical pieces in no time. ❸ If you purchase our piano lecture series, you will also receive a one-month subscription to Web Tempo, an online archive of sheet music that you can access from any device. This offer is only good through this month, ❹ so visit our Web site now to purchase and download your first lesson.

❶ **주의 집중**
주로 의문문 형태로 청자의 관심을 끌기 위한 멘트가 나옵니다.

❷ **상품/서비스 소개**
무엇에 대한 광고인지 소개합니다.

❸ **혜택 및 행사 기간 설명**
상품 구매 시 혜택, 할인 시기 등을 알려줍니다.

❹ **마무리**
추가 정보를 얻는 방법이나 연락처를 제시합니다.

이렇게 풀어요!

1. **What product** is being **advertised**?
   (A) A musical instrument
   (B) A video series
   (C) A book
   (D) A CD

1. 광고 제품의 종류가 언급되는 초반부에 our Ivory Keys video series라는 말로 동영상 시리즈임을 밝히고 있으므로 (B)가 정답입니다.

2. **Who** would most likely be **interested** in the product?
   (A) University professors
   (B) Business executives
   (C) Amateur musicians
   (D) Professional athletes

2. 담화 초반부에 피아노를 배우는 법을 언급한 뒤로, 동영상 시리즈를 통해 친구들을 놀라게 하는 데 필요한 모든 능력을 배울 수 있다고(You can learn all the skills you need to amaze your friends ~) 말하는 부분이 있는데, 이는 아마추어 음악인들 대상임을 나타내는 것이므로 (C)가 정답입니다.

3. **How** can the **product** be **purchased**?
   (A) By calling a phone number
   (B) By requesting a sample
   (C) By visiting a Web page
   (D) By attending an event

3. 제품 구매 방법이 언급되는 맨 마지막에 웹 사이트를 방문해 구매하고 다운로드할 수 있다고(~ visit our Web site now to purchase and download your first lesson) 언급하고 있으므로 (C)가 정답입니다.

📖 해설서 p.157

① 문제와 선택지를 먼저 읽은 뒤 음원을 듣고 정답을 골라보세요.

② 음원을 다시 들으면서 빈칸을 채워 보세요.

③ 채점 후 스크립트를 큰 소리로 3회 읽고 마무리하세요.

1 **Why** is the **museum closed** today?

(A) It is holding a staff event.

(B) It is a national holiday.

(C) It is being remodeled.

(D) It requires maintenance repairs.

2 **What event** is planned for **tomorrow**?

(A) A science lecture

(B) An academic competition

(C) An exhibit opening

(D) A fundraising dinner

3 **How** can listeners **register** for the event?

(A) By submitting a request

(B) By visiting the museum

(C) By attending an orientation

(D) By using a mobile app

Questions 1-3 refer to the following recorded message.

Thanks for calling the Cloverfield Aviation Museum. I apologize, but we are closed today _____

_____ .

We will open again tomorrow with our normal hours, and we will still start our Space Exploration _____

_____ tomorrow without any changes to the original schedule. Engineer Senita Chawla will be our first guest speaker for the event, and she will talk about the science behind the rockets that first went into space. While seating is limited, everyone is welcome to attend simply _____

_____ at 6 P.M. and

_____ at the front desk.

✎ 꼭! 암기

apologize 사과하다 due to ~때문에 plumbing problem 배관 문제 normal hours 정상 영업[운영] 시간 without any changes to ~에 대한 어떤 변경도 없이 original schedule 원래의 일정 guest speaker 초청 연사 behind ~ 이면의, 뒤의 space 우주 seating is limited 좌석 수가 한정되어 있다 be welcome to do 얼마든지 ~해도 좋다 attend 참석하다 simply by -ing 단순히 ~함으로써 register 등록하다 hold an event 행사를 열다 national holiday 국경일 remodel ~을 리모델링하다 require ~을 요구하다, 필요로 하다 maintenance repairs 보수 작업 competition 경쟁, 시합 fundraising dinner 기금 모금 만찬 mobile app 모바일 앱

4 According to the speaker, **what** is the **store known for**?

(A) Its customer service

(B) Its downtown location

(C) Its product quality

(D) Its celebrity owner

5 **What** will **customers receive** when they visit the store?

(A) A free item

(B) A voucher

(C) A flyer

(D) An online code

6 **What new items** will the store **sell next month**?

(A) Light fixtures

(B) Kitchenware

(C) Office furniture

(D) Pet supplies

Questions 4-6 refer to the following advertisement.

Do you want to get the best sleep of your life? Then Southside Mattress Supply can help you get it. Everyone knows that we have _____ _____ mattresses, pillows, and sheets available in the area. Also, anytime you come to our store, you can spin our Wheel of Deals to _____ _____ ranging from 10 percent to 30 percent off your purchase. We will also be

_____

next month _____ a wide range of lamps, wall lights, and chandeliers. Come see for yourself at our location downtown in the Pendleton Plaza.

Part 4

꼭! 암기

get the best sleep 최고의 숙면을 취하다   the highest quality of 최고급의   pillow 베개   sheet (침대) 시트   have A available: 구매 가능한 A가 있다
anytime 주어 + 동사: 주어가 ~할 때는 언제든지   spin ~을 돌리다, 회전시키다   win a coupon 쿠폰을 상으로 받다   range from A to B: A에서 B의 범위에 이르다
thirty percent off one's purchase ~가 구매한 것에서 30% 할인   expand one's inventory 재고품을 늘리다   a wide range of 아주 다양한   location 지점, 위
치   voucher 상품권, 쿠폰   flyer 전단   light fixture 조명 기구   kitchenware 부엌용품   furniture 가구   supplies 용품, 비품

• 실제 시험 난이도와 똑같은 실전 문제들을 풀며 학습한 내용을 확인해 보세요.

1. What is the purpose of the message?

(A) To confirm a cost

(B) To offer a discount

(C) To report an issue

(D) To schedule an appointment

2. What type of business most likely is Thorpe and Sons?

(A) A real estate agency

(B) A legal firm

(C) A utility service

(D) A landscaping company

3. What is the listener asked to do?

(A) Check an e-mail

(B) Sign a document

(C) Extend a deadline

(D) Visit a worksite

4. What special occasion is mentioned?

(A) A product demonstration

(B) A branch opening

(C) A store anniversary

(D) An awards ceremony

5. According to the speaker, what will happen this week?

(A) A special sale will be held.

(B) A class will be offered.

(C) A store will temporarily close.

(D) A performance will take place.

6. Why should some customers stop by the main entrance?

(A) To request a refund

(B) To receive a gift

(C) To apply for a membership

(D) To submit an application

7. Where does the speaker work?

(A) In a warehouse

(B) In an electronics store

(C) In a factory

(D) In a call center

Rental Prices	
Duration	**Price Range**
One day	$700
Three days	$1,800
One week	$2,500
Two weeks	$3,200

8. Why does the speaker need to make a purchase?

(A) Customer demand has increased.

(B) A new business location has opened.

(C) Some devices are faulty.

(D) New employees have been hired.

9. What does the speaker imply when she says, "You'll be finalizing the budget tomorrow, right"?

(A) She wants to offer her assistance.

(B) She is pleased with a management decision.

(C) She hopes a request is approved.

(D) She wants to reschedule a budget meeting.

10. What is the main purpose of the advertisement?

(A) To recommend a seafood restaurant

(B) To describe a seasonal sale

(C) To promote a boating company

(D) To announce a store closing

11. What does the speaker mention about children?

(A) They can enjoy some special features.

(B) They should take a training course.

(C) They must be a certain age to participate.

(D) They will receive a free gift.

12. Look at the graphic. What is the price of the option described in the advertisement?

(A) $700

(B) $1,800

(C) $2,500

(D) $3,200

Part 4

사내 공지 & 기타 장소 공지

POINT 1 사내 공지

1 최빈출 주제

규정 및 행사
- 사내 내부 규정에 관한 공고
- 사내 리모델링/보수 공사에 관한 공고 및 주의사항 전달
- 사내 행사(워크샵, 야유회, 교육 시간 등) 공고

회의
- 매출 관련 소식 전달 및 대안 논의
- 설문조사 결과를 알리며 관련 내용 논의
  (그래프가 등장하는 시각자료 연계 문제)

2 최빈출 어휘

🔊 D19_1

- □ work assignment 업무
- □ board of directors meeting 이사회 회의
- □ maintenance (시설 등의) 유지 보수
- □ safety inspection 안전 점검
- □ call a meeting 회의를 소집하다
- □ implement a new policy 새 정책을 시행하다
- □ comply with ~을 따르다, 준수하다(= observe, follow)
- □ starting + 시점: ~을 기점으로, ~부터
- □ from now on 이제부터
- □ dress code 복장 규정
- □ regulation 규정 cf. policy 정책
- □ stick to ~을 고수하다
- □ safety procedure 안전 절차
- □ make sure (that) 반드시 ~하도록 하다
- □ be sure to do 반드시 ~하다
- □ evaluation 평가
- □ meet a goal 목표를 달성하다
  cf. exceed a goal 목표를 초과 달성하다
- □ sales figures 매출액
- □ performance 성과
- □ come up with ~을 생각해내다
- □ quarter 분기
- □ remind ~에게 상기시켜주다 cf. reminder 알림
- □ save electricity[energy] 전기[에너지]를 아끼다

- □ cut costs 비용을 줄이다
- □ launch an initiative (특정 목적 달성을 위한) 계획을 시작하다
- □ environmentally friendly 환경 친화적인
- □ give A updates on: A에게 ~에 대한 최신 소식을 전하다
- □ line of products 제품군
- □ next item on the agenda 의제의 다음 안건
- □ on such short notice 갑작스런 공지에도
- □ notice that ~임을 알아차리다
- □ it's crucial that ~하는 것은 매우 중요하다
- □ meet the qualifications 자격요건을 충족하다
- □ product demonstration 제품 시연
- □ motivate ~에게 동기를 부여하다
- □ volunteer 자원하다, 지원자
- □ staffing 직원 채용
- □ budgeting 예산 짜기
- □ release date 출시일
- □ double the number of ~의 숫자를 두 배로 만들다
- □ workload 업무량
- □ management 경영진
- □ productivity 생산성
- □ there's room for improvement 개선의 여지가 있다
- □ competitive 경쟁력 있는
- □ move on to ~로 넘어가다

① 담화를 듣기 전에 각 문제를 먼저 읽고 문제의 핵심어에 동그라미 표시를 합니다. (볼드 표시된 곳에 직접 동그라미 해보세요.)

② 음원을 틀고 표시한 부분과 관련된 내용이 나오는 부분을 노려 듣습니다.

③ 듣는 동안 시선은 1번 문제 선택지에 둡니다. 1번 문제의 정답을 고르고 나면 재빨리 시선을 옮겨 2번 문제의 선택지에 시선을 두고 있다가 단서를 듣자마자 정답을 고르고, 3번도 같은 과정으로 풉니다.

서아쌤 밀착 코칭 TIP

사내 공지는 일정한 흐름에 따라 전개되기 때문에 이를 미리 알아두면 유리합니다.

Announcement

❶ Good morning, everyone. ❷ Before you start your work assignments for the day, I have an announcement regarding office waste. ❸ Management has requested that we implement a new policy regarding paper and printing. From now on, you must use both sides of each piece of paper when printing documents. This will not only cut down on unnecessary waste, but also on our monthly paper costs. ❹ Many of you wouldn't know how to change the settings on the printer, so I will show you all how to do that now. Please follow me.

❶ 인사말/주의 집중

❷ 공지 목적 및 주제
공지의 목적이나 주제를 묻는 문제의 단서가 됩니다.

❸ 공지 사항을 구체적으로 설명
변경사항, 새 정책 내용, 일정, 유의 사항 등을 구체적으로 설명합니다.

❹ 지시 사항
직원들이 해야 할 일을 지시합니다.

이렇게 풀어요!

1. **What** is the speaker mainly **discussing**?

   (A) Some new equipment

   (B) A project deadline

   (C) Some important documents

   (D) A new work policy

1. 담화 초반부에 경영진에서 종이 및 인쇄와 관련해 새로운 정책을 시행하도록 요청한(Management has requested that we implement a new policy ~) 사실을 언급하면서 그 내용을 전달하고 있으므로 (D)가 정답입니다.

2. **What benefit** does the speaker point out?

   (A) Expenses will be reduced.

   (B) Productivity will increase.

   (C) Customers will be more satisfied.

   (D) Staff will be more comfortable.

2. 담화 중반부에 새 정책 시행에 따른 긍정적인 결과로 쓰레기와 용지 비용 감소(This will not only cut down on unnecessary waste, but also on our monthly paper costs)를 언급하고 있으므로 이 둘 중 하나에 해당되는 (A)가 정답입니다.

3. **What** does the speaker **ask** the **listeners** to do?

   (A) Watch a demonstration

   (B) Submit some questions

   (C) Clean their workstations

   (D) Tour a building

3. 담화 후반부에 프린터의 설정을 변경하는 방법을 보여주겠다고 하며(so I will show you all how to do that now) 따라 오라고 했으므로 시연을 본다는 의미인 (A)가 정답입니다.

◻ 해설서 p.162

1 최빈출 주제

안내 방송

– 항공이나 열차 등의 도착/출발/지연 안내
– 공항에서 출발 게이트 변경 안내
– 백화점, 쇼핑센터, 식당 영업시간 안내

견학 안내

– 견학 일정 및 주의 사항 안내

2 최빈출 어휘

◁) D19_3

□ Welcome aboard. 탑승을 환영합니다.

□ May I have your attention? 주목해 주시겠습니까?

□ Attention 주목해 주십시오.

□ passengers of flight 710 710 비행편 탑승객

□ aircraft 비행기

□ departure gate 출발 게이트

□ departure 출발 cf. arrival 도착

□ destination 목적지

□ be delayed 지연되다, 연착되다

□ boarding 탑승 cf. boarding pass 탑승권

□ last-minute change 막판 변경

□ Have your boarding pass ready.
탑승권을 준비해주세요.

□ apologize for the inconvenience 불편에 대해 사과하다

□ flight attendant 승무원 cf. captain 기장

□ fasten one's seatbelt 안전벨트를 착용하다

□ maintenance worker 정비 작업자

□ on behalf of ~을 대신해

□ host ~을 개최하다

□ spaces are limited 자리가 한정되어 있다

□ before we get started 시작하기 전에

□ exhibition 전시회, 전시장

□ admission fee 입장료

□ venue 행사 장소

□ as you (all) know (모두) 알다시피

□ one last[final] thing 마지막으로 말씀드릴 것은

□ strongly recommend ~을 강력히 추천하다

□ be about to do 금방 ~할 예정이다

□ raise funds 기금을 모금하다

□ participate in ~에 참가하다, 참여하다

□ fundraiser 기금 마련 행사(= fundraising event)

□ charity 자선단체

□ manufacturing facility 제조 시설

□ assembly line 조립 라인

□ along the way 가는 동안 내내

□ direct questions to A: 질문을 A에게 하다

□ gift shop 기념품점(= souvenir shop)

□ no photography area 사진 촬영 금지 구역

□ Our next stop is ~ 우리가 다음으로 갈 장소는 ~입니다

□ last stop 마지막으로 들를 곳

□ stop frequently 자주 쉬다[멈추다]

□ conclude ~을 마무리하다

□ lead ~을 이끌다

□ refrain from -ing ~하는 것을 삼가다

□ Keep in mind. 명심하세요.

□ demonstrate ~을 시연하다

□ show A around B: A에게 B를 구경시켜주다

□ be required to do ~을 해야 한다

□ instruction 안내

□ be advised to do ~하는 것이 권고되다

□ last 지속되다

① 담화를 듣기 전에 각 문제를 먼저 읽고 문제의 핵심어에 동그라미 표시를 합니다. (볼드 표시된 곳에 직접 동그라미 해보세요.)

② 음원을 틀고 표시한 부분과 관련된 내용이 나오는 부분을 노려 듣습니다.

③ 듣는 동안 시선은 1번 문제 선택지에 둡니다. 1번 문제의 정답을 고르고 나면 재빨리 시선을 옮겨 2번 문제의 선택지에 시선을 두고 있다가 단서를 듣자마자 정답을 고르고, 3번도 같은 과정으로 풉니다.

서아쌤 밀착 코칭 TIP

버스, 기차, 비행기 등에서 하는 교통 상황과 관련된 공지는 일정한 흐름에 따라 전개되기 때문에 이를 미리 알아두면 유리합니다.

Announcement

❶ Attention, travelers on East Coast Rail Service 458. ❷ We regret to inform you that, due to icy tracks, this train will be delayed. Maintenance workers are doing their best to remove the ice from the tracks, but we expect to arrive at our destination at 5 P.M. instead of 3 P.M. ❸ Once you arrive at Glendale Terminal, please visit our customer service desk and present your ticket. You will be provided with a coupon that can be used to obtain 10 percent off your next trip with us. ❹We apologize for the inconvenience.

❶ 인사말/주의 집중

❷ 상황 안내
지연되는 상황과 이유, 출발/도착시간을 안내한다.

❸ 주의 사항 및 기타 참고 사항
주의 사항이나 당부 사항 등의 안내 사항이 언급된다. 특히 방송 후 제공될 서비스를 언급한 경우에는 이 부분에 대해 묻는 문제가 꼭 나온다.

❹ 마무리

이렇게 풀어요!

1. **Where** is the announcement most likely **taking place**?

   (A) On an airplane

   (B) On a bus

   (C) On a train

   (D) On a ferry

1. 담화 시작 부분의 East Coast Rail Service를 비롯해 바로 뒤이어 직접적으로 장소를 가리키는 this train 등의 말을 통해 기차에서 진행되는 공지임을 알 수 있으므로 (C)가 정답입니다.

2. According to the speaker, **what** has **changed**?

   (A) A ticket price

   (B) An arrival time

   (C) A destination

   (D) An entertainment service

2. 담화 중반부에 3시 대신 5시에 목적지에 도착한다고(~ we expect to arrive at our destination at 5 P.M. instead of 3 P.M.) 알리는 말을 통해 도착 시간이 변경되었음을 알 수 있으므로 (B)가 정답입니다.

3. **What** does the speaker say is **available** to the listeners?

   (A) Free accommodation

   (B) A partial refund

   (C) A shuttle service

   (D) A travel discount

3. 화자가 담화 후반부에 청자들을 You로 지칭해 다음 여행에서 10퍼센트 할인 받을 수 있는 쿠폰이 제공된다고(You will be provided with a coupon that can be used to obtain 10 percent off your next trip ~) 알리고 있으므로 (D)가 정답입니다.

📖 해설서 p.163

① 문제와 선택지를 먼저 읽은 뒤 음원을 듣고 정답을 골라보세요.
② 음원을 다시 들으면서 빈칸을 채워 보세요.
③ 채점 후 스크립트를 큰 소리로 3회 읽고 마무리하세요.

1 According to the speaker, **what happened this week**?

(A) Sales figures were released.

(B) A product line was launched.

(C) Employees were transferred.

(D) A new business location was opened.

서아쌤 밀착 코칭 TIP

문제를 읽을 때 According to the speaker와 같은 형식적인 표현은 신경 쓰지 마세요.

2 What is **Sara Goldman's** area of **expertise**?

(A) Customer relations

(B) Financial consulting

(C) Product development

(D) Online marketing

3 What is **Sara Goldman currently doing**?

(A) Creating a work schedule

(B) Recruiting new team members

(C) Negotiating a contract

(D) Attending a conference

Questions 1-3 refer to the following announcement.

Good morning, staff. As you know, _____ _____ for our company, and those of our competitors in the toy manufacturing industry, _____ this week. We are obviously unhappy that we are no longer the leader in the industry. So, I'm pleased to announce that Sara Goldman will be the new head of our Design & Innovation Team. This is very exciting news for us, as she's an _____ _____. I'm sure her background in developing innovative toys will help us win over our competitors. At the moment, she's _____ _____ in California, but we look forward to welcoming her when she arrives here on Thursday.

✏️ 꼭! 암기

sales figures 매출액 competitor 경쟁사, 경쟁자 toy manufacturing industry 장난감 제조 업계 release ~을 발표하다 publicly 공개적으로 obviously 분명히, 확실히 be no longer 더 이상 ~이 아니다 be pleased to do ~하게 되어 기쁘다 in the industry 업계에서 head 우두머리, 장 expert a. 전문가의 product developer 제품 개발자 background in ~ 분야의 경력, 배경 develop ~을 개발하다 innovative 혁신적인 win over a competitor 경쟁자를 물리치다 at the moment 현재 look forward to -ing ~하기를 고대하다 launch ~을 출시하다 transfer ~을 전근시키다, 이동시키다 recruit ~을 채용하다 negotiate a contract 계약 내용을 협의하다

4 **Where** is the **tour** taking place?

(A) A manufacturing plant

(B) A television studio

(C) A department store

(D) An airport terminal

5 **What** should the listeners **avoid doing**?

(A) Leaving the group

(B) Eating food

(C) Touching equipment

(D) Making noise

서아쌤 밀착 코칭 TIP

avoid -ing = refrain from -ing

6 **What** does the speaker **recommend** that the listeners **do**?

(A) Read a pamphlet

(B) Buy a souvenir

(C) Ask questions

(D) Wear specific clothing

Questions 4-6 refer to the following announcement.

Welcome, ladies and gentlemen. My name is Linda, and I'll be your guide during today's tour of Channel 3's main studio. This is where many of your favorite _____, and you will even have a chance to see some of the actors performing some scenes. Please keep in mind that the actors need to concentrate, so _____ _____ or _____ _____ that might distract them. At the end of the tour, I'll take you to our gift shop. It would be a great idea to _____ _____ so that you can remember today's tour even more fondly. Okay, let's begin!

Part 4

✏️ **꼭! 암기**

during today's tour of 오늘 ~를 견학하는 동안에 **favorite** 가장 좋아하는 **even** 심지어 (~도) **have a chance to do** ~할 기회를 갖다 **perform a scene** 장면을 연기하다 **keep in mind that** ~임을 명심하다 **concentrate** 집중하다 **refrain from -ing** ~하는 것을 삼가다 **talk loudly** 크게 말하다 **noisy** 소란스러운, 시끄러운 **distract** ~을 산만하게 하다 **take A to B**: A를 B로 데려가다 **gift shop** 기념품 숍 **purchase a souvenir** 기념품을 사다 **so that you can** 당신이 ~할 수 있도록 **remember A fondly**: A를 좋게 기억하다 **manufacturing plant** 제조 공장 **equipment** 장비 **make noise** 소음을 내다 **specific** 특정한

• 실제 시험 난이도와 똑같은 실전 문제들을 풀며 학습한 내용을 확인해 보세요.

1. Where does the announcement most likely take place?

(A) At a restaurant

(B) At a movie theater

(C) In a city park

(D) At a concert venue

2. According to the speaker, what has been changed?

(A) An admission fee

(B) An event start time

(C) A performance location

(D) A guest speaker

3. What does the speaker say the listeners must show?

(A) An event ticket

(B) A wristband

(C) A photo ID

(D) A promotional flyer

4. Where is the announcement being made?

(A) At a hotel

(B) At a health spa

(C) At a sports stadium

(D) In an apartment building

5. What can the listeners find on the third floor?

(A) A swimming pool

(B) A restaurant

(C) A fitness center

(D) A games room

6. What are the listeners encouraged to do at 3 P.M.?

(A) Watch a performance

(B) Join a trip

(C) Purchase a ticket

(D) Eat a meal

7. What type of art will the listeners see?

(A) Painting

(B) Pottery

(C) Sculpture

(D) Digital media

Community Clean-up Week Schedule	
Monday	Litter Collection (Regent Park)
Tuesday	Litter Collection (Marlin Beach)
Wednesday	Litter Collection (Appleton Park)
Thursday	Litter Collection (Berry Beach)
Friday	Family Fun Day (at Headquarters)

8. What does the speaker imply when he says, "Let's give it another five minutes"?

(A) He will wait for the other tour participants.

(B) He will give a brief introductory talk.

(C) A business will be closing earlier than expected.

(D) His colleague has been delayed in arriving.

10. According to the speaker, what benefit will some workers receive?

(A) An extra vacation day

(B) An additional payment

(C) A higher overtime rate

(D) An annual salary increase

9. What does the speaker ask the listeners to do?

(A) Stay together

(B) Fill out a form

(C) Sign up for a class

(D) Wear protective clothing

11. Look at the graphic. When will the company CEO join the volunteers?

(A) Monday

(B) Tuesday

(C) Wednesday

(D) Thursday

12. What should the listeners who want to attend the family fun day do?

(A) Inform Ms. Anderson

(B) Submit a written request

(C) Speak with Mr. Seaman

(D) Check a schedule

Part 4

POINT 1 소개

1 최빈출 주제

인물 소개

– 사회자가 수상자/발표 연사/강연자/퇴직하는 직원의 이력 및 업적을 소개

행사 소개

– 시상식/개업식/워크숍/강연회 등에서 사회자가 행사의 주제와 일정을 소개

2 최빈출 어휘

🔊 D20_1

- □ award 상 cf. award-winning 수상한 적이 있는
- □ awards ceremony 시상식
- □ The award goes to + 사람 이름. 수상자는 ~입니다.
- □ award recipient 수상자(= winner)
- □ recognize ~을 인정하다(= acknowledge)
- □ achievement 업적
- □ 10 years of dedication to ~에 대한 10년간의 헌신
- □ dedication 헌신(= commitment)
- □ be well-known for ~로 잘 알려져 있다
- □ renowned 유명한, 잘 알려진
- □ introduce ~을 소개하다
- □ keynote speaker 기조 연설자
- □ effort 노력
- □ share ~을 공유하다, 나누다
- □ specialize in ~을 전문으로 하다
- □ presenter 발표자
- □ present A to B: A를 B에게 주다, 수여하다
- □ will be presenting ~을 발표할 것이다
- □ expand ~을 확장하다
- □ retirement 은퇴 cf. retire 은퇴하다
- □ celebrate 축하하다
- □ hardworking 근면한
- □ innovative 혁신적인
- □ conduct ~을 시행하다

- □ hand the microphone over to 마이크를 ~에게 넘기다
- □ be happy to answer any questions 기꺼이 모든 질문에 답하다
- □ up next 다음 순서로는
- □ such a large turnout 이렇게 많은 참가자 수
- □ set A apart: A를 돋보이게 하다
- □ revolutionize ~을 혁신하다
- □ author 저자
- □ farewell party 송별 파티
- □ I'm honored to do ~하게 되어 영광입니다
- □ I'm pleased to announce ~을 알리게 되어 기쁩니다
- □ It's my pleasure to do ~하게 되어 기쁩니다
- □ without further delay 더 이상 지체하지 않고
- □ company's growth 회사의 성장
- □ invite A onto the stage: A를 무대로 초대하다
- □ as a token of our appreciation 감사의 표시로
- □ years of service 수년간의 근무
- □ play an important role 중요한 역할을 하다
- □ have insight into ~에 대해 통찰력을 갖다
- □ following the presentation 발표가 끝난 후에
- □ just a quick reminder 잠시 안내 말씀 드리면
- □ survey 설문 조사(= questionnaire)
- □ give a warm welcome to ~를 따뜻하게 맞이하다
- □ give a big round of applause to ~에게 큰 박수를 보내다

Example

◁)) D20_2

① 담화를 듣기 전에 각 문제를 먼저 읽고 문제의 핵심어에 동그라미 표시를 합니다. (볼드 표시된 곳에 직접 동그라미 해보세요.)

② 음원을 틀고 표시한 부분과 관련된 내용이 나오는 부분을 노려 듣습니다.

③ 듣는 동안 시선은 1번 문제 선택지에 둡니다. 1번 문제의 정답을 고르고 나면 재빨리 시선을 옮겨 2번 문제의 선택지에 시선을 두고 있다가 단서를 듣자마자 정답을 고르고, 3번도 같은 과정으로 풉니다.

서아쌤 밀착 코칭 TIP

소개 담화 중 특히 인물 소개는 일정한 흐름에 따라 전개되기 때문에 이를 미리 알아두면 유리합니다.

Introduction

❶ Good evening, everyone. As company president, I'm pleased to see that so many people have come to the retirement celebration for our financial director, James Booth. ❷ Many of you know that Mr. Booth has played an enormous role in making our company a success. He was responsible for negotiating many crucial business deals that helped us to expand our market share. After 30 years of service, it is time for him to step down, and he will be moving to Australia next month to be with his family. ❸ Now, let's give a warm welcome to James Booth.

❶ **인사말 및 행사 소개**
사회자가 인사를 하며 특정 행사의 이름/목적을 소개한다.

❷ **인물 소개**
특정 인물의 직업, 이력, 경력을 자세히 소개한다.

❸ **마무리 멘트**
특정 인물을 무대로 초대한다.

이렇게 풀어요!

1. **What** is the **purpose** of the talk?

   (A) To outline a new business plan

   (B) To announce a new company president

   (C) To introduce a retiring director

   (D) To welcome staff to an orientation

1. 담화 시작 부분에서 재무 이사인 James Booth 씨의 은퇴 기념 행사(the retirement celebration for our financial director, James Booth)라고 알리고 있으므로 (C)가 정답입니다.

2. According to the speaker, **what** did **Mr. Booth do**?

   (A) He designed successful products.

   (B) He recruited skilled workers.

   (C) He negotiated important deals.

   (D) He lowered annual expenses.

2. 담화 중반부에 Booth 씨를 He로 지칭해 여러 중대한 사업 거래를 협상하는 일을 직접 책임졌다고(He was responsible for negotiating many crucial business deals ~) 알리고 있으므로 (C)가 정답입니다.

3. **What** will **Mr. Booth do next month**?

   (A) Start a new business

   (B) Train a new employee

   (C) Speak to an audience

   (D) Move to another country

3. 담화 후반부에 next month라는 시점을 언급하면서 호주로 이사 할거라고(~ he will be moving to Australia next month ~) 말하고 있으므로 (D)가 정답입니다.

📖 해설서 p.169

Part 4

1 최빈출 주제

지역 뉴스

- 건설/관광 관련 프로젝트 소식 보도
- 기업 합병 및 확장 관련 소식 보도
- 기업의 신제품 출시 소식 보도

교통 정보/일기 예보 및 라디오쇼

- 교통 정보: 교통이 막히는 이유와 우회로 제안
- 일기 예보: 일기 예보와 그에 따른 유의 사항
- 라디오 쇼: 게스트 소개

2 최빈출 어휘

◁)) D20_3

지역 뉴스(local news)

- □ **merge with** ~와 합병하다 cf. merger 합병
- □ **take over** ~을 인수하다
- □ **expand overseas** 해외로 사업을 확장하다
- □ **location** 지점(= branch)
- □ **relocation** 이사, 이전
- □ **head office** 본사(= headquarters)

- □ **mayor** 시장 cf. government official 정부 관리
- □ **boost** ~을 신장시키다
- □ **local economy** 지역 경제
- □ **attract tourists** 관광객들을 끌어들이다
- □ **sponsor** ~을 후원하다
- □ **hold a fundraising event** 기금 모금 행사를 열다

교통 소식(traffic report)

- □ **traffic congestion** 교통 체증(= traffic jam)
- □ **traffic is backed up** 교통이 막히다
- □ **update** 최신 소식(정보)
- □ **commuter** 통근자 cf. commute 통근하다
- □ **vehicle** 차량
- □ **detour** 우회로

- □ **rush hour** 출퇴근 혼잡 시간대
- □ **avoid** ~을 피하다
- □ **accident** 사고
- □ **be advised to do** ~하도록 권고되다
- □ **alternative route** 대체 경로
- □ **use public transportation** 대중교통을 이용하다

일기 예보(weather forecast)

- □ **temperature** 기온
- □ **inclement weather** 악천후, 혹독한 날씨
- □ **We're expecting + 날씨.** 날씨가 ~일 것으로 예상합니다.
- □ **partially cloudy** 약간 흐린
- □ **freezing** 꽁꽁 얼게 추운 cf. chilly 쌀쌀한
- □ **clear up** 날씨가 개다, 맑아지다

- □ **throughout the day** 하루 종일
- □ **due to heavy rain** 폭우 때문에
- □ **rain shower** 소나기
- □ **There is a chance of rain.** 비 올 확률이 있다.
- □ **snowstorm will last** 눈보라가 계속될 것이다
- □ **warm clothes** 따뜻한 옷

라디오 쇼

- □ **Thanks for tuning in to + 프로그램명.**
  ~로 채널을 맞춰 주셔서 감사합니다.
- □ **I'm your host, 이름.** 저는 진행자인 ~입니다.
- □ **Today, we're happy to have** 오늘 ~을 모셔서 기쁩니다
- □ **take your calls during the show**
  방송 중에 여러분의 전화를 받다

- □ **call in to the station** 방송국으로 전화하다
- □ **stay tuned** 채널을 고정하다
- □ **I'll be right back with you.** 곧 다시 돌아오겠습니다.
- □ **Next up,** 다음으로는
- □ **commercial break** 광고 시간
- □ **words from a sponsor** 후원 업체가 전하는 말

Example

① 담화를 듣기 전에 각 문제를 먼저 읽고 문제의 핵심어에 동그라미 표시를 합니다. (볼드 표시된 곳에 직접 동그라미 해보세요.)

② 음원을 틀고 표시한 부분과 관련된 내용이 나오는 부분을 노려 듣습니다.

③ 듣는 동안 시선은 1번 문제 선택지에 둡니다. 1번 문제의 정답을 고르고 나면 재빨리 시선을 옮겨 2번 문제의 선택지에 시선을 두고 있다가 단서를 듣자마자 정답을 고르고, 3번도 같은 과정으로 풉니다.

서아쌤 밀착 코칭 TIP

소개 담화 중 특히 인물 소개는 일성한 흐름에 따라 전개되기 때문에 이를 미리 알아두면 유리합니다.

Broadcast

❶ Good morning, listeners. This is Mary Wells with the local news report. ❷ The city council will be holding its annual fundraising event this afternoon in Baxter Park. ❸ Council member Mark Harper has said that all proceeds from this year's event will go towards repairing the community center. The event will include games and prizes, live music, and lots of food vendors. Local residents are advised to use local buses to reach the event, instead of driving, in order to avoid causing traffic congestion near the park. ❹ You can visit the Channel 9 Web site for the bus routes to the venue.

❶ 뉴스 인사 멘트

❷ 보도 내용 도입 멘트
보도할 주요 내용을 간략하게 언급한다.

❸ 상세한 소식 내용
소개한 뉴스에 대하여 상세한 설명을 한다.

❹ 마무리
간략하게 마무리 인사를 하거나 해당 뉴스에 대한 추가 정보를 참고할 수 있는 사이트를 안내한다.

이렇게 풀어요!

1. **What** is **scheduled** for **this afternoon**?
   (A) A grand opening event
   (B) An awards dinner
   (C) A council meeting
   (D) An annual fundraiser

1. this afternoon이라는 시점이 언급되는 초반부에 화자는 시의회가 오늘 오후에 연례 기금 마련 행사를 개최할 것이라고 (The city council will be holding its annual fundraising event this afternoon ~) 알리고 있으므로 (D)가 정답입니다.

2. **What** does the **city council plan to do**?
   (A) Repair a building
   (B) Develop a city park
   (C) Create new bus routes
   (D) Increase tourism

2. 담화 중반부에 행사 수익금을 통해 지역 문화 센터를 수리할 것이라고(~ all proceeds from this year's event will go towards repairing the community center) 말하고 있으므로 (A)가 정답입니다.

3. **What** are local **residents advised** to do?
   (A) Park in a designated zone
   (B) Distribute promotional materials
   (C) Make a financial donation
   (D) Use public transportation

3. 담화 마지막에 지역 주민들에게 지역 버스를 이용하도록 권하는 말이 있는데(Local residents are advised to use local buses ~), 이는 대중 교통을 이용하라는 뜻이므로 (D)가 정답입니다.

📖 해설서 p.170

Part 4

① 문제와 선택지를 먼저 읽은 뒤 음원을 듣고 정답을 골라보세요.

② 음원을 다시 들으면서 빈칸을 채워 보세요.

③ 채점 후 스크립트를 큰 소리로 3회 읽고 마무리하세요.

1 What is the **purpose** of the talk?

(A) To honor a retiring employee

(B) To congratulate a sales team

(C) To announce a new business contract

(D) To introduce an award recipient

2 What does the speaker **mention** about **Ms. O'Donnell**?

(A) She will transfer to a different branch.

(B) She has worked at the company for one year.

(C) She developed a new product.

(D) She has won several awards.

3 What will the **company do next month**?

(A) Recruit more salespeople

(B) Expand overseas

(C) Open a new branch

(D) Launch a new service

Questions 1-3 refer to the following introduction.

Good evening, and welcome to our annual Employee Awards Dinner. This year, the Highest Sales Award _____ Ms. Stacey O'Donnell. Ms. O'Donnell

_____ and has quickly become our top seller. In fact, she broke all sales records for our cable TV and Internet packages. Accordingly, she has been put in charge of our largest sales team, and we will be relying on her to boost sales when we _____

_____ next month. Now, let's welcome Stacey O'Donnell to the stage and give her a big round of applause.

🖋️ **꼭/암기**

annual 연례적인, 해마다의 **employee awards dinner** 직원 시상식 만찬 **the award goes to** 상이 ~에게로 가다 **join our firm** 우리 회사에 입사하다 **top seller** 최고의 판매자 **in fact** 실제로, 사실 **break a record** 기록을 경신하다 **accordingly** 그에 따라, 그래서 **be put in charge of** ~을 책임지게 되다, 맡게 되다 **rely on** ~에 의존하다 **boost sales** 매출을 신장시키다 **launch** ~을 출시하다, 새로 시작하다 **welcome A to the stage:** A를 무대로 불러 환영하다 **give A a round of applause:** A에게 박수를 보내다 **honor** ~에게 영광을 주다 **retiring employee** 퇴직하는 직원 **business contract** 사업 계약 **award recipient** 수상자 **transfer to** ~로 전근가다 **win an award** 상을 받다 **recruit** ~을 모집하다 **expand overseas** 해외로 확장하다

4 **What** is the main **topic** of the **broadcast**?

(A) A traffic report

(B) A weather forecast

(C) An urban development plan

(D) A local corporation

5 According to the speaker, **what** will **take place today**?

(A) A sports tournament

(B) A store sale

(C) A street parade

(D) A music festival

서아쌤 밀착 코칭 TIP

문제의 today가 담화에서는 this afternoon 처럼 다르게 표현되어 나올 수 있으니 무조건 today가 나오길 기다리지 말고 다른 표현에도 마음을 열어 두세요.

6 **What** does the speaker **encourage listeners** to **do**?

(A) Use public transportation

(B) Avoid Main Street

(C) Drive carefully

(D) Check a Web site

Questions 4-6 refer to the following broadcast.

Good morning, listeners. I'm Dana Schwarz, and I'm here with your WPRN _____.
For anyone planning to go outdoors today, you'd be advised to take a warm jacket and an umbrella, as some showers are expected throughout the day. As you know, our city is _____ _____ this afternoon on Main Street. Don't let the showers keep you away from this fun event! You should _____ _____ _____ on the weather conditions, as well as news about traffic and parking availability around Main Street.

Part 4

📝 **꼭/암기**

plan to do ~할 계획이다 go outdoors 외출하다 be advised to do ~하도록 권해지다, ~하는 것이 좋다 as some showers are expected 약간의 소나기가 예상되므로 throughout the day 하루 종일 host ~을 주최하다 annual 연례적인, 해마다의 let A do: A가 ~하게 하다 keep A away from B: A를 B로부터 멀리하게 하다 up-to-date information 최신 정보 weather conditions 기상 상태 B as well as A: A뿐만 아니라 B도 traffic 교통량, 차량들 parking availability 주차 이용 가능 여부 urban development 도시 개발 take place 일어나다, 발생하다 avoid ~을 피하다

Check-up Test

- 실제 시험 난이도와 똑같은 실전 문제들을 풀며 학습한 내용을 확인해 보세요.

1. Where is the talk taking place?

   (A) At a store's grand opening
   (B) At an awards ceremony
   (C) At an industry convention
   (D) At a recruitment fair

2. Who is the speaker introducing?

   (A) A game developer
   (B) A company CEO
   (C) An event organizer
   (D) A marketing expert

3. What does the speaker mean when she says, "You'll be the first"?

   (A) Viewers will see exclusive material.
   (B) Viewers can obtain tickets for an event.
   (C) Viewers can purchase a product early.
   (D) Viewers will be entered into a contest.

4. Who is the speaker?

   (A) An athlete
   (B) An architect
   (C) A singer
   (D) A radio host

5. According to the speaker, what is Prentice Stadium most known for?

   (A) Its history
   (B) Its amenities
   (C) Its low ticket prices
   (D) Its appearance

6. Why does the speaker say, "You heard me right, Jenny Ortiz"?

   (A) To recommend a new music release
   (B) To emphasize that an individual is famous
   (C) To confirm that a performer has canceled a show
   (D) To introduce a guest speaker

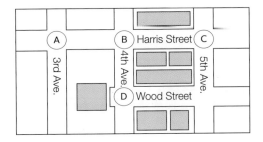

<table>
<tr><td>Friday</td><td>Saturday</td><td>Sunday</td><td>Monday</td></tr>
<tr><td>☁</td><td>☀</td><td>🌧</td><td>⛈</td></tr>
<tr><td>Cloudy</td><td>Sunny</td><td>Rainy</td><td>Stormy</td></tr>
</table>

7. What has caused a problem?

(A) Heavy rain

(B) Icy roads

(C) Traffic congestion

(D) Strong winds

8. Look at the graphic. Which junction is the speaker mainly describing?

(A) Junction A

(B) Junction B

(C) Junction C

(D) Junction D

9. What does the speaker say will happen this morning?

(A) A street light will be repaired.

(B) A road will be resurfaced.

(C) A food fair will be held.

(D) A new store will be opened.

10. What event is being described?

(A) A lecture series

(B) An outdoor concert

(C) A street parade

(D) A movie festival

11. According to the speaker, what can the listeners find on a Web site?

(A) An event schedule

(B) Ticket information

(C) Driving directions

(D) A discount coupon

12. Look at the graphic. On which day will the event begin?

(A) Friday

(B) Saturday

(C) Sunday

(D) Monday

시원스쿨LAB 강사 라인업

20년 노하우의 토익/토스/오픽/지텔프/텝스/아이엘츠/토플/SPA/듀오링고
기출 빅데이터 심층 연구로 빠르고 효율적인 목표 점수 달성을 보장합니다.

시원스쿨어학연구소

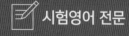 **시험영어 전문**

 기출 빅데이터

 264,000시간

TOEIC/TOEIC Speaking/
TEPS/OPIC/G-TELP/IELTS/
TOEFL/SPA/Duolingo
공인 영어시험 콘텐츠 개발 경력
20년 이상의 국내외 연구원들이 포진한
전문적인 연구 조직입니다.

본 연구소 연구원들은
매월 각 전문 분야의 시험에 응시해
시험에 나온 모든 문제를 철저하게
해부하고, 시험별 기술문제 빅데이터
분석을 통해 단기 고득점을 위한
학습 솔루션을 개발 중입니다.

각 분야 연구원들의 연구시간
모두 합쳐 264,000시간
이 모든 시간이 쌓여
시원스쿨어학연구소가
탄생했습니다.

시원스쿨 토익 750+

RC + LC 3주 완성

lab.siwonschool.com

RC + LC
정답 및 해설

명사 정답 자리

POINT 1 기출 확인 PRACTICE

1.
정답 (A)

해석 Emerson Bridge에 대한 개선 작업이 교통 체증을 줄여줄 것이다.

해설 정관사 The 다음에 위치한 빈칸은 명사가 필요한 자리이므로 명사 (A) improvement가 정답이다. (B) improves는 3인칭 단수 동사의 형태이다.

어휘 reduce ~을 줄이다 traffic congestion 교통 체증 improvement 개선, 향상 improve ~을 개선하다, 향상시키다

2.
정답 (A)

해석 건축과로부터 승인을 받는 데 한달이 넘는 시간이 걸릴 것이다.

해설 to부정사로 쓰인 타동사 obtain 다음에 위치한 빈칸은 목적어 역할을 할 명사 자리이므로 명사 (A) approval이 정답이다. (B) approve는 동사이므로 또 다른 동사 obtain과 나란히 위치할 수 없다.

어휘 take ~의 시간이 걸리다 more than ~가 넘는 obtain ~을 얻다, 획득하다 approval 승인 approve ~을 승인하다

POINT 2 기출 확인 PRACTICE

1.
정답 (B)

해석 모든 지원자는 회계학 학위를 소지하고 있어야 합니다.

해설 전치사 in 다음에 위치한 빈칸은 명사가 필요한 자리인데, 선택지가 모두 명사이므로 의미나 용법을 확인해야 한다. '회계사'라는 사람을 나타내는 가산명사 (A) accountant는 부정관사와 함께 사용하거나 복수형으로 쓰여야 하므로 빈칸에 맞지 않는다. 따라서 부정관사 없이 사용하는 불가산명사 (B) accounting이 정답이다.

어휘 candidate 지원자, 후보자 degree 학위 accountant 회계사 accounting 회계

2.
정답 (B)

해석 First Bank는 주택 구매자들에게 재정적인 도움을 제공한다.

해설 빈칸은 동사 offers의 목적어 자리이자 형용사 financial의 수식을 받는 명사 자리이다. 두 개의 선택지 모두 명사인데, (A) assistant는 '보조, 비서, 조수' 등의 의미로 사람을 나타내는

가산명사이며, (B) assistance는 '도움, 지원' 등을 의미하는 불가산명사이다. 명사구가 시작되는 financial 앞에 부정관사 a가 쓰여 있지 않아서 불가산명사가 필요하다는 것을 알 수 있으므로 (B) assistance가 정답이다.

어휘 offer ~을 제공하다 financial 재정의, 재무의 buyer 구매자 assistant 보조, 비서, 조수 assistance 도움, 지원

3.
정답 (B)

해석 저희는 잠재 고객들에게 1시간 길이의 무료 상담 서비스를 제공합니다.

해설 빈칸은 전치사 for의 목적어 자리이면서 형용사 potential의 수식을 받는 명사 자리이다. 같은 명사의 단수와 복수 형태가 제시되어 있는데, 형용사 potential 앞에 부정관사 a가 없으므로 빈칸이 복수명사 자리임을 알 수 있다. 따라서 (B) customers가 정답이다.

어휘 provide ~을 제공하다 consultation 상담 potential 잠재적인

4.
정답 (A)

해석 Jones 씨는 지역 신문에 광고를 게재했다.

해설 부정관사 an 다음에 위치한 빈칸은 단수 가산명사가 필요한 자리이므로 단수 가산명사인 (A) advertisement가 정답이다.

어휘 post ~을 게시하다 local 지역의, 현지의 advertisement 광고

POINT 3 기출 확인 PRACTICE

1.
정답 (B)

해석 우리는 다양한 기술 문제에 대한 조언을 구하는 중이다.

해설 빈칸은 타동사 are seeking의 목적어 자리인데, 빈칸 앞에 부정관사 an이 쓰여 있지 않으므로 '조언'을 의미하는 불가산명사 (B) advice가 정답이다. '조언자'의 의미로 사람을 나타내는 (A) adviser는 단수 가산명사의 형태이므로 부정관사 an과 함께 쓰여야 한다.

어휘 seek ~을 구하다, 찾다 various 다양한 technical 기술의, 기술적인 adviser 조언자 advice 조언

2.
정답 (A)

해석 주택 건설업자들은 시의회로부터 허가를 받아야 한다.

해설 빈칸은 타동사 receive의 목적어 자리인데, 빈칸 앞에 부정관사 a가 없으므로 '허가'를 의미하는 불가산명사 (A) permission이 정답이다. '허가서'를 의미하는 (B) permit은 단수 가산명사의 형태이므로 부정관사 a와 함께 쓰여야 한다.

어휘 builder 건설업자 receive ~을 받다 city council 시의회 permission 허가 permit 허가서

POINT 4 기출 확인 PRACTICE

1.
정답 (A)

해석 Lancaster Acting Academy에 기술 전문가들을 위한 몇몇 공석이 있다.

해설 빈칸은 job과 함께 복합명사를 구성할 또 다른 명사가 필요한 자리인데, 복수명사를 수식하는 several의 수식을 받아야 하므로 복수명사의 형태인 (A) openings가 정답이다.

어휘 several 몇몇의, 여럿의 expert 전문가 job opening 공석, 빈 자리 openness 개방(성), 솔직함

2.
정답 (B)

해석 Delta Labs는 연구 장비에 대한 예산을 늘릴 것이다.

해설 전치사 for의 목적어로서 research와 함께 복합명사를 구성할 또 다른 명사가 빈칸에 쓰여야 알맞으므로 명사인 (B) equipment가 정답이다. (A) equips는 동사이다.

어휘 increase ~을 늘리다, 증가시키다 budget 예산 research 연구 equip ~을 갖추어 주다 equipment 장비

3.
정답 (A)

해석 Wells 씨는 팀 생산성을 향상시키는 아이디어로 3일의 휴가를 받았다.

해설 타동사 improve의 목적어로서 team과 함께 복합명사를 구성할 또 다른 명사가 빈칸에 필요하다. team 앞에 부정관사 a가 쓰여 있지 않아 불가산명사가 포함된 복합명사가 되어야 한다는 것을 알 수 있으므로 불가산명사인 (A) productivity가 정답이다. (B) product는 '제품'을 의미하는 가산명사이다.

어휘 win (상 등) ~을 받다, 타다 vacation 휴가 improve ~을 향상시키다, 개선하다 productivity 생산성 product 제품

4.
정답 (B)

해석 저희는 최소 5년의 경력을 지닌 몇몇 조립 라인 조작 담당자를 찾고 있습니다.

해설 a few는 복수명사를 수식하므로 단수를 나타내는 assembly line은 완전한 명사구가 아니라는 것을 알 수 있다. 따라서 빈칸에 복수명사가 들어간 형태로 복합명사가 구성되어야 알맞으므로 (B) operators가 정답이다.

어휘 look for ~을 찾다 a few 몇몇의 assembly line 조립 라인 at least 적어도 experience 경력 operation 조작, 운전, 가동 operator 조작하는 사람, 운전자

---

1. (D)	2. (B)	3. (C)	4. (A)	5. (B)
6. (C)	7. (D)	8. (C)	9. (C)	10. (B)
11. (C)	12. (D)	13. (D)	14. (C)	15. (D)

1.
정답 (D)

해석 Lewissa Ford 씨는 기술 업계에서의 업적으로 잘 알려져 있다.

해설 소유격 대명사 her와 전치사 in 사이에 빈칸이 있다. 따라서 빈칸에 her의 수식을 받을 명사가 쓰여야 하므로 명사인 (D) accomplishments가 정답이다. 동명사인 (B) accomplishing은 소유격 대명사의 수식을 받을 수 없으므로 오답이다. (A) accomplish와 (C) accomplishes는 동사의 형태이므로 명사 자리인 빈칸에 쓰일 수 없다.

어휘 be renowned for ~로 잘 알려져 있다 industry 업계, 산업 accomplish ~을 성취하다, 이루다 accomplishment 업적, 성취

2.
정답 (B)

해석 예산 보고서에 대한 내용 추가는 반드시 Clarkson 씨에 의해서만 이뤄져야 한다.

해설 빈칸 바로 다음에 to가 쓰여 있는데, to 다음에 명사구 the budget report가 있으므로 to가 전치사임을 알 수 있다. 그리고 그 다음에 조동사 must와 함께 동사가 이어지고 있으므로 문장의 주어 역할을 할 명사가 빈칸에 와야 한다. 따라서 복수 형태로 쓰인 명사인 (B) Additions가 정답이다. 타동사 add의 동명사인 (A) Adding 뒤에는 목적어가 필요하므로 빈칸에 쓰일 수 없다. 부사인 (C) Additionally와 과거 또는 과거분사의 형태인 (D) Added도 모두 명사 자리인 빈칸에 어울리지 않는다.

어휘 budget 예산 add ~을 추가하다 addition 추가(되는 것) additionally 추가로

3.
정답 (C)

해석 2주 간의 개조 공사 끝에, 주차장이 직원들에게 다시 개방되었다.

해설 전치사 of 다음은 명사 자리인데, 두 개의 명사가 선택지에 있으므로 의미나 용법을 확인해야 한다. (B) renovator는 '수리자, 혁신자'라는 뜻으로 사람을 나타내는 가산명사이므로 부정관사가 함께 쓰이거나 복수형이 되어야 한다. 빈칸 앞에 부정관사가 쓰여 있지 않으므로 '개조, 보수'를 뜻하는 불가산명사 (C) renovation이 정답이다. 형용사인 (A) renovative, 과거 또는 과거분사의 형태인 (D) renovated는 명사 자리인 빈칸에 어울리지 않는다.

어휘 parking lot 주차장 reopen ~을 다시 개방하다 renovative 혁신적인 renovator 수리자, 혁신자 renovation 개조, 보수 renovate ~을 개조하다, 보수하다

RC 정답 및 해설

4.

정답 (A)

해석 Kim 박사는 항상 의약품에 대한 대안으로 침술을 추천한다.

해설 부정관사 an과 전치사 to 사이에 빈칸이 있으므로 셀 수 있는 명사의 단수 형태가 빈칸에 필요하다는 것을 알 수 있다. 부사인 (B) alternatively를 제외한 나머지가 모두 명사인데, 부정관사 an과 맞지 않는 복수명사의 형태인 (C) alternatives는 오답이다. 남은 두 개의 명사들 중에서, 전치사 to와 어울려 '침술에 대한 대안'이라는 의미가 되는 것이 알맞으므로 '대안'을 뜻하는 (A) alternative가 정답이다. alternative가 형용사와 명사로 모두 쓰인다는 점을 꼭 기억해 두는 것이 좋다.

어휘 recommend ~을 추천하다 acupuncture 침술 alternative n. 대안 a. 대안이 되는 medication 의약품 alternatively 그 대신에, 그렇지 않으면 alternation 교대, 교체

5.

정답 (B)

해석 방콕 여행자 지도는 그 도시에 있는 유명 관광 명소들의 위치를 보여준다.

해설 빈칸 앞에 「형용사 + 명사」인 popular tourist가 있는데, tourist가 가산명사의 단수형임에도 불구하고 그 앞에 부정관사 a가 쓰여 있지 않으므로 빈칸에 복수명사가 쓰인 복합명사 구조가 되어야 한다는 것을 알 수 있다. 따라서 복수명사인 (B) attractions가 정답이다. 동사 (A) attracts와 형용사 (D) attractive, 동명사 (C) attracting은 모두 복수명사가 필요한 빈칸에 어울리지 않는다.

어휘 tourist 관광객 location 위치, 지점 popular 유명한 attract ~을 끌어들이다 attraction 명소, 인기 장소 attractive 매력적인

6.

정답 (C)

해석 주방장은 고객 이용 후기에 대응해 일부 재료들을 변경했다.

해설 전치사 in과 to 사이에 위치한 빈칸은 in의 목적어 역할을 할 명사 자리이므로 명사인 (C) response가 정답이다. (A) respond와 (D) responded는 동사이고, (B) responsive는 형용사이므로 빈칸에 어울리지 않는다.

어휘 head cook 주방장 ingredient (음식) 재료, 성분 in response to ~에 대응하여 review 이용 후기, 평가 respond 반응하다, 응답하다 responsive 반응하는 response 반응, 응답

7.

정답 (D)

해석 마케팅 팀에 의해 실시된 설문 조사가 우리 회사에 대단히 유익했다.

해설 정관사 The와 동사 conducted 사이에 빈칸이 있는데, 뒤에 was라는 또 다른 동사가 쓰여 있다. 이는 빈칸이 명사 자리이며 conducted가 그 명사를 뒤에서 수식하는 과거분사임을 의미한다. 과거 또는 과거분사의 형태인 (C) surveyed를 제외한 나머지 선택지가 모두 명사인데, 문장의 동사 was와 수 일치가 되는 단수명사 (B) surveyor와 (D) survey 중에서 하나를 골라야 한다. '실시된'을 뜻하는 과거분사와 의미가 어울리려면 행위를 나타내는 명사여야 하므로 '설문 조사'를 뜻하는 (D) survey가 정답이다. (B) surveyor는 사람 명사이므로 의미가 맞지 않는다.

어휘 conduct ~을 실시하다 extremely 대단히, 매우 beneficial 유익한, 이득이 되는 firm 회사 survey n. 설문 조사(지) v. ~에게 설문 조사하다 surveyor 측량사, 감독관

8.

정답 (C)

해석 제품이 오작동할 경우, 기술 지원을 받을 수 있도록 425-9855번으로 전화주세요.

해설 빈칸 바로 앞에 technical이라는 형용사가 쓰여 있으므로 형용사의 수식을 받을 명사가 빈칸에 와야 한다는 것을 알 수 있다. 선택지에서 명사는 (B) supporter와 (C) support인데, (B) supporter는 사람을 나타내는 가산명사이므로 단수로 쓰이려면 부정관사 a가 필요하다. 따라서 '지원'을 뜻하는 불가산명사인 (C) support가 빈칸에 와야 의미가 알맞다.

어휘 malfunction v. 오작동하다, 제대로 기능하지 않다 supporter 지원자, 후원자 support n. 지원, 후원 v. ~을 지원하다, 후원하다

9.

정답 (C)

해석 MC Telecom 정책에 따르면, 매달 1일에 월간 납입액을 수금한다.

해설 빈칸 바로 앞에 위치한 형용사 monthly의 수식을 받아 타동사 collect의 목적어 역할을 할 명사가 빈칸에 필요하므로 명사인 (B) payers와 (C) payment 중에서 하나를 골라야 한다. 그런데 collect의 목적어는 사람이 모으거나 걷는 대상이어야 하므로 '지불액'을 의미하는 (C) payment가 정답이다. (B) payers는 사람을 나타내므로 의미가 맞지 않는다.

어휘 according to ~에 따르면 policy 정책 collect ~을 수금하다 monthly 월간의, 매월의 payment 지불(액), 납입(액)

10.

정답 (B)

해석 Goodwill Inc. 사는 자사 상품의 매출을 늘리기 위해 독특한 광고 전략을 개발할 것이다.

해설 형용사 unique와 명사 advertising 다음에 빈칸이 있고 그 뒤로 to부정사가 쓰여 있다. 따라서 unique의 수식을 받으면서 advertising과 복합명사를 이룰 수 있는 또 다른 명사가 빈칸에 쓰여야 알맞은 구조가 된다. strategy는 '전략'을 의미하는 가산명사이므로 단수로 쓰이려면 부정관사 a가 필요하다. 빈칸 앞에 부정관사가 없으므로 복수형인 (B) strategies가 정답이다.

어휘 develop ~을 개발하다 unique 독특한 advertising 광고 (활동) increase ~을 늘리다, 증가시키다 sales 매출, 판매, 영업 merchandise 상품 strategy 전략 strategic 전략적인

strategically 전략적으로

(성) innovate ~을 혁신하다

11.
정답 (C)

해석 American Science Online은 1만 가지가 넘는 과학 관련 연구 논문과 기사의 전자 자료를 소장하고 있다.

해설 빈칸 앞에 부정관사 an과 형용사 electronic이 있으므로 이 둘의 수식을 동시에 받을 명사가 빈칸에 쓰여야 알맞다. 따라서 명사인 (C) collection이 정답이다. 동명사인 (B) collecting은 부정관사와 형용사의 수식을 받지 않는다.

어휘 electronic 전자의 more than ~가 넘는 science-related 과학과 관련된 research paper 연구 논문 article (신문 등의) 기사 collect ~을 수집하다, 모으다 collection 소장(품), 수집(품)

12.
정답 (D)

해석 Wilshire Bank의 현금 입출금기는 10달러보다 낮은 가치를 지닌 지폐로 이뤄지는 입금액을 받지 못한다.

해설 두 개의 동사 accept와 made 사이에 빈칸이 위치해 있는데, 조동사와 함께 쓰인 accept가 문장의 동사이므로 빈칸에 accept의 목적어 역할을 할 명사가 쓰이고, made는 그 명사를 뒤에서 수식하는 구조가 되어야 한다. 따라서 복수명사의 형태인 (D) deposits가 정답이다.

어휘 accept ~을 받아들이다, 수용하다 make a deposit 입금하다 bill 지폐 value 가치, 값어치 deposit v. ~을 예금하다, 예치하다 n. 입금액

13.
정답 (D)

해석 Bridges 씨는 회사 리무진 차량을 판매하기 하루 전에 그 차량에 대한 등록을 취소했다.

해설 정관사 the와 전치사 on 사이에 위치한 빈칸은 정관사와 전치사구의 수식을 동시에 받을 명사 자리이므로 명사인 (D) registration이 정답이다. 동명사인 (A) registering은 정관사의 수식을 받지 못한다.

어휘 cancel ~을 취소하다 corporate 회사의, 기업의 vehicle 차량 register 등록하다 registration 등록

14.
정답 (C)

해석 Kingsman Toys 사에 속한 제품 디자인 부서들 사이에서 발생되는 경쟁력이 혁신성을 크게 촉진한다.

해설 문장 맨 마지막에 빈칸이 있는데 동사 encourages 다음에 위치해 있으므로 동사의 목적어 자리임을 알 수 있다. 따라서 명사가 빈칸에 필요하므로 명사인 (C) innovation이 정답이다.

어휘 competitiveness 경쟁력, 경쟁적임 between 복수명사: ~ 사이에서 strongly 크게, 강력히 encourage ~을 촉진하다, 장려하다 innovative 혁신적인 innovatively 혁신적으로 innovation 혁신

15.
정답 (D)

해석 기후 분석 소프트웨어는 기상학자들이 잠재적인 기온 변동에 대해 더욱 정확하게 예측할 수 있게 해준다.

해설 두 개의 형용사 more와 precise 뒤로 빈칸이 있고 그 다음에 전치사 about이 위치해 있으므로 빈칸은 형용사와 전치사의 수식을 동시에 받을 명사 자리임을 알 수 있다. 따라서 명사인 (D) predictions가 정답이다. 동명사인 (B) predicting은 형용사의 수식을 받지 못한다.

어휘 climate 기후 analysis 분석 allow A to do: A가 ~할 수 있게 해주다 meteorologist 기상학자 make a prediction 예측하다 precise 정확한 potential 잠재적인 fluctuation in ~의 변동 temperature 기온 predict ~을 예측하다 predictive 예측의

DAY 02

대명사

POINT 1 기출 확인 PRACTICE

1.
정답 (A)

해석 Mayson 씨가 지금은 휴가 중이지만, 곧 복귀할 것입니다.

해설 동사 will be returning 앞에 위치한 빈칸은 주어 자리이므로 주격 대명사인 (A) she가 정답이다.

어휘 on leave 휴가 중인 return 돌아오다, 돌아가다

2.
정답 (B)

해석 Galloway 씨는 보통 직접 약속 일정을 조정한다.

해설 빈칸 앞에 주어와 동사, 그리고 목적어까지 구성이 완전한 문장이 있으므로 빈칸은 부가적인 요소인 부사가 쓰일 수 있는 자리이므로 부사적으로 사용하는 재귀대명사 (B) himself가 정답이다.

어휘 usually 보통, 일반적으로 arrange ~을 조정하다, 마련하다 appointment 약속, 예약 oneself (부사적으로) 직접, 스스로

3.
정답 (B)

해석 Hailey 씨는 뛰어난 서비스로 인해 승진되었다.

해설 전치사 because of의 목적어로 쓰인 명사구 outstanding service 앞에 위치한 빈칸은 이 명사구를 수식할 소유격 대명

사 자리이므로 (B) her가 정답이다.

어휘   receive a promotion 승진되다   because of ~ 때문에 outstanding 뛰어난, 우수한

4.

정답   (B)

해석   나는 Samuelson 씨와 일하는 것이 슬거운네, 내 신구와 비슷하기 때문이다.

해설   전치사 of 뒤에 위치한 빈칸은 of의 목적어 자리이므로 전치사의 목적어 역할이 가능한 소유대명사 (B) mine이 정답이다.

어휘   enjoy -ing ~하는 것을 즐기다   similar to ~와 비슷한, 유사한

POINT 2   기출 확인 PRACTICE

1.

정답   (B)

해석   내부의 공석에 관심 있는 사람들은 Nolan 씨에게 지원서를 제출해야 합니다.

해설   과거분사 interested의 수식을 뒤에서 받을 수 있는 대명사가 빈칸에 필요하므로 수식어구와 함께 '~하는 사람들'이라는 의미를 나타내는 (B) Those가 정답이다.

어휘   interested in ~에 관심이 있는   internal 내부의   opening 공석, 빈자리   submit ~을 제출하다   application 지원(서), 신청(서)

2.

정답   (A)

해석   International Job Fair를 찾는 구직자들은 이 기회를 빌어 세계 최고의 IT 회사에 지원할 수 있을 것입니다.

해설   빈칸 바로 뒤에 위치한 단수명사 opportunity를 수식해야 하므로 단수명사를 수식할 때 사용하는 (A) this가 정답이다.

어휘   job seeker 구직자   take this opportunity to do 이 기회를 빌어 ~하다   apply to ~에 지원하다   leading 선도적인, 앞서 가는

3.

정답   (B)

해석   도시의 생활비가 시골 지역의 그것보다 항상 더 높은 것은 아니다.

해설   빈칸은 비교 대상에 해당되는 복수명사 living costs의 반복을 피하기 위해 사용하는 대명사가 쓰여야 하는 자리이므로 복수명사를 대신하는 (B) those가 정답이다.

어휘   living costs 생활비   rural 시골의   area 지역

4.

정답   (A)

해석   오직 사진이 포함된 유효 신분증을 소지한 사람들만 기밀 정보를 이용할 수 있다.

해설   빈칸 뒤에 위치한 with 전치사구의 수식을 받아야 하므로 이 전치사구와 함께 '~하는 사람들'이라는 의미를 나타낼 수 있는 (A) those가 정답이다.

어휘   valid 유효한   get access to ~을 이용하다, ~에 접근하다 confidential 기밀의

POINT 3   기출 확인 PRACTICE

1.

정답   (B)

해석   사람들이 새 지도를 이용해 한곳에서 다른 곳으로 쉽게 이동할 수 있다.

해설   전치사 to의 목적어로서 one place와 같은 종류의 다른 하나를 가리킬 대명사가 빈칸에 필요하므로 '또 다른 하나'를 뜻하는 대명사 (B) another가 정답이다. 참고로, other는 형용사로만 쓰인다.

어휘   easily 쉽게, 수월하게   another 또 다른 하나, 또 다른 한 명

2.

정답   (B)

해석   영업팀의 모든 관리자들은 서로 효과적으로 의사 소통할 수 있는 훌륭한 능력을 지니고 있다.

해설   빈칸은 전치사 with의 목적어 자리이므로 동사나 전치사의 목적어로 쓰여 '서로'라는 의미를 나타낼 때 사용하는 (B) each other가 정답이다.

어휘   sales 영업, 판매, 매출   excellent 훌륭한, 뛰어난   skill 능력, 기술 communicate with ~와 의사 소통하다   effectively 효과적으로

POINT 4   기출 확인 PRACTICE

1.

정답   (B)

해석   Joseph과 Sarah는 자신들의 사업을 시작하기 위해 함께 15년 동안 근무했던 사무실을 떠날 계획을 세웠다.

해설   전치사 of의 목적어로 쓰일 대명사가 빈칸에 필요한데, 문장의 의미로 보아 회사를 떠나 자신들만의 사업을 한다는 뜻이 되어야 알맞으므로 of와 함께 '자기 자신의 것'라는 의미를 나타낼 때 사용하는 (B) their own이 정답이다.

어휘   plan to do ~할 계획이다   leave ~을 떠나다, 그만두다   both 둘 모두 in order to do ~하기 위해   of one's own 자기 자신의

2.

정답 (B)

해석 직원들은 혼자 큰 행사를 준비할 시간이 부족할 때 Hammond 씨에게 자주 의존한다.

해설 전치사 by의 목적어로 쓰일 대명사가 빈칸에 필요한데, by와 함께 '혼자'라는 의미를 나타내야 어울리므로 이와 같은 의미를 구성할 때 사용하는 재귀대명사 (B) themselves가 정답이다.

어휘 rely on ~에 의존하다 lack A: A가 부족하다 prepare for ~을 준비하다 by oneself 혼자

Day 02 Check-up Test

1. (A)	**2.** (C)	**3.** (B)	**4.** (A)	**5.** (A)
6. (A)	**7.** (D)	**8.** (C)	**9.** (C)	**10.** (B)
11. (C)	**12.** (D)	**13.** (B)	**14.** (B)	**15.** (D)

1.

정답 (A)

해석 저희 심사위원단은 올해의 엔지니어링 공로상 수상자를 선정했다는 사실을 알려드리게 되어 기쁘게 생각합니다.

해설 announce의 목적어 역할을 하는 that절에서, 동사 have selected와 that 사이에 위치한 빈칸은 have selected의 주어 자리이므로 주격 대명사인 (A) we가 정답이다.

어휘 panel of judges 심사위원단 be pleased to do ~해서 기쁘다 announce that ~임을 알리다, 발표하다 select ~을 선택하다 winner 수상자, 당첨자 achievement 공로, 업적 award 상

2.

정답 (C)

해석 <Bullseye Magazine>에 실린 한 기사에 따르면, 많은 다트 선수들이 스스로를 프로 운동 선수로 여기지 않는다.

해설 타동사 consider 다음에 위치한 빈칸은 consider의 목적어 자리이므로 목적격 대명사가 필요하다. 이때 목적격 대명사는 복수명사로 쓰인 주어 darts players를 가리켜야 하므로 주어와 동일 대상을 가리킬 때 사용하는 재귀대명사인 (C) themselves가 정답이다.

어휘 according to ~에 따르면 article (신문 등의) 기사 consider A to be B: A를 B로 여기다 athlete 운동 선수

3.

정답 (B)

해석 Rogers 씨는 자신의 개인 비서와 함께 비행기를 타고 그 친환경 에너지 컨퍼런스에 갈 예정이다.

해설 전치사 with와 명사구 personal assistant 사이에 위치한 빈칸은 이 명사구를 수식할 소유격 대명사 자리이므로 (B) her가 정답이다.

어휘 fly to 비행기를 타고 ~로 가다 green 친환경의 personal 개인의 assistant 비서, 조수, 보조

4.

정답 (A)

해석 모든 구직 지원서를 검토한 후, Zola 씨가 직접 가장 적합한 후보자들을 면접할 것이다.

해설 빈칸 앞 부분을 보면, 주어(Ms. Zola)와 동사(will interview), 그리고 목적어(the most suitable candidates)까지 구성이 완전한 상태이다. 따라서 빈칸에 부사와 같이 부가적인 역할을 할 대명사가 쓰여야 하는데, 이렇게 부사처럼 쓰일 수 있는 것은 재귀대명사이므로 (A) herself가 정답이다.

어휘 review ~을 검토하다 application 지원(서), 신청(서) suitable 적합한, 알맞은 candidate 후보자 oneself (부사적으로) 직접

5.

정답 (A)

해석 Benjamin Kim 인사부장은 자신에게 모든 직원 모집 결정에 대한 단독 책임이 주어지도록 요구했다.

해설 requested의 목적어 역할을 하는 that절에서, 동사 be given과 that 사이에 위치한 빈칸은 be given의 주어 자리이므로 주격 대명사인 (A) he가 정답이다.

어휘 human resources director 인사부장 request that ~하도록 요구하다, 요청하다 sole 단독의, 유일한 responsibility for ~에 대한 책임 recruitment 직원 모집 decision 결정

6.

정답 (A)

해석 대부분의 도서 평론가들이 Tom Wolfe의 신간 소설이 지닌 모든 측면을 칭찬했지만, 한 사람만 그 줄거리의 특정 요소들을 마음에 들어 하지 않았다.

해설 접속사 although와 동사 disliked 사이에 위치한 빈칸은 disliked의 주어 자리이므로 주어 역할이 가능한 대명사 (A) one이 정답이다. '서로'를 뜻하는 (B) one another와 (C) each other는 동사나 전치사의 목적어로만 쓰이며, (D) other는 형용사이다.

어휘 critic 평론가 praise ~을 칭찬하다 aspect 측면, 양상 although ~이기는 하지만 certain 특정한, 일정한 element 요소 plot 줄거리 one another 서로 each other 서로

7.

정답 (D)

해석 새롭게 갖춰진 배송 트럭들은 우리가 창고에서 다른 곳으로 상품을 쉽게 운송할 수 있게 해줄 것이다.

해설 「from A to B」의 구조에서 전치사 to의 목적어 역할을 할 대명사를 찾아야 하는데, '하나의 창고에서 다른 한 곳으로'라는 의미가 되어야 알맞다. 따라서 앞서 언급된 것과 같은 종류의 또

RC 정답 및 해설

다른 하나를 의미할 때 사용하는 대명사 (D) another가 정답이다. (C) one another도 전치사의 목적어로 쓰일 수 있지만 의미가 맞지 않으므로 오답이다.

어휘   fleet (한 단체가 소유한 전체 차량 등의) 무리 allow A to do: A가 ~할 수 있게 해주다 transport ~을 운송하다 goods 상품 warehouse 창고 one another 서로

8.

정답   (C)

해석   우리 영업사원들이 일반적으로 혼자 일하고 있기는 하지만, 월간 사교 모임은 그들이 서로 교류할 수 있는 기회를 제공한다.

해설   전치사 with의 목적어 역할을 할 대명사가 빈칸에 쓰여야 하는데, 앞서 언급된 them(= sales representatives)이 서로 교류한다는 의미가 되어야 알맞으므로 '서로'를 뜻하는 (C) each other가 정답이다.

어휘   although ~이기는 하지만 sales 영업, 매출, 판매 representative n. 직원 typically 일반적으로 on one's own 혼자, 스스로 monthly 월간의, 매달의 social gathering 사교 모임 provide ~을 제공하다 opportunity 기회 interact with ~와 교류하다 each other 서로

9.

정답   (C)

해석   주방 직원들은 반드시 각 그릴이 최소 한 시간에 한 번씩 제대로 청소되는지 확인해야 한다.

해설   빈칸 바로 뒤에 「of + 복수가산명사」로 된 전치사구와 단수 동사 is가 이어져 있으므로 이 둘을 단서로 풀어야 한다. (A) every는 형용사로만 쓰이므로 전치사구가 바로 뒤에 위치할 수 없으며, (B) all은 「of + 복수가산명사」로 된 전치사구의 수식을 받을 수는 있지만 단수동사 is와 수 일치가 되지 않는다. (D) much는 「of + 불가산명사」의 수식을 받는다. 따라서 「of + 복수가산명사」로 된 전치사구의 수식을 받을 수 있으면서 단수동사 is와 수 일치되는 (C) each가 정답이다.

어휘   ensure that ~임을 확인하다, ~임을 확실히 하다 properly 제대로, 적절히 at least 최소한, 적어도 once per hour 한 시간에 한 번씩

10.

정답   (B)

해석   컴퓨터 능력 교육 과정에 등록하는 데 관심이 있는 사람들은 반드시 이번 주 금요일 오후 5시까지 작성 완료된 등록 양식을 제출해야 한다.

해설   빈칸 바로 뒤에 위치한 who절의 수식을 받아 '~하는 사람들'이라는 의미를 나타낼 때 사용하는 (B) Those가 정답이다.

어휘   interested in ~에 관심이 있는 sign up for ~에 등록하다, ~을 신청하다 training 교육 submit ~을 제출하다 completed 완료된 registration form 등록 양식 by (기한) ~까지 whoever ~하는 사람은 누구든 whichever ~하는 어느 것이든

11.

정답   (C)

해석   Romero 씨는 Glickman Corporation 사를 그만둔 이후로 자신의 벤처 사업에 집중해 오고 있다.

해설   전치사 on과 명사구 business venture 사이에 빈칸이 위치해 있으므로 명사구를 수식할 수 있는 대명사가 빈칸에 필요하다. 따라서 소유격 대명사와 own이 결합되어 '자기 자신의'라는 의미로 명사를 수식할 수 있는 (C) her own이 정답이다.

어휘   focus on ~에 집중하다, 초점을 맞추다 business venture 벤처 사업 since ~한 이후로 leave ~을 그만두다, 떠나다 one's own 자기 자신의

12.

정답   (D)

해석   Capaldi 씨는 혼자 그 워크숍을 시작했지만, 나중에 Sellers 씨의 도움을 받았다.

해설   전치사 by 뒤에 빈칸이 있으므로 by의 목적어 역할을 할 대명사가 필요한데, 주어 Ms. Capaldi 씨를 가리켜야 하므로 주어와 동일 대상을 가리킬 때 사용하는 재귀대명사 (D) herself가 정답이다.

어휘   by oneself 혼자, 스스로 assist ~을 돕다

13.

정답   (B)

해석   Dice Electronics 사는 자사의 웹 사이트 메인 페이지에 지사 위치를 기재해 놓고 있다.

해설   전치사 of와 명사구 Web site 사이에 위치한 빈칸은 이 명사구를 수식할 소유격 대명사가 필요한 자리이므로 (B) its가 정답이다.

어휘   list ~을 기재하다, 목록에 올리다 branch 지사, 지점 location 위치, 장소

14.

정답   (B)

해석   대표이사님께서는 우리 업무 일정표가 매주 월요일 아침에 게시되어야 한다고 주장하신다.

해설   동사 insists의 목적어 역할을 하는 that절에 빈칸이 속해 있는데, that 뒤로 빈칸과 명사구 work schedule, 그리고 동사 be posted가 이어지는 구조이다. 따라서 주어 역할을 하는 명사구 work schedule을 수식할 소유격 대명사가 빈칸에 쓰여야 알맞으므로 (B) our가 정답이다.

어휘   CEO 최고경영자, 대표이사 insist that ~라고 주장하다 post ~을 게시하다

15.

정답   (D)

해석 | 우리 회사에 속한 대부분의 부서장들은 종종 자신들이 회사 대표와 함께 하는 식사 자리에 초대된다는 것을 알고 있다.

해설 | 타동사 find 뒤에 위치한 빈칸은 목적어 자리인데, 빈칸에 쓰일 대명사가 주어 Most department managers를 가리켜야 하므로 주어와 동일 대상을 나타낼 때 사용하는 재귀대명사 (D) themselves가 정답이다.

어휘 | department manager 부서장 find oneself -ing (스스로) ~한다는 것을 알다 be invited to ~에 초대되다 president 대표, 장

DAY 03
동사 (수/태)

POINT 1 기출 확인 PRACTICE

1.
정답 | (B)

해석 | 부사장님께서 신제품의 인기로 인해 수익이 안정적인 상태로 유지되어 왔다고 발표하셨다.

해설 | 빈칸 앞에 that절의 주어로 쓰인 the profits가 복수이므로 수 일치가 되는 복수동사의 형태인 (B) have remained가 정답이다.

어휘 | vice president 부사장 announce that ~라고 발표하다, 알리다 profit 수익 steady 안정적인 due to ~로 인해 popularity 인기 remain 형용사: ~한 상태로 유지되다, 남아 있다

2.
정답 | (B)

해석 | 우리 웹 사이트에 게시된 불만 사항들이 우리 직원들에 의해 즉시 처리될 것이다.

해설 | 문장의 주어 complaints가 복수명사이므로 수 일치에 상관 없이 사용할 수 있는 (B) will be가 정답이다. (A) is는 단수동사이므로 어울리지 않는다.

어휘 | complaint 불만 post ~을 게시하다 address v. ~을 처리하다, 다루다 immediately 즉시 representative 직원, 대리인

POINT 2 기출 확인 PRACTICE

1.
정답 | (B)

해석 | 부서장님께서 프로젝트와 관련된 모든 파일들이 기밀 상태로 유지되도록 제안했다.

해설 | 빈칸은 that절의 동사 자리인데, 당위성을 나타내는 동사 suggest 뒤에 이어지는 that절의 동사는 원형으로 쓰이므로 동사원형인 (B) be kept가 정답이다.

어휘 | supervisor 부서장, 책임자, 감독 suggest that ~라고 제안하다, 권하다 related to ~와 관련된 confidential 기밀의 be kept 형용사: ~한 상태로 유지되다(cf. keep A 형용사: A를 ~한 상태로 유지하다)

2.
정답 | (A)

해석 | 환불 문제를 처리하는 직원들은 새로운 정책을 알고 있어야 한다.

해설 | 빈칸은 주격 관계대명사 who가 이끄는 절의 동사 자리이므로 선행사에 따라 수 일치 해야 한다. who 앞에 위치한 선행사 Employees가 복수이므로 복수동사의 형태인 (A) handle이 정답이다.

어휘 | issue 문제, 사안 refund 환불 be aware of ~을 알고 있다 policy 정책, 방침 handle ~을 처리하다, 다루다

3.
정답 | (A)

해석 | 경영진은 회사 야유회가 다음 달로 연기되도록 요청했다.

해설 | 빈칸은 that절의 동사 자리인데, 당위성을 나타내는 동사 request 뒤에 이어지는 that절의 동사는 원형으로 쓰이므로 동사원형인 (A) be postponed가 정답이다.

어휘 | management 경영(진) request that ~하도록 요청하다 outing 야유회 postpone ~을 연기하다, 미루다

4.
정답 | (B)

해석 | 주최측에서는 어제 시내에서 개최된 행사에서 도움을 제공한 모든 자원 봉사자들에게 감사하게 생각하고 있다.

해설 | 빈칸은 주격 관계대명사 who가 이끄는 절의 동사 자리이므로 선행사에 따라 수 일치 해야 한다. who 앞에 위치한 선행사 all volunteers가 복수이므로 수 일치에 상관 없이 사용할 수 있는 과거시제 동사인 (B) provided가 정답이다. (A) provides는 단수동사의 형태이다.

어휘 | organizer 주최자, 조직자 volunteer 자원 봉사자 assistance 도움, 지원 hold ~을 개최하다, 열다 provide ~을 제공하다

POINT 3 기출 확인 PRACTICE

1.
정답 | (A)

해석 | 그 구역은 오직 일부 직원들만 출입할 수 있다.

해설 | 동사 access는 목적어를 필요로 하는 타동사인데, 빈칸 뒤에 by 전치사구만 있으므로 수동태로 쓰여야 한다. 따라서 be동사와 수동태를 구성하는 과거분사 (A) accessed가 정답이다.

어휘 | access ~에 출입하다, 접근하다, ~을 이용하다

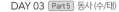

2.

정답 (A)

해석 그 백화점은 미술관 근처에 위치해 있다.

해설 동사 locate는 목적어를 필요로 하는 타동사인데, 빈칸 뒤에 near 전치사구만 있으므로 수동태로 쓰여야 한다. 따라서 (A) is located가 정답이다. 참고로, 「be located 전치사」는 '~에 위치해 있다'는 의미로 잘 쓰이는 표현이므로 미리 기억해두는 것이 좋다.

어휘 be located near ~ 근처에 위치해 있다(cf. locate ~의 위치를 찾다)

3.

정답 (B)

해석 월간 회의 시간에 모든 문제들이 처리되었다.

해설 동사 address는 목적어를 필요로 하는 타동사인데, 빈칸 뒤에 at 전치사구만 있으므로 수동태로 쓰여야 한다. 따라서 (B) have been addressed가 정답이다.

어휘 issue 문제, 사안 monthly 월간의, 달마다의 address v. ~을 처리하다, 다루다

4.

정답 (A)

해석 경영진이 매출 보고서 제출에 대한 마감시한을 연장할 것이다.

해설 빈칸 뒤에 위치한 명사구 the deadline을 목적어로 취할 능동태 동사가 빈칸에 쓰여야 알맞으므로 (A) be extending이 정답이다.

어휘 management 경영(진) deadline 마감시한 submit ~을 제출하다 sales 매출, 영업, 판매 extend ~을 연장하다

POINT 4 기출 확인 PRACTICE

1.

정답 (A)

해석 새 영화관 공사가 이달 말까지 내내 지속될 것으로 예상된다.

해설 빈칸 앞뒤에 위치한 be동사 is 및 to부정사와 어울려 '~할 것으로 예상되다'라는 의미를 나타낼 때 사용하는 (A) expected가 정답이다.

어휘 construction 공사, 건설 last v. 지속되다 throughout ~까지 내내, 계속 be expected to do ~할 것으로 예상되다

2.

정답 (B)

해석 영업 직원들이 새 제품 사용법에 대한 시연회를 할 준비가 완전히 되어 있다.

해설 빈칸 앞뒤에 위치한 be동사 were 및 to부정사와 어울려 '~할 준비가 되다'라는 의미를 나타낼 때 사용하는 (B) prepared가 정답이다.

어휘 sales 영업, 매출, 판매 representative 직원, 대리인 fully 완전히, 전적으로 give a demonstration 시연회를 하다, 시범 보이다 how to do ~하는 법 item 제품, 상품 be prepared to do ~할 준비가 되다

3.

정답 (A)

해석 Simpson 씨는 그 지역 회사와의 사업 계약에 매우 기뻐하고 있다.

해설 빈칸 앞뒤에 위치한 be동사 is 및 전치사 with와 어울려 '~에 기뻐하다'라는 의미를 나타낼 때 사용하는 (A) pleased가 정답이다.

어휘 contract 계약(서) local 지역의, 현지의 be pleased with ~에 기뻐하다 pleasant 기분 좋게 하는, 즐겁게 해주는

4.

정답 (B)

해석 우리의 신제품에 대해 불만을 제기한 일부 고객들은 그 제품의 내구성에 만족하지 못했다.

해설 빈칸 앞뒤에 위치한 be동사 were 및 전치사 with와 어울려 '~에 만족하다'라는 의미를 나타낼 때 사용하는 (B) satisfied가 정답이다.

어휘 complain about ~에 대해 불만을 제기하다 durability 내구성 be satisfied with ~에 만족하다 satisfying 만족감을 주는

Day 03 Check-up Test

1. (C)	**2.** (B)	**3.** (D)	**4.** (B)	**5.** (A)
6. (D)	**7.** (D)	**8.** (D)	**9.** (B)	**10.** (A)
11. (A)	**12.** (B)	**13.** (B)	**14.** (A)	**15.** (C)

1.

정답 (C)

해석 Stanstead Art Museum은 독특한 외관으로 인해 선도적인 건축가들에 의해 높이 평가 받고 있다.

해설 be동사 is와 by 전치사구 사이에 빈칸이 위치해 있는데, be동사와 전치사구 사이는 수동태 동사를 구성할 과거분사 자리이므로 (C) regarded가 정답이다.

어휘 highly regarded 높이 평가 받는 leading 선도적인, 앞서 가는 architect 건축가 unique 독특한 appearance 외관, 모습 regard (~을 …으로) 여기다

2.

정답 (B)

해석 그 발레 작품의 출연진이 안무가 Mark Eggers 씨에 의해 소개되었다.

해설 빈칸 앞뒤로 주어와 전치사구들만 위치해 있는 구조이므로 빈

칸이 문장의 동사 자리이다. '~을 소개하다'를 뜻하는 동사 introduce는 목적어를 필요로 하는 타동사인데, 빈칸 뒤에 목적어 없이 by 전치사구만 있으므로 introduce가 수동태로 쓰여야 한다는 것을 알 수 있다. 따라서 유일한 수동태인 (B) was introduced가 정답이다.

어휘　cast 출연진　production 작품　choreographer 안무가　introduce ~을 소개하다

3.

정답　(D)

해석　그 계절 할인 서비스는 오직 매장 회원 신청을 한 사람들에게만 제공된다.

해설　be동사 are와 to 전치사구 사이에 빈칸이 위치해 있는데, be동사와 전치사구 사이는 수동태 동사를 구성할 과거분사 자리이므로 (D) offered가 정답이다.

어휘　seasonal 계절적인　those who ~하는 사람들　sign up for ~을 신청하다, ~에 등록하다　offer ~을 제공하다

4.

정답　(B)

해석　Letham 시장인 Deborah Manning 씨는 내일 있을 공개 토론회에서 그 도시의 스포츠 시설 부족 문제를 다룰 것이다.

해설　각 선택지가 모두 동사의 역할이 가능한 형태인데, 빈칸 뒤에 목적어 역할을 하는 명사구가 있으므로 능동태인 (A) had been addressing과 (B) is addressing 중에서 하나를 골라야 한다. 그런데 문장 끝에 위치한 시점 표현 tomorrow와 의미가 어울려야 하므로 미래시제를 대신할 수 있는 현재진행형인 (B) is addressing이 정답이다.

어휘　mayor 시장　lack of ~의 부족　facility 시설(물)　public forum 공개 토론회　address v. (문제 등) ~을 다루다

5.

정답　(A)

해석　직원 출장 경비에 대한 변경 사항을 포함하는 예산 제안서를 제출해 주시기 바랍니다.

해설　Please 다음은 명령문을 구성할 동사원형이 필요한 자리이므로 동사원형인 (A) submit와 (C) be submitted 중에서 하나를 골라야 한다. 빈칸 뒤에 위치한 명사구를 목적어로 취할 능동태 동사가 필요하므로 (A) submit가 정답이다.

어휘　budget 예산　proposal 제안(서)　include ~을 포함하다　travel allowance 출장 경비　submit ~을 제출하다

6.

정답　(D)

해석　제가 오늘 오후에 사무실 밖으로 나가 있는 동안 Bell 씨가 제 전화를 받아 주시기로 동의하셨습니다.

해설　빈칸이 속한 주절에 주어 Mr. Bell과 to부정사구 to take my calls만 있으므로 빈칸이 주절의 동사 자리임을 알 수 있다. 따라서 유일한 동사의 형태인 (D) has agreed가 정답이다.

어휘　agree to do ~하기로 동의하다　take one's call ~의 전화를 받다　while ~하는 동안　agreement 동의(서), 합의(서)

7.

정답　(D)

해석　그 도시의 시내 구역이 개발되는 대로, 주택 가격이 상당히 오를 가능성이 있다.

해설　현재완료 시제로 쓰인 has been 다음에 빈칸이 있으므로 be동사와 결합할 수 없는 동사 원형 (C) develop은 우선 오답 처리한다. 또한, 명사 (A) development가 be동사 다음에 쓰이려면 주어와 동격이어야 하는데, downtown area와 동격이 아니므로 오답이다. 남은 두 개의 분사들 중에서, 빈칸 뒤에 목적어가 없는 구조와 어울리는 것은 수동태를 구성할 과거분사이므로 (D) developed가 정답이다.

어휘　once ~하는 대로, ~하자마자　be likely to do ~할 가능성이 있다, ~할 것 같다　increase 오르다, 증가하다　significantly 상당히　development 개발, 발전　develop ~을 개발하다, 발전시키다

8.

정답　(D)

해석　세입자들은 지불 기일에 임대료를 지불할 수 없다면 건물주에게 연락해야 한다.

해설　빈칸 앞뒤에 각각 be동사 are와 to부정사가 위치해 있는데, 이 둘과 구조적으로 어울릴 수 있는 것은 '~해야 하다'라는 의미를 나타낼 때 사용하는 required이므로 (D) required가 정답이다.

어휘　tenant 세입자　be required to do ~해야 하다　contact ~에게 연락하다　landlord 건물주, 집주인　be unable to do ~할 수 없다　rent 임대료, 집세　due date 지불 기일, 납기일

9.

정답　(B)

해석　Eagle Financial 사는 자사의 웹 사이트 메인 페이지에 회사의 목표를 개괄적으로 설명하고 있다.

해설　빈칸 앞에는 주어가, 빈칸 뒤에는 명사구와 전치사구들만 있으므로 빈칸이 문장의 동사 자리임을 알 수 있다. 따라서 동사의 형태인 (B) outlines와 (C) is outlined 중에서 하나를 골라야 하는데, 빈칸 뒤에 위치한 명사구를 목적어로 취해야 하므로 능동태인 (B) outlines가 정답이다.

어휘　outline ~을 개괄적으로 설명하다, 개요를 말하다

10.

정답　(A)

해석　Britstar Telecom 사에서 고객 불만 사항들을 처리하는 데 있

어 개선된 절차가 6월 15일에 시행될 것이다.

해설 빈칸 앞에는 주어와 두 개의 전치사구가, 빈칸 뒤에는 전치사구만 위치한 구조이므로 빈칸에 문장의 동사가 쓰여야 한다. 동사의 형태가 아닌 (C) to implement를 제외한 나머지 동사들 중에서, 단수주어 An improved procedure와 수 일치에 상관없이 사용할 수 있는 조동사가 포함된 (A) will be implemented가 정답이다. (B) are implemented와 (D) implement는 모두 복수동사의 형태이므로 수 일치가 되지 않는다.

어휘 improved 개선된, 향상된 procedure 절차 handle ~을 처리하다, 다루다 complaint 불만 implement ~을 시행하다

11.

정답 (A)

해석 영업 시간 변경이 우리의 주간 수익을 30퍼센트 증가시켜줄 것으로 예상된다.

해설 빈칸 앞뒤에 각각 be동사 is와 to부정사가 위치해 있는데, 이 둘과 구조적으로 어울릴 수 있는 것은 '~할 것으로 예상되다'라는 의미를 나타낼 때 사용하는 expected이므로 (A) expected가 정답이다.

어휘 be expected to do ~할 것으로 예상되다 increase ~을 증가시키다, 늘리다 weekly 주간의, 매주의 earning 수익 by (차이) ~만큼 expectation 예상, 기대 expect ~을 예상하다, 기대하다 expectant 기대하는

12.

정답 (B)

해석 우리가 여론 조사를 했던 대부분의 지역 주민들은 시장의 건축 개발 제안에 만족했다.

해설 빈칸 앞뒤에 각각 위치한 be동사 were 및 전치사 with와 어울리는 것은 '~에 만족하다'라는 의미를 나타낼 때 사용하는 satisfied이므로 (B) satisfied가 정답이다.

어휘 local 지역의, 현지의 resident 주민 poll ~을 여론 조사하다 be satisfied with ~에 만족하다 mayor 시장 development 개발, 발전 proposal 제안(서) satisfying 만족시키는 satisfaction 만족 satisfactory 만족스러운

13.

정답 (B)

해석 그 회사의 대변인은 새 휴대전화 애플리케이션에 대한 어떠한 질문에도 답변할 준비가 완벽히 되어 있다.

해설 빈칸 앞뒤에 각각 be동사 was와 to부정사가 위치해 있는데, 이 둘과 구조적으로 어울릴 수 있는 것은 '~할 준비가 되어 있다'라는 의미를 나타낼 때 사용하는 prepared이므로 (B) prepared가 정답이다.

어휘 spokesperson 대변인 be fully prepared to do ~할 준비가 완벽히 되다 prepare ~을 준비하다 preparation 준비

14.

정답 (A)

해석 그 매니저는 매장 점원들에게 위조 지폐 스캐너를 먼저 사용하지 않은 채로 고액 지폐를 지불금으로 받지 말도록 요청했다.

해설 당위성을 나타내는 동사 ask의 목적어 역할을 하는 that절의 동사는 원형으로 사용하므로 동사원형이 포함된 (A) not accept와 (D) not be accepted 중에서 하나를 골라야 한다. 빈칸 뒤에 위치한 명사구를 목적어로 취해야 하므로 능동태인 (A) not accept가 정답이다.

어휘 ask that ~하도록 요청하다 clerk 점원 large bill 고액 지폐 payment 지불(금) without ~하지 않고 counterfeit 위조의 accept ~을 받아들이다, 수용하다

15.

정답 (C)

해석 구독료를 지불하시는 대로, 저희가 소장하고 있는 모든 온라인 저널과 기사를 둘러보실 수 있도록 허용됩니다.

해설 빈칸 앞뒤에 각각 be동사 are와 to부정사가 위치해 있는데, 이 둘과 구조적으로 어울릴 수 있는 것은 '~하도록 허용되다'라는 의미를 나타낼 때 사용하는 allowed이므로 (C) allowed가 정답이다.

어휘 once ~하는 대로, ~하자마자 subscription (정기) 구독 fee 요금, 수수료 be allowed to do ~하도록 허용되다 browse ~을 둘러보다 complete 모든, 완전한 collection 소장(품), 수집(품) article (신문 등의) 기사

DAY 04

동사 (시제)

POINT 1 기출 확인 PRACTICE

1.

정답 (B)

해석 신입 직원들 중의 한 명이 어제 늦게 도착했다.

해설 과거 시점을 나타내는 yesterday와 어울리는 동사가 필요하므로 과거시제 형태인 (B) arrived가 정답이다.

어휘 arrive 도착하다

2.

정답 (A)

해석 일부 책임자들은 업무 시간 이후에 자주 회의를 한다.

해설 빈칸 바로 뒤에 위치한 현재시제 동사 have를 수식할 부사가 필요하므로 '자주, 흔히' 등의 의미로 현재시제 동사와 함께 쓰이는 (A) often이 정답이다.

어휘 have a meeting 회의하다 working hours 업무 시간 often 자주, 흔히 soon 곧

3.

정답 (B)

해석 그 행사는 다음 주말에 도심 지역에서 개최될 것이다.

해설 미래 시점을 나타내는 next weekend와 어울리는 동사가 필요하므로 미래시제 형태인 (B) will be held가 정답이다.

어휘 hold ~을 개최하다, 열다

4.

정답 (A)

해석 Kim 씨는 보통 주중에 초과 근무를 하지만, 오늘은 일찍 퇴근했다.

해설 빈칸 앞에 위치한 부사 usually는 현재시제 동사와 어울리므로 현재시제 형태인 (A) works가 정답이다.

어휘 usually 보통, 일반적으로 work overtime 초과 근무를 하다 leave 나가다, 떠나다

POINT 2 기출 확인 PRACTICE

1.

정답 (B)

해석 그 기관은 최근에 사업 확장 계획을 발표했다.

해설 빈칸은 바로 앞뒤에 위치한 현재완료시제 동사 has announced와 어울리는 부사가 필요한 자리이므로 '최근에'라는 의미로 현재완료 시제 동사와 함께 사용하는 (B) recently가 정답이다.

어휘 institution 기관, 단체, 협회 announce ~을 발표하다, 알리다 expand (사업 등을) 확장하다, 확대하다 shortly 곧, 머지않아 recently 최근에

2.

정답 (A)

해석 그 회사는 이미 지난주 이후로 동일 제품을 세 차례나 구입했다.

해설 현재완료 시제 동사가 쓰인 문장에서 시작점을 나타내는 특정 과거 시점 표현과 함께 사용할 수 있는 전치사가 필요하므로 '~ 이후로'라는 의미로 쓰이는 (A) since가 정답이다.

어휘 purchase ~을 구입하다 since ~ 이후로 beyond (위치) ~ 너머에, (수량, 정도 등) ~을 넘어서

3.

정답 (B)

해석 그 지역 회사는 작년 이후로 매출 수치가 급격히 증가되었다고 발표했다.

해설 과거의 특정 시점을 나타내는 since 전치사구(since last year)와 어울리는 현재완료 시제 동사가 빈칸에 쓰여야 알맞으므로 (B) have increased가 정답이다.

어휘 local 지역의 announce that ~라고 발표하다, 알리다 sales 매출, 영업, 판매 figure 수치 dramatically 급격히 since ~ 이후로 increase 증가되다, 오르다

4.

정답 (B)

해석 Johnson 씨는 올 연말이면 그 법률회사에서 15년동안 근무하게 될 것이다.

해설 미래의 특정 시점을 나타내는 by 전치사구(by the end of the year)와 어울리는 미래완료 시제 동사가 빈칸에 쓰여야 알맞으므로 (B) will have worked가 정답이다.

어휘 law firm 법률회사 by ~쯤에, ~ 무렵 work for ~에서 근무하다

POINT 3 기출 확인 PRACTICE

1.

정답 (A)

해석 다음 달부터, 그 미술관은 여름 기간 내내 일련의 미술 전시회를 개최할 것이다.

해설 빈칸 앞뒤로 주어 the museum과 명사구 a series of art exhibitions, 그리고 throughout 전치사구만 위치해 있으므로 빈칸에 문장의 동사가 필요하다. 따라서 동사의 형태인 (A) will hold가 정답이다. (B) holding은 동사의 형태가 아니므로 오답이다.

어휘 a series of 일련의 exhibition 전시(회) throughout ~ 동안 내내 period 기간 hold ~을 개최하다, 열다

2.

정답 (B)

해석 지난 달에 열린 워크숍에 참석했던 많은 직원들이 그 교육 시간에 만족했다.

해설 주격 관계대명사 who 뒤로 빈칸이 있고, 그 뒤로 명사구 the workshop이 있으므로 빈칸이 who절의 동사 자리임을 알 수 있다. 주격 관계대명사 who가 이끄는 절의 동사는 선행사에 맞춰 수 일치를 하는데, 선행사 Many employees는 복수명사이므로 수 일치에 상관없이 사용할 수 있는 과거시제 동사 (B) attended가 정답이다. (A) attends는 단수동사의 형태이므로 맞지 않는다.

어휘 be satisfied with ~에 만족하다 training 교육 attend ~에 참석하다

1.

정답　(B)

해석　공장 책임자가 회의에 참석한다면, 우리는 긴급한 문제를 논의할 수 있을 것이다.

해설　주절의 동사가 「could + 동사원형」의 형태일 경우, If절에는 과거시제 동사가 쓰여서 실현되지 않는 사실을 나타내므로 (B) were가 정답이다.

어휘　discuss ~을 논의하다　urgent 긴급한

2.

정답　(A)

해석　그 행사 장소가 훨씬 미리 예약되었다면, 우리는 더 많은 사람들을 수용했을 것이다.

해설　If절의 동사가 「had p.p.」의 형태일 경우, 주절에는 「would/should/could/might have p.p.」의 형태가 쓰이므로 (A) would have accommodated가 정답이다.

어휘　event venue 행사장　reserve ~을 예약하다　well in advance 훨씬 미리　accommodate ~을 수용하다

3.

정답　(A)

해석　회사가 더 많은 디자이너를 고용했다면, 우리는 제때 그 제품을 출시했을 것이다.

해설　주절의 동사가 「would/should/could/might have p.p.」의 형태이므로 If절의 동사는 「had p.p.」 형태가 되어야 하는데, If가 없으므로 도치된 구조를 만들 수 있는 (A) Had가 정답이다.

어휘　hire ~을 고용하다　release ~을 출시하다　on time 제때, 제 시간에

4.

정답　(A)

해석　그 세미나에 참석하실 수 있다면, 온라인으로 등록해야 할 것입니다.

해설　If절의 동사가 과거시제의 형태일 경우, 주절의 동사는 「would/should/could/might + 동사원형」이 되어야 하므로 (A) would가 정답이다.

어휘　be able to do ~할 수 있다　attend ~에 참석하다　register for ~에 등록하다　online 온라인으로

1. (C)	2. (C)	3. (D)	4. (A)	5. (D)
6. (D)	7. (B)	8. (A)	9. (D)	10. (C)
11. (D)	12. (A)	13. (D)	14. (C)	15. (C)

1.

정답　(C)

해석　그래픽 디자인 부서의 팀 회의는 일반적으로 약 45분 동안 지속된다.

해설　빈칸 뒤에 위치한 동사 last가 현재시제로 쓰여 있으므로 현재시제 동사를 수식할 수 있는 부사인 (C) generally가 정답이다.

어휘　department 부서　last v. 지속되다　around 약, 대략　gradually 점차적으로　suddenly 갑자기　generally 일반적으로, 보통　lightly 가볍게, 부드럽게, 약간

2.

정답　(C)

해석　지난 달에, Marvin Adkins 박사는 소아 건강에 관한 자신의 기사에 대해 찬사를 받았다.

해설　Last month라는 과거 시점과 어울려야 하므로 과거 시제 동사인 (C) was praised가 정답이다.

어휘　article (신문 등의) 기사　pediatric 소아과의　praise A for B: B에 대해 A를 칭찬하다

3.

정답　(D)

해석　어제 열린 이사회 회의에서, 재무이사님께서 회사의 월간 지출 비용을 살펴보셨다.

해설　빈칸 앞에는 During 전치사구와 주어가, 그리고 빈칸 뒤에는 명사구만 위치한 구조이므로 빈칸이 문장의 동사 자리이다. 동사의 형태인 (B) will review와 (D) reviewed 중에서, 과거 시점을 나타내는 yesterday와 의미가 어울려야 하므로 과거 시제인 (D) reviewed가 정답이다.

어휘　board 이사회, 이사진　financial director 재무이사　monthly 월간의, 달마다의　expense 지출 (비용), 경비　review ~을 살펴보다, 검토하다

4.

정답　(A)

해석　Grady Music College의 강사들은 지역 콘서트에서 자주 공연한다.

해설　빈칸 뒤에 위치한 동사 perform이 현재 시제로 쓰여 있으므로 현재시제 동사를 수식할 수 있는 부사인 (A) frequently가 정답이다.

어휘　instructor 강사　perform 공연하다　local 지역의, 현지의　frequently 자주, 흔히　exactly 정확히　almost 거의　formerly 이전에, 예전에

5.

정답　(D)

해석   Allen 씨는 2007년 이후로 그 자선 단체의 회원이었다.

해설   과거의 시작점을 나타내는 since 전치사구(~ 이후로)와 어울리는 현재완료 시제 동사가 빈칸에 쓰여야 알맞으므로 (D) has been이 정답이다.

어휘   charitable 자선의 organization 단체, 기관 since ~ 이후로

6.

정답   (D)

해석   다음 주말에, Dillon 씨가 Vertigo Art Gallery에서 자신의 조각품을 전시할 것이다.

해설   미래 시점을 나타내는 Next weekend와 의미가 어울려야 하므로 미래 시제 동사의 형태인 (C) will be exhibited와 (D) will exhibit 중에서 하나를 골라야 한다. 그런데 빈칸 뒤에 위치한 명사구를 목적어로 취해야 하므로 능동태인 (D) will exhibit이 정답이다.

어휘   sculpture 조각품 exhibit ~을 전시하다

7.

정답   (B)

해석   3개월 전에, Jones 씨는 자신의 회사를 설립하기 위해 Vericore 사를 그만두었다.

해설   과거 시점을 나타내는 Three months ago와 의미가 어울려야 하므로 과거시제 동사의 형태인 (B) left와 (D) was left 중에서 하나를 골라야 한다. 그런데 빈칸 뒤에 위치한 명사구를 목적어로 취해야 하므로 능동태인 (B) left가 정답이다.

어휘   establish ~을 설립하다, 확립하다 one's own 자기 자신의 leave ~을 그만두다, 떠나다

8.

정답   (A)

해석   지난 10년 동안, Seven Trees Hotel은 접객업계에서 높은 기준을 세워 왔다.

해설   과거에서 현재까지 이어지는 기간을 나타내는 전치사구 For the past decade와 의미가 어울리는 현재완료 시제 동사가 빈칸에 필요하므로 (A) has set이 정답이다.

어휘   past 지난 decade 10년 set a standard 기준을 세우다, 표준을 세우다 hospitality 접객, 접대 industry 업계

9.

정답   (D)

해석   Henderson 씨가 1998년에 태국으로 이사했을 때, 저소득 가정 출신의 아이들을 위한 학교를 열었다.

해설   빈칸이 속한 When절에서 빈칸 앞뒤로 주어와 두 개의 전치사구만 있으므로 빈칸은 When절의 동사 자리이다. 동사의 형태가 아닌 (C) moving을 제외한 나머지 동사들은 모두 시제가 다르므로 시제와 관련된 단서를 찾아야 한다. 주절의 동사가 과거시제로(opened) 쓰여 있는데, 이때 When절의 동사도 과

거시제여야 하므로 (D) moved가 정답이다.

어휘   move to ~로 이사하다 low-income 저소득의

10.

정답   (C)

해석   Reece 제약사는 앞으로 2년 동안에 걸쳐 유럽 시장으로 사업을 확장할 것이라고 지난 주에 발표했다.

해설   빈칸 앞에는 주어가, 빈칸 뒤에는 시점 부사구와 that절이 이어지는 구조이므로 빈칸이 문장의 동사 자리임을 알 수 있다. 동사의 형태가 아닌 (A) announcing을 제외한 나머지 동사들 중에서, 과거시점 표현 last week와 어울려야 하므로 과거 시제 동사인 (C) announced가 정답이다.

어휘   announce that ~라고 발표하다, 알리다 expand into ~로 사업을 확장하다 over ~ 동안에 걸쳐

11.

정답   (D)

해석   경영진에서 구독 서비스 갱신에 대해 더 나은 보상책을 제공했다면, 그 회사는 더 적은 수의 고객을 잃었을 것이다.

해설   If절의 동사가 had p.p.일 경우, 주절의 동사는 「would/should/could/might + have p.p.」가 되어야 하므로 (D) would have lost가 정답이다.

어휘   management 경영(진) offer ~을 제공하다 incentive 보상책 subscription (정기) 구독, 서비스 가입 renewal 갱신 fewer 더 적은 (수의) lose ~을 잃다

12.

정답   (A)

해석   공사팀이 더 튼튼한 토대를 설치했다면, 그 기념물은 폭풍우 중에 무너지지 않았을 것이다.

해설   If절의 동사가 had p.p.일 경우, 주절의 동사는 「would/should/could/might + have p.p.」가 되어야 하므로 (A) would not have collapsed가 정답이다.

어휘   construction 공사, 건설 install ~을 설치하다 foundation 토대, 기반 monument 기념물, 기념비 collapse 무너지다, 쓰러지다

13.

정답   (D)

해석   Matthew가 그 회사의 제품에 관해 알기 위해 더 많은 노력을 기울였다면, 면접 과정의 다음 단계로 나아갔을지도 모른다.

해설   주절의 동사가 「might + have p.p.」이므로 had p.p. 동사와 함께 If절이 구성되어야 한다. 그런데 If가 생략되면 had가 문장 앞으로 이동한 도치 구조가 되어야 알맞으므로 (D) Had가 정답이다.

어휘   make an effort to do ~하기 위해 노력을 기울이다 learn about ~에 관해 알다, 배우다 progress to ~로 나아가다, 넘어가다 stage 단계 process 과정

RC 정답 및 해설

14.

정답   (C)

해석   중국 내의 문화적 차이에 관해 더 많은 조사를 하셨다면, 해외 이전 문제를 더 쉽게 처리하셨을 겁니다.

해설   If절의 동사가 had p.p.일 경우, 주절의 동사는 「would/should/could/might + have p.p.」가 되어야 하므로 (C) would have handled와 (D) would have been handled 중에서 하나를 골라야 한다. 빈칸 뒤에 위치한 명사구를 목적어로 취할 수 있는 것은 능동태이므로 (C) would have handled가 정답이다.

어휘   do research 조사하다 cultural 문화적인 difference 차이, 다름 overseas 해외의 relocation 이전, 이사 handle ~을 처리하다, 다루다

15.

정답   (C)

해석   Daniels 씨의 비행기가 제 시간에 도착했다면, 그가 세미나에서 첫 번째 연설자가 되었을 것이다.

해설   주절의 동사가 「would + have p.p.」일 경우, if절의 동사는 had p.p.가 되어야 하므로 (C) had arrived가 정답이다.

어휘   flight 비행기, 비행편 on time 제 시간에, 제때 arrive 도착하다

DAY 05
형용사 & 부사

POINT 1   기출 확인 PRACTICE

1.

정답   (A)

해석   새로운 편의시설의 추가가 우리 고객들을 숙박 중에 더욱 편하게 만들어줄 것이다.

해설   5형식 동사 make와 목적어 our guests 다음에 위치한 빈칸은 목적어보어 자리인데, 목적어 our guests의 상태와 관련된 의미가 되어야 알맞으므로 형용사인 (A) comfortable이 정답이다. (B) comfort는 명사인데, 명사가 목적보어로 쓰이려면 목적어와 동격이 되어야 한다.

어휘   addition 추가(되는 것) amenities 편의시설 make A 형용사: A를 ~한 상태로 만들다 during ~ 중에, ~ 동안 stay 숙박, 머무름 comfortable 편한, 편안한 comfort 편안함, 안락함

2.

정답   (B)

해석   그 업체는 3년 전에 있었던 회사 설립 이후로 매우 성공적이었다.

해설   be동사의 현재완료 시제 형태인 has been 뒤로 부사와 빈칸

이 있으므로 보어로 쓰일 형용사 (B) successful이 정답이다.

어휘   business 업체, 회사 extremely 매우, 대단히 since ~ 이후로 founding 설립, 창립 successfully 성공적으로 successful 성공적인

POINT 2   기출 확인 PRACTICE

1.

정답   (B)

해석   모든 개인 소지품이 입구에서 확인될 것입니다.

해설   복수명사구 personal belongings를 수식할 형용사가 빈칸에 필요하므로 복수명사 앞에 사용하는 (B) All이 정답이다.

어휘   personal belongings 개인 소지품 entrance 입구

2.

정답   (B)

해석   행사를 조직하는 일을 돕는 데 여러 참가자들이 필요할 것입니다.

해설   형용사 several은 복수명사를 수식하므로 복수명사의 형태인 (B) participants가 정답이다.

어휘   several 여럿의, 몇몇의 help do ~하는 것을 돕다 organize ~을 조직하다, 준비하다 participant 참가자

3.

정답   (A)

해석   저희는 그 교육 워크숍에 대해 거의 정보를 받지 못했습니다.

해설   불가산명사 information을 수식할 형용사가 빈칸에 필요하므로 불가산명사와 함께 사용하는 (A) little이 정답이다.

어휘   receive ~을 받다 training 교육 little 거의 없는, 거의 아닌 a few 몇 몇의

4.

정답   (A)

해석   월간 회의 시간에, 각 직원은 이메일을 통해 발송된 자료를 지참하고 와야 한다.

해설   단수명사 employee를 수식할 형용사가 빈칸에 필요하므로 단수명사 앞에 사용하는 (A) each가 정답이다. (B) several은 '몇몇의'라는 뜻의 형용사로 복수명사를 수식한다.

어휘   monthly 월간의, 달마다의 be required to do ~해야 하다 bring ~을 가져오다 material 자료, 재료, 물품 via ~을 통해

POINT 3   기출 확인 PRACTICE

1.

정답   (B)

해석 | Robertson 씨는 모든 프로젝트를 성공적으로 완료했다.

해설 | 주어 Ms. Robertson과 동사 completed 사이에 위치한 빈칸은 동사를 수식할 부사 자리이므로 (B) successfully가 정답이다.

어휘 | complete ~을 완료하다 succeed 성공하다 successfully 성공적으로

2.

정답 | (B)

해석 | 우리가 사무실에서 전기를 아껴야 한다고 부장님께서 반복적으로 말씀하셨다.

해설 | 현재완료 시제 동사 has said 사이에 위치한 빈칸은 이 동사를 수식할 부사 자리이므로 (B) repeatedly가 정답이다.

어휘 | save ~을 아끼다, 절약하다 electricity 전기 repeat ~을 반복하다 repeatedly 반복적으로

3.

정답 | (B)

해석 | 혁신적으로 제품을 디자인함으로써, 그 회사는 연간 매출을 향상시킬 수 있었다.

해설 | 전치사 By와 동명사 designing 사이에 위치한 빈칸은 동명사를 수식할 부사 자리이므로 (B) innovatively가 정답이다.

어휘 | by (방법) ~함으로써 product 제품 be able to do ~할 수 있다 improve ~을 향상시키다, 개선하다 annual 연간의, 해마다의 sales 매출, 영업, 판매 innovative 혁신적인 innovatively 혁신적으로

4.

정답 | (B)

해석 | 그 작가는 전국에 걸쳐 광범위하게 여행을 다녔다.

해설 | travel은 자동사이므로 has travelled와 전치사 throughout 사이에 위치한 빈칸은 동사를 수식할 부사 자리이다. 따라서 (B) extensively가 정답이다.

어휘 | travel 여행하다 throughout ~ 전역에 걸쳐 extensive 광범위한, 폭넓은 extensively 광범위하게, 폭넓게

POINT 4 기출 확인 PRACTICE

1.

정답 | (B)

해석 | 신제품 부족 문제로 인해 매출 수치가 상당히 감소했다.

해설 | 감소를 나타내는 동사 decreased를 뒤에서 수식할 부사가 빈칸에 필요하므로 증감을 나타내는 동사와 어울리는 부사 (B) considerably가 정답이다.

어휘 | sales 매출, 판매, 영업 figure 수치, 숫자 decrease 감소하다 due to ~로 인해 lack of ~의 부족 considerable 상당한, 많은 considerably 상당히, 많이

2.

정답 | (A)

해석 | 경영진은 최소 10명의 추가 신입 직원이 고용되도록 권했다.

해설 | ten 앞에 빈칸이 위치해 있으므로 숫자 표현 앞에 사용하는 부사 (A) at least가 정답이다.

어휘 | management 경영진 recommend that ~하도록 권하다 hire ~을 고용하다 at least 최소한, 적어도 too many 너무 많은

3.

정답 | (A)

해석 | 그 건물은 전에 오래된 주택이었지만, 지금은 인기 있는 이탈리안 레스토랑이다.

해설 | 주어 The property를 부연 설명하기 위해 주어와 동사 사이에 삽입된 명사구 an old house 앞에 빈칸이 위치해 있으므로 명사구 수식이 가능한 부사 (A) formerly가 정답이다.

어휘 | property 건물, 부동산 popular 인기 있는 formerly 전에, 예전에 extremely 매우, 대단히

4.

정답 | (A)

해석 | 심지어 우리 회사에서 가장 아는 것이 많은 직원들조차 그 워크숍에 참가하기로 결정했다.

해설 | 주어로 쓰인 명사구 our most knowledgeable employees 앞에 빈칸이 위치해 있으므로 명사구 수식이 가능한 부사 (A) Even이 정답이다. (B) Despite는 전치사인데, our most knowledgeable employees가 목적어가 아니므로 맞지 않는다.

어휘 | knowledgeable 아는 것이 많은, 박식한 decide to do ~하기로 결정하다 participate in ~에 참가하다 even 심지어 (~조차) despite ~에도 불구하고

Day 05 Check-up Test

1. (C)	2. (B)	3. (C)	4. (A)	5. (B)
6. (D)	7. (A)	8. (C)	9. (B)	10. (C)
11. (B)	12. (C)	13. (B)	14. (D)	15. (D)

1.

정답 | (C)

해석 | Hawke 씨는 재무 관리를 주제로 입문 세미나를 진행할 것이다.

해설 | 동사 lead와 명사 seminars 사이에 위치한 빈칸은 명사를 수식할 형용사 자리이므로 형용사 (C) introductory가 정답이다.

어휘 | lead ~을 진행하다, 이끌다 financial 재무의, 재정의 management 관리, 운영, 경영 introduce ~을 소개하다, 도입하다 introductory

responsive가 정답이다. 명사 (D) response는 목적어와 동격이 되지 않으므로 오답이다.

어휘 make A 형용사: A를 ~한 상태로 만들다 steering wheel 운전대 movement 움직임, 이동 respond 반응하다, 응답하다 responsive 빠르게 반응하는 responsively 빠르게 반응하여 response 반응, 응답

2.

정답 (B)

해석 그 위생 점검관은 레스토랑에서 발생되는 대부분의 부상이 예방 가능하다는 점을 강조했다.

해설 빈칸 앞에 위치한 be동사 are와 결합 가능한 현재분사 (A) preventing과 형용사 (B) preventable, 그리고 명사 (D) prevention 중에서 하나를 골라야 한다. prevent는 타동사이므로 빈칸 뒤에 목적어가 없는 구조에서 현재진행형을 구성하는 (A) preventing은 맞지 않으며, that절의 주어 most restaurant injuries와 동격이 되지 않는 명사 (D) prevention도 빈칸에 어울리지 않는다. 따라서 주어의 상태를 나타내는 보어로 쓰일 형용사 (B) preventable이 정답이다.

어휘 health 위생 inspector 점검관, 조사관 emphasize that ~임을 강조하다 injury 부상 prevent ~을 예방하다, 방지하다 preventable 예방 가능한 prevention 예방, 방지

3.

정답 (C)

해석 모든 청구서 금액은 반드시 제때 회계부로 지불되어야 한다.

해설 부정관사 a와 명사 manner 사이에 위치한 빈칸은 명사를 수식할 형용사 자리이므로 형용사 (C) timely가 정답이다.

어휘 bill 청구서, 고지서 make a payment 금액을 지불하다 accounting department 회계부, 경리부 in a timely manner 제때, 적절한 시기에

4.

정답 (A)

해석 우리가 설치한 공기 정화 시스템이 매우 유용한 것으로 드러났다.

해설 부사 very의 수식을 받을 수 있는 것은 형용사이므로 형용사인 (A) beneficial이 정답이다. (C) beneficiary는 '수혜자, 수령인'을 뜻하는 명사이다.

어휘 purification 정화 install ~을 설치하다 prove to be A: A한 것으로 드러나다, 판명되다 beneficial 유용한, 유익한 benefit 혜택, 이득 beneficiary n. 수혜자, 수령인 beneficially 유익하게

5.

정답 (B)

해석 새로운 기술이 그 차량의 운전대를 손 동작에 더욱 빠르게 반응하도록 만들어준다.

해설 5형식 동사 make는 「make + 목적어 + 목적보어」의 구조로 쓰이며, 목적어 the car's steering wheel 뒤에 위치한 빈칸은 목적보어 자리이다. 따라서 명사와 형용사 중에서 하나를 골라야 하는데, 목적어 the car's steering wheel의 상태나 특성을 나타낼 형용사가 목적보어로 쓰여야 알맞으므로 (B)

6.

정답 (D)

해석 LaRusso 씨가 처음에는 6월에 자신의 매장을 이전하기를 바랐지만, 그 대신 7월에 매장이 옮겨질 것이다.

해설 주어와 동사 사이에 위치한 빈칸은 동사를 수식할 부사 자리이므로 부사 (D) initially가 정답이다.

어휘 hope to do ~하기를 바라다 relocate ~을 이전하다, 옮기다 instead 그 대신, 대신에 initial 처음의, 초기의 initialize ~을 초기화하다 initially 처음에, 초기에

7.

정답 (A)

해석 그 웹 디자인 팀은 10월 1일까지 새 웹 사이트에 대한 작업을 완료하기 위해 더욱 신속히 일해야 할 것이다.

해설 자동사 work와 to부정사 사이에 위치한 빈칸은 자동사를 수식할 부사 자리이므로 부사 (A) quickly가 정답이다.

어휘 complete ~을 완료하다 by (기한) ~까지 quickly 신속히, 빨리 quick 빠른 quickness 신속, 빠름

8.

정답 (C)

해석 공사 허가증을 신청하는 일은 몇 주가 걸릴 수도 있는 아주 긴 과정이다.

해설 부정관사 a와 명사 process 사이에 위치한 빈칸은 명사를 수식할 형용사 자리이므로 형용사 (C) lengthy가 정답이다.

어휘 apply for ~을 신청하다, ~에 지원하다 permit 허가증 process 과정 take ~의 시간이 걸리다 several 몇몇의, 여럿의 length (물리적인, 시간적인) 길이 lengthen ~을 늘리다, 길게 하다 lengthy 너무 긴, 장시간의

9.

정답 (B)

해석 개인 기부자들로부터 받는 기부금 총액이 종종 매달 5만 달러가 넘는다.

해설 금액을 나타내는 숫자 표현 앞에 빈칸이 있으므로 숫자 표현 앞에 사용하는 부사 (B) over가 정답이다. 금액을 나타내는 $50,000가 타동사 total의 목적어에 해당되므로 빈칸은 전치사가 올 수 없다.

어휘 donation 기부(금) receive ~을 받다 private 개인의, 사적인 donor 기부자 total v. 총 ~가 되다 per ~마다 farther 더 멀리 over ~가 넘는 aside from ~ 외에는, ~을 제외하고 in addition to

~뿐만 아니라, ~ 외에도

10.
정답 (C)

해석 Werner 씨가 생전 처음으로 만든 청동 조각품이 8주 넘게 전시되었다.

해설 기간을 나타내는 숫자 표현 앞에 빈칸이 있으므로 숫자 표현 앞에 사용하는 부사 (C) more than이 정답이다. (A) now that은 접속사이며, (B) within은 전치사이다. 부사 (D) still은 숫자 표현 앞에 사용하지 않는다.

어휘 first ever 생전 처음, 사상 최초의 bronze 청동 sculpture 조각품 exhibit ~을 전시하다 now that 이제 ~이므로 within ~ 이내에 more than ~가 넘는 still 여전히, 아직도

11.
정답 (B)

해석 작년에 있었던 Laketown 지역의 부동산 가격 상승은 대체로 그 도시의 성공적인 도시 개발 활동에 따른 부작용이었다.

해설 be동사 was와 보어로 쓰인 명사구 a side effect 사이에 위치한 빈칸은 명사구 앞에 사용 가능한 부사가 필요한 자리이므로 이 역할이 가능한 (B) largely가 정답이다.

어휘 increase in ~의 상승, 증가 property 부동산, 건물 side effect 부작용 successful 성공적인 urban 도시의 development 개발, 발전 effort (대대적인) 활동, 노력 largely 대체로

12.
정답 (C)

해석 Ermax Business Solutions 사는 전통적으로 Bowyer University에서 연례 채용 박람회 행사를 개최해 왔다.

해설 현재완료 시제를 구성하는 has와 과거분사 held 사이에 위치한 빈칸은 동사를 수식할 부사 자리이므로 부사 (C) traditionally가 정답이다.

어휘 hold ~을 개최하다, 열다 annual 연례의, 해마다의 recruitment fair 채용 박람회 tradition 전통 traditional 전통적인 traditionally 전통적으로 traditionalism 전통주의

13.
정답 (B)

해석 그 연극 작품의 주연 배우가 공연 후에 관객들에게 자신 있게 이야기했다.

해설 주어와 동사 사이에 위치한 빈칸은 동사를 수식할 부사 자리이므로 부사 (B) confidently가 정답이다.

어휘 stage play 연극 작품 address ~에게 이야기하다, 연설하다 audience member 관객 performance 공연 confident 자신감 있는, 확신하는 confidently 자신 있게, 확신하여 confidence 자신감, 확신

14.
정답 (D)

해석 그 고속버스들이 악천후로 인해 약간 낮은 속도로 운행하고 있다.

해설 전치사 at과 명사를 수식하는 과거분사 reduced 사이에 위치한 빈칸은 과거분사를 수식할 수 있는 부사 자리이므로 부사 (D) slightly가 정답이다.

어휘 express bus 고속버스 travel 이동하다, 가다 at reduced speeds 낮은 속도로 due to ~로 인해 inclement weather conditions 악천후 slight a. 약간의 v. ~을 무시하다 slightly 약간, 조금

15.
정답 (D)

해석 Bill Witherspoon 씨는 원래 인턴 직원이었지만, 6개월 후에 정규직 자리를 제안 받았다.

해설 be동사 was와 보어로 쓰인 명사구 an intern 사이에 위치한 빈칸은 명사구 앞에 사용 가능한 부사가 필요한 자리이므로, 이 역할이 가능한 (D) originally가 정답이다.

어휘 offer A B: A에게 B를 제안하다 permanent position 정규직 일자리 originality 독창성 original a. 원래의, 독창적인, 원본의 n. 원본, 원작 originally 원래, 애초에

to부정사 & 동명사

POINT 1 기출 확인 PRACTICE

1.
정답 (A)

해석 우리 회사는 내년에 본사를 옮기기로 결정했다.

해설 빈칸 앞에 동사 has decided가 위치해 있는데 decide는 to부정사와 어울리는 동사이므로 (A) to move가 정답이다.

어휘 decide to do ~하기로 결정하다 headquarters 본사 move ~을 옮기다, 이전하다

2.
정답 (B)

해석 우리 Skyline Corporation 사에 오신 신임 재무이사 Kim 씨를 맞이하게 되어 기쁩니다.

해설 빈칸 앞뒤에 각각 위치한 be동사 are 및 to부정사와 어울려 '~해서 기쁘다'라는 의미를 나타낼 때 사용하는 (B) delighted가 정답이다. (A) involved는 be involved in(~에 관여하다)과 같이 전치사 in과 어울려 쓰인다.

어휘 | financial director 재무이사 | involved 관련된, 포함된 | be delighted to do ~해서 기쁘다

3.
정답 | (A)
해석 | 혁신적인 제품을 만들어 내기 위한 우리 디자인팀의 시도가 성공적이었다.
해설 | 빈칸 뒤에 위치한 to부정사와 어울려 '~하려는 시도'라는 의미를 나타내는 (A) attempt가 정답이다.
어휘 | create ~을 만들어 내다 | innovative 혁신적인 | successful 성공적인 | an attempt to do ~하려는 시도 | argument 주장, 논쟁

4.
정답 | (B)
해석 | Lampard 씨는 전국 컨퍼런스에서 기꺼이 발표하고자 한다.
해설 | 빈칸 앞에 위치한 willing은 to부정사와 어울리는 형용사이므로 (B) to give가 정답이다.
어휘 | be willing to do 기꺼이 ~하다, ~할 의향이 있다 | give a presentation 발표하다 | national 전국의

POINT 2 기출 확인 PRACTICE

1.
정답 | (B)
해석 | 새 쇼핑몰이 지역으로 많은 방문객들을 끌어들일 것으로 예상된다.
해설 | 빈칸 앞에 동사 is expected가 위치해 있는데 be expected는 to부정사와 어울리는 동사이므로 (B) to attract가 정답이다.
어휘 | be expected to do ~할 것으로 예상되다 | attract ~을 끌어들이다

2.
정답 | (A)
해석 | 보안 수준을 높이기 위해, 우리는 새로운 프로그램을 구입할 것이다.
해설 | 빈칸 뒤에 위치한 to부정사 to increase와 어울려야 하므로 to부정사와 함께 '~하기 위해'라는 의미를 나타낼 때 사용하는 (A) In order가 정답이다. (B) In addition 뒤에도 to가 올 수 있지만 이때 to는 전치사이기 때문에 뒤에 (동)명사가 온다.
어휘 | increase ~을 높이다, 증가시키다 | security 보안 | purchase ~을 구입하다 | in order to do ~하기 위해 | in addition to ~뿐만 아니라, ~ 외에도

3.
정답 | (A)

해석 | 공장 작업장에서는 적절한 안전 장비를 착용하는 것이 중요하다.
해설 | 빈칸 앞에 위치한 It is important는 to부정사와 어울려 「가주어 + 진주어」 구문을 구성하므로 (A) to wear가 정답이다.
어휘 | appropriate 적절한 | safety gear 안전 장비 | floor 작업장

4.
정답 | (B)
해석 | 그 상품권은 고객들에게 다음 번 구매 제품에 대해 10퍼센트 할인을 받을 수 있게 해준다.
해설 | 빈칸 다음에 「목적어 + to부정사」 구조가 이어져 있으므로 이와 같은 구조와 함께 쓰이는 동사 (B) allows가 정답이다.
어휘 | gift certificate 상품권 | receive ~을 받다 | purchase 구매(품) | celebrate ~을 기념하다, 축하하다 | allow A to do: A가 ~할 수 있게 해주다

POINT 3 기출 확인 PRACTICE

1.
정답 | (A)
해석 | 팀원들이 긴급한 문제를 처리하는 데 헌신적이다.
해설 | 빈칸 앞뒤에 각각 위치한 be동사 are와 전치사 to, 그리고 동명사 addressing과 어울려 '~하는 데 헌신적이다'라는 의미를 나타낼 때 사용하는 (A) dedicated가 정답이다.
어휘 | address v. ~을 처리하다, 다루다 | urgent 긴급한 | issue 문제, 사안 | be dedicated to -ing ~하는 데 헌신적이다, 전념하다 | dedicate ~을 헌신하다, 바치다

2.
정답 | (A)
해석 | 그 웹 사이트는 환경을 보호하는 데 전념하는 한 기관에 의해 운영되고 있다.
해설 | be committed to 다음에 위치한 빈칸은 동명사가 쓰여야 하는 자리이므로 (A) protecting이 정답이다.
어휘 | operate ~을 운영하다, 가동하다 | organization 기관, 단체 | be committed to -ing ~하는 데 전념하다 | environment 환경 | protect ~을 보호하다

POINT 4 기출 확인 PRACTICE

1.
정답 | (A)
해석 | 직원들은 개조 공사 중에 일부 출입문을 이용할 수 없다.
해설 | 전치사 during과 정관사 the 다음에 위치한 빈칸은 the의 수식을 받음과 동시에 during의 목적어 역할을 할 명사 자리이므로 (A) renovation이 정답이다. 동명사의 형태인 (B)

renovating은 전치사의 목적어로 쓰일 수는 있지만 관사의 수식을 받지 못하므로 오답이다.

어휘   during ~ 중에, ~ 동안 renovation 개조, 보수 renovate ~을 개조하다, 보수하다

2.

정답   (B)

해석   Bale 씨는 다가오는 세미나에 참석하는 데 관심이 있다고 말했다.

해설   전치사 in과 명사구 the upcoming seminar 사이에 위치한 빈칸은 동명사 자리이므로 (B) attending이 정답이다.

어휘   be interested in ~에 관심이 있다 upcoming 다가오는, 곧 있을 attendance 참석(자의 수) attend ~에 참석하다

3.

정답   (A)

해석   Robson 씨는 그 보고서에 필요한 문서들을 모아 정리하는 일을 책임지고 있다.

해설   전치사 for와 명사 documents 사이에 위치한 빈칸은 동명사 자리이므로 (A) compiling이 정답이다.

어휘   be responsible for ~에 대한 책임이 있다 compile (자료 등) ~을 모아 정리하다

4.

정답   (A)

해석   공석에 지원하기에 앞서 조언을 구하는 것을 고려해 봐야 한다.

해설   빈칸 뒤에 동명사구 applying for an opening이 위치해 있으므로 동명사구를 목적어로 취할 수 있는 전치사 (A) before가 정답이다.

어휘   consider -ing ~하는 것을 고려하다 obtain ~을 얻다, 획득하다 apply for ~에 지원하다 opening 공석, 빈 자리 in order to do ~하기 위해

Day 06 Check-up Test

1. (B)	2. (B)	3. (D)	4. (D)	5. (C)
6. (C)	7. (C)	8. (B)	9. (C)	10. (B)
11. (C)	12. (C)	13. (C)	14. (A)	15. (A)

1.

정답   (B)

해석   고객 서비스부장은 세일 제품을 포함하기 위해 제품 반품 정책을 변경할 것이다.

해설   문장에 이미 동사 will modify가 있으므로 또 다른 동사 (D) will include는 오답이며, 빈칸 앞뒤로 명사구들이 각각 위치

해 있으므로 형용사 (A) inclusive나 명사 (C) inclusion도 앞뒤 명사구들과 의미나 어순이 맞지 않는다. 따라서 to부정사구가 쓰여 정책을 변경하는 목적을 나타내야 알맞으므로 (B) to include가 정답이다.

어휘   modify ~을 변경하다, 수정하다 return 반품, 반환 policy 정책, 방침 inclusive 모든 것을 포함한, 포괄적인 include ~을 포함하다 inclusion 포함

2.

정답   (B)

해석   Primo's Restaurant은 더 많은 채식 선택권을 제공하기 위해 메뉴를 업데이트함으로써 새로운 식사 손님을 끌어들이기를 바라고 있다.

해설   빈칸 뒤에 위치한 명사구 its menu를 목적어로 취함과 동시에 전치사 by의 목적어 역할을 할 동명사구가 구성되어야 하므로 동명사 (B) updating이 정답이다.

어휘   hope to do ~하기를 바라다 attract ~을 끌어들이다 by (방법) ~함으로써 provide ~을 제공하다 vegan 채식의, 채식주의자를 위한

3.

정답   (D)

해석   북미 시장에 진입하기를 간절히 원하는 여러 아시아 자동차 제조사들이 있다.

해설   이미 문장의 동사 are가 있으므로 빈칸은 동사 자리가 아니며, 빈칸 앞에 위치한 형용사 eager는 to부정사와 어울려 쓰이므로 (D) to enter가 정답이다.

어휘   several 여럿의, 몇몇의 manufacturer 제조사 eager to do ~하기를 간절히 바라는, 갈망하는 enter ~에 진입하다, 들어가다

4.

정답   (D)

해석   그 극장 관리자에 따르면, 홍보용 전단 배부 작업이 그 연극의 개막일 밤에 더 많은 사람들을 불러모을 것이다.

해설   정관사 the와 전치사 of 사이에 위치한 빈칸은 the와 of의 수식을 동시에 받을 명사 자리이므로 명사 (D) distribution이 정답이다. 동명사 (A) distributing은 정관사의 수식을 받지 못하므로 오답이다.

어휘   according to ~에 따르면 promotional 홍보의 flyer 전단 bring ~을 데려오다, 오게 하다 additional 추가의 play 연극 distribute ~을 배부하다, 나눠주다 distribution 배부, 배포

5.

정답   (C)

해석   사우디아라비아 정부는 150층 높이의 고층 건물을 지을 엔지니어링 회사에 수익성 높은 공사 계약을 제안할 준비가 되어 있다.

해설   빈칸 앞에 위치한 is ready는 to부정사와 어울려 '~할 준비가 되다'라는 의미를 나타내므로 (C) to offer가 정답이다.

어휘　be ready to do ~할 준비가 되다 lucrative 수익성 좋은 contract 계약(서) firm 회사 construct ~을 짓다, 건설하다 skyscraper 고층 건물 offer ~을 제안하다

6.

정답　(C)

해석　Annalise Kennett 씨는 시각적으로 가장 매력적인 제품 포장재를 만드는 기술로 알려져 있다.

해설　빈칸 뒤에 위치한 명사구 the most visually appealing product packaging을 목적어로 취함과 동시에 전치사 in의 목적어 역할을 할 동명사구가 구성되어야 하므로 동명사 (C) creating이 정답이다.

어휘　be known for ~로 알려져 있다 skill 기술 visually 시각적으로 appealing 매력적인 packaging 포장재, 포장 용기 creation 창조, 창작(품) create ~을 만들어내다 creative 창의적인

7.

정답　(C)

해석　신입 조립 라인 작업자들을 고용하는 것 외에도, Craig Jeffries 씨는 고용 첫째 주에 그들을 교육하기도 한다.

해설　빈칸 바로 뒤에 동명사 hiring이 이끄는 구가 위치해 있으므로 동명사를 목적어로 취할 수 있는 전치사 (C) In addition to가 정답이다. (A) Therefore와 (B) Likewise, 그리고 (D) As a result는 모두 부사의 역할을 하므로 동명사를 목적어로 취할 수 없다.

어휘　hire ~을 고용하다 assembly 조립 train ~을 교육하다 during ~ 중에 employment 고용 therefore 그러므로, 따라서 likewise 마찬가지로 in addition to ~ 외에도, ~뿐만 아니라 as a result 결과적으로

8.

정답　(B)

해석　저희 Mayfair Hotel에서는 항상 고객 여러분께 기꺼이 추천 관광 정보 및 여행 일정을 제공해 드립니다.

해설　빈칸 앞뒤에 각각 위치한 be동사 are 및 to부정사와 어울리는 것이 필요하므로 이 둘과 함께 '기꺼이 ~하다, ~할 의향이 있다'라는 의미를 나타낼 때 사용하는 (B) willing이 정답이다. (C) committed는 be committed to -ing(~ 하는 것에 전념하다)과 같이 쓰인다.

어휘　be willing to do 기꺼이 ~하다, ~할 의향이 있다 provide A with B: A에게 B를 제공하다 sightseeing 관광 recommendation 추천 itinerary 일정(표) preferred 선호하는 committed 전념하는, 헌신적인 possible 가능한

9.

정답　(C)

해석　사무실 벽에 페인트 칠을 하기 전에, Moretti 씨는 창문들이 열려 있는지 확인했다.

해설　빈칸 바로 뒤에 동명사 painting이 이끄는 구가 위치해 있으므로 동명사를 목적어로 취할 수 있는 전치사 (C) Before가 정답이다. (A) In order to는 동사원형과 결합하며, (B) However는 부사 또는 접속사로 쓰이므로 동명사를 목적어로 취할 수 없다. (D) Therefore도 부사이다.

어휘　ensure that ~임을 확인하다, 확실히 해 두다 in order to do ~하기 위해 however 하지만, 그러나 therefore 그러므로, 따라서

10.

정답　(B)

해석　직원들에게 크리스마스 선물을 제공하는 대신, 그 회사 임원은 각 직원의 12월 급여에 넉넉한 보너스를 추가했다.

해설　빈칸 뒤에 위치한 명사구 Christmas gifts를 목적어로 취함과 동시에 전치사 Instead of의 목적어 역할을 할 동명사구가 구성되어야 하므로 동명사 (B) providing이 정답이다.

어휘　instead of ~ 대신 director 임원, 이사 add A to B: A를 B에 추가하다 generous 넉넉한, 후한 provide ~을 제공하다 provision 공급(품), 제공

11.

정답　(C)

해석　회사의 웹 사이트를 상당히 많이 다시 디자인한 끝에, Hill 씨는 그 공헌에 대해 대표이사로부터 칭찬을 받았다.

해설　전치사 After와 동명사 redesigning 사이에 위치한 빈칸은 동명사를 수식할 부사 자리이므로 부사 (C) substantially가 정답이다.

어휘　redesign ~을 다시 디자인하다 commend A for B: B에 대해 A를 칭찬하다 contribution 공헌, 기여 substantial 상당한 substance 물질, 물체, 본질 substantially 상당히 (많이) substantive 실질적인

12.

정답　(C)

해석　Diaz 씨는 30년 넘게 직장 내의 성 불평등 문제를 다루는 데 전념했다.

해설　빈칸 앞에 위치한 was committed to는 동명사와 결합해 '~하는 데 전념하다'라는 의미를 나타내므로 (C) addressing이 정답이다.

어휘　be committed to -ing ~하는 데 전념하다 gender inequality 성 불평등 issue 문제, 사안 more than ~ 넘게 address v. (문제 등) ~을 다루다

13.

정답　(C)

해석　그 영화 개봉일 행사 마지막에, 감독에게 질문할 시간으로 관객들에게 20분이 주어질 것이다.

해설　빈칸 앞에 이미 문장의 동사 will be given이 있으므로 빈칸은 동사 자리가 아니다. 따라서 to부정사인 (C) to ask가 정답이

다. (A) ask와 (B) asked, 그리고 (D) has asked는 모두 동사의 형태이므로 빈칸에 쓰일 수 없다.

어휘　premiere (영화 등의) 개봉, 초연　audience member 관객　ask A a question: A에게 질문하다　director 감독

14.

정답　(A)

해석　저희 회사에서 더 높은 초봉을 받으시려면, 저희 연수 시설에서 고급 영업 과정을 이수하시는 것이 필수입니다.

해설　빈칸 앞뒤에 가주어 it과 진주어 to부정사가 위치한 문장 구조이므로 가주어와 진주어로 이뤄진 문장에서 보어로 쓰이는 형용사인 (A) necessary가 정답이다.

어휘　receive ~을 받다　starting salary 초봉　firm 회사　complete ~을 완료하다, 완수하다　advanced 고급의, 진보한　sales 영업, 판매, 매출　training 교육, 연수　facility 시설(물)　necessary 필수의　necessarily 반드시, 필연적으로　necessitate ~을 필요하게 만들다　necessity 필요(성), 필수품

15.

정답　(A)

해석　GMU Bank 직원들 중 한 명과 온라인 채팅을 시작하기를 원하시면 그냥 '채팅' 버튼을 클릭하기만 하시면 됩니다.

해설　빈칸 앞에 위치한 wish는 to부정사와 결합해 '~하기를 원하다, ~하고 싶다' 등의 의미를 나타내므로 (A) to begin이 정답이다.

어휘　session (특정 활동을 위한) 시간　representative 직원

POINT 1　기출 확인 PRACTICE

1.

정답　(A)

해석　그 주문서들은 반드시 주 말까지 Chang 씨의 승인을 받아야 한다.

해설　be동사와 전치사구 사이에 위치한 빈칸은 과거분사 정답 자리이므로 (A) approved가 정답이다.

어휘　order form 주문서　by (기한) ~까지　approve ~을 승인하다

2.

정답　(A)

해석　그 연례 세미나에 참석하는 책임자들은 온라인으로 등록해야

한다.

해설　명사 Managers와 명사구 the annual seminar 사이에 위치한 빈칸은 현재분사 정답 자리이므로 (A) attending이 정답이다.

어휘　annual 연례의, 해마다의　register for ~에 등록하다　online 온라인으로　attend ~에 참석하다

POINT 2　기출 확인 PRACTICE

1.

정답　(A)

해석　우리는 개조 공사에 대해 상세한 견적서를 요구해야 한다.

해설　부정관사 a와 명사 estimate 사이에 위치한 빈칸은 명사를 수식할 분사 자리이므로 과거분사 (A) detailed가 정답이다.

어휘　require ~을 요구하다, 요청하다　estimate 견적(서)　renovation 개조, 보수　detailed 상세한　detail v. ~을 상세히 설명하다

2.

정답　(A)

해석　참가자들은 각자 배정된 자리에 앉아야 한다.

해설　소유격 대명사 their와 명사 seat 사이에 위치한 빈칸은 명사를 수식할 분사 자리이므로 과거분사 (A) assigned가 정답이다.

어휘　participant 참가자　assign ~을 배정하다, 할당하다　assignment 배정(된 것), 할당(된 것)

3.

정답　(B)

해석　변경된 정책이 회의 중에 발표될 것이다.

해설　부정관사 A와 명사 policy 사이에 위치한 빈칸은 명사를 수식할 분사 자리이다. 정책은 사람에 의해 개정되는 것이므로 수동적인 의미를 나타낼 때 사용하는 과거분사 (B) revised가 정답이다.

어휘　policy 정책, 방침　announce ~을 발표하다, 알리다　during ~ 중에, ~ 동안　revise ~을 변경하다, 수정하다

4.

정답　(A)

해석　지속 가능한 에너지에 대한 수요가 증가하고 있다.

해설　부정관사 a와 명사 demand 사이에 위치한 빈칸은 명사를 수식할 분사 자리이므로 현재분사 (A) growing이 정답이다.

어휘　demand for ~에 대한 수요　sustainable (환경적으로) 지속 가능한　growing 증가하는

POINT 3 기출 확인 PRACTICE

1.
정답 (A)

해석 분기 수익이 실망스러웠기 때문에, 경영진은 새 광고를 만들기로 결정했다.

해설 분기 수익(quarterly profits)이 사람에게 실망감을 주는 주체에 해당되므로 감정 유발 주체에 대해 사용하는 현재분사 (A) disappointing이 정답이다.

어휘 quarterly 분기의 profit 수익 management 경영(진) decide to do ~하기로 결정하다 create ~을 만들다 advertisement 광고 disappointing 실망시키는 disappointed 실망한

2.
정답 (B)

해석 일부 직원들은 그 결과를 만족스럽게 생각한다고 말했다.

해설 빈칸이 속한 that절은 「find + 목적어 + 목적보어」 구조이며, 빈칸은 목적보어 자리이므로 목적어와의 의미 관계를 파악해야 한다. 결과(result)가 사람에게 실망감을 주는 주체이므로 감정 유발 주체에 대해 사용하는 현재분사 (B) satisfying이 정답이다.

어휘 find A 형용사: A를 ~하게 생각하다 result 결과 satisfied 만족한 satisfying 만족시키는

POINT 4 기출 확인 PRACTICE

1.
정답 (B)

해석 그 영업 사원들은 오래 지속되는 인상을 남기기 위해 노력한다.

해설 동사 last는 자동사로서 현재분사의 형태로만 명사를 수식할 수 있으므로 (B) lasting이 정답이다.

어휘 sales 영업, 판매, 매출 representative 직원, 대리인 make an impression 인상을 남기다 last v. 지속되다

2.
정답 (A)

해석 Music Heaven은 전국 최고의 주간 팝 음악 잡지들 중 하나이다.

해설 동사 lead의 분사 형태로서 '앞서가는, 선도하는'이라는 뜻을 나타내야 알맞으므로 (A) leading이 정답이다.

어휘 leading 앞서가는, 선도하는 lead (~을) 이끌다, 앞장서다

3.
정답 (B)

해석 비록 며칠 전에 완료되기는 했지만, 그 제안서는 여전히 승인되어야 한다. (여전히 승인되지 않고 있다.)

해설 접속사 Although 뒤로 동사 complete이 바로 이어지려면 분사구문의 구조가 되어야 하며, 빈칸 바로 뒤에 목적어 없이 부사구 a few days ago만 있으므로 (B) completed가 정답이다.

어휘 although 비록 ~이지만 proposal 제안(서) still 여전히, 아직도 approve ~을 승인하다 complete ~을 완료하다

4.
정답 (B)

해석 고객 불만 사항을 다룰 때, 그 처리 방법에 대한 아이디어를 공유해 주시기 바랍니다.

해설 접속사 When 뒤로 동사 handle이 바로 이어지려면 분사구문의 구조가 되어야 하며, 빈칸 뒤에 목적어 역할을 하는 명사구가 위치해 있으므로 현재분사인 (B) handling이 정답이다.

어휘 complaint 불만 share ~을 공유하다 how to do ~하는 법 address v. ~을 처리하다, 다루다 handle ~을 다루다, 처리하다

Day 07 Check-up Test

1. (A)	2. (B)	3. (A)	4. (C)	5. (B)
6. (A)	7. (B)	8. (A)	9. (C)	10. (A)
11. (A)	12. (C)	13. (B)	14. (C)	15. (B)

1.
정답 (A)

해석 Channing 씨는 Moray 사에서 자신이 이룬 인상적인 업적으로 칭찬 받았다.

해설 소유격 대명사 her와 명사 achievements 사이에 위치한 빈칸은 명사를 수식할 단어가 필요한 자리이므로 형용사 (A) impressive가 정답이다. 과거분사도 명사를 수식하는 것이 가능하지만 (B) impressed는 '깊은 인상을 받은'이라는 의미로 사람에 대해 사용하므로 빈칸에 맞지 않는다. 명사를 수식하는 단어를 고를 때, 선택지에 형용사가 있으면 형용사를 우선 선택한다.

어휘 be praised for ~로 칭찬 받다 achievement 업적, 성취 impressive 인상적인 impressed 감명 받은 impress ~에게 깊은 인상을 남기다 impressively 인상적으로

2.
정답 (B)

해석 그 주방장은 메뉴에 대해 여러 가지 주목할 만한 개선 사항을 이뤄냈다.

해설 형용사 several과 명사 improvements 사이에 위치한 빈칸은 또 다른 형용사가 쓰일 수 있는 자리이므로 (B) notable이 정답이다. 과거분사도 명사를 수식하는 것이 가능하지만 (D) noted는 '유명한'이라는 의미로 굳어져 사람에 대해 사용하므로 빈칸에 맞지 않는다.

어휘 head chef 주방장 make an improvement 개선하다, 향상시키다 several 여럿의, 몇몇의 notably 현저하게, 뚜렷이 notable 주목할

3.

정답 (A)

해석 Gower 씨는 그 건물 증축 공사에 대해 평가된 비용이 부정확하다고 생각하고 있다.

해설 정관사 the와 명사 cost 사이에 위치한 빈칸은 명사를 수식할 수 있는 분사가 필요한 자리이므로 과거분사 (A) assessed와 현재분사 (C) assessing 중에서 하나를 골라야 한다. '비용'을 뜻하는 cost는 사람에 의해 평가되는 대상이므로 '평가된'이라는 수동의 의미를 나타낼 수 있는 과거분사 (A) assessed가 정답이다.

어휘 cost 비용 extension 증축, 확장, 연장 inaccurate 부정확한 assess ~을 평가하다

4.

정답 (C)

해석 저희는 저희 모금 행사 자원봉사자들의 노력에 대해 대단히 기쁘게 생각합니다.

해설 be동사 are 뒤에 위치해 주어 We에 대한 보어로 쓰일 단어가 빈칸에 필요한데, We는 감정을 느끼는 사람에 해당되므로 '기쁜, 만족한'이라는 의미로 사람에 대해 사용하는 (C) pleased가 정답이다. (A) pleasant와 (B) pleasing은 감정을 유발하는 주체에 대해 사용한다. 명사 보어는 주어와 동격이 되어야 하는데 (D) pleasure는 We와 동격이 아니므로 오답이다.

어휘 be pleased with ~에 대해 기뻐하다, 만족하다 extremely 대단히, 매우 effort 노력 fundraising 모금, 기금 마련 volunteer 자원봉사자 pleasant 기분 좋게 하는, 즐겁게 하는 pleasing 기분 좋게 하는, 즐겁게 하는 pleasure 기쁨, 즐거움

5.

정답 (B)

해석 포츠머스 지사에 최근 선임된 책임자들을 환영하는 식사 시간이 계획될 것입니다.

해설 빈칸 앞에는 정관사 the와 부사 recently가 있고, 빈칸 뒤에는 명사 managers가 있으므로 빈칸은 부사의 수식을 받으면서 명사를 수식할 분사 자리이다. 그런데 managers는 다른 사람에 의해 선임되는 대상이므로 '선임된'이라는 수동의 의미를 나타내는 과거분사 (B) appointed가 정답이다.

어휘 plan ~을 계획하다 recently 최근에 branch 지사, 지점 appoint ~을 선임하다, 임명하다

6.

정답 (A)

해석 그 음악 축제는 지역의 한 재즈 밴드가 선보일 매력적인 공연을 포함할 것이다.

해설 부정관사 a와 명사 performance 사이에 위치한 빈칸은 명사를 수식할 분사 자리이다. 그런데 '공연'을 의미하는 performance는 감정을 유발하는 주체에 해당되므로 '매력을 느끼게 만드는, 매력적인'이라는 의미로 감정 유발 주체에 대해 사용하는 (A) fascinating이 정답이다. (D) fascinated는 감정을 느끼는 사람에 대해 사용한다.

어휘 include ~을 포함하다 performance 공연 local 지역의, 현지의 fascinating 매력을 느끼게 만드는, 매력적인 fascination 매력 fascinate ~을 매료시키다, ~의 마음을 사로잡다 fascinated 매료된

7.

정답 (B)

해석 의회 위원들이 교통 법규에 대해 최근 제안된 변경 사항에 관한 회의를 개최할 것이다.

해설 부사 recently와 명사 changes 사이에 위치한 빈칸은 명사를 수식할 분사 자리이다. 그런데 changes는 사람에 의해 제안되는 대상이므로 '제안된'이라는 수동의 의미를 나타내는 과거분사 (B) proposed가 정답이다.

어휘 council 의회 hold ~을 개최하다, 열다 recently 최근에 traffic 교통, 차량들 propose ~을 제안하다 proposal 제안(서)

8.

정답 (A)

해석 마드리드에 본사를 둔 Agora Corporation 사는 선도적인 스마트폰 앱 개발업체이다.

해설 부정관사 a와 명사 developer 사이에 위치한 빈칸은 명사를 수식할 분사 자리이고 개발업체가 선도적인 주체이므로 현재분사인 (A) leading이 정답이다. 빈칸에 명사가 들어가 복합명사를 구성하는 경우도 생각해 볼 수 있지만, 명사 (B) leader와 (D) leadership은 developer와 복합명사를 구성하지 않는다.

어휘 Madrid-based 마드리드에 본사를 둔, 마드리드를 기반으로 하는 developer 개발업체, 개발자 leading 선도적인, 앞서 가는

9.

정답 (C)

해석 상승하는 기름 값에 따른 결과로, 많은 사람들이 대중 교통을 이용하는 것을 선호하고 있다.

해설 전치사 of와 명사구 gas prices 사이에 위치한 빈칸은 명사구를 수식할 분사 자리인데, 자동사 rise는 현재분사의 형태로만 명사구를 수식할 수 있으므로 (C) rising이 정답이다.

어휘 as a result of ~의 결과로 prefer to do ~하는 것을 선호하다 public transportation 대중 교통 rise 상승하다, 오르다

10.

정답 (A)

해석 Shaw 씨의 영양 보충제가 그 제품이 지닌 건강상의 혜택을 설명하는 팸플릿과 함께 배송되었다.

해설 | 빈칸 앞에 이미 문장의 동사 were shipped가 있으므로 또 다른 동사 describe는 분사의 형태가 되어 a pamphlet을 뒤에서 수식하는 구조가 되어야 한다. 그런데 빈칸 뒤에 위치한 명사구 their health benefits를 목적어로 취해야 하므로 목적어를 취할 수 있는 현재분사 (A) describing이 정답이다.

어휘 | nutritional 영양상의 supplement 보충(제) ship ~을 배송하다 along with ~와 함께 pamphlet 팸플릿, 안내 책자 benefit 이득, 혜택 describe ~을 설명하다

11.

정답 | (A)

해석 | 고용 계약서를 수정할 때 새로운 휴가 정책을 포함해 주시기 바랍니다.

해설 | 접속사 when 다음에 빈칸이 위치해 있는데, 동사 revise가 주어 없이 접속사 when 바로 다음에 쓰이려면 분사의 형태가 되어 분사구문을 구성해야 한다. 그런데 빈칸 뒤에 위치한 명사구 the employment contract를 목적어로 취해야 하므로 목적어를 취할 수 있는 현재분사 (A) revising이 정답이다.

어휘 | include ~을 포함하다 vacation leave 휴가 policy 정책, 방침 employment 고용 contract 계약(서) revise ~을 수정하다, 개정하다

12.

정답 | (C)

해석 | 그 극장의 웹 사이트를 통해 예매된 입장권은 공연 당일에 매표소에서 받아 가실 수 있습니다.

해설 | 빈칸 뒤에 이미 문장의 동사 may be collected가 있으므로 빈칸은 동사 자리가 아니다. 따라서 동사 book이 분사의 형태로 쓰여야 하므로 선택지에서 유일한 분사의 형태(과거분사)인 (C) booked가 정답이다.

어휘 | through ~을 통해 collect ~을 가져가다, 모으다 performance 공연 book ~을 예약하다

13.

정답 | (B)

해석 | 식사를 주문하시기 전에 종업원에게 음식물과 관련된 어떠한 요구 사항이든 알려 주시기 바랍니다.

해설 | 접속사 before 다음에 빈칸이 위치해 있는데, 동사 place가 주어 없이 접속사 before 바로 다음에 쓰이려면 분사의 형태가 되어 분사구문을 구성해야 한다. 그런데 빈칸 뒤에 위치한 명사구 your meal order를 목적어로 취해야 하므로 목적어를 취할 수 있는 현재분사 (B) placing이 정답이다.

어휘 | inform A of B: A에게 B를 알리다 server (식당) 종업원 dietary 음식물의 requirement 요구 사항, 요건 place one's order 주문하다

14.

정답 | (C)

해석 | Moore 씨께서 귀하의 다음 번 저희 진료소 예약 일정을 잡으실 때 귀하의 건강보험증을 확인해 보셔야 할 것입니다.

해설 | 접속사 when 다음에 빈칸이 위치해 있는데, 동사 schedule이 주어 없이 접속사 when 바로 다음에 쓰이려면 분사의 형태가 되어 분사구문을 구성해야 한다. 그런데 빈칸 뒤에 위치한 명사구 your follow-up appointment를 목적어로 취해야 하므로 목적어를 취할 수 있는 현재분사 (C) scheduling이 정답이다.

어휘 | health card 건강보험증 follow-up 다음 순서의, 후속의 appointment 예약, 약속 clinic 진료소 schedule ~의 일정을 잡다

15.

정답 | (B)

해석 | National Science Museum의 경영진은 더 많은 방문객을 끌어들이기 위한 노력의 일환으로 더 저렴한 입장료를 고려하고 있다.

해설 | 빈칸 앞에 위치한 be동사 is와 결합 가능한 것은 현재분사 또는 과거분사인데, 빈칸 뒤에 위치한 명사구 a lower admission fee를 목적어로 취해야 하므로 목적어를 취할 수 있는 현재분사 (B) considering이 정답이다.

어휘 | management 경영(진) admission fee 입장료 in an effort to do ~하기 위한 노력의 일환으로 attract ~을 끌어들이다 consider ~을 고려하다

DAY 08
전치사 & 등위 접속사

POINT 1 기출 확인 PRACTICE

1.

정답 | (A)

해석 | 행사장 전역에 걸쳐 몇몇 중요한 안내 표지가 게시되었다.

해설 | 빈칸 뒤에 위치한 명사구 the event venue는 안내 표지가 게시되는 장소에 해당되므로 장소 범위를 나타낼 때 사용하는 전치사 (A) throughout이 정답이다.

어휘 | sign 안내 표지(판) post ~을 게시하다, 내걸다 event venue 행사장 throughout (장소) ~ 전역에 걸쳐, (기간)~ 동안 내내

2.

정답 | (B)

해석 | 저희는 15일 이내에 해당 도서를 반납하도록 귀하께 권합니다.

해설 | 빈칸 뒤에 기간을 나타내는 명사구가 쓰여 있으므로 기간 표현

과 함께 사용하는 전치사 (B) within이 정답이다. (A) before
는 기간 표현이 아닌 시점 표현과 함께 사용한다.

어휘   encourage A to do: A에게 ~하도록 권하다, 장려하다 return ~을
반납하다, 반품하다 within ~ 이내에

3.

정답   (A)

해석   요청된 그 제안서가 월말까지 제출되어야 한다.

해설   빈칸 뒤에 제출 기한에 해당되는 시점을 나타내는 명사구가 쓰
여 있으므로 시점 표현과 함께 사용하는 전치사 (A) by가 정답
이다. (B) on은 특정 날짜나 요일을 나타낼 때 사용한다.

어휘   required 요청된, 요구된 proposal 제안(서) submit ~을 제출하다
by (기한) ~까지

4.

정답   (B)

해석   그 회사는 내년까지 아시아로 사업을 확장하기를 희망하고 있
다.

해설   빈칸 뒤에 위치한 Asia는 사업 확장을 원하는 지역에 해당되므
로 방향이나 변화 등을 나타낼 때 사용하는 전치사 (B) into가
정답이다.

어휘   hope to do ~하기를 희망하다 expand into ~로 사업을 확장하다,
규모를 확대하다 by (기한) ~까지

POINT 2   기출 확인 PRACTICE

1.

정답   (A)

해석   연장된 마감시한에도 불구하고, 그 프로젝트 팀은 디자인을 완
료할 수 없었다.

해설   빈칸 뒤에 위치한 명사구 the extended deadline을 목적어
로 취할 전치사가 빈칸에 쓰여야 알맞으므로 '~에도 불구하고'
를 뜻하는 전치사 (A) Despite이 정답이다.
(B) Furthermore는 부사이므로 명사(구)를 목적어로 취할 수
없다.

어휘   extended (길이, 규모 등) 연장된, 확장된 deadline 마감시한 be
able to do ~할 수 있다 complete ~을 완료하다 despite ~에도 불
구하고 furthermore 더욱이, 게다가

2.

정답   (B)

해석   저희 기록에 따르면, 귀하의 회원 자격이 다음달에 만료됩니다.

해설   빈칸 뒤에 제시된 명사구 our records(기록)는 회원 자격 만료
시점을 확인하는 데 필요한 근거 자료에 해당된다. 따라서 '~에
따르면'이라는 의미로 근거 또는 출처 등을 나타낼 때 사용하는
전치사 (B) According to가 정답이다. (A) Such as도 전치
사이지만 예시를 나타낼 때 사용한다.

어휘   expire 만료되다 such as ~와 같은 according to ~에 따르면

3.

정답   (A)

해석   그 개조 공사는 자금 부족 문제로 인해 지연되었다.

해설   자금 부족(lack of funds)이 공사 지연의 이유인 것으로 판단
할 수 있으므로 '~로 인해'라는 의미로 이유를 나타낼 때 사용하
는 전치사 (A) due to가 정답이다.

어휘   renovation 개조, 보수 delay ~을 지연시키다 lack of ~의 부족
fund 자금, 기금 due to ~로 인해 instead of ~ 대신

4.

정답   (B)

해석   Wang 씨는 신입 직원들을 모집하는 것 뿐만 아니라 그들을 교
육하는 일도 책임지고 있다.

해설   빈칸 앞뒤에 각각 동명사구로 제시된 두 가지 특정 업무가 모두
Wang 씨가 책임지고 있는 일들로 판단할 수 있으므로 '~뿐만
아니라' 등의 의미로 추가 사항을 나타낼 때 사용하는 전치사
(B) in addition to가 정답이다.

어휘   be responsible for ~에 대한 책임을 지다 train ~을 교육하다
recruit ~을 모집하다, 채용하다 along (길 등) ~을 따라 in addition
to ~뿐만 아니라, ~ 외에도

POINT 3   기출 확인 PRACTICE

1.

정답   (B)

해석   다양한 지역 행사가 새 공원 전체에 걸쳐 열릴 것이다.

해설   선택지의 단어들이 모두 전치사이므로 빈칸 뒤의 명사구와 어
울리는 것을 찾아야 한다. the new park는 행사가 열리는
장소에 해당되므로 장소 범위를 나타낼 때 사용하는 (B)
throughout이 정답이다. (A) during은 기간의 의미를 포함하
는 명사와 함께 사용한다.

어휘   a variety of 다양한 local 지역의, 현지의 take place (일, 행사 등이)
열리다, 발생되다 during ~ 중에, ~ 동안 throughout (장소) ~ 전역
에 걸쳐, (기간) ~ 동안 내내

2.

정답   (A)

해석   그 쇼핑몰은 사무실에서 걸어서 갈 수 있는 거리에 위치해 있다.

해설   선택지의 단어들이 모두 전치사이므로 빈칸 뒤의 명사구에
따라 어울리는 것을 찾아야 한다. 빈칸 뒤에 위치한 명사구
walking distance가 이동 범위를 나타내므로 '~ 이내에'라는
의미로 범위를 나타낼 때 사용하는 전치사 (A) within이 정답
이다.

어휘   be located 전치사: ~에 위치해 있다 within walking distance of
~에서 걸어서 갈 수 있는 거리에 있는

3.

정답 (A)

해석 Shin 씨는 주 말까지 다른 지역에 있을 것이다.

해설 빈칸 뒤에 위치한 명사구 the end of the week를 목적어로 취할 전치사가 빈칸에 쓰여야 알맞으므로 전치사 (A) until이 정답이다. (B) whether는 접속사이므로 「주어 + 동사」가 포함된 절을 이끌어야 한다.

어휘 be out of town 다른 지역에 가 있는 until (지속) ~까지 whether ~인지 (아닌지)

4.

정답 (A)

해석 Henderson 씨가 컨퍼런스 행사 중에 시연회를 할 것이다.

해설 빈칸 뒤에 위치한 the conference는 시연회를 진행하는 시간을 나타내는 명사구이다. 따라서 이와 같은 명사(구) 앞에 쓰여 '~ 중에'라는 의미를 나타내는 전치사 (A) during이 정답이다. (B) within이 시간 범위를 나타낼 때는 숫자 표현이 포함된 명사구가 쓰여야 한다.

어휘 give a demonstration 시연하다, 시범을 보이다 during ~ 중에, ~ 동안 within (거리, 시간 등) ~ 이내에

POINT 4 기출 확인 PRACTICE

1.

정답 (A)

해석 경험 많은 직원과 새로 고용된 직원 모두 그 회의에 참석해야 한다.

해설 빈칸 뒤에 「A and B」의 구조로 된 명사구와 어울리는 것으로서 'A와 B 둘 모두'라는 의미를 나타낼 때 사용하는 (A) Both가 정답이다.

어휘 experienced 경험 많은 hire ~을 고용하다 attend ~에 참석하다 both A and B: A와 B 둘 모두 either (A or B): (A 또는 B) 둘 중의 하나

2.

정답 (B)

해석 우리의 새 복사기는 효율적일 뿐만 아니라, 다용도이기도 하다.

해설 빈칸 뒤에 위치한 but also와 짝을 이루는 것으로서 'A뿐만 아니라 B도'라는 의미를 나타낼 때 사용하는 (B) not only가 정답이다.

어휘 efficient 효율적인 versatile 다용도의 not only A but also B: A뿐만 아니라 B도 both (A and B): (A와 B) 둘 모두

3.

정답 (B)

해석 문제가 있을 경우, 저희에게 전화 또는 이메일로 연락하시기 바랍니다.

해설 빈칸 앞에 위치한 either와 짝을 이루는 것으로서 'A 또는 B 둘 중의 하나'라는 의미를 구성할 때 사용하는 (B) or가 정답이다.

어휘 contact ~에게 연락하다 either A or B: A 또는 B 둘 중의 하나

4.

정답 (A)

해석 Johnson 씨의 실적은 뛰어났지만, 승진되지 못했다.

해설 빈칸 앞뒤에 각각 「주어 + 동사」가 포함된 두 개의 절이 있으므로 이 절들을 연결할 수 있는 접속사 (A) but이 정답이다. (B) moreover는 부사이므로 두 개의 절을 연결할 수 없다.

어휘 performance 실적, 성과, 능력, 실력 outstanding 뛰어난, 우수한 promote ~을 승진시키다 moreover 더욱이, 게다가

Day 08 Check-up Test				
1. (D)	**2.** (A)	**3.** (D)	**4.** (D)	**5.** (D)
6. (D)	**7.** (A)	**8.** (A)	**9.** (C)	**10.** (B)
11. (C)	**12.** (C)	**13.** (C)	**14.** (A)	**15.** (D)

1.

정답 (D)

해석 저희는 7월 12일 이전에 귀하의 사무용품을 배송해 드릴 수 없을 것입니다.

해설 빈칸 뒤에 쓰인 날짜 July 12는 시점을 나타내므로 시점 명사를 목적어로 취하는 전치사 (D) before가 정답이다. (A) between도 시점 명사와 함께 쓰일 수는 있지만, 'A and B'의 구조가 되어야 하며, (B) within은 기간 명사와 함께 사용한다.

어휘 be unable to do ~할 수 없다 deliver ~을 배송하다 supplies 용품, 물품 between (A and B): (A와 B) 사이에 within ~ 이내에 above (분리된 위치) ~ 위에, (수량, 수준 등) ~보다 위인, ~보다 나은

2.

정답 (A)

해석 그 제조 공장은 10월 마지막 주나 되어야 다시 문을 열 것이다.

해설 빈칸 뒤에 위치한 the last week of October는 명사구이므로 이 명사구를 목적어로 취할 수 있는 전치사 (A) until이 정답이다. (B) when과 (D) whether는 주어와 동사가 포함된 절을 이끄는 접속사들이며, (C) yet은 부사이다.

어휘 manufacturing plant 제조공장 not A until B: B나 되어야 A하다 yet 아직, 벌써 whether ~인지 (아닌지), ~에 상관없이

3.

정답 (D)

해석 폭우에도 불구하고, 2천 명이 넘는 사람들이 도시의 연례 거리

퍼레이드 행사를 봤다.

해설 빈칸 바로 뒤에 위치한 명사구 the heavy rain을 목적어로 취할 수 있는 전치사가 빈칸에 쓰여야 알맞으므로 선택지에서 유일한 전치사인 (D) In spite of가 정답이다. (A) Even though와 (B) Whether, 그리고 (C) Provided that은 모두 접속사들이다.

어휘 more than ~가 넘는 annual 연례의, 해마다의 even though (비록) ~이기는 하지만 whether ~인지 (아닌지), ~에 상관없이 provided that (만일) ~라면 in spite of ~에도 불구하고

4.
정답 (D)

해석 도시 기획부에서 귀하의 건축 허가 신청서를 접수하고 14일 이내에 최종 결정을 내릴 것입니다.

해설 각 선택지가 모두 전치사들이므로 빈칸 뒤에 위치한 명사(구)와의 관계를 확인해 알맞은 것을 골라야 한다. 빈칸 뒤에 위치한 14 days는 기간을 나타내므로 기간 명사와 함께 사용하는 (D) within이 정답이다. (B) between도 기간을 나타낼 수는 있지만 「A and B」의 구조로 기준이 되는 두 시점이 쓰여야 한다.

어휘 planning 기획 make a decision 결정을 내리다 final 최종적인 receive ~을 받다 permit 허가서 application 신청(서), 지원(서) toward (방향) ~을 향해, ~쪽으로, (목적) ~을 위해 between (A and B): (A와 B) 사이에 among ~ 사이에서, ~ 중에서 within ~ 이내에

5.
정답 (D)

해석 Swanson 씨는 그 호텔의 무도회장 개조 공사가 연말까지 완료될 것으로 예측하고 있다.

해설 빈칸 뒤에 위치한 the end of the year는 명사구이므로 빈칸이 전치사 자리임을 알 수 있다. 따라서 전치사 (A) within과 (D) by 중에서 하나를 골라야 하는데, the end of the year는 공사 완료 기한에 해당되는 시점이므로 시점 명사와 함께 사용하는 (D) by가 정답이다. (A) within은 기간을 나타내는 명사와 함께 사용한다.

어휘 predict that ~라고 예측하다 ballroom 무도회장 renovation 개조, 보수 complete ~을 완료하다 within ~ 이내에 by (기한) ~까지

6.
정답 (D)

해석 Oliver Nelson 씨는 새 공항 터미널에서 2킬로미터 이내의 거리에 새 호텔을 열 계획이다.

해설 빈칸 뒤에 위치한 two kilometers는 명사구이므로 빈칸이 전치사 자리임을 알 수 있다. 따라서 전치사 (A) for와 (D) within 중에서 하나를 골라야 하는데, two kilometers는 거리 범위에 해당되므로 범위를 나타낼 때 사용하는 (D) within이 정답이다. (B) almost는 부사, (C) nearby는 형용사 또는 부사로 쓰인다.

어휘 plan to do ~할 계획이다 almost 거의 nearby a. 근처의 ad. 근처에 within ~ 이내에

7.
정답 (A)

해석 인사부장으로서, Marjorie Bates 씨는 직원 근무 환경과 관련된 대부분의 결정 사항에 대한 책임을 지고 있다.

해설 빈칸 뒤에 위치한 명사구 the personnel manager를 목적어로 취할 전치사가 빈칸에 쓰여야 알맞으므로 선택지에서 유일한 전치사인 (A) As가 정답이다. (B) How와 (C) Because는 접속사이며, (D) Similarly는 부사이다.

어휘 personnel manager 인사부장 be responsible for ~에 대한 책임이 있다 decision 결정 regarding ~와 관련된 work conditions 근무 환경 as (역할, 신분 등) ~로서, (유사성) ~처럼, ~와 같은 similarly 유사하게, 마찬가지로

8.
정답 (A)

해석 그 웹 디자인 책임자에 따르면, 새 온라인 매장이 우리 사이트에 대한 접속량을 30퍼센트 증가시켜줄 것이다.

해설 빈칸 뒤에 위치한 명사구 the Web design manager를 목적어로 취할 전치사가 빈칸에 필요하므로 접속사인 (D) So that을 제외한 나머지 전치사들 중에서 의미가 알맞은 것을 찾아야 한다. the Web design manager는 새 온라인 매장이 사이트 접속량을 증가시켜준다는 사실을 알 수 있게 한 정보 제공자인 것으로 판단할 수 있으므로 '~에 따르면'이라는 의미로 출처 등을 나타낼 때 사용하는 (A) According to가 정답이다.

어휘 increase ~을 증가시키다 traffic 접속량 by (차이) ~만큼, ~ 정도 according to ~에 따르면 next to ~ 옆에 instead of ~ 대신에 so that (목적) ~할 수 있도록, (결과) 그러므로, 그래서

9.
정답 (C)

해석 3천만 달러의 비용이 들어간 미술관 공사가 마침내 개인 투자금으로 인해 완공되었다.

해설 수동태 동사 다음은 부사나 전치사구 등과 같은 부가적인 요소가 위치해야 알맞은 구조가 되므로 빈칸 이하 부분은 명사구 private investments와 함께 전치사구가 되어야 알맞다. 따라서 선택지에서 유일한 전치사인 (C) thanks to가 정답이다. (A) as well as는 앞뒤에 동일한 요소를 연결하는 상관접속사이며, (B) overall은 형용사 또는 부사로 쓰인다. (D) even if는 접속사이다.

어휘 construction 공사, 건설 eventually 마침내, 결국 complete ~을 완료하다 private 개인의, 사적인 investment 투자(금) as well as ~뿐만 아니라 …도 overall a. 전반적인 ad. 전반적으로 thanks to ~로 인해, ~ 덕분에 even if ~라 하더라도

RC 정답 및 해설

10.

정답 (B)

해석 전국에 걸쳐 나타나고 있는 '1달러 염가 판매점'의 숫자 증가는 저소득 가정의 숫자 증가를 반영한다.

해설 각 선택지의 단어들이 모두 전치사들이므로 빈칸 뒤에 위치한 명사구와 어울리는 것을 찾아야 한다. the country는 1달러 염가 판매점들이 나타나고 있는 장소 범위에 해당되므로 '~전역에 걸쳐'라는 의미로 넓은 장소를 나타낼 때 사용하는 (B) throughout이 정답이다.

어휘 increasing 증가하는(= rising) dollar store 1달러 염가 판매점 appear 나타나다 reflect ~을 반영하다 low-income 저소득의 into (이동) ~ 안으로, (변화) ~로 throughout ~ 전역에 걸쳐 during ~ 중에, ~ 동안 as (역할, 신분 등) ~로서, (유사성) ~처럼, ~와 같은

11.

정답 (C)

해석 한 영업 직원이 지속적으로 고객 불만 사항을 받는다면, 이는 그 직원의 평판뿐만 아니라 영업팀 전체의 평판에도 영향을 미칠 것이다.

해설 빈칸 앞에 위치한 not only와 짝을 이뤄 동일한 요소를 연결하는 상관접속사를 구성할 수 있는 (C) but also가 정답이다.

어휘 sales 영업, 판매, 매출 representative 직원 consistently 지속적으로 receive ~을 받다 complaint 불만 affect ~에 영향을 미치다 not only A but also B: A뿐만 아니라 B도 reputation 평판, 명성 entire 전체의 provided that (만일) ~라면 even if ~라 하더라도 just as 꼭 ~처럼

12.

정답 (C)

해석 연기 오디션 자리에 전문적인 사진을 담은 포트폴리오와 여러 다른 의상을 챙겨 오셔야 한다는 점을 기억하시기 바랍니다.

해설 빈칸 앞뒤로 두 개의 명사구 a portfolio of professional photographs와 several different outfits가 위치해 있는데, 이 둘은 모두 bring의 목적어로서 오디션에 가져와야 하는 대상을 나타낸다. 따라서 '~와'라는 의미로 동일한 요소를 연결하는 등위접속사 (C) and가 정답이다.

어휘 remember to do ~하는 것을 기억하다 portfolio (사진 등을 넣어 구직 시 제출하는) 포트폴리오, 작품집 several 여럿의, 몇몇의 outfit 의상, 복장 acting (영화, 연극 등의) 연기

13.

정답 (C)

해석 앞으로 있을 구직 기회와 관련해 연락 드릴 수 있도록 자택 전화번호, 휴대전화번호, 또는 이메일 주소를 제공해 주시기 바랍니다.

해설 빈칸 앞뒤에 연락 가능한 방법에 해당되는 세 가지 명사구가 쓰여 있으므로 빈칸은 동일한 요소를 연결하는 등위접속사 자리임을 알 수 있다. 그런데 연락 방법으로 선택 가능한 것을 언급

하는 의미가 되어야 알맞으므로 '또는'을 뜻하는 등위접속사 (C) or가 정답이다.

어휘 provide ~을 제공하다 so that (목적) ~할 수 있도록, (결과) 그러므로, 그래서 contact ~에게 연락하다 opportunity 기회

14.

정답 (A)

해석 그 체육관이 더 많은 회원을 끌어들일 방법을 찾지 못한다면, 문을 닫을 수도 있을 뿐만 아니라, 파산 선고를 해야 할 수도 있다.

해설 빈칸 뒤에 위치한 but also와 짝을 이뤄 동일한 요소(두 개의 동사구)를 연결하는 상관접속사를 구성할 수 있는 (A) not only가 정답이다.

어휘 unless ~하지 않는다면, ~가 아니라면 gym 체육관 a way to do ~하는 방법 attract ~을 끌어들이다 close down 문을 닫다, 폐쇄되다 not only A but also B: A뿐만 아니라 B도 declare bankruptcy 파산 선고를 하다 in case (that) ~할 경우에 (대비해) as well ~도, 마찬가지로

15.

정답 (D)

해석 Mont-Royal Hotel은 모든 손님들에게 무료로 드라이 클리닝과 미용 치료 서비스를 모두 제공한다.

해설 빈칸 뒤에 제공 서비스에 해당되는 두 개의 명사구가 「A and B」의 구조로 연결되어 있으므로 이 구조와 어울려 'A와 B 둘 모두'라는 의미를 나타내는 상관접속사를 구성하는 (D) both가 정답이다.

어휘 provide ~을 제공하다 both A and B: A와 B 둘 모두 therapy 치료 free of charge 무료로 either (A or B): (A 또는 B) 둘 중의 하나 only if 오직 ~하는 경우에만

DAY 09

부사절 접속사

POINT 1 기출 확인 PRACTICE

1.

정답 (A)

해석 우리는 업무 처리가 더욱 순조롭게 진행될 수 있도록 새로운 정책을 시행할 것입니다.

해설 빈칸 앞뒤로 「주어 + 동사」가 포함된 절이 각각 위치해 있으므로 이 절들을 연결할 수 있는 부사절 접속사 (A) so that이 정답이다. (B) due to는 전치사이므로 두 개의 절을 연결할 수 없다.

어휘 implement ~을 시행하다 policy 정책, 방침 process 처리, 과정

go smoothly 순조롭게 진행되다 so that (목적) ~할 수 있도록
due to ~로 인해

2.

정답 (A)

해석 Moore 씨가 불과 몇 개월 전에 회사에 입사하기는 했지만, 벌써 승진되었다.

해설 빈칸 뒤로 「주어 + 동사」가 포함된 두 개의 절이 콤마 앞뒤에 위치해 있으므로 이 절들을 연결할 수 있는 부사절 접속사 (A) Even though가 정답이다. (B) Despite는 전치사이므로 두 개의 절을 연결할 수 없다.

어휘 join ~에 입사하다, 합류하다 promote ~을 승진시키다 even though (비록) ~이기는 하지만 despite ~에도 불구하고

3.

정답 (A)

해석 누구든 적합한 지원자가 있다면, 우리는 즉시 면접 일정을 잡을 것입니다.

해설 빈칸 뒤로 「주어 + 동사」가 포함된 두 개의 절이 콤마 앞뒤에 위치해 있으므로 이 절들을 연결할 수 있는 부사절 접속사 (A) If가 정답이다. (B) Even은 부사이므로 두 개의 절을 연결할 수 없다.

어휘 suitable 적합한, 어울리는 applicant 지원자 arrange ~의 일정을 잡다, ~을 조정하다 immediately 즉시 even (강조) 심지어, (비교급 수식) 훨씬

4.

정답 (B)

해석 그 회의실은 프로젝터가 설치되는 동안 이용할 수 없다.

해설 빈칸 앞뒤로 「주어 + 동사」가 포함된 절이 각각 위치해 있으므로 이 절들을 연결할 수 있는 부사절 접속사 (B) while이 정답이다. (A) during은 전치사이므로 두 개의 절을 연결할 수 없다.

어휘 accessible 이용 가능한, 접근 가능한 install ~을 설치하다 during ~동안, ~ 중에 while ~하는 동안, ~인 반면

POINT 2 기출 확인 PRACTICE

1.

정답 (B)

해석 좌석이 제한되어 있으므로, 관심 있으신 분들은 미리 등록해야 합니다.

해설 선택지의 단어들이 모두 부사절 접속사이므로 문장의 의미에 어울리는 것을 찾아야 한다. 좌석이 제한되어 있다는 사실이 미리 등록해야 하는 이유에 해당되므로 이유 부사절 접속사인 (B) Since가 정답이다.

어휘 seating 좌석, 자리 limited 제한된, 한정된 interested 관심 있는 individual 사람, 개인 register 등록하다 in advance 미리, 사전에 so (that) (결과) 그래서, 그러므로 (목적) ~할 수 있도록 since ~하기 때문에, ~한 이후로

2.

정답 (A)

해석 귀하께서 신청하시는 대로, 저희가 확인 이메일을 보내 드리겠습니다.

해설 선택지의 단어들이 모두 부사절 접속사이므로 문장의 의미에 어울리는 것을 찾아야 한다. 신청을 한 이후에 확인 이메일을 보내는 것이므로 '~하자마자, ~하는 대로'라는 의미로 쓰이는 시간 부사절 접속사 (A) Once가 정답이다.

어휘 sign up (for) (~을) 신청하다, (~에) 등록하다 confirmation 확인(서) once ~하자마자, ~하는 대로 although (비록) ~이기는 하지만

POINT 3 기출 확인 PRACTICE

1.

정답 (A)

해석 직원들은 원본 영수증을 제출하고 나서야 비용을 환급 받을 것이다.

해설 빈칸 앞뒤로 「주어 + 동사」가 포함된 절이 각각 위치해 있으므로 이 절들을 연결할 수 있는 부사절 접속사 (A) until이 정답이다. (B) except는 전치사이므로 두 개의 절을 연결할 수 없다.

어휘 reimburse (비용) ~을 환급해주다 hand in ~을 제출하다 original 원본의, 원래의 receipt 영수증 not A until B: B하고 나서야 A하다 except ~을 제외하고

2.

정답 (B)

해석 많은 지원자들이 있기는 했지만, 적합한 사람을 찾기 쉽지 않았다.

해설 빈칸 뒤로 「주어 + 동사」가 포함된 두 개의 절이 콤마 앞뒤에 위치해 있으므로 이 절들을 연결할 수 있는 부사절 접속사 (B) Although가 정답이다. (A) Despite는 전치사이므로 두 개의 절을 연결할 수 없다.

어휘 applicant 지원자 suitable 적합한, 어울리는 despite ~에도 불구하고 although (비록) ~이기는 하지만

3.

정답 (A)

해석 우리가 새 프로그램을 구입하는 대로, 보안 문제가 해결될 것이다.

해설 빈칸 뒤로 「주어 + 동사」가 포함된 두 개의 절이 콤마 앞뒤에 위치해 있으므로 이 절들을 연결할 수 있는 부사절 접속사 (A) Once가 정답이다. (B) In case of는 전치사이므로 두 개의 절을 연결할 수 없다.

어휘 purchase ~을 구입하다 security 보안, 안전 solve ~을 해결하다
once ~하는 대로, ~하자마자 in case of ~의 경우에

4.

정답 (A)

해석 Clarkson 씨는 그 계약을 따낸 후에 하루 별도의 휴가를 받았다.

해설 빈칸 앞뒤로 「주어 + 동사」가 포함된 절이 각각 위치해 있으므로 이 절들을 연결할 수 있는 부사절 접속사 (A) after가 정답이다. (B) during은 전치사이므로 두 개의 절을 연결할 수 없다.

어휘 receive ~을 받다 extra 별도의, 추가의 vacation day 휴가일
secure a contract 계약을 따내다 during ~ 중에, ~ 동안

POINT 4 기출 확인 PRACTICE

1.

정답 (B)

해석 그것에 관해 더 많은 것을 알아봐야 할 경우, 저희 웹 사이트를 방문하십시오.

해설 선택지의 단어들이 모두 접속사이므로 문장의 의미에 어울리는 것을 찾아야 한다. '더 알아봐야 하는 경우, 웹 사이트를 방문하라'와 같은 조건의 의미가 되어야 자연스러우므로 (B) If가 정답이다.

어휘 find out more about ~에 관해 더 많은 것을 알아보다 so that (결과) 그래서, 그러므로 (목적) ~할 수 있도록

2.

정답 (B)

해석 그 기계가 오류 메시지를 나타낼 때 사용자 설명서를 참고하시기 바랍니다.

해설 선택지의 단어들이 모두 접속사이므로 문장의 의미에 어울리는 것을 찾아야 한다. '오류 메시지를 나타낼 때 설명서를 참고하라'와 같은 의미가 되어야 자연스러우므로 '~할 때'를 의미하는 (B) when이 정답이다.

어휘 refer to ~을 참고하다 manual 설명서 display ~을 나타내다, 내보이다 so that (결과) 그래서, 그러므로 (목적) ~할 수 있도록

3.

정답 (A)

해석 Anderson 씨가 그 직책에 지원하기는 했지만, 받아들여지지 않았다.

해설 선택지의 단어들이 모두 접속사이므로 문장의 의미에 어울리는 것을 찾아야 한다. '지원하기는 했지만, 받아들여지지 않았다'와 같은 의미가 되어야 자연스러우므로 '하지만, 그러나' 등의 의미로 대조 또는 반대를 나타내는 (A) but이 정답이다.

어휘 apply for ~에 지원하다 position 직책, 일자리 accept ~을 받아들이다, 수용하다 until (지속) ~할 때까지

4.

정답 (A)

해석 책임자가 그 제품 주문을 했으며, 배송이 5일 내로 이뤄질 것이다.

해설 선택지의 단어들이 모두 접속사이므로 문장의 의미에 어울리는 것을 찾아야 한다. '책임자가 주문했고, 5일 내로 배송될 것이다'와 같은 의미가 되어야 자연스러우므로 '그리고' 등의 의미로 두 가지 사실을 나열할 때 사용하는 (A) and가 정답이다.

어휘 place an order 주문하다 make a delivery 배송하다 within ~ 이내에 unless ~하지 않는다면, ~가 아니라면

5.

정답 (A)

해석 기존의 것이 고장 났기 때문에 우리는 새 에어컨을 구입해야 했다.

해설 선택지의 단어들이 모두 접속사이므로 문장의 의미에 어울리는 것을 찾아야 한다. '기존의 것이 고장 났기 때문에 새 것을 구입해야 했다'와 같은 의미가 되어야 자연스러우므로 '~하기 때문에'라는 의미로 이유를 나타내는 (A) because가 정답이다.

어휘 purchase ~을 구입하다 out of order 고장 난 even though (비록) ~이기는 하지만

6.

정답 (A)

해석 이제 확인 이메일이 발송되었으므로, 우리는 일정표를 출력할 수 있다.

해설 선택지의 단어들이 모두 접속사이므로 문장의 의미에 어울리는 것을 찾아야 한다. '이제 확인 이메일이 발송되었으므로 일정표를 출력할 수 있다'와 같은 의미가 되어야 자연스러우므로 '이제 ~이므로'라는 의미로 이유를 나타내는 (A) Now that이 정답이다.

어휘 confirmation 확인(서) print out ~을 출력하다, 인쇄하다 itinerary 일정(표) now that 이제 ~이므로 while ~하는 동안, ~인 반면

Day 09 Check-up Test

1. (B)	2. (D)	3. (A)	4. (A)	5. (A)
6. (C)	7. (A)	8. (A)	9. (D)	10. (A)
11. (A)	12. (C)	13. (A)	14. (A)	15. (C)

1.

정답 (B)

해석 Singh 씨는 휴대전화기를 한 대 구입하기 전에, 온라인으로 여러 신모델을 비교해봤다.

해설 빈칸 뒤로 주어와 동사가 각각 포함된 두 개의 절이 콤마 앞뒤에 위치해 있으므로 이 절들을 연결할 부사절 접속사가 빈칸

에 쓰여야 한다. 따라서 부사절 접속사인 (A) So that과 (B) Before 중에서 하나를 골라야 하는데, '제품을 구입하기 전에 여러 모델을 비교했다'라는 의미가 되어야 알맞으므로 '~하기 전에'를 뜻하는 (B) Before가 정답이다.

어휘   purchase ~을 구입하다 compare ~을 비교하다 several 여럿의, 몇몇의 so that (목적) ~할 수 있도록, (결과) 그러므로, 그래서 as well as ~뿐만 아니라 …도 therefore 따라서, 그러므로

2.

정답   (D)

해석   Simon Arnott 씨는 인사부장으로 승진된 이후로 모든 고용 결정을 책임져 왔다.

해설   빈칸 앞뒤로 주어와 동사가 각각 포함된 두 개의 절이 위치해 있으므로 이 절들을 연결할 부사절 접속사가 빈칸에 쓰여야 한다. 따라서 부사 (A) instead를 제외한 나머지 접속사들 중에서 하나를 골라야 하는데, '승진된 이후로 ~해 왔다'라는 의미가 되어야 알맞으므로 과거시제 동사가 쓰인 절을 이끌어 과거의 시작점을 나타낼 때 사용하는 (D) since가 정답이다.

어휘   in charge of ~을 책임지는, 맡고 있는 hiring 고용 decision 결정 promote ~을 승진시키다 HR manager 인사부장 instead 대신에 while ~하는 동안, ~인 반면 however ad. 하지만 conj. 아무리 ~해도 since ~한 이후로, ~이므로

3.

정답   (A)

해석   그 호텔이 공항으로 가는 셔틀버스를 제공하고 있기는 하지만, 많은 손님들이 그곳에 택시를 타고 가는 것을 선호한다.

해설   빈칸 뒤로 주어와 동사가 각각 포함된 두 개의 절이 콤마 앞뒤에 위치해 있으므로 이 절들을 연결할 부사절 접속사가 빈칸에 쓰여야 한다. 따라서 전치사 (B) Despite를 제외한 나머지 접속사들 중에서 하나를 골라야 하는데, '셔틀버스를 제공하고 있기는 하지만, 손님들은 택시를 선호한다'와 같은 의미가 되어야 알맞으므로 '~이기는 하지만'이라는 뜻으로 양보를 나타내는 (A) Although가 정답이다.

어휘   offer ~을 제공하다 prefer to do ~하는 것을 선호하다 although (비록) ~이기는 하지만 despite ~에도 불구하고 however ad. 하지만 conj. 아무리 ~해도 whether ~인지 (아닌지), ~에 상관없이

4.

정답   (A)

해석   금요일 오후 4시까지 지원서를 제출하기만 하시면, 해당 공석에 대해 고려될 것입니다.

해설   빈칸 뒤로 주어와 동사가 각각 포함된 두 개의 절이 콤마 앞뒤에 위치해 있으므로 이 절들을 연결할 부사절 접속사가 빈칸에 쓰여야 한다. 따라서 선택지에서 유일한 부사절 접속사인 (A) As long as가 정답이다. (B) Despite와 (C) Prior to는 전치사이며, (D) In order to는 동사원형과 결합한다.

어휘   submit ~을 제출하다 application form 지원서, 신청서 by (기한) ~까지 consider ~을 고려하다 job vacancy 공석, 빈자리 as long

as ~하기만 하면, ~하는 한 despite ~에도 불구하고 prior to ~에 앞서, ~ 전에 in order to do ~하기 위해

5.

정답   (A)

해석   얼음이 활주로에서 빨리 치워지지 않는다면, 여러 항공편이 지연될 것이다.

해설   빈칸 뒤로 주어와 동사가 각각 포함된 두 개의 절이 콤마 앞뒤에 위치해 있으므로 이 절들을 연결할 부사절 접속사가 빈칸에 쓰여야 한다. 따라서 선택지에서 유일한 부사절 접속사인 (A) Unless가 정답이다. 나머지 선택지의 단어들은 모두 부사들이다.

어휘   remove A from B: B에서 A를 치우다, 없애다 runway 활주로 several 여럿의, 몇몇의 delay ~을 지연시키다 unless ~하지 않는다면, ~가 아니라면 therefore 따라서, 그러므로 otherwise 그렇지 않으면, 그 외에는 instead 대신에

6.

정답   (C)

해석   Smith 씨는 지역 부동산의 가격 하락 덕분에 5번가의 사무용 건물을 매입할 수 있었다.

해설   빈칸 뒤의 falling property prices라는 명사구를 연결하는 전치사가 필요한 자리이다. 또한 해석상, 하락하는 부동산 가격 '덕분에' 부동산 구매가 가능하였다는 내용이 어울리므로 (C) thanks to(~덕택에)가 정답이다. (A) as well as(~뿐만 아니라)는 병렬구조를 이끌어 앞뒤에 명사(구)를 나열할 수 있지만 의미가 적합하지 않으며 (B) because, (D) even if는 접속사이므로 오답이다.

어휘   purchase ~을 구매하다 falling 하락하는 property 부동산 price 가격 area 지역 B as well as A: A뿐만 아니라 B도 thanks to ~덕분에 even if 만약 ~라 할지라도

7.

정답   (A)

해석   저희 개장식 행사 중에 냉장고 또는 세탁기를 구입하시면 무료 선물이 포함될 것입니다.

해설   빈칸 앞뒤로 주어와 동사가 각각 포함된 두 개의 절이 위치해 있으므로 이 절들을 연결할 부사절 접속사가 빈칸에 필요한데, 빈칸 뒤의 절이 무료 선물을 받는 조건에 해당되므로 조건절을 이끄는 (A) if가 정답이다.

어휘   free 무료의 include ~을 포함하다 purchase ~을 구입하다 refrigerator 냉장고 during ~ 중에, ~ 동안 yet 아직, 벌써 either (A or B): (A 또는 B) 둘 중의 하나

8.

정답   (A)

해석   올해 Petra Chemicals 사의 생산량이 둔화되기는 했지만, 그

회사의 월간 수익은 지속적으로 상승해왔다.

해설 각 선택지의 단어들이 모두 접속사들이므로 의미상 어울리는 것을 찾아야 한다. '생산량이 둔화되기는 했지만, 수익은 상승했다'와 같은 대조적인 의미가 되어야 알맞으므로 '~이기는 하지만, ~인 반면'이라는 의미로 대조를 나타낼 때 사용하는 (A) While이 정답이다.

어휘 output 생산량 slow down (속도, 진행 등이) 둔화되다, 늦춰지다 earning 수익 continue to do 지속적으로 ~하다 rise 상승하다, 오르다 while ~이기는 하지만, ~인 반면, ~하는 농안 since ~안 이후로, ~이므로 however ad. 하지만 conj. 아무리 ~해도

9.
정답 (D)

해석 공장 신입 직원들의 교육을 총괄할 수 있도록 Harold Lee 씨가 서울에 있는 시설로 전근되었다.

해설 빈칸 앞뒤로 주어와 동사가 각각 포함된 두 개의 절이 위치해 있으므로 이 절들을 연결할 부사절 접속사가 빈칸에 쓰여야 한다. 따라서 부사절 접속사인 (B) before와 (D) so that 중에서 하나를 골라야 하는데, '교육을 총괄할 수 있도록 전근되었다'와 같은 목적을 나타내는 의미가 되어야 알맞으므로 '~할 수 있도록'을 뜻하는 (D) so that이 정답이다. (A) nor는 neither나 not과 함께 짝을 이뤄 사용하며, (C) instead of는 전치사이다.

어휘 transfer ~을 전근시키다 facility 시설(물) oversee ~을 총괄하다, 감독하다 training 교육, 연수 nor (neither나 not과 함께) ~도 아닌 instead of ~ 대신에 so that (목적) ~할 수 있도록, (결과) 그러므로, 그래서

10.
정답 (A)

해석 Van Horne 씨가 10월에 브라질로 갈 때, 새로 설립된 Samba Airlines의 항공편을 타고 갈 것이다.

해설 빈칸이 속한 When절에서 빈칸 앞뒤로 주어와 전치사구들만 있으므로 빈칸이 When절의 동사 자리임을 알 수 있다. 또한 주절에 미래시제 동사(will fly)가 쓰일 때, when절의 동사는 현재시제를 사용하므로 현재시제 동사의 형태인 (A) goes가 정답이다.

어휘 fly with ~의 항공편을 타고 가다 newly-founded 새로 설립된

11.
정답 (A)

해석 개조 공사가 실시되는 동안 직원용 구내 식당이 모든 직원들에게 3일간 폐쇄될 것이다.

해설 빈칸 앞뒤로 주어와 동사가 각각 포함된 두 개의 절이 위치해 있으므로 이 절들을 연결할 부사절 접속사가 빈칸에 쓰여야 한다. 따라서 부사절 접속사인 (A) while과 (C) though 중에서 하나를 골라야 하는데, '공사가 실시되는 동안, 구내 식당이 폐쇄된다'와 같은 의미가 되어야 알맞으므로 '~하는 동안'을 뜻하는 (A) while이 정답이다.

어휘 cafeteria 구내 식당 renovation 개조, 보수 carry out ~을 실시하다, 수행하다 while ~하는 동안, ~인 반면, ~이기는 하지만 during ~ 중에, ~ 동안 though (비록) ~이기는 하지만

12.
정답 (C)

해석 근처에 높이 평가 받는 여러 다른 레스토랑이 있기는 하지만 우리는 힝싱 Diamanti Bistro로 고객들을 모시고 간다.

해설 빈칸 앞뒤로 주어와 동사가 각각 포함된 두 개의 절이 위치해 있으므로 이 절들을 연결할 부사절 접속사가 빈칸에 쓰여야 한다. 따라서 선택지에서 유일한 접속사인 (C) although가 정답이다. (A) except와 (B) owing to는 전치사이며, (D) in order to는 동사 원형과 결합한다.

어휘 take A to B: A를 B로 데려가다 several 여럿의, 몇몇의 highly-regarded 높이 평가 받는 nearby ad. 근처에 a. 근처의 except ~을 제외하고 owing to ~로 인해, ~ 덕분에 although (비록) ~이기는 하지만 in order to do ~하기 위해

13.
정답 (A)

해석 Bettany 씨가 마케팅 분야에서 경험이 없기는 하지만, 그에게 회사의 새 로고를 만드는 일이 주어졌다.

해설 빈칸 뒤로 주어와 동사가 각각 포함된 두 개의 절이 콤마 앞뒤에 위치해 있으므로 이 절들을 연결할 부사절 접속사가 빈칸에 쓰여야 한다. 따라서 부사절 접속사인 (A) Though와 (C) As if 중에서 하나를 골라야 하는데, '마케팅 분야에서 경험이 없기는 하지만, 로고를 만드는 일이 주어졌다'와 같은 의미가 되어야 알맞으므로 '~이기는 하지만'을 뜻하는 (A) Though가 정답이다.

어휘 be tasked with (일, 업무 등) ~가 주어지다, 맡겨지다 create ~을 만들어내다 though (비록) ~이기는 하지만 despite ~에도 불구하고 as if 마치 ~한 것처럼 just as 꼭 ~처럼

14.
정답 (A)

해석 전화 영업 직원들이 때때로 재택 근무를 하도록 허용되기는 하지만, 모든 고객 전화에 대한 상세 보고서를 제출해야 한다.

해설 빈칸 뒤로 주어와 동사가 각각 포함된 두 개의 절이 콤마 앞뒤에 위치해 있으므로 이 절들을 연결할 부사절 접속사가 빈칸에 쓰여야 한다. 따라서 선택지에서 유일한 접속사인 (A) While이 정답이다. 나머지 선택지의 표현들은 모두 전치사들이다.

어휘 sales 영업, 판매, 매출 representative 직원 occasionally 때때로 be allowed to do ~하도록 허용되다 work from home 재택 근무를 하다 be required to do ~해야 하다 submit ~을 제출하다 detailed 상세한 while ~이기는 하지만, ~인 반면, ~하는 동안 rather than ~가 아니라, ~하는 대신 in view of ~을 고려하여 as a result of ~의 결과로

34 시원스쿨 토익 750+

15.

정답 (C)

해석 4월이 일년 중에서 비가 가장 많이 오는 달이므로, Emerald Valley Resort는 예약 숫자의 상당한 감소를 겪는다.

해설 빈칸 뒤로 주어와 동사가 각각 포함된 두 개의 절이 위치해 있으므로 이 절들을 연결할 부사절 접속사가 빈칸에 필요하다. 따라서 부사절 접속사 (A) So와 (C) As 중에서 하나를 골라야 하는데, '4월이 비가 가장 많이 오는 달이므로, 예약 감소를 겪는다'와 같은 의미가 되어야 알맞으므로 '~이므로'라는 의미로 이유를 나타낼 때 사용하는 (C) As가 정답이다.

어휘 wet 비가 오는 experience ~을 겪다, 경험하다 significant 상당한, 많은 drop in ~의 감소 reservation 예약 as ~이므로, ~할 때, ~하면서, ~하는 대로 during ~ 중에, ~ 동안

POINT 1 기출 확인 PRACTICE

1.

정답 (A)

해석 어떤 바이러스 문제든 피할 수 있게 그 프로그램을 다운로드하도록 요청 드립니다.

해설 타동사 ask 뒤로 「빈칸 + 주어 + 동사」 구조로 된 절이 이어져 있어 이 절이 ask의 목적어 역할을 하는 명사절이 되어야 알맞으므로 명사절 접속사 (A) that이 정답이다.

어휘 ask that ~하도록 요청하다 avoid ~을 피하다 issue 문제, 사안

2.

정답 (A)

해석 회의 중에, 팀원들이 회사에서 언제 신제품을 출시해야 하는지에 관해 이야기할 것이다.

해설 전치사 about 뒤로 「빈칸 + 주어 + 동사」 구조로 된 절이 이어져 있어 이 절이 about의 목적어 역할을 하는 명사절이 되어야 알맞으므로 명사절 접속사 (A) when이 정답이다.

어휘 launch ~을 출시하다, 시작하다 unless ~하지 않는다면, ~가 아니라면

POINT 2 기출 확인 PRACTICE

1.

정답 (A)

해석 연구 결과에 따르면 우리가 서비스를 개선해야 하는 것으로 나타나 있다.

해설 빈칸 다음에 주어와 동사가 포함된 절이 쓰여 있고 이 절이 indicate의 목적어 역할을 하는 명사절이 되어야 알맞은 구조가 되는데, indicate는 that절을 목적어로 취하는 동사이므로 (A) that이 정답이다. (B) while은 부사절 접속사이다.

어휘 indicate that ~임을 나타내다 research 연구, 조사 findings 결과(물) improve ~을 개선하다, 향상시키다 while ~하는 동안, ~인 반면

2.

정답 (A)

해석 자원 봉사자들이 어디에 개인 소지품을 보관할 수 있는지를 알려드릴 것입니다.

해설 빈칸 이하 부분이 「show A B」 구조의 B에 해당되는 직접 목적어 역할을 할 명사절이 되어야 하는데, 주어 you와 동사 keep, 그리고 목적어 your personal belongings까지 구성이 완전한 절이므로 완전한 절을 이끄는 명사절 접속사 (A) where가 정답이다. (B) what도 명사절 접속사이기는 하지만 불완전한 절을 이끈다.

어휘 volunteer 자원 봉사자 show A B: A에게 B를 알려주다, 보여주다 belongings 소지품

3.

정답 (A)

해석 경영진에서 우리가 고객들에게 할인을 제공해야 하는지 아닌지를 결정할 것이다.

해설 빈칸 이하 부분이 타동사 decide의 목적어 역할을 할 명사절이 되어야 하는데, 주어 we와 동사 provide, 목적어 customers와 with 전치사구까지 구성이 완전한 절이므로 완전한 절을 이끄는 명사절 접속사 (A) whether가 정답이다. (B) which도 명사절 접속사이기는 하지만 불완전한 절을 이끈다.

어휘 management 경영(진) decide ~을 결정하다 whether A or not: A인지 아닌지 provide A with B: A에게 B를 제공하다

4.

정답 (B)

해석 투어 시간 중에, 저희 제품이 어떻게 제조되는지를 보실 수 있습니다.

해설 빈칸 이하 부분이 타동사 see의 목적어 역할을 할 명사절이 되어야 하는데, 주어 our items와 수동태 동사 are manufactured로 구성된 완전한 절이므로 완전한 절을 이끄는 명사절 접속사 (B) how가 정답이다. (A) who도 명사절 접속사이기는 하지만 불완전한 절을 이끈다.

어휘 during ~ 중에, ~ 동안 item 제품, 품목 manufacture ~을 제조하다

POINT 3 기출 확인 PRACTICE

1.

정답 (A)

해석 Chen 씨는 새로운 메뉴 항목들의 인기에 무엇이 영향을 미쳤
는지를 설명했다.

해설 빈칸 이하 부분이 타동사 explained의 목적어 역할을 할 명사
절이 되어야 하는데, 이 절은 주어 없이 동사 affected로 시작
되는 불완전한 절이므로 불완전한 절을 이끄는 명사절 접속사
(A) what이 정답이다. (B) why는 완전한 절을 이끈다.

어휘 explain ~을 설명하다 affect ~에 영향을 미치다 popularity 인기
item 항목

2.

정답 (B)

해석 이사회가 누구의 의견이 고려되어야 하는지를 결정할 것이다.

해설 빈칸 다음에 위치한 절이 타동사 determine의 목적어 역할을
할 명사절이 되어야 한다. (A) that과 (B) whose 모두 명사절
접속사이지만, 빈칸 바로 뒤의 opinion을 수식함과 동시에 명
사절을 이끌어야 하므로 이 역할이 가능한 (B) whose가 정답
이다. 참고로, determine은 that절을 목적어로 취하기도 하는
데, (A) that이 쓰이려면 가산명사 opinion 앞에 부정관사 an
이 쓰이거나 복수 형태가 되어야 알맞다.

어휘 board of directors 이사회, 이사진 determine ~을 결정하다
opinion 의견 consider ~을 고려하다

3.

정답 (A)

해석 그 문서는 누가 각 프로젝트를 맡고 있는지를 명확히 보여준다.

해설 빈칸 이하 부분이 타동사 shows의 목적어 역할을 할 명사절이
되어야 하는데, 이 절은 주어 없이 동사 is로 시작되는 불완전한
절이므로 불완전한 절을 이끄는 명사절 접속사 (A) who가 정
답이다. (B) that이 쓰이려면 뒤에 완전한 절이 이어져야 한다.

어휘 clearly 명확히, 분명히 in charge of ~을 맡고 있는

4.

정답 (B)

해석 어느 직원이 승진되는지가 회의 중에 결정될 것이다.

해설 빈칸 다음 부분을 보면, 동사 gets promoted와 will be
decided가 연속으로 쓰여 있으므로 promoted까지가 문장
전체의 주어 역할을 하는 명사절이 되어야 한다. (A) Where와
(B) Which 모두 명사절 접속사이지만, 빈칸 뒤에 위치한 명사
employee를 수식함과 동시에 명사절을 이끌어야 하므로 이
역할이 가능한 (B) Which가 정답이다.

어휘 get promoted 승진되다 decide ~을 결정하다 during ~ 중에,
~ 동안

POINT 4 기출 확인 PRACTICE

1.

정답 (A)

해석 Jackson 씨는 얼마나 많은 손님들이 초대되어야 하는지에 관
해 이야기하고 싶어 한다.

해설 빈칸 다음에 위치한 절이 전치사 about의 목적어 역할을 할
명사절이 되어야 하는데, 빈칸 뒤로 「형용사 + 주어 + 동사」
구조가 이어져 있으므로 이와 같은 구조로 된 명사절을 이끌 수
있는 (A) how가 정답이다.

어휘 invite ~을 초대하다

2.

정답 (B)

해석 그 소포를 배송하는 데 며칠 걸릴 수 있다는 점에 유의하시기
바랍니다.

해설 빈칸 다음에 이어지는 절이 타동사 note의 목적어 역할을 할
명사절이 되어야 하는데, 주어 it과 동사 may take, 그리고
to부정사구까지 구성이 완전한 절이므로 완전한 절을 이끄는
명사절 접속사 (B) that이 정답이다. (A) what은 불완전한 절
을 이끄는 명사절 접속사이다.

어휘 note that ~임에 유의하다, 주목하다 take ~의 시간이 걸리다
package 소포

3.

정답 (A)

해석 최근의 조사에 따르면 신제품들에 대한 수요가 점점 더 높아지
는 것으로 나타나 있다.

해설 빈칸 다음에 이어지는 절이 타동사 indicates의 목적어 역할
을 할 명사절이 되어야 하는데, 주어 demand와 동사 is, 보어
high까지 구성이 완전한 절이므로 완전한 절을 이끄는 명사절
접속사 (A) that이 정답이다.

어휘 recent 최근의 research 조사, 연구 indicate that ~임을 나타내다
demand for ~에 대한 수요 increasingly 점점 더

4.

정답 (B)

해석 Park 씨는 도심 지역에서 전단을 배부하는 방법을 이야기하기
위해 회의를 소집할 것이다.

해설 빈칸 이하 부분이 타동사 discuss의 목적어가 되어야 하는
데, 빈칸 다음에 위치한 to do 표현 구조와 어울릴 수 있는 (B)
how가 정답이다.

어휘 call a meeting 회의를 소집하다 discuss ~을 이야기하다, 논의하다
how to do ~하는 법 distribute ~을 배부하다, 나눠주다 flyer 전단

1. (A)	**2.** (C)	**3.** (D)	**4.** (A)	**5.** (A)
6. (A)	**7.** (B)	**8.** (B)	**9.** (A)	**10.** (A)
11. (A)	**12.** (D)	**13.** (B)	**14.** (D)	**15.** (D)

1.

정답 (A)

해석 회계부장은 그 계획이 더 낮은 월간 지출이라는 결과를 낳을 것임을 강조했다.

해설 타동사 emphasized와 빈칸 뒤로 주어와 동사가 포함된 절이 이어져 있으므로 이 절이 emphasized의 목적어 역할을 하는 명사절이 되어야 한다. 그런데 이 절은 주어와 동사, 그리고 in 전치사구까지 구성이 완전한 절이므로 완전한 명사절을 이끄는 접속사 (A) that이 정답이다.

어휘 accounting 회계 emphasize that ~임을 강조하다 result in ~라는 결과를 낳다, ~을 초래하다 expenditure 지출

2.

정답 (C)

해석 시장은 식품 박람회 행사 중에 Ferry Road에 차량 통행을 금지시킬 것인지와 관련해 아직 결정을 내리지 못했다.

해설 전치사 as to 뒤로 빈칸과 to부정사구가 이어지는 구조이므로 to부정사와 결합해 사용할 수 있는 (C) whether와 (D) whom 중에서 하나를 골라야 한다. (C) whether는 to부정사구에서 빠진 요소 없이 구성이 완전할 경우에, (D) whom은 to부정사구에서 전치사나 동사의 목적어가 없는 경우에 사용한다. 빈칸 뒤에 위치한 to close Ferry Road to traffic during the food fair는 빠진 요소 없이 구성이 완전하므로 (C) whether가 정답이다.

어휘 mayor 시장 have yet to do 아직 ~하지 못하다 make a decision 결정을 내리다 as to ~와 관련해 whether to do ~할 것인지 (아닌지) traffic 차량들, 교통 during ~ 중에, ~ 동안 fair 박람회

3.

정답 (D)

해석 Donahue 씨는 그 장식 전문 업체가 얼마나 빠르게 사무실에 페인트 칠을 했는지에 대해 기뻐했다.

해설 빈칸 뒤로 부사 quickly와 주어, 그리고 동사로 이어지는 절이 있으므로 이 절이 빈칸 앞에 위치한 전치사 by의 목적어 역할을 하는 명사절이 되어야 한다. 따라서 빈칸에 명사절 접속사가 필요한데, 부사 quickly를 수식할 수 있어야 하므로, 이 역할이 가능한 (D) how가 정답이다.

어휘 be delighted by ~에 대해 기뻐하다 quickly 빠르게, 신속히 decorating 장식

4.

정답 (A)

해석 그 회사 대표는 새 창고 공사가 지연되었다고 발표했다.

해설 타동사 announced와 빈칸 뒤로 주어와 동사가 포함된 절이 이어져 있으므로 이 절이 announced의 목적어 역할을 하는 명사절이 되어야 한다. 그런데 이 절은 주어와 수동태 동사로 구성된 완전한 절이므로 완전한 명사절을 이끄는 접속사 (A) that이 정답이다.

어휘 announce that ~라고 발표하다, 알리다 construction 공사, 건설 warehouse 창고 delay ~을 지연시키다 later 나중에

5.

정답 (A)

해석 Storm IT Solutions 사는 자사의 소프트웨어가 무엇을 하는지 설명하기 위해 웹 사이트 정보에 안내 동영상을 추가했다.

해설 to부정사로 쓰인 타동사 explain과 빈칸 뒤로 주어와 동사로 구성된 절이 있으므로 이 절이 explain의 목적어 역할을 하는 명사절이 되어야 한다. 따라서 빈칸에 명사절 접속사가 필요한데, 이 명사절은 동사 does의 목적어가 빠진 불완전한 절이므로 불완전한 명사절을 이끄는 접속사 (A) what이 정답이다.

어휘 add A to B: A를 B에 추가하다 informational 정보를 제공하는 explain ~을 설명하다

6.

정답 (A)

해석 Hamm 씨는 회사의 연말 기념 연회에서 연설을 할 것인지에 대해 여전히 확실치 않다.

해설 전치사 about과 빈칸 뒤로 주어와 동사로 구성된 절이 있으므로 이 절이 about의 목적어 역할을 하는 명사절이 되어야 한다. 선택지에서 명사절 접속사는 (A) whether와 (C) that인데, that은 전치사의 목적어 역할을 하는 명사절을 이끌지 못하므로 (A) whether가 정답이다.

어휘 be uncertain about ~에 대해 확실치 않다 give a speech 연설하다 firm 회사 year-end 연말의 banquet 연회 whether ~인지 (아닌지) while ~하는 동안, ~인 반면, ~이기는 하지만

7.

정답 (B)

해석 거래 내역서는 반드시 그 고객이 얼마나 많은 제품을 주문했는지를 보여주어야 한다.

해설 타동사 show와 빈칸 뒤로 주어와 동사로 구성된 절이 있으므로 이 절이 show의 목적어 역할을 하는 명사절이 되어야 한다. 그런데 수량을 나타내는 형용사 many와 결합해야 하므로 이 역할이 가능한 (B) how가 정답이다.

어휘 invoice 거래 내역서 order ~을 주문하다 unless ~하지 않는다면, ~가 아니라면 though (비록) ~이기는 하지만

8.

정답 (B)

해석 시장 조사에 따르면 소비자들은 약간의 가격 하락보다 좋은 고객 서비스를 가치 있게 여기는 것으로 나타난다.

해설 타동사 indicates와 빈칸 뒤로 주어와 동사가 포함된 절이 이어져 있으므로 이 절이 indicates의 목적어 역할을 하는 명사절이 되어야 한다. 그런데 이 절은 주어와 동사(value), 그리고 목적어의 over 전치사구까지 구성이 완전한 절이므로 완전한 명사절을 이끄는 접속사 (B) that이 정답이다.

어휘 research 조사 indicate that ~임을 나타내다 consumer 소비자 value v. ~을 가치 있게 여기다 over (비교) ~보다, ~에 비해 slight 약간의, 조금의 drop 하락, 감소 therefore 그러므로, 따라서

9.

정답 (A)

해석 이사회 위원들은 반드시 상하이에서 열리는 컨벤션에서 누가 제품 시연회를 진행할 것인지를 결정해야 한다.

해설 타동사 decide와 빈칸 뒤로 주어 없이 동사 will give로 시작하는 불완전한 절이 있으므로 불완전한 명사절을 이끄는 접속사 (A) who가 정답이다.

어휘 board 이사회, 이사진 decide ~을 결정하다 demonstration 시연(회)

10.

정답 (A)

해석 Sarah 씨에게 정규직 일자리가 제공될 가능성은 3개월의 인턴 근무 기간 중에 얼마나 일을 잘 하는지에 달려 있다.

해설 전치사 on과 빈칸 뒤로 부사 well과 주어, 그리고 동사로 구성된 절이 있으므로 이 절이 on의 목적어 역할을 하는 명사절이 되어야 한다. 그런데 부사 well을 수식할 수 있어야 하므로 이 역할이 가능한 명사절 접속사 (A) how가 정답이다.

어휘 chance 가능성, 기회 offer A B: A에게 B를 제공하다 permanent position 정규직 일자리 depend on ~에 달려 있다, ~에 따라 다르다 perform (일을) 하다, 수행하다, 성과를 내다 period 기간 therefore 그러므로, 따라서

11.

정답 (A)

해석 안전 점검관들이 무엇이 연구 실험실에 화재를 야기했는지 알아내는 데 어려움을 겪고 있다.

해설 전치사 in의 목적어로서 동명사로 쓰인 타동사 figure out과 빈칸 뒤로 주어 없이 동사 caused로 시작하는 불완전한 절이 위치한 구조이다. 따라서 이 절이 figuring out의 목적어가 되어야 하므로 불완전한 명사절을 이끄는 접속사 (A) what이 정답이다.

어휘 inspector 점검관, 조사관 have difficulty in -ing ~하는 데 어려움을 겪다 figure out ~을 알아내다, 확인해내다 cause ~을 야기하다, 초래하다 laboratory 실험실

12.

정답 (D)

해석 Bartha 씨가 설계도를 검토하는 대로, 누구의 책상이 새 사무실로 옮겨질 것인지를 결정할 것이다.

해설 타동사 decide 뒤로 명사 desks와 동사로 이어지는 절이 있으므로 이 절이 decide의 목적어 역할을 하는 명사절이 되어야 한다. 그런데 빈칸 바로 뒤에 위치한 명사 desks를 수식할 수 있는 명사절 접속사가 필요하므로 이 역할이 가능한 (D) whose가 정답이다.

어휘 once ~하는 대로, ~하자마자 review ~을 검토하다 floor plan 설계도, 도면 decide ~을 결정하다 move A to B: A를 B로 옮기다, 이전하다 whoever ~하는 사람은 누구든

13.

정답 (B)

해석 Griggs 씨가 런던에 있는 우리 지사로 전근될 것인지는 이사회 위원들이 결정할 문제이다.

해설 빈칸 뒤로 주어와 동사, 그리고 전치사구로 구성된 절이 하나 있고, 그 뒤로 바로 또 다른 동사 is가 이어지는 구조이다. 따라서 빈칸에서부터 London까지가 문장 전체의 주어 역할을 하는 명사절이 되어야 하므로 명사절 접속사 (B) Whether가 정답이다.

어휘 transfer ~을 전근시키다 branch 지사, 지점 matter 문제, 일, 사안 board 이사회, 이사진 decide ~을 결정하다 whether ~인지 아닌지 since ~이므로, ~한 이후로

14.

정답 (D)

해석 이 테스트의 목적은 우리 탄산 음료 제품군의 당분 함유량이 너무 높은지를 결정하는 것입니다.

해설 to부정사로 쓰인 타동사 determine과 빈칸 뒤로 주어와 동사가 포함된 절이 이어져 있으므로 이 절이 determine의 목적어 역할을 하는 명사절이 되어야 한다. 따라서 명사절 접속사인 (D) whether가 정답이다.

어휘 determine ~을 결정하다 content 내용(물) range 제품군, 제품 범위 neither (A nor B): (A도 B도) 둘 다 아니다 whereas ~인 반면 although (비록) ~이기는 하지만 whether ~인지 (아닌지)

15.

정답 (D)

해석 주간 업무 진행 보고서는 반드시 누가 각 업무 프로젝트를 맡고 있는지를 명확히 나타내야 한다.

해설 타동사 indicate 뒤로 주어 없이 동사 is부터 시작하는 불완전한 절이 있으므로 불완전한 명사절을 이끄는 접속사 (D) who가 정답이다.

어휘 progress 진행, 진척 clearly 명확히, 분명히 indicate ~을 나타내다, 가리키다 in charge of ~을 맡고 있는, 책임지는

형용사절 접속사

POINT 1 기출 확인 PRACTCE

1.

정답 (B)

해석 우리는 개조 공사를 맡게 될 디자이너와 만났다.

해설 전치사 with의 목적어인 사람 명사 designer와 동사 will be 사이에 빈칸이 위치해 있으므로 이와 같은 구조에 어울리는 형용사절 접속사 (B) who가 정답이다.

어휘 meet with (약속하여) ~와 만나다 be in charge of ~을 맡다, 책임지다 renovation 개조, 보수

2.

정답 (A)

해석 Peterson 씨는 그 시스템을 최대한 활용하는 것을 목표로 하는 아이디어를 제안했다.

해설 동사 suggested의 목적어인 사물 명사 idea와 동사 aims 사이에 빈칸이 위치해 있으므로 이와 같은 구조에 어울리는 형용사절 접속사 (A) that이 정답이다.

어휘 suggest ~을 제안하다 aim to do ~하는 것을 목표로 하다 optimize ~을 최대한 활용하다

3.

정답 (A)

해석 그것은 행사에 참가하기를 원하는 누구에게나 적용될 수 있다.

해설 전치사 to의 목적어인 사람 대명사 anyone과 동사 wants 사이에 빈칸이 위치해 있으므로 이와 같은 구조에 어울리는 형용사절 접속사 (A) who가 정답이다.

어휘 apply A to B: A를 B에 적용하다 participate in ~에 참가하다

4.

정답 (A)

해석 Kim 씨가 6월 11일로 예정되어 있는 오리엔테이션을 진행할 것이다.

해설 동사 lead의 목적어인 사물 명사 the orientation과 동사 is scheduled 사이에 빈칸이 위치해 있으므로 이와 같은 구조에 어울리는 형용사절 접속사 (A) that이 정답이다.

어휘 lead ~을 진행하다, 이끌다 be scheduled for 시점: ~로 예정되어 있다

POINT 2 기출 확인 PRACTICE

1.

정답 (A)

해석 모든 영업사원들이 이전 회의가 열렸던 회의실에서 모일 것이다.

해설 장소 명사 the conference room 뒤로 빈칸이 있고, 그 뒤로 주어와 수동태 동사로 구성된 완전한 절이 있으므로 장소 명사와 완전한 절 사이에 사용하는 (A) where가 정답이다.

어휘 sales 영업, 판매, 매출 representative 직원, 대리인 previous 이전의, 과거의 hold ~을 열다, 개최하다

2.

정답 (B)

해석 우리 인사부장님께서 경험이 특히 뛰어난 한 지원자에게 연락하실 것이다.

해설 빈칸 앞뒤의 명사들이 an applicant's experience와 같이 소유 관계가 성립되므로 이와 같은 의미 관계일 때 사용하는 소유격 관계대명사 (B) whose가 정답이다.

어휘 contact ~에게 연락하다 applicant 지원자 especially 특히, 특별히 outstanding 뛰어난, 우수한

POINT 3 기출 확인 PRACTICE

1.

정답 (A)

해석 우리가 최근에 신입 종업원들을 고용했는데, 그들 중 몇몇은 업계에서 2년 넘게 근무해 왔다.

해설 선택지에 제시된 형용사절 접속사 (A) whom과 (B) which 모두 수량 표현 several of와 함께 사용될 수 있지만, 사람 명사 servers를 수식해야 하므로 (A) whom이 정답이다.

어휘 recently 최근에 hire ~을 고용하다 several 몇몇, 여럿 industry 업계 more than ~가 넘는

2.

정답 (A)

해석 보안 수준을 개선하도록 고안된 한 프로그램이 내일 설치될 것이다.

해설 that절의 동사 자리인 빈칸에 쓰일 동사는 선행사인 단수명사 A program에 맞춰 수 일치해야 하므로 단수동사의 형태인 (A) is designed가 정답이다. (B) design은 복수동사의 형태이므로 맞지 않는다.

어휘 improve ~을 개선하다, 향상시키다 security 보안, 안전 set up ~을 설치하다, 설정하다 design ~을 고안하다

3.

정답 (B)

해석 오늘 오후에 두 가지 발표가 있을 것이며, 둘 모두 매우 흥미로워 보인다.

해설 콤마 앞에 위치한 완전한 절과 빈칸 뒤에 동사부터 시작되는 불완전한 절을 연결할 접속사가 빈칸에 쓰여야 알맞은 문장 구조가 되므로 접속사 (B) which가 정답이다. (A) them은 대명사이므로 두 개의 절을 연결할 수 없다.

어휘 presentation 발표(회) look 형용사: ~하게 보이다

4.

정답 (B)

해석 우리의 환불 정책에 대해 불만을 제기한 고객들이 많았다.

해설 who절의 동사 자리인 빈칸에 쓰일 동사는 선행사인 복수명사 many customers에 맞춰 수 일치해야 하므로 수 일치의 영향을 받지 않는 과거시제 동사 (B) complained가 정답이다. (A) complains는 단수동사이므로 선행사가 단수명사일 경우에 사용 가능하다.

어휘 refund 환불 policy 정책, 방침 complain about ~에 대해 불만을 제기하다

POINT 4 기출 확인 PRACTICE

1.

정답 (A)

해석 이미 그 세미나에 등록한 모든 신입 직원들에게 미리 해당 자료를 읽어보도록 권장된다.

해설 주어 All the new employees와 동사 are encouraged 사이에 콤마와 함께 삽입된 절을 이끌 접속사가 필요하므로 이와 같은 삽입절을 이끌 수 있는 (A) who가 정답이다. (B) that은 이와 같은 삽입절을 이끌지 못한다.

어휘 sign up for ~에 등록하다, ~을 신청하다 be encouraged to do ~하도록 권장되다, 권고 받다 material 자료, 재료, 물품 in advance 미리, 사전에

2.

정답 (B)

해석 Heaven Software 사는 최근 선도적인 게임 디자인 회사가 되었으며, 더 큰 건물로 이전할 계획이다.

해설 주어 Heaven Software와 동사 plans 사이에 콤마와 함께 삽입된 절을 이끌 접속사가 필요하므로 이와 같은 삽입절을 이끌 수 있는 (B) which가 정답이다. (A) that은 이와 같은 삽입절을 이끌지 못한다.

어휘 recently 최근에 leading 선도적인, 앞서가는 plan to do ~할 계획이다 move to ~로 이전하다, 이사하다

3.

정답 (B)

해석 회의 중에, 우리는 일부 고객들에 의해 제기된 몇몇 불만 사항을 이야기할 예정이다.

해설 빈칸 다음에 주어 없이 동사 have been made로 시작되는 불완전한 절이 있는데, 이 절은 빈칸 앞에 위치한 선행사 a few complaints를 수식하는 역할을 해야 하므로 선행사를 수식하는 불완전한 절을 이끄는 (B) that이 정답이다. (A) what도 불완전한 절을 이끌기는 하지만 선행사를 수식하지 않으므로 오답이다.

어휘 during ~ 중에, ~ 동안 discuss ~을 이야기하다, 논의하다 make a complaint 불만을 제기하다

4.

정답 (A)

해석 저희가 돌아오는 이번 금요일에 문을 닫는다는 점에 유의하시기 바랍니다.

해설 빈칸 다음에 주어 we와 동사 are closing, 그리고 시간 부사구 this coming Friday로 구성된 완전한 절이 있으므로 완전한 절을 이끄는 명사절 접속사 (A) that이 정답이다. (B) which는 불완전한 절을 이끈다.

어휘 be aware that ~임에 유의하다, ~임을 알고 있다 coming 돌아오는, 다가오는

Day 11 Check-up Test

1. (D)	2. (A)	3. (C)	4. (B)	5. (C)
6. (B)	7. (C)	8. (B)	9. (A)	10. (A)
11. (A)	12. (B)	13. (C)	14. (A)	15. (D)

1.

정답 (D)

해석 Tomorrow's Planet은 고급 기술에 초점을 맞추는 라디오 프로그램이다.

해설 명사구 a radio show 뒤로 빈칸과 동사 focuses로 이어지는 불완전한 절이 있는데, 이 절이 a radio show를 수식하는 형용사절이 되어야 하므로 불완전한 형용사절을 이끄는 (D) that이 정답이다.

어휘 focus on ~에 초점을 맞추다 advanced 고급의, 진보한 both (A and B): (A와 B) 둘 모두

2.

정답 (A)

해석 특별 초대 손님은 Helen Sharma 박사이며, 재생 가능한 에너지 지원에 대한 이분의 업적은 높이 평가 받아 왔습니다.

해설 사람 명사 Dr. Helen Sharma와 빈칸 뒤로 주어와 동사가 포함된 절이 이어지는 구조이므로 이 절이 Dr. Helen Sharma를

수식하는 형용사절이 되어야 한다. 그런데 Dr. Helen Sharma 와 work는 'Dr. Helen Sharma's work'과 같은 소유 관계에 해당되므로 소유격 관계대명사 (A) whose가 정답이다.

어휘 　renewable 재생 가능한 energy source 에너지원 highly praised 높이 평가 받는, 극찬을 받은

3.

정답 (C)

해석 　올해의 회사 연회를 마련하신 Wells 씨는 해당 행사에 참석하실 수 없을 것입니다.

해설 　문장의 주어 Ms. Wells와 동사 will be 사이에 콤마와 함께 삽입되어 Ms. Wells를 수식할 형용사절을 이끄는 접속사가 빈칸에 필요한데, Ms. Wells가 사람 명사이므로 사람에 대해 사용하는 (C) who가 정답이다.

어휘 　organize ~를 마련하다, 조직하다 banquet 연회 be unable to do ~할 수 없다 attend ~에 참석하다

4.

정답 (B)

해석 　Home Helpers는 주택 및 영업용 건물을 청소하는 일을 전문으로 하는 가족 경영 업체이다.

해설 　명사구 a family-run business 뒤로 빈칸이 있고 그 뒤로 동사 specializes로 이어지는 불완전한 절이 있는데, 이 절이 a family-run business를 수식하는 형용사절이 되어야 하므로 불완전한 형용사절을 이끄는 (B) that이 정답이다

어휘 　family-run 가족이 경영하는 business 업체, 회사 specialize in ~을 전문으로 하다 residence 주거지, 주택 premises 건물 (구내), 부지

5.

정답 (C)

해석 　스쿠버 다이빙 강좌에 관심이 있는 손님들께서는 프런트 데스크에 있는 직원 중 한 사람에게 이야기하셔야 합니다.

해설 　빈칸 뒤로 주어 없이 동사 are로 시작되는 절이 있고, 그 뒤로 또 다른 동사 should speak이 있으므로 빈칸에서부터 class 까지가 주어 Guests를 수식하는 형용사절이 되어야 한다. 따라서 사람에 대해 사용하는 (C) who와 (D) whom 중에서 하나를 골라야 하는데, 동사 are의 주어 역할을 해야 하므로 주격 관계대명사 (C) who가 정답이다.

어휘 　since ~한 이후로, ~이므로

6.

정답 (B)

해석 　많은 십대들이 패션 브랜드 Enigma의 팬인데, 이 브랜드의 새 의류 라인이 지난 달에 출시되었다.

해설 　사물 명사 fashion brand Enigma와 빈칸 뒤로 주어와 동사가 포함된 절이 이어지는 구조이므로 이 절이 fashion brand Enigma를 수식하는 형용사절이 되어야 한다. 그런데 fashion

brand Enigma와 new clothing line은 'fashion brand Enigma's new clothing line'과 같은 소유 관계에 해당되므로 소유격 관계대명사 (B) whose가 정답이다.

어휘 　teenager 십대 clothing 의류 line 제품 라인, 제품군 release ~을 출시하다, 공개하다

7.

정답 (C)

해석 　심사위원단은 지금까지 제작되어 온 가장 성공한 영화들 중 몇몇을 감독한 여러 영화 감독들을 포함하고 있다.

해설 　빈칸과 동사 have directed로 이어지는 불완전한 절이 있는데, 이 절이 빈칸 앞에 위치한 사람 명사 movie directors를 수식하는 형용사절이 되어야 하므로 불완전한 형용사절을 이끄는 (C) who가 정답이다.

어휘 　judging panel 심사위원단 include ~을 포함하다 several 여럿의, 몇몇의 director 감독 direct ~을 감독하다 successful 성공한 ever made 지금까지 만들어진 recently 최근에

8.

정답 (B)

해석 　500개가 넘는 소매 판매점을 포함하는 새 Fairfax Shopping Mall이 5월에 개장할 예정이다.

해설 　문장의 주어 The new Fairfax Shopping Mall과 동사 is set 사이에 콤마와 함께 삽입되어 The new Fairfax Shopping Mall을 수식할 형용사절을 이끄는 접속사가 빈칸에 필요하므로 선택지에서 유일한 형용사절 접속사인 (B) which가 정답이다.

어휘 　include ~을 포함하다 more than ~가 넘는 retail outlet 소매 판매점 be set to do ~할 예정이다 whenever ~할 때마다, ~할 때는 언제든지

9.

정답 (A)

해석 　시장은 공항과 시내 버스 터미널을 연결하는 새 지하철 노선을 발표했다.

해설 　that 이하 부분이 사물 명사 a new subway line을 수식하는 형용사절이 되어야 하므로 that 바로 뒤에 위치한 빈칸은 이 that절의 동사 자리이다. 선택지에서 동사의 형태는 (A) connects와 (D) connect인데, 형용사절의 동사는 선행사와 수 일치해야 하므로 단수명사구 a new subway line과 수 일치되는 단수동사의 형태인 (A) connects가 정답이다.

어휘 　mayor 시장 connect A to B: A를 B에 연결하다, 관련 짓다 connection 연결, 관련(성)

10.

정답 (A)

해석 　크리스마스 기간에 걸쳐 휴가를 내고 싶은 직원들은 반드시 늦어도 11월 30일까지 요청서를 제출해야 한다.

해설 Employees를 수식하는 형용사절 접속사 who 뒤로 빈칸과 to부정사구가 이어져 있으므로 빈칸이 이 who절의 동사 자리임을 알 수 있다. 선택지에서 동사의 형태는 (A) wish와 (B) wishes인데, 형용사절의 동사는 선행사와 수 일치해야 하므로 복수명사 Employees와 수 일치되는 복수동사의 형태인 (A) wish가 정답이다.

어휘 take time off 휴가를 내다 over ~ 동안에 걸쳐 submit ~을 제출하다 request 요청(서) no later than 늦어도 ~까지 wishful 소원하는, 갈망하는

11.

정답 (A)

해석 발표가 열릴 대회의실에는 최신 시청각 장비가 갖춰져 있다.

해설 빈칸 뒤로 주어와 동사(take place)가 포함된 절이 있고 그 뒤로 곧바로 또 다른 동사 is equipped가 이어지는 구조이다. 따라서 빈칸에서부터 place까지가 주어 The conference room을 수식하는 형용사절이 되어야 하는데, The conference room은 장소 명사구이므로 장소 명사를 수식하는 형용사절 접속사 (A) where가 정답이다.

어휘 presentation 발표(회) take place (일, 행사 등이) 일어나다, 발생되다 be equipped with ~가 갖춰져 있다 latest 최신의 audiovisual 시청각의 technology 장비, 기계 in that ~이므로

12.

정답 (B)

해석 PK Tower Building은 8층으로 되어 있는데, 이 중 4개의 층은 예정된 시설 관리 작업으로 인해 현재 접근 불가능한 상태이다.

해설 일부를 나타내는 four of와 빈칸, 그리고 동사 are로 이어지는 절이 콤마 뒤에 위치해 있으므로 이 절이 선행사 eight elevators를 수식하는 형용사절이 되어야 한다. 그런데 일부를 나타내는 수량 표현 four of와 결합 가능한 형용사절 접속사가 필요하므로 이 역할이 가능한 (B) which가 정답이다.

어휘 currently 현재 inaccessible 접근 불가능한, 이용 불가능한 due to ~로 인해 scheduled 예정된 maintenance 시설 관리, 유지 관리 either (A or B): (A 또는 B) 둘 중의 하나

13.

정답 (C)

해석 가정용 인터넷 가입 서비스를 구입할 때 제공되는 보상책은 오직 신규 고객만 이용 가능합니다.

해설 명사구 The incentives와 빈칸 뒤로 주어 없이 동사 are offered가 이어져 있고 그뒤로 또 다른 동사 are가 나타나 있다. 따라서 두 번째 are 앞까지가 The incentives를 수식할 형용사절이 되어야 한다. 따라서 선택지에서 유일한 형용사절 접속사인 (C) that이 정답이다.

어휘 incentive 보상(책), 장려금 offer ~을 제공하다 purchase ~을 구입하다 subscription 가입 서비스, 정기 구독 available 이용 가능한

14.

정답 (A)

해석 다음 달에 대표이사 직책에서 물러나는 Nina Anderson 씨에게 감사의 뜻을 전하기 위해 기념 행사가 마련되었다.

해설 사람 명사 Nina Anderson과 콤마 뒤로 빈칸과 동사 will step down이 이어지는 구조이다. 따라서 빈칸 이하는 Nina Anderson을 수식하는 형용사절이 되어야 하며, 사람 명사에 대해 사용할 수 있으면서 동사 앞에 위치할 수 있는 것은 주격 관계대명사이므로 (A) who가 정답이다.

어휘 celebration 기념 행사, 축하 행사 organize ~을 마련하다, 조직하다 appreciation 감사(의 마음) step down from ~에서 물러나다 position 직책, 일자리 as (역할, 신분 등) ~로서

15.

정답 (D)

해석 Acacia Gallery of Modern Art에 작품이 전시되는 한 미술가가 그 미술관의 웹 사이트에 소개될 것이다.

해설 빈칸 앞뒤에 각각 위치한 명사 An artist와 work는 'An artist's work'와 같은 소유 관계인 것으로 판단할 수 있으므로 소유격 관계대명사인 (D) whose가 정답이다.

어휘 work (글, 그림, 음악 등의) 작품 exhibit ~을 전시하다 profile ~을 소개하다, ~의 인물 소개를 쓰다 gallery 미술관

DAY 12

접속부사 문제

POINT 1 기출 확인 PRACTICE

1.

종이 빨대는 대부분의 커피 매장에서 제공되는데, 자연 분해성인데다 금속 빨대보다 저렴하기 때문입니다. 반면에, 종이 빨대와 달리, 금속 빨대는 세척할 수 있고 수없이 재사용될 수 있습니다. 따라서, 많은 판매점들이 금속 빨대로 교체하기 시작하고 있습니다.

정답 (B)

해설 빈칸 앞 부분은 종이 빨대의 장점을, 빈칸 뒤에서는 금속 빨대의 장점을 이야기하고 있다. 서로 상반된 특성을 지닌 상품을 언급하는 흐름이므로 양보 접속부사인 (B) On the other hand가 정답이다.

어휘 straw 빨대 provide ~을 제공하다 as ~이기 때문에 biodegradable 자연 분해성인 cheap 저렴한 unlike ~와 달리 wash ~을 세척하다 reuse ~을 재사용하다 numerous times 수없이, 여러 차례 therefore 그러므로, 따라서 outlet 소매점, 판매점 switch to ~로 바꾸다 besides 게다가, 뿐만 아니라 on the other hand 반면에, 한편

1.

> 최근에 저희 웹 사이트에서 주문하신 제품에 대한 거래 내역서와 관련된 혼동에 대해 사과 드립니다. 저희 기록을 확인한 후, 귀하께 야외용 헤드폰에 대해 90달러가 아닌 120달러가 잘못 청구되었음을 알게 되었습니다. 따라서, 30달러의 금액이 내일 정오까지 귀하의 은행 계좌로 다시 입금될 것입니다.

정답　(A)

해설　빈칸 앞 부분은 제품 가격을 잘못 청구했다는 내용이고, 빈칸 뒤에는 일정 금액을 돌려주겠다는 내용이 쓰여 있다. 잘못 청구된 것에 따라 일정 금액을 돌려주는 일은 청구 오류의 결과로 발생되는 것이므로 인과 접속부사 (A) Accordingly가 정답이다.

어휘　apologize for ~에 대해 사과하다 confusion 혼동, 혼란 regarding ~와 관련해 invoice 거래 내역서 recent 최근의 order 주문(품) record 기록 mistakenly 잘못하여, 실수로 charge A B: A에게 B를 청구하다 instead of ~가 아닌, ~ 대신에 amount 금액, 액수, 양 credit A into B: A를 B에 입금하다 account 계좌 by (기한) ~까지 accordingly 그에 따라, 따라서 otherwise 그렇지 않으면

1.

> 저희가 제조하는 제품들 중에는 인체공학적 책상, 사무용 의자, 파일 캐비닛, 진열 선반, 그리고 책장이 있습니다. 게다가, 재활용 재료로 제작되는 다양한 저희 가구들은 100퍼센트 환경 친화적입니다.

정답　(A)

해설　빈칸 앞에는 해당 업체의 여러 가구 제품들이 인체공학적이라는 특징이 언급되어 있고, 빈칸 뒤에서는 자사의 가구가 친환경적이라는 또 다른 특징을 이야기하고 있다. 즉 해당 제품들이 지니는 특성을 덧붙이는 흐름이므로 제품과 관련된 정보를 추가로 설명하고 있음을 알 수 있다. 따라서 추가 접속부사인 (A) Furthermore가 정답이다.

어휘　among ~ 중에서, ~ 가운데 manufacture ~을 제조하다 ergonomic 인체공학적인 filing cabinet 파일 캐비닛 display case 진열 선반 various 다양한 a piece of furniture 가구 하나 made from ~으로 만들어진 recycled 재활용된 material 재료, 자재, 물품 environmentally-friendly 환경 친화적인 furthermore 게다가 afterward 그 후에, 나중에

1.

> Bridge Street에 있는 창고에 대한 개조 공사와 관련해 귀하와 이야기할 기회가 있었던 것에 감사 드립니다. 저는 저희 팀과 제가 귀하께서 제게 설명해주셨던 모든 리모델링 목표들을 달성할 수 있을 것이라고 확신합니다. 특히, 저희는 귀하께서 요청하신 대로 낡은 바닥재와 조명 기구를 교체하는 데 매우 경험이 많습니다.

정답　(B)

해설　빈칸 앞 부분에서 상대방이 설명해준 여러 가지 리모델링 목표들을 달성할 수 있을 것으로 확신한다고 했고, 빈칸 뒤에서는 구체적으로 상대방이 요청한 바닥재와 조명 기구 교체라는 목표를 언급하고 있다. 그러므로 빈칸에는 구체적인 예를 들 때 사용하는 접속부사 (B) In particular가 들어가야 한다.

어휘　appreciate -ing ~한 것에 대해 감사하다 the opportunity to do ~할 기회 regarding ~와 관련해 renovation 개조, 보수 warehouse 창고 be confident that ~임을 확신하다 achieve ~을 달성하다, 완수하다 describe ~을 설명하다 experienced in ~에 경험이 많은, 숙련된 replace ~을 교체하다 flooring 바닥재 light fixture 조명 기구 as per ~에 따라 request 요청 however 하지만, 그러나 in particular 특히

2.

> 몇 가지 미리 입력된 다양한 강도의 일상 운동들과 사용자 친화적인 터치스크린 인터페이스가 포함된, 이 기계는 누구나 손쉽게 이용할 수 있습니다. 동시에, Tornado Pro 러닝머신은 최첨단 심장 박동 관찰 기기를 특징으로 합니다.

정답　(A)

해설　빈칸 앞에는 러닝머신이 갖추고 있는 두 가지 특징적인 요소가 언급되어 있고, 빈칸 뒤에서도 역시 이 러닝머신이 갖추고 있는 또 다른 특징을 설명하고 있다. 이렇게 같은 맥락의 내용이 연결될 때는 추가 접속부사를 사용하는 것이 일반적이지만, 선택지에 추가 접속부사가 없다면 다른 관점에서 접근해야 한다. 빈칸 앞뒤로 언급된 특징들은 모두 이 러닝머신이 지금 갖추고 있는 것이므로 그 특징들이 동시에 갖춰져 있다고 할 수 있다. 따라서 동시성을 나타내는 시간 접속부사 (A) At the same time이 정답이다.

어휘　including ~을 포함하여 several 몇 가지의 pre-programmed 미리 프로그램된 exercise 운동 routine 일상적인 일 varying 다양한 intensity 강도 user-friendly 사용자 친화적인 interface 인터페이스, 연결 장치 with ease 손쉽게 treadmill 러닝머신 feature ~을 특징으로 하다, 포함하다 cutting-edge 최첨단의 heartbeat-monitoring 심장 박동을 관찰하는 device 기기, 장치 at the same time 동시에 in other words 다시 말해

RC 정답 및 해설

3.

음식 애호가 여러분, 주목해 주십시오!

돈을 지급 받으면서 맛있는 음식을 드시는 것에 관심이 있으십니까? 다행히도, 저희가 전적으로 지불하는 비용으로 미국 전역의 도시에 있는 식당을 방문하고 평가해주실 분들을 찾고 있습니다. 지금 Travelicious 회원이 되는 것을 고려해 보시기 바랍니다!

정답 **(A)**

해설 빈칸 앞 부분은 돈을 받으면서 음식을 맛보는 특이한 상황을 제시하고 있으며, 빈칸 뒤에서는 그렇게 할 사람들을 모집하고 있다고 알리고 있다. 이루어지기 어려운 상황이 실제로 이루어질 기회를 갖는 것은 운이 좋은 일이라고 할 수 있으므로 빈칸에는 운을 나타내는 감정 접속부사 (A) Fortunately가 알맞다.

어휘 **Attention** 주목해 주십시오, 알립니다 **food lover** 음식 애호가, 호식가 **be interested in** ~에 관심이 있다 **be paid to do** ~하도록 돈을 지급받다 **look for** ~을 찾다 **review** ~을 평가하다 **all around the US** 미국 전역에 있는 **at one's expense** ~가 내는 비용으로 **consider -ing** ~하는 것을 고려하다 **fortunately** 다행히도 **besides** 게다가

4.

주저하지 마시고 저희 지점 중 한 곳을 방문하셔서 저희 서비스에 대해 더 자세히 알아보시기 바랍니다. 그렇지 않으면, 저희 웹 사이트의 Digital Support 기능을 이용해 저희 직원 중 한 명과 온라인으로 말씀을 나누실 수도 있습니다.

정답 **(B)**

해설 빈칸 앞 부분은 자사의 서비스에 대해 알아보는 방법으로 직접 매장을 방문하는 것을 언급했고, 빈칸 뒤에는 웹 사이트를 방문해 직원과 온라인 채팅을 하는 방법이 제시되어 있다. 서비스에 대해 알아보는 두 가지 방법이 연결되므로 추가의 개념으로 생각할 수도 있지만, 하나는 오프라인 방식, 다른 하나는 온라인 방식으로 대체하는 성격을 가지고 있다. 그러므로 빈칸에는 앞의 내용을 대체하는 것을 제시할 때 사용하는 대체 접속부사 (B) Alternatively가 알맞다.

어휘 **hesitate to do** ~하기를 주저하다 **branch** 지점, 지사 **find out** ~을 알아보다, 찾아내다 **representative** 직원 **feature** 기능, 특징 **for example** 예를 들면 **alternatively** 그렇지 않으면, 그 대신에

Day 12 Check-up Test

1. (C)	**2.** (B)	**3.** (D)	**4.** (A)	**5.** (D)
6. (C)	**7.** (D)	**8.** (B)		

1-4 다음 편지를 참조하시오.

Geena Abruzzi 씨
Geena's Pizza Parlor
1134 Davis Avenue
샤이엔, WY 82002

Abruzzi 씨께,

안타깝게도, 10월 1일부로 저희 Prestige Packaging 사가 귀하께서 계신 주에 있는 지점 및 창고의 문을 닫을 예정이라는 사실을 알려 드리기 위해 편지를 씁니다. 와이오밍 지역에서 저희 매출이 지속적으로 감소해 왔으며, 그 주에서 저희가 계속 사업을 운영하는 것이 저희에게 수익성이 없습니다. **1** 따라서, 저희는 저희의 사업을 콜로라도와 네브래스카 주에 집중하기로 결정했습니다.

저는 귀하께서 **2** 대안으로 Sundown Packaging 사를 이용하는 것을 고려해 보시도록 권해 드리고자 합니다. Sundown 사는 귀하의 매장 인근에 있는 수많은 피자 판매점에 **3** 적절한 가격으로 용기 및 상자를 공급하고 있습니다. 이 업체는 신뢰할 수 있는 음식 포장재로 높이 평가 받고 있습니다. 귀하의 피자 매장이 지속적으로 성공하시기를 바랍니다. **4** 저희는 귀사를 고객으로 모실 수 있어 기뻤습니다.

안녕히 계십시오,

Jim Kelso
고객 서비스 관리부장
Prestige Packaging

어휘 **with regret** 안타깝게도, 유감스럽게도 **inform A that:** A에게 ~라고 알리다 **as of** (날짜와 함께) ~부로 **branch** 지점, 지사 **warehouse** 창고 **sales** 매출, 영업, 판매 **steadily** 지속적으로 **decline** 감소하다 **unprofitable** 수익성이 없는 **continue -ing** 계속 ~하다 **operate** 운영하다 **choose to do** ~하기로 결정하다 **focus** ~의 초점을 맞추다, 집중하다 **suggest (that)** ~하도록 권하다 **consider -ing** ~하는 것을 고려하다 **supply** ~을 공급하다 **container** 용기, 그릇 **numerous** 수많은, 다수의 **outlet** 판매점 **near** ~ 근처에 **highly regarded for** ~로 높이 평가 받는 **reliable** 신뢰할 수 있는 **packaging** 포장재 **success** 성공 **parlor** 판매점, 매장

1.

정답 **(C)**

해설 빈칸 앞에는 와이오밍 지역에서의 매출이 계속 좋지 않아 그 주에서 사업을 그만하겠다는 내용이, 빈칸 다음에는 다른 지역에 있는 이름을 언급하며 그곳에서 사업을 집중하겠다는 내용이 쓰여 있다. 따라서, 사업 방향 조정에 따른 결과를 말하는 흐름임을 알 수 있으므로 빈칸에 '그러므로, 따라서'라는 의미로 결과를 나타낼 때 사용하는 (C) Therefore가 와야 알맞다.

어휘 **for example** 예를 들어 **however** 하지만, 그러나 **therefore** 그러므로, 따라서 **yet** 아직, 벌써, 그래도

2.

정답 (B)

해설 전치사 as의 목적어이자 부정관사 an의 수식을 받는 명사를 찾아야 한다. 여기서 빈칸에 들어갈 명사는 바로 앞에서 글쓴이가 추천하는 Sundown Packaging 사를 가리킬 수 있는 것이어야 하므로 '대안, 대체(물)'의 의미로 쓰이는 (B) alternative가 정답이다. (D) alternation은 '교대'를 뜻하므로 지문 흐름에 어울리지 않는다.

어휘 alternate a. 번갈아 하는 v. ~을 번갈아 하다 alternative n. 대안, 대체(물) alternatively 그 대신에, 그렇지 않으면 alternation 교대

3.

정답 (D)

해설 가격(prices)의 정도를 나타낼 수 있는 형용사가 빈칸에 필요하므로 '(비용이) 적절한, 알맞은'이라는 뜻으로 쓰이는 (D) reasonable이 정답이다.

어휘 prolific 다산하는, (작가가) 다작하는 rare 희귀한 potential 잠재적인 reasonable (비용이) 적절한, 알맞은

4.

(A) 저희는 귀사를 고객으로 모실 수 있어 기뻤습니다.
(B) 저희는 저희 포장 용품의 일부 샘플을 보내 드릴 수 있습니다.
(C) 저희는 귀하께서 상호간의 사업 계약을 갱신하기로 결정하시기를 바랍니다.
(D) 저희는 귀하의 지원이 아니었다면 이를 달성할 수 없었을 것입니다.

정답 (A)

해설 지문의 맨 마지막에 쓰일 문장으로 가장 적절한 것을 고르는 문제이다. 따라서 앞서 제시되었던 내용들과 어울릴 수 있으면서 글을 마무리하는 성격을 지닌 것을 찾아야 한다. 이 지문은 상대방 회사가 있는 지역에서의 영업을 중단한다는 말과 함께 대체할 수 있는 업체를 소개하면서 그 업체의 장점을 알리는 내용을 담고 있다. 따라서 바로 앞 문장에 쓰인 성공을 빈다는 말과 어울리는 것으로서 상대방 업체를 고객으로 모실 수 있어서 기뻤다는 말로 마지막 인사에 해당하는 의미를 나타내는 (A)가 정답이다.

어휘 pleasure 기쁨 serve ~에 서비스를 제공하다 client 고객 supplies 용품, 물품 renew ~을 갱신하다 business arrangement 사업 계약, 사업상의 합의 would have p.p. ~했을 것이다 be unable to do ~할 수 없다 achieve ~을 달성하다 without ~ 없이는, ~가 아니라면 support 지원, 성원

> 9월 2일
> Dana Jones 씨
> Glide Fitness Inc.
> 뉴욕 시, NY 10010
>
> Jones 씨께,
>
> 귀하의 업체가 브루클린에 위치한 저희 본사에 있는 피트니스 룸에 러닝머신과 웨이트 기기, 그리고 기타 운동 장비를 설치할 것이라는 소식을 듣게 되어 매우 기쁘게 생각합니다. 이 편지는 어제 있었던 회의 중에 초안이 작성된 계약 조건을 **5** 확인하기 위한 것입니다.
>
> 논의했던 대로, 귀사에서는 기기마다 필요한 부대용품의 **6** 충분한 공급뿐만 아니라 아주 다양한 운동용 장비도 제공하게 될 것입니다. 설치 작업은 9월 9일에 시작될 것이며, 1~2일 내로 그 작업이 완료될 수 있으면 좋겠습니다. **7** 추가로, 모든 설치 비용은 어제 저희가 합의한 대로 15,000달러를 넘지 않을 것입니다.
>
> 위에 언급된 계약 조건들을 바탕으로 한 정식 계약서가 준비되는 대로, 사본을 2부 만들어 서명하시고 제게 보내주시기 바랍니다. **8** 그리고 나서 귀사의 계약서는 작업이 시작되는 날 찾아가실 수 있습니다.
>
> 안녕히 계십시오,
>
> Lee Steiner
> 운영부장
> Statham Corporation

어휘 be pleased to do ~해서 기쁘다 hear that ~라는 말을 듣다, 소식을 듣다 firm 회사 install ~을 설치하다 treamill 러닝머신 exercise 운동 equipment 장비 headquarters 본사 serve as ~의 역할을 하다 terms (and conditions) 계약 조건, 조항 draft ~의 초안을 작성하다 discuss 논의하다 provide ~을 제공하다 a wide range of 아주 다양한 as well as ~뿐만 아니라 …도 supply 공급 accessories 부대용품 device 기기, 장치 require ~을 필요로 하다 installation 설치 would prefer if ~하면 좋겠다 have A p.p.: A가 ~되게 하다 within ~ 이내에 cost 비용 no more than ~을 넘지 않는, ~ 미만의 agree 합의하다 once ~하는 대로, ~하자마자 prepare ~을 준비하다 formal 정식의, 공식의 contract 계약(서) based on ~을 바탕으로, 기반으로 above-mentioned 위에 언급한 forward ~을 전송하다

5.

정답 (D)

해설 편지의 역할을 한 단어로 나타낼 수 있는 것을 찾아야 하는 문제이다. 빈칸이 속한 문장 이후에 이어지는 내용들로 보아, 몇몇 계약 조건들을 언급하고 이에 대한 확인을 받기 위한 목적으로 편지를 쓰는 것임을 알 수 있으므로 '확인'을 의미하는 (D) confirmation이 정답이다.

어휘 termination 종료 stipulation 약정, 조항 limitation 제한, 한정

confirmation 확인(서)

6.

정답 (C)

해설 부정관사 a와 명사 supply 사이에 위치한 빈칸은 명사 supply 를 수식할 형용사 자리이므로 형용사 (C) sufficient가 정답이 다.

어휘 sufficiency 충분한 양 sufficiently 충분히 sufficient 충분한 suffice 충분하다

7.

정답 (D)

해설 빈칸에 알맞은 접속부사를 고르기 위해서는 앞뒤의 의미 관계 를 확인해 봐야 한다. 빈칸 앞에서는 공사 일정과 관련된 내용 을, 뒤에서는 비용과 관련된 내용을 언급하고 있는데, 이는 모두 계약 조건에 해당되는 것이므로 추가 정보를 덧붙이는 흐름임을 알 수 있다. 따라서 '추가로, 게다가'라는 뜻으로 추가 정보를 말 할 때 사용하는 (D) In addition이 정답이다.

어휘 for example 예를 들어 therefore 그러므로, 따라서 in contrast 대조적으로 in addition 추가로, 게다가

8.

(A) 귀하의 배송 물품이 저희 창고에서 출발하는 대로 알려 드 리겠습니다.

(B) 그리고 나서 귀사의 계약서는 작업이 시작되는 날 찾아가 실 수 있습니다.

(C) 귀하께 저희가 보유한 여러 최상의 제품을 제공해 드릴 수 있기를 고대합니다.

(D) Glide Fitness에서의 경력에 대한 귀하의 관심에 감사 드 립니다.

정답 (B)

해설 지문의 맨 마지막에 쓰일 문장으로 가장 적절한 것을 고르는 문 제이다. 따라서 앞서 제시되었던 내용들과 어울릴 수 있으면서 글을 마무리하는 성격을 지닌 것을 찾아야 한다. 이 지문은 운동 장비를 설치하는 데 합의한 상대방 회사에게 해당 설치 작업과 관련된 작업 시점 및 합의된 비용 등을 다시 한 번 알려 주는 내 용을 담고 있다. 그리고, 빈칸 바로 앞 문장에서는 이에 대한 계 약서를 만들어 서명하고 전달해 달라는 말을 하고 있다. 따라서 빈칸에는 그 이후에 벌어질 일, 즉 계약서를 찾아가도록 하는 것 에 대한 안내가 오는 것이 알맞으므로 (B)가 정답이다.

어휘 notify 알리다 as soon as ~하는 대로, ~하자마자 shipment 배송 (품) leave 출발하다, 떠나다 then 그리고 나서, 그런 다음 pick up ~ 을 가져가다 look forward to -ing ~하기를 고대하다 provide A with B: A에게 B를 제공하다 one's assortment of ~가 보유한 다양 한 interest in ~에 대한 관심 career 경력, 직장 생활

문맥 문제

POINT 1 기출 확인 PRACTICE

1.

캐나다의 일류 중소 호텔 체인인 Garmont Hotel Group이 이번 주 후반에 자사의 열 번째 지점을 개장할 것입니다. 이 호텔은 밴 쿠버 시내에 위치하고 있으며, 130개의 객실과 피트니스 룸, 그리 고 비즈니스 센터를 포함하고 있습니다. 이 호텔 그룹의 최고경영자 Guy LaPorte 씨는 새로 여는 이 호텔에 투숙하는 첫 100명의 손님 이 무료 과일 바구니와 샴페인 한 병을 받게 될 것이라고 발표했습 니다.

정답 (B)

해설 첫 문장에 미래시제 동사 will launch와 함께 10번째 호텔 지 점이 미래 시점에 개장하는 상황을 소개하고 있다. 따라서 앞으 로 개장할 이 호텔을 이용하는 투숙객과 관련된 상황은 무조건 미래 시점이 될 수 밖에 없으므로 (B) will receive가 정답이다.

어휘 leading 일류의, 선도하는 boutique hotel 중소 호텔 launch ~을 개장하다, 개시하다, 출시하다 location 지점, 지사 be situated in ~에 위치하다 include ~을 포함하다 announce that ~라고 발표하 다 complimentary 무료의 receive ~을 받다

2.

Blitz Video Game Design Institute에서
비디오 게임 디자인 기초를 제공합니다.

비디오 게임에 대한 혁신적 아이디어를 가지고 있지만, 자신의 비전 을 실현하는 데 필요한 기술과 도구가 부족하신가요? 매우 숙련되 고 열정적인 저희 강사 세 분이 도와드릴 수 있습니다. 이분들 각자 가 비디오 게임 디자인 및 개발의 다양한 측면과 관련된 소중한 기 술과 지식을 지니고 있습니다.

정답 (A)

해설 빈칸 앞의 주어 Each of them이 가리키는 대상은 바로 앞 문장에 언급된 Our three highly experienced and enthusiastic course instructors이다. 이 강사들은 지문에 서 소개하는 단체에 속해 현재 활동 중인 사람들에 해당되므로 그 사람들이 소중한 기술과 지식을 지니고 있다는 점은 현재의 사실이어야 한다. 따라서 현재시제 동사인 (A) has가 정답이 다.

어휘 institute 학원, 단체, 기관 present ~을 제공하다 basic 기초 innovative 혁신적인 lack A: A가 부족하다 skill 기술 tool 도구 required to do ~하는 데 필요한 make A a reality: A를 실현하다 vision 비전, 미래상 highly experienced 매우 숙련된, 경험이 많은 enthusiastic 열정적인 instructor 강사 invaluable 소중한 knowledge 기술 various 다양한 aspect 측면, 양상 development 개발, 발전

3.

직원 여러분께,

이달 초에 직원 회의에서 논의했던 바와 같이, 재무팀이 회사의 월별 낭비와 지출에 대한 평가를 실시할 것입니다. 그 목표는 불필요한 지출을 없애고 전반적인 수익을 향상시킬 방법을 결정하는 것입니다.

평가 중에 여러분께서 협조해 주시면 감사하겠습니다. 모든 낭비와 지출들을 기록하고 그 자료를 직속 상사에게 제공하시기 바랍니다.

정답　(B)

해설　빈칸 다음 문장이 Its goal로 시작하는데, 여기서 Its는 앞서 언급된 a review of the company's monthly waste and expenses를 가리킨다. 그리고 그 목표가 현재시제 동사 is 및 미래 행위를 나타내는 to부정사로 제시되어 있는데, 현재의 목표는 미래에 있을 일을 나타내므로 review는 아직 실시된 일이 아님을 알 수 있다. 따라서 빈칸에 들어갈 동사의 시제로 미래시제인 (B) will be performing이 알맞다.

어휘　Finance Department 재무팀 review 평가, 검토 monthly 월간의, 달마다의 waste 낭비 expense 지출 (비용) determine ~을 결정하다 way to do ~하는 방법 eliminate ~을 없애다, 제거하다 unnecessary 불필요한 spending 지출 boost ~을 향상시키다, 증가시키다 overall 전반적인 profit 수익 appreciate ~에 대해 감사하다 cooperation 협력, 협조 take note of ~을 기록하다 provide ~을 제공하다 direct supervisor 직속 상사 perform ~을 실시하다

POINT 2 기출 확인 PRACTICE

1.

Danforth 씨께,

저희 기록에 따르면, 다음 도서, The Birdwatcher's Handbook과 Wildlife in Great Britain이 3월 30일 금요일, 오후 5시까지 도서관에 반납될 예정이었습니다. 가급적 빨리 이 도서들을 대출계로 꼭 반납해주시기 바랍니다.

정답　(A)

해설　대명사는 앞의 명사를 대신 받는 단어이다. 그러므로 대명사를 찾는 문제에서는 바로 앞 문장에서 대명사가 가리키는 명사가 무엇인지 파악하는 것이 가장 중요하다. return의 목적어로 쓰일 대명사는 앞 문장에 언급된 두 책을 가리켜야 하므로 빈칸에는 복수명사를 대신하는 (A) them이 들어가야 한다.

어휘　according to ~에 따르면 following 다음의, 아래의 be due to do ~할 예정이다 return ~을 반납하다 by (기한) ~까지 make sure to do 꼭 ~하도록 하다 circulation desk 대출계 at one's earliest possible convenience 가급적 빨리

2.

로스앤젤레스 시 출신의 음악 그룹들은 세계적으로 인정을 받아 왔습니다. 이들의 다수가 록 음악의 독특한 하위 장르를 개척하는 데 공이 있다고 할 수 있습니다.

정답　(B)

해설　대명사는 앞의 명사를 받는 기능을 하므로 앞 문장에서 대명사가 가리킬 만한 명사를 확인해야 한다. 빈칸이 속한 문장은 록 음악의 하위 장르를 개척한 주체를 말하는 내용인데, 이에 해당되는 것이 앞 문장의 주어로 나오는 Musical groups from the city of Los Angeles이다. 따라서 복수명사를 받는 지시대명사인 (B) these가 정답이다.

어휘　gain ~을 얻다 worldwide 세계적인 recognition 인정 be credited with ~에 대한 공을 인정 받다 create ~을 만들다 unique 독특한 sub-genre 하위 장르

POINT 3 기출 확인 PRACTICE

1.

Summit Pro는 튼튼한 가죽 등산화를 만드는 선도적인 제조사 중 하나로 여겨지고 있습니다. 저희 월간 온라인 소식지를 구독 신청하시면, 특별 가격의 혜택을 이용하실 자격을 얻게 되시며, 저희 등산화를 전국에 있는 신발 소매점에서 발견하실 수 있는 것보다 최대 25% 저렴하게 구매하실 수 있게 됩니다! 이처럼 놀라운 가격 외에도, 저희는 무료 고급 모직 양말 한 켤레를 제공해 드립니다.

정답　(A)

해설　빈칸 앞에 지시대명사 these가 있으므로 앞 문장에 these가 가리키는 복수명사가 제시되어 있다는 것을 알 수 있다. 또한 빈칸이 속한 문장은 업체에서 제공하는 서비스를 알리고 있으므로 이와 같은 혜택과 어울리는 복수명사를 찾아야 한다. 따라서 앞 문장에 언급된 special deals를 대신할 만한 명사가 빈칸에 쓰여야 하는데, special deals는 앞 문장에서 설명한 가격 할인을 의미하므로 이와 같은 맥락에 어울리는 명사로 (A) prices가 정답이다.

어휘　be regarded as ~로 여겨지다 leading 선도적인 manufacturer 제조사 sturdy 튼튼한 leather 가죽 sign up for ~을 신청하다, ~에 등록하다 monthly 월간의, 달마다의 e-newsletter 온라인 소식지 be eligible to do ~할 자격이 있다 take advantage of ~을 이용하다 special deal 특가 (제품) up to 최대 ~까지 less than ~보다 적게 retail store 소매점 nationwide 전국에서 in addition to ~ 외에도, ~뿐만 아니라 remarkable 놀라운 provide ~을 제공하다 complimentary 무료의 quality a. 고급의 branch 지점, 지사

2.

> (피츠버그 – 4월 20일) 피츠버그에 본사를 둔 건축회사 Bell & Levitt이 워싱턴 DC에 최신 박물관을 디자인하는 350만 달러 규모의 계약에 공식적으로 합의했다고 발표했습니다. 이 박물관은 역사적인 공예품에서부터 현대적인 미술품에 이르기까지 아주 다양한 전시물을 소장하게 될 것입니다. 이 <u>프로젝트</u>는 완료되는 데 최소 1년의 기간이 소요될 것으로 보입니다. Bell & Levitt 사가 그 디자인을 최종 확정하고 제출하는 대로 공사가 즉시 시작될 것입니다.

정답　(B)

해설　빈칸 앞에 정관사 The가 있으므로 빈칸에 들어갈 명사는 앞서 언급된 특정 대상을 가리킨다는 것을 알 수 있다. 앞에 제시된 내용의 핵심은 최신 박물관을 디자인하는 계약(a $3.5 million contract to design a state-of-the-art museum)인데, 이는 하나의 공사 프로젝트에 해당되는 것으로 볼 수 있으므로 (B) project가 정답이다.

어휘　A-based: A에 본사를 둔, A를 기반으로 하는 architectural 건축의 announce that ~라고 발표하다 formally 공식적으로, 정식으로 agree to ~에 합의하다 contract 계약(서) state-of-the-art 최신의 house v. ~을 소장하다, ~에 공간을 제공하다 a wide range of 아주 다양한 exhibit 전시(물) historical 역사적인 artifact 공예품 be likely to do ~할 것 같다, ~할 가능성이 있다 take ~의 시간이 걸리다 at least 최소한, 적어도 complete ~을 완료하다 once ~하는 대로, ~하자마자 finalize ~을 최종 확정하다 submit ~을 제출하다 construction 공사, 건설 immediately 즉시 survey 설문 조사(지)

3.

> 고객들께 저희 Livewell Health Foods 사가 <u>위치를 이전했다</u>는 사실을 알려 드리게 되어 기쁩니다. Feldman Shopping Center 내에 위치한 저희 새 매장은 훨씬 더 넓은 공간을 제공해 드리며, 이로 인해 저희가 훨씬 더 다양한 건강 식품 및 영양 보충제를 갖출 수 있습니다. 곧 여러분 모두를 뵐 수 있기를 바랍니다!

정답　(A)

해설　빈칸이 속한 that절의 주어 Livewell Health Foods가 한 일을 나타낼 동사를 찾아야 하는데, 첫 문장에 빈칸이 있으므로 뒤에 이어지는 내용 중에서 핵심이 되는 어휘를 찾아야 한다. 바로 다음 문장에서 Our new store라는 말로 새로운 매장을 언급하는 것으로 볼 때, 위치를 이전하거나 새 매장이 문을 연 것으로 생각할 수 있다. 따라서 '위치를 이전하다'를 뜻하는 (A) relocated가 정답이다.

어휘　be excited to do ~하게 되어 기쁘다 inform A that: A에게 ~라고 알리다 provide ~을 제공하다 a lot (비교급 수식) 훨씬(= even) allow A to do: A가 ~할 수 있게 해주다 stock (매장 등에서) ~을 재고로 갖추다 a wide variety of 아주 다양한 nutritional supplements 영양 보충제 relocate 위치를 이전하다 promote ~을 홍보하다, 승진시키다

4.

> Shepard 씨께,
>
> 대한민국과 대만, 그리고 일본 지역에서 보여주신 귀하의 소중한 <u>노력</u>에 대해 감사 드리고자 편지를 씁니다. 귀하의 영업팀은 이 국가들에서 우리가 상상할 수 있었던 것보다 더 많은 신규 고객들을 유치해 주셨습니다. 이와 같은 성과는 그에 해당하는 보상을 받을 만한 가치가 있습니다.

정답　(B)

해설　첫 문장에 빈칸이 있으므로 뒤에 이어지는 내용 중에서 핵심이 되는 어휘를 찾아야 한다. 다음 문장을 보면, 상대방이 속한 영업팀이 상상했던 것보다 더 많은 신규 고객들을 유치한(attracted more new clients) 사실이 언급되어 있는데, 이는 해당 팀의 노력에 따른 결과로 볼 수 있다. 따라서 '노력'을 의미하는 (B) efforts가 정답이다.

어휘　invaluable 소중한, 귀중한 sales 영업, 판매, 매출 attract ~을 끌어들이다 could have p.p. ~할 수도 있었다 possibly 아마, 혹시 worthy of ~할 만한 가치가 있는 appropriate 해당하는, 적절한 reward 보상 attribute n. 속성, 특성 effort 노력

5.

> 경매 사이트에서 여러분의 중고 물품을 판매하는 데 항상 성공하기를 원하시나요? 그러시다면, 알림 서비스를 신청하시도록 권해 드립니다. 이렇게 하시면, 사용자가 귀하의 경매 물품에 입찰할 때마다 문자 메시지를 받으시게 됩니다.

정답　(A)

해설　sign up for의 목적어 자리인 빈칸은 신청 또는 등록하는 것을 나타내야 한다. 그런데 빈칸 뒤에 이어지는 내용을 보면, 특정한 방법을 가리키는 This way와 함께 문자 메시지를 받게 된다는 말이 쓰여 있다. 따라서 문자 메시지를 받을 수 있는 방법, 즉 알림 서비스를 신청하라는 말이 들어가야 알맞다는 것을 알 수 있으므로 (A) alerts가 정답이다.

어휘　succeed in -ing ~하는 데 성공하다 used 중고의 goods 물품, 상품 auction 경매 it is recommended that ~하도록 권장되다 sign up for ~을 신청하다, ~에 등록하다 this way 이렇게 하면, 이런 방법으로 receive ~을 받다 text message 문자 메시지 whenever ~할 때마다 make a bid 입찰하다 alert n. 알림, 경보 activity 활동

6.

> 저희 컨퍼런스 연설자들께 편의를 제공해 드리기 위해, 저희는 공항에서 출발해 컨퍼런스 행사장까지 이동하는 무료 셔틀버스를 제공해 드립니다. 게다가, Regal Hotel의 특실도 잠정적으로 각 연설자들께 배정될 것입니다. 이 호텔 객실은 <u>선택적</u>인 것입니다. 다시 말씀 드리면, 여러분께서 각자의 숙소를 마련하시기를 원하실 경우에 그곳에서 머무르실 필요가 없습니다.

정답　(B)

해설   be동사 is 뒤에 위치하는 보어로서 주어 hotel room의 특성과 관련된 형용사를 찾아야 한다. 바로 다음 문장을 읽어 보면, 각자 숙소를 마련하고 싶으면 그곳에서 머무를 필요가 없다고 알리는 말이 쓰여 있다. 여기서 말하는 그곳(there)이 바로 빈칸 앞에 쓰인 hotel room을 가리키는데, 따로 숙소를 마련할 경우에 그 호텔에 머무를 필요가 없다는 말은 호텔에 머무르는 것이 선택적이라는 뜻이므로 (B) optional이 정답이다.

어휘   provide ~을 제공하다(= offer) convenience 편의 free 무료의 venue 행사장 additionally 추가로, 게다가 deluxe room 특실 provisionally 잠정적으로 allocate ~을 배정하다, 할당하다 in other words 다시 말해 would prefer to do ~하기를 원하다, ~하고 싶다 arrange ~을 마련하다 one's own 자신만의 accommodation 숙소, 숙박 시설 spacious 널찍한 optional 선택적인

Day 13   Check-up Test

1. (D)	2. (D)	3. (A)	4. (A)	5. (D)
6. (B)	7. (D)	8. (D)		

1-4 다음 회람을 참조하시오.

수신: Griffon Biolabs 직원 여러분
발신: Belinda Graves, 인사부장
날짜: 5월 22일

1 내일 중앙 주차장이 이용 불가능하다는 점에 유의하시기 바랍니다. 이는 현재 제작 중에 있는 한 주요 텔레비전 프로그램의 몇몇 중요한 장면들을 촬영하기 위해 우리 지역을 방문하는 촬영팀을 **2** 수용하기 위함입니다.

3 이것이 이 주차장에 일반적으로 차량을 주차하는 직원들께 불편을 초래하게 된다면 사과 드립니다. 개인 차량을 이용해 출근하는 모든 직원들께서는 우리 건물 뒤쪽에 있는 더 작은 주차장을 이용하시거나, 근처에 있는 Epping Street에서 빈 주차 공간을 찾아 **4** 보셔야 할 것입니다. 이 변동 사항과 관련해 여러분의 양해에 감사 드립니다.

어휘   crew 팀 neighborhood 지역, 인근 shoot ~을 촬영하다 major 주요한 currently 현재 in development 개발 중인, 진행 중인 apologize 사과하다 cause ~을 초래하다 inconvenience 불편 those who ~하는 사람들 normally 일반적으로, 보통 park ~을 주차하다 parking lot 주차장 drive to work 차를 운전해 출근하다 own 자신의 vehicle 차량 behind ~ 뒤에 vacant 비어 있는 nearby 근처의 appreciate ~에 대해 감사하다 regarding ~와 관련해

1.
(A) 저희의 일부 부서들이 문을 닫을 것이라는 점에 유의하시기 바랍니다.
(B) 직원들께서는 항상 각자의 주차 허가증이 보이도록 해야 한다는 점을 기억하셔야 합니다.

(C) 우리는 현재 우리의 몇몇 프로젝트들을 연기하는 것을 고려하고 있습니다.
(D) 내일 중앙 주차장이 이용 불가능하다는 점에 유의하시기 바랍니다.

정답   (D)

해설   지문의 첫 문장으로 어울리는 것을 고르는 문제이다. 따라서 지문의 전체적인 주제 및 그에 따른 상세 내용들을 먼저 파악해 봐야 한다. 뒤에 이어지는 내용들을 보면, 텔레비전 프로그램 촬영으로 인해 주차장을 이용할 수 없는 상황을 언급하면서 그에 따른 대안까지 함께 설명하고 있다. 따라서 주차장을 이용할 수 없다는 핵심적인 사항을 지문 시작 부분에 먼저 언급하는 구성이 되어야 알맞으므로 이에 대한 내용을 담은 (D)가 정답이다.

어휘   be advised that ~라는 점에 유의하다 department 부서 remember to do ~하는 것을 기억하다 display ~을 보여주다, 진열하다 parking permit 주차 허가증 at all times 항상 consider -ing ~하는 것을 고려하다 postpone ~을 연기하다 current 현재의 note that ~임을 알다, 인식하다 inaccessible 이용할 수 없는, 접근할 수 없는

2.

정답   (D)

해설   to부정사로 쓰일 동사 어휘를 고르는 문제이다. 빈칸 다음에 위치한 목적어 a camera crew는 '촬영팀'을 뜻하는데, 텔레비전 프로그램 제작을 위해 해당 지역을 방문하는 사람들이므로 이들을 '수용하다'라는 의미를 나타낼 수 있는 (D) accommodate가 빈칸에 와야 가장 자연스럽다.

어휘   estimate ~을 어림하다, 추정하다 celebrate ~을 축하하다, 기념하다 improve ~을 향상시키다 accommodate ~을 수용하다

3.

정답   (A)

해설   접속사 if와 동사 causes 사이에 위치한 빈칸은 if절의 주어 자리이며, causes의 주어는 특정한 일이 발생되는 원인을 나타내야 한다. 빈칸 뒤에 불편함을 초래한다는 말이 있는데, 이는 앞서 주차장을 이용할 수 없다고 언급한 상황에 따라 발생되는 일인 것으로 생각할 수 있다. 따라서 바로 앞서 언급된 것을 가리킬 때 사용하는 대명사 (A) this가 정답이다.

4.

정답   (A)

해설   빈칸 앞뒤로 주어(Any staff members ~)와 to부정사구(to use ~)만 위치해 있어 빈칸이 문장 전체의 동사 자리임을 알 수 있으므로 동사가 아닌 (D) requiring은 우선 제외한다. 빈칸이 속한 문장은 메인 주차장 이용에 대한 대안을 제시하는 내용을 담고 있는데, 지문 시작 부분에서 미래 시제로 촬영팀이 방문할(will be visiting) 예정이기 때문에 주차장을 이용하지 못하는 상황임을 알리고 있다. 따라서 그에 따른 조치도 미래의 일이 되어야 하므로 미래시제인 (A) will be required가 정답이다.

어휘   be required to do ~해야 하다, ~할 필요가 있다

5-8 다음 회람을 참조하시오.

수신: Benning Beauty Inc. 전 직원
발신: Angela Benning
날짜: 10월 15일
제목: 새 광고 방법

이번 달 이사회 회의에서, 우리가 더욱 다양한 잠재 고객들에게 다가갈 수 있게 해줄 새 핑고 빙법이 소개되었습니다. 마케팅 이사님께서 그 회의 중에 새로운 접근 방식의 세부 사항을 **5** 공개하셨습니다. 이사님께서는 우리의 전통적인 인쇄 및 옥외 광고판 광고에서 벗어나 소셜 미디어에 초점을 맞추는 것으로 변경하면 우리에게 대단히 유익할 것이라고 확신하고 계시며, 저는 전적으로 동의합니다.

이사님의 최근 시장 조사에 따르면, 신문과 잡지 광고에 따른 매출이 상당히 감소한 것으로 나타납니다. 따라서, **6** 우리는 내년부터 인쇄물 광고 예산을 50퍼센트 줄일 것입니다.

게다가, 마케팅 이사님께서는 온라인상에서의 우리 존재감에 대한 전면적인 점검을 권하셨습니다. 여기에는 우리 웹 사이트의 구성 및 제시 방식, 온라인 매장의 기능성, 그리고 웹 사이트를 기반으로 하는 고객과의 교류가 포함됩니다. **7** 이것이 많은 일을 필요로 하기는 하지만, 장기적으로 그럴 만한 가치가 있을 것입니다. 매우 빠르게, 이 **8** 조치들이 국내 및 해외의 모든 시장에서 우리 업체에 더 많은 수익이라는 결과를 가져다 줄 것입니다.

어휘 advertising 광고(= ad) method 방법 board 이사회, 이사진 introduce ~을 소개하다 allow A to do: A가 ~할 수 있게 해주다 reach ~에게 다가가다, 도달하다 a wide range of 아주 다양한 potential 잠재적인 director 이사 details 세부 사항, 상세 정보 approach 접근 방식 be confident that ~임을 확신하다 shift focus away from A toward B: A에서 벗어나 B에 초점을 맞추는 것으로 바꾸다 traditional 전통적인 print 인쇄의 billboard 옥외 광고판 hugely 대단히, 엄청나게 beneficial 유익한, 이득이 되는 completely 전적으로, 완전히 agree 동의하다 recent 최근의 indicate that ~임을 나타내다 sales 매출, 판매, 영업 result from ~의 결과로 생겨나다 drop 감소하다, 하락하다 significantly 상당히 therefore 그러므로, 따라서 reduce ~을 감소시키다, 줄이다 budget 예산 by (차이) ~만큼 additionally 게다가, 추가로 complete 전면적인, 완전한 overhaul 점검 presence 존재(감) include ~을 포함하다 layout 구성, 구획 presentation 제시 (방식) functionality 기능(성) A-based: A를 기반으로 하는 interaction 교류, 상호 작용 result in ~의 결과를 낳다 revenue 수익 abroad 해외에

5.

정답 (D)

해설 각 선택지에 동사 unveil이 모두 다른 시제로 되어 있으므로 시점과 관련된 단서를 찾아야 한다. 빈칸이 속한 문장 마지막에 쓰인 during the meeting은 앞 문장에 언급된 this month's board meeting을 가리킨다. 그런데 이 문장의 동사 was introduced가 과거시제이므로 그 회의가 과거 시점에 열렸음을 알 수 있다. 따라서 빈칸에 쓰일 동사도 그 회의 중에 있었던

일을 나타내는 과거시제가 되어야 알맞으므로 (D) unveiled가 정답이다.

어휘 unveil ~을 공개하다

6.

정답 (B)

해설 빈칸 앞뒤의 내용을 보면, 마케팅 이사의 시장 조사에 따라 신문 및 잡지 광고가 별 효과가 없다는 사실을 언급하면서, 그에 따른 조치로 인쇄물 광고 예산을 줄일 계획임을 밝히고 있다. 그 예산을 줄이는 주체를 나타낼 대명사가 빈칸에 필요한데, 이는 회사에서 하는 일에 해당되므로 글쓴이가 속한 회사를 가리킬 수 있는 (B) we가 정답이다.

7.

(A) 신제품 라인은 개선이 이뤄질 수 있도록 일정이 지연되었습니다.
(B) 이는 경험 많은 웹 디자이너들을 고용하는 데 있어 우리가 겪었던 어려움 때문입니다.
(C) 그 의견에 따르면 우리 온라인 고객들이 변경 사항에 감사하게 생각한 것으로 나타납니다.
(D) 이것이 많은 일을 필요로 하기는 하지만, 장기적으로 그럴 만한 가치가 있을 것입니다.

정답 (D)

해설 빈칸 앞에 온라인상의 존재감을 개선하기 위한 세 가지 사항들이 언급되어 있다. 따라서 그와 같은 일들을 하나로 총칭하는 this와 함께, 많은 일이 필요하기는 하지만 장기적으로 가치 있음을 알리는 것으로 중요성을 강조하는 문장에 해당되는 (D)가 정답이다.

어휘 delay ~을 지연시키다 so that (목적) ~할 수 있도록 make an improvement 개선하다, 향상시키다 due to ~ 때문에 have the difficulty in -ing ~하는 데 있어 어려움을 겪다 hire ~을 고용하다 experienced 경험 많은 feedback 의견 indicate ~을 나타내다 appreciate ~에 대해 감사하다 though (비록) ~이기는 하지만 require ~을 필요로 하다 worth + 명사: ~의 가치가 있는 in the long run 장기적으로

8.

정답 (D)

해설 빈칸 앞에 위치한 these는 앞 문장에서 온라인상의 존재감을 개선하기 위해 언급한 세 가지 사항들을 가리키므로 빈칸에 쓰일 명사는 그 사항들을 대신할 수 있는 것이어야 한다. 이 세 가지 일은 문제점을 개선하기 위한 조치에 해당하는 것으로 볼 수 있으므로 '조치'를 뜻하는 (D) measures가 정답이다.

어휘 promotion 홍보, 승진 appointment 예약, 약속 device 기기, 장치 measures 조치

문장 삽입 문제

POINT 1 기출 확인 PRACTICE

1.

> 유감스럽게도, Collins Concert Hall에서 7월 29일에 열릴 예정이던 Laurence Gourlay 공연이 더 이상 계획대로 개최될 수 없을 것이라는 사실을 알려 드리기 위해 편지를 씁니다. 이와 같은 불편함에 대해 대단히 죄송하게 생각합니다.

(A) 교통 혼잡을 피하기 위해 우회로를 이용하실 수도 있습니다.
(B) 이와 같은 불편함에 대해 대단히 죄송하게 생각합니다.

정답 **(B)**

해설 빈칸 앞 문장에 공연이 계획대로 개최될 수 없다는 사실을 알리는 말이 쓰여 있다. 따라서 이와 같은 문제점을 지시어 this와 inconvenience(불편함)로 가리켜 사과의 말을 전하는 내용을 담은 (B)가 정답이다.

어휘 with regret 유감스럽게도 inform A that: A에게 ~라고 알리다 performance 공연 be scheduled to do ~할 예정이다 take place (일, 행사 등이) 일어나다, 발생되다 no longer 더 이상 ~ 않다 be able to do ~할 수 있다 hold ~을 개최하다, 열다 as planned 계획대로 take a detour 우회로를 이용하다 avoid the traffic 교통 혼잡을 피하다 inconvenience 불편함

2.

> 캘거리 (6월 13일) – 영국의 커피 체인점 Union Coffee 사가 캐나다의 커피 매장 시장에 진입하기를 바라고 있습니다. 어제, Union Coffee 사는 캐나다에서 처음 여는 네 곳의 지점이 온타리오 주 곳곳에 걸쳐 위치하게 된다는 사실을 발표했으며, 첫 번째 매장이 11월 1일에 문을 열 예정입니다. 나머지는 내년 초에 개장할 것입니다.

(A) 이 커피 종류들 중 많은 것들이 지역에서 공급됩니다.
(B) 나머지는 내년 초에 개장할 것입니다.

정답 **(B)**

해설 빈칸 앞 문장에 제시된 내용을 보면, 처음 문을 여는 네 곳의 지점이 있다는 사실과 함께 그 중 첫 번째 지점이 11월 7일에 문을 연다고 알리고 있다. 따라서 나머지 세 곳을 지칭하는 The others와 함께 그 세 곳의 매장이 개장하는 대략적인 일정을 알리는 문장인 (B)가 정답이다.

어휘 break into ~로 진입하다 announce that ~라고 발표하다 branch 지점, 지사 be situated 전치사: ~에 위치하다 throughout ~ 곳곳에, 전역에 province (행정 구역) 주 be scheduled to do ~할 예정이다 variety 종류 source ~을 공급하다 locally 지역적으로, 국내에서

3.

> 세계적으로 성공을 거둔 <Littlest Monster> 시리즈의 최신 도서 출시를 기념하는 자리에 오셔서 축하해 주시기 바랍니다! 저자 Mary Stein 씨께서 Downtown Books에 오셔서 이 최신 도서의 발췌 내용을 읽어 주실 것이며, 삽화가 Marcus Cole 씨께서는 이 책의 미술 스타일을 이야기해 주실 것입니다. Stein 씨께서는 또한 기꺼이 책과 홍보용 포스터에 사인도 기꺼이 해 드릴 예정입니다. 이 행사는 오후 4시에 질의응답 시간과 함께 종료될 것입니다.

(A) 이 행사는 오후 4시에 질의응답 시간과 함께 종료됩니다.
(B) 저자들은 해당 서점에 연락해 더 많은 정보를 알아봐야 합니다.

정답 **(A)**

해설 앞서 Littlest Monster 시리즈의 최신 도서 출시를 기념하는 자리에 오도록 알리는 문장과 함께, 해당 행사 중에 예정된 일들을 설명하는 것으로 지문 내용이 구성되어 있다. 따라서 이 행사를 The event로 지칭해 행사의 마지막 순서를 알리는 내용을 담은 (A)가 정답이다.

어휘 celebrate ~을 기념하다, 축하하다 launch 출시, 공개 latest 최신의 internationally 세계적으로 successful 성공적인 author 저자, 작가 excerpt 발췌 내용 illustrator 삽화가 promotional 홍보의 conclude with ~와 함께 종료되다, 끝나다 Q&A 질의응답 session (특정 활동을 위한) 시간 contact ~에게 연락하다 find out more 더 많은 것을 알아보다

POINT 2 기출 확인 PRACTICE

1.

> Asiatic Airlines는 승객 여러분께 하나의 기내용 가방뿐만 아니라 국제선 항공편에 대해 각각 두 개의 수하물도 체크인하게 해 드리고 있습니다. 여행객들께서는 또한 노트북 가방 하나, 핸드백 하나, 또는 아기 용품 가방 하나도 추가 요금 없이 가지고 탑승하실 수 있습니다. 하지만, 부피가 너무 큰 것으로 여겨지는 모든 가방에 대해서는 50달러의 청구 요금이 적용될 것입니다.

(A) 하지만, 부피가 너무 큰 것으로 여겨지는 모든 가방에 대해서는 50달러의 청구 요금이 적용될 것입니다.
(B) 그럴 경우, 항공사에서 탑승권 요금 전액을 환급해 드리겠습니다.

정답 **(A)**

해설 빈칸 앞 문장에 체크인 가능한 수하물과 관련해 추가 요금 없이 갖고 탑승할 수 있는 가방의 종류가 언급되어 있다. 따라서 그와 대조되는 것으로 '하지만'이라는 의미를 나타내는 양보 접속부사 However와 함께 요금이 적용되는 가방을 언급하는 (A)가 정답이다.

어휘 allow A to do: A가 ~할 수 있게 해주다 item 품목, 항목 luggage 수하물 international flight 국제선 항공 as well as ~뿐만 아니라 …도 carry-on 기내용의 supplies 용품, 물품 at no extra cost 추가 요금 없이 however 하지만 charge 청구 요금 apply ~을 적용하다 considered A: A한 것으로 여겨지는 oversized 너무 큰 in

that case 그럴 경우에 **issue a reimbursement** 비용을 환급해 주다 **full** 전부의, 모든

2.

> 저에게 정확히 어떤 종류의 숙박 시설을 원하시는지 설명해 주실 수 있으시다면, 컨퍼런스 행사장과 가까운 곳에서 이용 가능한 객실들을 찾아 느낄 수 있습니다. 필요한 침대 개수와 가격대, 그리고 숙박 중에 필요하신 어떤 편의시설이든 저에게 알려만 주십시오. 그럼, 제가 그 지역 내에 있는 몇몇 적합한 호텔 정보와 함께 다시 연락 드릴 것입니다.

(A) 예를 들면, 저희 비즈니스 센터는 고객들에게 매우 인기가 높습니다.

(B) 그럼, 제가 그 지역 내에 있는 몇몇 적합한 호텔 정보와 함께 다시 연락 드릴 것입니다.

정답   (B)

해설   앞서 이용 가능한 객실을 찾아줄 수 있다는 말과 함께 원하는 객실을 찾기 위한 몇몇 조건을 알려 달라고 요청하는 말이 쓰여 있다. 따라서 '그럼, 그런 다음'이라는 의미로 순서상 다음에 있을 일을 나타낼 때 사용하는 접속부사 Then과 함께 조건에 맞는 객실을 찾은 다음에 있을 일을 말하는 (B)가 정답이다.

어휘   **describe** ~을 설명하다 **exactly** 정확히 **accommodation** 숙박 시설, 숙소 **would prefer** ~을 원하다, 선호하다 **search for** ~을 찾다, 검색하다 **available** 이용 가능한 **close to** ~와 가까운 **venue** 행사장 **let A know B:** A에게 B를 알리다 **require** ~을 필요로 하다 **price range** 가격대 **amenities** 편의시설 **area** 지역 **for example** 예를 들면 **popular with** ~에게 인기 있는 **then** 그럼, 그런 다음 **get back to** ~에게 다시 연락하다 **suitable** 적합한, 어울리는

POINT 3 기출 확인 PRACTICE

1.

> Halley 씨께,
>
> Downton Road 120번지에 위치한 주택과 관련된 귀하의 메시지를 막 들었습니다. 그 건물은 여전히 이용 가능하며, 집주인이 구매자를 매우 간절히 찾고 있습니다. 여전히 관심이 있으시다면, 둘러보실 시간을 즉시 마련해 드릴 수 있습니다. 귀하께서는 현재 Downton Road와 상당히 가까운 곳에 살고 계신다고 언급해 주셨습니다. 따라서, 이번 주중에 그 건물에서 만나 뵈면 편리할 것으로 생각됩니다.

(A) 구체적으로, 그 방들에 대해 어떤 질문이라도 있으신가요?

(B) 여전히 관심이 있으시다면, 둘러보실 시간을 즉시 마련해 드릴 수 있습니다.

정답   (B)

해설   빈칸 앞에는 Downton Road 120번지에 있는 주택의 주인이

구매자를 간절히 찾는다는 말이, 빈칸 뒤에는 그 집에서 이번 주중에 만나면 편리할 것으로 생각된다는 말이 쓰여 있다. 따라서 해당 주택을 구매하기 위해 할 수 있는 일과 관련된 내용을 담은 문장이 빈칸에 어울린다는 것을 알 수 있으므로 관심이 있을 경우에 둘러볼 시간을 마련해 주겠다는 의미를 나타내는 (B)가 정답이다.

어휘   **regarding** ~와 관련해 **property** 건물, 부동산 **available** 이용 가능한 **owner** 소유주, 주인 **be eager to do** ~하기를 간절히 원하다 **mention that** ~라고 언급하다 **currently** 현재 **quite** 상당히, 꽤 **close to** ~와 가까운 **assume (that)** ~라고 생각하다 **convenient** 편리한 **specifically** 구체적으로, 특히 **remain** 형용사: 여전히 ~한 상태이다, ~한 상태로 남아 있다 **arrange** ~을 마련하다, ~의 일정을 잡다 **viewing** 둘러보기 **immediately** 즉시

2.

> 곧 있을 귀하의 휴가를 위해 저희 Philippine Tours를 선택해 주셔서 감사합니다. 귀하의 여행 중에 어떠한 불운한 일이든 발생될 것으로 예상하지는 않지만, 귀하의 여행에는 무료 여행자 보험이 딸려 있습니다. 귀하께서는 자동으로 서비스를 보장 받으시게 되며, 그 어떤 것도 하실 필요가 없습니다. 여행 중에 의학 치료가 꼭 필요하신 경우에, 555-3878번으로 해당 보험 제공 업체에 곧장 전화하셔서 귀하의 보험 증서 번호 3278268번을 말씀하시기 바랍니다.

(A) 여행 가이드들이 기꺼이 다양한 관광지들을 추천해 드릴 것입니다.

(B) 귀하께서는 자동으로 서비스를 보장 받으시게 되며, 그 어떤 것도 하실 필요가 없습니다.

정답   (B)

해설   빈칸 앞에는 무료 여행자 보험이 딸려 있다는 말이, 빈칸 뒤에는 의학 치료가 필요할 경우에 해당 보험을 이용해 서비스를 받을 수 있는 방법을 알리는 말이 쓰여 있다. 따라서 자동으로 보장 서비스를 받게 된다는 의미로 해당 보험 이용과 관련된 내용을 담은 (B)가 정답이다.

어휘   **choose** ~을 선택하다 **upcoming** 곧 있을, 다가오는 **although** (비록) ~이기는 하지만 **expect A to do:** A가 ~할 것으로 예상하다 **unfortunate** 불운한, 운이 없는 **occur** 발생하다 **come with** ~가 딸려 있다, ~을 포함하다 **free** 무료의 **insurance** 보험 **in the event that** ~할 경우에 (대비해) **require** ~을 필요로 하다 **medical attention** 의학 치료 **provider** 제공 업체 **directly** 곧장, 직접 **policy** 보험 증서 **various** 다양한 **sightseeing destination** 관광지 **automatically** 자동으로 **cover** (보험 등이) ~을 보장하다

Day 14 Check-up Test

1. (B)	2. (C)	3. (A)	4. (D)	5. (C)
6. (C)	7. (B)	8. (A)		

1-4 다음 공지를 참조하시오.

> **Dundee Street Carnival의 판매 업체용 부스**
>
> 다가오는 Dundee Street Carnival 중에 여러분의 업체 제품을 홍보하기를 원하시나요? 저희 판매 업체용 부스에는 제품 진열대에서부터 조명까지 여러분의 상품을 선보이시는 데 필요한 모든 **1** 장비가 딸려 있습니다.
>
> 관심이 있으실 경우, 행사 기간 중에 상품을 판매하기를 원하시는 모든 분들께 허가증이 **2** 필요하다는 점에 유의하시기 바랍니다. 판매 업체 허가증을 **3** 일찍 신청하십시오. 이용 가능한 판매 업체용 부스 숫자가 제한되어 있습니다.
>
> 또한, 부스를 설치하고 해체하는 일에 대해 개별적으로 책임이 있다는 점에 유의하시기 바랍니다. **4** 행사 종료 시 모든 쓰레기도 이용하신 자리에서 반드시 치워져야 합니다. Dundee Council은 항상 도심 지역을 깨끗하고 말끔한 상태로 유지하는 데 전념하고 있습니다. 추가 상세 정보를 원하시면 555-9870번으로 전화 주시기 바랍니다.

어휘   vendor 판매 업체   booth 부스, 칸막이 공간   Would you like to do? ~하기를 원하시나요?   promote ~을 홍보하다   business 업체, 회사   upcoming 다가오는, 곧 있을   come with ~가 딸려 있다, ~을 포함하다   show off ~을 선보이다, 과시하다   merchandise 상품   display 진열, 전시   be aware that ~라는 점에 유의하다, ~임을 알고 있다   permit 허가증   wares 상품, 물품   apply for ~을 신청하다, ~에 지원하다   There is A available: 이용 가능한 A가 있다   limited 제한된   note that ~라는 점에 유의하다, 주목하다   personally 개별적으로, 직접적으로   be responsible for ~에 대한 책임이 있다   set up ~을 설치하다   dismantle (구조물 등) ~을 해체하다   be committed to -ing ~하는 데 전념하다   keep A 형용사: A를 ~한 상태로 유지하다   tidy 말끔한, 잘 정리된   at all times 항상   details 상세 정보, 세부 사항

1.

정답   **(B)**

해설   빈칸에 쓰일 명사는 바로 뒤에 위치한 you need to show off your merchandise의 수식을 받아 상품을 선보이는 데 필요한 것을 나타낸다. 그 예로 진열대(display stands)와 조명(lighting)이 언급되어 있는데 이 둘은 모두 '장비'에 해당되는 것이므로 (B) equipment가 정답이다.

어휘   equipment 장비   space 공간

2.

정답   **(C)**

해설   우선, 빈칸이 속한 that절에 주어 a permit과 전치사구, 그리고 to부정사구들만 있으므로 빈칸이 that절의 동사 자리임을 알 수 있다. 따라서 동사가 아닌 (B) requiring은 먼저 오답 처리해야 하며, 나머지 동사들 중에서 능/수동 및 시제 관련 단서를 찾아 알맞은 것을 골라야 한다. require는 목적어가 필요한 타동사인데 빈칸 뒤에 목적어가 아닌 for 전치사구가 있으므로 수동태로 쓰여야 하며, If절의 동사 are와 마찬가지로 현재 허가

증이 필요한 상황임을 나타내야 알맞으므로 현재시제인 (C) is required가 정답이다.

어휘   require ~을 필요로 하다

3.

정답   **(A)**

해설   각 선택지가 모두 부사이므로 의미가 적절한 것을 찾아야 하는데, 바로 다음 문장에 이용 가능한 부스의 숫자가 제한되어 있다는 말과 어울리려면 '일찍' 허가증을 신청하라는 말이 되어야 알맞다. 따라서 '일찍, 빨리'라는 의미로 쓰이는 (A) early가 정답이다.

어휘   regularly 주기적으로, 규칙적으로   afterward 그 후에, 나중에   briefly 간단히, 잠시

4.

   (A) 행사 주최 담당자들이 주차 정보를 제공하기 위해 현장에 있을 것입니다.
   (B) 판매 업체들이 행사 기간 중에 아주 다양한 상품을 판매할 것입니다.
   (C) 이 사안과 관련해 여러분의 소중한 의견에 감사 드립니다.
   (D) 행사 종료시 모든 쓰레기도 이용하신 자리에서 반드시 치워져야 합니다.

정답   **(D)**

해설   빈칸 앞 문장에는 부스 설치 및 해체에 대한 책임을 언급하는 말이, 빈칸 뒤에는 의회가 도심 지역을 깨끗하게 유지하는 데 전념하고 있다는 말이 쓰여 있다. 따라서 부스를 이용하는 과정에서 지켜야 하는 사항으로서 깨끗함을 유지하는 일과 관련된 내용을 담은 문장이 필요하다는 것을 알 수 있으므로 쓰레기를 반드시 치우도록 당부하는 의미로 쓰인 (D)가 정답이다.

어휘   organizer 주최자, 조직자   on hand 현장에 있는, 도움을 얻을 수 있는   a wide variety of 아주 다양한   goods 상품   appreciate ~에 대해 감사하다   valuable 소중한   feedback 의견   matter 사안, 문제   waste 쓰레기   remove A from B: B에서 A를 치우다, 제거하다   site 자리, 위치

5-8 다음 정보를 참조하시오.

> 글렌포드 시의회는 우리 시의 역사상 첫 번째 Computers for Schools Initiative(CSI)를 **5** 발표하게 되어 기쁘게 생각하며, 이는 1월 1일에 시작될 예정입니다.
>
> CSI의 목적은 기업들에게 오래되거나 사용하지 않는 컴퓨터를 시의회에 전달하도록 장려하는 것이며, 그 후에 의회에서 컴퓨터를 지역 초등학교와 고등학교 **6** 중에서 나눠주게 될 것입니다.
>
> **7** 기부자가 되기를 원하시는 사업가들께서는 의회 웹 사이트를 방문하셔서 전달 또는 수거 시간과 위치에 대한 상세 정보를 확인해 보실 수 있습니다.
>
> 심각한 자금 부족 문제가 지난 수년 동안에 걸쳐 지역 학교들에서의 자원 부족으로 이어졌습니다. **8** 이 계획은 이와 같은 문제를

해결하는 데 도움이 될 것입니다. 추가 정보를 원하시는 분은, www.glenfordcouncil.com/csi를 방문하시기 바랍니다.

어휘 council 의회 be delighted to do ~해서 기쁘다 first ever 사상 처음의 purpose 목적 encourage A to do: A에게 ~하도록 장려하다, 권하다 pass on A to B: A를 B에게 전달하다 unused 사용하지 않는 distribute ~을 나눠주다, 배포하다 local 지역의, 현지의 owner 소유주 details 상세 전부, 세부 사항 drop-off 전달, 갖다 놓기 pick-up 수거, 가져가기 severe 심각한 lack 부족(= shortage) lead to ~로 이어지다 resource 자원, 재원 over ~ 동안에 걸쳐 further 추가의, 한층 더한

5.

정답 (C)

해설 빈칸 앞에 위치한 be delighted는 to부정사와 결합해 '~해서 기쁘다'라는 의미를 나타내므로 (C) to announce가 정답이다.

어휘 announcement 발표, 알림 announce ~을 발표하다, 알리다

6.

정답 (C)

해설 빈칸 뒤에 복수명사구로 지역 학교들을 가리키는 말이 쓰여 있는데, 이는 앞서 언급된 컴퓨터들을 나눠줄 대상에 해당된다. 따라서 '~ 사이에서, ~ 중에서'라는 의미로 복수명사구를 목적어로 취해 대상 범위를 나타낼 때 사용하는 전치사 (C) among이 정답이다.

어휘 along (길 등) ~을 따라 beside ~ 옆에 among ~ 사이에서, ~ 중에서

7.

정답 (B)

해설 빈칸은 선행사 Business owners를 수식하는 who절에 속해 있으며, become의 보어 자리이므로 선행사 Business owners와 동격이 될 수 있는 명사를 찾아야 한다. 앞선 문장에서 기업들에게 오래되거나 사용하지 않는 컴퓨터를 전달하도록 장려하는 것이 목적이라고 밝히고 있으므로 해당 기업 소유주들은 기부를 하는 것과 마찬가지가 된다. 따라서 '기부자'를 뜻하는 (B) donors가 정답이다.

어휘 donor 기부자 employer 고용주 beneficiary n. 수혜자, 수령인

8. (A) 이 계획은 이와 같은 문제를 해결하는 데 도움이 될 것입니다.
(B) 그 결과, 여러 교사 직책이 반드시 충원되어야 합니다.
(C) 귀하의 기부로 인해 저희가 많은 개선을 이룰 수 있었습니다.
(D) 감소하는 학생 수가 실업률 증가로 이어졌습니다.

정답 (A)

해설 지문 전체적으로 지역 학교에 컴퓨터를 기부하는 계획(CSI)이 시작되는 것과 관련된 정보가 제시되어 있고, 빈칸 바로 앞 문장에는 학교의 자원 부족 문제가 발생된 원인이 언급되어 있

다. 따라서 해당 계획과 문제점을 각각 The initiative와 this problem으로 지칭해 이 계획이 문제 해결에 도움이 된다는 점을 말하는 (A)가 정답이다.

어휘 initiative (특정한 문제 해결·목적 달성을 위한) 새로운 계획, (조직적인) 운동 address v. ~을 해결하다, 다루다 as a result 그 결과, 결과적으로 several 여럿의, 몇몇의 position 직책, 일자리 fill ~을 충원하다, 채우다 contribution 기부, 공헌, 기여 enable A to do: A가 ~할 수 있게 해주다 make an improvement 개선하다, 향상시키다 falling 감소하는, 떨어지는 lead to ~로 이어지다 increased 증가된, 늘어난 unemployment 실업(률)

세부사항 & 추론 문제

POINT 1 기출 확인 PRACTICE

1.

> 단기 임대: 시내에 위치한 침실 4개짜리 집의 널찍한 침실 하나, 1인만, 6월 1일부터 12월 31일까지 이용 가능.

Q. 무엇이 광고되고 있는가?
(A) 교외에 있는 아파트
(B) 집 내의 방

정답 (B)

해설 임대 대상으로 언급되는 것이 침실 4개가 있는 집의 널찍한 침실 1개(A spacious bedroom in a 4-bedroom house)이므로 집 내의 방을 의미하는 (B)가 정답이다.

어휘 short-term 단기의 rental 임대 spacious 널찍한 downtown 시내에 (있는) available 이용 가능한 advertise ~을 광고하다 suburb 교외

2.

> 경기 침체기에 수익성을 유지하기 위해, 많은 식당들이 포장해 갈 수 있는 대체 요리들을 제공하기 시작했다.

Q. 식당들이 어떻게 좋지 않은 경기에 대처하고 있는가?
(A) 더 많은 할인을 제공함으로써
(B) 다른 음식들을 제공함으로써

정답 (B)

해설 포장해 갈 수 있는 대체 요리들을 제공하는 방법이(~ have begun offering alternative dishes that can be taken out) 언급되어 있는데, 이는 다른 음식을 제공한다는 말과 같으므로 (B)가 정답이다.

어휘　stay + 형용사: ~한 상태로 유지하다 profitable 수익성이 좋은 slowdown 침체, 불황 offer ~을 제공하다 alternative 대체하는, 대안의 dish 요리 take out ~을 포장해 가다 cope with ~에 대처하다 by (방법) ~함으로써 offer ~을 제공하다

3.

> 특별 초대 손님인 Bentley 씨는 Lisa Marsh 씨가 사회를 맡고 있는 TV쇼에서 그 책의 저자 Ryan Cooper 씨를 극찬했으며, Lisa Marsh 씨는 종종 연예 웹 사이트에 기사를 기고한다.

Q. Marsh 씨는 누구인가?
(A) 프로그램 진행자
(B) 책 저자

정답　(A)

해설　Marsh 씨의 이름이 언급되는 부분에 TV쇼의 사회를 맡고 있다고(a TV show hosted by Lisa Marsh) 쓰여 있으므로 프로그램 진행자를 뜻하는 (A)가 정답이다. 신분 관련 질문에서는 해당 대상자의 이름이 언급되는 앞뒤 부분에 함께 제시되는 정보를 잘 확인해야 한다.

어휘　highly praise ~을 극찬하다 author 작가, 저자 host v. ~의 사회를 보다 n. 사회자 article (잡지 등의) 기사 entertainment 연예, 오락

4.

> 수신: 전 직원
> 발신: Edith Peltzer, 인사부장
> 날짜: 2월 6일
> 제목: 행정실
>
> 비인가자 또는 서비스업계 사람들이 우리 행정실에 출입하는 것을 막기 위해 경영진은 새로운 보안 시스템을 설치할 일정을 마련했습니다. 2월 9일부터, 직원들은 망막 스캔 장치를 이용하여 행정실에 출입할 권한이 있음을 전자식으로 인증해야 할 것입니다. 이 변화를 준비하기 위해, 기술부 직원들이 2월 8일 수요일에 인사부 사무실에서 전 직원의 망막을 스캔할 것입니다. 이 과정은 아침에 한 번, 점심식사 후 한 번 2회에 걸쳐 실시될 것입니다. 내일 오후 4시 30분까지, 자신의 이름을 직원 휴게실 게시판의 해당 목록에 기재하여 두 시간대 중 하나에 꼭 신청해 주시기 바랍니다.
>
> 감사합니다.

Q. 직원들은 언제 인사부를 방문해야 하는가?
(A) 2월 6일
(B) 2월 7일
(C) 2월 8일
(D) 2월 9일

정답　(C)

해설　직원들이 인사부를 방문하는 일과 관련해, 지문 중반부에 기술부 직원들이 2월 8일에 인사부에서 직원들의 망막을 스캔한

다고(IT staff will be scanning all employee retinas on Wednesday, February 8, in the HR department) 언급한 부분에서 방문 일정을 확인할 수 있으므로 (C)가 정답이다.

어휘　HR manager 인사부장 administration office 행정실 prevent A from -ing: A가 ~하는 것을 막다 unauthorized 인가되지 않은 personnel 직원들, 인사(부) management 경영진 arrange for A to do: A가 ~하도록 조치하다, 마련하다 security 보안 install ~을 설치하다 be required to do ~해야 한다 electronically 전자식으로 verify (that) ~임을 인증하다 authorize ~을 인가하다 by (방법) ~함으로써 retina 망막 device 기기, 장치 prepare for ~을 준비하다 staff 직원 HR department 인사부 session (특정 활동을 위한) 시간 take place 발생하다 ensure (that) 꼭 ~하도록 하다 sign up for ~을 신청하다, ~에 등록하다 add A to B: A를 B에 추가하다 appropriate 해당하는, 적절한 notice board 게시판 visit ~을 방문하다

POINT 2 기출 확인 PRACTICE

1.

> 저는 당신이 매일 새로운 호를 발행하면서 마감 압박에 직면한다는 것을 잘 알지만, 만약 우리가 거짓 뉴스 기사들이 실린 잡지를 출간한다면, 확실히 우리의 신뢰도를 손상시킬 것이라고 굳게 믿고 있습니다.

Q. 잡지에 대해 암시되는 것은 무엇인가?
(A) 매일 발간된다.
(B) 연예 뉴스를 포함한다.

정답　(A)

해설　지문 시작 부분에 제시된 매일 새로운 호를 발행한다는(when releasing a new issue every day) 말을 통해 해당 잡지가 매일 발간된다는 것을 알 수 있으므로 이를 언급한 (A)가 정답이다.

어휘　be fully aware ~을 완전히[잘] 알다 face v. ~에 직면하다 deadline 마감시한 pressure 압박 release ~을 발행하다, 출시하다 issue (출판물의) 호 strongly 굳게, 강하게 certainly 확실히 harm ~을 손상시키다 credibility 신뢰도 fake 거짓된 article 기사 publish ~을 발간하다 daily 매일 include ~을 포함하다 entertainment 연예

2.

> 이 상품권은 다른 어떤 상품권이나 특가 서비스와 함께 사용될 수 없을 것입니다. 이 제공 서비스는 3월 31일에 종료됩니다.

Q. 상품권에 대해 암시되는 것은 무엇인가?
(A) 제한된 시간 동안 유효하다.
(B) 할인품을 구매하기 위해 사용될 수 있다.

정답　(A)

해설　해당 상품권 이용 기간과 관련해 3월 31일에 종료된다는(This

offer ends on March 31) 말이 있는데, 이는 제한된 시간 동안 유효하다는 뜻이므로 (A)가 정답이다.

어휘   gift voucher 상품권 special offer 특가 상품, 특가 판매 valid 유효한 limited 제한된 purchase ~을 구매하다 item 제품, 품목

3.

> 비록 이 자리가 프리랜서직이고 매달 같은 날에 급여를 지급 받으시지는 않지만, 저희는 안정적인 작업 흐름을 보장해 드릴 것입니다.

Q.   기재된 직책에 대해 암시되는 것은 무엇인가?
    (A) 특별한 편집 기술을 필요로 한다.
    (B) 불규칙적인 지급 일정을 수반한다.

정답   **(B)**

해설   프리랜서 일자리라는 말과 매달 같은 날에 돈이 지급되지 않는다는(~ a freelancer position, and you won't be paid on the same date every month ~) 말을 통해 지급 일정이 불규칙하다는 것을 알 수 있으므로 이를 언급한 (B)가 정답이다.

어휘   although 비록 ~일지라도 position 직책, 일자리 guarantee ~을 보장하다 steady 안정적인 flow of work 작업 흐름 require ~을 필요로 하다 editing 편집 involve ~을 수반하다, 포함하다 irregular 불규칙적인 pay schedule 지급 일정

4.

> 7월 10일 토요일에 시네마테크 극장 1관에서 열리는 "프랑스 영화사" 개막식에 참석해 주시기를 요청 드립니다. 행사 당일 저녁에, 저희는 크든 작든 여러분께서 전달해 주시고자 하는 기부금을 기쁘게 받겠습니다. 극장을 찾아 주시는 손님으로서, 여러분의 지원에 대해 항상 크게 감사하고 있습니다. 모든 수익금은 4관에서 진행되는 작업에 사용될 것이며, 이 상영관은 저희의 다른 상영관보다 50명이나 더 많은 사람들을 수용할 것입니다.

Q.   시네마테크 극장에 대해 암시되는 것은 무엇인가?
    (A) 일주일 전에 미리 입장권을 예매하도록 권한다.
    (B) 앞으로 더 큰 상영관을 열 생각이다.
    (C) 최근 1관에 개조 공사를 실시했다.
    (D) 유명 영화 감독들이 진행하는 강연을 정기적으로 주최한다.

정답   **(B)**

해설   지문 마지막 부분에, 4관이 다른 상영관보다 50명이나 더 많은 사람들을 수용할 것이라고(~ Screening Room 4, which will accommodate 50 more people than our other screening rooms do) 알리는 말이 쓰여 있다. 이는 더 큰 상영관이 생긴다는 말과 같으므로 (B)가 정답이다.

어휘   be invited to do ~하도록 요청 받다 attend ~에 참석하다 screening room 상영관 accept ~을 받아들이다, 수용하다 donation 기부(금) no matter how 얼마나 ~하든 patron 손님 assistance 지원, 도움 appreciate ~에 대해 감사하다 proceeds

수익금 be put towards ~에 사용되다 carry out ~을 수행하다 accommodate ~을 수용하다 recommend -ing ~하도록 권하다 reserve ~을 예약하다 in advance 미리, 사전에 intend to do ~할 계획이다 spacious 넓은 recently 최근에 renovation 개조, 보수 regularly 정기적으로 host ~을 주최하다 talk 강연 movie director 영화 감독

Day 15   Check-up Test

1. (D)   **2.** (B)   **3.** (C)   **4.** (A)   **5.** (C)

1-2 다음 기사를 참조하시오.

> Durham Center의 흥미로운 개발
> Catherine Tate
> 편집장, Atherton City Times
>
> **1** 애더튼 시에서 가장 오래된 역사적 건물들 중의 하나인 Durham Center가 아동 친화적인 새로운 시설을 열었는데, 이는 1층과 2층에 위치해 있고, 3층은 여전히 공사가 진행 중입니다. 애더튼 시립 아동 도서관이라고 이름 붙여진 이 시설은 소설과 비소설을 포함하여 1만권이 넘는 책들을 소장하고 있습니다.
>
> "애더튼 시립 아동 도서관은 IT 라운지와 빈백 의자가 있는 안락한 열람실과 같은 많은 추가 구역을 수용할 수 있도록 디자인되었습니다."라고 **2** Durham Center의 해당 공간을 사무실 건물에서 도서관으로 변화시키는 데 도움을 준 책임 컨설턴트 Linus O'Malley 씨가 언급했습니다.
>
> 도서관장인 Jonas Mulgrew 씨는 "이 박물관은 단순히 여러분들이 지루할 때 여러분의 아이들을 데리고 오는 곳이 아니라, 아이들이 자료에 실제로 관여하고 수많은 다양한 주제에 관심을 갖게 되는 곳입니다."라고 덧붙였습니다. Mulgrew 씨는 또한 많은 책들이 지역 사업 소유주들에 의해 기부되었다고 말했습니다.
>
> 전적으로 시 전역의 개인 기부자들에 의해 조성된 자금으로 만들어진 이 도서관에 대한 회원권은, 비록 신규 회원들에 의한 소액 기부가 권장되기는 하지만, 첫 한 달 동안은 7월 31일까지는 무료입니다. 다음 달부터는 성인에게 10달러, 아이들에게는 5달러의 금액을 부과하기 시작하겠지만, 이 회원권은 또한 3층에서 열릴 특별 행사들을 포함할 것입니다. 가족 단위의 방문객들은 연간 회원권 패키지 가격과 주말 및 휴일 영업 시간, 그리고 모든 소장 도서에 관한 세부 정보를 www.durhamcenter.org에서 확인하실 수 있습니다.

어휘   historical 역사적인 child-friendly 아동 친화적인 facility 시설 located on ~에 위치한 ongoing 진행 중인 named ~라고 이름 지어진 house v. ~을 수용하다, 소장하다 over ~가 넘는 including ~을 포함하여 fiction 소설 non-fiction 비소설 be designed to do ~하도록 디자인되다 a number of 많은 additional 추가의 section 구역 such as ~와 같은 comfortable 편안한, 안락한 reading room 열람실 bean bag (자루 모양의) 빈백 의자 note (특

별히) ~라고 언급하다 **help do** ~하는 것을 돕다 **transform A into B**: A를 B로 변모시키다 **supervisor** 관리자 **add** ~을 덧붙이다, 추가하다 **bring** ~을 데려오다 **bored** 지루한 **engage with** ~에 관여하다 **material** 재료, 자료 **interested in** ~에 관심 있는 **diverse** 다양한 **topic** 주제 **donate** ~을 기부하다 **local** 지역의 **owner** 소유자 **fund** v. ~에 자금을 제공하다 **wholly** 완전히, 전적으로 **private** 개인의 **donor** 기부자 **throughout** (장소) ~전체에 걸쳐 **free** 무료의 **donation** 기부(금) **encouraged** 권장되는 **charge** v. ~을 부과하다 **include** ~을 포함하다 **year-long** 연간의, 일년 동안의 **detailed** 상세한

1. 이 기사의 목적은 무엇인가?
(A) 건물 복구 공사 계획을 알리는 것
(B) 최근에 개장한 도서관에 기부를 요청하는 것
(C) 지역 사업가의 성과를 강조하는 것
(D) 아이들을 위한 시설물 개장에 대해 알리는 것

정답 **(D)**

해설 기사에서 글의 목적을 묻는 문제에서는 제목을 비롯해 지문이 시작되는 부분을 특히 눈여겨 봐야 하며, 때로는 지문 중간에 문제 풀이에 필요한 정보가 등장하는 경우도 있으므로 전반적인 내용을 잘 파악해야 한다. 기사 첫 단락 첫 문장에서 has opened a new child-friendly facility라는 말로 새로운 시설물이 개장한 것에 대해 언급하고 있고, 그 뒤로도 계속 새로 개장한 도서관에 대해 말하고 있기 때문에 (D)가 정답임을 알 수 있다.

어휘 **reconstruction** 복구, 재건 **solicit** v. ~을 요청하다, 간청하다 **highlight** v. ~을 강조하다

2. O'Malley 씨는 누구인가?
(A) 신문 기자
(B) 인테리어 디자이너
(C) 유명 저자
(D) 도서관장

정답 **(B)**

해설 Mr. O'Malley가 언급되어 있는 부분을 찾아 신분 관련 정보를 확인해야 한다. 두 번째 단락에서 Linus O'Malley 씨를 Linus O'Malley, the head consultant at Smart Designs, who helped transform the space at The Durham Center from an office building into a library라고 소개하고 있다. 회사 이름에 Designs가 들어가 있고, 사무실로 사용되었던 건물을 도서관으로 바꿔 사용할 수 있게 도움을 준 사람이라고 되어 있으므로 (B)가 정답이다.

어휘 **renowned** 유명한 **author** 작가

3-5 다음 공지를 참조하시오.

Solange Publishing 사
다가오는 보수 공사로 인한 변동 사항

4층 영업부와 8층 광고부 직원들 간의 협업이 9월 22일 화요일 오전 9시부터 엘리베이터 운행 중단을 요청하는 예정된 보수 공사로 인해 다음 주에 지장을 받게 될 수 있습니다. 일주일 내내, 엘리베이터가 1층과 4층 사이만 운행하게 될 것입니다. **3** 6층 인사부에서 대규모 보수 공사가 이뤄지게 될 것이며, 이 공사는 그 층의 엘리베이터 통로와 전기에 영향을 미칠 것입니다.
직원들이 자주 계단을 오르내리기가 불편할 것이므로, **4** 긴밀한 협업을 유지하기 위해 4층과 8층 컴퓨터에 임시로 온라인 채팅 소프트웨어를 설치하였으며, 보수 공사가 진행되는 동안 이용될 수 있습니다. **5** 하지만, 만약 이것이 직원들에게 유익하다고 판단되고 전반적인 생산성을 향상시킨다면, 심지어 보수 공사가 완료된 이후에도 이 채팅 소프트웨어를 계속 이용하는 것을 고려해 보겠습니다.

어휘 **publishing** 출판 **corporation** 회사 **due to** ~때문에 **upcoming** 다가오는, 곧 있을 **remodeling** 개보수 **collaboration** 협업, 협력 **sales** 영업, 판매 **department** 부서 **advertising** 광고 **suffer** 타격을 입다, 지장을 받다 **scheduled** 예정된 **renovation** 보수, 개조 **require** ~을 필요로 하다 **suspension** 중단 **elevator service** 엘리베이터 운행 **beginning on** ~부터 **entire** 전체의 **run** 운행하다 **personnel department** 인사부 **undergo** ~을 겪다 **major** 대규모의 **affect** ~에 영향을 주다 **elevator shaft** 엘리베이터 통로 **electricity** 전기, 전력 **inconvenient** 불편한 **frequently** 자주 **go up and down the stairs** 계단을 오르내리다 **so** 그래서 **temporarily** 임시로 **install** ~을 설치하다 **in order to do** ~하기 위해 **maintain** ~을 유지하다 **close** 긴밀한 **while** ~하는 동안 **underway** 진행 중인 **however** 하지만, 그러나 **prove to be A**: A인 것으로 판명되다 **beneficial to** ~에게 유익한 **boost** ~을 상승시키다, 증가시키다 **overall** 전반적인 **productivity** 생산성 **considering** ~하는 것을 고려하다 **even after** 심지어 ~후에도 **complete** 완성된, 완료된

3. 몇 층에서 보수 공사가 진행될 예정인가?
(A) 1층
(B) 4층
(C) 6층
(D) 8층

정답 **(C)**

해설 renovation work가 언급되는 부분에 주목해 단서를 찾아야 한다. 첫 단락에 The Personnel Department, on the sixth floor, will be undergoing major remodeling이라고 쓰여 있으므로 (C)가 정답이다. 그 앞에 쓰여 있는 4층과 8층은 영업부와 광고부의 위치이고, 1층과 4층 사이는 엘리베이터 운행 층수이므로 속지 않도록 주의한다.

어휘 **be scheduled to do** ~할 예정이다 **carry out** ~을 실행하다, 진행하다

RC 정답 및 해설

4. 공지에 따르면, 왜 소프트웨어가 설치되는가?

(A) 두 부서 간의 업무를 원활히 하기 위해
(B) 고객들과의 의사 소통을 향상시키기 위해
(C) 컴퓨터를 바이러스로부터 확실히 보호하기 위해
(D) 지사들이 월간 자료를 교환하도록 하기 위해

정답 **(A)**

해설 software가 언급되는 부분인 둘째 단락 첫 문장(It will be inconvenient for staff members to frequently go up and down the stairs, so we have temporarily installed online chatting software on the computers on the fourth and eighth floors in order to maintain close collaboration)을 보면, 긴밀한 협업을 유지하는 것이 소프트웨어 설치 목적이므로 이것과 유사한 의미를 지닌 (A)가 정답이다.

어휘 according to ~에 따르면 facilitate ~을 용이하게 하다, 촉진하다 improve ~을 개선하다 communication 의사 소통 ensure that ~임을 확실히 하다 be protected against ~에 대해 보호 받다 allow A to do: A가 ~하도록 허용하다 branch office 지사 exchange ~을 교환하다 monthly data 월간 자료

5. 소프트웨어에 대해 암시된 것은 무엇인가?

(A) 영업부에서만 사용될 것이다.
(B) 수익 증가의 결과를 낳을 것이다.
(C) 영구적으로 시행될 수도 있다.
(D) 인사부장에 의해 추천되었다.

정답 **(C)**

해설 두 번째 지문 맨 마지막 문장을 보면, 채팅 소프트웨어가 직원들에게 유익하고 생산성 향상에 도움이 된다면 공사가 끝난 이후에도 계속 이용하는 것을 고려하겠다고(if this proves to be beneficial to our staff and boosts overall productivity, we will consider using it even after the remodeling is complete) 쓰여 있다. 공사 중에는 임시로(temporarily) 이용하는 것인데, 공사가 끝난 후에도 계속 이용한다면 영구적으로 이용하는 것으로 생각할 수 있으므로 (C)가 정답이다.

어휘 sales 영업, 판매 result in ~의 결과를 낳다, 초래하다 an increase in ~의 증가 profit 수익 implement ~을 시행하다 permanently 영구적으로 recommend ~을 추천하다 personnel manager 인사부장

DAY 16

주제/목적 & 사실 확인

POINT 1 기출 확인 PRACTICE

1.

> 저희가 계속해서 전문적인 조경 작업을 저렴한 가격에 제공할 수 있도록, 저희 웹 사이트를 방문하여 저희 서비스에 별 5개 만점의 평점을 주시기 바랍니다.

Q. 이 편지의 목적은 무엇인가?

(A) 고객과 일정을 조정하는 것
(B) 서비스에 대한 의견을 요청하는 것

정답 **(B)**

해설 'we would like you to ~'라는 요청 표현과 함께 웹 사이트를 방문해 별 5개 만점의 평점을 주도록 요청하는 것이 (~ we would like you to visit our Web site and give our service a 5-star rating) 목적에 해당된다. 이는 의견을 요청하는 것과 같으므로 (B)가 정답이다.

어휘 in order for A to do: A가 ~할 수 있도록 continue -ing 계속 ~하다 offer ~을 제공하다 professional 전문적인 landscaping 조경 (작업) affordable 저렴한 rate 요금 visit ~을 방문하다 5-star rating 별 5개 만점의 평점 purpose 목적 adjust ~을 조정하다, 조절하다 client 고객 request ~을 요청하다 feedback 의견

2.

> 귀사의 신형 사바나 등산화가 힘겨운 도보 여행에 적합한지 알려주시겠니까? 저는 Fern Mountain을 방문할 계획이며, 지금 제가 필요로 하는 것에 충분할 정도로 믿을 만한 브랜드를 찾고 있습니다. 감사합니다.

Q. 이 이메일의 목적은 무엇인가?

(A) 제품에 관해 문의하는 것
(B) 한 매장으로 가는 길을 알려 주는 것

정답 **(A)**

해설 상대방 회사의 등산화가 힘든 도보 여행에 적합한지 알려달라고 묻는(Could you please let me know if your new Savannah hiking boots would be suitable ~) 부분이 목적에 해당되는데, 이는 제품 관련 정보를 얻기 위해 문의하는 말이므로 (A)가 정답이다.

어휘 suitable 적합한 hike 도보 여행 plan to do ~할 계획이다 visit ~을 방문하다 look for ~을 찾다 reliable 믿을 만한 sufficient 충분한 needs 필요한 것 purpose 목적 inquire about ~에 관해 문의하다 directions to ~로 가는 길, 방법

3.

저희의 무료 배송 서비스가 더 이상 이용 가능하지 않다는 점을 알려드리게 되어 유감스럽게 생각합니다. 그렇다 해도, 저희는 모든 고객들께 무료 선물 포장 서비스를 계속 제공해 드릴 것입니다.

Q. 이 공지는 왜 쓰여졌는가?

(A) 서비스에 대해 불만을 제기하기 위해

(B) 정책의 변경을 알리기 위해

정답 **(B)**

해설 무료 배송 서비스가 더 이상 이용 가능하지 않다고(~ our free shipping is no longer available) 알리는 말이 공지가 쓰여진 이유에 해당되는데, 이는 정책이 바뀌었음을 알리는 것이므로 (B)가 정답이다.

어휘 regret to do ~하게 되어 유감스럽게 생각하다 inform A that: A에게 ~라고 알리다 free 무료의 shipping 배송 no longer 더 이상 ~않다 available 이용 가능한 continue to do 계속 ~하다 provide ~을 제공하다 gift wrapping 선물 포장 notice 공지 make a complaint 불만을 제기하다 announce ~을 알리다 policy 정책

4.

Jeremy 씨께,

형제분의 결혼식에 참석하기 위해 로스앤젤레스를 방문할 수 있도록 1월에 3주간 휴가를 신청하셨다고 Ben 씨가 저에게 말해 주었습니다. 이 기쁜 행사를 맞아 가족과 함께하려는 귀하의 마음을 잘 압니다. 저 역시 두 명의 형제가 있고 그들과의 매 순간을 소중히 여깁니다. 안타깝게도, 회사의 방침은 귀하가 근무하신 기간이 10년이 될 때까지는 3주 연속 휴가를 가는 것을 제한하고 있습니다. 그때까지는, 근무일 기준 12일 동안 연속되는 휴가로 한정됩니다. 이 점에 대해 유감스럽게 생각하며, 양해해 주시기를 바랍니다.

안녕히 계십시오,

Tina Brown
인사부장

Q. 이메일의 목적은 무엇인가?

(A) 근무 방침을 상세히 밝히기 위해

(B) 신청을 승인하기 위해

(C) 정보를 요청하기 위해

(D) 기회를 알리기 위해

정답 **(A)**

해설 첫 단락은 배경 설명에 해당되며, 두 번째 단락에서 회사 방침에 따라 3주 연속으로 휴가를 가는 것을 제한한다고(~ the company policy restricts you from taking three consecutive weeks of vacation) 알리는 말이 이메일을 쓴 목적이다. 이는 근무 방침을 명확히 설명하기 위한 말에 해당되므로 (A)가 정답이다.

어휘 request to do ~하기 위한 요청(서) certainly 분명히, 확실히 join ~와 함께하다 exciting 흥미로운, 신나는 myself (강조) 제 자신도, 저 스스로도 treasure v. ~을 소중히 여기다 unfortunately 안타깝게도 policy 방침, 정책 restrict A from -ing: A가 ~하는 것을 제한하다 consecutive 연속되는 vacation 휴가 until (지속) ~까지 be limited to ~로 제한되다 day off 휴일 clarify ~을 상세히 밝히다 approve ~을 승인하다 ask for ~을 요청하다 announce ~을 알리다 opportunity 기회

POINT 2 기출 확인 PRACTICE

1.

상품권은 매장 내에서 구매한 상품에 대해서만 적용 가능합니다.
* "Green Gourmet" 종류에 해당하는 음식과 음료를 구매하는 데는 사용될 수 없습니다.

Q. 상품권에 대해 언급된 것은 무엇인가?

(A) 직접 방문해서 사용해야 한다.

(B) 매장 내의 어떤 제품이든 구매하는 데 사용될 수 있다.

정답 **(A)**

해설 상품권이 매장 내에서 구매한 상품에 대해서만 적용 가능하다고(Vouchers only applicable to items bought in-store) 알리는 말이 있는데, 이는 직접 방문해서 상품권을 사용하라는 말이므로 (A)가 정답이다.

어휘 voucher 상품권 applicable 적용될 수 있는 in-store 매장에서 purchase ~을 구매하다 beverage 음료 range 제품 종류, 범위 mention ~을 언급하다 in person 직접 가서 item 제품, 품목

2.

반품 정책
- 제품은 구매 후 5일 내에 반품될 수 있습니다.
- 반품되는 제품에 대해 오직 매장 포인트만 제공될 것입니다.

Q. 반품되는 제품에 대해 언급된 것은 무엇인가?

(A) 오직 제한된 기간에만 반품될 수 있다.

(B) 반품되어 현금 환불을 받을 수 있다.

정답 **(A)**

해설 첫 번째 항목에 구매 후 5일 내에 반품할 수 있다는(Items can be returned within five days of purchase) 말이 쓰여 있는데, 이는 반품 기간이 제한되어 있다는 말이므로 (A)가 정답이다.

어휘 return n. 반품 v. ~을 반품하다 policy 정책 item 제품, 품목 within ~ 이내에 purchase 구매 store credit 매장 포인트 provide ~을 제공하다 state ~을 언급하다 returnable 반품 가능한 limited 제한된 period 기간 refund n. 환불

3.

"고객들은 더 이상 제품들을 본사 창고로 보냈다가 돌려 받기까지 몇 주나 기다릴 필요가 없습니다. Brownstone Support Outlets 는 **B** 당일 기술 지원 서비스를 제공하거나, 최악의 경우, 보증 기간 중인 결함이 있는 제품에 대해 대체 제품을 제공할 것입니다. 저희는 또한 **D** 결함 있는 카메라 렌즈들을 교체해 드릴 수 있을 것이며, **C** 삼각대, 끈, 그리고 휴대용 케이스와 같은 매우 다양한 제품들을 판매할 것입니다."라고 Brownstone Support Outlets 최고 경영자인 Ian Glenn 씨가 말했습니다.

Q. Brownstone Support Outlets 지점에서 이용 가능하지 않은 것은 무엇인가?

(A) 사진 강좌
(B) 기술 지원
(C) 카메라 부대용품
(D) 교체용 렌즈

정답 **(A)**

해설 지문 중반부의 당일 기술 지원 서비스(same-day technical support)에서 (B)를, 결함이 있는 렌즈를 교체해 준다는 (replace faulty camera lenses) 말에서 (D)를, 그리고 삼각대, 끈, 케이스 등의 다양한 제품을 판매한다는(a wide range of products such as tripods, straps, and carry cases) 말에서 (C)도 확인 가능하다. 하지만 강좌는 언급된 바가 없으므로 (A)가 정답이다.

어휘 no longer 더 이상 ~않다 provide ~을 제공하다 main depot 본사 창고 same-day 당일의 technical support 기술지원 in worst-case scenarios 최악의 경우에 replacement 교체(품) defective 결함이 있는 under warranty 보증 기간 중인 be able to do ~할 수 있다 replace ~을 교체하다 faulty 고장 난, 불량의 a wide range of 아주 다양한 such as 예를 들면, ~와 같은 tripod 삼각대 strap 끈 carry case 휴대용 케이스 available 이용 가능한 photography 사진 accessories 부대용품

4.

구인

Sandwich King에서는 Richmond Road 298번지에 있는 식당의 야간 근무 매니저 직책을 충원하기 위해 책임감 있는 분을 찾고 있습니다. 이 직책은 뛰어난 의사 소통 능력을 보유하고 있으면서 밤 10시부터 새벽 5시까지 근무할 의향이 있는 지원자들을 필요로 합니다. 이 직책에 배달 운전은 요구되지 않으나, 요식업계에서의 사전 경력은 필수 사항입니다. 관리직 경력은 추가적인 자격 요건입니다.

자격 요건을 갖춘 지원자들은 **C** 두 장의 추천서와 함께 **A** 이력서와 **B** 희망 급여를 L1 1DE, Liverpool, Richmond Road 298번지에 위치한 Sandwich King의 Bill Shankley 씨에게 보내주시기 바랍니다.

Q. 지원자들이 제출하도록 요청 받지 않은 것은 무엇인가?

(A) 이력서
(B) 예상 급여
(C) 추천서
(D) 자기소개서

정답 **(D)**

해설 제출되어야 하는 것이 언급된 마지막 단락에, 이력서(their résumés)와 희망 급여(expected salary), 그리고 두 상의 추천서(two letters of recommendation)는 제시되어 있지만, 자기소개서는 나타나 있지 않으므로 (D)가 정답이다.

어휘 job opening 공석, 빈 자리 seek ~을 찾다, 구하다 responsible 책임감 있는 individual 사람, 개인 fill ~을 충원하다, 채우다 position 직책, 일자리 require ~을 필요로 하다 applicant 지원자 outstanding 뛰어난, 훌륭한 communication skills 의사 소통 능력 willingness to do ~하려는 의향 prior 이전의, 앞선 industry 업계 must n. 필수 사항 experience 경험 management 관리, 운영 added 추가된 plus 부가물, 여분 qualified 자격이 있는 résumé 이력서 expected 예상되는 salary 임금, 급여 along with ~와 함께 letter of recommendation 추천서(= letter of reference) be asked to do ~하도록 요청 받다 submit ~을 제출하다 wage 급여, 임금 expectations 예상, 기대 cover letter 자기소개서

Day 16 | Check-up Test

1. (A)	**2.** (C)	**3.** (B)	**4.** (C)

1-2 다음 이메일을 참조하시오.

수신: Beatrice Grimes, BT Property <bgrimes@btproperty.com>
발신: Gillian Barr, EduCorp <gbarr@educorp.com>
날짜: 3월 27일
제목: Beale Street

Beatrice 씨께,

시간 내어 Beale Street에 있는 건물을 저에게 안내해 주셔서 감사하다는 말을 전하고 싶었습니다. 그곳은 저희 회사의 새 유통 시설로 안성맞춤인 것으로 보입니다. 크기가 완벽하고 위치가 고속도로 출입이 매우 편리한 곳이더군요. **1** 그런데, 그 건물에 관해 몇 가지 간단한 질문이 있습니다.

임대 계약에서 개조 공사가 허용되나요? 상당한 규모의 재고를 수용하기 위해 건물 동쪽 창고를 확장할 필요가 있을지도 모르겠습니다. 저희가 항상 대량의 재고를 유지하는 것은 중요합니다.

2 건물에 관해 염려되는 점이 한 가지 더 있습니다. 대략 얼마나 많은 주차 공간이 이용 가능한가요? 같은 산업 단지에 다른 몇몇 기업들이 있는 것으로 보아 주차 공간의 숫자가 제한적일 것으로

생각됩니다. 저희 회사는 직원들과 배송 기사들을 위해 약 75개의 주차 공간이 필요하지만, 훨씬 더 적은 공간을 할당 받을 수도 있겠다는 인상을 받았습니다.

제게 답장을 보내 이 질문들에 답변해 주시면 감사하겠습니다. 저희가 완전히 만족하기만 하면, 저희는 임대 계약에 서명할 준비가 될 것입니다.

감사합니다,

Gillian Barr

어휘 take the time to do ~할 시간을 내다 show A B: A에게 B를 보여주다 It looks like (that) ~인 것 같다 a perfect match for ~에 안성맞춤인 것 distribution facility 유통 시설 location 위치 convenient for ~에 편리한 highway access 고속도로 출입, 통행 however 그런데, 하지만 a couple of 두어 개의 quick question 간단한 질문 property 건물, 부동산 lease 임대 계약 allow for ~을 허용하다 renovation 개조, 보수 enlarge ~을 확장하다 warehouse 창고 in order to do ~하기 위해 accommodate v. ~을 수용하다 sizable 상당한 크기의 inventory 재고 maintain ~을 유지하다 at all times 항상 concern 염려, 걱정 approximately 대략 parking space 주차 공간 available 이용 가능한 several 몇몇의 business 기업, 회사 industrial park 산업 단지 guess (that) ~라고 생각하다 limited 제한된 require ~이 필요하다 get the impression that ~인 듯한 인상을 받다 allocate ~을 할당하다 far (비교급 수식) 훨씬 I would appreciate it if ~라면 감사하겠습니다 get back to ~에게 답장하다 once 일단 ~하면 fully satisfied 완전히 만족한 be ready to do ~할 준비가 되다 sign ~에 서명하다 lease 임대 계약

1. 이메일의 주 목적은 무엇인가?
(A) 더 많은 정보를 요청하는 것
(B) 건설 허가증을 신청하는 것
(C) 새로운 주차 시설을 알리는 것
(D) 건물 견학 일정을 잡는 것

정답 (A)

해설 첫 단락에 간단한 질문이 있다고(I do have a couple of quick questions about the property) 말하면서 두 가지 질문을 하는 것으로 구성된 지문이다. 이를 통해 추가로 필요한 정보를 얻기 위해 보내는 이메일임을 알 수 있으므로 (A)가 정답이다.

어휘 purpose 목적 ask for ~을 요청하다 apply for ~을 신청하다 construction 건설 permit 허가(증) announce ~을 알리다 parking facility 주차 시설 schedule ~의 일정을 잡다

2. Barr 씨가 건물에 대해 갖고 있는 우려는 무엇인가?
(A) 건축물의 상태가 좋지 않다.
(B) 위치가 불편하다.
(C) 주차 구역이 너무 적을 수도 있다.
(D) 월세가 너무 높다.

정답 (C)

해설 concern은 '우려, 걱정거리'를 뜻하므로 지문 내에서 부정적인 내용과 관련해 언급하는 부분을 찾아 봐야 한다. 세 번째 단락에서 건물에 관한 또 다른 우려 사항으로 주차 공간에 대해 물으면서 so I guess there are a limited number of spaces라는 의견을 제시하고 있으므로 주차 공간이 부족한 것이 우려 사항임을 알 수 있다. 그러므로 a limited number of spaces를 too small로 바꾸어 표현한 (C)가 정답이다.

어휘 structure 건축물 in poor condition 상태가 좋지 않은 location 위치 inconvenient 불편한 monthly rent 월세

3-4 다음 회람을 참조하시오.

수신: 전 직원
발신: Yvonne Styles
날짜: 7월 7일
제목: 다가오는 행사

3 가족과 함께하는 연례 회사 야유회를 떠날 때가 다시 돌아왔습니다. 사랑하는 분들과 함께 여러분 모두를 야유회에서 뵙길 바랍니다!

날짜: 8월 2일, 일요일
시간: 오전 10시부터 오후 3시
장소: Trinity Avenue와 Regent Street가 만나는 모퉁이에 위치한 Gull Park

지난 한 해 동안, Daley Financial은 여러 가지 성공을 거두었으며, 이는 모두 여러분의 노고 덕분입니다. 우리는 50개 이상의 새로운 기업 고객들과 사업을 시작했고, 탁월한 사업성으로 인정 받아 왔으며, 수익을 40퍼센트 넘게 늘려 왔습니다. Daley Financial의 가족으로서 우리는 정말 축하할 일이 많습니다!

올해의 야유회에서는 특히 창업주이신 Roger Daley 님께서 함께 하시게 되어 기쁩니다. Daley 님께서 우리 Daley Financial의 향후 목표에 대해 **4** 연설하실 예정이며, 이후 **4** 그릴에서 막 꺼낸 핫도그와 지역 밴드의 공연을 즐기기 위해 함께 하실 겁니다.

저희가 몇 분이 오실지 파악할 수 있도록, 오실 수 없을 경우에 제 비서인 Wilma Roberts 씨에게 연락해 주십시오. 여러분 모두를 야유회에서 뵙길 바랍니다!

Yvonne Styles
인사부장

어휘 upcoming 다가오는, 곧 있을 annual 연간의, 매년의 loved one 가장 사랑하는 사람 experience v. ~을 경험하다 a variety of 다양한, 다채로운 due to ~ 덕분에 hard work 노고 take on ~와 사업을 시작하다, ~을 맡다 corporate 기업의 client 고객 be recognized for ~로 인정 받다 excellence 탁월함, 뛰어남 increase ~을 상승시키다, 증가시키다 revenue 수익 by (차이) ~만큼 over ~을 넘는 celebrate ~을 축하하다, 기념하다 be pleased that ~해서 기쁘다 especially 특히 founder 창업주 give a talk 연설하다, 강연하다

future goal 미래 목표 join ~와 함께 하다, 합류하다 fresh off ~에서 막 꺼낸 performance 공연 local band 지역 밴드 contact ~에게 연락하다 assistant 비서, 조수, 보조 make it 시간에 맞춰 가다 so that (목적) ~할 수 있도록 turn up 나타나다, 등장하다

3. 행사의 목적은 무엇인가?
(A) 새 사업 계획을 제시하는 것
(B) 직원들에게 함께 어울릴 기회를 주는 것
(C) 신임 부장을 소개하는 것
(D) 고객들에게 감사를 표하는 것

정답 **(B)**

해설 회람의 첫 문장에서 회사 야유회가 열릴 것이고, 모두가 자리에 함께 했으면 좋겠다고(It's that time again for the annual company family fun day. We hope you will all be there with your loved ones!) 쓰여 있다. 따라서 행사의 목적은 직원들이 서로 어울릴 기회를 갖는 데 있다는 것을 알 수 있으므로 (B)가 정답이다.

어휘 present v. ~을 제시하다, 보여주다 socialize 사람들과 어울리다, 사귀다 introduce ~을 소개하다 express (생각, 감정 등) ~을 표현하다, 나타내다 gratitude 감사(의 마음)

4. 무엇이 행사에서 제공되지 않을 것인가?
(A) 라이브 음악
(B) 연설
(C) 게임
(D) 음식

정답 **(C)**

해설 세부 행사로 연설(He will give a talk)과 핫도그(to eat hotdogs fresh off the grill), 그리고 지역 밴드가 하는 공연(enjoy a performance from a local band)이 언급되어 있으므로 행사에 포함되지 않은 것은 (C)임을 알 수 있다.

어휘 offer ~을 제공하다 speech 연설

문장 삽입 문제

문장 삽입 문제 기출 확인 PRACTICE

1.

> 일부 칵테일의 유래가 신비에 싸여 있기는 하지만, Pineapple Sunburst가 어떻게 발명되었는지는 Zanzibar Bistro의 전 직원과 손님들에게 잘 알려져 있습니다. 이 칵테일은 Castro 씨가 오렌지 주스 대신 파인애플 주스가 들어 있는 병을 집어 들면서 우연히 만들어졌습니다. 이와 같은 실수가 Zanzibar Bistro의 대표 칵테일을 만들어냈습니다.

Q. [1]과 [2]로 표시된 곳 중에서 다음 문장이 들어가기에 가장 적합한 곳은?

> "이 칵테일은 Castro 씨가 오렌지 주스 대신 파인애플 주스가 들어 있는 병을 집어 들면서 우연히 만들어졌습니다."

정답 **(A)**

해설 제시된 문장은 앞서 언급된 특정 칵테일을 지칭하는 This cocktail과 함께 그 칵테일이 어떻게 만들어졌는지를 설명하고 있다. 따라서 Pineapple Sunburst라는 칵테일이 어떻게 발명되었는지를 언급하는 문장 다음에 위치한 [1]에 들어가 그 유래를 말하는 흐름이 되어야 자연스러우므로 (A)가 정답이다.

어휘 while ~이기는 하지만, ~인 반면 origin 유래, 기원 mysterious 신비에 싸인 invent ~을 발명하다 well-known 잘 알려진 patron 손님, 고객 create ~을 만들어내다 signature a. 대표적인, 고유의 by accident 우연히, 실수로 pick up ~을 집어 들다 instead of ~ 대신에, ~가 아니라

2.

> 저희의 지역에 대한 지식과 경험, 그리고 신뢰도가 저희 The Highfield Gazette을 광고에 대한 여러분들의 요구를 충족시키는 데 있어 최고의 선택권이 되게 합니다. 저희는 지역 사업체들이 지역에 있는 목표 시장에 진입하는 데 도움이 될 만한 수많은 광고 패키지들을 개발해왔습니다. 또한, 저희는 상업적 목적을 지닌 더 큰 단체들을 위한 다양한 광고 옵션들을 제공합니다.

Q. [1]과 [2]로 표시된 곳 중에서 다음 문장이 들어가기에 가장 적합한 곳은?

> "또한, 저희는 상업적 목적을 지닌 더 큰 단체들을 위한 다양한 광고 옵션들을 제공합니다."

정답 **(B)**

해설 제시된 문장은 추가정보를 말할 때 사용하는 접속부사 Also와 함께 상업적 목적을 지닌 더 큰 단체들을 위해 다양한 광고 옵션들을 제공한다고 알리고 있다. 따라서, 규모가 작은 지역 사업체

62 시원스쿨 토익 750+

들을 대상으로 하는 수많은 광고 패키지들이 있다고 설명한 후, 또 다른 광고 옵션들을 추가적으로 설명하는 흐름이 되어야 자연스러우므로 (B)가 정답이다.

어휘 local 지역의 knowledge 지식 experience 경험 credibility 신뢰도 option 선택권 meet ~을 충족하다 advertising 광고(= ad) needs 요구, 필요한 것 develop ~을 개발하다 a number of 많은 business 사업체 help A do: A가 ~하는 것을 돕다 reach ~에 도달하다, 이르다 target market 목표 시장 offer ~을 제공하다 a range of 다양한 option 선택 (대상) commercial 상업적인 organization 단체, 기관

3.

회신: 새로운 정책

우리는 고객 지원팀에 대한 새로운 정책을 시행하는 것을 고려하고 있습니다. 우리는 고객 문의 사항과 불만 사항들을 함께 처리하도록 두 명의 고객 지원 사원들을 한 팀으로 구성하여 배치하기로 결정하였습니다. 우리는 각 팀의 사원들이 지식과 경험을 합쳐 더 효율적으로 문제를 처리할 수 있다고 생각합니다. 이 방법은 또한 고객들이 더욱 쉽게 특정 고객 지원 사원과 대화할 수 있도록, 한 명 이상의 우리 회사 직원들과 연락망을 가질 수 있게 합니다. 이 메모에 함께 일하도록 선택된 인원들을 볼 수 있게 두 명으로 구성된 팀의 목록을 포함시켰습니다. 우리는 고객 의견, 경력, 그리고 각 직원의 업무 일정을 포함한 몇몇 기준을 바탕으로 이와 같은 결정을 내렸습니다. 자신에게 배정된 팀에 대해 궁금한 점이 있으시다면, Marcus Penrose 씨에게 말씀해 주십시오. **그가 각 팀의 주 연락 담당자가 될 것입니다.**

Q. [1], [2], [3], 그리고 [4]로 표시된 곳 중에서 다음 문장이 들어가기에 가장 적합한 곳은?

"그가 각 팀의 주 연락 담당자가 될 것입니다."

정답 (D)

해설 제시된 문장은 특정 인물을 지칭하는 He와 함께 그 사람이 각 팀의 주 연락 담당자가 된다는 의미를 나타낸다. 따라서 He로 지칭할 수 있는 Marcus Penrose 씨가 언급된 문장 다음인 [4]에 위치해 그 사람의 역할을 알리는 흐름이 되어야 알맞으므로 (D)가 정답이다.

어휘 policy 정책 consider -ing ~하는 것을 고려하다 implement ~을 시행하다 decide to do ~하기로 결정하다 place A into B: A를 B에 배치하다 representative 사원 handle ~을 다루다 inquiry 문의 사항 complaint 불만 사항 combine ~을 통합하다 knowledge 지식 experience 경험 issue 문제, 사안 efficiently 효율적으로 allow A to do: A가 ~하게 해주다 more than ~가 넘는 contact 연락처, 연락원 specific 특정한 easily 쉽게 include ~을 포함하다 so that ~할 수 있도록 choose ~을 선택하다 base A on B: A의 기준을 B로 삼다 decision 결정 several 여럿의, 몇몇의 criteria 기준 including ~을 포함해 feedback 의견 concern 우려, 걱정 assign ~을 배정하다 take A up with B: B에게 A를 이야기하다

1. (D)   **2.** (C)   **3.** (D)   **4.** (A)

1-4 다음 편지를 참조하시오.

Ryan Ashcroft 씨께
Bodyplus Gym
Maine Road 251번지
칼라마주, MI 49003

안녕하세요 Ashcroft 씨,

1 귀하의 관대함에 저희가 아주 감사하다는 말을 전하고 싶어 편지를 씁니다. 책상과 사무실용 의자들뿐만 아니라, 귀하의 사업체에서 기증해 주신 5대의 중고 데스크톱 컴퓨터들 덕분에 저희가 이곳 칼라마주 주민회관에 IT 라운지를 만들 수 있었습니다. 이 변화 덕분에, 컴퓨터 이용자들이 컴퓨터 이용을 위해 더 이상 접수처에서 기다릴 필요가 없습니다. 저희는 현재 총 7대의 컴퓨터들을 보유하고 있으며, 저희 IT 라운지는 벌써 인기가 좋습니다. 귀하께서 전에 이 물품들을 어떻게 활용할 계획인지에 대해 여쭤보셨지요. **2** 음, 저희는 지역 주민께 저희 컴퓨터들을 월요일부터 금요일, 오전 9시부터 오후 4시까지 무료로 이용하게 할 것입니다. 칼라마주에 거주하시지 않는 분들도 시간당 5달러의 소액으로 이 기기를 이용하실 수 있습니다. 모든 방문자들께 이 컴퓨터들을 책임감을 갖고 이용하고 이용하지 않을 때는 꺼 달라고 요청 드리고 있습니다.

게다가, 귀하께서 친절하게 기부해 주신 가구는 저희가 방문자들을 더 잘 모실 수 있도록 해줍니다. 저희가 거의 이용하지 않았던 오래된 회의실에 책상과 의자들이 놓여졌습니다. **3** 이제 더 나은 설비를 갖추었으므로 저희는 심지어 다음 달에 몇 가지 컴퓨터 이용 강좌도 제공하기 시작할 것입니다. 혹시 귀하께서도 수업에 등록하는 데 관심이 있으신지요? 만약 그러시다면, 제게 알려주시기 바랍니다.

4 칼라마주 주민회관을 지원해주신 것에 대해 다시 한 번 감사 드립니다!

안녕히 계십시오,

Olivia Hart
운영 관리 책임
칼라마주 주민회관

어휘 grateful 감사하는 generosity 관대함, 너그러움 donate ~을 기부하다 business 사업체 as well as ~뿐만 아니라 …도 allow A to do: A가 ~하게 해주다 create ~을 만들다 in total 총, 통틀어 popular 인기가 좋은 previously 이전에 plan to do ~할 계획이다 make use of ~을 활용하다 item 물건 local 지역의 resident 주민 for free 무료로 individual 사람, 개인 reside in ~에 거주하다 equipment 기기, 장비 for a small charge of ~라는 저렴한 비용으로 responsibly 책임감 있게 shut down ~을 끄다 in use 사용중인 in addition 게다가 kindly 친절하게 better serve ~를 더 잘 모시

다 set up ~을 놓다, 설치하다 rarely 거의 ~않다 offer ~을 제공하다 now that 이제 ~이므로 be better equipped to do ~하기에 더 나은 설비를 갖추다 be interested in ~에 관심이 있다 register for ~에 등록하다 If so 그렇다면 support ~을 지지하다, 지원하다

1. Hart 씨가 Ashcroft 씨에게 글을 쓰는 이유는?
(A) 주민회관을 방문하도록 요청하기 위해
(B) IT 라운지를 이용하는 절차를 설명하기 위해
(C) 주민회관 방문자들과 얘기하도록 요청하기 위해
(D) 기부해준 것에 대해 감사를 표하기 위해

정답 **(D)**

해설 주제/목적/이유를 묻는 질문의 단서는 항상 글 초반부에 등장한다. 편지 첫 문장에 Ashcroft 씨의 관대함에 아주 감사하다는 말을 전하고 싶어 글을 쓴다고(I am writing to tell you that we are so grateful for your generosity) 알리는 부분에서 편지의 목적을 알 수 있다. 그리고 그 다음 문장(The five old desktop computers you donated from your business, as well as the desks and office chairs ~)을 통해 감사의 말을 하는 이유가 구체적으로 제시되고 있다. 그리고 이 내용은 편지의 마지막에 다시 한 번 감사하다는(Thank you once again for supporting the Kalamazoo Community Center!)말로 반복되고 있으므로 정답은 (D)이다.

어휘 invite A to do: A에게 ~하도록 요청하다 explain ~을 설명하다 procedure 절차 donation 기부(품)

2. 칼라마주 주민회관의 컴퓨터에 대해 암시되는 것은 무엇인가?
(A) 칼라마주 주민 전용이다.
(B) 아주 새 것의 상태이다.
(C) 지역 주민들은 무료로 이용할 수 있다.
(D) 일주일 내내 이용할 수 있다.

정답 **(C)**

해설 computers가 질문의 키워드이므로 이 단어를 지문에서 확인해야 하는데, 실제로 키워드가 equipment 등으로 바뀌어 등장하는 패러프레이징도 염두에 두고 지문을 읽어야 한다. 첫째 단락 후반부에서 Ashcroft 씨의 질문에 대한 답변 형식으로 물품 사용 계획을 밝히고 있는데, 지역 주민은 무료로 이용할 수 있도록 할 계획이라고(we will allow local residents to use our computers for free) 언급하고 있으므로 (C)가 정답이다. 바로 뒤에서 월요일에서 금요일까지 운영한다고(between 9 A.M. and 4 P.M., Monday to Friday) 쓰여 있으므로 (D)는 오답이고, 첫 단락 마지막에서 두 번째 문장에 칼라마주에 살지 않는 사람들도 비용을 내고 컴퓨터를 이용할 수 있다고 쓰여 있으므로(Individuals who do not reside in Kalamazoo may also use the equipment for a small charge ~) (A)도 오답이다. 첫 단락 두 번째 문장에 5대의 중고 데스크톱 컴퓨터(The five old desktop computers)라고 쓰여 있는 것으로 보아 새 컴퓨터가 아님을 알 수 있으므로 (B)도 오답이다.

어휘 in brand new condition 아주 새 것의 상태인 free 무료의 available 이용 가능한 seven days a week 일주일 내내

3. 칼라마주 주민회관에 대해 암시되는 것은 무엇인가?
(A) 보수 공사 때문에 문을 닫을 것이다.
(B) 정기적인 모금 활동들을 주최한다.
(C) 몇몇 가구를 수용할 공간이 충분하지 않다.
(D) 현재 컴퓨터 이용 강좌를 제공하지 않는다.

정답 **(D)**

해설 칼라마주 주민회관에 대한 설명은 we라는 주어들을 따라가면서 확인할 수 있다. 보수 공사와 관련된 정보가 없으므로 (A)는 오답이며, 기부를 받은 것이지 모금을 한 게 아니므로 (B)도 확인할 수 없다. 또한, 공간이 부족하다는 말도 없으므로 (C)도 오답이다. 소거법에 의해 자연히 (D)가 정답이 된다. 두 번째 단락에서 Next month 다음에 we will even begin offering some computing classes라고 쓰여 있는데, 여기에서 현재 컴퓨터 이용 강좌가 제공되지 않고 있음을 알 수 있다. 추론 문제는 글 전체를 읽어야 할 경우가 많으므로 오답을 소거해 가는 방식으로 접근하는 것이 효율적이다.

어휘 due to ~ 때문에 remodeling work 리모델링, 보수 공사 host ~을 주최하다 regular 정기적인 fundraising 모금 activity 활동 have enough space for ~할 공간이 충분하다 currently 현재 offer ~을 제공하다

4. [1], [2], [3], 그리고 [4]로 표시된 곳 중에서 다음 문장이 들어가기에 가장 적합한 곳은?

"이 변화 덕분에, 컴퓨터 이용자들이 컴퓨터 이용을 위해 더 이상 접수처에서 기다릴 필요가 없습니다."

(A) [1]
(B) [2]
(C) [3]
(D) [4]

정답 **(A)**

해설 문장 삽입 유형에서는 지시어와 연결어, 접속부사 등을 우선적으로 파악해야 한다. 제시 문장은 This change라는 말과 함께 변화로 인해 컴퓨터 이용자들이 더 이상 컴퓨터 이용을 위해 접수처에서 기다리지 않아도 된다는 의미를 나타낸다. 이를 통해, 변화 때문에 컴퓨터를 이용할 장소가 생겼다는 것을 알 수 있다. 이 두 가지를 염두에 두고 주어진 문장이 들어갈 위치를 확인해 보면, 첫 번째 단락 중간에 기부된 컴퓨터들과 책상, 그리고 사무실용 의자 덕분에 컴퓨터를 사용할 수 있는 IT 라운지를 만들 수 있었다는 말이 있으므로 그 뒤에 위치한 [1]에 들어가 이 변화 때문에 컴퓨터 이용자들이 컴퓨터 이용을 위해 접수처에서 더 이상 기다리지 않아도 된다는 흐름이 되어야 자연스럽다. 따라서 (A)가 정답이다.

어휘 thanks to ~ 덕분에 no longer 더 이상 ~않다 need to do ~할 필요가 있다 reception area 접수처

의도 파악 문제

의도 파악 문제 기출 확인 PRACTICE

1.

> Belinda Hogg (오전 7:44)
> 음, 그 강좌 강사님이 제가 한 번 이상 설명해 달라고 하면 이해해 주시길 바라요.
>
> Fred Sawyer (오전 7:46)
> 당연히 그럴 거예요. 그분은 몇몇 주제들에 대해 어려움이 있을 수도 있는 초급자들을 다뤄본 경험이 있으세요.

Q. 오전 7시 46분에, Sawyer 씨가 "당연히 그럴 거예요"라고 쓴 의도는 무엇인가?

(A) Hogg 씨에게 초보자용 수업을 듣도록 제안하고 있다.

(B) 강사가 인내심이 있다고 Hogg 씨에게 확언하고 있다.

정답 **(B)**

해설 한 번 이상 설명해 달라고 할 경우에 강사가 이해해주길 바란다고 말하자, '당연히 그럴 것(Without a doubt)'이라고 언급한 후에 어려움을 겪는 초보자들을 다뤄본 경험이 있는 강사라고 알리고 있다. 이는 그 강사가 인내심을 갖고 한 번 이상 설명하는 일을 잘 해 줄 것이라고 안심시키는 말에 해당되므로 (B)가 정답이다.

어휘 instructor 강사 explain ~을 설명하다 more than once 한 번 이상 Without a doubt 당연히 그럴 거예요 experienced 경험이 있는 deal with ~을 다루다 beginner 초보자 have difficulty with ~에 어려움이 있다 topic 주제 suggest that ~하도록 제안하다 take a class 수업을 듣다 assure A that: A에게 ~라고 확언하다 patient 인내심 있는

2.

> Rob Shale (오전 9:02)
> Christine, 제가 내일 피닉스에서 열리는 소프트웨어 컨벤션 때문에 막 기차를 타려고 하는데, 사무실에 제 일정표를 놓고 왔어요. 좀 도와 주시겠어요?
>
> Christine Kim (오전 9:05)
> 물론이죠.

Q. 오전 9시 5분에, Kim 씨가 "물론이죠"라고 쓴 의도는 무엇인가?

(A) Shale 씨가 제 시간에 도착할 것이라고 확신한다.

(B) Shale 씨를 기꺼이 도울 것이다.

정답 **(B)**

해설 상대방이 도와 달라고 요청하는 질문에 대해 '물론이죠 (Certainly)'라고 수락하는 흐름이므로 기꺼이 돕겠다는 말임을 알 수 있다. 따라서 (B)가 정답이다.

어휘 be about to do 막 ~하려는 참이다 board ~에 탑승하다 itinerary 여행 일정(표) Certainly 물론이죠 be sure that ~임을 확신하다 on time 제 시간에, 제때 be happy to do 기꺼이 ~하다 assist ~을 돕다

3.

BOB RIDDELL 안녕, Timothy. 혹시 음악 축제 표를 벌써 샀는지 궁금해.	오후 9:29
TIMOTHY BELL 시간이 없었어. 우리 회사에서 나에게 이번 주 말까지 중요한 마케팅 캠페인을 만들기를 원하고 있거든.	오후 9:31
BOB RIDDELL 아, 알겠어. 나도 회사일로 바빠. 음, 어쨌든 우리가 표를 살 시간이 충분할 것 같아. 매진될 것 같지는 않거든.	오후 9:33
TIMOTHY BELL 맞아. 축제가 시작하기 일주일 전에 내가 웹 사이트에 가서 그때 사도록 할게.	오후 9:36

Q. 오후 9시 31분에, Bell 씨가 "시간이 없었어"라고 쓴 의도는 무엇인가?

(A) 이벤트 일정을 재조정하고 싶어 한다.

(B) 음악 축제에 대해 들어보지 못했다.

(C) 표를 살 기회가 없었다.

(D) 몇몇 작업물을 늦게 제출했다.

정답 **(C)**

해설 첫 메시지에서 Riddell 씨가 음악 축제 표를 샀는지 궁금하다고 말하자 Bell 씨가 곧이어 시간이 없었다고(I haven't had the time) 답변하고 있는데, 이는 표를 사지 못했다는 말이므로 (C)가 정답이다.

어휘 wonder ~을 궁금해 하다 whether ~인지 (아닌지) yet 벌써, 이미 need A to do: A가 ~하기를 원하다 create ~을 만들다 by (기한) ~까지 plenty of 많은 anyway 어쨌든 doubt (that) ~할 것 같지 않다, ~라는 점이 의심스럽다 sell out 매진되다 Exactly 맞아, 바로 그거야 then 그때 would prefer to do ~하고 싶어 하다 reschedule ~의 일정을 재조정하다 submit ~을 제출하다

Day 18 Check-up Test

1. (C)	**2.** (B)	**3.** (D)	**4.** (C)	**5.** (D)

1-2 다음 문자 메시지 대화를 참조하시오.

> **SUSIE WHYTE** [오후 2:11]
> Ali 씨, 회의 시간에 좀 스트레스를 받은 것처럼 보였어요. 맡은 모든 업무가 이상 없이 잘 진행되고 있나요?

> **ALI HUSSEIN** [오후 2:13]
> 별로 그렇지 않아요... **1** Alex Corrie 씨의 새 앨범에 대한 믹싱 및 마스터링 작업이 약간 늦어지고 있어요.

> **SUSIE WHYTE** [오후 2:14]
> 아... **1** 그 앨범은 이달 말까지 발매하기로 되어 있지 않나요?

> **ALI HUSSEIN** [오후 2:15]
> 맞아요. 그리고 Tower Record Store에서 열리기로 예정되어 있는 대규모 발매 기념 행사도 있어요.

> **SUSIE WHYTE** [오후 2:17]
> **2** 저, 제가 좀 도와드리고 싶은데요. 제가 급한 일이 없는데, **1** 우리가 음반 발매 일정을 꼭 지켜야 하잖아요.

> **ALI HUSSEIN** [오후2:19]
> 가능한 모든 도움을 받고 싶어요. 음원 녹음본의 디지털 파일들을 보내드릴게요. 당신이 아마도 제가 몇몇 트랙들을 믹싱하는 일을 도와줄 수 있을 거예요.

어휘 seem + 형용사: ~한 것처럼 보이다 a little 조금, 약간 stressed 스트레스를 받은, 긴장한 go okay with ~에 이상이 없다 Not really 꼭 그렇지는 않아요 fall behind with ~에서 뒤쳐지다 mixing 믹싱(여러 녹음 내용을 하나로 편집하는 것) mastering 마스터링(작업한 음악을 최종적으로 점검하는 것) be supposed to do ~하기로 되어 있다 release ~을 출시하다 by (기한) ~까지 huge 커다란, 대형의 launch 발매, 출시 scheduled 예정된 take place 열리다 be happy to do 기꺼이 ~하다 lend a hand 도와주다 work on ~에 대해 작업하다 urgent 긴급한 stick to ~을 고수하다, 지키다 use all the help 모든 도움을 받다 recording 녹음본 perhaps 아마도 track (녹음) 트랙

1. 메시지 작성자들은 주로 무엇에 대해 이야기하는가?
(A) 음반 매장의 개장
(B) 발매 행사의 세부 사항
(C) 앨범 출시
(D) 새 음악 엔지니어들의 채용

정답 (C)

해설 주제를 묻는 문제의 단서는 대체로 초반부에 등장하지만, 문자 메시지나 채팅 지문에서는 의례적인 대화로 시작하는 경우가 많으므로 중간 부분도 함께 확인해 보는 것이 좋다. Hussein 씨의 표정이 좋지 않았다는 안부 인사말로 시작한 이 대화는 새 앨범 출시에 대한 작업이 늦어져서 그렇다는 Hussein 씨의 대답과 그 일에 도움을 주겠다는 Whyte 씨의 제안으로 구성되어 있다. 따라서 이 메시지 대화의 주된 내용은 앨범 출시라고 할 수 있으므로 (C)가 정답이다. 만약 주제를 나타내는 단서가 초반부에 나타나지 않는다면, 전체 흐름을 통해 주제를 파악해야 하는 유형이라는 것을 알아 두는 것이 좋다.

어휘 discuss ~을 이야기하다, 논의하다 opening 개장, 개점 details 세부 사항, 상세 정보 hiring 채용

2. 오후 2시 19분에, Hussein 씨가 "가능한 모든 도움을 받고 싶어요"라고 쓴 의도는 무엇인가?
(A) Whyte 씨로부터 몇몇 파일들을 받았다.
(B) Whyte 씨의 제안에 감사하고 있다.
(C) Whyte 씨에게 도움을 줄 준비가 되어 있다.
(D) Corrie 씨에게 연락할 계획이다.

정답 (B)

해설 의도 파악 문제에서는 항상 제시 문장이 언급된 앞 상황에 주목해야 한다. 문장 자체의 의미는 어렵지 않지만, 대화가 이뤄지는 상황과 연관된 의도를 묻기 때문이다. 바로 앞에서 Whyte 씨가 "Well, I'd be happy to lend a hand(저, 제가 좀 도와드리고 싶은데요.)"라는 말로 도움을 주겠다는 의사를 나타내고 있으므로 "가능한 모든 도움을 받고 싶어요"라는 말은 그 제안을 고맙게 받아들이고 있는 것으로 볼 수 있다. 따라서 (B)가 정답이다.

어휘 receive ~을 받다 appreciate ~에 대해 감사하다 offer 제안, 제의 be ready to do ~할 준비가 되어 있다 plan to do ~할 계획이다 contact ~에게 연락하다

3-5 다음 문자 메시지 대화를 참조하시오.

> **SHARON VONN** [오전 10:19]
> 여러분, 두 분 모두 **3** 우리의 약물 시험과 분석 작업을 하느라 바쁘시다는 것을 알고 있지만, **4** 두 분 중 한 분이 금요일에 있을 주주 회의 전에 발표 유인물을 만들어 주셨으면 합니다.

> **JIM GATLIN** [오전 10:21]
> **3 4** 저는 이번 주 내내 우리 실험실 실험에서 얻은 자료들을 종합하고 있을 것 같아요. Eva 씨는 어때요?

> **EVA MONTERO** [오전 10:22]
> 제가 할게요. 내일 오후 3시까지 제가 시험 마지막 단계를 끝마칠 거예요. 정확히 필요하신 게 뭐죠?

> **SHARON VONN** [오전 10:24]
> 고마워요, Eva. 우리의 결과물들에 대해 동반된 그래프와 차트를 포함한 정보 문서면 완벽할 겁니다.

> **EVA MONTERO** [오전 10:26]
> 좋습니다. **5** 금요일에 얼마나 많은 주주들이 참석하실 지 아시나요?

> **SHARON VONN** [오전 10:27]
> **5** 제가 각 주주에게 확인 차 막 전화하려던 참이었어요. 오늘 오후에 알려드릴게요.

어휘 assignment 할당된 일, 임무 drug trial 약물 시험 analysis 분석 handout 유인물 shareholder 주주 I'm afraid (that) (부정적인 일에 대해) ~라고 생각하다 compile ~을 종합하다, 모아서 정리하다 lab 실험실 experiment 실험 all week 일주일 내내 be done

with ~을 끝마치다 phase 단계 by (기한) ~까지 exactly 정확히
information sheet 정보를 담은 문서 accompanying 동반하는
finding 결과 in attendance 참석한 be about to do 막 ~하려
던 참이다 confirm 확인하다

3. Jim 씨는 무슨 종류의 업체에서 일하고 있을 것 같은가?
  (A) 행사 기획 대행사
  (B) 인쇄소
  (C) 금융 서비스 업체
  (D) 제약회사

정답 **(D)**

해설 Sharon 씨가 보낸 첫 문자 메시지에서 Jim 씨와 Eva 씨 모
  두 약물 시험과 분석 작업을 하느라 바쁘다는 것을 자신이 알
  고 있다고(I know you are both busy working on your
  own assignments for our drug trials and analysis) 했고,
  Jim 씨가 다음 메시지에서 이번 주 내내 자신이 실험실 실험에
  서 얻은 자료들을 종합하고 있을 것 같다고(I'm afraid I'll be
  compiling data from our lab experiments all week) 알
  리고 있다. 이를 통해, Jim 씨는 제약 회사에서 일하는 것으로
  생각할 수 있으므로 (D)가 정답이다.

어휘 business 업체, 회사 event planning agency 행사 기획 대행사
  print shop 인쇄소 financial 금융의, 재무의 pharmaceutical
  제약의

4. 오전 10시 22분에, Montero 씨가 "제가 할게요"라고 쓴 의도
  는 무엇인가?
  (A) 몇몇 작업에 대해 Gatlin 씨를 도울 것이다.
  (B) 회의에 Vonn 씨와 동행할 것이다.
  (C) 발표 자료를 만들 것이다.
  (D) 예정보다 일찍 자신의 작업을 끝낼 것이다.

정답 **(C)**

해설 의도 파악 문제에서는 항상 제시 문장이 언급된 앞 상황에 주
  목해야 한다. 문장 자체의 의미는 어렵지 않지만, 대화가 이뤄
  지는 상황과 연관된 의도를 묻기 때문이다. Sharon 씨의 첫
  번째 메시지에서 Jim 씨와 Eva 씨 둘 중 한 명이 금요일에 있
  을 주주 회의 전에 발표 유인물들을 만들어 주었으면 한다는 말
  이(I'm hoping one of you will make the presentation
  handouts before Friday's shareholder meeting) 쓰여
  있다. 그리고 Jim 씨가 다음 메시지에서 자신이 이번 주 내내
  실험 자료들을 종합할 것이라는 말로 간접적으로 그 일을 할 수
  없을 것 같다고 말하면서 Eva 씨에게 그 일을 할 수 있는지 묻
  는 상황이다. 따라서 Eva 씨가 그 일을 하겠다고 말하는 것은
  자신이 발표 유인물을 만들겠다는 뜻이므로 (C)가 정답이다.

어휘 assist ~을 돕다 accompany ~와 동행하다 create ~을 만들다
  material 자료 finish ~을 마치다 ahead of schedule 예정보다 일
  찍

5. Vonn 씨는 곧이어 무엇을 할 것인가?
  (A) 회의 일정을 재조정하는 일

(B) 방 예약을 확인하는 일
(C) 그래프를 준비하는 일
(D) 주주들에게 연락하는 일

정답 **(D)**

해설 Montero 씨의 마지막 메시지에서 Vonn 씨에게 금요일에 주
  주들이 얼마나 많이 참석하는지 물었고, 이에 대한 응답으로
  Vonn 씨가 각 주주에게 확인을 위해 막 전화하려던 참이었다
  고(I was just about to call each of them to confirm) 알
  리고 있으므로 (D)가 정답이다.

어휘 reschedule ~의 일정을 재조정하다 confirm ~을 확인하다
  reservation 예약 prepare ~을 준비하다 contact ~에게 연락하다

이중 지문

이중 지문 기출 확인 PRACTICE

1.

Green Pine Resort를 여러분의 다음 가족 휴가지로 선택해 보세
요!

Tawny 강의 서쪽 둑에 위치해 있는 Green Pine은 울창한 숲과 천
연 온천에 의해 둘러싸여 있습니다. 도시에 스모그가 있을 때, 숲은
항상 공기가 맑고 새로운 활력을 불어 넣어준다는 사실을 확신할 수
있습니다. Green Pine Resort에서 도시의 혼잡함과 오염에서 벗
어나 보세요. 더 자세한 정보는 www.greenpineresort.com에서
찾아보실 수 있습니다.

휴가객들에게 인기 있는 것으로 입증된 새로운 리조트
기사 작성, Louis Collins

Green Pine Resort는 Tawny 강의 바로 서쪽과 Jasper 산의
남쪽에 위치한 새 복합 리조트입니다. 이 리조트의 안내 책자는 자
신들의 지점에서 일년 내내 맑은 공기를 즐길 수 있다고 약속하고
있습니다. 저는 그곳에서 단지 10일만 지냈기 때문에 그 말을 확인
할 수는 없지만, 저와 제 가족은 머무르는 동안 그곳의 맑은 공기와
자연 환경을 제대로 인식했다고 말씀드릴 수 있습니다.

Q. Collins 씨가 언급한 곳으로 광고에 나오지 않은 곳은?
  (A) Jasper 산
  (B) Tawny 강

정답 **(A)**

해설 두 번째 지문 시작 부분에 기사 작성자인 Collins 씨가 Tawny
  강의 서쪽과 Jasper 산의 남쪽에 위치한 리조트(just west of

Tawny River and to the south of Mount Jasper)라고 언급하고 있다. 하지만 첫 지문의 시작 부분에는 Tawny 강만 (Situated on the west bank of the Tawny River) 제시되어 있으므로 (A)가 정답이다.

어휘   choose ~을 선택하다 vacation 휴가 situated on ~에 위치한 bank 둑 surrounded 둘러싸인 lush 울창한, 무성한 forest 숲 natural hot spring 천연 온천 bet (that) ~임을 확신하다 refresh up 새로운 활력을 불어 넣다 get away from ~에서 벗어나다 chaos 혼잡 pollution 오염 prove + 형용사: ~한 것으로 입증되다 holidaymaker 휴가객 complex 복합 시설 brochure 안내 책자 promise ~을 약속하다 all year round 일주 내내 location 지점, 위치 verify ~을 입증하다, 확인하다 appreciate ~을 제대로 인식하다, 감상하다 natural surroundings 자연 환경 advertisement 광고

2.

Billings Apartment Building 공사가 11월 9일에 제때 완료되었고, 저희는 그 결과에 매우 만족합니다. 시설 관리 작업자들이 모든 일들을 빨리 그리고 전문적으로 수행했고, 건물 관리 책임자인 Heron 씨께 주기적인 경과 보고서를 제공했습니다.

고객 성명: Steven Heron
Billings Apartment Building에 요청된 수리 작업에 대한 청구서
발급일: 11월 16일

수리 작업 세부 사항: 두 대의 엘리베이터들이 정비를 받았고 필요한 곳에 제대로 작동하지 않는 부품들이 교체되었습니다. 건물 회의실과 체력 단련실의 조명이 수리되었고, 옥상의 노출된 배선이 깔끔하게 정리되어 적절하게 감춰졌습니다.

총 비용: 5,500달러

Q.   시설 관리 업체가 언제 Heron 씨에게 청구서를 제출했는가?
(A) 공사 작업이 완료되자마자
(B) 공사 작업이 완료되고 일주일 후에

정답   (B)

해설   청구서에 해당되는 두 번째 지문에 발급일이 11월 16일로 쓰여 있고(Date of issue: November 16), 첫 지문에 건물 공사가 11월 9일에 완료되었다고(was completed in a timely fashion on November 9) 나타나 있다. 따라서 공사가 완료되고 일주일 후에 청구서가 제출되었음을 알 수 있으므로 (B)가 정답이다.

어휘   complete ~을 완료하다 in a timely fashion 제때, 적절한 시점에 be happy with ~에 만족하다 result 결과 maintenance 시설 관리, 유지 관리 carry out ~을 수행하다 task 일, 업무 quickly 빨리 professionally 전문적으로 provide A with B: A에게 B를 제공하다 regular 주기적인 progress 경과, 진척 invoice 청구서, 송장 repair 수리 request ~을 요구하다 issue 발급 details 세부 사항 service v. ~에 서비스를 제공하다, 정비하다 malfunctioning 제대로 작동하지 않는 replace ~을 교체하다 where necessary 필요한 곳에 lighting 조명 fix ~을 고치다 exposed 노출된 wiring 배선 rooftop 옥상 tidy up ~을 깔끔하게 정리하다 conceal ~을 감추다

in an appropriate manner 적절한 방식으로 submit ~을 제출하다 as soon as ~하자마자

3.

안녕하세요 Tonya 씨,

부탁드릴 것이 하나 있습니다. 당신의 사무실 보안 시스템이 최근 교체되었다고 들었어요. 우리 지점 사무실노 보안늘 너 엄격하게 할 계획인 것 같아서, 조만간 우리 시스템을 교체할 예정입니다. 저에게 당신이 있는 곳의 시스템을 작업했던 회사가 합의된 예산액을 지키면서 작업을 제 시간에 끝마쳤다고 언급하신 적이 있으시죠. 저에게 그들의 연락처 정보를 전달해 주셨으면 합니다.

안녕하세요 Ray 씨,

당신 사무실도 보안 시스템을 교체할 예정이라는 사실을 듣고 흥미로웠어요. 우리 것만큼이나 비효율적이었던 게 분명해요. 어쨌든, 저희가 선정한 업체는 Bulwark Security였습니다. 신규 업체이지만, 그들은 벌써 업계에서 유명해졌어요. 연락해야 할 사람은 소유주인 Paul Jenkins 씨입니다. 그분 전화번호는 555-8271입니다. 제가 추천했다고 말씀 드리세요. 그분과 함께 일하는 것은 즐거웠습니다.

Q.   Ray 씨는 왜 유독 Bulwark Security에 대해 흥미로워 하는가?
(A) 그곳 직원들이 업계에서 가장 숙련된 것으로 알려져 있다.
(B) 최근 작업에서 예산과 기간을 넘지 않았다.
(C) 아주 진보된 기기를 사용하는 것으로 알려져 있다.
(D) 지역 내 동종 업체 중 가장 큰 회사이다.

정답   (B)

해설   Bulwark Security가 언급되는 두 번째 지문에, Bulwark Security가 자신들이 선정했던 업체라고(the company that we chose was Bulwark Security) 쓰여 있다. 이는 첫 지문에서 최근 교체된 사무실 보안 시스템에 대해 예산을 지키면서 제때 작업을 마친(stuck to the agreed budget and completed the work on time) 업체와 관련해 문의하는 것에 대한 답변에 해당된다. 따라서 Bulwark Security가 예산을 지키면서 제때 작업을 끝마친 곳임을 알 수 있으므로 (B)가 정답이다.

어휘   have a favor 부탁할 것이 있다 security system 보안 시스템 replace ~을 교체하다 recently 최근 It looks like ~인 것 같다 branch office 지사, 지점 plan to do ~할 예정이다 tighten ~을 엄격하게 하다 in the near future 조만간, 가까운 미래에 mention that ~라고 언급하다, 말하다 stick to ~을 지키다, 고수하다 agreed 합의된 budget 예산 complete ~을 완료하다 on time 제때 pass on ~을 넘겨주다 contact details 연락처 정보 be interested to do ~하는 것이 흥미롭다 as A as B: B만큼 A한 ineffective 비효율적인 anyway 어쨌든 choose ~을 선택하다 make a name for oneself 유명해지다 field 업계 owner 소유주 recommend ~을 추천하다 it is pleasure -ing ~하는 것이 즐겁다 specifically 유독, 특히 be known to do ~하는 것으로 알려지다 skilled 숙련된 keep

~을 지키다 within ~ 이내에 time frame 기간 recent 최근의 highly 아주, 매우 advanced 진보된, 고급의 device 기기, 장치 region 지역

Day 19 Check-up Test

1. (B)	2. (C)	3. (D)	4. (C)	5. (B)

1-5 다음 회람과 이메일을 참조하시오.

회람

수신: 전 직원
발신: Gerry Mandel, 최고 경영자
날짜: 7월 11일
제목: 직원 야유회

올해는 연례 회사 야유회가 Arnottsville 근처의 Vernon Lake Campground에서 열릴 것입니다. 우리는 직원 여러분과 직원 가족들을 위해 **1** 8월 2일 토요일과 8월 3일 일요일 동안 캠핑장 전체를 빌렸습니다. **1** 야유회 자체는 2일 오후 1시부터 4시까지 열릴 것이지만, 원하시는 분들은 하룻밤 캠핑을 하고 3일에 떠날 수도 있습니다. 바비큐와 차가운 음료는 Alpha Electric에서 제공할 것이지만, 여러분의 다과도 얼마든지 가져와도 됩니다.

하루 종일 할 수 있는 숲 속 도보 여행과 자전거 타기뿐만 아니라 야구 시합, 재미 있는 팀워크 활동들, 그리고 노래방 시간도 있을 것입니다. **2** 만일 텐트에서 하룻밤 머무를 계획이라면, 텐트는 무료로 제공될 수 있으며, 캠핑 장소를 예약해 두기 위해 캠핑장 관리자인 Alan Dance 씨에게 연락하셔야 합니다. 오직 40개의 캠핑 공간만 이용 가능하며, 선착순으로 배정될 것입니다.

4 만약 이 행사에 대한 제안 사항이나 질문이 있으시면, 여러분의 상사 또는 인사과의 Lee Poole 씨에게 연락하시기 바랍니다. 그분들이 여러분을 도와주실 수 있을 겁니다.

여러분 모두 야유회에서 볼 수 있기를 바랍니다!

Gerry Mandel, 최고 경영자
Alpha Electric

어휘 memorandum 회람 CEO 최고 경영자 annual 연례적인 outing 소풍, 야유회 take place (일, 행사 등이) 발생되다, 일어나다 near ~ 근처의 rent ~을 빌리다 entire 전체의 if you choose to 원한다면 camp 캠핑하다 overnight 밤새 leave 떠나다 beverage 음료 provide ~을 제공하다 feel free to do 얼마든지 ~하세요 bring ~을 가져오다 refreshment 다과 as well ~도 tournament 시합 session (특정 활동을 위한) 시간 as well as ~뿐만 아니라 …도 hiking 도보 여행 biking 자전거 타기 all day long 하루 종일 free of charge 무료로 contact ~에게 연락하다 reserve ~을 예약하다 assign ~을 배정하다 on a first-come, first served basis 선착순으로 suggestion 제안 supervisor 상사, 부서장, 책임자 be able to do ~할 수 있다 help out ~을 도와주다

발신: Amy Roberts <aroberts@alphaelectric.com>
4 수신: Tom Bergen <tbergen@alphaelectric.com>
날짜: 7월 13일
제목: 직원 야유회

4 Bergen 씨께,

3 직원 자녀들이 야구 시합에 참가할 수 있는지, 아니면 이것이 Alpha Electric 직원들에게만 가능한 것인지 궁금합니다. 제 아들이 야구하는 것을 좋아하고, 비록 열세 살 밖에 되지 않았지만 사실 운동에 아주 재능이 있습니다. 특정 나이가 넘는 아이들이 참여하는 것을 허락해 주시기를 바랍니다.

5 저는 또한 캠핑장에서 그리 멀지 않은 폭포가 있는 구역과 관련된 제안 사항도 있습니다. 직원 야유회에 참석할 아이들이 몇몇 있을 것이고, 몇몇 가파른 절벽들이 있는 폭포 쪽으로 그 아이들 중 어느 누구도 방치된 채로 돌아다니는 것을 저희들은 원치 않을 것입니다. **5** 캠핑장 주변에도 다른 잠재적인 위험 요소들이 있습니다. 저는 모두의 안전, 특히 아이들의 안전을 확실히 하기 위해 저희가 도착했을 때 누군가가 이것들에 관해서 얘기를 해야만 한다고 생각합니다.

위 의견에 관해 어떻게 생각하시는지 알려주십시오. 시간이 되신다면 저에게 이메일을 주시거나, 제 사무실 내선 번호 108번으로 연락 주십시오.

안녕히 계십시오,

Amy Roberts

어휘 curious 궁금한 whether ~인지 (아닌지) be welcome to do ~해도 좋다 be only open to ~에게만 열려 있다 actually 사실 talented 재능 있는 despite ~임에도 불구하고 allow A to do: A가 ~하도록 허락하다 over ~가 넘는 certain 특정한 take part 참여하다 regarding ~에 관한 likely ~일 것 같은, 가능성 있는 several 몇몇의 attend ~에 참석하다 wander off 배회하다 unattended 방치 된 steep 가파른 cliff 절벽 potential 잠재적인 danger 위험 (요소) give a talk about ~에 관해 얘기하다 arrive 도착하다 ensure ~을 확실히 하다 especially 특히 have time 시간이 나다 contact ~에게 연락하다 extension 내선 전화 (번호)

1. 야유회는 언제 열리는가?
(A) 토요일 오전에
(B) 토요일 오후에
(C) 일요일 오전에
(D) 일요일 오후에

정답 **(B)**

해설 공지 첫 단락에 We have rented the entire campground for our employees and their families for Saturday, August 2, and Sunday, August 3 라고 쓰여 있는 것에 속지 말아야 한다. 그 다음 문장에 The picnic itself will be on the 2nd, from 1

P.M. to 4 P.M.이라고 정확한 시간이 나오고, 바로 앞 문장을 통해 2일이 토요일임을 알 수 있으므로 정답은 (B)이다.

2. 캠핑장에 대해 언급된 것은 무엇인가?
(A) 추가 비용을 내면 텐트를 빌릴 수 있다.
(B) 샤워 시설들을 갖추고 있다.
(C) 하룻밤 머무르려면 사전 통지가 필요하다.
(D) Alpha Electric이 그 시설들을 소유하고 있다.

정답 **(C)**

해설 메모의 두 번째 단락에 하룻밤 텐트에서 머무르려면 캠핑장 관리자에게 연락하여 캠핑 장소를 예약해야 한다고(If you are going to stay overnight in a tent, ~ you need to contact Alan Dance, the campground manager, to reserve a camping spot) 되어 있으므로 (C)가 정답이다. 텐트가 무료로 제공될 수 있다고 되어 있으므로 (a tent, which can be provided free of charge) 추가 비용을 내고 텐트를 빌릴 수 있다는 의미를 나타내는 (A)는 오답이다. 또한, 샤워 시설 유무와 소유주에 대해 언급된 바가 없으므로 (B)와 (D)도 오답이다.

어휘 hire ~을 빌리다 additional 추가의 fee 요금 be equipped with ~을 갖추다 facility 시설 advance notification 사전 통지 require ~을 필요로 하다 own ~을 소유하다

3. Roberts 씨는 야구 시합에 대해 무엇을 알고 싶어 하는가?
(A) 무슨 장비가 제공되는지
(B) 언제 시작할 것인지
(C) 어디서 열릴 것인지
(D) 누가 참가할 수 있는지

정답 **(D)**

해설 Roberts 씨가 알고자 하는 것은 이메일 첫 번째 단락에 I'm curious whether employees' children are welcome to play in the baseball tournament or if it is only open to Alpha Electric staff members라고 말하는 부분에서 찾을 수 있다. 이는 야구 시합에 참가할 수 있는 사람들을 알고 싶어 하는 것이므로 (D)가 정답이다.

어휘 participate 참여하다

4. Tom Bergen 씨는 누구이겠는가?
(A) Mandel 씨의 비서
(B) 캠핑장 직원
(C) 부서장
(D) 행사 조직자

정답 **(C)**

해설 이중 지문의 네 번째 문제는 연계 문제일 가능성이 높다. 질문의 키워드인 Tom Bergen을 지문에서 찾아보면, 두 번째 지문인 이메일 상단의 수신자가 Tom Bergen(To: Tom Bergen)으로 쓰여 있고, 인사말 Dear Mr. Bergen에서도 Tom Bergen 씨가 수신자임을 알 수 있다. 이제 첫째 지문인 회람에서 이메

일 수신자 Tom Bergen 씨와 관련된 단서를 찾아야 한다. 회람 세 번째 단락의 If you have any suggestions 이하를 보면 contact your supervisor or Lee Poole in Human Resources라는 말이 있는데, 두 대상자 중에서 이메일 수신자가 Lee Poole이 아니므로 Tom Bergen 씨는 your supervisor, 즉 Amy Roberts의 상사인 부서장임을 알 수 있다. 따라서 (C)가 정답이다.

어휘 assistant 조수, 보조, 비서 department manager 부서장 organizer 기획자, 주최자

5. Roberts 씨는 무엇을 제안하는가?
(A) 폭포로 가는 여행 준비하기
(B) 안전 관련 담화 시간 갖기
(C) 위험한 물품 제거하기
(D) 직원들을 그룹별로 나누기

정답 **(B)**

해설 이메일 두 번째 단락에 Roberts 씨의 제안이 나타나 있다. 폭포가 있는 구역과 관련하여 제안 사항이 있다고 말하고 있고, 캠핑장 주변에도 다른 잠재적인 위험성이 있다고 언급하고 있다. 더 나아가, 안전을 위해 야유회 캠핑장에 도착했을 때 회사의 누군가가 이것들에 관해서 얘기를 해야 한다고(someone should give a talk about these things when we arrive, to ensure everyone's safety, especially that of the children) 언급하고 있으므로 (B)가 정답이다.

어휘 organize ~을 준비하다 hold (행사 등) ~을 열다, 개최하다 remove ~을 제거하다 item 물품, 품목 split A into B: A를 B로 나누다

DAY 20

삼중 지문

삼중 지문 기출 확인 PRACTICE

1-2

Terry 씨께,

귀하의 요청에 따라, 곧 있을 귀하의 라스 베가스 출장에 필요한 객실을 Lucky Seven Hotel에 예약해 두었습니다. **1** 귀하의 객실은 1박당 230달러인데, 회사가 비용을 지불할 것입니다. 호텔에 도착하시면, 귀하께서는 여전히 **2** 보증금으로 150달러를 지불해야 한다는 점에 유의하시기 바랍니다.

Anna

Lucky Seven Hotel
라스 베가스, Corolla Avenue 459번지
스탠다드 싱글 룸 – 1박당 150달러
1 프리미어 싱글 룸 – 1박당 230달러

Anna 씨께,

제 숙박 시설과 관련해 도움 주셔서 정말 감사합니다. 저는 Lucky Seven Hotel에서 다시 머무는 것을 정말로 고대하고 있습니다. **2** 월요일에 사무실로 복귀하면, 제 출장 비용의 모든 영수증과 저에게 보증금으로 빌려주셨던 돈을 반드시 드리도록 하겠습니다.

Terry

---

1. Terry 씨를 위해 어떤 종류의 객실이 예약되었을 것 같은가?
(A) 스탠다드 싱글 룸
(B) 프리미어 싱글 룸

정답 **(B)**

해설 Terry 씨가 수신인으로 표기된 첫 지문에, Terry 씨의 방이 1박당 230달러라고(Your room for the night costs $230) 언급되어 있다. 그리고 두 번째 지문에 1박당 230달러인 방이 프리미어 싱글 룸으로(Premier Single Room – $230 per night) 표기되어 있으므로 (B)가 정답이다.

2. Terry 씨는 Anna 씨에게 월요일에 얼마나 많은 돈을 줄 것인가?
(A) 150달러
(B) 230달러

정답 **(B)**

해설 월요일에 돈을 주는 일이 언급된 세 번째 지문 마지막에, 보증금에 쓰라고 빌려줬던 돈을 월요일에 주겠다고(~ and the cash you loaned me for the security deposit when I return to the office on Monday) 알리고 있다. 그리고 보증금이 언급된 첫 지문에 그 액수가 150달러라고(have to pay a $150 security deposit) 쓰여 있으므로 (A)가 정답이다.

어휘 as per ~에 따라 request n. 요청 book ~을 예약하다 upcoming 다가오는, 곧 있을 cost ~의 비용이 들다 cover (비용 등) ~을 부담하다, 충당하다 expense 지출 (비용), 경비 be aware that ~임을 알아 두다 security deposit 보증금 arrive 도착하다 per night 1박당 accommodation 숙박 시설, 숙소 help A with B: B에 대해 A를 돕다 look forward to -ing ~하기를 고대하다 make sure to do 반드시 ~하도록 하다 receipt 영수증 loan ~을 빌려주다 return to ~로 복귀하다, 돌아가다 reserve ~을 예약하다

3-4

Mirren 씨께,

저희 일본 미술 수업과 관련된 귀하의 문의에 감사 드립니다. 봄 학기 중에 이용 가능하신 수업이 두 가지 있습니다. 귀하께서 확인해 보실 수 있는 일정표를 포함해 두었습니다. **4** 만약 한 가지 수업에 등록하고자 하실 경우, 저에게 수강을 원하시는 강좌와 학생증 번호, 그리고 전화 번호를 알려주시면, 제가 그 수업에 등록해 드리겠습니다.

David Kawasaki
Rivera Art School

Rivera Art School, 봄 학기
(4월 1일 – 6월 30일)
일본 미술 수업

– **3** 목판 인쇄: 매주 월요일과 목요일, 오전 9시 – 오전 11시
– 도자기 페인팅: 매주 화요일과 금요일, 오후 6시 – 오후 8시

Kawasaki 씨께,

저에게 정보를 보내 주셔서 감사합니다. **3** **4** 저는 아침에 진행되는 수업에 등록하기로 결정했습니다. 제가 저녁에는 일을 하기 때문에, 이 수업이 저에게 가장 알맞습니다. **4** 제 학생증 번호는 033291입니다. 무엇이든 더 필요한 것이 있으시면 저에게 알려주세요.

감사합니다,

3 Pauline Mirren

---

3. Mirren 씨는 어느 수업을 신청하고 싶어 하는가?
(A) 목판 인쇄
(B) 도자기 페인팅

정답 **(A)**

해설 Mirren 씨가 발신인으로 표기된 세 번째 지문에, 아침에 진행되는 수업을 듣고 싶다고(I would like to sign up for the class that runs in the mornings) 알리고 있다. 그리고 두 번째 지문에 아침 시간으로 쓰여 있는 수업이 목판 인쇄이므로(Woodblock Printing: Every Monday and Thursday, 9 A.M. – 11 A.M.) (A)가 정답이다.

4. Mirren 씨가 포함시키기를 잊은 정보는 무엇인가?
(A) 자신의 학생증 번호
(B) 자신의 전화 번호

정답 **(B)**

첫 지문에 듣고 싶은 강좌와 학생증 번호, 그리고 전화 번호를 알려 달라고(the class you would like to take, your student ID number, and phone number) 언급되어 있다. 그런데 세 번째 지문을 보면 원하는 강좌(the class that runs in the mornings)와 학생증 번호(My student ID number is 033291)만 알려주고 있으므로 전화 번호가 빠졌음을 알 수 있다. 따라서 (B)가 정답이다.

어휘 inquiry 문의 regarding ~와 관련해 available 이용 가능한 during ~ 중에, ~ 동안 semester 학기 include ~을 포함하다 would like to do ~하고 싶다, ~하고자 하다 sign up for ~에 등록하다, ~을 신청하다 let A know: A에게 알리다 take a class 수강하다, 수업을 듣다 register A for B: A를 B에 등록하다 decide that ~라고 결정하다 run 진행되다, 운영되다 suit A best: A에게 가장 알맞다, 적합하다 forget to do ~하는 것을 잊다

Day 20 Check-up Test

1. (D)　　**2.** (B)　　**3.** (C)　　**4.** (C)　　**5.** (B)

1-5 다음 기사와 이메일, 그리고 평면도를 참조하시오.

다가오는 Lewiston 지역 행사 (7월)

1 City Sounds Musical Instrument Fair가 이번 달 말에 Lewiston Community Center에서 다시 열릴 예정이라는 점을 잊지 마십시오. 이 박람회는 지난 3년 동안 인근의 Knightsbridge 시에서 개최되어 왔지만, 행사 주최측에서 이제 원래의 장소로 다시 돌아가기를 원하고 있습니다. 올해의 박람회는 7월 29일부터 7월 31일까지 진행되며, 전국에서 찾아오는 아주 다양한 판매 업체들을 특징으로 합니다. 이 행사의 입장권을 구매하시는 분들은 아주 다양한 종류의 악기들과 부대용품들을 찾아보실 수 있을 것으로 예상하실 수 있습니다.

행사 조직 책임자 Sharon Roper 씨에 따르면, 올해의 행사는 과거 그 어느 때보다 더 많은 업체들을 **2** 자랑할 것입니다. "저희는 반드시 올해 행사가 지금까지 중에서 가장 종합적이고 성공적인 박람회가 되도록 하기 위해 열심히 노력하고 있습니다. 판매 업체용 공간에 대해 올해 인하된 대여료 외에도, **3** 판매 업체들에게 부가적인 보상책을 제공해 드립니다. 만약 Lewiston 지역에 등록된 소기업(직원 20인 미만)을 소유하고 계신다면, 저희가 앞으로 2개월간 저희 웹 사이트에 업체 광고를 내 드릴 것입니다."라고 Roper 씨가 밝혔습니다.

이 행사에 판매 업체로 참여하는 데 관심이 있는 사람은 누구든 Roper 씨의 이메일 주소 sroper@citysounds.com으로 직접 연락하시기 바랍니다.

어휘 upcoming 다가오는 forget that ~임을 잊다 musical instrument 악기 fair 박람회 make a return to ~로 돌아오다 hold ~을 개최하다, 열다 nearby 근처의 past 지난 organizer 주최자, 조직자 bring A back to B: A를 B로 되돌려 놓다 original 원래의, 애초의 run 운영되다, 진행되다 feature ~을 특징으로 하다, 포함하다

a diverse range of 아주 다양한(= a vast range of) vendor 판매 업체, 판매 업자 those who ~하는 사람들 purchase ~을 구매하다 expect to do ~할 것으로 예상하다 accessories 부대용품 according to ~에 따르면 boast ~을 자랑하다 than ever before 과거 그 어느 때보다 ensure that 반드시 ~하도록 하다, ~임을 확실히 하다 comprehensive 종합적인, 포괄적인 successful 성공적인 yet (최상급과 함께) 지금까지 중에서 in addition to ~ 외에도, ~뿐만 아니라 rental fee 대여료 offer ~을 제공하다 added 부가적인, 추가된 incentive 보상책, 장려책 own ~을 소유하다 fewer than ~보다 적은 registered 등록된 run an advertisement 광고를 내다 interested in ~에 관심이 있는 contact ~에게 연락하다 directly 곧장, 직접

발신: Clive Marriot <cmarriot@ekeyboards.com>
수신: Sharon Roper <sroper@citysounds.com>
제목: 판매 업체용 공간
날짜: 6월 24일

Roper 씨께,

제 친구 Rachel Archer가 다가오는 City Sounds Musical Instrument Fair와 관련해 귀하께 연락해보도록 권해 주었습니다. **3** **5** 그 친구는 바이올린을 판매하는 작은 사업체를 소유하고 있으며, 이미 올해 열리는 박람회에서 판매 업체용 공간을 확보해 두었습니다. **3** 그 친구는 자신의 것과 마찬가지로 제 사업체도 행사의 판매 업체가 됨으로써 추가 혜택을 받을 자격이 있을 것이라고 말해주었습니다. 이것이 바로 제가 아주 관심 있어 하는 부분입니다! 저는 6개월 전에 제 사업체를 설립했으며, 비록 제가 몇몇 다른 악기들과 부대용품들을 판매하기는 하지만, 제 사업체의 주된 초점은 전자 건반 악기들을 판매하는 데 있습니다.

5 저는 혹시라도 가능하다면 Archer의 부스 바로 옆 공간을 예약하고 싶습니다. 그리고 저는 꽤 규모가 큰 재고를 보유하고 있기 때문에 더 큰 공간 중의 하나를 원합니다. 대여료가 얼마인지는 상관 없습니다. 제가 행사에 가능한 한 빨리 등록하기를 원하기 때문에 이용 가능한 판매 업체용 공간들을 보여주는 평면도를 제게 보내주실 수 있다면 감사하겠습니다.

안녕히 계십시오.

Clive Marriot

어휘 suggest that ~하도록 권하다, 제안하다 contact ~에게 연락하다 regarding ~와 관련해 own ~을 소유하다 secure ~을 확보하다 be eligible to do ~할 자격이 있다, ~할 수 있다 receive ~을 받다 extra 추가의, 별도의 benefit 혜택, 이점 found ~을 설립하다 main 주된 focus 초점, 중점 although (비록) ~이기는 하지만 reserve ~을 예약하다 right next to ~ 바로 옆에 booth 부스, 칸막이 공간 if at all possible 혹시라도 가능하다면 quite 꽤, 상당히 large 큰, 넓은, 많은 inventory 재고(품) I'd appreciate it if ~라면 감사하겠습니다 floor plan 평면도 available 이용 가능한 as ~이므로

바비큐 음식 구역		City Sounds Musical Instrument Fair	
공간 9 드럼	**4** 공간 6 대여료: 35달러	공간 4 트럼펫	**4** 공간 2 대여료: 35달러
		중앙 출입구	
공간 8 플룻	**4** 공간 5 대여료: 30달러	**5** 공간 3 바이올린	공간 1 피아노
4 공간 7 대여료: 20달러			

1. City Sounds Musical Instrument Fair에 대해 암시되는 것은 무엇인가?

(A) 올해 두 곳의 도시에서 개최될 것이다.
(B) 이틀간 열리는 행사다.
(C) 지역 주민들에게는 무료다.
(D) 과거에 Lewiston에서 열렸다.

정답 (D)

해설 첫 지문 첫 단락에 박람회가 지난 3년간 인근의 Knightsbridge 시에서 개최되었다가 행사 기획자들이 원래의 장소에서 다시 열기를 원해서 다시 Lewiston Community Center에서 열린다고(City Sounds Musical Instrument Fair will be making a return to the Lewiston Community Center later this month) 쓰여 있으므로 (D)가 정답이다. 첫 지문 첫 문장에서 Lewiston Community Center에서 열린다고 했는데, 이는 하나의 도시에서 개최되는 것이므로 (A)는 오답이다. 첫 번째 단락 밑에서 두 번째 문장에 7월 29일부터 7월 31일까지 열린다고 쓰여 있는 것을 통해 3일간 진행되는 행사임을 알 수 있으므로 (B)도 오답이다. (C)는 지문에서 찾을 수 없는 내용이다.

어휘 take place (일, 행사 등이) 발생되다, 일어나다 free 무료의 local 지역의 resident 주민 hold ~을 개최하다, 열다 in the past 과거에

2. 기사에서 둘째 단락 첫째 줄의 단어 "boast"와 가장 의미가 가까운 것은 무엇인가?

(A) 마련하다
(B) 선보이다
(C) 제기하다
(D) 소유하다

정답 (B)

해설 boast는 '~을 자랑하다, 뽐내다'의 의미로 잘 쓰이는데, 행사를 의미하는 주어가 더 많은 행사 참여 업체를 대상으로 나타낼 수 있는 특징은 '~을 뽐내서 보여주다'라는 의미가 가장 적절하다. 보기에서 이런 의미를 가지는 동사는 '(최고의 자질이나 부분들을) 보여주다'라는 의미의 (B) showcase뿐이다

어휘 arrange ~을 마련하다, 조치하다 showcase ~을 선보이다 raise (문제 등) ~을 제기하다, ~을 들어올리다, 인상하다 possess ~을 소유하다

3. Archer 씨에 대해 암시된 것은 무엇인가?
(A) 그녀의 사업체가 6개월 전에 설립되었다.
(B) Roper 씨의 가까운 지인이다.

(C) 그녀의 사업체가 웹 사이트에서 홍보될 것이다.
(D) 아직 판매 업체용 공간을 선택하지 못했다.

정답 (C)

해설 Archer 씨의 이름이 언급되는 두 번째 지문에서 먼저 단서를 찾아야 한다. 두 번째 지문 첫 단락 시작 부분에 Archer 씨를 She로 지칭해 작은 사업체를 소유하고 있다는(She owns a small business ~) 사실과 행사에 등록한 사실이 언급되어 있고, 추가 혜택을(extra benefit) 받을 자격이 있다고 알리고 있다. 이와 관련해, 첫 지문 두 번째 단락에 작은 사업체에게 부가적인 보상책으로(added incentive) 웹 사이트 광고를 해준다는(If you own a small business ~ we will run your business advertisement on our Web site ~) 말이 쓰여 있으므로 Archer 씨의 사업체도 웹 사이트에서 광고된다는 것을 알 수 있다. 이는 홍보되는 것과 마찬가지이므로 (C)가 정답이다.

어휘 establish ~을 설립하다 close 가까운, 절친한 acquaintance 지인 promote ~을 홍보하다 have yet to do 아직 ~하지 못하다 choose ~을 선택하다

4. 평면도에 암시되어있는 것은 무엇인가?
(A) 판매 업체용 공간들이 모두 같은 크기다.
(B) 모든 판매 업체용 공간을 빌리는 데 드는 비용이 같다.
(C) 아직 이용할 수 있는 판매 업체용 공간들이 적어도 네 곳이나 있다.
(D) 몇몇 판매 업체용 공간들은 바비큐 구역 안에 위치해 있다.

정답 (C)

해설 평면도인 세 번째 지문을 보면, 대여료가 표기된 공간으로 Space 2와 Space 5, Space 6, 그리고 Space 7 이렇게 네 곳이 있으므로 여전히 이용 가능한 공간이 네 곳이 있음을 의미하는 (C)가 정답이다. 크기와 비용의 동일함을 말하는 (A)와 (B)는 오답이며, 바비큐 구역 안에는 판매 업체용 공간이 표기되어 있지 않으므로 (D)도 오답이다.

어휘 cost ~의 비용이 들다 amount 금액, 액수 rent ~을 빌리다, 대여하다 at least 적어도, 최소한 be located in ~ 안에 위치해 있다

5. Marriot 씨는 어느 공간을 대여하는 데 관심이 있을 것 같은가?
(A) 공간 2
(B) 공간 5
(C) 공간 6
(D) 공간 7

정답 (B)

해설 Marriot 씨가 쓴 이메일인 두 번째 지문 두 번째 단락을 보면, Archer 씨의 부스 바로 옆 공간을 예약하고 싶다고(I'd like to reserve a space right next to Ms. Archer's booth ~) 알리고 있다. 그리고 같은 지문 첫 단락에 Archer 씨가 바이올린을 판매하는 업체를 소유하고 있다고(She owns a small business selling violins ~) 쓰여 있는데, 평면도에서 바이올린 판매 공간인 Space 3 옆에 위치한 공간들 중에서 대여 가능한 곳이 30달러로 대여료가 표기된 Space 5이므로 (B)가 정답이다.

사람 사진

POINT 1 기출 확인 PRACTICE

1. (A) A woman is <u>leaning over a railing</u>.
(B) A woman is <u>parking</u> a car.
(C) A woman is <u>pushing a cart</u>.
(D) A woman is <u>opening</u> her bag.

(A) 여자가 난간에 기대어 있다.
(B) 여자가 차량을 주차하고 있다.
(C) 여자가 수레를 밀고 있다.
(D) 여자가 가방을 열고 있다.

정답 **(C)**
해설 1인 사진이므로 등장 인물의 동작이나 자세, 관련 사물에 초점을 맞춰 들어야 한다.
(A) 여자가 난간에 기대어 있지 않으므로 오답.
(B) 여자가 주차를 하고 있지 않으므로 오답.
(C) 여자가 쇼핑 카트를 미는 동작을 하고 있으므로 정답.
(D) 여자가 가방을 여는 동작을 하지 않고 있으므로 오답.
어휘 lean over ~위로 몸을 기울이다 railing 난간 park ~을 주차하다 push ~을 밀다 cart 수레, 카트

2. **(A) He's <u>preparing some food</u>.**
(B) He's <u>putting</u> a knife away.
(C) He's <u>wiping</u> a counter.
(D) He's <u>washing dishes</u>.

(A) 남자가 음식을 준비하고 있다.
(B) 남자가 칼을 치우고 있다.
(C) 남자가 조리대를 닦고 있다.
(D) 남자가 설거지를 하고 있다.

정답 **(A)**
해설 1인 사진이므로 등장 인물의 동작이나 자세, 관련 사물에 초점을 맞춰 들어야 한다.
(A) 남자가 음식을 준비하고 있으므로 정답.
(B) 남자가 칼을 치우는 동작을 하고 있지 않으므로 오답.
(C) 남자가 조리대를 닦고 있지 않으므로 오답.
(D) 남자가 설거지하는 동작을 하고 있지 않으므로 오답.
어휘 prepare ~을 준비하다 put A away: A를 치우다 wipe ~을 닦다 counter 조리대 wash dishes 설거지를 하다

3. (A) She's <u>arranging pillows</u> on a sofa.
(B) She's <u>putting on</u> an apron.
(C) She's <u>sweeping</u> the floor.
(D) She's <u>watering</u> some <u>potted</u> plants.

(A) 여자가 소파 위의 쿠션을 정리하고 있다.
(B) 여자가 앞치마를 착용하는 중이다.
(C) 여자가 바닥을 쓸고 있다.
(D) 여자가 화분에 물을 주고 있다.

정답 **(C)**
해설 1인 사진이므로 등장 인물의 동작이나 자세, 관련 사물에 초점을 맞춰 들어야 한다.
(A) 여자가 소파 위의 쿠션을 정리하는 동작을 하고 있지 않으므로 오답.
(B) 여자가 앞치마를 착용하는 동작을 하고 있지 않으므로 오답.
(C) 여자가 바닥을 쓰는 동작을 하고 있으므로 정답.
(D) 여자가 화분에 물을 주고 있지 않으므로 오답.
어휘 arrange ~을 정리하다, 정렬하다 pillow 쿠션, 베개 put on (동작) ~을 착용하다 sweep (빗자루로) ~을 쓸다 water v. ~에 물을 주다 potted plant 화분에 심은 식물

POINT 2 기출 확인 PRACTICE

1. (A) They're waiting in a <u>checkout line</u>.
(B) They're <u>browsing merchandise</u> in a store.
(C) A man is <u>reaching for an item</u> on the shelf.
(D) A woman is <u>filling</u> her bag with <u>groceries</u>.

(A) 사람들이 계산대에 줄을 서서 기다리고 있다.
(B) 사람들이 가게에서 상품을 둘러보고 있다.
(C) 한 남자가 선반 위에 있는 물건에 손을 뻗고 있다.
(D) 한 여자가 가방을 식료품들로 채우고 있다.

정답 **(B)**
해설 2인 사진이므로 사람들의 동작이나 자세, 주변 사물에 함께 초점을 맞춰 들어야 한다.
(A) 사람들이 계산대에서 기다리고 있지 않으므로 오답.
(B) 두 명의 사람이 매장 내의 상품을 둘러보고 있으므로 정답.
(C) 남자가 물건에 손을 뻗고 있지 않으므로 오답.
(D) 여자가 가방을 식료품들로 채우고 있지 않으므로 오답.
어휘 checkout line 계산을 위한 줄 browse ~을 둘러보다 merchandise 상품 reach for ~을 향해 손을 뻗다 fill A with B: A를 B로 채우다 groceries 식료품

2. (A) The woman is <u>tying her shoes</u>.
(B) They're <u>seated</u> next to each other.
(C) They're <u>strolling</u> in the park.
(D) The man is <u>repairing</u> a bicycle.

(A) 여자가 신발 끈을 매고 있다.
(B) 사람들이 서로 나란히 앉아 있다.
(C) 사람들이 공원에서 산책하고 있다

(D) 남자가 자전거를 수리하고 있다.

정답 **(B)**

해설 2인 사진이므로 사람들의 동작이나 자세, 주변 사물에 함께 초점을 맞춰 들어야 한다.

(A) 여자가 신발 끈을 매고 있지 않으므로 오답.
(B) 두 명의 사람이 의자에 나란히 앉아 있으므로 정답.
(C) 공원에서 산책하는 동작을 취하고 있지 않으므로 오답.
(D) 남자가 자전거를 수리하고 있지 않으므로 오답.

어휘 tie one's shoes 신발 끈을 매다 next to each other 서로 나란히 stroll 산책하다, 거닐다 repair ~을 수리하다

3. (A) A man is <u>unloading a suitcase</u>.
(B) The women are <u>facing each other</u>.
(C) People are <u>stepping down</u> from a bus.
(D) One of the women is <u>holding a bag</u> open.

(A) 남자가 여행 가방을 내리고 있다.
(B) 여자들이 서로 마주보고 있다.
(C) 사람들이 버스에서 내리고 있다.
(D) 여자들 중 한 명이 가방을 열어 놓은 채 있다.

정답 **(A)**

해설 다인 사진이므로 사람들의 동작이나 자세, 주변 사물에 함께 초점을 맞춰 들어야 한다.

(A) 남자가 여행 가방을 내리는 동작을 하고 있으므로 정답.
(B) 여자들이 서로 마주보고 있는 것이 아니므로 오답.
(C) 사람들이 이미 버스에서 내린 상태이므로 오답.
(D) 여자들 중 가방을 열어 놓은 채 있는 사람은 없으므로 오답.

어휘 unload (짐 등) ~을 내리다 suitcase 여행 가방 face each other 서로 마주보다 step down from ~에서 내리다 hold A open: A를 열어놓은 채로 있다

Day 01 Check-up Test

1. (A)	2. (C)	3. (B)	4. (C)	5. (C)
6. (A)				

1. **(A) She's working on a computer.**
(B) She's writing notes on a notepad.
(C) She's putting on her eyeglasses.
(D) She's sitting in a waiting area.

(A) 여자가 컴퓨터로 일하고 있다.
(B) 여자가 메모장에 메모를 쓰고 있다.
(C) 여자가 안경을 착용하는 중이다.
(D) 여자가 대기 구역에 앉아 있다.

정답 **(A)**

해설 1인 사진이므로 등장 인물의 동작이나 자세, 관련 사물에 초점을 맞춰 들어야 한다.

(A) 여자가 컴퓨터를 이용해 일을 하고 있으므로 정답.
(B) 여자가 메모를 하고 있는 것이 아니므로 오답.
(C) 여자가 안경을 착용하는 동작을 하는 것이 아니라 이미 착용한 상태이므로 오답.
(D) 여자가 앉아 있는 곳이 대기 구역인지 알 수 없으므로 오답.

어휘 work on a computer 컴퓨터로 일하다 write notes 메모를 쓰다, 메모하다 notepad 메모장 put on (동작) ~을 착용하다 cf. wear (상태) ~을 착용하다

2. (A) They're facing away from each other.
(B) They're walking along a path.
(C) One of the men is wearing a hat.
(D) One of the men is climbing a hill.

(A) 사람들이 서로 고개를 돌리고 있다.
(B) 사람들이 길을 따라 걷고 있다.
(C) 남자들 중 한 명이 모자를 착용한 상태이다.
(D) 남자들 중 한 명이 언덕을 올라가고 있다.

정답 **(C)**

해설 다인 사진이므로 사람들의 동작이나 자세, 주변 사물에 함께 초점을 맞춰 들어야 한다.

(A) 사람들이 모두 한 곳을 보고 있으므로 오답.
(B) 사람들이 길을 걷는 동작을 하는 것이 아니므로 오답.
(C) 남자들 중 한 명이 모자를 착용한 상태이므로 정답.
(D) 언덕을 올라가는 사람이 없으므로 오답.

어휘 face away 고개를 돌리다, 외면하다 along (길 등) ~을 따라 path 길 wear (상태) ~을 착용하다 climb ~을 올라가다 hill 언덕

3. (A) Some bookcases are being installed.
(B) A woman is reading between shelves of books.
(C) A woman is shutting a briefcase.
(D) Some books are lying on top of a desk.

(A) 몇몇 책꽂이들이 설치되고 있다.
(B) 여자가 책장 사이에서 책을 읽고 있다.
(C) 여자가 서류 가방을 닫고 있다.
(D) 몇몇 책들이 책상 위에 놓여 있다.

정답 **(B)**

해설 1인 사진이므로 등장 인물의 동작이나 자세, 관련 사물에 초점을 맞춰 들어야 한다.

(A) 책꽂이들이 이미 설치된 상태이므로 오답.
(B) 여자가 책장 사이에서 책을 읽고 있으므로 정답.
(C) 여자가 서류 가방을 닫는 동작을 하는 것이 아니므로 오답.
(D) 책상 위에 놓여 있는 책들을 찾을 수 없으므로 오답.

어휘 bookcase 책꽂이, 책장 install ~을 설치하다 shut ~을 닫다

briefcase 서류 가방 lie 놓여 있다 on top of ~ 위에

4. (A) One of the women is wrapping a box.
(B) One of the women is taking off her shoes.
(C) One of the women is holding a shoebox.
(D) One of the women is arranging shopping
bags on the floor.

(A) 여자들 중 한 명이 상자를 포장하고 있다.
(B) 여자들 중 한 명이 신발을 벗고 있다.
(C) 여자들 중 한 명이 신발 상자를 들고 있다.
(D) 여자들 중 한 명이 바닥에 있는 쇼핑백들을 정리하고 있다.

정답 **(C)**
해설 2인 사진이므로 사람들의 동작이나 자세, 주변 사물에 함께 초
점을 맞춰 들어야 한다.
(A) 두 여자가 모두 상자를 포장하는 동작을 하지 않고 있으므
로 오답.
(B) 두 여자가 모두 신발을 신고 있는 상태이므로 오답.
(C) 여자들 중 한 명이 신발 상자를 들고 있으므로 정답.
(D) 두 여자가 모두 쇼핑백을 정리하는 동작을 하지 않고 있으
므로 오답.
어휘 wrap ~을 포장하다, 싸다 take off (옷, 신발 등) ~을 벗다 hold ~을
들고 있다, 잡고 있다 shoebox 신발 상자 arrange ~을 정리하다, 정렬
하다

5. (A) Some people are boarding a boat.
(B) Some people are relaxing by a fountain.
(C) A man is pulling a cart on the street.
(D) Workers are laying bricks on the roadway.

(A) 몇몇 사람들이 배에 탑승하고 있다.
(B) 몇몇 사람들이 분수 옆에서 휴식하고 있다.
(C) 한 남자가 길에서 수레를 끌고 있다.
(D) 작업자들이 도로에 벽돌을 깔고 있다.

정답 **(C)**
해설 다인 사진이므로 등장 인물의 동작이나 자세, 관련 사물에 초점
을 맞춰 들어야 한다.
(A) 배에 타는 사람들을 찾아볼 수 없으므로 오답.
(B) 분수 옆에서 휴식을 취하는 사람이 없으므로 오답.
(C) 길에 서 있는 한 남자가 수레를 끌고 있으므로 정답.
(D) 도로에 벽돌을 까는 동작을 하는 사람들이 없으므로 오답.
어휘 board ~에 탑승하다 relax 휴식을 취하다, 쉬다 by ~ 옆에 fountain
분수 pull ~을 끌다 lay ~을 깔다, 놓다 brick 벽돌 roadway 도로, 차
도

6. **(A) The woman is using a vending machine.**
(B) The woman is arranging items in a row.

(C) The woman is paying for a purchase.
(D) The woman is drinking a beverage.

(A) 여자가 자판기를 이용하고 있다.
(B) 여자가 물건들을 한 줄로 정리하고 있다.
(C) 여자가 구매 비용을 지불하고 있다.
(D) 여자가 음료수를 마시고 있다.

정답 **(A)**
해설 1인 사진이므로 등장 인물의 동작이나 자세, 관련 사물에 초점
을 맞춰 들어야 한다.
(A) 여자가 자판기를 이용하는 동작을 하고 있으므로 정답.
(B) 여자가 물건들을 정리하는 동작을 하는 것이 아니므로 오
답.
(C) 여자가 비용 지불하는 동작을 하는 것이 아니므로 오답.
(D) 여자가 음료수를 마시는 동작을 하는 것이 아니므로 오답.
어휘 vending machine 자판기 arrange ~을 정리하다, 정렬하다 item
물건, 물품 in a row 한 줄로, 연이어 pay for ~에 대한 비용을 지불하다
purchase 구매(품) beverage 음료수

DAY 02

사물/풍경 사진

POINT 1 기출 확인 PRACTICE

1. **(A) A table <u>has been set</u> for a meal.**
(B) Some chairs <u>are stacked</u> in the corner.
(C) Curtains <u>are being opened</u>.
(D) Some food <u>is being served</u>.

(A) 식사를 위해 식탁이 차려져 있다.
(B) 몇몇 의자가 구석에 쌓여 있다.
(C) 커튼이 걷히고 있다.
(D) 일부 음식이 제공되고 있다.

정답 **(A)**
해설 사물 사진이므로 각 사물의 명칭과 위치 관계에 초점을 맞춰 들
어야 한다.
(A) 식사를 할 수 있도록 식탁이 차려진 상태이므로 정답.
(B) 구석에 쌓여 있는 의자를 찾아볼 수 없으므로 오답.
(C) 커튼이 이미 걷힌 상태이므로 오답.
(D) 음식이 제공되는 동작이 진행되고 있지 않으므로 오답.
어휘 set a table 식탁을 차리다 stack ~을 쌓다 in the corner 구석에
serve (음식 등) ~을 제공하다, 내오다

2. (A) Pillows <u>are being arranged</u> on a sofa.

(B) A rug is being rolled up.
(C) A shelf is being installed.
(D) Some artwork is hanging on a wall.

(A) 쿠션들이 소파 위에 정리되고 있다.
(B) 깔개가 둘둘 말려지고 있다.
(C) 선반이 설치되고 있다.
(D) 일부 미술품이 벽에 걸려 있다.

정답 **(D)**

해설 사물 사진이므로 각 사물의 명칭과 위치 관계에 초점을 맞춰 들어야 한다.

(A) 쿠션들이 소파 위에 이미 정리된 상태이므로 오답.
(B) 깔개가 이미 바닥에 펼쳐져 있는 상태이므로 오답.
(C) 선반이 이미 설치되어 있으므로 오답.
(D) 미술품이 벽에 걸려 있는 상태이므로 정답.

어휘 pillow 쿠션, 베개 arrange ~을 정리하다, 정렬하다 rug 깔개, 양탄자 roll up ~을 둘둘 말다, 말아 올리다 shelf 선반 install ~을 설치하다 artwork 미술품 hang 걸려 있다, 매달려 있다

---

3. **(A) Boxes are stacked on top of each other.**
(B) A vehicle is being repaired.
(C) A cart has been loaded with items.
(D) Some packages are arranged on the floor.

(A) 상자들이 차곡차곡 쌓여 있다.
(B) 차량이 수리되고 있다.
(C) 수레에 물품이 실려 있다.
(D) 일부 배송 물품이 바닥에 정리되어 있다.

정답 **(A)**

해설 사물 사진이므로 각 사물의 명칭과 위치 관계에 초점을 맞춰 들어야 한다.

(A) 상자들이 차곡차곡 쌓여 있는 상태이므로 정답.
(B) 차량이 수리되고 있지 않으므로 오답.
(C) 물품이 실려 있는 수레를 찾아볼 수 없으므로 오답.
(D) 바닥이 아닌 선반에 물품이 정리되어 있으므로 오답.

어휘 on top of each other 차곡차곡 vehicle 차량 repair ~을 수리하다 load (짐 등) 을 싣다, 적재하다 arrange ~을 정렬하다

POINT 2 기출 확인 PRACTICE

1. **(A) Some stairs lead up to an entrance.**
(B) Some flowers are being planted.
(C) Some trees are being trimmed.
(D) Some bricks are being piled on a patio.

(A) 일부 계단이 입구까지 이어져 있다.
(B) 일부 꽃들이 심어지고 있다.
(C) 일부 나무들이 다듬어지고 있다.
(D) 일부 벽돌들이 테라스에 쌓이고 있다.

정답 **(A)**

해설 풍경 사진이므로 각 풍경의 명칭과 위치 관계에 초점을 맞춰 들어야 한다.

(A) 계단이 건물 입구까지 이어지므로 정답.
(B) 꽃들이 이미 심어져 있는 상태이므로 오답.
(C) 나무들이 다듬어지고 있지 않으므로 오답.
(D) 벽돌들이 테라스에 쌓이고 있지 않으므로 오답.

어휘 lead up to ~로 이어지다 entrance 입구 plant (식물) ~을 심다 trim ~을 다듬다, 손질하다 brick 벽돌 pile ~을 쌓다 patio 테라스

---

2. **(A) Some artwork is on display.**
(B) An outdoor area is crowded with people.
(C) A field of grass is being mowed.
(D) Picnic tables are lined up in a row.

(A) 일부 미술품이 진열되어 있다.
(B) 야외 공간이 사람들로 붐비고 있다.
(C) 잔디밭이 깎이고 있다.
(D) 피크닉 테이블이 한 줄로 줄지어 있다.

정답 **(A)**

해설 풍경 사진이므로 각 풍경의 명칭과 위치 관계에 초점을 맞춰 들어야 한다.

(A) 미술품들이 진열되어 있으므로 정답.
(B) 야외 공간이 사람들로 붐비고 있지 않으므로 오답.
(C) 잔디밭이 깎이고 있지 않으므로 오답.
(D) 피크닉 테이블을 찾아볼 수 없으므로 오답.

어휘 artwork 미술품 on display 진열 중인, 전시 중인 outdoor 야외의, 실외의 be crowded with ~로 붐비다 field of grass 잔디밭 mow (풀 등) ~을 깎다 be lined up 줄지어 있다 in a row 한 줄로, 연이어

---

3. (A) A train is stopped at a platform.
(B) The platform is empty.
(C) Some train tracks are being fixed.
(D) A clock has been mounted on the wall.

(A) 기차가 승강장에 정차되어 있다.
(B) 승강장이 비어 있다.
(C) 일부 철로가 수리되고 있다.
(D) 시계가 벽에 걸려 있다.

정답 **(B)**

해설 풍경 사진이므로 각 풍경의 명칭과 위치 관계에 초점을 맞춰 들어야 한다.

(A) 기차를 찾아볼 수 없으므로 오답.
(B) 승강장이 비어 있는 상태이므로 정답.
(C) 철로가 수리되는 일이 진행되고 있지 않으므로 오답.
(D) 시계가 벽에 걸려 있는 것이 아니므로 오답.

어휘 platform 승강장 empty 빈 train track 철로 fix ~을 수리하다 be mounted on ~에 걸려 있다, 부착되어 있다

1. (A) **2.** (B) **3.** (B) **4.** (B) **5.** (B)
6. (D)

1.
(A) The train has stopped at a station.
(B) There's a suitcase on the platform.
(C) Passengers are boarding the train.
(D) Some tracks are being repaired.

(A) 기차가 역에 정차되어 있다.
(B) 승강장에 여행 가방이 하나 있다.
(C) 승객들이 기차에 탑승하고 있다.
(D) 일부 철로가 수리되고 있다.

정답 (A)
해설 풍경 사진이므로 각 풍경의 명칭과 위치 관계에 초점을 맞춰 들어야 한다.
(A) 기차가 역에 정차해 있으므로 정답.
(B) 승강장에 여행 가방이 없으므로 오답.
(C) 기차에 탑승하는 승객이 없으므로 오답.
(D) 철로가 수리되는 일이 진행되고 있지 않으므로 오답.
어휘 suitcase 여행 가방 platform 승강장 passenger 승객 board ~에 탑승하다 track 철로, 선로 repair ~을 수리하다

2.
(A) There's a lamppost next to a fence.
(B) A bicycle has been left outside.
(C) A bench is blocking a doorway.
(D) The pavement is being repaired.

(A) 울타리 옆에 가로등 기둥이 있다.
(B) 자전거가 외부에 놓여 있다.
(C) 벤치가 출입구를 막고 있다.
(D) 포장 도로가 수리되고 있다.

정답 (B)
해설 풍경 사진이므로 각 풍경의 명칭과 위치 관계에 초점을 맞춰 들어야 한다.
(A) 사진에 울타리가 보이지 않으므로 오답.
(B) 자전거가 외부에 놓여 있으므로 정답.
(C) 사진에 벤치가 보이지 않으므로 오답.
(D) 포장 도로가 수리되고 있지 않으므로 오답.
어휘 lamppost 가로등 기둥 next to ~ 옆에 fence 울타리 leave ~을 놓다, 두다 block ~을 막다, 차단하다 doorway 출입구 pavement 포장 도로 repair ~을 수리하다

3.
(A) A garden path is being swept.
(B) A seating area is decorated with plants.
(C) Some windows are being washed.
(D) A bench is being moved into a corner.

(A) 정원에 난 길이 빗자루로 쓸리고 있다.
(B) 좌석 공간이 식물로 꾸며져 있다.
(C) 일부 창문이 닦이고 있다.
(D) 벤치가 구석으로 옮겨지고 있다.

정답 (B)
해설 풍경 사진이므로 각 풍경의 명칭과 위치 관계에 초점을 맞춰 들어야 한다.
(A) 정원에 있는 길이 빗자루로 쓸리고 있지 않으므로 오답.
(B) 좌석 공간이 식물들로 장식되어 있으므로 정답.
(C) 창문들이 닦이고 있지 않으므로 오답.
(D) 벤치가 옮겨지고 있지 않으므로 오답.
어휘 garden path 정원에 나 있는 길 sweep (빗자루로) ~을 쓸다 seating area 좌석 공간, 앉는 자리 be decorated with ~으로 꾸며지다, 장식되다 plant 식물 wash ~을 닦다, 씻다 move A into B: A를 B로 옮기다

4.
(A) Books have been piled up on a table.
(B) Some decorative items have been placed on the shelves.
(C) A piece of furniture is being assembled.
(D) A television set is being installed.

(A) 책들이 탁자 위에 쌓여 있다.
(B) 일부 장식용 물품들이 선반에 놓여 있다.
(C) 가구 한 점이 조립되고 있다.
(D) 텔레비전 한 세트가 설치되고 있다.

정답 (B)
해설 풍경 사진이므로 각 풍경의 명칭과 위치 관계에 초점을 맞춰 들어야 한다.
(A) 탁자 위에 쌓여 있는 책이 없으므로 오답.
(B) 선반에 몇몇 장식용 물품들이 있으므로 정답.
(C) 가구가 조립되고 있지 않으므로 오답.
(D) 텔레비전 세트가 설치되고 있지 않으므로 오답.
어휘 pile up ~을 쌓다 decorative item 장식용 물품, 장식품 place ~을 놓다, 두다 shelf 선반 a piece of furniture 가구 하나 assemble ~을 조립하다 install ~을 설치하다

5.
(A) Some fishing nets are being dried on the shore.
(B) Some boats are docked in a harbor.
(C) Some houses are being built next to a pier.
(D) A flag has been raised on a pole.

(A) 일부 고기잡이용 그물들이 해변에서 건조되고 있다.
(B) 일부 배들이 항구의 부두에 정박해 있다.
(C) 일부 집들이 항구 옆에 지어지고 있다.
(D) 깃발이 깃대 위로 올려져 있다.

정답 (B)
해설 풍경 사진이므로 각 풍경의 명칭과 위치 관계에 초점을 맞춰 들어야 한다.
(A) 그물이 보이지 않으므로 오답.
(B) 배들이 부두에 정박되어 있으므로 정답.
(C) 부두 옆에 집이 없으므로 오답.
(D) 깃대에 올려져 있는 깃발이 없으므로 오답.
어휘 fishing net 고기잡이용 그물 dry ~을 건조하다, 말리다 dock ~을 정박하다 harbor 항구 pier 부두 flag 깃발 raise ~을 올리다 pole 기둥, 막대기

6.
(A) Some stools have been placed beside a door.
(B) Some chairs are pushed against a wall.
(C) A row of windows is facing a street.
(D) The doors of the cabinets are closed.

(A) 등받이 없는 몇몇 의자가 문 옆에 놓여 있다.
(B) 몇몇 의자들이 벽에 밀어붙여져 있다.
(C) 일렬로 된 창문들이 거리를 향해 있다.
(D) 수납장 문들이 닫혀 있다.

정답 (D)
해설 풍경 사진이므로 각 풍경의 명칭과 위치 관계에 초점을 맞춰 들어야 한다.
(A) 문 옆에 놓인 의자를 찾을 수 없으므로 오답.
(B) 벽에 붙어 있는 의자를 찾을 수 없으므로 오답.
(C) 창문들이 향해 있는 방향이 거리 쪽인지 알 수 없으므로 오답.
(D) 수납장 문들이 닫혀 있으므로 정답.
어휘 stool (등받이가 없는) 의자 place ~을 놓다, 두다 beside ~ 옆에 be pushed against ~에 밀어붙여져 있다 a row of 일렬로 된 face ~을 향해 있다, 마주보다 cabinet 수납장, 캐비닛

Part 1 만점 도전

Day 03 | Check-up Test

1. (D)	**2.** (D)	**3.** (B)	**4.** (D)	**5.** (C)
6. (D)				

1.
(A) Some flower baskets decorate a window.
(B) A walkway is being swept.
(C) There's a door beneath the staircase.
(D) Some potted plants have been placed outside a building.

(A) 몇몇 꽃바구니가 창문을 장식하고 있다.
(B) 통로가 빗자루로 쓸리고 있다.
(C) 계단 아래에 문이 있다.
(D) 건물 밖에 몇몇 화분이 놓여 있다.

정답 (D)
해설 풍경 사진이므로 각 풍경의 명칭과 위치 관계에 초점을 맞춰 들어야 한다.
(A) 창을 장식하는 꽃바구니를 찾아볼 수 없으므로 오답.
(B) 통로가 빗자루로 쓸리고 있지 않으므로 오답.
(C) 계단 아래에 문이 없으므로 오답.
(D) 건물 밖에 화분들이 놓여 있으므로 정답.
어휘 decorate ~을 장식하다, 꾸미다 walkway 통로, 보도 sweep (빗자루로) ~을 쓸다, 털다 beneath ~ 아래에, 밑에 staircase 계단 potted plant 화분 place ~에 놓다, 두다 outside ~ 밖에, 외부에

2.
(A) Some people are having a conversation.
(B) Some people are setting up chairs.
(C) Furniture is being removed from a room.
(D) The office has been equipped with computers.

(A) 몇몇 사람들이 대화를 하고 있다.
(B) 몇몇 사람들이 의자를 놓고 있다.
(C) 가구가 방에서 치워지고 있다.
(D) 사무실에 컴퓨터들이 갖춰져 있다.

정답 (D)
해설 다인 사진이므로 등장 인물의 동작이나 자세, 관련 사물에 초점을 맞춰 들어야 한다.
(A) 사람들이 서로 대화를 하는 것이 아니므로 오답.
(B) 사람들이 의자를 놓고 있지 않으므로 오답.
(C) 가구가 방에서 치워지고 있지 않으므로 오답.
(D) 사무실에 컴퓨터가 갖춰져 있으므로 정답.
어휘 have a conversation 대화하다, 이야기하다 set up ~을 설치하다, ~을 놓다 furniture 가구 remove A from B: B에서 A를 치우다, 제거하다 be equipped with A: A가 갖춰져 있다

3.
(A) Some plants are on display.
(B) Some flowers are being watered.
(C) Some people are digging in a garden.
(D) Some trees are being trimmed.

(A) 몇몇 식물이 진열되어 있다.
(B) 몇몇 꽃에 물이 뿌려지고 있다.
(C) 몇몇 사람들이 정원에서 구멍을 파고 있다.
(D) 몇몇 나무들이 다듬어지고 있다.

정답 (B)
해설 2인 사진이므로 등장 인물의 동작이나 자세, 관련 사물에 초점

을 맞춰 들어야 한다.
(A) 식물들이 진열되어 있는 상태가 아니므로 오답.
(B) 꽃에 물이 뿌려지고 있으므로 정답.
(C) 정원에서 구멍을 파는 사람이 없으므로 오답.
(D) 나무들이 다듬어지고 있지 않으므로 오답.

어휘 **plant** 식물 **on display** 진열 중인, 전시 중인 **water** ~에 물을 주다 **dig** 구멍을 파다 **trim** ~을 다듬다, 손질하다

4.
(A) Merchandise is being removed from a shelf.
(B) Shopping baskets are stacked in a corner.
(C) Items are being placed in a shopping cart.
(D) Some clothes have been put on display.

(A) 상품이 선반에서 치워지고 있다.
(B) 쇼핑 바구니가 구석에 쌓여 있다.
(C) 물건들이 쇼핑 카트에 놓이고 있다.
(D) 일부 옷들이 진열되어 있다.

정답 **(D)**

해설 사물 사진이므로 각 사물의 명칭과 위치 관계에 초점을 맞춰 들어야 한다.
(A) 상품이 치워지고 있지 않으므로 오답. '
(B) 구석에 쌓여 있는 쇼핑 바구니가 없으므로 오답.
(C) 물건들이 쇼핑 카트에 놓이고 있지 않으므로 오답.
(D) 옷들이 진열대에 놓여 있으므로 정답.

어휘 **merchandise** 상품, 물품 **remove A from B** B에서 A를 치우다, 제거하다 **shelf** 선반 **stack** ~을 쌓다 **in a corner** 구석에 **item** 물품 **place** ~을 놓다, 두다 **put A on display** A를 진열하다

5.
(A) A vehicle is stopped at a traffic signal.
(B) A construction crew is working on a building.
(C) Leaves are being swept.
(D) There are lampposts along the walkway.

(A) 차량 한 대가 교통 신호에 멈춰 있다.
(B) 공사장 인부 한 명이 건물에서 일하고 있다.
(C) 나뭇잎들이 빗자루로 쓸리고 있다.
(D) 보도를 따라 가로등 기둥들이 있다.

정답 **(C)**

해설 1인 사진이므로 등장 인물의 동작이나 자세, 관련 사물에 초점을 맞춰 들어야 한다.
(A) 신호등을 찾아볼 수 없으므로 오답.
(B) 공사장 인부를 찾아볼 수 없으므로 오답.
(C) 한 사람에 의해 나뭇잎이 빗자루로 쓸리고 있으므로 정답.
(D) 가로등 기둥을 찾아볼 수 없으므로 오답.

어휘 **vehicle** 차량 **stop at** ~에 멈추다, 정지하다 **traffic signal** 교통 신호 **construction crew** 공사장 인부 **work on** ~에 대한 일을 하다 **sweep** (빗자루로) ~을 쓸다 **lamppost** 가로등 기둥 **along** ~을 따라 **walkway** 보도, 통로

6.
(A) They're assembling some shelves.
(B) They're cutting down some trees.
(C) One of the men is climbing a ladder.
(D) A streetlamp is being repaired.

(A) 사람들이 몇몇 책장을 조립하고 있다.
(B) 사람들이 몇몇 나무들을 자르고 있다.
(C) 남자들 중 한 명이 사다리에 올라가고 있다.
(D) 가로등이 수리되고 있다.

정답 **(D)**

해설 다인 사진이므로 사람들의 동작이나 자세, 주변 사물에 초점을 맞춰 들어야 한다.
(A) 사진에서 책장을 찾아볼 수 없으므로 오답.
(B) 사람들이 나무를 자르고 있지 않으므로 오답.
(C) 남자들 중 사다리를 올라가는 사람이 없으므로 오답.
(D) 사람들에 의해 가로등이 수리되고 있으므로 정답.

어휘 **assemble** ~을 조립하다 **cut down** ~을 자르다 **climb** ~을 오르다 **ladder** 사다리 **streetlamp** 가로등 **repair** ~을 수리하다, 고치다

의문사 의문문 I

POINT 1 기출 확인 PRACTICE

1. Who is leading the customer service program?
(A) She led us here.
(B) Within the next two weeks.
(C) You should check the meeting minutes.

누가 고객 서비스 프로그램을 이끌고 있나요?
(A) 그녀가 우리를 이곳으로 안내해 주었어요.
(B) 앞으로 2주 이내에요.
(C) 회의록을 확인해 보세요.

정답 **(C)**

해설 고객 서비스 프로그램을 누가 이끌고 있는지 묻는 Who 의문문이다.
(A) 프로그램 진행자가 아닌 장소 이동 담당자와 관련된 답변이므로 오답.
(B) 기간을 나타내는 표현이므로 How long 의문문에 어울리는 오답.
(C) 질문에서 묻는 사람을 확인할 수 있는 방법을 말하는 간접 응답이므로 정답.

어휘 **lead** ~을 이끌다, 진행하다, 안내하다, 데리고 가다 **within + 기간:** ~ 이내에 **meeting minutes** 회의록

2. Who is in charge of our IT department?
(A) I'll pay for this.
(B) Mr. Price was just promoted.
(C) On the eighth floor.

누가 우리 IT 부서를 책임지고 있나요?
(A) 제가 이것에 대한 값을 지불할게요.
(B) Price 씨가 막 승진되셨어요.
(C) 8층에요.

정답 (B)
해설 IT 부서를 누가 책임지고 있는지 묻는 Who 의문문이다.
(A) 부서 책임자가 아닌 비용 지불 주체를 말하고 있으므로 오답.
(B) 승진된 사람의 이름을 말하는 것으로 부서 책임자를 언급하는 정답.
(C) 위치 표현이므로 Where 의문문에 어울리는 오답.
어휘 be in charge of ~을 책임지고 있다, 담당하다 department 부서 pay for ~에 대한 값을 지불하다 promote ~을 승진시키다

3. Who's appearing in our next perfume commercial?
(A) A famous movie actress.
(B) This one smells better.
(C) It will air overseas.

다음 번 우리 향수 광고에 누가 출연하나요?
(A) 유명 여배우요.
(B) 이것이 더 좋은 냄새가 나요.
(C) 해외에서 방송될 거예요.

정답 (A)
해설 다음 번 제품 광고에 누가 출연하는지 묻는 Who 의문문이다.
(A) 광고 출연자의 신분을 말하는 정답.
(B) 광고 출연자가 아닌 특정 향수의 특징을 말하는 오답.
(C) 광고 출연자가 아닌 광고 방식을 말하는 오답.
어휘 appear 출연하다, 나타나다 perfume 향수 commercial n. 광고 (방송) smell + 형용사: ~한 냄새가 나다 air v. 방송되다 overseas 해외에, 해외로

POINT 2 기출 확인 PRACTICE

1. When did we last schedule an appointment?
(A) Right, I'll see you soon.
(B) The meeting won't last long.
(C) Six months ago.

우리가 마지막으로 예약 일정을 잡은 게 언제였죠?
(A) 좋아요, 곧 뵙겠습니다.
(B) 그 회의는 오래 지속되지 않을 거예요.

(C) 6개월 전이요.

정답 (C)
해설 마지막으로 예약을 잡은 시점을 묻는 When 의문문이다.
(A) 과거의 일을 묻는 질문과 달리 미래의 일을 말하는 오답.
(B) 회의 지속 시간을 말하고 있어 How long 의문문에 어울리는 오답.
(C) 특정 과거 시점을 알려 주는 정답.
어휘 schedule v. ~의 일정을 잡다 appointment 예약, 약속 last v. 지속되다

2. When will you leave work today?
(A) Tom and I work here.
(B) She just went upstairs.
(C) Maybe in a few hours.

오늘 언제 퇴근하실 건가요?
(A) Tom과 저는 이곳에서 일해요.
(B) 그녀가 막 위층으로 올라갔어요.
(C) 아마 몇 시간 후일 거예요.

정답 (C)
해설 상대방이 오늘 퇴근하는 시점을 묻는 When 의문문이다.
(A) 근무 위치를 말하고 있어 Where 의문문에 어울리는 오답.
(B) 주체가 답변자 자신이 아닌 She이며 시점과 관련 없는 답변이므로 오답.
(C) 미래 시점 표현에 해당되는 'in + 시간'으로 답변하는 정답.
어휘 leave ~에서 나가다, ~을 떠나다 upstairs 위층으로, 위층에 in + 시간: ~ 후에

3. When can we take our seats?
(A) 30 minutes before the show.
(B) There are several left.
(C) On the Web site.

우리가 언제 좌석에 앉을 수 있나요?
(A) 공연 시작 30분 전이에요.
(B) 남은 것이 여러 개 있습니다.
(C) 웹 사이트에서요.

정답 (A)
해설 좌석에 앉을 수 있는 시점을 묻는 When 의문문이다.
(A) 특정 시점 표현으로 답변하는 정답.
(B) 수량을 나타내는 답변이므로 How many 의문문에 어울리는 오답.
(C) 방법 또는 위치에 해당되는 답변이므로 How 또는 Where 의문문에 어울리는 오답.
어휘 take (자리 등) ~을 차지하다 There is A p.p.: ~된 A가 있다 several 여러 개, 여러 명

1. (B)	2. (C)	3. (A)	4. (A)	5. (C)
6. (C)	7. (C)	8. (C)	9. (C)	10. (A)
11. (B)	12. (C)	13. (B)	14. (C)	15. (C)

1. When was the last time you stocked the shelves?
(A) For five hours.
(B) A week ago.
(C) You're welcome.

선반에 마지막으로 물품을 채워 넣으신 게 언제였나요?
(A) 5시간 동안이요.
(B) 일주일 전에요.
(C) 천만에요.

정답 (B)
해설 선반에 마지막으로 물품을 채워 넣은 시점을 묻는 When 의문
문이다.
(A) 시점이 아닌 지속 시간을 말하고 있으므로 How long 의문
문에 어울리는 오답.
(B) 특정 과거 시점 표현으로 답변하는 정답.
(C) 감사 인사에 대해 사용하는 답변이므로 오답.
어휘 stock v. ~에 재고를 채우다, ~에 물품을 갖춰 놓다 shelf 선반

2. When can I expect the package to arrive?
(A) Another pack of pencils.
(B) No, I didn't expect that.
(C) In two to three days.

그 배송 물품이 언제 도착할 것으로 예상하면 되나요?
(A) 연필 한 통 더요.
(B) 아뇨, 저는 그렇게 예상하지 않았어요.
(C) 2~3일 후에요.

정답 (C)
해설 배송 물품이 도착할 것으로 예상되는 시점을 묻는 When 의문
문이다.
(A) 시점이 아닌 제품 종류를 말하는 오답.
(B) 의문사 의문문에 맞지 않는 No로 답변하는 오답.
(C) 대략적인 미래 시점 표현으로 답변하는 정답.
어휘 expect A to do: A가 ~할 것으로 예상하다, 기대하다 package 배송
물품, 소포 arrive 도착하다 in + 시간: ~후에

3. Who was selected to be the new director?
(A) Lance will be in charge.
(B) Okay, I can show him around.
(C) In an announcement this morning.

누가 신임 이사가 되도록 선정되었나요?

(A) Lance 씨께서 맡으실 겁니다.
(B) 네, 제가 그분께서 둘러 보시도록 안내해 드릴 수 있어요.
(C) 오늘 아침에 있었던 공지에서요.

정답 (A)
해설 신임 이사로 누가 선정되었는지 묻는 Who 의문문이다.
(A) 선정된 사람의 이름을 말하는 정답.
(B) 의문사 의문문에 맞지 않는 Okay(Yes와 동일)로 답변하는
오답.
(C) 정보의 출처를 말하고 있으므로 Where 의문문에 어울리는
오답.
어휘 select ~을 선정하다 director 이사, 책임자, 감독 in charge 맡
고 있는, 책임지는 show A around: A에게 둘러 보도록 안내하다
announcement 공지, 발표

4. When is the first draft due?
(A) Tuesday at 4 o'clock.
(B) For the next article.
(C) On Mr. Kang's desk.

초안 작성 기한이 언제인가요?
(A) 화요일 4시요.
(B) 다음 기사를 위해서요.
(C) Kang 씨의 책상 위에요.

정답 (A)
해설 초안 작성 기한이 언제인지 묻는 When 의문문이다.
(A) 특정 시점으로 답변하는 정답.
(B) 목적을 나타내는 말이므로 Why 의문문에 어울리는 오답.
(C) 위치 표현이므로 Where 의문문에 어울리는 오답.
어휘 first draft 초안, 초고 due + 시점: ~가 기한인 article (신문 등의) 기
사

5. Who organizes the career fair?
(A) On the top three shelves.
(B) A new résumé.
(C) Marie usually does it.

누가 그 취업 박람회를 준비하나요?
(A) 위쪽 선반 세 개에요.
(B) 새로운 이력서요.
(C) 보통 Marie 씨가 그 일을 합니다.

정답 (C)
해설 취업 박람회를 준비하는 사람이 누구인지 묻는 Who 의문문이
다.
(A) 위치 표현이므로 Where 의문문에 어울리는 오답.
(B) 이력서는 행사 준비를 하는 주체가 될 수 없으므로 오답.
(C) 행사를 준비하는 일을 it으로 지칭해 평소에 그 일을 하는
사람의 이름으로 답변하는 정답.

어휘 organize ~을 준비하다, 조직하다 career fair 취업 박람회 résumé 이력서 usually 보통, 일반적으로

6. When did Mr. Lee's train arrive?
(A) We'll reserve a ticket today.
(B) Five stops from here.
(C) He was here before lunch.

Lee 씨의 기차가 언제 도착했죠?
(A) 우리는 오늘 티켓을 예매할 거예요.
(B) 여기서부터 다섯 정거장이요.
(C) 그분은 점심 식사 전에 이곳에 계셨어요.

정답 (C)
해설 Lee 씨의 기차가 언제 도착했는지 묻는 When 의문문이다.
(A) 티켓을 예매할 것이라고 미래 시점으로 답변하는 오답.
(B) 이동해야 하는 정거장 숫자로 답변하고 있으므로 How many 의문문에 어울리는 오답.
(C) Mr. Lee를 He로 지칭해 그 사람이 도착한 대략적인 과거 시점으로 답변하는 정답.
어휘 arrive 도착하다 reserve ~을 예약하다 stop n. 정거장

7. Who is helping with the training session tomorrow?
(A) Okay, we'll add it to the schedule.
(B) Weight training is every Wednesday.
(C) I'll be away on business.

누가 내일 교육 시간에 도움을 주나요?
(A) 좋아요, 그것을 일정에 추가할게요.
(B) 웨이트 운동은 매주 수요일입니다.
(C) 저는 업무 때문에 자리를 비울 겁니다.

정답 (C)
해설 내일 교육 시간에 도움을 줄 사람이 누구인지 묻는 Who 의문문이다.
(A) 의문사 의문문에 맞지 않는 Okay(Yes와 동일)로 답변하는 오답.
(B) training의 다른 의미(교육/운동)를 활용한 오답.
(C) 업무 때문에 자리를 비운다는 말로 답변자 자신은 도울 수 없음을 나타내는 정답.
어휘 help with ~에 도움을 주다 training 교육 session (특정 활동을 위한) 시간 add A to B: A를 B에 추가하다 away 자리를 비운, 멀리 떨어진 on business 업무로

8. Who should I talk to about exchanging this coffee maker?
(A) Yes, several changes.
(B) Would you like a cup of coffee?
(C) I can handle that for you.

이 커피 메이커를 교환하는 일과 관련해 누구에게 얘기해야 하나요?
(A) 네, 여러 가지 변경 사항들이요.
(B) 커피 한 잔 드시겠어요?
(C) 제가 그 일을 처리해 드릴 수 있습니다.

정답 (C)
해설 커피 메이커를 교환하는 일과 관련해 누구에게 얘기해야 하는지 묻는 Who 의문문이다.
(A) 의문사 의문문에 맞지 않는 Yes로 답변하는 오답.
(B) 커피를 마시도록 권유할 때 사용하는 질문이므로 오답.
(C) 제품을 교환하는 일을 that으로 지칭해 자신이 처리해 줄 수 있음을 알리는 정답.
어휘 exchange ~을 교환하다 several 다수의, 여럿의 Would you like ~? ~를 드시겠어요? handle ~을 처리하다, 다루다

9. When do you plan to have lunch today?
(A) No, it was yesterday.
(B) How about the cafeteria?
(C) As soon as I'm done with this report.

오늘 언제 점심 식사하실 계획이세요?
(A) 아뇨, 그건 어제였어요.
(B) 구내 식당은 어떠세요?
(C) 이 보고서를 완료하는 대로요.

정답 (C)
해설 언제 점심 식사를 할 계획인지 묻는 When 의문문이다.
(A) 의문사 의문문에 맞지 않는 No로 답변하는 오답.
(B) 특정 장소를 제안할 때 할 수 있는 질문이므로 오답.
(C) 대략적인 시점을 나타내는 답변이므로 정답.
어휘 plan to do ~할 계획이다 How about ~? ~는 어때요? cafeteria 구내 식당 as soon as ~하는 대로, ~하자마자 be done with ~을 완료하다

10. When will the opening event start in the park?
(A) In the next 30 minutes.
(B) That should be possible.
(C) I'll be there too.

공원에서 언제 개회식이 시작되나요?
(A) 앞으로 30분 후에요.
(B) 그렇게 하는 게 가능할 거예요.
(C) 저도 그곳에 갈 거예요.

정답 (A)
해설 공원에서 개회식이 시작되는 시점을 묻는 When 의문문이다.

LC 정답 및 해설

(A) 특정 미래 시점 표현으로 답변하는 정답.

(B) 발생 가능성을 말하는 답변이므로 오답.

(C) 행사 참석 여부와 관련된 답변이므로 오답.

어휘 in + 시간: ~ 후에 possible 가능한

11. When did you first start working as a photographer?

(A) That's right.

(B) Nearly 20 years ago.

(C) A photography class.

언제 처음 사진사로 일하기 시작하셨나요?

(A) 맞습니다.

(B) 거의 20년 전에요.

(C) 사진 촬영 강좌요.

정답 **(B)**

해설 처음 사진사로 일하기 시작한 시점을 묻는 When 의문문이다.

(A) 동의를 나타낼 때 사용하는 말이므로 오답.

(B) 대략적인 과거 시점 표현으로 답변하는 정답.

(C) 특정 강좌 명칭으로 답변하는 오답.

어휘 as (자격, 역할 등) ~로서 photographer 사진사, 사진가 nearly 거의 photography 사진 촬영

12. Who is planning the staff appreciation party?

(A) On the top floor.

(B) No, I couldn't make it.

(C) It's already been canceled.

누가 직원 감사 파티를 계획하고 있나요?

(A) 맨 꼭대기 층에서요.

(B) 아뇨, 저는 갈 수 없었어요.

(C) 그건 이미 취소되었어요.

정답 **(C)**

해설 직원 감사 파티를 계획하는 사람이 누구인지 묻는 Who 의문문이다.

(A) 위치 표현이므로 Where 의문문에 어울리는 오답.

(B) 의문사 의문문에 맞지 않는 No로 답변하는 오답.

(C) 해당 파티를 It으로 지칭해 취소되었다는 말로 파티를 계획하는 사람이 없음을 나타낸 정답.

어휘 plan ~을 계획하다 appreciation 감사(의 마음) make it 가다, 도착하다 cancel ~을 취소하다

13. When does the swimming pool close?

(A) No, it's far away.

(B) At six in the evening.

(C) In the community center.

그 수영장이 언제 문을 닫나요?

(A) 아뇨, 멀리 떨어져 있어요.

(B) 저녁 6시에요.

(C) 지역 문화 센터 안에요.

정답 **(B)**

해설 수영장이 문을 닫는 시점을 묻는 When 의문문이다.

(A) 의문사 의문문에 맞지 않는 No로 답변하는 오답.

(B) 특정 시간으로 답변하는 정답.

(C) 장소 표현이므로 Where 의문문에 어울리는 오답.

어휘 community center 지역 문화 센터

14. When will Sam Owens release his next novel?

(A) I didn't enjoy it.

(B) At any bookstore.

(C) It's coming out in August.

Sam Owens 씨가 언제 다음 소설을 출시할 건가요?

(A) 저는 재미없었어요.

(B) 어느 서점에서든지요.

(C) 8월에 나옵니다.

정답 **(C)**

해설 Sam Owens 씨가 언제 다음 소설을 출시할 것인지 묻는 When 의문문이다.

(A) 작품에 대한 답변자 자신의 의견을 말하는 답변이므로 오답.

(B) 장소 표현이므로 Where 의문문에 어울리는 오답.

(C) 특정 미래 시점 표현으로 답변하는 정답.

어휘 release ~을 출시하다, 공개하다 novel 소설 come out (제품 등이) 나오다, 출시되다

15. Who is ordering the flowers?

(A) The floral shop next door.

(B) That was very thoughtful.

(C) I already did.

누가 꽃을 주문할 건가요?

(A) 옆 건물에 있는 꽃집이요.

(B) 아주 사려 깊으셨어요.

(C) 제가 이미 했어요.

정답 **(C)**

해설 꽃을 주문할 사람이 누구인지 묻는 Who 의문문이다.

(A) 장소 표현이므로 Where 의문문에 어울리는 오답.

(B) 상대방의 행동에 대해 칭찬할 때 사용하는 말이므로 오답.

(C) order를 대신하는 did를 사용해 이미 과거 시점에 완료했음을 나타내는 정답.

어휘 order ~을 주문하다 floral 꽃의, 꽃으로 만든 next door 옆집에, 옆 건물에 thoughtful 사려 깊은

의문사 의문문 II

POINT 1 기출 확인 PRACTICE

1. Where are the new copiers being delivered?
(A) Mr. Rogers can make a copy.
(B) In Pittsburgh.
(C) 600 dollars each.

새 복사기들이 어디로 배송되는 건가요?
(A) Rogers 씨가 사본을 한 부 만들 수 있어요.
(B) Pittsburgh 로요.
(C) 각각 600달러입니다.

정답 **(B)**
해설 복사기들이 배송되는 곳을 묻는 Where 의문문이다.
(A) Who 의문문에 어울리는 오답이며, copier와 copy의 비슷한 발음을 이용한 오답.
(B) 장소 표현으로 답변하는 정답.
(C) 비용 표현이므로 How much 의문문에 어울리는 오답.
어휘 copier 복사기 deliver ~을 배송하다 make a copy 사본을 만들다, 복사하다

2. Where did you turn in the sales report?
(A) On your desk.
(B) The deadline was Friday.
(C) No, it turned out OK.

매출 보고서를 어디에 제출하셨나요?
(A) 당신 책상에요.
(B) 마감일이 금요일이었어요.
(C) 아뇨, 그건 괜찮은 것으로 드러났어요.

정답 **(A)**
해설 매출 보고서를 어디에 냈는지 묻는 Where 의문문이다.
(A) 문서를 놓을 수 있는 위치로 적절하므로 정답.
(B) 엉뚱하게 마감일을 말하는 오답.
(C) 의문사 의문문에 맞지 않는 No로 답변하는 오답.
어휘 turn in ~을 제출하다, 내다 sales 매출, 영업, 판매 deadline 마감일 turn out + 형용사: ~한 것으로 드러나다, 판명되다

3. Where will the executive staff be staying?
(A) The same place as usual.
(B) If they have the budget for it.
(C) To inspect the branch office.

임원진은 어디에서 머무를 건가요?

(A) 평소와 동일한 곳에서요.
(B) 그 부분에 대한 예산이 있다면요.
(C) 지사를 점검하기 위해서요.

정답 **(A)**
해설 임원진이 머무를 곳을 묻는 Where 의문문이다.
(A) 평소와 동일한 곳이라는 말로 서로 이미 알고 있는 장소를 언급하는 정답.
(B) 특정 결과를 얻기 위한 조건을 나타내는 말이므로 오답.
(C) 목적을 나타내는 To 부정사구이므로 Why 의문문에 어울리는 오답.
어휘 executive staff 임원진 as usual 평소대로, 늘 그렇듯이 budget 예산 inspect ~을 점검하다 branch office 지사, 지점

POINT 2, 3 기출 확인 PRACTICE

1. What's the price of an engine check?
(A) A good service.
(B) It's only 30 dollars.
(C) Some engine problems.

엔진 점검 비용이 얼마인가요?
(A) 좋은 서비스네요.
(B) 30달러 밖에 하지 않습니다.
(C) 몇몇 엔진 문제들이요.

정답 **(B)**
해설 엔진 점검 비용을 묻는 What's the price 의문문이다.
(A) 서비스의 수준을 말하는 답변이므로 오답.
(B) 비용 수준으로 답변하는 정답.
(C) engine check와 연관성 있게 들리는 engine problems를 활용한 오답.
어휘 What's the price of ~? ~의 비용[가격]이 얼마인가요?

2. What activities do you have scheduled for our guests?
(A) A tour group from China.
(B) Thanks for the suggestion.
(C) I have tickets to a musical.

우리 손님들을 위해 어떤 활동 일정을 잡아 두셨나요?
(A) 중국에서 오는 단체 관광객이요.
(B) 제안에 대해 감사 드립니다.
(C) 뮤지컬 티켓을 갖고 있어요.

정답 **(C)**
해설 손님들을 위해 어떤 활동에 대한 일정을 잡았는지 묻는 What 의문문이다.
(A) 출발지 또는 출신 지역과 관련된 답변이므로 Where 의문문에 어울리는 오답.

(B) 상대방의 제안에 대한 감사 인사이므로 질문과 관련 없는
오답.
(C) 뮤지컬 티켓이 있다는 말로 활동의 종류를 언급하는 정답.

어휘   activity 활동 schedule ~의 일정을 잡다 suggestion 제안, 의견

3. Which restaurant should we order dinner from
tonight?
(A) I'd rather cook at home.
(B) How about 7 o'clock?
(C) Sure, if that's what you want.

오늘밤에 어느 레스토랑에서 저녁 식사를 주문해야 하나요?
(A) 저는 차라리 집에서 요리하고 싶어요.
(B) 7시는 어떠세요?
(C) 좋아요, 그걸 원하신다면요.

정답   (A)
해설   어느 레스토랑에서 저녁 식사를 주문해야 하는지 묻는 Which
의문문이다.
(A) 집에서 차라리 요리하고 싶다는 말로 식사 주문을 하지 않
겠다는 뜻을 나타낸 정답.
(B) 특정 시간을 제안할 때 사용할 수 있는 질문이므로 오답.
(C) 의문사 의문문에 맞지 않는 Sure(Yes와 동일)로 답변하는
오답.

어휘   I'd rather do 차라리 ~하고 싶다 How about ~? ~는 어때요?

Day 05 Check-up Test

1. (C)	2. (B)	3. (C)	4. (C)	5. (A)
6. (C)	7. (B)	8. (B)	9. (A)	10. (A)
11. (C)	12. (B)	13. (A)	14. (A)	15. (C)

1. Which room should we use to store these tools?
(A) At the hardware store.
(B) Yeah, we probably should.
(C) The basement.

이 도구들을 보관하려면 어느 방을 이용해야 하나요?
(A) 철물점에서요.
(B) 네, 우리는 아마 그래야 할 겁니다.
(C) 지하실이요.

정답   (C)
해설   도구들을 보관하기 위해 이용할 수 있는 방을 묻는 Which 의문
문이다.
(A) 장소 표현이기는 하지만 보관 장소가 아닌 구매 장소에 해
당하므로 오답.
(B) 의문사 의문문에 맞지 않는 Yeah로 답변하는 오답.
(C) 물품 보관이 가능한 장소의 명칭으로 답변하는 정답.

어휘   store v. ~을 보관하다, 저장하다 tool 도구, 공구 hardware store 철

점 basement 지하(실)

2. Where did Tiana leave the order forms?
(A) By standard mail.
(B) In the file cabinet.
(C) She left after lunch.

Tiana 씨가 주문서들을 어디에 두셨나요?
(A) 일반 우편으로요.
(B) 파일 캐비넷에요.
(C) 그분은 점심 식사 후에 나가셨어요.

정답   (B)
해설   Tiana 씨가 주문서들을 둔 곳이 어딘지 묻는 Where 의문문이
다.
(A) 물품 배송 방식에 해당되는 말이므로 How 의문문에 어울
리는 오답.
(B) 주문서를 넣어 둘 수 있는 곳을 나타내는 위치 표현으로 답
변하는 정답.
(C) leave의 다른 의미(두다/나가다)를 활용한 오답.

어휘   leave ~을 두다, ~을 놓다, 나가다, 떠나다 order form 주문서
standard 일반의, 표준의

3. Which publishing award did your agency win last
year?
(A) At the bookstore downtown.
(B) They were all nominated.
(C) Best New Publisher.

당신 회사는 작년에 어느 출판 관련 상을 받았나요?
(A) 시내에 있는 서점이요.
(B) 그들은 모두 후보로 지명되었어요.
(C) 최고 신생 출판사 상이요.

정답   (C)
해설   출판 분야에서 어느 상을 받았는지 묻는 Which 의문문이다.
(A) 장소 표현이므로 Where 의문문에 어울리는 오답.
(B) They가 지칭하는 대상(복수 명사)을 알 수 없으므로 오답.
(C) 수상 부문의 하나에 해당되는 명칭으로 답변하는 정답.

어휘   publishing 출판, 발행 award 상 agency 회사, 대행사, 대리점
win (상 등) ~을 받다, 타다 nominate ~을 후보로 지명하다
publisher 출판사

4. What is this dress made of?
(A) From Italy.
(B) We have it in black.
(C) Cotton, I believe.

이 드레스는 무엇으로 만들어져 있나요?

(A) 이탈리아로부터요.
(B) 저희에게 검정색으로 된 것이 있습니다.
(C) 면직물인 것 같아요.

정답   (C)
해설   드레스의 재질이 무엇인지 묻는 What 의문문이다.
　　　 (A) 출신지 또는 출처 등을 나타내는 말이므로 Where 의문문
　　　　 에 어울리는 오답.
　　　 (B) 의류 재질이 아닌 색상 종류를 말하는 오답.
　　　 (C) 면직물이라는 의류 재질을 언급하는 정답.
어휘   be made of ~로 만들어져 있다 in + 색상: ~색으로 cotton 면직물,
　　　 면

5. Where should I put these chairs for the seminar?
(A) Place them along the wall.
(B) Just some management techniques.
(C) Some people aren't coming.

세미나에 필요한 이 의자들을 어디에 두어야 하나요?
(A) 벽을 따라 놓아 주세요.
(B) 그저 몇몇 관리 기술들이요.
(C) 몇몇 사람들은 오지 않을 것입니다.

정답   (A)
해설   세미나에 필요한 의자들을 어디에 두어야 하는지 묻는 Where
　　　 의문문이다.
　　　 (A) chairs를 them으로 지칭해 특정 위치를 지정해 주는 말이
　　　　 므로 정답.
　　　 (B) 의자를 놓는 위치가 아닌 세미나 주제에 해당되는 말이므로
　　　　 오답.
　　　 (C) 일부 사람들의 불참 사실을 알리는 말이므로 오답.
어휘   put ~을 두다, 놓다(= place) along ~을 따라 management 관리

6. What kind of e-reader do you have?
(A) Sure, I have some time.
(B) I bought it online.
(C) It's an earlier model.

어떤 종류의 전자책 리더기를 갖고 계신가요?
(A) 좋아요, 시간이 좀 있어요.
(B) 온라인에서 구입했어요.
(C) 더 이전에 나온 모델입니다.

정답   (C)
해설   갖고 있는 전자책 리더기의 종류를 묻는 What 의문문이다.
　　　 (A) 의문사 의문문에 맞지 않는 Sure(Yes와 동일)로 답변하는
　　　　 오답.
　　　 (B) 구매 방식 또는 장소에 해당되는 말이므로 How 또는
　　　　 Where 의문문에 어울리는 오답.
　　　 (C) 소유하고 있는 제품 모델의 특성을 언급하는 정답.

어휘   e-reader 전자책 리더기

7. What kind of services do you provide?
(A) For an additional charge.
(B) Market research.
(C) 717 State Street.

어떤 종류의 서비스를 제공하시나요?
(A) 추가 요금을 내시면요.
(B) 시장 조사입니다.
(C) State Street 717번지요.

정답   (B)
해설   제공하는 서비스의 종류를 묻는 What 의문문이다.
　　　 (A) 비용 지불과 관련된 말이므로 How 의문문에 어울리는 오
　　　　 답.
　　　 (B) 특정 전문 분야를 언급하는 정답.
　　　 (C) 위치 표현에 해당되므로 Where 의문문에 어울리는 오답.
어휘   provide ~을 제공하다 additional 추가적인 charge 청구 요금, 부과
　　　 요금 research 조사, 연구

8. Where's the best place for the technology expo?
(A) Yeah, it was fantastic.
(B) I'd say San Francisco.
(C) New tablet computers.

기술 박람회를 열기에 가장 좋은 장소가 어디인가요?
(A) 네, 환상적이었어요.
(B) San Francisco라고 말씀 드리고 싶네요.
(C) 새 태블릿 컴퓨터들이요.

정답   (B)
해설   기술 박람회를 열기에 가장 좋은 장소가 어디인지 묻는 Where
　　　 의문문이다.
　　　 (A) 의문사 의문문에 맞지 않는 Yeah로 답변하는 오답.
　　　 (B) 특정 장소를 추천해 주는 답변이므로 정답.
　　　 (C) 장소가 아닌 기술 제품의 종류로 답변하고 있으므로 오답.
어휘   expo 박람회

9. What did you think of last night's show?
(A) It was action-packed.
(B) I haven't shown it to you yet.
(C) Every Thursday at 9.

어젯밤 공연에 대해 어떻게 생각하셨어요?
(A) 흥미진진했어요.
(B) 아직 그걸 당신에게 보여 드리지 않았어요.
(C) 매주 목요일 9시에요.

정답 **(A)**

해설 어젯밤 공연에 대한 상대방의 의견을 묻는 What 의문문이다.

(A) show를 It으로 지칭해 공연에 대한 의견을 언급하는 정답.

(B) show의 다른 의미(공연/보여 주다)를 활용한 답변으로 상대방의 의견과 관련 없는 오답.

(C) 반복 주기에 해당되는 말이므로 How often 의문문에 어울리는 오답.

어휘 What do you think of ~? ~대해 어떻게 생각하세요? action-packed 흥미진진한, 액션이 가득한 show A to B: A를 B에게 보여 주다

---

10. Which meeting room did we reserve?

(A) The one by the elevator.

(B) Call to make a reservation.

(C) For 3 o'clock.

우리가 어느 회의실을 예약했죠?

(A) 엘리베이터 옆에 있는 것이요.

(B) 전화해서 예약하세요.

(C) 3시로요.

정답 **(A)**

해설 예약한 회의실이 어느 것인지 묻는 Which 의문문이다.

(A) meeting room을 지칭하는 대명사 one과 함께 특정 위치에 있는 것을 언급하는 정답.

(B) reserve와 발음이 일부 유사한 reservation을 활용한 답변으로 어느 회의실인지를 묻는 질문과 관련 없는 오답.

(C) 시점 표현이므로 When 의문문에 어울리는 오답.

어휘 reserve ~을 예약하다 by (위치) ~옆에 reservation 예약

---

11. What e-mail service would you recommend?

(A) Somewhere with room service.

(B) It's my new computer.

(C) The company one is fine.

어떤 이메일 서비스를 추천해 주시겠어요?

(A) 룸 서비스가 있는 곳이요.

(B) 새로 산 제 컴퓨터입니다.

(C) 회사에서 사용하는 것이 괜찮아요.

정답 **(C)**

해설 추천할 만한 이메일 서비스가 무엇인지 묻는 What 의문문이다.

(A) 특정 조건을 지닌 장소를 말하는 답변이므로 Where 의문문에 어울리는 오답.

(B) 이메일 서비스의 종류가 아닌 새로 산 컴퓨터임을 밝히는 말이므로 오답.

(C) e-mail service를 대신하는 one과 함께 자신이 좋다고 생각하는 것을 알려 주는 정답.

어휘 recommend ~을 추천하다

---

12. Where can I store this banner until the opening ceremony?

(A) Yeah, that would be good.

(B) Under the table in the back.

(C) Don't forget your receipt.

개장식이 열릴 때까지 이 현수막을 어디에 보관할 수 있나요?

(A) 네, 그렇게 하시면 좋을 것 같아요.

(B) 뒤쪽에 있는 탁자 밑에요.

(C) 영수증을 잊지 마세요.

정답 **(B)**

해설 현수막을 어디에 보관할 수 있는지 묻는 Where 의문문이다.

(A) 의문사 의문문에 맞지 않는 Yeah로 답변하는 오답.

(B) 특정 위치를 지정해 주는 말이므로 정답.

(C) 영수증을 잊지 않도록 당부하는 말이므로 질문과 관련 없는 오답.

어휘 store v. ~을 보관하다, 저장하다 banner 현수막 opening ceremony 개장식, 개회식, 개업식 in the back 뒤쪽에 forget ~을 잊다 receipt 영수증

---

13. Where will the fashion show be held this year?

(A) In New York, like always.

(B) Some exciting designs.

(C) The last week of April.

올해 그 패션 쇼가 어디에서 개최될 건가요?

(A) 늘 그렇듯이 New York에서요.

(B) 몇몇 흥미로운 디자인들이요.

(C) 4월 마지막 주에요.

정답 **(A)**

해설 특정 패션 쇼가 개최될 장소를 묻는 Where 의문문이다.

(A) 장소 표현으로 답변하는 정답.

(B) 행사 개최 장소가 아닌 디자인 특성에 해당되는 말이므로 오답.

(C) 시점 표현이므로 When 의문문에 어울리는 오답.

어휘 hold ~을 개최하다, 열다 like always 늘 그렇듯이, 언제나처럼 exciting 흥미로운

---

14. Which hotel did you book for us?

(A) The new one in Pine Grove.

(B) Three rooms.

(C) We check out in the morning.

저희를 위해 어느 호텔을 예약하셨나요?

(A) Pine Grove에 새로 생긴 곳이요.

(B) 방 세 개요.

(C) 우리는 아침에 체크아웃합니다.

정답 (A)

해설 예약한 호텔이 어느 것인지 묻는 Which 의문이다.

(A) hotel을 대신하는 one과 함께 특정 위치에 있는 곳을 언급하는 정답.

(B) 방 개수를 말하는 답변이므로 How many 의문문에 어울리는 오답.

(C) 체크아웃 시점을 알리는 말이므로 When 의문문에 어울리는 오답.

어휘 book v. ~을 예약하다 check out (호텔 등에서 비용을 지불하고) 체크아웃하다, 나가다

15. Which gym bag is yours?
(A) Yes, it has my sneakers.
(B) At least thirty minutes a day.
(C) The blue one with a white strap.

어느 운동 가방이 당신 것인가요?
(A) 네, 그 안에 제 운동화가 있어요.
(B) 최소한 하루에 30분이요.
(C) 흰색 끈이 달려 있는 파란색으로 된 것이요.

정답 (C)

해설 상대방의 운동 가방이 어느 것인지 묻는 Which 의문문이다.

(A) 의문사 의문문에 맞지 않는 Yes로 답변하는 오답.

(B) 최소 지속 시간을 말하고 있으므로 How long 의문문에 어울리는 오답.

(C) gym bag을 대신하는 one과 함께 색상과 관련된 특징을 언급하는 정답.

어휘 gym 체육관, 운동 sneakers 운동화 at least 최소한, 적어도 strap 끈, 줄, 띠

DAY 06

의문사 의문문 III

POINT 1 기출 확인 PRACTICE

1. Why did Eunhye stay late last night?
(A) Can you meet the deadline?
(B) Until 9 P.M.
(C) She had to re-do a report.

왜 Eunhye 씨가 어젯밤에 늦게까지 머물러 있었나요?
(A) 마감시한을 지킬 수 있으실까요?
(B) 오후 9시까지요.
(C) 그분이 보고서 작업을 다시 해야 했어요.

정답 (C)

해설 Eunhye 씨가 어젯밤에 늦게까지 머물러 있었던 이유를 묻는 Why 의문문이다.

(A) Eunhye 씨가 아닌 상대방의 상황을 되묻고 있으므로 질문 의도에 맞지 않는 오답.

(B) 지속 상태의 완료 시점을 나타내는 말이므로 When 또는 How long 의문문에 어울리는 오답.

(C) Eunhye 씨를 She로 지칭해 과거 시점에 해야 했던 일을 이유로 언급하는 정답.

어휘 meet ~을 충족하다 deadline 마감시한 re-do ~을 다시 하다

2. Why is the storage room locked?
(A) I'll call the maintenance team.
(B) At the end of each shift.
(C) Check in the back of the room.

보관실이 왜 잠겨 있는 건가요?
(A) 제가 시설 관리팀에 전화해 보겠습니다.
(B) 각 교대 근무의 종료 시점이요.
(C) 방 뒤쪽을 확인해 보세요.

정답 (A)

해설 보관실이 잠겨 있는 이유를 묻는 Why 의문문이다.

(A) 보관실이 잠긴 이유를 확인할 수 있는 방법으로 답변하는 정답.

(B) 시점 표현이므로 When 의문문에 어울리는 오답.

(C) 방 뒤쪽을 확인해 보라는 말은 보관실이 잠긴 이유와 관련 없으므로 오답.

어휘 storage 보관, 저장 maintenance 시설 관리, 유지 관리 shift 교대 근무(조)

3. Why's the expense report taking so long?
(A) About three weeks.
(B) It's within our budget.
(C) We had to fix an error.

지출 비용 보고서가 왜 그렇게 오래 걸리는 거죠?
(A) 약 3주요.
(B) 우리 예산 범위 이내에 있습니다.
(C) 실수를 바로잡아야 했습니다.

정답 (C)

해설 지출 비용 보고서가 오래 걸리는 이유를 묻는 Why 의문문이다.

(A) 소요 시간을 말하는 오답.

(B) 예산 범위 내에 속한다는 말은 보고서 작성이 오래 걸리는 이유와 관련 없는 말이므로 오답.

(C) 실수를 바로잡아야 했다는 말로 시간이 오래 걸리는 이유를 언급한 정답.

어휘 expense 지출 비용, 경비 take long (시간이) 오래 걸리다 within ~ 이내에 budget 예산 fix ~을 바로잡다, 고치다

1. How do I turn off the lights on the stage?
(A) That should be right.
(B) During intermission.
(C) The switch is in the back.

무대 조명을 어떻게 끄나요?
(A) 그게 낮을 겁니다.
(B) 중간 휴식 시간 중에요.
(C) 스위치가 뒤쪽에 있습니다.

정답 **(C)**
해설 무대 조명을 끄는 방법을 묻는 How 의문문이다.
(A) lights와 발음이 유사한 right을 활용한 답변으로 조명을 끄는 방법과 관련 없는 오답.
(B) 방법이 아닌 기간을 나타내는 말이므로 오답.
(C) 스위치의 위치를 알려 주는 것으로 조명을 끄는 방법을 설명하는 정답.
어휘 turn off ~을 끄다 during ~중에, ~동안 intermission (연극 등의) 중간 휴식 시간 in the back 뒤쪽에

2. How long does Ramona need to finish the designs?
(A) I'll make a sign.
(B) Give her another week.
(C) The client was impressed.

Ramona 씨가 디자인 작업을 끝내는 데 얼마만큼의 시간이 필요한가요?
(A) 제가 표지판을 만들게요.
(B) 일주일 더 시간을 드리세요.
(C) 그 고객이 깊은 인상을 받았어요.

정답 **(B)**
해설 Ramona 씨가 디자인 작업을 끝내는 데 필요한 시간을 묻는 How long 의문문이다.
(A) design과 발음이 일부 유사한 sign을 활용한 답변으로 작업이 걸리는 시간과 관련 없는 오답.
(B) Ramona 씨를 her로 지칭해 허용되는 작업 기간을 제시하는 정답.
(C) 고객의 반응을 나타내는 말이므로 작업 시간과 관련 없는 오답.
어휘 make a sign 표지판을 만들다 another 또 한 번의, 또 하나의 impressed 깊은 인상을 받은

3. How soon will the pizza get here?
(A) Okay, we're ready to order.
(B) In a few minutes.
(C) No, I already ate.

피자가 얼마나 빨리 여기로 올까요?
(A) 좋아요, 우리는 주문할 준비가 되어 있습니다.
(B) 몇 분 후에요.
(C) 아뇨, 저는 이미 먹었어요.

정답 **(B)**
해설 피자가 얼마나 빨리 올지 묻는 How soon 의문문이다.
(A) 피자 도착 시점이 아닌 주문 준비 여부를 말하고 있으므로 오답.
(B) 피자 도착과 관련해 가까운 미래 시점을 알려 주는 말이므로 정답.
(C) 의문사 의문문에 맞지 않는 No로 답변하는 오답.
어휘 get here 여기로 오다, 이곳에 도착하다 be ready to do ~할 준비가 되다 in + 시간: ~ 후에

Day 06 Check-up Test

1. (A)	**2.** (A)	**3.** (C)	**4.** (C)	**5.** (A)
6. (C)	**7.** (B)	**8.** (B)	**9.** (A)	**10.** (C)
11. (B)	**12.** (A)	**13.** (C)	**14.** (C)	**15.** (A)

1. How can I get a new mouse?
(A) I have an extra one.
(B) Next to the keyboard.
(C) At the end of every month.

새 마우스를 어떻게 구할 수 있나요?
(A) 저에게 여분의 것이 있습니다.
(B) 키보드 옆에요
(C) 매달 말일에요.

정답 **(A)**
해설 새 마우스를 구할 수 있는 방법을 묻는 How 의문문이다.
(A) mouse를 one으로 지칭해 여분의 것이 있다는 말로 새 마우스를 구할 수 있는 방법을 알리는 정답.
(B) 위치 표현이므로 Where 의문문에 어울리는 오답.
(C) 시점 표현이므로 When 의문문에 어울리는 오답.
어휘 extra 여분의, 추가의 next to ~옆에

2. How often will I need to change my password?
(A) Every three months.
(B) At least seven characters.
(C) I keep mine in my wallet.

제 비밀 번호를 얼마나 자주 변경해야 할까요?
(A) 3개월마다 한 번씩이요.
(B) 최소 7자리 글자요.
(C) 제 것은 지갑에 보관하고 있어요.

정답 **(A)**

해설 비밀 번호를 얼마나 자주 변경해야 하는지 묻는 How often 의문문이다.

(A) 반복 주기를 나타내는 표현이므로 정답.
(B) 문자의 개수와 관련된 말이므로 How many 의문문에 어울리는 오답.
(C) 답변자 자신의 보관 방식을 나타내는 말이므로 질문과 관련 없는 오답.

어휘 every + 기간: ~마다 한 번씩 at least 최소한, 적어도 character 글자, 문자

3. Why was the lunch with our clients canceled?
(A) Yes, it is unfortunate.
(B) Next Friday at noon.
(C) Frank can't make it.

우리 고객들과 함께 하는 점심 식사가 왜 취소되었나요?
(A) 네, 안타깝게 됐네요.
(B) 다음 주 금요일 정오예요.
(C) Frank 씨가 오실 수 없어요.

정답 (C)

해설 고객들과 함께 하는 점심 식사가 취소된 이유를 묻는 Why 의문문이다.

(A) 의문사 의문문에 맞지 않는 Yes로 답변하는 오답.
(B) 미래 시점 표현으로 When 의문문에 어울리는 오답.
(C) 참석할 수 없는 사람을 언급하는 것으로 취소 이유를 말하는 정답.

어휘 cancel ~을 취소하다 unfortunate 안타까운, 아쉬운, 불운한 noon 정오 make it 가다, 도착하다

4. How can I turn down the heater?
(A) It's around $50 a month.
(B) Usually around September.
(C) Try the remote control.

히터 온도를 어떻게 줄일 수 있나요?
(A) 한 달에 약 50달러입니다.
(B) 보통 9월쯤에요.
(C) 리모콘으로 해 보세요.

정답 (C)

해설 히터 온도를 줄이는 방법을 묻는 How 의문문이다.

(A) 비용을 나타내는 말이므로 How much 의문문에 어울리는 오답.
(B) 시점 표현이므로 When 의문문에 어울리는 오답.
(C) 리모컨을 사용해 보라는 말로 온도 조절 방법을 알리는 정답.

어휘 turn down (소리, 온도 등) ~을 줄이다, 낮추다 around ad. 약, 대략, prep. ~쯤에, ~경에 usually 보통, 일반적으로 try ~을 한 번 사용해 보

5. Why have they closed Ocean Street?
(A) For the summer festival.
(B) Another street over.
(C) No, I wasn't aware.

Ocean Street를 왜 폐쇄한 건가요?
(A) 여름 축제를 위해서요.
(B) 거리 하나를 더 지나서요.
(C) 아뇨, 저는 알지 못했어요.

정답 (A)

해설 Ocean Street를 폐쇄한 이유를 묻는 Why 의문문이다.

(A) 이유를 나타내는 전치사 For와 함께 여름 축제 개최가 이유임을 언급하는 정답.
(B) 위치 표현이므로 Where 의문문에 어울리는 오답.
(C) 의문사 의문문에 맞지 않는 No로 답변하는 오답.

어휘 another 또 다른 하나의 over ad. 너머, 건너 aware 알고 있는, 인식하고 있는

6. Why did Mr. Arko push back the Web site launch?
(A) Lunch is at 1 today.
(B) I haven't visited it yet.
(C) It was the CEO's decision, actually.

Arko 씨가 왜 웹 사이트 공개를 미룬 건가요?
(A) 오늘 점심 식사 시간은 1시입니다.
(B) 저는 아직 그곳에 방문해 본 적이 없어요.
(C) 사실 그건 대표이사님의 결정이었어요.

정답 (C)

해설 웹 사이트 공개를 미룬 이유를 묻는 Why 의문문이다.

(A) launch와 발음이 유사한 Lunch를 활용한 답변으로 질문 내용과 전혀 관련 없는 오답.
(B) 답변자 자신의 방문 경험을 말하는 답변으로 질문 내용과 전혀 관련 없는 오답.
(C) 일정을 미룬 일을 It으로 지칭해 실제로는 대표이사의 결정에 따른 일임을 밝히는 정답.

어휘 push back ~을 미루다 launch n. 출시, 시작 decision 결정 actually 사실, 실은

7. Why did you exchange your new scarf?
(A) It's not that cold.
(B) Because it was too long.
(C) A shop on Milton Avenue.

새 스카프를 왜 교환하신 건가요?

(A) 그렇게 춥지 않아요.

(B) 너무 길었기 때문입니다.

(C) Milton Avenue에 있는 한 매장이요.

정답　**(B)**

해설　새 스카프를 교환한 이유를 묻는 Why 의문문이다.

(A) 날씨의 추운 정도를 말하는 답변이므로 스카프 교환 이유와 관련 없는 오답

(B) 이유를 나타내는 Because와 함께 제품의 길이가 문제였음을 밝히는 정답.

(C) 장소를 언급하는 말이므로 Where 의문문에 어울리는 오답.

어휘　exchange ~을 교환하다 that ad. 그렇게, 그만큼

---

8. How much do you pay for your internet service?

(A) Here's the password.

(B) It's included in my rent.

(C) Every month.

인터넷 서비스에 얼마나 많은 비용을 지불하시나요?

(A) 여기 비밀 번호가 있습니다.

(B) 제 방세에 포함되어 있어요.

(C) 매달이요.

정답　**(B)**

해설　인터넷 서비스에 얼마나 많은 비용을 지불하는지 묻는 How much 의문문이다.

(A) 지불 비용의 수준이 아닌 비밀 번호를 언급하는 말이므로 질문과 관련 없는 오답.

(B) 해당 비용을 It으로 지칭해 방세에 포함되어 있다는 말로 지금 정확히 알 수 없음을 나타내는 정답.

(C) 반복 주기를 나타내는 말이므로 How often 의문문에 어울리는 오답.

어휘　pay for ~에 대한 비용을 지불하다 include ~을 포함하다 rent 방세, 집세

---

9. How do the workers like their new bakery equipment?

(A) They said it's great.

(B) A large assortment of pastries.

(C) From eight to four.

직원들이 새 제빵 장비를 마음에 들어 하나요?

(A) 좋다고 얘기했어요.

(B) 아주 다양한 종류의 패스트리들이요.

(C) 8시부터 4시까지요.

정답　**(A)**

해설　직원들이 새 제빵 장비를 마음에 들어 하는지 그 의견을 묻는 How 의문문이다.

(A) workers를 They로, equipment를 it으로 지칭해 직원들이 말한 의견을 알려 주는 정답.

(B) 직원들의 의견이 아닌 제품 종류의 다양성을 말하고 있으므로 질문과 관련 없는 오답.

(C) 시간 범위를 나타내는 말이므로 How long 의문문 또는 When 의문문에 어울리는 오답.

어휘　How do A like B?: A가 B를 마음에 들어 하나요? equipment 장비 a large assortment of 아주 다양한 종류의

---

10. How did you like the apartment?

(A) A few blocks over.

(B) It's a two-year lease.

(C) I was pleasantly surprised.

그 아파트가 마음에 드셨나요?

(A) 몇 블록 지나서요.

(B) 2년 기간의 임대 계약입니다.

(C) 기분 좋게 놀랐어요.

정답　**(C)**

해설　특정 아파트가 마음에 들었는지 그 의견을 묻는 How 의문문이다.

(A) 위치 표현이므로 Where 의문문에 어울리는 오답.

(B) 계약 기간을 나타내는 말이므로 How long 의문문에 어울리는 오답.

(C) 과거 시점에 답변자 자신이 느낀 바를 나타내는 말이므로 정답.

어휘　How do you like A?: A가 마음에 드시나요? over ad. 너머, 건너 lease 임대 계약(서) pleasantly 기분 좋게, 즐겁게 surprised 놀란

---

11. Why did Mark go home early yesterday?

(A) First thing in the morning.

(B) His brother is visiting.

(C) The deadline should be later.

Mark 씨가 어제 왜 일찍 집에 갔나요?

(A) 아침에 가장 먼저요.

(B) 그의 남자 형제가 방문하고 있어요.

(C) 마감시한이 더 늦어져야 합니다.

정답　**(B)**

해설　Mark 씨가 어제 일찍 집에 간 이유를 묻는 Why 의문문이다.

(A) 시점 표현이므로 When 의문문에 어울리는 오답.

(B) Mark를 His로 지칭해 그의 남형제가 방문하고 있다는 사실로 이유를 알리는 정답.

(C) early와 연관 지을 수 있는 later를 활용한 답변으로 마감시한에 대한 의견을 말하는 오답.

어휘　deadline 마감시한

12. How do you get to the library from here?
(A) **Turn right after the bridge.**
(B) Until 6 P.M.
(C) It has a great selection.

여기서 도서관으로 어떻게 가나요?
(A) **다리를 지나 우회전하세요.**
(B) 오후 6시까지요.
(C) 그곳에는 아주 다양한 종류가 있습니다.

정답   (A)
해설   도서관으로 가는 방법을 묻는 How 의문문이다.
(A) 이동 경로를 나타내는 말이므로 정답.
(B) 시점 표현이므로 When 의문문에 어울리는 오답.
(C) 종류의 다양성을 나타내는 말이므로 질문과 관련 없는 오답.
어휘   get to ~로 가다 turn right 우회전하다 bridge 다리 until (지속) ~까지 a great selection 아주 다양한 종류

13. Why haven't you finished setting the tables?
(A) For the banquet dinner.
(B) Just a few dishes.
(C) **We don't have any silverware.**

테이블을 차리는 일을 왜 끝내지 않으셨나요?
(A) 연회 만찬을 위해서요.
(B) 그저 몇몇 음식들만요.
(C) **우리에게 은식기류가 하나도 없어요.**

정답   (C)
해설   테이블을 차리는 일을 끝내지 않은 이유를 묻는 Why 의문문이다.
(A) 목적을 나타내는 For 전치사구가 테이블을 차리는 일을 끝내지 않은 것의 목적으로 맞지 않으므로 오답.
(B) table과 관련 지을 수 있는 dish를 활용한 오답.
(C) 은식기류가 없다는 말을 통해 필요한 물품이 없어서 일을 끝내지 못했던 이유를 언급하는 정답.
어휘   set the table 테이블을 차리다 banquet 연회 dish 음식, 요리 silverware 은식기류

14. Why did Skyway Cable cancel our contract?
(A) Yes, I support that decision.
(B) Sometime last week.
(C) **It just expired.**

Skyway Cable이 왜 우리 계약을 취소한 거죠?
(A) 네, 저는 그 결정을 지지합니다.
(B) 지난 주 중에요.
(C) **막 만료되었습니다.**

정답   (C)
해설   Skyway Cable이 계약을 취소한 이유를 묻는 Why 의문문이다.
(A) 의문사 의문문에 맞지 않는 Yes로 답변하는 오답.
(B) 과거 시점 표현으로 When 의문문에 어울리는 오답.
(C) 취소된 것이 아니라 만료되었음을 밝히는 정답.
어휘   cancel ~을 취소하다 contract 계약(서) support ~을 지지하다, 후원하다 decision 결정 expire 만료되다

15. How soon can you start installing these updates?
(A) **I started this morning.**
(B) With the IT department.
(C) It's a scheduling program.

이 업데이트들을 설치하는 것을 얼마나 빨리 시작하실 수 있으세요?
(A) **오늘 아침에 시작했습니다.**
(B) IT 부서와 함께요.
(C) 일정 관리 프로그램입니다.

정답   (A)
해설   얼마나 빠른 시점에 업데이트들을 설치할 수 있는지 묻는 How soon 의문문이다.
(A) 아침에 이미 시작했다는 말로 작업 중인 상황임을 나타내는 정답.
(B) 작업 시점이 아닌 함께 작업하는 부서명을 밝히는 말이므로 오답.
(C) 프로그램 종류를 말하는 답변이므로 작업 시점과 관련 없는 오답.
어휘   install ~을 설치하다 department 부서 scheduling 일정 관리

DAY 07
일반 의문문 & 선택 의문문

POINT 1 기출 확인 PRACTICE

1. Do you need to use a projector for your presentation?
(A) He's an excellent speaker.
(B) **I prefer to distribute handouts.**
(C) It was very informative.

발표를 위해 프로젝터를 사용하셔야 하나요?
(A) 그는 훌륭한 연사입니다.
(B) **전 유인물을 나눠주는 걸 선호해요.**
(C) 매우 유익했습니다.

정답 **(B)**

해설 발표를 하는 데 프로젝터가 필요한지 확인하는 일반 의문문이다.

(A) He라는 불분명한 대상에 대해 말하므로 오답.

(B) 유인물을 나눠주겠다는 말로 프로젝터가 필요 없음을 말하는 정답.

(C) 앞으로의 필요성에 대해 묻는 질문과 달리 과거 시점의 일을 말하는 오답.

어휘 presentation 발표(회) prefer to do ~하기를 선호하다 distribute ~을 배부하다, 나눠주다 handout 유인물 informative 유익한

---

2. Can we hire more servers?
(A) No, six is enough.
(B) We can go a little higher.
(C) A new application.

저희가 종업원을 더 고용할 수 있나요?
(A) 아뇨, 6명이면 충분합니다.
(B) 조금 더 높이 올라갈 수 있어요.
(C) 새로운 애플리케이션이요.

정답 **(A)**

해설 종업원을 더 고용할 수 있는지 묻는 일반 의문문이다.

(A) 부정을 뜻하는 No와 함께 현재의 인원수가 충분하다는 말로 추가 고용이 필요 없음을 밝히는 정답.

(B) 질문의 hire와 발음이 같은 higher를 활용한 오답.

(C) hire에서 연상 가능한 application을 활용한 오답.

어휘 hire ~을 고용하다 server (식당 등의) 종업원 enough 충분한 a little 조금, 약간 application 애플리케이션, 신청(서), 지원(서), 적용, 응용

---

3. Isn't Jiho coming shopping with us?
(A) At the shopping mall.
(B) No, he's out of town.
(C) I have your receipt for you.

Jiho가 우리와 함께 쇼핑하러 가는 것 아니야?
(A) 그 쇼핑몰에서.
(B) 아니, 걔는 다른 지역에 가 있어.
(C) 드릴 영수증이 있습니다.

정답 **(B)**

해설 Jiho가 함께 쇼핑하러 가는 것이 아닌지 확인하는 일반 의문문이다.

(A) 장소 표현이므로 Jiho의 쇼핑 동행 여부와 관련 없는 오답.

(B) 부정을 뜻하는 No와 함께 Jiho가 다른 지역에 가 있다는 말로 함께 쇼핑할 수 없음을 나타낸 정답.

(C) shopping에서 연상 가능한 receipt를 활용한 오답.

어휘 out of town 다른 지역에 가 있는 receipt 영수증

POINT 2 기출 확인 PRACTICE

1. Have you been selling more donuts or bagels?
(A) It's about even.
(B) I'll have one for breakfast.
(C) Buy the muffins.

도넛을 더 많이 판매하고 계신가요, 아니면 베이글을 더 많이 판매하고 계신가요?
(A) 대략 비슷합니다.
(B) 아침 식사로 하나 먹을 거예요.
(C) 머핀을 구입하세요.

정답 **(A)**

해설 도넛과 베이글 중에서 어느 것을 더 많이 판매하고 있는지 묻는 선택 의문문이다.

(A) 대략 비슷하다는 말로 판매량에 큰 차이가 없음을 알리는 정답.

(B) 어느 것으로 식사할 것인지를 묻는 것이 아니므로 오답.

(C) 구입할 식품을 권하는 말이므로 질문과 관련 없는 오답.

어휘 about 대략, 약 even 균등한, 동일한

---

2. Do you work in sales or customer service?
(A) It's a great service.
(B) I bought one, too.
(C) Marketing, actually.

영업부에서 근무하시나요, 아니면 고객 서비스부에서 근무하시나요?
(A) 아주 좋은 서비스입니다.
(B) 저도 하나 구입했어요.
(C) 실은 마케팅부입니다.

정답 **(C)**

해설 영업부와 고객 서비스부 중에서 어느 곳에 근무하고 있는지 묻는 선택 의문문이다.

(A) 질문에 사용된 service를 반복한 답변으로서 서비스의 특징을 말하고 있으므로 오답.

(B) 동일한 종류의 제품을 구입한 상황에서 할 수 있는 말이므로 오답.

(C) 질문에 언급된 두 가지 부서가 아닌 다른 부서에 속해 있음을 알리는 정답.

어휘 sales 영업, 판매, 매출 actually 실은, 사실은

---

3. Should we get Thai food for dinner, or would you prefer pizza?
(A) I can't wait.
(B) No, I've never been there.
(C) Pizza is always great.

저녁 식사로 태국 음식을 먹을까요, 아니면 피자가 더 좋으세요?

(A) 기다릴 수 없어요.

(B) 아뇨, 저는 그곳에 가 본 적이 없어요.

(C) 피자는 언제나 아주 좋죠.

정답　(C)

해설　태국 음식과 피자 중에서 어느 것을 먹을지 묻는 선택 의문문이다.

(A) 음식 선택과 관련된 답변이 아니므로 오답.

(B) 둘 중 하나를 선택하는 상황에 맞지 않는 No로 답변하는 오답.

(C) 두 가지 선택 대상 중 하나인 피자에 대한 선호도를 나타내며 이것을 선택하는 정답.

어휘　prefer ~을 더 좋아하다, 선호하다

Day 07 Check-up Test

1. (B)	**2.** (C)	**3.** (C)	**4.** (A)	**5.** (C)
6. (C)	**7.** (B)	**8.** (C)	**9.** (B)	**10.** (A)
11. (C)	**12.** (B)	**13.** (A)	**14.** (C)	**15.** (B)

1. Are you really changing companies?

(A) An interview for a new position.

(B) Yeah, I've been here too long.

(C) It's an exciting partnership.

정말로 회사를 옮기실 건가요?

(A) 새 직책에 대한 면접이요.

(B) 네, 이곳에 너무 오래 있었어요.

(C) 흥미로운 제휴 관계예요.

정답　(B)

해설　회사를 옮기는 것이 사실인지 확인하는 일반 의문문이다.

(A) 질문 의도에 맞지 않는 오답.

(B) 긍정을 뜻하는 Yeah와 함께 회사를 옮기려는 이유를 말하는 정답.

(C) 제휴 관계의 특성을 언급하는 말이므로 질문과 관련 없는 오답.

어휘　exciting 흥미로운 partnership 제휴 관계

2. Do you want a morning or afternoon session with Dr. Metz?

(A) The hospital nearby.

(B) I'll see you next week.

(C) Morning would be best.

오전 시간에 Metz 박사님을 뵙기를 원하세요, 아니면 오후 시간을 원하세요?

(A) 근처에 있는 병원이요.

(B) 다음 주에 뵙겠습니다.

(C) 오전이 가장 좋을 것 같아요.

정답　(C)

해설　오전 시간과 오후 시간 중에서 언제 Metz 박사를 보기를 원하는지 묻는 선택 의문문이다.

(A) Dr.와 연관 지을 수 있는 hospital를 활용한 오답.

(B) Metz 박사가 아닌 상대방과 만날 시점을 언급하는 오답.

(C) 두 가지 시간대 중에서 오전을 선택하는 정답.

어휘　session (특정 활동을 위한) 시간 nearby ad. 근처에 a. 근처의

3. Hasn't the car been packed yet?

(A) I'll consider the options.

(B) Sure, I agree.

(C) We can do it in the morning.

차에 아직 짐을 다 싣지 않았나요?

(A) 그 선택권들을 고려해 볼게요.

(B) 그럼요, 동의합니다.

(C) 아침에 해도 되요.

정답　(C)

해설　차에 짐을 다 싣지 않았는지 확인하는 일반 의문문이다.

(A) the options에 해당되는 대상이 무엇인지 알 수 없으며 차에 짐을 싣는 일과 관련 없는 오답.

(B) 제안 사항에 동의를 나타낼 때 할 수 있는 말이므로 오답.

(C) 짐을 싣는 일을 it으로 지칭해 아침에 해도 된다는 말로 아직 짐을 싣지 않았음을 뜻하는 정답.

어휘　pack ~을 가득 채우다, 메우다 consider ~을 고려하다 agree 동의하다

4. Was it Neil or Natasha who wrote the article?

(A) Well, no one has told me.

(B) It's very well written.

(C) On the Web site.

그 기사를 쓴 사람이 Neil 씨인가요, 아니면 Natasha 씨인가요?

(A) 저, 저에게 아무도 얘기해 주지 않았어요.

(B) 아주 잘 작성되었습니다.

(C) 웹 사이트예요.

정답　(A)

해설　Neil 씨와 Natasha 씨 중에서 누가 기사를 썼는지 묻는 선택 의문문이다.

(A) 질문 내용과 관련해 자신에게 말해 준 사람이 없었다는 말로 알지 못한다는 뜻을 나타낸 정답.

(B) 기사 작성 수준을 나타내는 말이므로 질문과 관련 없는 오답.

(C) 출처를 나타내는 말이므로 질문과 관련 없는 오답.

5. Weren't the vehicles washed over the weekend?
(A) I watched a movie.
(B) The parking lot is free.
(C) They still look dirty.

주말 동안 그 차량들이 세차되지 않았나요?
(A) 영화를 봤어요.
(B) 주차장이 무료예요.
(C) 여전히 더러워 보이는데요.

정답   **(C)**
해설   주말 동안 차량들이 세차 되지 않았는지 확인하는 일반 의문문
이다.
(A) washed와 발음이 유사하게 들리는 watched를 활용한
오답.
(B) vehicles와 연관성 있게 들리는 parking lot을 활용한
오답.
(C) vehicles를 They로 지칭해 여전히 더러워 보인다는 말로
세차되지 않았던 것 같음을 나타낸 정답.
어휘   vehicle 차량 over ~동안에 걸쳐 parking lot 주차장 look 형용사:
~하게 보이다, ~한 것 같다

6. Have you met James, the project director?
(A) A luncheon next Thursday.
(B) The advertising team.
(C) Once before, I believe.

프로젝트 책임자이신 James 씨를 만나 본적 있나요?
(A) 다음 목요일에 있을 오찬 행사요.
(B) 광고팀이요.
(C) 전에 한 번 뵌 것 같아요.

정답   **(C)**
해설   프로젝트 책임자인 James 씨를 만나 본적이 있는지 확인하는
일반 의문문이다.
(A) 예정된 행사를 말하고 있으므로 질문과 관련 없는 오답.
(B) 부서명을 말하는 답변이므로 질문과 관련 없는 오답.
(C) 과거의 발생 횟수를 통해 만난 적이 있는 것 같다고 말하는
답변이므로 정답.
어휘   director 책임자, 감독, 이사 luncheon 오찬 advertising 광고 (활
동) once 한번

7. Will security guards be wearing special vests?
(A) Thanks, but we'll handle it.
(B) Yes, they are yellow.
(C) It doesn't fit.

보안 직원들이 특수 조끼를 입을 건가요?
(A) 감사합니다만, 저희가 처리하겠습니다.
(B) 네, 노란색으로 된 것이요.
(C) 사이즈가 맞지 않아요.

정답   **(B)**
해설   보안 직원들이 특수 조끼를 입을 것인지 확인하는 일반 의문문
이다.
(A) it이 특수 조끼를 입는 일을 가리키는 것으로 볼 수 있지만,
처리 대상으로 답변하는 것은 알맞지 않으므로 오답.
(B) 긍정을 나타내는 Yes와 함께 special vests를 they로 지칭
해 특수 조끼의 색상을 알리는 정답.
(C) fit은 모양이나 크기의 적합성을 나타내므로 질문과 관련
없는 오답.
어휘   security 보안 vest 조끼 handle ~을 처리하다, 다루다
fit (몸에) 맞다, 어울리다, 적합하다

8. Isn't it nice to have more light in the kitchen now?
(A) I enjoy cooking at home.
(B) The meal was too heavy.
(C) Yes, it's a big improvement.

이제 주방에 더 많은 빛이 들어오니 좋지 않나요?
(A) 전 집에서 요리하는 걸 좋아해요.
(B) 식사가 너무 부담스러웠어요.
(C) 네, 아주 큰 개선 사항이네요.

정답   **(C)**
해설   현재 주방에 더 많은 조명이 있는 것이 좋지 않은지 묻는 일반
의문문이다.
(A) kitchen과 관련 있는 cooking을 이용하였지만 질문과
관련 없는 오답.
(B) 식사의 특징에 해당되는 말이므로 질문과 관련 없는 오답.
(C) 긍정을 뜻하는 Yes와 함께 더 많은 조명이 있는 것이 의미
하는 바를 언급한 정답.
어휘   heavy (식사가) 양이 많은, (음식이) 소화가 잘 안 되는 improvement
개선, 향상

9. Do you want to speak first, or should I?
(A) It was an effective speech.
(B) I think you should start.
(C) The company executives.

먼저 말씀 하시겠어요, 아니면 제가 먼저 할까요?
(A) 효과적인 연설이었어요.
(B) 먼저 시작하셔야 할 것 같아요.
(C) 회사 임원진이요.

정답   **(B)**
해설   상대방 또는 질문자 자신 중에서 누가 먼저 얘기해야 할지를

묻는 선택 의문문이다.

(A) 연설의 특징을 말하는 답변이므로 질문과 관련 없는 오답.

(B) 상대방이 먼저 해야 한다는 의견을 말하는 정답.

(C) 회사 임원진을 의미하는 말이므로 질문과 관련 없는 오답.

어휘   effective 효과적인 speech 연설 executive 임원, 이사

10. Do you think our restaurant should change its meat distributor?

(A) I've been happy with their service.

(B) An order of ground beef.

(C) It's from Australia.

우리 레스토랑이 고기 유통업체를 바꿔야 한다고 생각하시나요?

(A) 저는 그들의 서비스에 만족해오고 있어요.

(B) 다진 소고기 주문품이요.

(C) 호주산입니다.

정답   (A)

해설   레스토랑이 고기 유통업체를 바꿔야 한다고 생각하는지 묻는 일반 의문문이다.

(A) 질문에 언급된 유통업체를 their로 지칭해 서비스에 만족한다는 말로 바꿀 이유가 없음을 나타낸 정답.

(B) meat과 연관성 있게 들리는 beef를 활용한 오답.

(C) 출처를 나타내는 말로 질문과 관련 없는 오답.

어휘   distributor 유통업체, 배급사 order 주문(품) ground 다진, 갈은

11. Do you want to use normal or express mail?

(A) Sorry I'm late.

(B) Where do I sign?

(C) Normal, please.

일반 우편을 이용하고 싶으세요, 아니면 속달 우편을 이용하고 싶으세요?

(A) 늦어서 죄송합니다.

(B) 어디에 서명하죠?

(C) 일반으로 해 주세요.

정답   (C)

해설   일반 우편과 속달 우편 중에서 어느 것을 이용하기를 원하는지 묻는 선택 의문문이다.

(A) 늦은 것에 대해 사과하는 말이므로 질문과 관련 없는 오답.

(B) 서명 위치를 묻는 말로 질문과 관련 없는 오답.

(C) 두 가지 선택 사항 중 하나인 일반 우편을 선택하는 정답.

어휘   normal 일반의, 보통의 express 속달의 sign 서명하다

12. Are you ready to leave, or do you need more time?

(A) About three times a week.

(B) Our train isn't until 6.

(C) I can leave some for you.

떠날 준비가 되셨나요, 아니면 시간이 더 필요하신가요?

(A) 일주일에 약 세 번이요.

(B) 우리 기차는 6시나 되어야 있어요.

(C) 당신을 위해 조금 남겨 놓을 수 있어요.

정답   (B)

해설   떠날 준비가 되었는지, 아니면 시간이 더 필요한지 묻는 선택 의문문이다.

(A) time의 다른 의미(시간/횟수)를 활용한 오답.

(B) 6시나 되어야 기차가 출발한다는 말로 아직 시간 여유가 있음을 간접적으로 나타낸 정답.

(C) leave의 다른 의미(떠나다/남겨 놓다)를 활용한 오답.

어휘   be ready to do ~할 준비가 되다 leave 떠나다, 출발하다, ~을 남겨 놓다 about 대략, 약 not until A: A나 되어야 한다

13. Do you think you have a chance at the promotion?

(A) I'm happy with my current position.

(B) A long list of qualifications.

(C) You should wear a suit and tie.

당신에게 승진 가능성이 있다고 생각하시나요?

(A) 저는 현재의 직책에 만족하고 있어요.

(B) 자격 요건을 담은 긴 목록이요.

(C) 정장과 넥타이를 착용하셔야 합니다.

정답   (A)

해설   상대방에게 승진 가능성이 있다고 생각하는지 묻는 일반 의문문이다.

(A) 현재의 직책에 만족한다는 말로 승진되지 않아도 상관없다는 뜻을 나타낸 정답.

(B) 자격 요건이 담긴 목록을 의미하는 말로 질문과 관련 없는 오답.

(C) 착용해야 하는 옷을 알려 주는 답변으로 질문과 관련 없는 오답.

어휘   have a chance at ~할 가능성이 있다 promotion 승진, 진급 current 현재의 position 직책, 일자리 qualification 자격 (요건)

14. Didn't you say you needed to buy a winter coat?

(A) No, from a Web site.

(B) Hang it in the office.

(C) Yes, I've been looking for one.

겨울 코트를 하나 구입해야 한다고 말씀하지 않으셨나요?

(A) 아뇨, 웹 사이트에서요.

(B) 사무실에 걸어 두세요.

(C) 네, 그것을 계속 찾고 있어요.

정답   (C)

해설   겨울 코트를 하나 구입해야 한다고 말하지 않았는지 확인하는
일반 의문문이다.

    (A) 부정을 뜻하는 No 뒤에 이어지는 말이 코트 구입 여부가
아닌 구입처를 나타내므로 오답.

    (B) 코트 구입이 아니 걸어 놓을 위치를 알려 주는 말로 질문과
관련 없는 오답.

    (C) 긍정을 뜻하는 Yes와 함께 winter coat를 one으로 대신
해 계속 찾는 중임을 나타낸 정답.

어휘   hang ~을 걸다, 매달다 look for ~을 찾다

15. Do you think we should buy new furniture, or just
rearrange the room?
(A) Great, I love the changes.
(B) We shouldn't buy anything new.
(C) I'll arrange a hotel.

저희가 새 가구를 구입해야 한다고 생각하시나요, 아니면 그냥
방을 재배치할까요?

(A) 좋아요, 바꾼 게 마음에 들어요.
(B) 새로운 것을 구입해서는 안됩니다.
(C) 제가 묵을 호텔을 구해보겠습니다.

정답   (B)

해설   새 가구를 구입하는 일과 방을 재배치하는 일 중에서 어느 것을
해야 할지 묻는 선택 의문문이다.

    (A) 변경 사항이 적용된 후에 할 수 있는 말이므로 오답.

    (B) 새로운 것을 구입해서는 안된다는 말로 방을 재배치하는 일
을 하라고 간접적으로 말하는 정답.

    (C) rearrange와 발음이 유사한 arrange를 활용한 답변으로
질문과 관련 없는 오답.

어휘   rearrange ~을 재배치하다, 재조정하다 arrange ~을 준비하다, 마련
하다

DAY 08

제안/요청 의문문 &
간접 의문문

POINT 1 기출 확인 PRACTICE

1. Can I make an introduction before your speech?
(A) Thanks, I thought it was great.

(B) OK, but make it brief.
(C) We've met before.

연설하시기 전에 제가 소개 좀 해도 될까요?
(A) 감사합니다, 좋았다고 생각했어요.
(B) 좋아요, 하지만 간단히 해 주세요.
(C) 우리는 전에 만난 적이 있어요.

정답   (B)

해설   소개하는 일을 먼저 해도 되는지 묻는 제안 의문문이다.

    (A) 소개를 해도 되는지 묻는 제안 의문문인데, 과거 시점의
일에 관한 의견을 말하고 있으므로 오답.

    (B) 수락을 뜻하는 OK와 함께 간략하게 해야 한다는 조건을
언급하는 정답.

    (C) 소개를 해도 되는지 묻는 제안 의문문인데, 과거의 경험을
말하고 있으므로 오답.

어휘   make an introduction 소개하다 make A 형용사: A를 ~하게 만들
다 brief 간략한, 잠시 동안의

2. Would you be willing to transfer to the new
branch?
(A) Yes, that would be great.
(B) Check your bank account.
(C) I'm glad you could make it.

새로운 지사로 전근하실 의향이 있으신가요?
(A) 네, 그렇게 되면 아주 좋을 거예요.
(B) 은행 계좌를 확인해 보세요.
(C) 가실 수 있으시다니 기쁩니다.

정답   (A)

해설   새로운 지사로 전근할 의향이 있는지 묻는 제안 의문문이다.

    (A) 수락을 나타내는 Yes와 함께 전근하는 일을 that으로 지칭
해 긍정적인 의견을 밝히는 정답.

    (B) transfer의 다른 의미(송금하다)에서 연상 가능한 bank
account를 활용한 오답.

    (C) 새로운 지사로의 전근을 제안 받은 사람이 보일 수 있는 반
응으로 맞지 않으므로 오답.

어휘   be willing to do ~할 의향이 있다 transfer to ~로 전근하다
branch 지사, 지점 account 계좌, 계정 make it 가다, 도착하다

3. Do you want to come to the park with Jin and
me?
(A) Here are directions.
(B) In which parking lot?
(C) I have to work late.

Jin 씨와 저와 함께 공원에 가시겠어요?
(A) 여기 길 안내가 있어요.
(B) 어느 주차장에서요?

(C) 저는 늦게까지 일해야 해요.

정답 (C)

해설 함께 공원에 가자고 묻는 제안 의문문이다.

(A) 제안 사항에 대한 답변자 자신의 의사와 관련 없는 오답.

(B) park와 발음이 유사한 parking을 활용한 답변으로 제안 사항과 관련 없는 오답.

(C) 늦게까지 일해야 한다는 말로 거절의 의사를 나타내는 정답.

어휘 directions 길 안내, 찾아 가는 방법 parking lot 주차장

POINT 2 기출 확인 PRACTICE

1. Do you know where Carol's desk is?
(A) That's what she said.
(B) In the top drawer.
(C) No, but I can find out.

Carol 씨 책상이 어디 있는지 아시나요?
(A) 그녀가 그렇게 말했어요.
(B) 맨 위쪽 서랍에요.
(C) 아뇨, 하지만 알아봐 드릴 수 있어요.

정답 (C)

해설 Carol 씨 책상이 있는 곳을 묻는 간접 의문문이다.

(A) Carol 씨 책상 위치와 관련 없는 오답.

(B) where와 어울리는 위치 표현이기는 하지만 책상 위치로 맞지 않으므로 오답.

(C) Do you know에 대한 부정을 뜻하는 No와 함께 알아봐 주겠다는 말로 찾을 방법을 알리는 정답.

어휘 drawer 서랍 find out 알아내다, 찾아내다

2. Do you know how to use the new messaging app?
(A) Yes, let me show you.
(B) I didn't send it.
(C) It seems efficient.

새 메시지 전송 앱 사용법을 아시나요?
(A) 네, 제가 보여 드릴게요.
(B) 저는 그걸 보내지 않았어요.
(C) 효율적인 것 같아요.

정답 (A)

해설 새 메시지 전송 앱 사용법을 아는지 묻는 간접 의문문이다.

(A) Do you know에 대한 긍정을 뜻하는 Yes와 함께 자신이 직접 사용법을 보여주겠다고 하는 정답.

(B) messaging과 연관성 있게 들리는 send를 활용한 답변으로 앱 사용법과 관련 없는 오답.

(C) 앱 사용법이 아닌 특성을 언급하는 오답.

어휘 how to do ~하는 법 messaging 메시지 전송 let me do 제가 ~해 드릴게요 seem 형용사: ~한 것 같다 efficient 효율적인

3. Do you see where the Roman exhibit is on this floor guide?
(A) The museum just opened.
(B) It's to the right of the main entrance.
(C) I don't know the painter.

이 층별 안내에서 로마 시대 전시회가 어디 있는지 보이시나요?
(A) 그 박물관은 막 개장했어요.
(B) 중앙 출입구에서 오른편에 있어요.
(C) 저는 그 화가를 몰라요.

정답 (B)

해설 층별 안내에서 로마 시대 전시회가 열리는 곳이 보이는지 묻는 간접 의문문이다.

(A) 박물관 개장 시점과 관련된 말이므로 질문 의도에서 벗어난 오답.

(B) where와 어울리는 특정 위치 표현으로 답변하고 있으므로 정답.

(C) exhibit에서 연상 가능한 painter를 활용한 오답.

어휘 exhibit 전시회 floor guide 층별 안내(도) to the right of ~의 오른편에 painter 화가

Day 08 Check-up Test

1. (A)	2. (A)	3. (B)	4. (A)	5. (C)
6. (C)	7. (A)	8. (A)	9. (A)	10. (A)
11. (A)	12. (A)	13. (B)	14. (A)	15. (A)

1. Do you know where Sahid went?
(A) Probably to the cafeteria.
(B) No, I got it.
(C) Isn't it tomorrow morning?

Sahid 씨가 어디 가셨는지 아세요?
(A) 아마 구내 식당일 거예요.
(B) 아뇨, 받았어요.
(C) 내일 아침 아닌가요?

정답 (A)

해설 Sahid 씨가 어디 갔는지 묻는 간접 의문문이다.

(A) 이동 방향이나 도착지 등을 나타내는 전치사 to와 함께 특정 장소를 알리는 정답.

(B) No 뒤에 이어지는 말이 장소와 관련 없는 오답.

(C) 특정 시점과 관련해 되묻고 있으므로 장소와 관련 없는

오답.
어휘   probably 아마 cafeteria 구내 식당

2. Would you like me to sketch some designs now?
  (A) Yes, if you don't mind.
  (B) I agree with her.
  (C) A bathroom renovation.

  제가 지금 일부 디자인을 스케치해드릴까요?
  (A) 네, 괜찮으시면요.
  (B) 저는 그녀 말에 동의해요.
  (C) 욕실 개조 공사요.

정답   **(A)**
해설   지금 일부 디자인을 스케치할지 묻는 제안 의문문이다.
  (A) 수락을 의미하는 Yes와 함께 '괜찮으면'이라는 조건을 언급한 정답.
  (B) 대상을 알 수 없는 her를 언급한 오답.
  (C) 수락 여부가 아닌 작업 종류를 언급한 오답.
어휘   Would you like me to do? 제가 ~해드릴까요? if you don't mind 괜찮다면, 상관없다면 agree with ~의 말에 동의하다 renovation 개조, 보수

3. Why don't we make a decision at our next meeting?
  (A) It's next to the office.
  (B) We shouldn't put it off.
  (C) No, on the tenth floor.

  다음 번 우리 회의에서 결정을 내리는 게 어떨까요?
  (A) 사무실 옆에 있습니다.
  (B) 그것을 미루지 말아야 합니다.
  (C) 아뇨, 10층에요.

정답   **(B)**
해설   다음 번 회의에서 결정을 내리는 게 어떨지 묻는 제안 의문문이다.
  (A) 위치를 알리는 말이므로 제안 의문문에 대한 반응으로 맞지 않는 오답.
  (B) 결정을 내리는 일을 it으로 지칭해 미루지 말아야 한다는 말로 제안을 거절하는 정답.
  (C) 부정을 의미하는 No 뒤에 이어지는 말이 제안 사항과 관련 없는 오답.
어휘   Why don't we ~? ~하는 게 어때요? make a decision 결정을 내리다 next to ~ 옆에 put off ~을 미루다, 연기하다

4. Do you know what happened at last night's company party?

  (A) No, I wasn't there.
  (B) For eight people.
  (C) Sorry, I can't make it.

  어젯밤에 열린 회사 파티에서 무슨 일이 있었는지 아시나요?
  (A) 아뇨, 저는 그곳에 없었어요.
  (B) 8인용이에요.
  (C) 죄송해요, 저는 갈 수 없어요.

정답   **(A)**
해설   어젯밤에 열린 회사 파티에서 무슨 일이 있었는지 묻는 간접 의문문이다.
  (A) 부정을 뜻하는 No와 함께 그곳에 있지 않았다는 말로 알지 못하는 이유를 말한 정답.
  (B) 인원수를 언급하는 답변이므로 회사 파티에서 무슨 일이 있었는지 묻는 질문과 관련 없는 오답.
  (C) 과거에 있었던 일을 묻는 질문과 달리 미래 시점에 갈 수 없음을 알리는 말이므로 오답.
어휘   happen 일어나다, 발생하다 make it 가다, 도착하다

5. Can you recommend a television show?
  (A) Mondays at 10.
  (B) You can watch it later.
  (C) Do you like comedies?

  텔레비전 프로그램 좀 추천해 주시겠어요?
  (A) 매주 월요일 10시에요.
  (B) 나중에 보셔도 됩니다.
  (C) 코미디 좋아하시나요?

정답   **(C)**
해설   텔레비전 프로그램을 추천해 달라고 하는 요청 의문문이다.
  (A) 시점 표현이므로 요청 의문문에 대한 답변으로 맞지 않는 오답.
  (B) 대상을 알 수 없는 it을 언급한 오답.
  (C) 원하는 텔레비전 프로그램을 추천해 주기 위해 조건을 되묻는 정답.
어휘   recommend ~을 추천하다

6. Let's move the sales department to the 8th floor.
  (A) They're due on March 10th.
  (B) The sales report was promising.
  (C) They're already set to move next month.

  영업부를 8층으로 옮깁시다.
  (A) 3월 10일이 마감 기한입니다.
  (B) 매출 보고서가 전망이 밝았어요.
  (C) 이미 다음 달에 옮기는 걸로 예정되어 있어요.

정답   **(C)**

해설   영업부를 8층으로 옮기자고 제안하는 평서문이다.

(A) 마감 기한을 언급하는 말이므로 제안 사항과 관련 없는 오답.

(B) sales를 반복한 답변으로 영업부 위치 이전과 관련 없는 오답.

(C) 영업부 직원들을 They로 지칭해 위치 이전 시점을 언급해 이미 결정된 일임을 알리는 정답.

어휘   sales 영업, 매출, 판매 department 부서 due 날짜: ~가 기한인 promising 전망이 밝은, 유망한 already 이미 be set to do ~하기로 예정되어 있다

7. Could you take a look at this proposal?

(A) Can I do it after lunch?

(B) We haven't heard anything yet.

(C) The top sales person.

이 제안서 좀 한 번 봐 주시겠어요?

(A) 점심 식사 후에 해도 될까요?

(B) 저희는 아직 아무 것도 듣지 못했습니다.

(C) 최고의 영업 사원이요.

정답   (A)

해설   제안서를 한 번 봐 달라고 하는 요청 의문문이다.

(A) 제안서를 보는 일을 do it으로 지칭해 그 일을 해도 되는 시점과 관련해 되묻는 정답.

(B) 아무 얘기도 듣지 못했다는 의미이므로 제안서 확인 요청과 관련 없는 오답.

(C) 최고의 영업 사원을 언급하는 말이므로 제안서 확인 요청과 관련 없는 오답.

어휘   take a look at ~을 한 번 보다 proposal 제안(서) not ~ yet 아직 ~않다 sales 영업, 매출, 판매

8. Do you remember where the stadium is?

(A) Yeah, take the bridge.

(B) For a soccer match.

(C) You have one hour.

그 경기장이 어디에 있는지 기억하세요?

(A) 네, 다리로 가세요.

(B) 축구 경기를 위해서요.

(C) 한 시간 남으셨어요.

정답   (A)

해설   경기장이 어디 있는지 묻는 간접 의문문이다.

(A) 긍정을 뜻하는 Yeah와 함께 가는 방법을 알려주는 정답.

(B) 목적을 나타내는 말이므로 경기장 위치와 관련 없는 오답.

(C) 상대방에게 남아 있는 시간을 알리는 말이므로 경기장 위치와 관련 없는 오답.

어휘   stadium 경기장 take (길, 교통편 등) ~을 이용하다, ~을 타다 match 경기

9. Do you want me to help you book a flight?

(A) No, I can do it.

(B) The pages are blank.

(C) Thanks for the information.

제가 항공편 예약하시는 것을 도와 드릴까요?

(A) 아뇨, 제가 할 수 있어요.

(B) 그 페이지들은 공백 상태입니다.

(C) 정보를 알려 주셔서 감사합니다.

정답   (A)

해설   항공편 예약을 도와 주기를 원하는지 묻는 제안 의문문이다.

(A) 거절을 뜻하는 No와 함께 도움이 필요 없는 이유를 언급하는 정답.

(B) book의 다른 의미(책)와 연관성 있게 들리는 pages를 활용한 오답.

(C) 감사의 이유로 언급된 the information이 상대방의 제안과 관련 없는 오답.

어휘   Do you want me to do? 제가 ~해 드릴까요? help A do: A가 ~하는 것을 돕다 book ~을 예약하다 blank 비어 있는, 없는

10. Would you like to come to the beach with us?

(A) No, thanks. I have plans.

(B) He's coming in October.

(C) Yes, it was a nice vacation.

저희와 함께 해변에 가시겠어요?

(A) 아뇨, 괜찮습니다. 저는 계획이 있어요.

(B) 그분은 10월에 오실 겁니다.

(C) 네, 멋진 휴가였어요.

정답   (A)

해설   함께 해변으로 가자고 묻는 제안 의문문이다.

(A) 거절을 뜻하는 No, thanks와 함께 제안을 거절하는 이유를 언급하는 정답.

(B) 대상을 알 수 없는 He에 관해 말하는 오답.

(C) 수락을 뜻하는 Yes 뒤에 이어지는 말이 상대방의 제안 사항과 관련 없는 오답.

어휘   Would you like to do? ~하시겠어요? plan 계획 vacation 휴가

11. Do you know how much the air purifier is?

(A) Yes, and it's on sale right now.

(B) The water was clear.

(C) It was a bit chilly.

그 공기 청정기가 얼마인지 아시나요?

(A) 네, 그리고 그것은 지금 세일 중입니다.

(B) 그 물은 맑았어요.

(C) 약간 쌀쌀했어요.

정답　(A)

해설　공기 청정기의 가격을 묻는 간접 의문문이다.

　　(A) 긍정을 뜻하는 Yes와 함께 air purifier를 it으로 지칭해 세일 중이라는 추가 정보를 알리는 정답.

　　(B) purifier와 연관성 있게 들리는 water/clear를 활용한 답변으로 가격 수준과 관련 없는 오답.

　　(C) air와 연관성 있게 들리는 chilly를 활용한 답변으로 가격 수준과 관련 없는 오답.

어휘　air purifier 공기 청정기　on sale 세일 중인, 할인 중인　clear 맑은, 깨끗한　a bit 약간, 조금　chilly (날씨가) 쌀쌀한

12. Can you please take these packages to my car?
(A) Sure. What's the license plate number?
(B) In three to four days.
(C) A new set of tires.

이 물품들을 제 차로 가져가 주시겠어요?
(A) 그럼요. 자동차 번호가 뭔가요?
(B) 3~4일 후에요.
(C) 새로운 타이어 세트요.

정답　(A)

해설　물품을 자신의 차로 가져가 달라고 하는 요청 의문문이다.

　　(A) 수락을 뜻하는 Sure와 함께 상대방의 차를 확인할 수 있는 방법을 묻는 정답.

　　(B) 대략적인 미래 시점을 알리는 말이므로 상대방의 요청 사항과 관련 없는 오답.

　　(C) car와 연관성 있게 들리는 tires를 활용한 답변으로 상대방의 요청 사항과 관련 없는 오답.

어휘　take A to B: A를 B로 가져가다　license plate 자동차 번호판　in 기간: ~ 후에

13. Wouldn't you rather travel abroad during the vacation?
(A) A three-week vacation.
(B) I'm renovating my house.
(C) Yes, it was fantastic.

휴가 중에 차라리 해외로 여행 가고 싶지 않으세요?
(A) 3주 동안의 휴가입니다.
(B) 저는 집을 개조할 예정입니다.
(C) 네, 환상적이었어요.

정답　(B)

해설　휴가 중에 해외로 여행 가고 싶지 않은지 묻는 제안 의문문이다.

　　(A) vacation을 반복한 답변으로 해외 여행 희망 여부가 아닌 기간을 말하는 오답.

　　(B) 자신의 계획을 밝히는 것으로 집을 개조할 예정이어서 해외 여행을 가지 못한다는 뜻을 나타내는 정답.

　　(C) 긍정을 뜻하는 Yes 뒤에 이어지는 말이 상대방의 제안과

관련 없는 오답.

어휘　Would you rather ~? 차라리 ~하고 싶으세요?　abroad 해외로, 해외에　during ~동안, ~중에　renovate ~을 개조하다, 보수하다

14. Can you tell me the time?
(A) It's a quarter past 9.
(B) Let's do it tonight.
(C) Ten dollars should be enough.

시간 좀 알려 주시겠어요?
(A) 9시 15분입니다.
(B) 오늘밤에 합시다.
(C) 10달러면 충분할 겁니다.

정답　(A)

해설　시간을 알려 달라고 묻는 요청 의문문이다.

　　(A) 현재 시간을 말하는 답변이므로 정답.

　　(B) 미래의 특정 시점을 제안하는 말이므로 상대방의 요청 사항과 관련 없는 오답.

　　(C) 비용 수준을 말하는 답변이므로 상대방의 요청 사항과 관련 없는 오답.

어휘　quarter past ~에서 15분 지난

15. Would you like to go to the bookstore with me?
(A) No, I was just there.
(B) A new novel.
(C) Outside of King Station.

저와 함께 서점에 가시겠어요?
(A) 아뇨, 방금 전까지 그곳에 있었어요.
(B) 신간 소설이요.
(C) King Station 바깥쪽에요.

정답　(A)

해설　함께 서점에 가자고 하는 제안 의문문이다.

　　(A) 거절을 뜻하는 No와 함께 상대방의 제안을 거절하는 이유를 말하는 정답.

　　(B) bookstore와 연관성 있게 들리는 novel을 활용한 답변으로 상대방의 제안 사항과 관련 없는 오답.

　　(C) 위치를 알려 주는 말이므로 상대방의 제안 사항과 관련 없는 오답.

어휘　Would you like to do? ~하시겠어요?　novel 소설　outside of ~의 바깥쪽에

평서문 & 부가 의문문

POINT 1 기출 확인 PRACTICE

1. This message from Mr. Quinn is confusing.
(A) This morning.
(B) I can explain it.
(C) Every few days.

Quinn 씨에게서 온 이 메시지가 헷갈려요.
(A) 오늘 아침에요.
(B) 제가 설명해 드릴 수 있어요.
(C) 며칠마다 한 번씩이요.

정답 (B)
해설 누군가에게서 온 메시지가 헷갈린다는 문제를 언급한 평서문이다.
(A) 시점 표현이므로 When 의문문에 어울리는 오답.
(B) 자신이 설명해 줄 수 있다고 하며 문제에 대한 해결책을 언급하는 정답.
(C) 반복 주기에 해당되는 말이므로 How often 의문문에 어울리는 오답.
어휘 confusing 헷갈리게 하는, 혼란 시키는 explain ~을 설명하다 every few days 며칠마다 한 번씩

2. I really need the latest figures.
(A) The travel expenses.
(B) Thanks, I've been exercising.
(C) You'll have them by this afternoon.

최신 수치 정보가 꼭 필요해요.
(A) 출장 경비요.
(B) 감사합니다, 저는 계속 운동하고 있어요.
(C) 오늘 오후까지 받아 보시게 될 겁니다.

정답 (C)
해설 특정한 정보가 필요하다고 말하는 평서문이다.
(A) 출장 경비라는 특정 대상을 가리키는 말이므로 What 의문문에 어울리는 오답.
(B) 특정한 정보가 필요하다는 말과 연관성이 없는 고마움과 최근에 해왔던 일을 언급하는 오답.
(C) 오늘 오후까지 필요한 정보들을 얻을 수 있다고 언급하는 정답.
어휘 latest 최신의 figure 수치, 숫자 expense 경비, 지출 비용 exercise 운동하다 by (기한) ~까지

3. I'm going to take off my jacket.
(A) Yeah, it's brand new.
(B) It's not too cold today.
(C) I'll take a day off, too.

저는 재킷을 벗을 거예요.
(A) 네, 완전히 새것입니다.
(B) 오늘은 그렇게 춥지 않네요.
(C) 저도 하루 쉴 겁니다.

정답 (B)
해설 재킷을 벗을 것이라고 말하는 평서문이다.
(A) 의문사 의문문에 맞지 않는 Yeah로 답변하는 오답.
(B) 별로 춥지 않아서 재킷을 벗어도 괜찮다는 의미를 간접적으로 전달하는 정답.
(C) take와 off의 다른 의미(~을 벗다/~만큼 쉬다)를 활용하여 혼동을 유발하는 오답.
어휘 take off ~을 벗다 brand new 완전히 새로운 take A off: A만큼 쉬다

POINT 2 기출 확인 PRACTICE

1. You ordered replacement parts for the motor, right?
(A) It depends on the promotion.
(B) Thanks. I just bought it.
(C) No, not yet.

당신이 모터에 필요한 교체 부품들을 주문하셨죠, 맞죠?
(A) 판촉 행사에 따라 다릅니다.
(B) 감사합니다. 막 그것을 구입했어요.
(C) 아뇨, 아직이요.

정답 (C)
해설 모터에 필요한 교체부품을 주문했는지 확인하는 부가 의문문이다.
(A) 판촉 행사에 따라 다르다는 말로 부품 주문 여부와 관계없는 오답.
(B) 부품 주문 여부와 관계없는 감사 표현과 복수형인 교체 부품들을 적절하지 않은 대명사 it으로 받는 오답.
(C) 부정을 뜻하는 No와 함께 아직 주문을 하지 않았다고 말하는 정답.
어휘 order ~을 주문하다 replacement 교체(품) part 부품 depend on ~에 따라 다르다, ~에 달려 있다 promotion 판촉, 홍보

2. You can't get us a bigger room, can you?
(A) It's on the third floor.
(B) Pack for two nights.
(C) No, it can't be changed.

저희에게 더 큰 방을 주실 수 없으시죠, 그렇죠?
(A) 그 방은 3층에 있어요.
(B) 2박에 대비해 짐을 꾸리세요.
(C) 안됩니다, 변경될 수 없어요.

정답　(C)
해설　더 큰 방을 줄 수 있는지 묻는 부가 의문문이다.

　　(A) room과 연관성 있게 들리는 third floor를 이용해 혼동을
　　　유발하는 오답.
　　(B) 방을 예약하는 여행 상황에서 발생할 수 있는 짐을 꾸리는
　　　상황을 이용해 혼동을 유발하는 오답.
　　(C) 거절을 뜻하는 No와 함께 기존의 방에서 변경하여 더 큰
　　　방을 줄 수 없다고 말하는 정답.
어휘　get A B: A에게 B를 주다, 구해주다　pack 짐을 꾸리다, 싸다

3. <u>You remembered to print</u> a copy of the order
　　form, right?
　　(A) We can all <u>be members</u>.
　　(B) Yes, it's <u>in my desk drawer</u>.
　　(C) I have <u>a cup of coffee</u> every morning.

　　주문서 1부를 출력하는 것을 기억하고 계셨죠, 맞죠?
　　(A) 우리 모두 회원이 될 수 있습니다.
　　(B) 네, 제 책상 서랍에 있어요.
　　(C) 저는 매일 아침 커피를 한 잔 마십니다.

정답　(B)
해설　주문서를 출력하는 일을 기억하고 있었는지 묻는 부가 의문문
　　이다.

　　(A) 모두 회원이 될 수 있다는 말로 주문서 출력 여부와 관련
　　　없는 오답.
　　(B) 긍정을 나타내는 yes와 함께 추가 정보로 출력된 주문서의
　　　위치를 알려주는 정답.
　　(C) copy와 발음이 유사한 coffee를 이용해 혼동을 유발하는
　　　오답.
어휘　remember to do ~하는 것을 기억하다　copy 1부, 1장, 1권　order
　　form 주문서　drawer 서랍

Day 09 Check-up Test

1. (A)	**2.** (A)	**3.** (C)	**4.** (C)	**5.** (C)
6. (A)	**7.** (C)	**8.** (B)	**9.** (B)	**10.** (C)
11. (B)	**12.** (A)	**13.** (C)	**14.** (A)	**15.** (C)

1. Sorry, but I believe that's my drink.
　　(A) Isn't this order 85?
　　(B) One iced coffee, please.
　　(C) In the café next door.

죄송하지만, 그건 제 음료인 것 같은데요.
(A) 이게 85번 주문품 아닌가요?
(B) 아이스 커피 한 잔 주세요.
(C) 옆 건물에 있는 카페에서요.

정답　(A)
해설　상대방이 갖고 있는 것을 that으로 지칭해 자신의 음료인 것
　　같다고 말하는 평서문이다.

　　(A) 상대방이 말한 음료를 this로 지칭해 특성 수분 번호에 애딩
　　　되는 제품인지 확인하고 있으므로 정답.
　　(B) drink와 연관성 있게 들리는 iced coffee를 활용한 답변으
　　　로, 음료 주문자 확인과 관련 없는 오답.
　　(C) 장소 표현이므로 음료 주문자 확인과 관련 없는 오답.
어휘　order 주문(품)　next door 옆 건물에, 옆 집에

2. I'd like you to organize the company trip this year.
　　(A) Sorry, but I don't have the time.
　　(B) Usually 50 people.
　　(C) The hotel was gorgeous.

당신이 올해 회사 야유회를 준비해 주셨으면 해요.
(A) 죄송하지만, 제가 시간이 나지 않습니다.
(B) 보통 50명이요.
(C) 그 호텔은 아주 멋진 곳이었어요.

정답　(A)
해설　상대방에게 회사 야유회를 준비하도록 부탁하는 평서문이다.

　　(A) 거절의 뜻을 나타내는 Sorry와 함께 그 이유를 언급하고
　　　있으므로 정답.
　　(B) 인원수를 말하는 답변이므로 상대방의 부탁에 대한 반응으
　　　로 맞지 않는 오답.
　　(C) 호텔의 특성을 말하는 말이므로 상대방의 부탁에 대한 반응
　　　으로 맞지 않는 오답.
어휘　organize ~을 준비하다, 조직하다　usually 보통, 일반적으로
　　gorgeous 아주 멋진, 아주 아름다운

3. You order your groceries online, don't you?
　　(A) No, a delivery fee.
　　(B) They're organized in the pantry.
　　(C) Yeah, but only milk and eggs.

당신은 온라인으로 식료품을 주문하시죠, 그렇지 않나요?
(A) 아뇨, 배송 요금이요.
(B) 그것들은 식료품 저장실에 정리되어 있어요.
(C) 네, 하지만 오직 우유와 계란만이요.

정답　(C)
해설　온라인으로 식료품을 주문하지 않는지 확인하는 부가 의문문이
　　다.

　　(A) 부정을 뜻하는 No 뒤에 이어지는 말이 온라인 주문과 관련

없는 오답.

(B) 보관 장소를 말하는 답변이므로 온라인 주문과 관련 없는 오답.

(C) 긍정을 뜻하는 Yeah와 함께 온라인으로 주문하는 식품의 종류를 언급하는 정답.

어휘　order ~을 주문하다 groceries 식료품 delivery 배달 fee 요금, 수수료 organize ~을 정리하다 pantry 식료품 저장실

4. We shouldn't drive to the train station.
(A) It's the best pop music station.
(B) A train departs every 30 minutes.
(C) Right, we'd have to pay to park.

우리는 기차역으로 차를 운전해서 가지 말아야 해요.
(A) 그곳은 최고의 팝 음악 방송국이에요.
(B) 기차가 30분마다 한 번씩 출발해요.
(C) 맞아요, 주차 요금을 내야 할 거예요.

정답　(C)
해설　기차역으로 차를 운전해서 가지 말아야 한다고 말하는 평서문이다.

(A) station의 다른 의미(역/방송국)를 활용한 답변으로 이동 방식과 관련 없는 오답.

(B) train을 반복한 답변으로 기차 출발 시간을 언급하는 말이므로 기차역으로 차를 운전해서 가지 말자는 말과 관련 없는 오답.

(C) 동의를 나타내는 Right과 함께 차를 운전해서 가지 말아야 하는 이유를 언급하는 정답.

어휘　drive to ~로 차를 운전해서 가다 station 방송국 depart 출발하다, 떠나다 would have to do ~해야 할 것이다 park 주차하다

5. Jin-yeop placed the trophy in the display case.
(A) The first-floor lobby.
(B) For having the best customer service.
(C) Now everyone can see it.

Jin-yeop 씨가 진열장에 트로피를 놓아 두었어요.
(A) 1층에 있는 로비요.
(B) 최고의 고객 서비스를 제공한 것에 대해서요.
(C) 이제 모든 사람이 볼 수 있겠네요.

정답　(C)
해설　Jin-yeop 씨가 진열장에 트로피를 놓아 두었다고 말하는 평서문이다.

(A) 진열장에 트로피를 놓아 둔 사실과 연관성을 찾아볼 수 없는 장소를 말하는 오답.

(B) trophy와 연관성 있게 들리는 수상 이유를 말하는 오답.

(C) 진열장에 트로피를 놓아 둔 것에 따른 결과를 말하는 정답.

어휘　place v. ~을 놓다, 두다 display case 진열장

6. The power in the office has been restored, hasn't it?
(A) No, not on the fourth floor.
(B) We can go back to the store.
(C) Just plug it in again.

사무실 내에 전원이 복구되었죠, 그렇지 않나요?
(A) 아니요, 4층에는 아니에요.
(B) 그 매장으로 되돌아갈 수 있어요.
(C) 그냥 플러그를 다시 꽂아 보세요.

정답　(A)
해설　사무실 내에 전원이 복구되지 않았는지 확인하는 부가 의문문이다.

(A) 부정을 뜻하는 No와 함께 복구되지 않은 특정 층을 알리고 있으므로 정답.

(B) restored와 일부 발음이 같은 store를 활용한 답변으로 전원 복구와 관련 없는 오답.

(C) power와 연관성 있게 들리는 plug in을 활용하여 전원 복구 방법을 말하는 답변으로 관련 없는 오답.

어휘　restore ~을 복구하다, 복원하다 plug A in: A의 플러그를 꽂다

7. The subway is so cold today.
(A) No, it's a short commute.
(B) Sometime in January.
(C) The heat must be off.

오늘 지하철이 너무 춥네요.
(A) 아뇨, 짧은 통근 거리입니다.
(B) 1월 중에요.
(C) 난방기가 꺼진 게 분명해요.

정답　(C)
해설　지하철이 너무 춥다는 사실을 말하는 평서문이다.

(A) 부정을 뜻하는 No 뒤에 이어지는 말이 지하철이 춥다는 사실과 관련 없는 오답.

(B) 대략적인 시점 표현이므로 지하철이 춥다는 사실과 관련 없는 오답.

(C) 지하철이 추운 이유에 대한 강한 추정을 나타내는 말이므로 정답.

어휘　commute 통근 (거리) must ~한 게 분명하다, ~한 것이 틀림없다 heat 난방기

8. I'm not sure if I should take private lessons.
(A) Monday afternoons.
(B) It's the only way to improve.
(C) 40 dollars an hour.

제가 개인 강습을 받아야 하는지 잘 모르겠어요.
(A) 매주 월요일 오후요.

(B) 나아질 수 있는 유일한 방법이에요.

(C) 한 시간에 40달러요.

정답 (B)

해설 개인 강습을 받아야 하는지 잘 모르겠다고 말하는 평서문이다.

(A) 반복 주기를 나타내는 말이므로 개인 강습을 받는 일에 대한 불확실성과 관련 없는 오답.

(B) 개인 강습을 받아야 하는 이유에 해당되는 말이므로 정답.

(C) 비용을 말하는 답변이므로 개인 강습을 받는 일에 대한 불확실성과 관련 없는 오답.

어휘 take (수업 등) ~을 듣다, 수강하다 private 개인의, 사적인 way to do ~하는 방법 improve 나아지다, 개선되다

---

9. Mr. Randolph applied for a transfer, didn't he?

(A) I can translate for you.

(B) Yes, he's at the head office now.

(C) Your application has been received.

Randolph 씨가 전근을 신청하셨죠, 그렇지 않나요?

(A) 제가 대신 통역해 드릴 수 있어요.

(B) 네, 그분은 지금 본사에 계세요.

(C) 귀하의 지원서가 접수되었습니다.

정답 (B)

해설 Randolph 씨가 전근을 신청하지 않았는지 확인하는 부가 의문문이다.

(A) transfer와 일부 발음이 유사한 translate을 활용한 답변으로 전근 신청 여부와 관련 없는 오답.

(B) 긍정을 뜻하는 Yes와 함께 전근 후 현재 근무 중인 곳을 언급하는 말이므로 정답.

(C) applied와 일부 발음이 유사한 application을 활용한 답변으로 Randolph 씨가 아닌 상대방의 지원서에 관한 말이므로 오답.

어휘 apply for ~을 신청하다, ~에 지원하다 transfer 전근, 이동, 환승 translate 통역하다 application 지원(서), 신청(서) receive ~을 받다

---

10. We really need to purchase a new copy machine.

(A) Yes, I'll make some coffee.

(B) A larger size, please.

(C) I think that's a good idea.

우리는 새 복사기를 꼭 구입해야 해요.

(A) 네, 제가 커피를 좀 만들게요.

(B) 더 큰 사이즈로 부탁해요.

(C) 좋은 생각인 것 같아요.

정답 (C)

해설 새 복사기를 구입해야 한다고 말하는 평서문이다.

(A) 긍정을 뜻하는 Yes 뒤에 이어지는 말이 복사기 구입과 관련 없고, copy와 coffee 의 발음 혼동을 노린 오답.

(B) 복사기 구입 여부와 관련 없는 사이즈를 언급하는 말이므로 오답.

(C) 상대방의 말에 대해 동의를 나타내는 표현이므로 정답.

---

11. I'm organizing the sweaters that were on the shelves.

(A) No, beside the bookshelves.

(B) I can help if you need it.

(C) Because I just finished exercising.

선반에 놓여 있던 스웨터들을 정리하는 중입니다.

(A) 아뇨, 그 책장들 옆이요.

(B) 필요하시면 제가 도와 드릴 수 있어요.

(C) 막 운동을 끝냈기 때문이에요.

정답 (B)

해설 선반에 놓여 있던 스웨터들을 정리하는 중이라고 말하는 평서문이다.

(A) 부정을 뜻하는 No 뒤에 이어지는 말이 스웨터를 정리하는 일과 관련 없는 오답.

(B) 스웨터를 정리하는 일을 도와주겠다고 제안하는 말이므로 정답.

(C) 답변자 자신이 운동을 끝낸 것을 이유로 언급하는 답변으로 스웨터를 정리하는 일과 관련 없는 오답.

어휘 organize ~을 정리하다 shelf 선반 beside ~옆에 finish -ing ~하는 것을 끝내다 exercise 운동하다

---

12. You paid for the pizza, didn't you?

(A) No, not yet.

(B) I'd rather have pasta.

(C) That sounds pretty cheap.

당신이 피자 값을 냈죠, 그렇지 않나요?

(A) 아뇨, 아직이요.

(B) 저는 차라리 파스타를 먹을래요.

(C) 꽤 싼 것 같네요.

정답 (A)

해설 상대방이 피자 값을 내지 않았는지 확인하는 부가 의문문이다.

(A) 부정을 뜻하는 No와 함께 아직 비용을 지불하지 않았음을 말하고 있으므로 정답.

(B) 자신이 원하는 음식을 밝히는 말이므로 비용 지불과 관련 없는 오답.

(C) paid와 연관성 있게 들리는 cheap을 활용한 답변으로 비용 지불과 관련 없는 오답.

어휘 pay for ~의 값을 지불하다 I'd rather do 차라리 ~하고 싶어요, 차라리 ~할래요 pretty 꽤

---

13. Ms. Anderson has been with our company for a long time, hasn't she?
(A) No, she's out of the office today.
(B) Only four more years.
(C) Yes, ever since I can remember.

Anderson 씨가 우리 회사에 오랫동안 계셨죠, 그렇지 않나요?
(A) 아뇨, 그분은 오늘 사무실에 안 계세요.
(B) 딱 4년만 더요.
(C) 네, 제가 기억하는 한 그렇습니다.

정답 **(C)**
해설 Anderson 씨가 회사에 오랫동안 있지 않았는지 확인하는 부가 의문문이다.
(A) 부정을 뜻하는 No 뒤에 이어지는 말이 회사 재직 기간과 관련 없는 오답.
(B) 과거에서 현재까지 재직한 기간이 아닌 앞으로 추가되는 기간을 말하는 오답.
(C) 긍정을 뜻하는 Yes와 함께 그 근거로 자신의 기억을 언급하는 정답.
어휘 out of ~밖에 있는 ever since I can remember 제가 기억하는 한 그래요

14. I have a delivery for Mr. Williams.
(A) He no longer lives here.
(B) By express mail, please.
(C) That will be 25 dollars.

Williams 씨에게 전해 드릴 배송 물품이 있습니다.
(A) 그분은 더 이상 이곳에 살지 않아요.
(B) 속달 우편으로 부탁합니다.
(C) 그것은 25달러입니다.

정답 **(A)**
해설 Williams 씨에게 전할 배송 물품이 있다는 사실을 말하는 평서문이다.
(A) Mr. Williams를 He로 지칭해 더이상 그가 거주자가 아님을 밝히는 것으로 물품을 전달 받을 수 없음을 말하는 정답.
(B) 배송 물품 수신인을 밝히는 것과 관련 없는 배송 방법을 언급하는 오답.
(C) 배송 물품 수신인을 밝히는 것과 관련 없는 가격 수준을 말하는 오답.
어휘 delivery 배송 물품 no longer 더 이상 ~않다 express 속달의, 급행의

15. We should book a venue for the staff appreciation dinner.
(A) At least 70 people.
(B) Steak and dessert.
(C) We need a guest list first.

직원 감사 만찬 행사에 필요한 장소를 예약해야 해요.
(A) 최소 70명이요.
(B) 스테이크와 디저트요.
(C) 먼저 손님 명단이 필요해요.

정답 **(C)**
해설 직원 감사 만찬 행사에 필요한 장소를 예약해야 한다고 제안하는 평서문이다.
(A) 행사 장소 예약을 제안하는 말에 맞지 않는 최소 인원수를 언급하는 오답.
(B) 행사 장소 예약을 제안하는 말에 맞지 않는 음식 종류를 말하는 오답.
(C) 행사 장소 예약에 필요한 조건을 언급하는 정답.
어휘 book v. ~을 예약하다 venue 행사장, 개최 장소 appreciation 감사 (의 마음) at least 최소한, 적어도 guest list 손님 명단

DAY 10
간접 응답 집중 연습

POINT 1 기출 확인 PRACTICE

1. What repairs need to be done to this laptop?
(A) I understand.
(B) Let me check.
(C) No, I have my own.

이 노트북 컴퓨터에 무슨 수리 작업이 되어야 하나요?
(A) 알겠습니다.
(B) 확인해 보겠습니다.
(C) 아뇨, 제 것이 있어요.

정답 **(B)**
해설 노트북 컴퓨터에 무슨 수리 작업이 되어야 하는지를 묻는 What 의문문이다.
(A) 긍정이나 동의 등을 나타낼 때 하는 말이므로 의문사 의문문에 맞지 않는 오답.
(B) 필요한 수리 작업을 알아보기 위한 조치에 해당되는 말이므로 정답.
(C) 의문사 의문문에 맞지 않는 Yes로 답변하고 있으므로 오답.
어휘 repair 수리 (작업) Let me do 제가 ~하겠습니다 one's own 자기 자신의 (것)

2. Who won the award for the Sales Person of the Year?
(A) Almost 60 people were in attendance.
(B) At the board meeting next week.

(C) It hasn't been announced yet.

누가 올해의 영업 사원 상을 받았나요?
(A) 거의 60명의 사람들이 참석했어요.
(B) 다음 주에 있을 이사회 회의에서요.
(C) 아직 발표되지 않았습니다.

정답 **(C)**

해설 누가 올해의 영입 사원 상을 받았는지 묻는 Who 의문문이다.

(A) 참석 인원수를 말하는 답변이므로 How many 의문문에 어울리는 오답.

(B) 장소 표현과 시점 표현이 함께 제시되어 있으므로 Where 의문문 또는 When 의문문에 어울리는 오답.

(C) 아직 발표되지 않았다는 말로 누가 상을 받는지 알 수 없음을 나타낸 정답.

어휘 win (상 등) ~을 받다, 타다 award 상 sales 영업, 판매, 매출 almost 거의 in attendance 참석한 board 이사회, 이사진 announce ~을 발표하다 yet 아직

3. How many pamphlets do we need for the training session?
(A) I already signed up for one.
(B) It'll last about four hours.
(C) The attendee list is not available yet.

교육 시간에 얼마나 많은 팸플릿이 필요한가요?
(A) 저는 이미 하나 신청했어요.
(B) 약 4시간 동안 지속될 거예요.
(C) 참석자 명단이 아직 이용 가능하지 않습니다.

정답 **(C)**

해설 교육 시간에 얼마나 많은 팸플릿이 필요한지 묻는 How many 의문문이다.

(A) 답변자 자신의 등록 여부를 말하고 있으므로 필요한 팸플릿 수량과 관련 없는 오답.

(B) 지속 시간을 말하는 답변이므로 How long 의문문에 어울리는 오답.

(C) 참석자 명단을 이용할 수 없다는 말로 인원수에 따른 팸플릿 수량을 알 수 없음을 알리는 정답.

어휘 pamphlet 팸플릿, 소책자 training 교육 session (특정 활동을 위한) 시간 sign up for ~을 신청하다, ~에 등록하다 last v. 지속되다 about 약, 대략 attendee 참석자 available 이용 가능한

POINT 2 기출 확인 PRACTICE

1. Has the most recent newsletter been sent out?
(A) Michelle would know.
(B) One per month.
(C) That's an interesting article.

가장 최신의 소식지가 발송되었나요?
(A) Michelle 씨가 아실 거예요.
(B) 한 달에 한 권이요.
(C) 그것은 재미있는 기사예요.

정답 **(A)**

해설 가장 최신의 소식지가 발송되었는지 확인하는 일반의문문이다.

(A) 관련 정보를 알 것 같은 사람의 이름을 밝히고 있으므로 정답.

(B) 발간 빈도에 해당되는 말이므로 소식지 발송 여부와 관련 없는 오답.

(C) 소식지 발송 여부와 관련 없는 오답.

어휘 recent 최신의 send out ~을 발송하다 article 기사문

2. Which exhibit do you like at this museum?
(A) A famous artist.
(B) Isn't it overrated?
(C) I've never been here before.

이 박물관에서 어느 전시회가 마음에 드시나요?
(A) 유명 화가요.
(B) 그게 과대 평가되고 있지 않나요?
(C) 저는 전에 여기 와 본 적이 없어요.

정답 **(C)**

해설 마음에 드는 전시회를 묻는 Which 의문문이다.

(A) 화가를 언급하고 있으므로 전시회 종류와 관련 없는 오답.

(B) 대상을 알 수 없는 it을 언급한 오답.

(C) 전에 와 본 적이 없다는 말로 아직 무엇이 마음에 드는지 말할 수 없음을 나타낸 정답.

어휘 exhibit 전시회 famous 유명한 overrate ~을 과대 평가하다

3. The submission deadline is tomorrow.
(A) Who told you that?
(B) Three finalists.
(C) Let's wait and see.

제출 마감 기한이 내일입니다.
(A) 누가 그렇게 말해 주었나요?
(B) 세 명의 최종 후보자들이요.
(C) 두고 봅시다.

정답 **(A)**

해설 제출 마감 기한이 내일이라는 사실을 밝히는 평서문이다.

(A) 상대방이 말하는 것을 that으로 지칭해 정보의 출처를 되묻고 있으므로 정답.

(B) 인원수를 말하는 답변이므로 How many 의문문에 어울리는 오답.

(C) 현재의 상황을 지켜보자는 말이므로 내일이 마감 기한임을 밝히는 말과 관련 없는 오답.

Day 10 Check-up Test

1. (C)	**2.** (A)	**3.** (C)	**4.** (C)	**5.** (C)
6. (C)	**7.** (B)	**8.** (B)	**9.** (C)	**10.** (C)
11. (A)	**12.** (A)	**13.** (A)	**14.** (B)	**15.** (C)

1. You can apply for a certificate at the embassy.
(A) He can apply online.
(B) Next to City Hall.
(C) How do I go there?

대사관에서 증명서를 신청하실 수 있어요.
(A) 그는 온라인으로 신청할 수 있어요.
(B) 시청 옆이요.
(C) 그곳에 어떻게 가죠?

정답 **(C)**
해설 대사관에서 증명서를 신청할 수 있다는 사실을 말하는 평서문이다.
(A) apply를 반복한 답변으로 대상을 알 수 없는 He를 언급한 오답.
(B) 위치 표현이므로 Where 의문문에 어울리는 오답.
(C) embassy를 there로 지칭해 증명서 신청을 위해 그곳으로 가는 방법을 묻고 있으므로 정답.
어휘 apply for ~을 신청하다, ~에 지원하다 certificate 증명서, 인증서 embassy 대사관 next to ~ 옆에

2. When will you finish the evaluation?
(A) I'm almost done.
(B) Yes, I was quite impressed.
(C) There's no problem in my office.

평가를 언제 완료하실 건가요?
(A) 거의 끝나갑니다.
(B) 네, 저는 꽤 깊은 인상을 받았어요.
(C) 제 사무실에는 아무 문제도 없어요.

정답 **(A)**
해설 평가를 완료할 시점을 묻는 When 의문문이다.
(A) 거의 끝나간다는 말로 대략적인 미래 시점을 언급하는 정답.
(B) 의문사 의문문에 맞지 않는 Yes로 답변하는 오답.
(C) 사무실 내의 문제를 언급하고 있어 평가 완료 시점과 관련 없는 오답.
어휘 finish ~을 완료하다 evaluation 평가(서) quite 꽤, 상당히 impressed 깊은 인상을 받은

3. Have you ordered new drawing boards for the design department yet?
(A) Yes, a new board member.
(B) An office furniture supplier.
(C) The request was denied.

디자인 부서에 필요한 새 화판을 주문하셨나요?
(A) 네, 이사회 신입 위원이요.
(B) 사무용 가구 공급업체요.
(C) 그 요청은 거절되었습니다.

정답 **(C)**
해설 디자인 부서에 필요한 새 화판을 주문했는지 확인하는 일반 의문문이다.
(A) 긍정을 뜻하는 Yes 뒤에 이어지는 말이 주문 여부와 관련 없는 오답.
(B) order/department와 연관성 있게 들리는 office furniture supplier를 언급한 오답.
(C) 해당 제품 주문을 The request로 지칭해 요청이 거절되었다는 말로 주문하지 못했음을 나타낸 정답.
어휘 order ~을 주문하다 drawing board 화판, 제도판 department 부서 board 이사회, 이사진 supplier 공급업체 request 요청(서) deny ~을 거절하다, 거부하다

4. What did Mr. Alvarez think of our suggestion?
(A) The art director.
(B) Do you think so?
(C) I'll call him this afternoon.

Alvarez 씨가 우리 제안을 어떻게 생각하셨나요?
(A) 미술 감독이요.
(B) 그렇게 생각하세요?
(C) 오늘 오후에 그분에게 전화 드릴 겁니다.

정답 **(C)**
해설 Alvarez 씨가 제안을 어떻게 생각했는지 묻는 What 의문문이다.
(A) 신분을 밝히는 말이므로 Alvarez 씨의 의견과 관련 없는 오답.
(B) 상대방의 의견을 들은 후에 할 수 있는 말이므로 질문의 의도에 맞지 않는 오답.
(C) Mr. Alvarez를 him으로 지칭해 전화해 보겠다는 말로 나중에 확인할 수 있음을 나타낸 정답.
어휘 suggestion 제안, 의견 director 감독, 이사, 책임자

5. How did the clients like the changes?
(A) I'd like to do that.
(B) Some new color schemes.
(C) You should speak with Eva.

고객들이 변경 사항들을 마음에 들어 하셨나요?
(A) 저는 그렇게 하고 싶습니다.
(B) 몇몇 새로운 색상 조합이요.
(C) Eva 씨와 이야기해 보세요.

정답   (C)
해설   고객들이 변경 사항을 마음에 들어 했는지 묻는 How 의문문
이다.
(A) do that은 앞서 언급된 특정한 일을 가리키는데, 무엇인지
알 수 없으므로 오답.
(B) 특정 대상을 가리키는 말이므로 What 의문문에 어울리는
오답.
(C) 고객들의 의견을 알 수 있는 방법에 해당되는 답변이므로
정답.
어휘   would like to do ~하고 싶다, ~하고자 하다 color scheme 색상
조합

6.   How much did our costs increase this year?
(A) The account starts in April.
(B) Yes, 20% off.
(C) Not that much, actually.

우리 비용이 올해 얼마나 많이 올랐나요?
(A) 그 계정은 4월에 시작됩니다.
(B) 네, 20퍼센트 할인이요.
(C) 사실, 그렇게 많지는 않아요.

정답   (C)
해설   비용이 얼마나 많이 올랐는지 묻는 How much 의문문이다.
(A) 시점 표현이므로 When 의문문에 어울리는 오답.
(B) 의문사 의문문에 맞지 않는 Yes로 답변하는 오답.
(C) 그렇게 많지 않다는 말로 대략적인 증가를 말한 정답.
어휘   cost 비용 increase 오르다, 증가하다 account 계정, 계좌 not that
much 그렇게 많이는 아니다 actually 사실, 실은

7.   Who's going to be the director for the new
commercial?
(A) Check the floor directory.
(B) I think it's a surprise.
(C) It was very persuasive.

누가 새 광고 방송을 맡을 감독이 되는 건가요?
(A) 층별 안내도를 확인해 보세요.
(B) 깜짝 놀라실 거라고 생각해요.
(C) 매우 설득력 있었어요.

정답   (B)
해설   새 광고 방송을 맡을 감독이 될 사람이 누구인지 묻는 Who 의
문문이다.
(A) director와 발음이 유사한 directory를 활용한 답변으

광고 방송 감독과 관련 없는 오답.
(B) 깜짝 놀랄 만한 사람으로 정해진 상태임을 나타내는 말이므
로 정답.
(C) 질문의 시제와 달리 과거 시점에 있었던 일에 대한 의견을
나타내는 말이므로 오답.
어휘   director 감독, 책임자, 이사 commercial n. 광고(방송) floor
directory 층별 안내도 surprise 놀라운 것, 놀라운 일 persuasive
설득력 있는

8.   What's wrong with our ice machine?
(A) No, I know I'm right.
(B) Just give it a minute.
(C) More than a hundred ice cubes.

우리 얼음 기계에 무슨 문제라도 있나요?
(A) 아뇨, 저는 제가 옳다고 생각해요.
(B) 그냥 잠깐만 기다려 보세요.
(C) 100개가 넘는 각진 얼음 조각들이요.

정답   (B)
해설   얼음 기계에 무슨 문제가 있는지 묻는 What 의문문이다.
(A) 의문사 의문문에 맞지 않는 No로 답변하는 오답.
(B) ice machine을 it으로 지칭해 잠깐 기다려 보라는 말로
해결 방법을 언급하는 정답.
(C) 수량을 나타내는 말이므로 How many 의문문에 어울리는
오답.
어휘   What's wrong with ~? ~에 무슨 문제라도 있나요? give A a
minute: A에게 잠깐 시간을 주다 more than ~가 넘는 ice cube
각진 얼음 조각

9.   How many new employees will we have next
month?
(A) Around 10 o'clock.
(B) The training was successful.
(C) It's up to each department head.

다음 달에 얼마나 많은 신입 사원들이 들어오나요?
(A) 10시쯤에요.
(B) 그 교육은 성공적이었어요.
(C) 각 부서장에게 달려 있어요.

정답   (C)
해설   얼마나 많은 신입 사원들이 들어오는지 묻는 How many 의문
문이다.
(A) 시점 표현이므로 When 의문문에 어울리는 오답.
(B) 과거 시점에 있었던 교육의 결과를 말하는 답변이므로 신입
사원 숫자와 관련 없는 오답.
(C) 각 부서장에게 달려 있다는 말로 명확한 숫자를 알 수 없음
을 나타낸 정답.
어휘   employee 직원 around ~쯤, ~경에 training 교육 successful

성공적인 It's up to A: (결정 사항 등이) A에게 달려 있다
department head 부서장

10. How much will it cost to ship these documents?
(A) Two weeks for international.
(B) Standard A4 paper.
(C) Would you like our express service?

이 서류들을 발송하는 데 비용이 얼마나 들까요?
(A) 국제 우편은 2주요.
(B) 표준 A4 용지요.
(C) 저희 속달 서비스를 이용해 보시겠습니까?

정답 **(C)**
해설 특정 서류를 발송하는 데 드는 비용을 묻는 How much
의문문이다.
(A) 기간을 나타내는 말이므로 How long 의문문에 어울리는
오답.
(B) 용지 사이즈를 알리는 말이므로 비용과 관련 없는 오답.
(C) 비용을 결정하기 위한 조건에 해당되는 서비스 종류를 제안
하며 되묻고 있으므로 정답.
어휘 cost ~의 비용이 들다 ship ~을 발송하다, 선적하다 international 국
제의 standard 표준의, 일반의 Would you like ~? ~하시겠어요?,
~로 드릴까요? express 속달의, 급행의

11. What did you tell the customer about the
incorrect order?
(A) Didn't you contact her?
(B) A white dress instead of a black.
(C) Yes, she understood.

부정확한 주문 사항에 대해 그 고객에게 뭐라고 얘기하셨나요?
(A) 당신이 그분에게 연락하지 않았나요?
(B) 검은색 대신 흰색 드레스요.
(C) 네, 그녀는 이해해줬어요.

정답 **(A)**
해설 부정확한 주문 사항에 대해 고객에게 무슨 말을 했는지 묻는
What 의문문이다.
(A) the customer를 her로 지칭해 답변자 자신이 아닌 상대
방이 고객과 얘기하지 않았는지 되묻고 있으므로 정답.
(B) 제품 색상을 말하는 답변이므로 고객에게 전달한 말과 관련
없는 오답.
(C) 의문사 의문문에 Yes/No로 답할 수 없으므로 오답.
어휘 incorrect 부정확한, 잘못된 order 주문(품) contact ~에게 연락하다
instead of ~ 대신에, ~가 아니라

12. Who are we calling next about the landscaping
contract?

(A) That was our last option.
(B) Where is the garden?
(C) A 30-minute interview.

조경 작업 계약과 관련해 다음 순서로 누구에게 연락할 건가요?
(A) 그것이 저희의 마지막 선택권이었어요.
(B) 정원은 어디 있나요?
(C) 30분 길이의 면접이요.

정답 **(A)**
해설 조경 작업 계약과 관련해 다음 순서로 연락할 대상을 묻는
Who 의문문이다.
(A) 앞서 연락한 곳을 That으로 지칭해 마지막 선택권이었다는
말로 더 연락할 곳이 없음을 말하는 정답.
(B) landscaping과 연관성 있게 들리는 garden을 활용한
답변으로 연락 대상과 관련 없는 오답.
(C) 면접 시간의 길이를 언급하는 말이므로 How long 의문문
에 어울리는 오답.
어휘 landscaping 조경(작업) contract 계약(서) option 선택권

13. Which agency was hired to consult with us?
(A) We decided against that.
(B) A high consultation fee.
(C) Some marketing data.

우리와 협의하기 위해 어느 대행사가 고용되었나요?
(A) 그렇게 하지 않기로 결정했습니다.
(B) 높은 상담 수수료요.
(C) 일부 마케팅 데이터요.

정답 **(A)**
해설 고용된 대행사가 어디인지 묻는 Which 의문문이다.
(A) 대행사를 고용하는 일을 that으로 지칭해 고용하지 않기로
결정한 사실을 밝히는 정답.
(B) consult와 일부 발음이 유사한 consultation을 활용한
답변으로 고용된 대행사와 관련 없는 오답.
(C) 고용된 대행사와 관련 없는 마케팅 데이터를 언급한 오답.
어휘 agency 대행사, 대리점 hire ~을 고용하다 consult with ~와 협의하
다, 상의하다 decide against ~하지 않기로 결정하다 consultation
상담 fee 수수료, 요금

14. Who's going to be the new department head?
(A) The public relations department.
(B) They're still interviewing candidates.
(C) My apartment is being renovated.

누가 신임 부서장이 될 예정인가요?
(A) 홍보부입니다.
(B) 그들은 여전히 후보자들을 면접 보는 중입니다.
(C) 제 아파트가 개조되는 중입니다.

정답 **(B)**

해설 누가 신임 부서장이 될지 묻는 Who 의문문이다.

(A) 부서장이 누가 될 것인지 묻는데 부서명을 말하는 오답.

(B) 결정권자들을 They로 지칭해 여전히 면접 중이라는 말로 아직 알 수 없음을 말하는 정답.

(C) department와 일부 발음이 유사한 apartment를 활용한 답변으로 신임 부서장과 관련 없는 오답.

어휘 department head 부서장 public relations 홍보 interview ~을 면접 보다 candidate 후보자 renovate ~을 개조하다, 보수하다

15. Which of these activities should I sign up for?
(A) At least three hours.
(B) Everyone will be there.
(C) The scuba trip is popular.

이 활동들 중 어느 것에 등록해야 하나요?
(A) 최소한 3시간이요.
(B) 모든 사람이 그곳에 갈 겁니다.
(C) 스쿠버 여행이 인기 있습니다.

정답 **(C)**

해설 등록해야 하는 활동이 어느 것인지 묻는 Which 의문문이다.

(A) 지속 시간을 나타내는 말이므로 How long 의문문에 어울리는 오답.

(B) there가 지칭하는 곳을 알 수 없으므로 오답.

(C) 스쿠버 여행이 인기 있다는 말로 특정 활동을 간접적으로 제안하는 정답.

어휘 activity 활동 sign up for ~에 등록하다, ~을 신청하다 at least 최소한, 적어도 popular 인기 있는

DAY 11

문제 유형 I

POINT 1 EXAMPLE

Questions 1-3 refer to the following conversation.

M: Ivy, I'm just taking a look at ▮1 ▮2 the comment cards our servers placed on the tables throughout September.

W: Oh, right. The ones asking diners to rate ▮1 our new menu items? ▮2 What type of comments did they leave?

M: Well, most people love our new appetizers and main dishes. But, a lot of people found the new dessert too sweet. ▮3 Do you think the chef would consider changing the recipe?

W: Well, he's normally reluctant to make changes. ▮3 Why don't you mention it to him during Monday's staff meeting?

남: Ivy 씨, 9월 내내 우리 종업원들이 테이블마다 놓아 두었던 의견 카드들을 지금 막 살펴보는 중이에요.

여: 아, 맞아요. 우리 신규 메뉴 항목들을 평가하도록 식사 손님들에게 요청한 것 말씀이시죠? 무슨 종류의 의견을 남겼나요?

남: 저, 대부분의 사람들이 우리의 새 애피타이저와 주 요리들을 아주 마음에 들어 하고 있어요. 하지만, 많은 사람들이 새 디저트가 너무 달다고 생각했어요. 요리사가 조리법을 변경하는 일을 고려해 볼 거라고 생각하세요?

여: 음, 그분은 보통 변경하는 것을 꺼려하세요. 월요일 직원 회의 시간 중에 그분에게 언급해보시는 건 어떠세요?

어휘 take a look at ~을 한 번 보다 comment 의견 server 종업원 place A on B: A를 B에 놓다, 두다 throughout ~ 동안 내내 ask A to do: A에게 ~하도록 요청하다 diner 식사 손님 rate ~을 평가하다, 등급을 매기다 leave ~을 남기다 find A 형용사: A를 ~하다고 생각하다 consider -ing ~하는 것을 고려하다 recipe 조리법 normally 보통, 일반적으로 be reluctant to do ~하기를 꺼리다 make changes 변경하다, 바꾸다 Why don't you ~? 하는 게 어때요? mention A to B: A를 B에게 언급하다, 말하다

1. 화자들은 어디에서 일하고 있을 것 같은가?
(A) 슈퍼마켓에서
(B) 가구 매장에서
(C) 레스토랑에서
(D) 광고 대행사에서

정답 **(C)**

해설   대화 초반부에 종업원들이 테이블마다 놓아 두었던 의견 카드(the comment cards our servers placed on the tables)를 언급하는 부분과 신규 메뉴 항목(our new menu items)을 말하는 부분을 통해 화자들이 레스토랑 근무자들이라는 것을 알 수 있으므로 (C)가 정답이다.

어휘   advertising agency 광고 대행사

2.   화자들은 주로 무엇을 이야기하고 있는가?
(A) 온라인 이용 후기
(B) 개조 계획
(C) 일부 신입 직원
(D) 일부 고객 의견

정답   **(D)**

해설   남자가 대화 시작 부분에 테이블마다 놓아 두었던 의견 카드(the comment cards our servers placed on the tables)를 언급하자, 여자가 무슨 의견이 있었는지(What type of comments did they leave?) 물은 뒤로 해당 의견들을 제시하는 대화 흐름이다. 따라서 고객 의견이 대화 주제임을 알 수 있으므로 (D)가 정답이다.

어휘   review 이용 후기, 평가 renovation 개조, 보수

3.   여자는 남자에게 무엇을 하도록 제안하는가?
(A) 동료 직원과 이야기하는 일
(B) 일부 고객에게 연락하는 일
(C) 회의 날짜를 변경하는 일
(D) 문서를 검토하는 일

정답   **(A)**

해설   남자가 대화 중반부에 요리사가 조리법을 변경할지 묻자(Do you think the chef would consider changing the recipe?), 여자가 회의 중에 요리사에게 그 일을 말해 보도록(Why don't you mention it to him during Monday's staff meeting?) 요청하고 있다. 이는 동료 직원과 이야기를 나눠 보라는 뜻이므로 (A)가 정답이다.

어휘   coworker 동료 직원 contact ~에게 연락하다 review ~을 검토하다 document 문서

Paraphrase   mention ➡ speak

POINT 2   EXAMPLE

Questions 1-3 refer to the following conversation.

M: I'd like to know what you think about Rachel Whyte, the first person we interviewed yesterday. She seems well-suited for the position, but **1** her degree is in online advertising, not in marketing, which is one of the strict job requirements.

W: Well, we could have her undergo some marketing training in Rochester first. That would help her a lot.

M: Oh, that would be a good solution. But do you think **3** the marketing manager at **2** the Rochester branch will have time to train her? **2** That branch is starting a very big project for a new client next month.

W: You're right. **3** I'll call him right away and find out if he will be able to train Ms. Whyte.

남: 당신이 Rachel Whyte 씨에 대해 어떻게 생각하는지 알고 싶어요, 어제 우리가 면접 본 첫 번째 사람이요. 그분이 해당 직책에 잘 어울리는 것 같아 보이기는 하지만, 소지하고 있는 학위가 마케팅이 아닌 온라인 광고인데, 이 부분이 엄격한 지원 자격 요건들 중의 하나라서요.

여: 저, 우선 Rochester에서 마케팅 교육을 거치도록 할 수 있어요. 그렇게 하면 그분에게 큰 도움이 될 거예요.

남: 아, 그게 좋은 해결책일 수 있겠네요. 하지만 Rochester 지사의 마케팅 부장님이 그분을 교육할 시간이 있으실 거라고 생각하세요? 그 지사에서 다음달에 신규 고객들을 위해 아주 큰 프로젝트를 시작할 예정이거든요.

여: 맞아요. 제가 그분께 당장 전화를 걸어서 Whyte 씨를 교육하실 수 있을지 알아볼게요.

어휘   seem 형용사: ~한 것 같아 보이다 well-suited for ~에 잘 어울리는, 적합한 degree 학위 strict 엄격한 requirement 자격 요건 have A do: A에게 ~하게 하다 undergo ~을 거치다, 겪다 training 교육 solution 해결책 branch 지사, 지점 train ~을 교육하다 right away 지금 당장 find out if ~인지 알아보다, 확인하다 be able to do ~할 수 있다

1.   남자는 Rachel Whyte에 관해 무슨 말을 하는가?
(A) 필수 자격이 부족하다.
(B) 열정적인 태도를 지니고 있다.
(C) 여러 회사에서 근무했다.
(D) 현재 대학교에서 공부하고 있다.

정답   **(A)**

해설   남자가 Rachel Whyte에 관해 말하는 초반부에, 그 사람이 마케팅이 아닌 온라인 광고 학위를 소지하고 있다는 말과 함께 엄격한 자격 요건의 하나라고(~ her degree is in online advertising, not in Marketing, which is one of the strict job requirements) 알리고 있다. 이는 자격 요건의 부족을 말하는 것이므로 (A)가 정답이다.

어휘   lack A: A가 부족하다 necessary 필수의, 필요한 qualification 자격(증), 자질 enthusiastic 열정적인 attitude 태도 several 여럿의, 몇몇의 firm 회사 currently 현재

2. 다음달에 Rochester 지사에서 무슨 일이 있을 것인가?

(A) 홍보 행사가 개최될 것이다.
(B) 한 책임자가 은퇴할 것이다.
(C) 새 정책이 시행될 것이다.
(D) 새 업무 프로젝트가 시작될 것이다.

정답 **(D)**

해설 Rochester branch가 언급되는 중반부에 남자가 그 지사를 That branch로 지칭해 다음달에 큰 프로젝트를 시작한다고 (That branch is starting a very big project for a new client next month) 알리고 있다. 따라서 (D)가 정답이다.

어휘 promotional 홍보의, 판촉의 hold ~을 개최하다, 열다 retire 은퇴하다 policy 정책 implement ~을 시행하다

Paraphrase starting a very big project ➡ A new work project will begin

3. 여자는 곧이어 무엇을 할 것인가?

(A) 한 책임자에게 전화하는 일
(B) 몇몇 면접 일정을 잡는 일
(C) 기차표를 예매하는 일
(D) Whyte 씨와 만나는 일

정답 **(A)**

해설 대화 마지막 부분에 여자가 누군가에게 당장 전화하겠다고(I'll call him right away ~) 말하고 있는데, 여기서 him은 바로 앞서 언급된 마케팅 부장(the marketing manager)을 가리킨다. 따라서 한 책임자에게 전화하는 일을 의미하는 (A)가 정답이다.

어휘 schedule ~의 일정을 잡다 reserve ~을 예약하다 meet with (약속하여) ~와 만나다

POINT 1, 2 기출 확인 PRACTICE

Question 1 refers to the following conversation.

> **M:** Becky, your <u>proposal</u> for our company's founding celebration is excellent!
>
> **W:** I'm glad to hear that! What did you think about the <u>location</u>? Do you think it's <u>spacious enough to accommodate</u> all the guests?
>
> **M:** Yes, it's perfect. But I think we'll need to take care when we design the seating layout.
>
> ---
>
> 남: Becky 씨, 우리 회사의 창립 기념 행사를 위한 당신의 제안이 훌륭합니다!
>
> 여: 그 말씀을 듣게 되어 기쁩니다! 장소는 어떻게 생각하세요? 모든 손님들을 수용할 만큼 충분히 넓은 것 같으세요?
>
> 남: 네, 완벽합니다. 하지만 우리가 좌석 배치도를 만들 때 주의해야 할 것 같아요.

어휘 proposal 제안(서) founding celebration 창립 기념 행사 location 장소, 위치 spacious (공간이) 널찍한 enough to do ~하기에 충분히 accommodate ~을 수용하다 take care 주의하다, 조심하다 design ~을 만들다, 고안하다 layout 배치(도), 구성

1. 화자들은 무엇을 이야기하고 있는가?

(A) 웹 사이트 구성
(B) 출장
(C) 곧 있을 매장 세일 행사
(D) 제안된 장소

정답 **(D)**

해설 대화 시작 부분에 남자가 행사를 위한 여자의 제안을 칭찬하고 있고(your proposal for our company's founding celebration is excellent!), 뒤이어 여자가 장소와 관련해 질문하면서(What did you think about the location?) 해당 장소에 관한 의견이 제시되는 흐름이다. 따라서 (D)가 정답이다.

어휘 upcoming 곧 있을, 다가오는 proposed 제안된

Question 2 refers to the following conversation.

> **M:** Hi, I was here earlier to take your <u>exercise class</u>, but I just realized my watch isn't in my bag.
>
> **W:** Oh, I'm sorry about that. Would you like to check to see if it's <u>in the locker room</u>?
>
> **M:** That would be great. I maybe put it down somewhere while I was getting changed.

남: 안녕하세요, 아까 당신 운동 강습을 받기 위해 이곳에 왔는데, 제 시계가 가방에 있지 않다는 걸 막 알았어요.

여: 아, 그 말씀을 듣게 되어 유감입니다. 탈의실에 있는지 알아보기 위해 확인해 보시겠어요?

남: 그렇게 하면 아주 좋을 것 같아요. 아마 옷을 갈아입는 동안 어딘가 놓아 두었을 거예요.

어휘   exercise 운동 realize (that) ~임을 알게 되다, 깨닫다 Would you like to do? ~하시겠어요? see if ~인지 알아보다 put A down: A를 내려 놓다 somewhere 어딘가 while ~하는 동안 get changed 옷을 갈아입다

2.   여자는 누구일 것 같은가?

(A) 체육관 강사
(B) 시계 디자이너
(C) 보안 컨설턴트
(D) 마케팅 부장

정답   (A)

해설   대화 시작 부분에 남자가 your exercise class라고 언급하는 부분을 통해 여자가 진행하는 운동 수업에 참석한 사실을 알 수 있다. 따라서 체육관 강사를 의미하는 (A)가 정답이다.

어휘   gym 체육관 instructor 강사 security 보안

Question 3 refers to the following conversation.

> **W:** Hi, Marcus. I see that you took a reservation for our private dining room for this Saturday at 7:30 p.m. But, I already reserved it for a party of ten that evening.
>
> **M:** Oh, really? Our computer system normally alerts us when a room has already been booked.
>
> **W:** Yes, I think it did, but you just didn't notice. You'd better contact your customer to let them know.

여: 안녕하세요, Marcus 씨. 이번주 토요일 오후 7시 30분으로 우리 개별 식사 공간에 대한 예약을 받으신 것으로 알고 있어요. 하지만 제가 그날 저녁에 10명의 일행을 위해 그곳을 이미 예약해 놓았어요.

남: 아, 그래요? 방이 이미 예약되어 있을 때 보통 컴퓨터 시스템이 우리에게 알려주는데요.

여: 네, 그렇게 되었는데, 당신이 그저 알아차리지 못하신 것 같아요. 당신 고객에게 연락해서 알려 드리는 게 좋을 거예요.

어휘   take a reservation 예약을 받다 private 개별의, 개인의, 사적인 reserve ~을 예약하다 party 일행, 사람들 normally 보통, 일반적으로 alert ~에게 알리다 book ~을 예약하다 notice 알아차리다, 인식하다 had better 동사원형: ~하는 게 좋다 contact ~에게 연락하다 let A know: A에게 알리다

3.   무엇이 문제인가?

(A) 방이 이중으로 예약되었다.
(B) 고객이 예약을 취소했다.
(C) 업체가 일시적으로 문을 닫는다.
(D) 컴퓨터가 고장 났다.

정답   (A)

해설   대화 시작 부분에서 여자는 남자가 예약을 받은 공간을 언급하면서 그곳에 이미 자신이 예약을 한 사실을(~ you took a reservation for our private dining room ~ But, I already reserved it for a party of ten that evening) 알리고 있다. 이는 이중으로 예약된 사실을 말하는 것이므로 (A)가 정답이다.

어휘   cancel ~을 취소하다 temporarily 일시적으로, 임시로 break down 고장 나다

Question 4 refers to the following conversation.

> **W:** Excuse me, Mr. Hodge, did the doctor prescribe any medications for you?
>
> **M:** Yes, so I'll need to find a pharmacy nearby.
>
> **W:** Well, you can now order medications using your phone if you download our app. It links you to all nearby pharmacies.
>
> **M:** That's convenient! Where can I download the app?

여: 실례합니다, Hodge 씨, 의사 선생님께서 약을 처방해 드리셨나요?

남: 네, 그래서 근처에 있는 약국을 찾아야 해요.

여: 저, 저희 앱을 다운로드하시면 이제 전화기를 이용해서 약을 주문하실 수 있어요. 근처에 있는 모든 약국과 연결됩니다.

남: 편리하네요! 어디서 그 앱을 다운로드할 수 있죠?

어휘   prescribe ~을 처방하다 medication 약 pharmacy 약국 nearby a. 근처의 ad. 근처에 order ~을 주문하다 link A to B: A를 B에 연결해주다 convenient 편리한

4.   여자의 말에 따르면, Hodge 씨는 왜 앱을 다운로드해야 하는가?

(A) 예약을 하기 위해
(B) 약을 주문하기 위해
(C) 할인을 받기 위해
(D) 서비스를 살펴보기 위해

정답   (B)

해설   대화 중반부에 여자가 앱을 다운로드하면 전화기를 이용해서 약을 주문할 수 있다고(~ you can now order medications using your phone if you download our app) 알리고 있으므로 (B)가 정답이다.

어휘   make an appointment 예약하다 receive ~을 받다 review ~을 살펴보다, 검토하다

Question 5 refers to the following conversation.

> **W:** I just received a call from Crown Catering. They said that they won't be able to cater our event on May 20 due to a staffing problem.
>
> **M:** Oh, that's unfortunate. We will need to find a different firm as soon as possible then.
>
> **W:** Would you mind calling a few catering companies to get some estimates?
>
> **M:** Actually, a friend of mine recommended Prestige Catering. I'll go online and take a look at their homepage now.

> **여:** Crown Catering으로부터 막 전화를 받았어요. 그쪽에서 직원 운용 문제로 인해 5월 20일에 우리 행사에 출장 요리를 제공할 수 없을 거라고 얘기했어요.
>
> **남:** 아, 안타까운 일이네요. 그럼 가능한 한 빨리 다른 업체를 찾아 봐야 할 거예요.
>
> **여:** 견적을 받아 볼 수 있도록 몇몇 출장 요리 전문 업체에 전화해 주시겠어요?
>
> **남:** 실은, 제 친구가 Prestige Catering을 추천해 주었어요. 온라인에서 지금 그곳 홈페이지를 한 번 확인해 보겠습니다.

어휘   be able to do ~할 수 있다 cater ~에 출장 요리를 제공하다 due to ~로 인해 staffing 직원 운용, 직원 채용 unfortunate 안타까운, 아쉬운 firm 업체, 회사 as soon as possible 가능한 한 빨리 then 그럼, 그렇다면 Would you mind -ing? ~해 주시겠어요? estimate 견적 (서) actually 실은, 사실은 recommend ~을 추천하다 go online 온라인에 접속하다 take a look at ~을 한 번 보다

5. 남자는 곧이어 무엇을 할 것 같은가?
    (A) 친구에게 전화하는 일
    (B) 견적서를 준비하는 일
    (C) 웹 사이트를 방문하는 일
    (D) 행사에 참석하는 일

정답   (C)
해설   대화 마지막에 남자가 온라인에서 한 업체의 홈페이지를 확인해 보겠다고(I'll go online and take a look at their homepage now) 알리고 있으므로 (C)가 정답이다.
어휘   prepare ~을 준비하다 attend ~에 참석하다

Paraphrase   take a look at their homepage ➡ Visit a Web site

Question 6 refers to the following conversation.

> **M:** Ms. Dawson, I'm happy to tell you that the results of your health check are all perfectly normal.
>
> **W:** That's great news, Dr. Ramsay. My company asks me to have a health check every year, because my job is physically and mentally exhausting. Would you mind filling out this form for my personnel manager, please'?
>
> **M:** Sure. I'll complete it later today and send it to your office by courier.

> **남:** Dawson 씨. 건강 검진 결과가 전부 완벽히 정상이라는 사실을 말씀드리게 되어 기쁩니다.
>
> **여:** 아주 좋은 소식이네요, Ramsay 의사 선생님. 저희 회사에서 매년 건강 검진을 받도록 요청하는데, 제 일이 육체적으로 그리고 정신적으로 아주 고단한 일이기 때문입니다. 저희 인사부장님께 드릴 수 있도록 이 양식을 작성해 주시겠어요?
>
> **남:** 물론이죠. 오늘 이따가 작성해서 택배 업체를 통해 사무실로 보내 드리겠습니다.

어휘   result 결과(물) health check 건강 검진 perfectly 완벽히 normal 정상인, 보통인 ask A to do: A에게 ~하도록 요청하다 physically 육체적으로 mentally 정신적으로 exhausting 고단하게 하는, 진을 빼는 Would you mind -ing? ~해 주시겠어요? fill out ~을 작성하다 form 양식, 서식 personnel manager 인사부장 complete ~을 작성 완료하다 courier 택배 업체

6. 여자는 자신의 일에 관해 무슨 말을 하는가?
    (A) 높은 연봉을 제공한다.
    (B) 많은 출장을 필요로 한다.
    (C) 매우 피곤하게 만든다.
    (D) 피트니스 센터에서 하는 일이다.

정답   (C)
해설   여자가 자신의 일을 언급하는 중반부에 육체적으로 그리고 정신적으로 아주 고단한 일이라고(~ my job is physically and mentally exhausting) 알리고 있으므로 (C)가 정답이다.
어휘   provide ~을 제공하다 require ~을 필요로 하다 tiring 피곤하게 만드는

Paraphrase   exhausting ➡ tiring

Day 11   Check-up Test

1. (A)	**2.** (B)	**3.** (B)	**4.** (A)	**5.** (B)
6. (D)	**7.** (A)	**8.** (B)	**9.** (D)	**10.** (D)
11. (C)	**12.** (B)			

Questions 1-3 refer to the following conversation.

W: Reggie, is the order of business cards for Foxley Corporation almost ready? We're supposed to send them by 2 p.m. today.

M: I'm only half-finished, I'm afraid. When I came in this morning, **1** **2** I couldn't remember where I put the list of names and positions that we need to print on the cards. I had to e-mail the manager at Foxley and ask him to send it again.

W: Okay. Did you mention to him that the order might be a little late?

M: No, I'm sure I can still get the order finished on time. But **3** I'll need to skip the staff meeting at 11, if that's okay.

여: Reggie 씨, Foxley Corporation 사의 명함 주문이 거의 준비되어 가나요? 오늘 오후 2시까지 보내주기로 되어 있거든요.

남: 겨우 절반 끝낸 것 같아요. 제가 오늘 아침에 출근했을 때, 명함에 인쇄해야 하는 이름과 직책이 담긴 목록을 어디에 두었는지 기억할 수 없었어요. Foxley 사의 책임자에게 이메일을 보내서 다시 전송해 달라고 요청해야 했습니다.

여: 알겠습니다. 주문품이 약간 늦을지도 모른다고 그분에게 말씀드리셨나요?

남: 아뇨, 분명 여전히 제 시간에 주문품을 완료할 수 있습니다. 하지만 괜찮으시다면 11시에 있는 직원 회의를 건너뛰어야 할 거예요.

어휘 order 주문(품) business card 명함 be supposed to do ~하기로 되어 있다, ~할 예정이다 by (기한) ~까지 I'm afraid (부정적인 일에 대해 덧붙여) ~한 것 같다 put ~을 놓다, 두다 position 직책 ask A to do: A에게 ~하도록 요청하다 mention A to B: A를 B에게 말하다, 언급하다 a little 약간, 조금 get A p.p.: A가 ~되게 하다 on time 제 시간에 skip ~을 건너뛰다

1. 화자들은 어디에서 일하고 있을 것 같은가?
(A) 인쇄소에서
(B) 부동산 중개업소에서
(C) 채용 대행 업체에서
(D) 가전 제품 매장에서

정답 **(A)**

해설 대화 중반부에 남자가 명함에 인쇄해야 하는 이름과 직책이 담긴 목록을(~ the list of names and positions that we need to print on the cards) 언급하는 부분을 통해 인쇄 작업을 하는 사람들임을 알 수 있으므로 (A)가 정답이다.

어휘 real estate 부동산 agency 대행사, 대리점 recruitment 채용, 고용 firm 업체, 회사 appliance 가전 제품

2. 남자는 무슨 문제점을 언급하는가?
(A) 이메일이 보내지지 않았다.
(B) 목록을 분실했다.
(C) 주문이 취소되었다.
(D) 고객이 불만을 제기했다.

정답 **(B)**

해설 중반부에 남자가 명함에 인쇄해야 하는 이름과 직책이 담긴 목록을 어디에 두었는지 기억나지 않았다는(I couldn't remember where I put the list ~) 문제를 언급하고 있다. 이는 해당 목록을 분실했음을 뜻하는 것이므로 (B)가 정답이다.

어휘 misplace ~을 분실하다, ~을 둔 곳을 잊다 cancel ~을 취소하다 make a complaint 불만을 제기하다

Paraphrase couldn't remember where I put the list ➡ A list was misplaced

3. 오전 11시에 무슨 일이 있을 것인가?
(A) 고객이 도착할 것이다.
(B) 회의가 열릴 것이다.
(C) 제품 출시 행사가 열릴 것이다.
(D) 주문품이 발송될 것이다.

정답 **(B)**

해설 오전 11시라는 시점이 제시되는 마지막 부분에 남자가 11시에 열리는 회의를 건너뛰어야 할 거라고(I'll need to skip the staff meeting at 11) 언급하고 있다. 따라서 11시에 회의가 있다는 것을 알 수 있으므로 (B)가 정답이다.

어휘 arrive 도착하다 hold ~을 개최하다, 열다 launch 출시(회) take place (일, 행사 등이) 일어나다, 발생되다

Questions 4-6 refer to the following conversation.

M: Hi, Mary. I just heard from the state health and safety department that **4** the inspection of our factory will take place one week earlier than originally scheduled. That means the inspectors will arrive this Friday!

W: Oh, then we need to work fast to make sure we are ready for it. **5** Why don't we temporarily bring over some workers from the Buffalo plant to help us get the factory prepared?

M: I really doubt they can spare any workers this week. I know that some of our part-time workers have asked for extra hours, so **6** I think I'll just give them some extra shifts on this week's schedule.

남: 안녕하세요, Mary 씨. 우리 공장에 대한 점검이 원래 예정되었던 것보다 일주일 더 빨리 있을 거라는 말을 우리 주 보건 안전 국으로부터 막 들었어요. 그 말은 점검 담당자들이 이번주 금요

일에 도착한다는 뜻입니다!

여: 아, 그럼 반드시 그에 대한 준비를 할 수 있도록 빨리 일처리를 해야 해요. 우리 공장이 준비되도록 도움을 받기 위해 Buffalo 공장에서 몇몇 직원들을 임시로 불러오면 어떨까요?

남: 그곳에서 이번주에 어떤 직원이든 내어줄 수 있을 것이라고 생각되지 않아요. 일부 우리 시간제 근무자들이 초과 근무를 요청한 사실을 알고 있기 때문에, 그냥 그 직원들에게 이번주 일정에 몇몇 추가 교대 근무를 제공해 주어야 할 것 같아요.

어휘 state (행정 구역) 주 health and safety department 보건 안전국 inspection 점검, 조사 take place (일, 행사 등이) 일어나다, 발생되다 than scheduled 예정보다 originally 원래, 애초에 inspector 점검 담당관 arrive 도착하다 then 그럼, 그렇다면 make sure (that) 반드시 ~하도록 하다 be ready for ~에 대한 준비가 되다 Why don't we ~? ~하는 게 어때요? temporarily 일시적으로, 임시로 bring over ~을 불러들이다 plant 공장 get A p.p.: A가 ~되게 하다 prepare ~을 준비하다 doubt (that) ~가 아니라고 생각하다, ~라는 것을 의심하다 spare ~을 내어주다 ask for ~을 요청하다 extra 추가의, 별도의 shift 교대 근무(조)

4. 화자들은 주로 무엇을 이야기하고 있는가?
(A) 공장 점검
(B) 기계 설치
(C) 교육 시간
(D) 개조 계획

정답 **(A)**

해설 대화 시작 부분에 남자가 예정보다 일주일 더 빨리 공장 점검이 있을 거라고(~ the inspection of our factory will take place one week earlier than originally scheduled) 언급한 뒤로 그 일과 관련해 대화가 진행되고 있으므로 (A)가 정답이다.

어휘 installation 설치 training 교육 session (특정 활동을 위한) 시간 renovation 개조, 보수

5. 여자는 무엇을 하도록 제안하는가?
(A) 행사를 연기하는 일
(B) 일부 직원을 이동시키는 일
(C) 구인 면접을 개최하는 일
(D) 절차를 변경하는 일

정답 **(B)**

해설 대화 중반부에 여자가 Buffalo 공장에서 몇몇 직원들을 임시로 불러오는 것을 제안하고 있는데(Why don't we temporarily bring over some workers from the Buffalo plant ~), 이는 직원들을 이동 배치시키는 일을 뜻하므로 (B)가 정답이다.

어휘 postpone ~을 연기하다, 미루다 transfer ~을 전근시키다, 옮기다 hold ~을 개최하다, 열다 revise ~을 변경하다, 수정하다 procedure 절차

Paraphrase temporarily bring over some workers ➡

Transferring some staff

6. 남자는 무엇을 할 것이라고 말하는가?
(A) 광고를 내는 일
(B) 추가 근무를 하는 일
(C) 새로운 프로젝트를 이끄는 일
(D) 업무 일정을 업데이트하는 일

정답 **(D)**

해설 대화 마지막 부분에 남자가 이번주 일정에 있어서 시간제 근무자들에게 몇몇 추가 교대 근무를 제공해 줄 것이라고(I think I'll just give them some extra shifts on this week's schedule) 알리고 있는데, 이는 업무 일정의 변경을 의미하는 말이므로 (D)가 정답이다.

어휘 place an advertisement 광고를 내다 extra 추가의, 별도의 lead ~을 이끌다

Paraphrase give them some extra shifts on this week's schedule ➡ Update a work schedule

Questions 7-9 refer to the following conversation.

M: Hi, Ms. Beacham. This is Tim Holden calling from head office. I just got an e-mail from the CEO of Lemon Supermarkets. **7 He was very unimpressed with the presentation you gave yesterday.** And, as a result, they don't want to stock any of our products.

W: Oh, I'm so sorry, Mr. Holden. But it really wasn't completely my fault. My co-presenter, Colin Peterson, brought the wrong samples to the meeting. I guess he made a mistake because this was his first ever presentation.

M: Well, that was a big part of the problem. **8 Mr. Peterson has only been with us for one month and still has a lot to learn.** You should've checked the samples yourself. **9 I'd like you to come in to head office on Monday to discuss this more.**

W: **9 Of course, Mr. Holden.** I'll be there at 8:30 sharp.

남: 안녕하세요, Beacham 씨. 저는 본사에서 전화 드리는 Tim Holden입니다. 제가 막 Lemon Supermarkets의 대표이사님으로부터 이메일을 받았습니다. 그분께서는 당신이 어제 발표한 내용에 크게 깊은 인상을 받지 못하셨습니다. 그 결과, 그쪽에서 우리의 어떤 제품도 재고로 갖춰 놓기를 원하지 않고 있습니다.

여: 아, 너무 죄송합니다, Holden 씨. 하지만 그건 정말 온전히 제 잘못만은 아닙니다. 공동 발표자였던 Colin Peterson 씨가 회의에 엉뚱한 샘플을 가져오셨어요. 이번이 그분의 생전 첫 발표였기 때문에 실수를 하셨던 것 같아요.

남: 저, 그게 그 문제의 큰 부분이었어요. Peterson 씨는 우리와 함께 한지 겨우 한 달 밖에 되지 않아서 여전히 배울 게 많아요. 당신이 직접 샘플을 확인하셨어야 했어요. 이 문제를 더 논의할 수 있도록 월요일에 본사로 와 주셨으면 합니다.

여: 물론이죠, Holden 씨. 정확히 8시 30분까지 가겠습니다.

어휘   head office 본사   be unimpressed with ~에 깊은 인상을 받지 못하다   give a presentation 발표하다   as a result 결과적으로   stock ~을 재고로 갖춰 놓다   completely 완전히, 전적으로   fault 잘못, 실수   co-presenter 공동 발표자   make a mistake 실수하다   first ever 생전 처음의, 사상 첫   should have p.p. ~했어야 했다   oneself 직접, 스스로   discuss ~을 논의하다   sharp (시간 표현 뒤에서) 정확히 ~에, ~ 정각에

7. 남자는 왜 여자에게 전화하는가?
   (A) 실망감을 표현하기 위해
   (B) 여자의 일에 대해 감사하기 위해
   (C) 여자를 발표회장에 초대하기 위해
   (D) 공석을 설명하기 위해

정답   **(A)**

해설   대화를 시작하면서 남자가 한 업체 대표로부터 여자의 발표에 별다른 인상을 받지 못했다는 얘기를 들은 사실을 알리고 (He was very unimpressed with the presentation you gave yesterday) 있는데, 이는 실망감을 나타내는 말이므로 (A)가 정답이다.

어휘   express ~을 표현하다   disappointment 실망(감)   thank A for B: B에 대해 A에게 감사하다   invite A to B: A를 B로 초대하다   describe ~을 설명하다

Paraphrase   unimpressed ➡ disappointment

8. 남자는 Colin Peterson 씨에 관해 무슨 말을 하는가?
   (A) 팀장이다.
   (B) 경험이 부족하다.
   (C) 교육 강좌에 참석할 것이다.
   (D) 긍정적인 태도를 지니고 있다.

정답   **(B)**

해설   남자가 Peterson 씨에 관해 말하는 후반부에 겨우 한 달 밖에 되지 않아서 여전히 배울 게 많다고(Mr. Peterson has only been with us for one month and still has a lot to learn) 언급하고 있는데, 이는 경험이 부족하는 말과 같으므로 (B)가 정답이다.

어휘   inexperienced 경험이 부족한, 미숙한   attend ~에 참석하다   training 교육   positive 긍정적인   attitude 태도

Paraphrase   with us for one month and still has a lot to learn ➡ inexperienced

9. 여자는 월요일에 무엇을 하겠다고 약속하는가?
   (A) 발표하는 일
   (B) 일부 제품 샘플을 보내는 일

   (C) 잠재 고객에게 연락하는 일
   (D) 본사를 방문하는 일

정답   **(D)**

해설   월요일이라는 시점이 언급되는 후반부에 남자가 월요일에 본사로 오도록 요청하자(I'd like you to come in to head office on Monday ~) 여자가 수락하고 있으므로(Of course, Mr. Holden) 본사를 방문하는 일을 뜻하는 (D)가 정답이다.

어휘   promise to do ~하겠다고 약속하다   contact ~에게 연락하다   potential 잠재적인

Questions 10–12 refer to the following conversation.

M: Hello, Lisa. I just wanted to check whether you've taken an inventory of **10** the summer clothing we'll be selling in the store starting next week.

W: Yes, I did that this morning, and I noticed something strange. **11** I couldn't find the blue summer dresses we ordered on May 15. The supplier said they'd be delivered within three days.

M: Oh, the supplier called me yesterday to apologize for the delay. It turns out they had a problem with their ordering system. He assured me that the dresses will arrive sometime tomorrow.

W: That's good then. I'd like to receive the delivery myself so that I can check that everything is fine. **12** Could you call the supplier to find out the expected delivery time?

남: 안녕하세요, Lisa 씨. 우리가 다음주부터 매장에서 판매할 예정인 여름 의류 재고 조사를 하셨는지 확인해 보고자 합니다.

여: 네, 오늘 아침에 했는데, 뭔가 이상한 점을 알게 되었어요. 우리가 5월 15일에 주문한 파란색 여름 드레스를 찾을 수 없었어요. 공급업체에서는 3일 이내로 배송될 거라고 했거든요.

남: 아, 그 공급업체에서 어제 저에게 전화해서 지연 문제에 대해 사과했어요. 그쪽 주문 시스템에 문제가 있었던 것으로 드러났어요. 그 드레스가 내일 중으로 도착할 거라고 그 사람이 저에게 보장해 주었습니다.

여: 그럼 잘됐네요. 모든 것이 괜찮은지 확인할 수 있도록 제가 직접 그 배송 물품을 받고 싶습니다. 공급업체에 전화해서 예상 배송 시간을 알아봐 주겠어요?

어휘   whether ~인지 (아닌지)   take an inventory 재고 조사를 하다   clothing 의류   notice ~을 알게 되다, 알아차리다   supplier 공급업체   deliver ~을 배달하다   within ~ 이내에   apologize for ~에 대해 사과하다   delay 지연, 지체   It turns out (that) ~한 것으로 드러나다, 판명되다   assure A that: A에게 ~라고 보장하다, 확인하다   arrive 도착하다   then 그럼, 그렇다면   receive ~을 받다   oneself 직접, 스스로   so that (결과) ~할 수 있도록   find out ~인지 알아내다, 확인하다   expected 예상되는

10. 화자들은 어디에서 근무할 것 같은가?

(A) 직물 공장에서

(B) 배송 회사에서

(C) 세탁소에서

(D) 패션 잡화점에서

정답 **(D)**

해설 대화 초반부에 남자가 자신이 회사를 we로 지칭해 매장에서 판매할 여름 의류(the summer clothing we'll be selling)를 언급하고 있으므로 (D)가 정답이다.

어휘 textile 직물, 섬유 boutique (의류나 장신구 등을 파는) 잡화점, 양품점

11. 여자는 무엇에 대해 우려하는가?

(A) 직원 성과

(B) 증가된 지출 비용

(C) 빠져 있는 제품

(D) 감소된 매출

정답 **(C)**

해설 대화 중반부에 여자가 이미 주문한 특정 드레스를 찾을 수 없다는 말과 함께 공급업체에서 3일 이내에 도착할 것이라고 말했음을(I couldn't find the blue summer dresses we ordered on May 15th. The supplier said they'd be delivered within three days) 알리고 있다. 이는 해당 제품이 빠져 있음을 알리는 말이므로 (C)가 정답이다.

어휘 performance 성과, 실적 increased 증가된(↔ decreased) expense 지출 비용 missing 빠진, 없는, 분실된 sales 매출, 판매, 영업

Paraphrase couldn't find ➡ missing

12. 여자는 남자에게 무엇을 하도록 요청하는가?

(A) 재고 조사를 하는 일

(B) 공급업체에 연락하는 일

(C) 회의 일정을 잡는 일

(D) 일부 상품을 옮기는 일

정답 **(B)**

해설 대화 맨 마지막에 여자가 공급업체에 전화해서 예상 배송 시간을 알아봐 달라고 요청하는(Could you call the supplier to find out the expected delivery time?) 말이 있으므로 이를 언급한 (B)가 정답이다.

어휘 ask A to do: A에게 ~하도록 요청하다 inventory 재고 contact ~에게 연락하다 supplier 공급업체 schedule ~의 일정을 잡다 transport ~을 옮기다, 이송하다 merchandise 상품

Paraphrase call ➡ Contact

DAY 12

문제 유형 II

POINT 1, 2 기출 확인 PRACTICE

Question 1 refers to the following conversation.

M: I reserved a table for the dinner show this evening, and I expected to receive a table in front of the stage, not one next to the kitchen.

W: I'm very sorry, sir, but the restaurant is very busy this evening. All of our best tables were reserved in advance.

M: Well, I've been coming here for more than ten years.

W: I understand, sir, but I'm afraid there's nothing I can do.

남: 제가 오늘 저녁에 있을 디너 쇼에 테이블을 하나 예약했는데, 주방 옆에 있는 것이 아니라 무대 앞쪽에 있는 테이블을 받을 수 있기를 기대했어요.

여: 고객님, 정말 죄송하지만, 레스토랑이 오늘 저녁에 매우 바쁩니다. 가장 좋은 저희 테이블이 모두 사전 예약이 되었습니다.

남: 저, 저는 이곳에 10년 넘게 계속 오고 있어요.

여: 고객님, 이해합니다만, 제가 해 드릴 수 있는 일이 없는 것 같습니다.

어휘 reserve ~을 예약하다 expect to do ~할 것으로 기대하다, 예상하다 receive ~을 받다 in front of ~ 앞에 next to ~ 옆에 in advance 사전에, 미리 more than ~ 넘게 I'm afraid (that) (부정적인 일에 대해) ~한 것 같다

1. 남자가 "저는 이곳에 10년 넘게 계속 오고 있어요"라고 말할 때 무엇을 암시하는가?

(A) 더 나은 테이블을 원하고 있다.

(B) 서비스에 깊은 인상을 받았다.

(C) 나중에 다시 올 계획이다.

(D) 여자를 알아보고 있다.

정답 **(A)**

해설 남자가 자신이 기대했던 테이블을 받지 못한 사실을 언급하자(I expected to receive a table in front of the stage ~) 여자가 모든 좋은 테이블이 이미 예약되었다고(All of our best tables were reserved in advance) 답변한 뒤로 남자가 10년 넘게 식당을 이용해온 사람임을 말하는 흐름이다. 이는 자신이 기대했던 테이블, 즉 더 나은 테이블을 바란다는 의미로 한 말이므로 (A)가 정답이다.

어휘 be impressed with ~에 깊은 인상을 받다 plan to do ~할 계획이다 recognize ~을 알아보다, 인식하다

Question 2 refers to the following conversation.

M: Maria, you're in charge of organizing this year's Christmas party, right?

W: That's right. I've been looking at a few different locations and menus. I think the package offered by the Ralston Hotel might be best. It costs $45 per head and includes a 3-course meal.

M: Hmm… it seems a little expensive. <u>Didn't we only spend $40 per head</u> last year? We don't want to <u>go over budget.</u>

W: Well, we have fewer employees now.

M: I suppose you're right. It should work out roughly the same.

남: Maria 씨, 당신이 올해 열리는 크리스마스 파티 주최를 책임지고 있는 것이 맞죠?

여: 그렇습니다. 제가 몇몇 다른 장소와 메뉴를 계속 살펴보고 있어요. 제 생각엔 Ralston Hotel에서 제공하는 패키지가 가장 좋을 수도 있어요. 1인당 45달러의 비용이 드는데, 세 가지 코스의 식사가 포함되어 있습니다.

남: 흠… 약간 비싼 것 같아요. 작년에 1인당 40달러만 소비하지 않았나요? 우리는 예산을 초과하지 않았으면 해요.

여: 저, 지금은 직원이 더 적잖아요.

남: 당신 말이 맞는 것 같아요. 대략 비슷한 수준이 되겠군요.

어휘   in charge of ~을 책임지는, 맡고 있는 organize ~을 조직하다, 준비하다 location 장소, 위치 offer ~을 제공하다 cost ~의 비용이 들다 per head 1인당 include ~을 포함하다 seem 형용사: ~한 것 같다 a little 조금, 약간 go over ~을 초과하다 budget 예산 suppose (that) ~한 것 같다 work out ~로 계산되다, 산출되다 roughly 대략, 약

2.   여자가 왜 "지금은 직원이 더 적잖아요"라고 말하는가?
(A) 남자의 도움을 요청하기 위해
(B) 남자에게 공석을 알리기 위해
(C) 남자의 우려를 덜어주기 위해
(D) 남자에게 고용 과정을 설명하기 위해

정답   **(C)**

해설   대화 중반부에 남자가 작년에 더 적은 비용을 소비한 사실을 언급하면서 예산을 초과하지 않기를 원한다고(Didn't we only spend $40 per head last year? We don't want to go over budget) 알린 뒤로 여자가 지금 직원이 더 적다고 말하는 흐름이다. 이는 적은 인원으로 인해 소비되는 비용이 적다는 의미로, 예산 초과 문제를 걱정하는 남자를 안심시키기 위한 말에 해당되므로 이를 언급한 (C)가 정답이다.

어휘   request ~을 요청하다 assistance 도움, 지원 inform A of B: A에게 B를 알리다 job vacancy 공석, 빈 자리 ease (걱정, 고통 등) ~을 덜어주다, 완화시키다 concern 우려, 걱정 explain A to B: A를 B에

Question 3 refers to the following conversation and schedule.

W: Hello, I need to take a train from Los Angeles to San Diego on Wednesday. I normally purchase tickets through your Web site, but it seems to be having problems.

M: Yes, it's down for maintenance right now. Don't worry. You can buy a ticket over the phone right now. When would you like to leave Los Angeles on Wednesday?

W: I don't really mind what time I leave. But, I definitely <u>need to get to San Diego before 2 o'clock</u> in the afternoon. I have an interview, and I can't be late for it.

여: 안녕하세요, 제가 수요일에 로스앤젤레스에서 샌디에이고로 가는 기차를 타야 합니다. 보통 귀사의 웹 사이트를 통해 티켓을 구입하는데, 문제가 있는 것 같아요.

남: 네, 현재 유지 관리 작업을 위해 접속되지 않고 있습니다. 걱정하지 마십시오. 지금 전화상으로 티켓을 구입하실 수 있습니다. 수요일에 로스앤젤레스에서 언제 출발하고 싶으신가요?

여: 제가 출발하는 시간은 크게 상관없어요. 하지만, 오후 2시 이전에 샌디에이고로 꼭 가야 합니다. 면접이 있어서 늦을 수 없어요.

로스앤젤레스 출발, 샌디에이고 도착		
열차	출발	도착
796	오전 10:20	오후 1:25
458	오전 11:45	오후 2:40
316	오후 12:15	오후 3:05
922	오후 2:05	오후 5:10

어휘   take (교통편) ~을 타다, 이용하다 normally 보통, 일반적으로 through ~을 통해 it seems to do ~하는 것 같다 down 접속되지 않는 maintenance 유지 관리 over the phone 전화상으로 mind ~을 상관하다 leave ~을 출발하다, 떠나다 definitely 꼭, 분명히 get to ~에 도착하다

3.   시각자료를 보시오. 여자는 어느 기차를 탈 것 같은가?
(A) 열차 796
(B) 열차 458
(C) 열차 316
(D) 열차 922

정답   **(A)**

해설   대화 후반부에 여자가 출발 시간은 상관없다는 말과 함께 오후 2시 이전에 샌디에이고에 꼭 도착해야 한다고 알리고 있다. 시

각 자료에서 도착 시간이 오후 2시 이전에 해당되는 것이 1시 25분으로 쓰여 있는 796번 열차이므로 (A)가 정답이다.

Question 4 refers to the following conversation and list.

W: Hi, Mr. Harper. I'm calling to see whether you've had a chance to look at the wine list that I sent to you.

M: Yes, I had a look at it yesterday.

W: Great. Did you decide which one you would like us to provide at your corporate event?

M: Well, I'm trying to keep within a tight budget, so I'll just go with the cheapest one. I'm planning to spend more money on the food and entertainment instead.

여: 안녕하세요. Harper 씨. 제가 보내 드린 와인 목록을 살펴보실 기회가 있으셨는지 확인해 보기 위해 전화 드렸습니다.

남: 네, 어제 확인해 봤습니다.

여: 잘됐네요. 귀사의 기업 행사에 어느 것을 제공해 드리기를 원하는지 결정하셨나요?

남: 저, 빠듯한 예산 범위 내로 유지하도록 해야 하기 때문에, 그냥 가장 저렴한 것으로 하겠습니다. 대신 음식과 공연에 더 많은 비용을 소비할 계획입니다.

와인 목록	
Eden Valley	$25
Springhill	$20
Jolly Grape	$18
Big White	$28

어휘　whether ~인지 (아닌지) have a chance to do ~할 기회가 있다 have a look at ~을 한 번 살펴보다 decide ~을 결정하다 would like A to do: A가 ~하기를 원하다 corporate 회사의, 기업의 try to do ~하려 하다 keep within ~ 이내로 유지하다 tight 빠듯한, 빡빡한 budget 예산 go with ~로 결정하다 plan to do ~할 계획이다 spend money on ~에 돈을 소비하다 entertainment 공연, 오락 (물) instead 대신

4. 시각자료를 보시오. 남자는 어느 브랜드를 선택하는가?
(A) Eden Valley
(B) Springhill
(C) Jolly Grape
(D) Big White

정답　**(C)**

해설　대화 후반부에 남자가 예산 문제를 언급하면서 가장 저렴한 것으로 하겠다고 알리고 있는데, 시각자료에서 가장 저렴한 것이 18달러로 쓰여 있는 Jolly Grape이므로 (C)가 정답이다.

Day 12 Check-up Test

1. (A)	**2.** (C)	**3.** (B)	**4.** (D)	**5.** (C)
6. (A)	**7.** (C)	**8.** (B)	**9.** (D)	**10.** (B)
11. (D)	**12.** (C)			

Questions 1–3 refer to the following conversation.

W: Hi, Liam. We had a customer who brought his car in yesterday, but now he's saying there's fuel leaking out. **1** Can you stop by his house and take a look at the car and fix the problem?

M: Is that the customer with the black sedan who lives on Eastern Road?

W: Yes, that's the one. 35 Eastern Road, actually. **2** Could you just stop by once you're finished installing the new brakes in the car you're working on now?

M: This is going to be an all-day job.

W: Oh, really? **3** Well, let me check how busy we are tomorrow. If there aren't too many appointments, maybe you can visit the customer's home on the way to work in the morning.

M: That would be fine. Let me know what you decide.

여: 안녕하세요, Liam 씨. 어제 차량을 가져온 고객이 한 명 있었는데, 지금 그 고객이 연료가 샌다고 해요. 그분 집에 잠깐 들르셔서 차량을 한 번 살펴보시고 문제를 바로잡아 주시겠어요?

남: Eastern Road에 사는 검정색 세단을 갖고 있는 고객인가요?

여: 네, 그 차량이 맞아요. 실은 Eastern Road 35번지죠. 지금 작업하고 계신 차량에 새 브레이크를 설치하는 일을 끝마치는 대로 잠깐 들러 주시겠어요?

남: 이 작업은 하루 종일 걸리는 일입니다.

여: 아, 그래요? 그럼, 우리가 내일 얼마나 바쁜지 확인해 보겠습니다. 예약이 너무 많지 않다면, 아마 오전에 출근하시는 도중에 그 고객의 집에 방문하실 수 있을 거예요.

남: 그건 괜찮을 겁니다. 결정하시는 사항을 저에게 알려주세요.

어휘　fuel 연료 leak out (기름, 물 등이) 새다, 누출되다 stop by (~에) 잠깐 들르다 take a look at ~을 한 번 살펴보다 fix ~을 바로잡다, 고치다 actually 실은, 사실은 once ~하는 대로, ~하자마자 be finished -ing ~하는 것을 끝마치다 install ~을 설치하다 work on ~에 대한 작업을 하다 all-day 하루 종일 걸리는 appointment 예약, 약속 on the way to ~로 가는 도중에 let A know: A에게 알리다 decide ~을 결정하다

1. 남자는 누구일 것 같은가?

    (A) 정비사
    (B) 영업 사원
    (C) 택시 기사
    (D) 부동산 중개소 직원

정답 **(A)**

해설 대화 시작 부분에 여자가 남자에게 자동차를 살펴보고 문제를 수리하도록 요청하는(Can you stop by his house and take a look at the car and fix the problem?) 말이 있는데, 이는 정비사가 할 수 있는 일에 해당되므로 (A)가 정답이다.

2. 남자가 왜 "이 작업은 하루 종일 걸리는 일입니다"라고 말하는가?

    (A) 도움을 요청하기 위해
    (B) 초대장을 발송하기 위해
    (C) 요청을 거절하기 위해
    (D) 절차를 설명하기 위해

정답 **(C)**

해설 대화 중반부에 여자가 브레이크 설치 작업을 끝마치는 대로 다른 고객의 집에 들르도록 요청하는 것에 대해(Could you just stop by once you're finished installing the new brakes ~) 하루 종일 걸리는 작업이라고 답변하는 흐름이다. 이는 여자의 요청을 거절하는 말에 해당되므로 (C)가 정답이다.

어휘 ask for ~을 요청하다 assistance 도움, 지원 extend an invitation 초대장을 보내다 decline ~을 거절하다 request 요청(서) explain ~을 설명하다 procedure 절차

3. 여자는 무엇을 할 것이라고 말하는가?

    (A) 고객에게 다시 전화하는 일
    (B) 일부 예약을 확인하는 일
    (C) 일부 교체 부품을 주문하는 일
    (D) 고객에게 할인을 제공하는 일

정답 **(B)**

해설 대화 후반부에 여자가 내일 얼마나 바쁜지 확인해 보겠다는 말과 함께 예약이 많지 않을 경우에 할 수 있는 일을(Well, let me check how busy we are tomorrow. If there aren't too many appointments ~) 말하고 있다. 따라서 예약 상황을 확인해 보는 일을 할 것임을 알 수 있으므로 (B)가 정답이다.

어휘 call A back: A에게 다시 전화하다, 답신 전화하다 replacement 교체(품) part 부품 offer A B: A에게 B를 제공하다

Questions 4–6 refer to the following conversation.

W: Hi, Henry. I was thinking that **4** we'd better start planning the company's year-end banquet. We're supposed to book a place for December 22.

M: Well, **5** we could just go to Bonucci's Italian Restaurant like in previous years. Everybody always seems to enjoy the food and atmosphere there.

W: That's right, but we've gone there for the past four years.

M: Good point. So, do you have anywhere else in mind?

W: Well, we could try the Russian place near the football stadium. It has been getting great reviews.

M: That would be a nice change. **6** But, won't it take us too long to get there from the office? It's on the other side of the city.

여: 안녕하세요, Henry 씨. 우리가 회사의 연말 연회를 계획하는 일을 시작하는 게 좋겠다고 생각하고 있었어요. 12월 22일로 장소를 예약해야 해요.

남: 저, 지난 몇 년 동안 그랬던 것처럼 그냥 Bonucci's Italian Restaurant으로 가면 될 것 같아요. 모든 사람이 항상 그곳의 음식과 분위기를 즐거워하는 것 같아요.

여: 맞아요, 하지만 지난 4년 동안 그곳으로 갔어요.

남: 좋은 지적입니다. 그럼, 마음에 두고 계신 다른 곳이라도 있나요?

여: 저, 축구 경기장 근처에 있는 러시아 식당에 가볼 수 있을 거예요. 그곳이 계속 훌륭한 평가를 받고 있거든요.

남: 그럼 아주 좋은 변화가 될 것 같네요. 하지만, 사무실에서 그곳까지 가는 데 너무 오래 걸리지는 않을까요? 도시의 반대편에 있으니까요.

어휘 had better 동사원형: ~하는 게 좋다 plan ~을 계획하다 year-end 연말의 banquet 연회 be supposed to do ~해야 한다, ~하기로 되어 있다 book ~을 예약하다 previous 이전의, 과거의 seem to do ~하는 것 같다 atmosphere 분위기 have A in mind: A를 마음에 두다, 염두에 두다 try ~에 한 번 가보다 near ~ 근처에 review 평가, 후기 take A long to do: A가 ~하는 데 오래 걸리다 get there 그곳으로 가다 on the other side of ~의 반대편에 있는

4. 화자들은 무엇을 계획하고 있는가?

    (A) 고객 회의
    (B) 지역 사회 행사
    (C) 교육 워크숍
    (D) 회사 저녁 만찬

정답　(D)

해설　대화 시작 부분에 여자가 회사의 연말 연회를 계획하는 일을(~ we'd better start planning the company's year-end banquet) 언급한 뒤로 그 연회 장소와 관련된 내용으로 대화가 진행되고 있다. 따라서 연회에 해당되는 행사인 (D)가 정답이다.

어휘　community 지역 사회 training 교육

Paraphrase　company's year-end banquet ➡ company dinner

5. 왜 여자가 "지난 4년 동안 그곳으로 갔어요"라고 말하는가?
(A) 많은 업무 경험을 얻었다.
(B) 직원들이 기뻐할 것이라고 생각한다.
(C) 다른 장소를 원하고 있다.
(D) 목적지로 가는 방법을 알고 있다.

정답　(C)

해설　대화 중반부에 남자가 예전처럼 그냥 Bonucci's Italian Restaurant으로 가면 될 거라고(~ we could just go to Bonucci's Italian Restaurant like in previous years) 말한 것에 대해 여자가 지난 4년 동안 그곳으로 갔다고 말하는 흐름이다. 이는 다른 곳에 가보고 싶다는 뜻을 나타내는 것이므로 (C)가 정답이다.

어휘　gain ~을 얻다, 획득하다 would prefer ~을 원하다, ~하고 싶다 location 장소, 위치 how to do ~하는 법 reach ~에 도달하다, 이르다 destination 목적지, 도착지

6. 남자는 무엇이 우려된다고 말하는가?
(A) 이동 시간
(B) 티켓 가격
(C) 예산 규모
(D) 행사 날짜

정답　(A)

해설　대화 후반부에 여자가 권하는 장소에 대해 남자가 그곳까지 가는 데 너무 오래 걸리지 않을지(But, won't it take us too long to get there from the office?) 묻고 있는데, 이는 이동 시간을 우려하는 말이므로 (A)가 정답이다.

어휘　be concerned about ~을 우려하다, 걱정하다 duration (지속) 시간 travel 이동 budget 예산

Questions 7-9 refer to the following conversation and building information.

W: Good morning, and welcome to London History Museum.

M: Good morning. **7** I'm here to do some work on your Clothing and Jewelry exhibits. Can you tell me where I should go?

W: Those exhibits are through that door over there. Here, take this building information. It will help you find your way around.

M: Thanks. **8** I've been asked to install some better lights in the exhibits so that they stand out more to visitors.

W: Oh, of course. Actually, **9** we were expecting you to perform the work yesterday. What was the problem?

M: Well, **9** I had to wait for our supplier to send some of the parts I need.

W: Ah, I see. Let me know if you need anything.

여: 안녕하세요, 그리고 London History Museum에 오신 것을 환영합니다.

남: 안녕하세요. 이곳에서 열리는 의류와 보석 전시회장에 작업을 좀 하러 왔습니다. 제가 어디로 가야 하는지 알려 주시겠어요?

여: 그 전시회는 저기 저쪽에 있는 문을 통해서 들어가시면 됩니다. 여기, 이 건물 안내 정보를 가져가세요. 돌아다니는 길을 찾으시는 데 도움이 될 겁니다.

남: 감사합니다. 방문객들에게 더 잘 보일 수 있도록 전시품에 몇몇 더 나은 조명을 설치해 달라는 요청을 받았습니다.

여: 아, 물론이죠. 실은, 저희가 어제 그 작업을 해 주실 것으로 예상하고 있었어요. 무슨 문제가 있으셨나요?

남: 저, 저에게 필요한 몇몇 부품을 공급업체가 보내주기를 기다려야 했어요.

여: 아, 알겠습니다. 필요하신 것이 있으면 알려주세요.

London History Museum 건물 안내 정보
북쪽 동 – 그림과 조각
서쪽 동 – 도구와 무기
동쪽 동 – 의류와 보석
남쪽 동 – 교통과 산업

어휘　clothing 의류 jewelry 보석, 장신구 exhibit 전시(회), 전시품 through ~을 통해, 통과해 over there 저기 저쪽에 help A do: A가 ~하는 것을 돕다 one's way around ~가 돌아다니는 길 be asked to do ~하도록 요청 받다 install ~을 설치하다 so that (목적) ~할 수 있도록 stand out to ~에게 잘 보이다, ~의 눈에 잘 띄다 actually 실은, 사실은 expect A to do: A가 ~하기를 예상하다, 기대하다 perform ~을 하다, 수행하다 supplier 공급업체 part 부품 wing (건물의) 동, 부속 건물 sculpture 조각(품) tool 도구, 기구 weapon 무기 transportation 교통 industry 산업, 업계

7. 시각자료를 보시오. 남자는 어느 동을 방문할 것인가?
(A) 북쪽 동
(B) 서쪽 동

(C) 동쪽 동

(D) 남쪽 동

정답 (C)

해설 대화 초반부에 남자가 의류와 보석 전시회장에 작업을 하러 왔다는(I'm here to do some work on your Clothing and Jewelry exhibits) 말로 자신이 가고자 하는 곳을 밝히고 있다. 시각자료에서 이 전시회가 표기된 장소가 동쪽 동으로(East Wing – Clothing & Jewelry) 되어 있으므로 (C)가 정답이다.

8. 남자는 무엇을 할 예정인가?

(A) 일부 기계를 수리하는 일

(B) 일부 조명을 설치하는 일

(C) 구직 면접에 참석하는 일

(D) 일부 전시품을 옮기는 일

정답 (B)

해설 대화 중반부에 남자가 더 나은 조명을 설치해 달라는 요청을 받은 사실과 함께(I've been asked to install some better lights in the exhibits ~) 그 목적을 밝히고 있으므로 (B)가 정답이다.

어휘 repair ~을 수리하다 machinery 기계 lighting 조명 attend ~에 참석하다

9. 남자는 왜 어제 박물관에 올 수 없었는가?

(A) 회사에 결근했다.

(B) 자신의 차량이 고장 났다.

(C) 일정상의 충돌 문제가 있었다.

(D) 일부 부품을 기다리고 있었다.

정답 (D)

해설 어제라는 시점이 언급되는 후반부에, 여자가 어제 작업을 해 줄 것으로 예상했다고(~ we were expecting you to perform the work yesterday) 말하자, 남자가 부품을 기다려야 했다고(I had to wait for our supplier to send some of the parts I need) 알리고 있다. 따라서 이를 언급한 (D)가 정답이다.

어휘 be absent from ~에서 결근하다, 부재 중이다 vehicle 차량 break down 고장 나다 scheduling conflict 일정상의 충돌, 겹침

Questions 10-12 refer to the following conversation and map.

W: 🔟 Speedy Taxis, would you like to order a taxi?

M: 🔟 Hi, Angela. It's Frank. I'm downtown right now. I got a message from someone at headquarters saying there's a customer nearby. But 1️⃣1️⃣ the message doesn't include the location or destination.

W: Oh, that's strange. Did it include the customer's name?

M: Yes, it's Ms. Abigail Keenan.

W: OK, let me check that for you… Ms. Keenan needs to be picked up from the Danforth Hotel, and she's going to Derry International Airport.

M: Ah, right, 1️⃣2️⃣ on Castle Street, directly across the road from the museum. Thanks.

여: Speedy Taxis입니다, 차량을 불러 드릴까요?

남: 안녕하세요, Angela 씨. Frank입니다. 저는 지금 시내에 있습니다. 근처에 손님이 있다고 말하는 메시지를 본사에 있는 누군가로부터 받았습니다. 그런데 메시지에 위치 또는 목적지가 포함되어 있지 않아서요.

여: 어, 이상하네요. 고객 이름은 포함되어 있었나요?

남: 네, Abigail Keenan입니다.

여: 아, 제가 확인해 볼게요… Keenan 씨는 Danforth Hotel에서 태우셔야 하는데, Derry International Airport로 가시는 분이세요.

남: 아, 알겠어요, Castle Street에 있는 박물관 바로 길 건너편이군요. 감사합니다.

어휘 would you like to do? ~하시겠어요? headquarters 본사 nearby 근처에 있는 include ~을 포함하다 location 위치, 지점 destination 목적지, 도착지 pick up ~을 차에 태우다 directly across ~ 바로 건너편에

10. 남자는 누구일 것 같은가?

(A) 택배 기사

(B) 택시 기사
(C) 공항 직원
(D) 호텔 지배인

정답 (B)

해설 대화 초반부에 여자가 Speedy Taxis라는 업체명과 함께 손님에게 질문하듯 차를 불러 주기를 원하는지(would you like to order a taxi?) 묻자, 남자가 여자에게 시내 근처의 손님과 관련된 정보 확인을 요청하고 있다(I got a message from someone at headquarters saying there's a customer nearby). 따라서 남자는 Speedy Taxis라는 업체에 소속된 기사인 것으로 판단할 수 있으므로 (B)가 정답이다.

어휘 courier 택배 기사, 택배 업체

11. 남자는 무슨 문제점을 언급하는가?
(A) 노선에 교통량이 많다.
(B) 일부 고객들이 불만을 제기했다.
(C) 도로 한 곳이 일시적으로 폐쇄되어 있다.
(D) 일부 정보가 제공되지 않았다.

정답 (D)

해설 대화 초반부에 남자는 본사에서 받은 메시지를 언급하면서 위치 또는 목적지가 포함되어 있지 않았다는(the message doesn't include the location or destination) 문제점을 말하고 있다. 이는 일부 정보가 누락된 것에 해당되므로 (D)가 정답이다.

어휘 route 경로, 노선 traffic 교통량 complain 불만을 제기하다, 불평하다 temporarily 일시적으로 provide ~을 제공하다

Paraphrase doesn't include the location or destination ➡ Some information was not provided

12. 시각자료를 보시오. 남자는 곧이어 어디로 갈 것인가?
(A) A 지점으로
(B) B 지점으로
(C) C 지점으로
(D) D 지점으로

정답 (C)

해설 대화 맨 마지막에 여자가 특정 위치를 알려주자 남자가 Castle Street의 박물관 바로 길 건너편이라고(on Castle Street, directly across the road from the museum) 언급하고 있다. 시각자료에서 Castle Street의 박물관 건너편이 C이므로 (C)가 정답이다.

DAY 13

문제 유형 III

POINT 1, 2 기출 확인 PRACTICE

Question 1 refers to the following conversation with three speakers.

W: Hi, Brian and Greg, thanks for stopping by my office. I wanted to find out how your presentation went yesterday at BCT Corporation.

M1: It was a great success. The CEO of the firm agreed to collaborate with us on the construction project.

W: That's amazing! Greg, did you enjoy the experience? I know this was your first time being involved in an important business presentation.

M2: Yes, but I had some difficulty with the presentation slides. I'm not that familiar with the computer program we used, so I'll try to learn more about it right away.

여: 안녕하세요, Brian 씨 그리고 Greg 씨, 제 사무실에 들러 주셔서 감사합니다. 어제 BCT Corporation에서 했던 두 분의 발표가 어떻게 되었는지 알아보고 싶습니다.

남1: 아주 성공적이었습니다. 그 회사의 대표이사님께서 그 공사 프로젝트에 대해 우리와 협업하는 데 동의해 주셨습니다.

여: 놀라운 일이네요! Greg 씨, 즐거운 경험이 되셨나요? 중요한 사업 발표에 관여하시게 된 게 이번이 처음이라는 것을 알고 있어요.

남2: 네, 하지만 발표 슬라이드에 약간의 어려움이 있었어요. 저희가 사용한 컴퓨터 프로그램에 그렇게 익숙하지 않기 때문에, 당장 더 배우도록 할 겁니다.

어휘 stop by ~에 들르다 find out ~을 알아내다, 확인하다 how A go: A가 어떻게 진행되는지 presentation 발표(회) success 성공(적인 일) firm 회사 agree to do ~하는 데 동의하다 collaborate with ~와 협업하다, 공동 작업하다 amazing 놀라운 be involved in ~에 관여하다, ~와 관련되다 have difficulty with ~에 어려움을 겪다 be familiar with ~에 익숙하다, ~을 잘 알다 that ad. 그렇게, 그만큼 right away 당장

1. Greg 씨는 무슨 문제가 있었다고 말하는가?
(A) 일부 소프트웨어를 사용하는 데 어려움이 있었다.
(B) 발표회장에 늦게 도착했다.
(C) 자신의 컴퓨터 비밀번호를 잊었다.
(D) 몇몇 질문에 답변할 수 없었다.

해설   대화 후반부에 여자가 Greg에게 질문하자, 남자 한 명이 발표 슬라이드에 약간의 어려움이 있었다는 것과 함께 자신이 사용한 컴퓨터 프로그램에 익숙하지 않았던 사실을(I had some difficulty with the presentation slides. I'm not that familiar with the computer program we used ~) 밝히고 있다. 따라서 이와 같은 소프트웨어 사용상의 어려움을 언급한 (A)가 정답이다.

어휘   have trouble -ing ~하는 데 어려움을 겪다 arrive 도착하다 forget ~을 잊다 be unable to do ~할 수 없다

Paraphrase not that familiar with the computer program
➡ had trouble using some software

Question 2 refers to the following conversation with three speakers.

M1: I'd like to use today's meeting to <u>come up with</u> some new ways to perform market research for our store. Do any of you have any ideas?

W: Well, one thing we have never tried is surveying consumers on the street. **William**, you said you <u>conducted surveys</u> for your previous company, right?

M2: Yes, I did, and I think it's a really effective technique.

W: Great. In that case, **I'd like you to <u>select some employees to join</u> your team** and then survey shoppers in the city center this weekend.

M2: No problem. I have some people in mind already.

남1: 저는 우리 매장을 위한 시장 조사를 실시할 몇몇 새로운 방법을 생각해 내는 데 오늘 회의 시간을 이용하고자 합니다. 여러분 중에 아이디어가 있으신 분 있나요?

여: 저, 우리가 한 번도 해보지 않은 한 가지는 거리에서 소비자들에게 설문 조사를 하는 일입니다. William 씨, 이전 회사를 위해 설문 조사를 실시하신 적이 있다고 하셨죠?

남2: 네, 그랬죠, 그리고 저는 그것이 정말로 효과적인 방식이라고 생각해요.

여: 좋습니다. 그런 경우라면, 몇몇 직원들을 당신의 팀에 합류하도록 선발하신 다음에 이번 주말에 도심 지역에서 쇼핑객들에게 설문 조사를 실시해 주시면 좋겠어요.

남2: 알겠습니다. 이미 몇몇 사람들을 염두에 두고 있습니다.

어휘   come up with (아이디어 등) ~을 생각해 내다 way to do ~하는 방법 perform ~을 하다, ~을 실시하다 market research 시장 조사 try ~을 한 번 해 보다 survey v. ~에게 설문 조사하다 n. 설문 조사 consumer 소비자 conduct ~을 실시하다, 수행하다 previous 이전의, 과거의 effective 효과적인 technique 방식, 기법 in that case 그런 경우라면, 그렇다면 select ~을 선발하다, 선정하다 join ~에 합류하다, ~와 함께 하다 then 그런 다음, 그리고 나서 have A in mind: A를 염두에 두다, 생각해 두다

2.   여자는 William 씨에게 무엇을 하도록 요청하는가?
   (A) 제품을 테스트하는 일
   (B) 고객에게 답변하는 일
   (C) 팀을 소집하는 일
   (D) 교육 시간을 진행하는 일

정답   (C)

해설   대화 중반부에 여자가 William 씨를 부른 뒤로 이어지는 대화에서, William 씨를 you로 지칭해 몇몇 직원들을 선발해 팀에 합류하게 하도록 요청하는(I'd like you to select some employees to join your team ~) 내용이 있다. 이는 팀을 소집하는 일을 의미하는 것이므로 (C)가 정답이다.

어휘   respond to ~에 답변하다, 대응하다 assemble ~을 소집하다, 모으다 lead ~을 이끌다 training 교육 session (특정 활동을 위한) 시간

Paraphrase select some employees to join your team ➡ Assemble a team

Question 3 refers to the following conversation with three speakers.

W: Hey, Lenny, **do you have any idea why I can't get through to the Zen Sushi branch on Holly Avenue?** I'm trying to order some lunch.

M1: Sorry… I have no idea. But, **I just ordered from the one on Fifth Street.** So…

W: Oh, but <u>isn't that pretty far</u> from our office? How long will the delivery take?

M2: I order my lunch from there every day, and it normally takes about thirty minutes.

여: 안녕하세요, Lenny 씨, Holly Avenue에 위치한 Zen Sushi 지점에 왜 전화로 연결이 안되는지 아시나요? 제가 점심 식사를 주문하려는 중입니다.

남1: 죄송해요… 잘 모르겠어요. 하지만, 저는 Fifth Street에 있는 지점에 막 주문했어요. 그래서…

여: 아, 하지만 그곳은 우리 사무실에서 꽤 멀리 있지 않나요? 배달 시간이 얼마나 걸릴까요?

남2: 제가 그곳에서 매일 점심 식사를 주문하는데, 보통 약 30분 걸려요.

어휘   get through to ~에 전화 연결이 되다 branch 지점, 지사 try to do ~하려 하다 order (~을) 주문하다 pretty 꽤, 아주 far from ~에서 멀리 떨어진 take ~의 시간이 걸리다 normally 보통, 일반적으로 about 약, 대략

3.   Lenny 씨가 왜 "저는 Fifth Street에 있는 지점에 막 주문했어요"라고 말하는가?

(A) 배달 문제에 관해 불만을 제기하기 위해
(B) 한 업체로 가는 길을 안내해 주기 위해
(C) 다른 지점을 추천하기 위해
(D) 비용을 줄일 수 있는 방법을 설명하기 위해

정답 **(C)**

해설 대화 초반부에 여자가 Zen Sushi 지점에 왜 전화 연결이 안되는지 묻자(~ do you have any idea why I can't get through to the Zen Sushi branch on Holly Avenue?), 남자 한 명이 Fifth Street에 있는 지점에 주문했음을 알리는 흐름이다. 이는 연락 가능한 다른 지점을 권하는 말에 해당되므로 (C)가 정답이다.

어휘 complain about ~에 관해 불만을 제기하다 give directions to ~로 가는 길을 안내하다 business 업체, 회사 recommend ~을 추천하다 explain ~을 설명하다 way to do ~하는 방법 reduce ~을 줄이다, 낮추다

Question 4 refers to the following conversation with three speakers.

> **W1:** Hi, Fiona and Vernon. I wanted to talk to you about a concern I have regarding the covers on our new range of books.
>
> **W2:** No problem. Did you find something wrong with them?
>
> **W1:** Well, we took the books to a bookstore for the official launch event and gathered some feedback from customers. Most of them commented that the books don't stand out well on the shelves. Is it too late to redesign the covers?
>
> **M:** Fiona, you're the most qualified in this area.
>
> **W2:** I'm afraid that would require a lot of work, and it would make us fall behind on other projects. The best we could do would be to design a new cover for the second editions.
>
> ---
>
> 여1: 안녕하세요, Fiona 씨 그리고 Vernon 씨. 새로운 종류의 우리 도서 표지와 관련해 제가 갖고 있는 우려 사항에 관해 두 분과 이야기하고자 합니다.
>
> 여2: 좋습니다. 뭔가 잘못된 거라도 찾으신 건가요?
>
> 여1: 저, 정식 출시 행사를 위해 서점으로 그 책들을 가져갔었고, 고객들로부터 의견을 좀 얻었어요. 대부분 그 책들이 선반에서 눈에 잘 띄지 않는다는 의견을 제공해 주셨어요. 표지를 다시 디자인하기에 너무 늦은 건가요?
>
> 남: Fiona 씨, 당신이 이 분야에서 가장 뛰어난 자격을 지니고 계시잖아요.
>
> 여2: 그렇게 하려면 많은 작업이 필요할 것 같은데, 그로 인해 다른 프로젝트가 일정에서 뒤처지게 될 거예요. 우리가 할 수 있는 최선은 2번째 판을 찍을 때 새로운 표지를 디자인하는 일일 겁니다.

어휘 concern 우려, 걱정 regarding ~와 관련해, ~에 관해 range (제품) 종류, 군 take A to B: A를 B로 가져가다 official 정식의, 공식적인 launch 출시(회) gather ~을 모으다, 수집하다 feedback 의견 comment that ~라는 의견을 말하다 stand out 눈에 띄다 too A to do: ~하기에 너무 A한 qualified 자격을 갖춘, 적격인 require ~을 필요로 하다 make A do: A가 ~하게 만들다 fall behind on ~에서 일정이 뒤처지다 edition (출간 도서 등의) 판, 호

4. 남자가 "Fiona 씨, 당신이 이 분야에서 가장 뛰어난 자격을 지니고 계시잖아요"라고 말할 때 의미하는 것은 무엇인가?

(A) Fiona 씨를 한 직책에 추천하고 있다.
(B) Fiona 씨에게 교육받게 되어 기뻐하고 있다.
(C) Fiona 씨가 더 인정받아야 마땅하다고 생각한다.
(D) Fiona 씨에게 의견을 제공해 주기를 원하고 있다.

정답 **(D)**

해설 대화 중반부에 여자 한 명이 표지를 다시 디자인하기에 너무 늦은 것인지 묻자(Is it too late to redesign the covers?), 남자가 Fiona 씨를 부르면서 그 분야에서 가장 뛰어난 자격을 지닌 사람이라고 말하는 흐름이다. 이는 표지를 다시 디자인하는 일과 관련된 의견을 말하도록 요청하는 의미에 해당되는 말이므로 (D)가 정답이다.

어휘 recommend ~을 추천하다 position 직책 train ~을 교육하다 deserve ~ 받아야 마땅하다, ~을 받을 만하다 credit 인정, 칭찬, 공 want A to do: A가 ~하기를 원하다 opinion 의견

Day 13 Check-up Test

1. (D)	**2.** (C)	**3.** (B)	**4.** (A)	**5.** (B)
6. (D)	**7.** (A)	**8.** (C)	**9.** (B)	**10.** (D)
11. (A)	**12.** (D)			

Questions 1-3 refer to the following conversation with three speakers.

> **W1:** Hi, Dimitri and Lola. Do any of you have any idea when James will be back from lunch? It's already one p.m.
>
> **M:** Isn't he meeting with a client this afternoon? **1** I could take a look at his office schedule, if you'd like.
>
> **W1:** No, I think you're right. **2 3** It's just that I need to design and print some flyers to advertise our spring sale, and James knows a lot about that sort of thing.
>
> **M:** Well, don't forget, Lola has a degree in graphic design.
>
> **W2:** That's true. I'd be happy to lend a hand, if Dimitri doesn't mind sharing some of my workload.

여1: 안녕하세요, Dimitri 씨 그리고 Lola 씨. 두 분 중에 James 씨가 점심 식사에서 언제 돌아오실 지 아는 분 있으세요? 이미 오후 1시가 됐어요.

남: 오늘 오후에 고객과 만나시지 않나요? 원하시면 제가 그분 업무 일정표를 한 번 봐 드릴 수 있어요.

여1: 아뇨, 당신 말이 맞는 것 같아요. 우리 봄 세일 행사를 광고할 몇몇 전단을 디자인하고 인쇄해야 하기 때문에 그러는데, James 씨가 그런 종류의 일에 관해 많이 알거든요.

남: 저, 잊지 마셔야 하는 사실이 있는데, Lola 씨가 그래픽 디자인 학위를 보유하고 있어요.

여2: 사실입니다. Dimitri 씨가 제 업무량을 나눠서 해 주시는 게 괜찮으시다면 제가 기꺼이 도와드릴 수 있습니다.

어휘 be back from ~에서 돌아오다 meet with (약속하여) ~와 만나다 take a look at ~을 한 번 보다 if you'd like 원한다면, 괜찮다면 flyer 전단 advertise ~을 광고하다 that sort of thing 그런 종류의 것 forget ~을 잊다 degree 학위 be happy to do 기꺼이 ~하다, ~해서 기쁘다 lend a hand 도와주다 mind -ing ~하는 것을 꺼리다 share ~을 나눠서 하다 workload 업무량

1. 남자는 무엇을 하겠다고 제안하는가?
(A) 이메일을 보내는 일
(B) 동료직원에게 전화하는 일
(C) 회의 시간을 마련하는 일
(D) 일정을 확인하는 일

정답 (D)
해설 대화 초반부에 James 씨의 행방을 묻는 여자에게 남자가 그 사람의 업무 일정표를 확인해 줄 수 있다고(I could take a look at his office schedule, if you'd like) 제안하는 내용이 있으므로 이를 언급한 (D)가 정답이다.

어휘 coworker 동료직원 organize ~을 마련하다, 조직하다

Paraphrase take a look at his office schedule ➡ Check a schedule

2. James 씨는 무슨 일에 필요한가?
(A) 고객에게 연락하는 일
(B) 설문 조사를 실시하는 일
(C) 전단을 만드는 일
(D) 새로운 재고품을 주문하는 일

정답 (C)
해설 대화 중반부에 여자 한 명이 광고 전단을 디자인하고 인쇄하는 일을 언급하면서 Jams 씨가 그런 일을 잘 안다고(It's just that I need to design and print some flyers to advertise ~ James knows a lot about that sort of thing) 알리고 있다. 따라서 전단 제작에 James 씨가 필요하다는 것을 알 수 있으므로 (C)가 정답이다.

어휘 contact ~에게 연락하다 conduct ~을 실시하다, 수행하다 survey

설문 조사 create ~을 만들어 내다 stock 재고(품)

Paraphrase design and print some flyers ➡ Creating a flyer

3. 남자가 왜 "Lola 씨가 그래픽 디자인 학위를 보유하고 있어요"라고 말하는가?
(A) 프로젝트에 대한 Lola 씨의 기여를 칭찬하기 위해
(B) Lola 씨가 일을 돕도록 추천하기 위해
(C) 컴퓨터 교육 강좌를 개최하도록 권하기 위해
(D) 두 부서가 합쳐지도록 제안하기 위해

정답 (B)
해설 대화 중반부에 여자 한 명이 광고 전단을 디자인하고 인쇄하는 일을 언급하면서 Jams 씨가 그런 일을 잘 안다고(It's just that I need to design and print some flyers to advertise ~ James knows a lot about that sort of thing) 알리자, 남자가 Lola 씨가 그래픽 디자인 학위를 보유하고 있다고 알리는 흐름이다. 이는 Lola 씨에게서 도움을 받을 수 있다는 뜻이므로 (B)가 정답이다.

어휘 praise ~을 칭찬하다 contribution to ~에 대한 기여, 공헌 recommend ~을 추천하다 help with ~에 대해 돕다 task 일, 업무 suggest -ing ~하도록 제안하다, 권하다 hold ~을 개최하다, 열다 training 교육 propose that ~하도록 제안하다 department 부서 merge ~을 합치다, 합병하다

Questions 4-6 refer to the following conversation with three speakers.

M: Hi, Monica. **4** I'd like you to meet our new customer service part-timer, Samantha Morgan.

W1: Hi, Samantha. Welcome to the company.

W2: Thanks. It's nice to be here.

M: I'll introduce her to the other customer service representatives later today. But I thought you two should get to know one another, as **5** you both have an interest in fitness. Monica, I know you were looking for someone to work out with during the lunch break.

W1: Yes! **6** Samantha, do you have a gym membership?

W2: Actually, I just got one for Global Fitness.

W1: Oh! That's the same one as mine! Do you think you'll be up for some gym sessions during our lunch breaks?

W2: Definitely! I'm hoping to lose a few pounds. **6** If you just tell me which number your office is, I can stop by at 12 today.

남: 안녕하세요, Monica 씨. 우리 고객 서비스부에 새로 오신 시간제 근무자 Samantha Morgan 씨를 만나 보셨으면 합니다.

여1: 안녕하세요, Samantha 씨. 저희 회사에 오신 것을 환영합니다.

여2: 감사합니다. 이곳에 오게 되어 기쁩니다.

남: 오늘 이따가 다른 고객 서비스 담당 직원들에게도 소개해 드릴 겁니다. 하지만 두 분이 서로 알게 되어야 한다고 생각하는데, 두 분 모두 피트니스에 관심이 있기 때문이죠. Monica 씨, 점심 시간 중에 함께 운동할 사람을 찾고 계셨다는 것을 알고 있습니다.

여1: 맞아요! Samantha 씨, 체육관 회원권을 갖고 계신가요?

여2: 사실, Global Fitness 회원권을 막 구입했어요.

여1: 아! 저랑 같은 거네요! 우리 점심 시간 중에 체육관 수업 시간에 가실 생각이 있으세요?

여2: 당연하죠! 제가 몸무게를 몇 파운드 줄일 수 있기를 바라고 있어요. 사무실이 몇 호인지만 알려 주시면, 오늘 12시에 들를 수 있어요.

어휘   introduce A to B: A를 B에게 소개하다 representative 직원 get to do ~하게 되다 one another 서로 as ~이기 때문에 both 둘다 have an interest in ~에 관심이 있다 look for ~을 찾다 work out 운동하다 gym 체육관 actually 실은, 사실 be up for 기꺼이 ~하려 하다 session (특정 활동을 위한) 시간 Definitely (강한 긍정) 당연하죠, 물론이죠 lose (몸무게를) ~만큼 줄이다 stop by 잠깐 들르다

4.   화자들은 어느 부서에서 근무하고 있는가?
    (A) 고객 서비스부
    (B) 마케팅부
    (C) 회계부
    (D) 영업부

정답   **(A)**

해설   대화 시작 부분에 남자가 고객 서비스부에 새로 온 시간제 근무자 Samantha Morgan을 소개하고 있으므로(I'd like you to meet our new customer service part-timer, Samantha Morgan) 고객 서비스부 직원들임을 알 수 있다. 따라서 (A)가 정답이다.

5.   남자는 여자들에게 무엇을 하도록 권하는가?
    (A) 교통편을 함께 이용하는 일
    (B) 함께 운동하는 일
    (C) 프로젝트에 협업하는 일
    (D) 일부 직원을 교육하는 일

정답   **(B)**

해설   남자가 대화 중반부에 두 여자가 피트니스에 관심이 있다는 말과 함께 Monica 씨가 함께 운동할 사람을 찾고 있었다는 사실을(~ you both have an interest in fitness. Monica, I know you were looking for someone to work out with

during the lunch break) 언급하고 있다. 이는 두 사람이 함께 운동하도록 권하는 것에 해당되므로 (B)가 정답이다.

어휘   share ~을 함께 하다, 공유하다 transportation 교통편 exercise 운동하다 collaborate on ~에 대해 협업하다, 공동 작업하다

6.   Samantha 씨는 무엇을 요청하는가?
    (A) 출입문 비밀 번호
    (B) 건물 위치
    (C) 회원 카드
    (D) 사무실 번호

정답   **(D)**

해설   대화 중반부에 한 여자가 Samantha 씨를 부른 뒤로, 그에 대답하는 여자가 상대방 여자의 사무실 번호를 알려 달라고(If you just tell me which number your office is, ~) 요청하고 있으므로 (D)가 정답이다.

어휘   ask for ~을 요청하다 passcode 비밀 번호 location 위치, 장소

Questions 7-9 refer to the following conversation with three speakers.

W1: **7** Thanks for your interest in Everglow. I'm Brittany, and this is Patricia. We're here today to talk to you about **7** our company's corporate cleaning services. I'm sure your firm would greatly benefit from the cleaning we can provide.

M: I've been planning to hire a professional company to clean our offices and warehouses for quite some time. Our staff simply can't handle the task themselves anymore.

W2: Oh, have you recently acquired some additional office space?

M: **9** No, Patricia. Actually, **8** we had to downsize the company three months ago and let a lot of our employees go. So, there aren't enough workers to handle tasks like this.

W2: Well, we would be able to provide a team of ten qualified professionals who would visit your company on a weekly basis. And, **9** we can give you a special reduced price if you sign a contract with us today.

여1: Everglow에 대한 관심에 감사드립니다. 저는 Brittany이며, 이분은 Patricia 씨입니다. 저희는 오늘 저희 회사의 기업 청소 서비스에 관해 여러분께 말씀드리기 위해 이곳에 왔습니다. 저희가 제공해 드리는 청소 서비스로부터 귀하의 회사가 크게 혜택을 누리게 될 것이라고 확신합니다.

남: 꽤 한동안 저희 사무실과 창고들을 청소해 줄 전문 업체를 고용할 계획을 세워 왔어요. 저희 직원들은 이제 더 이상 직접 이 일을 처리할 수 없습니다.

여2: 아, 최근에 추가 사무 공간을 매입하셨나요?

남: 아뇨, Patricia 씨. 실은, 3개월 전에 회사 규모를 줄이면서 많은 직원들을 내보내야 했어요. 그래서 이와 같은 일들을 처리할 직원이 충분하지 않습니다.

여2: 저, 일주일 단위로 회사를 방문하게 될 자격을 갖춘 10명의 전문 인력으로 구성된 팀을 제공해 드릴 수 있을 겁니다. 그리고, 오늘 저희와 계약을 맺으시면 특별 할인가를 제공해 드릴 수 있습니다.

어휘 corporate 기업의, 회사의 firm 회사 greatly 크게, 대단히 benefit from ~로부터 혜택을 누리다, 이득을 보다 provide ~을 제공하다 plan to do ~할 계획이다 hire ~을 고용하다 professional a. 전문적인 n. 전문가 warehouse 창고 quite 꽤, 상당히 simply 그저, 단지 handle ~을 처리하다, 다루다 not ~ anymore 더 이상 ~ 않다 task 일, 업무 oneself 직접, 스스로 recently 최근에 acquire ~을 매입하다, 획득하다 additional 추가적인 actually 실은, 사실은 downsize ~의 규모를 줄이다 let A go: A를 내보내다, 해고하다 handle ~을 처리하다 be able to do ~할 수 있다 qualified 자격을 갖춘, 적격인 on a weekly basis 일주일 단위로 reduced 할인된 sign a contract 계약을 맺다

7. Everglow는 무슨 서비스를 제공하는가?
(A) 기업 청소
(B) 행사 기획
(C) 홍보
(D) 조경

정답 **(A)**

해설 대화 시작 부분에 한 여자가 Everglow에 대한 관심에 감사의 인사를 한 후, 소속 회사를 our company로 지칭해 기업 청소 서비스를 제공하는 회사임을(our company's corporate cleaning services) 밝히고 있으므로 (A)가 정답이다.

8. 남자의 회사는 3개월 전에 무엇을 했는가?
(A) 창고를 개조했다.
(B) 새 사업 지점을 개장했다.
(C) 일부 직원을 해고했다.
(D) 본사를 옮겼다.

정답 **(C)**

해설 3개월 전이라는 시점이 언급되는 중반부에, 3개월 전에 회사 규모를 줄인 일과 그로 인해 많은 직원들을 내보낸 일을(~ we had to downsize the company three months ago and let a lot of our employees go) 남자가 언급하고 있다. 이는 직원을 해고한 일을 의미하므로 (C)가 정답이다.

어휘 renovate ~을 개조하다, 보수하다 business location 사업 지점 lay off ~을 해고하다 head office 본사

Paraphrase let a lot of our employees go ➡ laid off some staff

9. Patricia 씨는 무엇을 하겠다고 제안하는가?
(A) 비용 견적서를 제공하는 일
(B) 할인을 제공하는 일
(C) 일부 샘플을 보여주는 일
(D) 직원 교육 시간을 마련하는 일

정답 **(B)**

해설 대화 후반부에 남자가 Patricia 씨를 부른 뒤에 답변하는 여자가 오늘 계약하면 특별 할인가를 제공해 주겠다고(~ we can give you a special reduced price if you sign a contract with us today) 알리고 있으므로 이와 같은 혜택을 언급한 (B)가 정답이다.

어휘 estimate 견적(서) organize ~을 마련하다, 조직하다 training 교육

Paraphrase give you a special reduced price ➡ Provide a discount

Questions 10-12 refer to the following conversation with three speakers.

M: Can I have everyone's attention for a moment? We need to get our staff ready **10** before our investors arrive to tour the facility.

W1: Don't worry, I told all of the employees on the factory floor that they need to follow all procedures precisely and be courteous to the investors.

M: Great. And, **11** Barbara, can you ask Ryan in Human Resources to conduct the tour?

W2: Sure. And while he is showing them around, **11** I'll finish preparing the presentation that I'll be giving to them after lunch.

M: Sounds perfect. **12** I'm just going to contact the hotel and confirm that the rooms have been booked for our visitors. It would not look good for us if there was a problem.

남: 여러분 모두 잠시 주목해 주시겠습니까? 투자자들이 시설 견학을 위해 도착하기 전에 우리 직원들을 준비시켜 두어야 합니다.

여1: 걱정하지 마세요, 공장 작업장의 모든 직원들에게 모든 절차를 정확히 따라야 하고 투자자들에게 정중해야 한다고 얘기해 두었습니다.

남: 좋습니다. 그리고, Barbara 씨, 인사부의 Ryan 씨에게 견학을 진행하도록 요청해 주시겠어요?

여2: 물론이죠. 그리고 Ryan 씨가 투자자들을 둘러보시게 해 드리는 동안, 제가 점심 식사 후에 그분들을 대상으로 하게 될 발표 준비를 완료할 겁니다.

남: 완벽한 것 같아요. 저는 호텔에 연락해서 우리 방문객들을 위한 객실이 예약된 상태인지 확인해 보도록 하겠습니다. 문제가 있다면 우리에게 좋지 않아 보일 겁니다.

어휘 attention 주목, 주의, 관심 for a moment 잠시 get A ready: A를 준비시키다 investor 투자자 arrive 도착하다 tour ~을 견학하다 facility 시설(물) tell A that: A에게 ~라고 말하다 follow ~을 따르다, 준수하다 procedure 절차 precisely 정확히 courteous 정중한, 공손한 ask A to do: A에게 ~하도록 요청하다 human resources 인사(부) conduct ~을 실시하다, 수행하다 while ~하는 동안 show A around: A에게 둘러보게 하다 prepare ~을 준비하다 give a presentation 발표하다 contact ~에게 연락하다 confirm that ~임을 확인하다 book ~을 예약하다 look 형용사: ~하게 보이다

10. 화자들은 누구를 기다리고 있는가?
(A) 업체 설립자들
(B) 신입 사원들
(C) 위생 검사관들
(D) 회사 투자자들

정답 (D)
해설 대화 시작 부분에 남자가 투자자들이 시설 견학을 위해 도착하기 전에(~ before our investors arrive to tour the facility) 직원들을 준비시키는 일을 언급하고 있으므로 (D)가 정답이다.
어휘 expect (오기로 한 것) ~을 기다리다 founder 설립자 inspector 검사관, 조사관

11. Barbara 씨는 점심 식사 후에 무엇을 할 것인가?
(A) 발표를 하는 일
(B) 견학을 진행하는 일
(C) 직원들과 이야기하는 일
(D) 문서를 배부하는 일

정답 (A)
해설 대화 후반부에 남자가 Barbar를 부른 뒤에 답변하는 여자가 점심 식사 후에 발표를 한다는 사실을(~ I'll finish preparing the presentation that I'll be giving to them after lunch) 말하고 있으므로 (A)가 정답이다.
어휘 distribute ~을 배부하다, 나눠주다

12. 남자는 무엇을 하겠다고 말하는가?
(A) 교통편을 마련하는 일
(B) 레스토랑 테이블을 예약하는 일
(C) 메모를 보내는 일
(D) 숙박 시설을 확인하는 일

정답 (D)
해설 대화 맨 마지막에 남자가 호텔에 연락해서 방문객들을 위한 객실이 예약된 상태인지 확인해 보겠다고(I'm just going to contact the hotel and confirm that the rooms have

been booked for our visitors) 말하고 있으므로 이 일을 언급한 (D)가 정답이다.
어휘 organize ~을 마련하다, 조직하다 transportation 교통편 book ~을 예약하다 accommodation 숙박 시설, 숙소

Paraphrase confirm that the rooms have been booked ➡ Confirm accommodations

DAY 14
비즈니스 관련 대화

POINT 1, 2 기출 확인 PRACTICE

Questions 1–3 refer to the following conversation.

M: Zoe, have you seen the sales figures for our new blueberry smoothie? **1** I'm really worried about how sharply they have dropped since we introduced it to the menu.

W: Yes, and I just can't understand it. That flavor was so popular at first. However, **2** I have heard some of our customers say that the blueberry smoothie contains too much sugar.

M: In that case, let's reduce the amount of sugar in the recipe to give it a better taste. **3** I'll announce that change at tomorrow's staff meeting.

W: That should work. And, we should also let customers know about it.

남: Zoe 씨, 우리의 새 블루베리 스무디 제품에 대한 매출 수치를 확인해 보셨나요? 우리가 그 제품을 메뉴에 도입한 이후로 얼마나 급격하게 그 수치가 하락했는지에 대해 정말로 걱정됩니다.

여: 네, 그리고 저는 이해할 수가 없어요. 그 맛은 처음엔 아주 인기가 많았거든요. 하지만, 일부 우리 고객들이 블루베리 스무디에 설탕이 너무 많이 들어있다고 말하는 걸 들었어요.

남: 그런 경우라면, 조리법에 설탕의 양을 줄여서 더 나은 맛을 내보도록 해요. 제가 내일 있을 직원 회의에서 그 변경 사항에 대해 공지하겠습니다.

여: 그렇게 하면 효과가 있을 거예요. 그리고, 고객들에게도 알려야 해요.

어휘 sales 매출, 영업, 판매 figure 수치, 숫자 be worried about ~에 대해 걱정하다 sharply 급격히 drop 하락하다, 감소하다 since ~한 이후로 introduce ~을 도입하다, 소개하다 flavor 맛, 풍미 popular 인기 있는 at first 처음에는 hear A do: A가 ~하는 것을 듣다 contain ~을 포함하다 in that case 그런 경우라면 reduce ~을 줄이다 amount 양, 액 recipe 조리법 taste 맛 work 효과가 있다

1. 남자는 무엇을 걱정하고 있는가?

(A) 매출 감소
(B) 마케팅 캠페인
(C) 운영 비용 증가
(D) 새로운 경쟁 업체

정답   (A)

해설   대화 시작 부분에 남자가 특정 스무디 제품의 매출 수치를 언급하면서 그 수치가 급격히 하락한 것이 걱정된다고(I'm really worried about how sharply they have dropped since we introduced it to the menu) 알리고 있으므로 (A)가 정답이다.

어휘   be concerned about ~에 대해 우려하다, 걱정하다 decrease in ~의 감소, 하락 rise in ~의 증가 operating costs 운영 비용 competitor 경쟁 업체, 경쟁자

2. 고객들은 블루베리 스무디에 대해 무슨 불만을 갖고 있는가?

(A) 질감이 너무 걸쭉하다.
(B) 맛이 너무 달다.
(C) 가격이 너무 높다.
(D) 제공 사이즈가 너무 작다.

정답   (B)

해설   대화 중반부에 여자가 고객들의 의견을 말하면서 블루베리 스무디에 설탕이 너무 많다고 말하는 것을 들은 사실을(I have heard some of our customers say that the blueberry smoothie contains too much sugar) 알리고 있으므로 (B)가 정답이다.

어휘   complaint 불만 texture 질감 thick 걸쭉한 serving (음식의) 제공

Paraphrase contains too much sugar ➡ too sweet

3. 남자는 무엇을 할 것이라고 말하는가?

(A) 공지를 하는 일
(B) 업체를 닫는 일
(C) 일부 고객들과 만나는 일
(D) 가격을 낮추는 일

정답   (A)

해설   대화 후반부에 남자가 내일 있을 회의에서 직원들에게 공지하겠다는(I'll announce that change at tomorrow's staff meeting) 의사를 밝히고 있으므로 이를 언급한 (A)가 정답이다.

어휘   meet with (약속하여) ~와 만나다 lower v. ~을 낮추다, 내리다

Paraphrase announce that change ➡ make an announcement

Questions 4–6 refer to the following conversation.

W: Hi. This is Amy Sadler. **4** I'm calling about the vacancy that you posted online last week. Have you already hired someone for the position?

M: Actually, we're still looking. As you probably noticed, **5** we want to hire someone who has at least three years of experience in the real estate field. Do you meet that requirement?

W: Yes, I've been working in both residential and corporate real estate for almost a decade now, and I have a long list of satisfied clients.

M: Oh, then you definitely sound qualified. **6** Why don't you stop by my office so that we can talk in person? And, please bring along your résumé.

여: 안녕하세요. 저는 Amy Sadler입니다. 지난주에 온라인으로 게시하셨던 공석에 관해 전화 드렸습니다. 해당 직책에 대해 이미 누군가를 고용하셨나요?

남: 실은, 여전히 찾는 중입니다. 아마 알아차리셨겠지만, 저희는 부동산 분야에서 최소 3년의 경력을 지닌 분을 고용하고자 합니다. 그 자격 요건을 충족하시나요?

여: 네, 저는 현재 거의 10년 동안 주거용 부동산과 기업용 부동산 분야 모두에서 일해 왔으며, 만족하신 고객들을 담은 긴 명단도 있습니다.

남: 아, 그러시면 분명 자격을 갖추고 계신 것 같네요. 직접 함께 이야기할 수 있도록 제 사무실에 들르시는 건 어떠세요? 그리고 이력서도 지참해 주시기 바랍니다.

어휘   vacancy 공석, 빈 자리 post ~을 게시하다 online ad. 온라인으로, 온라인에서 hire ~을 고용하다 position 직책, 일자리 actually 실은, 사실은 notice ~을 알아차리다 at least 최소한, 적어도 real estate 부동산 field 분야, 업계 meet ~을 충족하다 requirement 자격 요건 both A and B: A와 B 둘 모두 residential 주거의 corporate 기업의 decade 10년 satisfied (사람이) 만족한 then 그럼, 그렇다면 definitely 분명히 qualified 자격을 갖춘, 적격인 Why don't you ~? ~하는 게 어때요? stop by ~에 들르다 so that (결과) ~할 수 있도록 in person 직접 (만나서) bring along ~을 지참해 가다, 챙겨 가다 résumé 이력서

4. 화자들은 주로 무엇을 이야기하고 있는가?

(A) 빈 건물
(B) 공석
(C) 직원 오리엔테이션
(D) 건물 개조 제안

정답   (B)

해설   대화 시작 부분에 여자가 상대방 측에서 온라인으로 게시한 공석에 관해 전화했다고 알린 뒤로(I'm calling about the vacancy that you posted online last week) 해당 직책의

자격 요건과 관련해 대화가 이어지고 있으므로 (B)가 정답이다.

어휘   vacant 비어 있는 property 건물, 부동산 job opening 공석 remodeling 개조, 보수 proposal 제안(서)

Paraphrase   vacancy ➡ job opening

5.   남자는 무슨 종류의 회사에서 근무하고 있을 것 같은가?
(A) 실내 디자인 회사
(B) 배송 회사
(C) 부동산 중개업체
(D) 청소 서비스 회사

정답   **(C)**

해설   대화 중반부에 남자가 부동산 분야에서 최소 3년의 경력을 지닌 사람을 고용하고 싶다고(~ we want to hire someone who has at least three years of experience in the real estate field) 알리는 부분을 통해 부동산 관련 업체에 근무하는 사람임을 알 수 있으므로 (C)가 정답이다.

어휘   firm 회사 shipping 배송 agency 대행사, 대리점

6.   남자는 여자에게 무엇을 하도록 권하는가?
(A) 자신의 근무 장소를 방문하는 일
(B) 이메일로 서류를 보내는 일
(C) 채용 박람회에 참석하는 일
(D) 포트폴리오를 업데이트하는 일

정답   **(A)**

해설   대화 마지막에 남자가 여자에게 직접 만나서 얘기할 수 있게 자신의 사무실에 들르도록 요청하고(Why don't you stop by my office so that we can talk in person?) 있으므로 이에 해당되는 의미를 지닌 (A)가 정답이다.

어휘   suggest that ~하도록 권하다, 제안하다 workplace 직장, 일터 attend ~에 참석하다 recruitment 채용, 모집 fair 박람회 portfolio (구직 시에 제출하는 자료집 등) 포트폴리오

Paraphrase   stop by / office ➡ Visit / workplace

Day 14   Check-up Test

1. (C)	**2.** (D)	**3.** (D)	**4.** (B)	**5.** (A)
6. (D)	**7.** (B)	**8.** (D)	**9.** (C)	**10.** (B)
11. (B)	**12.** (C)			

Questions 1-3 refer to the following conversation.

M: Hi, Sharon. I heard that you just completed your research. **1** You were evaluating the Web sites of some successful companies in our field, right?

W: That's right, and it was very interesting. I looked at the layouts of these Web sites and the techniques they use to attract consumers. Next, I'm going to adopt some of these methods **2** here in our own advertising department.

M: That sounds useful. I think the sales team might also like to receive a copy of your advertising research report.

W: No problem. In fact, I spoke with the sales manager already and **3** agreed to present my findings to his department this afternoon.

남: 안녕하세요, Sharon 씨. 막 조사를 완료하셨다는 얘기를 들었어요. 우리 업계에서 몇몇 성공을 거둔 회사들의 웹 사이트를 평가하고 계셨던 것이 맞죠?

여: 그렇습니다, 그리고 그 일은 매우 흥미로웠어요. 이 웹 사이트들의 구성 및 소비자들을 끌어들이기 위해 활용한 기술을 살펴봤어요. 다음으로, 이 방식들의 일부를 이곳 우리 광고부에서 차용할 예정입니다.

남: 유용한 것 같아요. 영업팀에서도 당신의 광고 조사 보고서 사본을 받아 보고 싶어 할지도 모른다고 생각해요.

여: 좋습니다. 사실, 이미 영업 부장님과 얘기했는데, 오늘 오후에 그분 부서를 대상으로 제 결과물을 발표하는 데 동의했어요.

어휘   complete ~을 완료하다 research 조사, 연구 evaluate ~을 평가하다 successful 성공적인 field 분야, 업계 interesting 흥미로운 layout 구성, 배치 attract ~을 끌어들이다 consumer 소비자 adopt ~을 차용하다, 채택하다 method 방식, 방법 advertising 광고 (활동) department 부서 sound 형용사: ~한 것 같다, ~하게 들리다 useful 유용한 sales 영업, 판매, 매출 receive ~을 받다 in fact 사실, 실제로 agree to do ~하는 데 동의하다 present ~을 발표하다 finding 결과(물)

1.   여자는 최근에 무엇을 했는가?
(A) 제품을 디자인하는 일
(B) 계약서에 서명하는 일
(C) 일부 웹 사이트를 살펴보는 일
(D) 교육 시간을 진행하는 일

정답   **(C)**

해설   대화를 시작하면서 남자가 여자에게 업계에서 몇몇 성공을 거둔 회사들의 웹 사이트를 평가하고 있었는지 확인하는(You were evaluating the Web sites of some successful companies in our field, right?) 질문에 대해 그렇다고 답변하고 있으므로 (C)가 정답이다.

어휘   recently 최근에 sign ~에 서명하다 contract 계약(서) review ~을 살펴보다, 검토하다 lead ~을 진행하다, 이끌다 training 교육 session (특정 활동을 위한) 시간

Paraphrase   evaluating the Web sites of some successful companies ➡ Review some Web sites

2.   여자는 무슨 부서에서 근무하는가?
(A) 재무부
(B) 고객 서비스부
(C) 인사부
(D) 광고부

정답   **(D)**

해설   대화 중반부에 여자가 자신의 소속 부서를 here in our own advertising department라고 지칭하고 있으므로 (D)가 정답이다.

3.   여자는 오늘 오후에 무엇을 할 계획인가?
(A) 매출 수치를 확인하는 일
(B) 아파트를 둘러보는 일
(C) 행사장을 예약하는 일
(D) 발표를 하는 일

정답   **(D)**

해설   오늘 오후라는 시점이 언급되는 마지막 부분에 특정 부서를 대상으로 발표를 하는(~ agreed to present my findings to his department this afternoon) 계획을 말하고 있으므로 (D)가 정답이다.

어휘   plan to do ~할 계획이다 view ~을 보다 reserve ~을 예약하다 venue 행사장, 개최 장소 give a presentation 발표하다

Paraphrase   present my findings ➡ Give a presentation

Questions 4–6 refer to the following conversation.

M: Hi, I saw that you are looking to fill a position at your restaurant. Do I still have time to apply?

W: Yes, you do. But ☑ we really need someone who has lots of experience working as a head chef in a busy kitchen.

M: Well, then look no further. ☑ I've worked in some of the top restaurants in New York City, and I can cook a diverse range of food.

W: It sounds like you'd be a good candidate! ☑ We're interviewing people all through next week. Would you be able to come in on Tuesday at 3 p.m.?

- -

남: 안녕하세요, 귀하의 레스토랑 내에 한 직책을 충원하려 하신다는 사실을 알았습니다. 여전히 제가 지원할 시간이 될까요?

여: 네, 그렇습니다. 하지만 저희는 바쁜 주방에서 주방장으로서 근무한 경험이 많은 분이 꼭 필요합니다.

남: 저, 그럼 더 알아보실 필요가 없습니다. 저는 뉴욕 시에 있는 몇몇 최고의 레스토랑에서 근무해 왔으며, 아주 다양한 음식을 요리할 수 있습니다.

여: 좋은 후보자이실 것 같네요! 저희가 다음주 내내 사람들을 면접 볼 예정입니다. 화요일 오후 3시에 오실 수 있으신가요?

어휘   see that ~임을 알다 look to do ~하려고 하다, ~하기를 바라다 fill ~을 충원하다, 채우다 position 직책, 일자리 apply 지원하다, 신청하다 as (자격, 신분 등) ~로서 then 그럼, 그렇다면 look no further 더 알아볼 필요가 없다 a diverse range of 아주 다양한 It sounds like ~한 것 같다, ~하게 들리다 candidate 후보자, 지원자 interview ~을 면접보다 all through ~ 내내, ~ 동안에 걸쳐 계속 be able to do ~할 수 있다

4.   남자는 무슨 직책에 관해 문의하고 있는 것 같은가?
(A) 레스토랑 종업원
(B) 주방장
(C) 영업 사원
(D) 수리 담당 기사

정답   **(B)**

해설   대화 시작 부분에 남자가 특정 직책에 지원하는 일에 관해 묻자, 여자가 바쁜 주방에서 주방장으로서 근무한 경험이 많은 사람을 필요로 한다고(~ we really need someone who has lots of experience working as a head chef in a busy kitchen) 알리고 있으므로 (B)가 정답이다.

어휘   inquire about ~에 관해 문의하다 server 종업원, 서빙 담당 직원 representative 직원 repair 수리 technician 기술자

5.   남자가 "그럼 더 알아보실 필요가 없습니다"라고 말할 때 무엇을 의미하는가?
(A) 자신이 적격이라고 생각하고 있다.
(B) 문서의 위치를 찾아냈다.
(C) 업체를 찾을 수 없다.
(D) 직원을 추천해 줄 수 있다.

정답   **(A)**

해설   대화 중반부에 남자가 더 알아볼 필요가 없다고 말하면서 자신이 몇몇 최고의 레스토랑에서 근무해 온 사실과 함께 다양한 음식을 요리할 수 있다고(I've worked in some of the top restaurants in New York City, and I can cook a diverse range of food) 알리는 흐름이다. 이는 자신이 적임자임을 나타내기 위한 말에 해당되므로 (A)가 정답이다.

어휘   qualified 적격인, 자격을 갖춘 locate ~의 위치를 찾다 business 업체, 회사 recommend ~을 추천하다

6.   여자는 남자에게 무엇을 하도록 요청하는가?
(A) 직무 설명서를 읽어보는 일

(B) 웹 사이트를 방문하는 일
(C) 이력서를 보내는 일
(D) 면접에 참석하는 일

정답 **(D)**

해설 대화 마지막 부분에 여자가 다음주에 면접을 본다는 말과 함께 화요일 오후 3시에 올 수 있는지 묻고 있는데(We're interviewing people all through next week. Would you be able to come in on Tuesday at 3 p.m.?), 이는 면접에 참석하도록 요청하는 것과 같으므로 (D)가 정답이다.

어휘 ask A to do: A에게 ~하도록 요청하다 description 설명(서) résumé 이력서 attend ~에 참석하다 interview 면접

Questions 7-9 refer to the following conversation.

W: Hello. I'm calling as I'm planning a celebration for my manager's retirement, and **7** I heard you stock all sorts of supplies, like balloons and party hats.

M: That's right, ma'am. Can you tell me how many people will be attending the event?

W: Well, I think there will be at least one hundred, so **8** I was hoping to get a discount for making a bulk order. Would that be possible?

M: Yes, I think we can lower the price for you. First, what I'd recommend is going to our Web site to browse through all of our products.

W: Okay, and once I know exactly what I want, **9** can I order online?

M: **9** No, you can just call me when you're ready. Our Web site isn't equipped to deal with orders yet.

여: 안녕하세요. 제가 저희 부장님의 은퇴를 위한 기념 행사를 계획하고 있어서 전화 드렸는데, 당신 업체가 풍선이나 파티용 모자와 같은 모든 종류의 용품을 갖추고 있다는 얘기를 들었습니다.

남: 맞습니다, 고객님. 행사에 얼마나 많은 사람들이 참석할 예정인지 말씀해 주시겠습니까?

여: 저, 최소 100명의 사람들이 올 것 같아서, 대량 주문을 하는 것에 대해 할인을 받을 수 있기를 바라고 있었어요. 그렇게 하는 것이 가능한가요?

남: 네, 가격을 낮춰 드릴 수 있을 것 같아요. 우선, 제가 권해 드리고 싶은 것은 모든 저희 제품을 훑어보실 수 있도록 저희 웹 사이트에 가보시는 일입니다.

여: 좋아요, 그리고 제가 원하는 것을 정확히 알게 되는 대로, 온라인으로 주문할 수 있나요?

남: 아뇨, 준비되시면 그냥 저에게 전화 주시면 됩니다. 저희 웹 사이트는 아직 제품 주문을 처리할 수 있는 기능을 갖추고 있지 않습니다.

어휘 as ~하기 때문에, ~하면서 plan ~을 계획하다 celebration 기념 행사, 축하 행사 retirement 은퇴, 퇴직 stock (매장 등에서) ~을 갖추고 있다, 구비하다 all sorts of 모든 종류의 supplies 용품, 물품 balloon 풍선 attend ~에 참석하다 at least 최소한, 적어도 hope to do ~하기를 바라다 make a bulk order 대량으로 주문하다 lower v. ~을 낮추다, 내리다 browse through ~을 훑어보다 once ~하는 대로, ~하자마자 exactly 정확히 order v. ~을 주문하다 n. 주문(품) be equipped to do ~하도록 갖춰져 있다 deal with ~을 처리하다, 다루다

7. 여자는 무슨 종류의 업체에 연락하고 있는 것 같은가?
(A) 출장 요리 전문 회사
(B) 파티 용품 매장
(C) 광고 대행사
(D) 백화점

정답 **(B)**

해설 대화 초반부에 여자가 상대방 업체에서 풍선이나 파티용 모자와 같은 용품을 갖추고 있다는 얘기를 들었다고(~ I heard you stock all sorts of supplies, like balloons and party hats) 밝히는 부분을 통해 업체 종류를 알 수 있다. 해당 제품들은 파티 용품 매장에서 판매하는 것이므로 (B)가 정답이다.

어휘 catering 출장 요리 제공(업) agency 대행사, 대리점

8. 여자는 무엇을 요청하는가?
(A) 가격 견적서
(B) 제품 샘플
(C) 카탈로그
(D) 할인

정답 **(D)**

해설 대화 중반부에 여자가 대량 주문에 따른 할인을 받고 싶다는 바람을 나타내면서 그게 가능한지 묻고(I was hoping to get a discount for making a bulk order. Would that be possible?) 있으므로 (D)가 정답이다.

어휘 estimate 견적(서)

9. 남자의 말에 따르면, 여자는 어떻게 주문할 수 있는가?
(A) 웹 사이트에서 등록함으로써
(B) 온라인 양식을 작성함으로써
(C) 남자에게 다시 전화함으로써
(D) 해당 업체를 방문함으로써

정답 **(C)**

해설 대화 후반부에 여자가 온라인으로 주문할 수 있는지 묻는 것에 대해(can I order online?) 남자가 전화해 달라고(No, you can just call me when you're ready) 요청하고 있으므로 (C)가 정답이다.

어휘 place an order 주문하다 by (방법) ~함으로써 register 등록하다 complete ~을 작성 완료하다 form 양식, 서식 call A back: A에게 다시 전화하다, 답신 전화하다 business 업체, 회사

Questions 10–12 refer to the following conversation and graph.

M: Phoebe, **10** I guess you're getting ready to give the next tour of Mains Castle. Do you need a hand getting the information pamphlets and visitor tags ready?

W: Thanks, but it's all taken care of already. Unfortunately, it's a very small group again. We haven't received many visitors **11** since you joined our tour company during our busiest month this year.

M: Yeah, **11** there were over one thousand visitors that month, if I remember correctly. Well, I'm scheduled to work today, so just let me know if you need help with anything.

W: Actually, **12** would you mind setting up the displays of merchandise outside the gift shop? I haven't had time to do that yet.

남: Phoebe 씨, 다음 Mains Castle 견학 시간을 진행하실 준비 중이신 것 같네요. 정보 안내 책자와 방문객 출입증을 준비하시는 데 도움이 필요하신가요?

여: 감사합니다만, 이미 모두 처리되어 있습니다. 아쉽게도, 이번에도 아주 소규모 그룹이에요. 올해 가장 바빴던 달에 당신이 우리 여행사에 입사하신 이후로 방문객을 많이 받지 못했어요.

남: 네, 그 달에 천 명이 넘는 방문객들이 있었죠, 제가 정확히 기억하고 있다면요. 저, 제가 오늘 근무할 예정이라서, 무슨 일이든 도움이 필요하시면 저에게 알려만 주세요.

여: 실은, 선물 매장 바깥쪽에 진열 상품을 좀 설치해 주시겠어요? 아직 그 일을 할 시간이 없었어요.

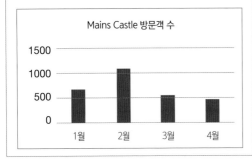

어휘   get ready to do ~할 준비를 하다 need a hand -ing ~하는 데 도움이 필요하다 get A ready: A를 준비하다 pamphlet 안내 책자, 소책자 visitor tag 방문객 출입증 take care of ~을 처리하다, 다루다 unfortunately 아쉽게도, 안타깝게도 receive ~을 받다 since ~한 이후로 join ~에 입사하다, 합류하다 over ~가 넘는 correctly 정확히 be scheduled to do ~할 예정이다 let A know if: A에게 ~인지 알리다 help with ~에 대한 도움 actually 실은, 사실은 would you mind -ing? ~해 주시겠어요? set up ~을 설치하다, 마련하다 display 진열(품), 전시(품) merchandise 상품 outside ~ 바깥에

---

10. 여자는 무엇을 준비하고 있는가?
(A) 전시회 개장
(B) 가이드 동반 투어
(C) 건물 개조 공사
(D) 사업 발표회

정답   (B)

해설   대화 시작 부분에 남자가 여자에게 견학을 진행할 준비를 하는 일과 안내 책자 및 방문객 출입증을 준비하는 일에 도움이 필요한지(I guess you're getting ready to give the next tour of Mains Castle. Do you need a hand getting the information pamphlets and visitor tags ready?) 묻고 있다. 이를 통해 가이드인 여자가 투어 준비를 하는 상황임을 알 수 있으므로 (B)가 정답이다.

어휘   exhibition 전시(회) guided 가이드가 동반된 renovation 개조, 보수 presentation 발표(회)

---

11. 시각자료를 보시오. 남자는 어느 달에 회사에서 근무하기 시작했는가?

(A) 1월
(B) 2월
(C) 3월
(D) 4월

정답   (B)

해설   대화 중반부에 여자가 남자에게 올해 가장 바빴던 달에 입사했다는(~ since you joined our tour company during our busiest month this year) 사실을 알리고 있다. 그리고 뒤이어 남자가 그 달에 천 명이 넘는 방문객이 있었다고(over one thousand visitors) 언급하고 있다. 시각자료에서 방문객이 천 명이 넘는 달이 2월임을 알 수 있으므로 (B)가 정답이다.

---

12. 여자는 남자에게 무엇을 하도록 요청하는가?
(A) 일부 물품을 구입하는 일
(B) 일정을 수정하는 일
(C) 일부 제품을 진열하는 일
(D) 자신의 교대 근무를 대신해 주는 일

정답   (C)

해설   대화 맨 마지막에 여자가 선물 매장 바깥쪽에 진열 상품을 설치할 것을 요청하고(~ would you mind setting up the displays of merchandise outside the gift shop?) 있으므로 (C)가 정답이다.

어휘   ask A to do: A에게 ~하도록 요청하다 purchase ~을 구입하다 revise ~을 수정하다, 변경하다 display ~을 진열하다, 전시하다 cover ~을 대신해 주다 shift 교대 근무(조)

Paraphrase setting up the displays of merchandise ➡ Display some products

LC 정답 및 해설

일상 생활관련 대화

POINT 1, 2 기출 확인 PRACTCE

Questions 1-3 refer to the following conversation.

M: Hi, Karen. As you requested, **1** I've been looking for a suitable apartment for you in downtown Chicago. I think I've finally found the perfect place. It's a new 2-bedroom apartment in Highfield Tower, and **2** it costs $180,000.

W: **2** Wow! I expected it to be a lot more, especially in the downtown area.

M: Yes, it's a great deal, so you'd better move fast as it won't be on the market long.

W: Okay, **3** would you be able to meet me on Friday at 10 a.m. and show me around the apartment?

M: Sure, I'm free all morning. **3** Let's meet at my office and we can go together in my car.

남: 안녕하세요, Karen 씨. 요청하신 대로, 시카고 시내에서 당신에게 적합한 아파트를 계속 찾고 있었는데요. 마침내 완벽한 곳을 찾은 것 같습니다. Highfield Tower 내에 있는 침실 2개짜리 새 아파트인데, 비용이 18만 달러입니다.

여: 와우! 저는 훨씬 더 비쌀 것으로 예상했어요, 특히 시내 지역이라서요.

남: 네, 아주 좋은 거래 조건이기 때문에, 시중에 오래 나와 있지 않을 거라서 빨리 움직이시는 게 좋습니다.

여: 좋아요, 금요일 오전 10시에 저와 만나서 그 아파트를 둘러보게 해 주실 수 있으신가요?

남: 그럼요, 저는 오전 내내 시간이 납니다. 제 사무실에서 만나신 다음에 함께 제 차를 타고 가시면 됩니다.

어휘 request 요청하다 look for ~을 찾다 suitable 적합한, 알맞은 finally 마침내, 드디어 cost ~의 비용이 들다 expect A to do: A가 ~할 것으로 예상하다, 기대하다 a lot (비교급 수식) 훨씬 especially 특히 downtown area 시내 지역 deal 거래 조건, 거래 상품 had better 동사원형: ~하는 게 좋다 be able to do ~할 수 있다 show A around B: A에게 B를 둘러보게 해 주다 free 시간이 나는

1. 남자는 누구일 것 같은가?
(A) 건물 관리 책임자
(B) 인테리어 디자이너
(C) 부동산 중개인
(D) 수리 기사

정답 (C)

해설 대화를 시작하면서 남자가 상대방의 요청에 따라 시카고 시내에서 적합한 아파트를 찾고 있었다는(I've been looking for a suitable apartment for you in downtown Chicago) 사실을 알리고 있는데, 이는 부동산 중개인이 하는 일에 해당되므로 (C)가 정답이다.

어휘 real estate 부동산 agent 직원, 대리인 repair 수리

2. 여자는 왜 놀라는가?
(A) 건물이 편리한 곳에 위치해 있다.
(B) 지역이 개발되어 있다.
(C) 사업 제안서가 승인되었다.
(D) 가격이 예상보다 더 낮다.

정답 (D)

해설 대화 중반부에 남자가 18만 달러라는 비용이 든다고 알리자(it costs $180,000), 여자가 감탄사와 함께 더 많이 들 것으로 예상했다고(Wow! I expected it to be a lot more ~) 답변하고 있다. 이는 가격이 예상보다 낮다는 것을 의미하는 말이므로 (D)가 정답이다.

어휘 be conveniently located 편리한 곳에 위치해 있다 neighborhood 지역, 인근 develop ~을 개발하다 proposal 제안(서) approve ~을 승인하다 than expected 예상보다

Paraphrase expected it to be a lot more ➡ lower than expected

3. 여자는 금요일에 무엇을 할 것인가?
(A) 서류를 제출하는 일
(B) 아파트를 보는 일
(C) 업무 프로젝트를 시작하는 일
(D) 새 사무실로 이사하는 일

정답 (B)

해설 금요일이라는 시점이 언급되는 후반부에, 여자가 금요일에 만나 아파트를 보여 달라고 요청하자(~ would you be able to meet me on Friday at 10 a.m. and show me around the apartment?) 남자가 자신의 사무실에서 만나 함께 갈 것을 권하고 있다. 이로부터 여자가 금요일에 아파트를 보러 갈 것임을 알 수 있으므로 (B)가 정답이다.

어휘 submit ~을 제출하다 move into ~로 이사해 들어가다

Paraphrase show me around the apartment ➡ View an apartment

Questions 4-6 refer to the following conversation.

M: Hi, **4** I saw an ad on your company's Web site for a cheap cruise to Santorini in Greece. I was wondering if any cabins on that cruise were still available.

W: Oh, I'm afraid you're just a little too late. However, **5** we are currently <u>offering 25 percent off the normal prices</u> for cruises to some other European locations.

M: I'd be interested in hearing about them. I'm retiring on May 1 and plan to use some time to travel around the world. **6** Would you be able to <u>send me some brochures</u>, both for the cruises and for other vacation packages?

W: Sure, I'd be happy to. Just tell me your mailing address and I'll do that today.

남: 안녕하세요, 귀사의 웹 사이트에서 그리스 Santorini로 떠나는 저렴한 여객선 여행 광고를 봤습니다. 그 여객선에 어떤 객실이든 여전히 이용 가능한 것이 있는지 궁금합니다.

여: 아, 조금 많이 늦으신 것 같습니다. 하지만, 저희가 현재 유럽의 여러 다른 지역으로 떠나는 여객선에 대해 정상가에서 25퍼센트 할인 서비스를 제공해 드리고 있습니다.

남: 그 얘기를 들어보는 데 관심이 있을 것 같아요. 제가 5월 1일에 은퇴하는데, 전 세계를 여행하는 데 시간을 좀 쓸 계획이거든요. 유람선 여행과 다른 휴가 패키지 상품 모두에 대한 안내 책자를 좀 보내 주실 수 있으세요?

여: 그럼요, 기꺼이 그렇게 해 드리겠습니다. 우편 주소만 저에게 말씀해 주시면 오늘 바로 해 드리겠습니다.

어휘 ad 광고 cruise 여객선 (여행) wonder if ~인지 궁금하다 cabin 객실, 선실 available 이용 가능한, 구입 가능한 I'm afraid (that) (부정적인 일에 대해) ~인 것 같다 a little 조금, 약간 however 하지만 currently 현재 offer ~을 제공하다 25 percent off ~에서 25퍼센트 할인된 normal price 정가 location 장소, 위치 retire 은퇴하다 plan to do ~할 계획이다 be able to do ~할 수 있다 brochure 안내 책자, 소책자 both A and B: A와 B 둘 모두 vacation package 휴가 패키지 상품 be happy to do 기꺼이 ~하다

4. 여자는 누구일 것 같은가?
(A) 여행 가이드
(B) 웹 디자이너
(C) 리조트 관리 책임자
(D) 여행사 직원

정답 (D)

해설 대화를 시작하면서 남자가 여자가 속한 회사의 웹 사이트에서 저렴한 여객선 여행 광고를 봤다고(I saw an ad on your company's Web site for a cheap cruise to Santorini in Greece) 알리고 있으므로 여자는 여행사 직원인 것으로 판단할 수 있다. 따라서 (D)가 정답이다.

어휘 agent 직원, 대리인

5. 여자는 자신의 회사에 관해 무엇을 언급하는가?

(A) 몇몇 공석을 충원하려는 중이다.
(B) 최근에 새 지점을 개장했다.
(C) 곧 문을 닫을 예정이다.
(D) 일부 할인 서비스를 제공하고 있다.

정답 (D)

해설 여자가 대화 중반부에 현재 유럽의 여러 다른 지역으로 떠나는 여객선에 대해 정상가에서 25퍼센트 할인해 준다고(~ we are currently offering 25 percent off the normal prices for cruises ~) 알리는 내용이 있으므로 이를 언급한 (D)가 정답이다.

어휘 try to do ~하려 하다 fill ~을 충원하다, 채우다 job vacancy 공석, 빈 자리 recently 최근에 branch 지점, 지사 close down ~의 문을 닫다, ~을 폐쇄하다

Paraphrase offering 25 percent off the normal prices ➡ offering some discounts

6. 남자는 무엇을 하고 싶어 하는가?
(A) 책임자와 이야기하는 일
(B) 직접 해당 업체를 방문하는 일
(C) 일부 자료를 받아보는 일
(D) 회원 가입 신청을 하는 일

정답 (C)

해설 대화 후반부에 남자가 유람선 여행과 휴가 패키지 상품 둘 모두에 대한 안내 책자를 보내줄 수 있는지(Would you be able to send me some brochures, both for the cruises and for other vacation packages?) 묻고 있는데, 이는 해당 자료를 받아보고 싶다는 뜻이므로 (C)가 정답이다.

어휘 in person 직접 (가서) material 자료, 재료, 물품 sign up for ~을 신청하다, ~에 등록하다

Paraphrase send me some brochures ➡ Receive some materials

Day 15 Check-up Test

1. (B)	**2.** (A)	**3.** (C)	**4.** (C)	**5.** (D)
6. (D)	**7.** (B)	**8.** (C)	**9.** (A)	**10.** (A)
11. (C)	**12.** (B)			

Questions 1–3 refer to the following conversation.

M: Excuse me, **1** do you stock the new Juno GS cell phone? I heard it was finally launched today.

W: Yes, we have that model. But we've already sold a lot, and there aren't many left.

M: Great! **2** Is it true that it has a memory capacity of 64 gigabytes?

W: Actually, there are two different versions. One offers 32 gigabytes of storage space, and the other has 64. Of course, that larger version is a little more expensive.

M: Well, I'd prefer the 64 gigabyte one, as I need a lot of storage. **3** Do you take credit cards here?

W: **3** Sure. Hold on a moment and I'll be right back with that item for you.

남: 실례합니다만, 새로 나온 Juno GS 휴대전화기가 매장에 있나요? 오늘 드디어 출시되었다는 얘기를 들었는데요.

여: 네, 그 모델을 보유하고 있습니다. 하지만 이미 많이 판매되어서, 남은 것이 많지 않습니다.

남: 잘됐네요! 64 기가바이트의 메모리 용량으로 되어 있다는 게 사실인가요?

여: 실은, 두 가지 다른 버전이 있습니다. 하나는 32 기가바이트의 저장 공간을 제공하며, 나머지 하나는 64 기가바이트로 되어 있습니다. 물론, 용량이 더 큰 버전이 약간 더 비쌉니다.

남: 저, 저는 64 기가바이트로 된 것을 구입하고 싶은데, 저장 공간이 많이 필요하기 때문입니다. 이곳은 신용카드를 받나요?

여: 물론이죠. 잠시 기다리시면 그 제품을 갖고 곧바로 돌아오겠습니다.

어휘 stock (제품 등) ~을 갖추고 있다, 구비하다 finally 드디어, 마침내 launch ~을 출시하다, 공개하다 there is A left: A가 남아 있다 capacity 용량, 수용력 actually 실은, 사실은 offer ~을 제공하다 storage 저장, 보관 a little 조금, 약간 would prefer ~을 원하다, ~하고 싶다 as ~하기 때문에 Hold on a moment 잠시 기다려주세요 be right back 곧바로 돌아오다

1. 화자들은 무슨 종류의 제품을 이야기하고 있는가?
  (A) 휴대용 하드 드라이브
  (B) 휴대전화기
  (C) 노트북 컴퓨터
  (D) 공사용 도구

정답 (B)

해설 대화 시작 부분에 남자가 새로 나온 Juno GS 휴대전화기가 있는지(~ do you stock the new Juno GS cell phone?) 물은 뒤로, 해당 휴대전화기와 관련된 내용으로 대화가 진행되고 있으므로 (B)가 정답이다.

어휘 portable 휴대용의 tool 도구, 공구

2. 남자는 무엇에 관해 묻는가?
  (A) 메모리 용량
  (B) 이용 가능한 색상
  (C) 배터리 수명
  (D) 설치 절차

정답 (A)

해설 대화 중반부에 남자가 64 기가바이트의 메모리 용량으로 되어 있다는 게 사실인지(Is it true that it has a memory capacity of 64 gigabytes?) 묻는 내용이 있으므로 이 용량을 언급한 (A)가 정답이다.

어휘 available 이용 가능한, 구입 가능한 installation 설치 procedure 절차

3. 남자는 곧이어 무엇을 할 것 같은가?
  (A) 환불을 받는 일
  (B) 두 가지 제품을 비교하는 일
  (C) 구매 제품 비용을 지불하는 일
  (D) 다른 매장을 방문하는 일

정답 (C)

해설 대화 후반부에 남자가 신용카드를 받는지 묻자(Do you take credit cards here?), 여자가 긍정을 뜻하는 Sure와 함께 제품을 가져오겠다고(Sure. Hold on a moment and I'll be right back with that item for you) 알리고 있다. 따라서 남자는 제품을 확인하고 비용을 지불할 것으로 판단할 수 있으므로 (C)가 정답이다.

어휘 receive ~을 받다 refund 환불 compare ~을 비교하다 pay for ~에 대한 비용을 지불하다 purchase 구매(품)

Questions 4-6 refer to the following conversation.

W: Excuse me, **4** we have been waiting for our food for almost an hour. Is there some kind of problem in the kitchen? I have a hospital appointment at 2, and I can't be late for it.

M: Oh, please accept my apologies. **5** Our grill and stove have broken down, and we're waiting for a repairman to come and fix them. **6** As an apology for the delay, we'll give you 50 percent off your bill today.

W: That's quite reasonable. But I'm worried about missing my appointment, so please pack our food so that we can take it away.

여: 실례합니다만, 저희가 거의 1시간째 음식을 기다리고 있는데요. 주방에 무슨 문제라도 있나요? 제가 2시에 병원 예약이 있어서, 늦으면 안 되거든요.

남: 아, 사과의 말씀 드립니다. 저희 그릴과 가스레인지가 고장이 났는데, 수리 기사가 와서 고쳐 주기를 기다리는 중입니다. 지연 문제에 대한 사과의 뜻으로, 오늘 계산서 비용에서 50퍼센트를 할인해 드리겠습니다.

여: 그거 꽤 합리적이네요. 하지만 제가 예약 시간을 놓칠까 걱정되기 때문에, 저희가 가져갈 수 있도록 음식을 포장해 주세요.

어휘 almost 거의 appointment 예약, 약속 accept ~을 받아들이다.

수용하다 apology 사과(의 말) stove (조리용) 가스레인지 break down 고장 나다 repairman 수리 기사 fix ~을 고치다, 바로잡다 delay 지연, 지체 bill 계산서, 청구서 quite 꽤, 상당히 reasonable 합리적인, 타당한 be worried about ~에 대해 걱정하다 miss ~을 놓치다, 지나치다 pack ~을 포장하다, 싸다 so that (목적) ~할 수 있도록 take A away: A를 가져 가다

4.
화자들은 어디에 있을 것 같은가?
(A) 공장에
(B) 병원에
(C) 레스토랑에
(D) 슈퍼마켓에

정답 **(C)**

해설 대화 시작 부분에 여자가 거의 1시간째 음식을 기다리고 있다는 말과 함께 주방에 무슨 문제라도 있는지(~ we have been waiting for our food for almost an hour. Is there some kind of problem in the kitchen?) 묻고 있는데, 이는 레스토랑에서 발생 가능한 일이므로 (C)가 정답이다.

5.
지연의 이유가 무엇인가?
(A) 업체가 늦게 문을 열었다.
(B) 배송 물품이 도착하지 않았다.
(C) 일부 직원들이 병가를 냈다.
(D) 일부 장비가 제대로 작동하지 않았다.

정답 **(D)**

해설 남자가 대화 중반부에 그릴과 가스레인지가 고장 났다는(Our grill and stove have broken down ~) 사실을 밝히고 있으므로 장비가 제대로 작동하지 않았다는 의미를 나타내는 (D)가 정답이다.

어휘 business 업체, 회사 delivery 배송(품) arrive 도착하다 be off sick 병가를 내다 equipment 장비 malfunction (기계 등이) 제대로 작동하지 않다

Paraphrase grill and stove have broken down ➡ equipment has malfunctioned

6.
남자는 무엇을 하겠다고 제안하는가?
(A) 다른 제품을 추천해 주는 일
(B) 일부 수리 작업을 실시하는 일
(C) 책임자에게 연락하는 일
(D) 할인을 제공해 주는 일

정답 **(D)**

해설 대화 중반부에 남자가 사과의 의미로 50퍼센트 할인해 주겠다고(As an apology for the delay, we'll give you 50 percent off your bill today) 제안하고 있으므로 (D)가 정답이다.

어휘 recommend ~을 추천하다 perform ~을 실시하다, 수행하다 repair 수리 contact ~에게 연락하다

Paraphrase give you 50 percent off your bill ➡ Provide a discount

Questions 7–9 refer to the following conversation.

M: Thanks for calling Bright Home Furnishings. How can I help you?

W: Hello, **7** I recently purchased a reclining armchair from your store on Davidson Street. But, something seems to have broken inside it, because I can't make it recline like it should anymore.

M: Oh, I'm sorry to hear that. First, if you have your receipt there, **8** can you tell me the order number? It will be printed at the top.

W: Sure. It's 45872.

M: Okay, let me check our system. Ah, yes. We've had a few complaints about the model you purchased. **9** What you need to do is call the Customer Service Department directly. The number is on the receipt.

W: Oh, yes. I see it. Thanks for your help.

남: Bright Home Furnishings에 전화 주셔서 감사합니다. 무엇을 도와 드릴까요?

여: 안녕하세요, 제가 최근에 Davidson Street에 위치한 매장에서 안락 의자를 하나 구입했습니다. 하지만, 그 의자 안쪽에 뭔가 고장 난 것 같은데, 원래 되어야 하는 대로 더 이상 의자를 눕힐 수가 없기 때문입니다.

남: 아, 그 말씀을 듣게 되어 유감입니다. 우선, 영수증을 갖고 계시면, 주문 번호를 저에게 말씀해 주시겠습니까? 상단에 인쇄되어 있을 겁니다.

여: 물론이죠. 45872번입니다.

남: 좋습니다, 저희 시스템에서 확인해 보겠습니다. 아, 네. 구입하신 모델과 관련된 몇몇 불만 사항이 있었습니다. 고객님께서 해야 하는 일은 곧장 고객 서비스부로 전화하시는 겁니다. 그 번호는 영수증에 쓰여 있습니다.

여: 아, 네. 보이네요. 도와 주셔서 감사합니다.

어휘 recently 최근에 purchase ~을 구입하다 reclining armchair (등받이를 기울이는) 안락 의자 seem to do ~한 것 같다 break 고장 나다, 망가지다 make A do: A가 ~하게 만들다 recline (등받이 등) ~을 뒤로 눕히다, 기울이다 not ~ anymore 더 이상 ~ 않다 receipt 영수증 complaint 불만, 불평 department 부서 directly 곧장, 곧바로

7.
남자는 어디에서 일하고 있을 것 같은가?
(A) 제조 공장에서
(B) 가구 매장에서
(C) 택배 회사에서

LC 정답 및 해설

(D) 건설 회사에서

정답 **(B)**

해설 대화 시작 부분에 여자가 최근에 안락 의자를 하나 구입한 사실을(I recently purchased a reclining armchair from your store on Davidson Street) 남자에게 알리는 것을 통해 남자가 가구 매장 직원임을 알 수 있으므로 (B)가 정답이다.

어휘 manufacturing 제조 plant 공장 courier 택배 (회사) firm 회사

8. 남자는 무엇을 확인하고 싶어 하는가?
(A) 제품 가격
(B) 배송 일정
(C) 주문 번호
(D) 매장 위치

정답 **(C)**

해설 대화 중반부에 남자가 주문 번호를 알려 달라고(~ can you tell me the order number?) 묻고 있으므로 (C)가 정답이다.

어휘 delivery 배송(품) location 위치, 장소

9. 남자는 여자에게 무엇을 하도록 요청하는가?
(A) 다른 번호로 전화하는 일
(B) 양식을 작성 완료하는 일
(C) 업체를 방문하는 일
(D) 영수증을 제출하는 일

정답 **(A)**

해설 대화 후반부에 남자가 고객 서비스부로 전화해야 한다는 사실과 함께 그 번호가 영수증에 쓰여 있다고(What you need to do is call the Customer Service Department directly. The number is on the receipt) 알리고 있다. 이는 다른 번호로 전화해야 한다는 뜻이므로 (A)가 정답이다.

어휘 ask A to do: A에게 ~하도록 요청하다 complete ~을 작성 완료하다 form 양식, 서식 business 업체, 회사 submit ~을 제출하다

Paraphrase call the Customer Service Department ➡ Call a different number

Questions 10-12 refer to the following conversation and event calendar.

W: Hello. My colleague told me you're interested in attending one of the seminars here.

M: That's right. **⑩** I'm in my final year at Salford University, and I want to gain some new skills so that it'll be easier to find a job.

W: Well, **⑩** because you are still studying, you can register for our seminars for free. I'll just need to see a valid student ID.

M: Great! In that case, I'd like to register for the Public Speaking seminar on August 29. Here's my ID card.

W: Oh, I'm afraid there are no spaces left for that one. **⑪** Would you be interested in the Business Management one instead?

M: **⑪** Sure, I'll sign up for that one then.

W: Okay, that's taken care of. By the way, there's a special talk taking place this Saturday. **⑫** Edward Mills, the CEO of Techsys, will be talking about how he merged his firm with a mobile application company. If that interests you, you can sign up here.

여: 안녕하세요. 이곳에서 열리는 세미나들 중의 하나에 참석하시는 데 관심이 있으시다고 제 동료 직원이 알려 주었습니다.

남: 맞습니다. Salford University에서 마지막 학년에 재학 중인데, 직장을 찾는 일이 더 쉬워질 수 있도록 뭔가 새로운 능력을 얻고 싶습니다.

여: 저, 여전히 학업 중이시기 때문에, 저희 세미나에 무료로 등록하실 수 있습니다. 유효한 학생증을 확인해 보기만 하면 됩니다.

남: 잘됐네요! 그러시면, 8월 29일에 열리는 대중 연설 세미나에 등록하고 싶습니다. 여기 제 학생증입니다.

여: 아, 그 행사에 대해서는 남아 있는 공간이 없는 것 같아요. 대신 사업 경영 세미나에도 관심이 있으신가요?

남: 좋아요, 그럼 그걸로 등록하겠습니다.

여: 알겠습니다, 처리되었습니다. 그건 그렇고, 이번주 토요일에 열리는 특별 강연이 있습니다. Techsys 사의 Edward Mills 대표 이사님께서 어떻게 본인의 회사를 모바일 애플리케이션 회사와 합병했는지에 관해 이야기해 주실 예정입니다. 관심이 있으시면, 여기서 등록하실 수 있습니다.

Eaton Community Center
전문 능력 개발 세미나
8월 15일   그래픽 디자인
8월 29일   대중 연설
9월 12일   사업 경영
9월 26일   컴퓨터 프로그래밍

어휘 colleague 동료 (직원) attend ~에 참석하다 gain ~을 얻다, 획득하다 skill 능력, 기술 so that (목적) ~할 수 있도록 register for ~에 등록하다 for free 무료로 valid 유효한 in that case 그렇다면, 그런 경우라면 I'm afraid (that) (부정적인 일에 대해) ~한 것 같다 there is A left: A가 남아 있다 instead 대신에 sign up for ~에 등록하다, ~을 신청하다 then 그럼, 그렇다면 take care of ~을 처리하다 by the way (화제 전환 시) 그건 그렇고 take place (일, 행사 등이) 발생되다, 일어나다 merge A with B: A를 B와 합병하다, 통합하다 firm 회사 interest v. ~의 관심을 끌다 development 개발, 발전

10. 남자는 왜 전문 능력 개발 세미나에 무료로 참석할 수 있는가?

(A) 현재 학생이다.

(B) 지역 문화 센터에서 근무하고 있다.

(C) 연간 회비를 지불했다.

(D) 그 시간들 중의 하나를 진행할 것이다.

정답 **(A)**

해설 대화 초반부에 남자가 학생이라고 밝히자(I'm in my final year at Salford University), 여자가 그로 인해 세미나에 무료로 등록할 수 있다고(~ because you are still studying, you can register for our seminars for free) 알리고 있으므로 이와 같은 남자의 신분을 언급한 (A)가 정답이다.

어휘 currently 현재 community center 지역 문화 센터 annual 연례적인, 해마다의 fee 요금, 수수료 lead ~을 진행하다, 이끌다 session (특정 활동을 위한) 시간

11. 시각자료를 보시오. 남자는 어느 날짜에 세미나에 참석할 것인가?

(A) 8월 15일

(B) 8월 29일

(C) **9월 12일**

(D) 9월 26일

정답 **(C)**

해설 대화 중반부에 여자가 사업 경영 세미나에 대신 등록하도록 제안하자(Would you be interested in the Business Management one instead?), 남자가 동의하고 있다(Sure, I'll sign up for that one then). 시각자료에서 사업 경영(Business Management) 세미나에 해당되는 날짜가 September 12로 표기되어 있으므로 (C)가 정답이다.

12 Edward Mills 씨는 무엇에 관해 이야기할 것인가?

(A) 제품 디자인

(B) **기업 합병**

(C) 소프트웨어 패키지

(D) 마케팅 기술

정답 **(B)**

해설 Edward Mills 씨의 이름이 언급되는 마지막 부분에, 그 사람의 회사가 어떻게 모바일 애플리케이션 회사와 합병했는지에 관해 이야기할 것이라고(Edward Mills, the CEO of Techsys, will be talking about how he merged his firm with a mobile application company) 알리고 있으므로 기업 합병을 뜻하는 (B)가 정답이다.

어휘 merger 합병, 통합

Paraphrase how he merged his firm with a mobile application company ➡ business merger

---

POINT 1 EXAMPLE

Questions 1~3 refer to the following telephone message.

Ben, we've decided to go with your great idea for attracting customers to **1** our bakery. **2** By holding a public cooking demonstration, we can let people see how we make our cakes and pastries. We will need to decide on a suitable location and choose which employees will take part. **3** I'll post a notice in the staff room this morning, and any workers interested in taking part can write their names on it. We can discuss the other details at the weekly meeting on Friday.

Ben, 우리 제과점으로 고객들을 끌어들이기 위한 당신의 훌륭한 아이디어를 받아들이기로 결정했어요. 일반인 대상 요리 시연회를 개최함으로써, 우리가 어떻게 케이크와 패스트리를 만드는지 사람들에게 보여줄 수 있어요. 우리는 적합한 장소를 결정해야 하며, 어느 직원이 참여할 것인지 선택해야 합니다. 제가 오늘 아침에 직원 휴게실에 공고를 게시할 텐데, 참여하는 데 관심 있는 어떤 직원이든 거기에 성명을 기재할 수 있습니다. 금요일에 있을 주간 회의 시간에 다른 세부 사항들을 논의할 수 있습니다.

어휘 decide to do ~하기로 결정하다 go with ~을 받아들이다, ~대로 하다 attract ~을 끌어들이다 by (방법) ~함으로써, 열다 public 일반인의, 대중을 위한 demonstration 시연(회) let A do: A에게 ~하게 하다 decide on ~에 대해 결정하다 suitable 적합한, 알맞은 location 장소, 위치 choose ~을 선택하다 take part 참여하다 post ~을 게시하다 notice 공고 discuss ~을 논의하다, 이야기하다 details 세부 사항, 상세 정보 weekly meeting 주간회의

1. 화자는 어디에서 근무하고 있을 것 같은가?

(A) 가전기기 매장에서

(B) 박물관에서

(C) 옷가게에서

(D) **제과점에서**

정답 (D)

해설 화자가 담화를 시작하면서 소속 업체를 our bakery라고 지칭하고 있으므로 (D)가 정답이다.

어휘 appliance 가전기기

2. 담화는 주로 무엇에 관한 것인가?

(A) **시연회**

(B) 콘서트

(C) 계절 세일 행사
(D) 신제품

정답　(A)

해설　담화 초반부에 사람들을 대상으로 하는 시연회를 개최하는 일
(By holding a public cooking demonstration ~)을 언급
한 뒤로, 그 행사에 필요한 부분들을 설명하는 내용으로 담화가
진행되고 있으므로 (A)가 정답이다.

어휘　seasonal 계절적인

3. 화자는 오늘 아침에 무엇을 할 것이라고 말하는가?
(A) 회의에 참석하는 일
(B) 직원들을 평가하는 일
(C) 공지를 게시하는 일
(D) 메모를 돌리는 일

정답　(C)

해설　오늘 아침이라는 시점이 언급되는 후반부에 직원 휴게실에 공
고를 게시한다고(I'll post a notice in the staff room this
morning ~) 알리고 있으므로 (C)가 정답이다.

어휘　attend ~에 참석하다 evaluate ~을 평가하다 put up ~을 게시하다,
내걸다 distribute ~을 배부하다, 나눠주다

Paraphrase　post ➡ put up

POINT 2 EXAMPLE

Questions 1-3 refer to the following telephone message.

Hello, I'm leaving this message for Trevor Smith. I
noticed your advertisement and saw that you are
selling your Sprint Focus sedan. I'm interested in
buying it. I noticed that **1** it's a large car, which
I'm happy about because I need a lot of space
for my three children! As for the optional extras
you mentioned in the ad, **2** I'd love to keep the
satellite navigation device, as I'm always getting
lost while driving. **3** I'll be going out of town on
business today, but I'm free over the weekend.
Please call me at 555-4568 so that we can arrange
a time to meet. Thanks.

안녕하세요, Trevor Smith 씨께 이 메시지를 남깁니다. 귀하께
서 올리신 광고를 보고 소유하고 계신 Sprint Focus 세단을 판
매하신다는 사실을 알게 되었습니다. 그 차량을 구입하는 데 관심
이 있습니다. 그 차량이 큰 것으로 알고 있고, 그 점이 마음에 드
는데, 세 명의 제 아이들을 위해 넓은 공간이 필요하기 때문입니
다! 광고에 언급하신 추가 선택 사항들과 관련해서는, 위성 네
비게이션 장치를 유지하고 싶은데, 제가 운전 중에 항상 길을 잃
기 때문입니다. 제가 오늘 업무로 인해 다른 지역으로 가지만,

주말 내내 시간이 있습니다. 만나 뵐 시간을 정할 수 있도록 555-
4568번으로 저에게 전화 주시기 바랍니다. 감사합니다.

어휘　leave a message 메시지를 남기다 notice (that) ~을 알아차리다,
~에 주목하다 advertisement 광고(= ad) be interested in ~에
관심이 있다 as for ~와 관련해서는 optional 선택적인 extra n. 추가
사항, 별도의 것 mention ~을 언급하다 satellite 위성 device 장치,
기기 as ~하기 때문에 get lost 길을 잃다 while ~하는 중에 go out
of town 다른 지역으로 가나 on business 업무로 인해 free 시간이
나는 over ~ 내내, ~ 동안에 걸쳐 so that ~할 수 있도록 arrange ~
을 조정하다, 조치하다

1. 화자는 왜 Sprint Focus 차량에 관심이 있는가?
(A) 가격이 저렴하다.
(B) 안전하다.
(C) 공간이 넓다.
(D) 연비가 좋다.

정답　(C)

해설　담화 중반부에 큰 차라는 말과 함께 아이들 때문에 많은 공간
이 필요하다고(~ it's a large car, which I'm happy about
because I need a lot of space for my three children!)
말하고 있으므로 (C)가 정답이다.

어휘　affordable (가격이) 저렴한, 알맞은 spacious (공간이) 널찍한
fuel-efficient 연비가 좋은, 연료 효율적인

2. 화자는 차량 내에 무엇을 원하는가?
(A) 수리 설명서
(B) 보안 장치
(C) 네비게이션 시스템
(D) 여분의 타이어

정답　(C)

해설　담화 중반부에 내비게이션 장치를 유지하고 싶다고(I'd love to
keep the satellite navigation device ~) 알리면서 그 이유
를 설명하고 있으므로 (C)가 정답이다.

어휘　vehicle 차량 repair 수리 manual 설명서, 안내서 security 보안
spare 여분의

3. 화자는 오늘 무엇을 할 것이라고 말하는가?
(A) 차량을 점검하는 일
(B) 몇몇 가격을 비교해보는 일
(C) 약속을 취소하는 일
(D) 출장을 가는 일

정답　(D)

해설　오늘이라는 시점이 언급되는 후반부에 출장 때문에 다른 지역
으로 간다고(I'll be going out of town on business today
~) 말하고 있으므로 (D)가 정답이다.

어휘　inspect ~을 점검하다, 조사하다 compare ~을 비교하다 cancel

~을 취소하다 appointment 약속, 예약

Paraphrase going out of town on business ➡ Go on a
business trip

POINT 1, 2 기출 확인 PRACTICE

Question 1 refers to the following talk.

Hi, everyone. My name is Tim. Once the other
group members have arrived, we'll begin this
morning's tour of the science museum. I'd like
to inform you of a few rules before we set off.
First, please do not bring any food or drink into the
exhibition spaces. Also, please do not touch any of
the scientific devices on display, as they are easily
broken.

안녕하세요, 여러분. 제 이름은 Tim입니다. 나머지 인원들이 도착
하는 대로, 오늘 아침에 진행되는 과학 박물관 투어를 시작하겠습니
다. 출발하기에 앞서 몇 가지 규칙들을 여러분께 알려 드리고자 합
니다. 먼저, 전시 공간 내부로 어떠한 음식이나 음료도 가지고 들어
가지 마십시오. 또한, 전시 중인 어떤 과학 기기도 손대지 않으셨으
면 하는데, 쉽게 망가지기 때문입니다.

어휘 once ~하는 대로, ~하자마자 arrive 도착하다 inform A of B: A에게
B를 알리다 set off 출발하다 exhibition 전시(회) device 기기, 장치
on display 전시 중인, 진열 중인 as ~하기 때문에 broken 망가진, 고
장 난

1. 화자는 누구일 것 같은가?
(A) 기술자
(B) 과학자
(C) 투어 가이드
(D) 출장 요리 제공 책임자

정답 (C)

해설 담화를 시작하면서 나머지 인원들이 도착하는 대로 과학 박물
관 투어를 시작하겠다고(Once the other group members
have arrived, we'll begin this morning's tour of the
science museum) 알리고 있는데, 이는 투어 가이드가 할 수
있는 말에 해당되므로 (C)가 정답이다.

어휘 technician 기술자 catering 출장 요리 제공(업)

Question 2 refers to the following advertisement.

Here at Happy Living, we have all the technology
you need for your home. Come on down and check
out our summer sale on all kitchen goods. For
this week only, all dishwashers, refrigerators, and
washing machines will be marked down by up to

25 percent. And, we'll be offering a free gift with all
purchases of $300 or more.

저희 Happy Living에서는, 여러분의 주택에 필요한 모든 기기를
보유하고 있습니다. 오셔서 저희의 모든 주방용품에 대한 여름 세일
행사를 확인해 보시기 바랍니다. 이번 주에 한해, 모든 식기 세척기
와 냉장고, 그리고 세탁기가 최대 25퍼센트까지 할인될 것입니다.
또한, 300달러 이상에 해당되는 모든 구매에 대해 무료 선물도 제공
해 드릴 것입니다.

어휘 technology 기기, 장비 Come on down and ~ 어서 오셔서 ~
해 보세요 goods 상품 mark down ~을 할인하다 by (차이) ~만큼
up to 최대 ~까지 offer v. ~을 제공하다 n. 제공(되는 것) free 무료의
purchase 구매(품)

2. 무슨 종류의 업체가 광고되고 있는가?
(A) 소프트웨어 회사
(B) 인테리어 디자인 회사
(C) 레스토랑
(D) 가전기기 매장

정답 (D)

해설 담화 초반부에 세일 행사에 와서 주방용품을 확인해 보도록(~
check out our summer sale on all kitchen goods) 권하
는 말이 있고, 식기세척기, 냉장고, 세탁기 등을 언급하고 있으
므로 이와 같은 것들을 판매하는 장소인 (D)가 정답이다.

어휘 advertise ~을 광고하다 firm 회사, 업체 appliance 가전기기

Paraphrase dishwashers, refrigerators, washing machines
➡ appliance

Question 3 refers to the following radio broadcast.

Good morning, listeners, and welcome to DIY Extra.
Today, we are going to discuss how to restore
your wood flooring to its original condition. We
all know that wood floors can easily be scratched
and become unattractive. Thankfully, there are some
easy ways to fix this yourself, with just a little bit of
knowledge. Our guest today, Peter Henshaw, will
talk about his newly published book, *Home DIY for
Beginners*.

안녕하세요, 청취자 여러분, DIY Extra를 찾아 주신 것을 환영합니
다. 오늘, 저희는 나무 바닥재를 원래의 상태로 복원하는 방법을 이
야기할 예정입니다. 우리는 모두 나무 바닥이 쉽게 흠집이 생기고
보기 좋지 않은 상태가 될 수 있다는 사실을 알고 있습니다. 다행히
도, 약간의 지식만으로 이 문제를 직접 바로잡을 수 있는 몇몇 간단
한 방법이 있습니다. 오늘 초대 손님이신 Peter Henshaw 씨께서
새로 출간한 본인의 도서 <Home DIY for Beginners>에 관해 이
야기하실 것입니다.

(C) 아이디어를 제공하는 일
(D) 신제품을 시험해 보는 일

정답　(C)

해설　요청 사항이 언급되는 후반부에 화자는 제품들을 홍보할 수 있는 몇몇 혁신적인 방법을 제안하도록 요청하고(I'd like you all to suggest some innovative ways that we can promote the products) 있으므로 (C)가 정답이다.

어휘　ask A to do: A에게 ~하도록 요청하다 complete ~을 직접 완료하다 survey 설문 조사(지) provide ~을 제공하다 test out ~을 시험해 보다

Paraphrase　suggest some innovative ways ➡ Provide ideas

Question 5 refers to the following telephone message.

Hello, Ms. Dawkins. This is Roy Farmer from Farmer Catering. I'm calling about the food you ordered from us for your office party today. The pastas and soups are all ready, but the chocolate cake and carrot cake are behind schedule due to a kitchen malfunction. Do you want me to deliver the pastas and soups at noon, and the cakes at around 1:30? Please let me know as soon as possible. Thank you.

안녕하세요, Dawkins 씨. 저는 Farmer Catering에서 전화 드리는 Roy Farmer입니다. 오늘 있을 귀하의 사무실 파티를 위해 저희에게 주문하신 음식과 관련해 전화 드렸습니다. 파스타와 수프는 모두 준비되어 있지만, 초콜릿 케이크와 당근 케이크는 주방 기기 고장 문제로 인해 일정보다 뒤쳐져 있는 상태입니다. 파스타와 수프는 정오에, 그리고 케이크는 1시 30분쯤에 배달해 드려도 될까요? 가능한 한 빨리 저에게 알려 주시기 바랍니다. 감사합니다.

어휘　order v. ~을 주문하다 n. 주문(품) behind schedule 일정보다 뒤처진 due to ~로 인해 malfunction (기기 등의) 고장, 오작동 want A to do: A에게 ~하기를 원하다 around ~쯤, ~경에 let A know: A에게 알려주다 as soon as possible 가능한 한 빨리

5.　화자는 주문품과 관련해 무슨 말을 하는가?
(A) 한 가지 요리를 더 이상 이용할 수 없다.
(B) 일부 제품들이 일정보다 뒤쳐져 있다.
(C) 엉뚱한 장소로 배달되었다.
(D) 내일 중으로 배달될 것이다.

정답　(B)

해설　담화 중반부에 초콜릿 케이크와 당근 케이크가 주방 기기 고장 문제로 인해 일정보다 뒤쳐져 있는 상태라고(~ the chocolate cake and carrot cake are behind schedule due to a kitchen malfunction) 언급하고 있으므로 이 문제점을 말한 (B)가 정답이다.

어휘　dish 요리 no longer 더 이상 ~않다 available 이용 가능한 wrong 엉뚱한, 잘못된 location 장소, 위치

어휘　discuss ~을 이야기하다, 논의하다 how to do ~하는 법 restore ~을 복원하다, 복구하다 flooring 바닥재 original 원래의, 기존의 condition 상태 scratched 흠집이 생긴 become 형용사: ~한 상태가 되다 unattractive 보기 좋지 않은 thankfully 다행히도, 감사하게도 way to do ~하는 방법 fix ~을 바로잡다, 고치다 oneself 직접, 스스로 a little bit of 약간의 knowledge 지식 newly 새로 publish ~을 출간하다 DIY 직접하기(=Do It Yourself)

3.　담화의 주제는 무엇인가?
(A) 지역 부동산
(B) 공사 제안
(C) 주택 개조
(D) 도서 사인회

정답　(C)

해설　담화 초반부에 나무 바닥재를 원래의 상태로 복원하는 방법을 이야기한다고(~ discuss how to restore your wood flooring to its original condition) 언급하고 있는데, 이는 주택 개조에 해당되는 작업으로 판단할 수 있으므로 (C)가 정답이다.

어휘　local 지역의, 현지의 real estate 부동산 proposal 제안(서) improvement 개선, 향상

Paraphrase　restore your wood flooring to its original condition ➡ improvement

Question 4 refers to the following excerpt from a meeting.

The next item I'd like to discuss is our marketing strategy for next year's clothing lines. Mr. Tarrant, our head of product development, will join our meeting today and give a presentation on our newest lines of pants and shirts. After Mr. Tarrant's presentation, I'd like you all to suggest some innovative ways that we can promote the products.

제가 논의하고자 하는 다음 항목은 내년 의류 제품 라인에 필요한 우리의 마케팅 전략입니다. Tarrant 제품 개발부장님께서 오늘 우리 회의에 함께 자리하셔서 우리의 최신 바지 및 셔츠 제품 라인에 관해 발표를 하실 것입니다. Tarrant 부장님의 발표 후에, 그 제품들을 홍보할 수 있는 몇몇 혁신적인 방법들을 여러분 모두가 제안해 주시기를 바랍니다.

어휘　item 항목, 품목 strategy 전략 line (제품) 라인, 종류 head 우두머리, 장 development 개발 join ~에 함께 하다 give a presentation 발표하다 show A B: A에게 B를 보여주다 would like A to do: A가 ~하기를 원하다 suggest ~을 제안하다, 권하다 innovative 혁신적인 way 방법 promote ~을 홍보하다

4.　화자는 청자들에게 무엇을 하도록 요청하는가?
(A) 설문지를 작성 완료하는 일
(B) 고객들과 이야기하는 일

Question 6 refers to the following radio broadcast.

Hello, everyone, this is Rachel Davis with the traffic report. The roads are not very congested this morning in the northern side and eastern side areas. However, there is a traffic jam on Highway 500 due to road repair work. Workers have closed three lanes and these will not open until later today. So, I recommend avoiding Highway 500 on your way to work this morning.

안녕하세요, 여러분, 저는 교통 소식을 전해 드리는 Rachel Davis 입니다. 오늘 아침 북쪽과 동쪽 지역의 도로들은 그리 혼잡하지 않습니다. 하지만, 도로 수리 작업으로 인해 500번 고속도로에 차량 정체가 발생되고 있습니다. 작업자들이 세 개의 차선을 폐쇄했으며, 오늘 늦은 시간에나 다시 개방될 것입니다. 따라서, 오늘 아침에 출근하시는 길에 500번 고속도로를 피하시도록 권해 드립니다.

어휘   traffic 교통, 차량들 congested 혼잡한 northern 북쪽의 eastern 동쪽의 however 하지만 jam 정체, 막힘 due to ~로 인해 repair 수리 lane 차선 not A until B: B나 되어야 A하다 recommend -ing ~하도록 권하다, 추천하다 avoid ~을 피하다 on one's way to ~로 가는 길에

6.   무엇이 교통 체증을 유발하고 있는가?
     (A) 지역 사회 행사
     (B) 좋지 못한 기상 상태
     (C) 도로 유지 보수 작업
     (D) 다리 폐쇄

정답   (C)

해설   교통 체증이 언급되는 중반부에 도로 수리 작업으로 인해 교통 체증이 발생되었다고(However, there is a traffic jam on Highway 500 due to road repair work) 알리고 있으므로 (C)가 정답이다.

어휘   cause ~을 초래하다, 유발하다 community 지역 사회 maintenance 유지 보수, 시설 관리 closure 폐쇄

Paraphrase   repair work ➡ maintenance

Day 16 Check-up Test

1. (C)	2. (B)	3. (D)	4. (A)	5. (D)
6. (B)	7. (C)	8. (B)	9. (B)	10. (D)
11. (C)	12. (D)			

Questions 1~3 refer to the following talk.

Good evening, everyone. Well, without any further delay, I'm sure you all want to know who has won our first award of the evening. And, **1** it's my pleasure to present Mr. Edwards with the Most Improved Worker Award. In the past year, **2** he has helped the company achieve record profits by reaching and breaking all of his monthly sales targets. Without a doubt, his performance has greatly improved since he first joined our firm three years ago. **3** Before we invite Mr. Edwards onstage to accept his award, we'll watch a slideshow that demonstrates how quickly our profits increased this year.

안녕하세요, 여러분. 저, 더 이상의 지체 없이, 여러분 모두 누가 오늘 저녁의 첫 번째 상을 수상했는지 분명 알고 싶으실 것입니다. 그리고, Edwards 씨에게 최고의 능력 향상 직원상을 시상해 드리게 되어 기쁩니다. 지난 한 해 동안, Edwards 씨는 본인의 모든 월간 매출 목표에 도달하고 경신함으로써 우리 회사가 기록적인 수익을 달성하는 데 도움을 주셨습니다. 의심의 여지 없이, Edwards 씨의 성과는 3년 전에 우리 회사에 처음 입사한 이후로 크게 향상되어 왔습니다. 상을 받으실 수 있도록 무대로 Edwards 씨를 모시기에 앞서, 올해 우리의 수익이 얼마나 빠르게 증가했는지를 나타내 주는 슬라이드 쇼를 보시겠습니다.

어휘   without ~ 없이, ~ 하지 않고 further 추가의, 한층 더 한 delay 지체, 지연 win an award 상을 받다 it's my pleasure to do ~하게 되어 기쁩니다 present A with B: A에게 B를 제시하다, 제공하다 improved 향상된, 개선된 help A do: A가 ~하도록 돕다 achieve ~을 달성하다 record a. 기록적인 profit 수익 by (방법) ~함으로써 reach ~에 도달하다 break ~을 경신하다 monthly 월간의, 달마다의 sales 매출, 영업, 판매 target 목표 doubt 의심 performance 수행 능력, 성과, 실적 greatly 크게, 대단히 since ~한 이후로 join ~에 입사하다 firm 회사 invite ~을 초대하다 onstage 무대로, 무대에서 accept ~을 받아들이다, 수용하다 demonstrate (실례 등을 들어) ~을 나타내다, 보여주다 increase 증가하다

1.   담화의 목적은 무엇인가?
     (A) 새로운 사업 계획을 간략히 설명하는 것
     (B) 매장 개장을 알리는 것
     (C) 수상자를 소개하는 것
     (D) 워크숍 일정을 설명하는 것

정답   (C)

해설   담화 초반부에 Edwards 씨에게 최고의 능력 향상 직원상을 시상하는 것이 기쁘다고(~ it's my pleasure to present Mr. Edwards with the Most Improved Worker Award) 말하는 부분이 있는데, 이는 수상자를 소개하는 말에 해당되므로 (C)가 정답이다.

어휘   outline ~을 간략히 설명하다 announce ~을 알리다, 발표하다

opening 개장, 개점 introduce ~을 소개하다 award winner 수상자

2. 화자의 말에 따르면, Edwards 씨는 어떻게 회사를 도왔는가?
(A) 운영 지출 비용을 감소시켰다.
(B) 여러 매출 목표를 초과했다.
(C) 절차를 간소화했다.
(D) 숙련된 신입 지원들을 고용했다

정답 **(B)**

해설 Edwards 씨가 회사를 도운 방법이 언급되는 중반부에, 자신의 모든 월간 매출 목표에 도달하고 경신함으로써 회사가 기록적인 수익을 달성하는 데 도움이 되었다고(~ he has helped the company achieve record profits by reaching and breaking all of his monthly sales targets) 알리고 있으므로 (B)가 정답이다.

어휘 reduce ~을 감소시키다, 줄이다 operating expenses 운영 지출 비용 exceed ~을 초과하다 several 여럿의, 몇몇의 simplify ~을 간소화하다 procedure 절차 hire ~을 고용하다 skilled 숙련된

Paraphrase breaking all of his monthly sales targets ➡ exceeded several sales goals

3. 곧이어 무슨 일이 있을 것인가?
(A) 라이브 공연이 있을 것이다.
(B) 행사가 종료될 것이다.
(C) 식사가 제공될 것이다.
(D) 슬라이드 쇼가 시작될 것이다.

정답 **(D)**

해설 담화 마지막 부분에 Edwards 씨를 무대로 모시기 전에 슬라이드 쇼를 보겠다고(Before we invite Mr. Edwards onstage to accept his award, we'll watch a slideshow ~) 알리고 있으므로 (D)가 정답이다.

어휘 performance 공연 take place (일, 행사 등이) 일어나다, 발생되다 serve (음식 등) ~을 제공하다, 내오다

Questions 4-6 refer to the following telephone message.

Good afternoon. This is Bob Endino from Alpha Home Furnishings. **4** I'm calling to inquire about rates for your global shipping options. **5** We are planning to deliver 700 armchairs and 500 sofas to France before the end of April. As you can guess, we need to arrange a shipping contract as quickly as possible. If you think your company can meet our shipping needs, **6** I'd like you to send me a cost estimate for your shipping rates, including a timeline for delivery. You can reach me at 555-2056 or at bendino@alpha.com.

안녕하세요. 저는 Alpha Home Furnishings의 Bob Endino입니다. 귀사의 해외 배송 옵션에 대한 요금에 관해 문의하기 위해 전화 드립니다. 저희가 4월말 전에 프랑스로 700개의 안락의자와 500개의 소파를 배송할 계획입니다. 아시다시피, 저희는 가능한 한 빨리 배송 계약을 준비해야 합니다. 귀사에서 저희의 배송 요구 사항을 충족해 주실 수 있을 것 같으면, 배송 시간표를 포함해 배송 요금에 대한 비용 견적서를 보내 주셨으면 합니다. 저에게 555-2056번 또는 bendino@alpha.com으로 연락하시면 됩니다.

어휘 inquire about ~에 관해 문의하다 rate 요금 global shipping 해외 배송 plan to do ~할 계획이다 arrange ~을 마련하다, 조정하다 shipping 배송 contract 계약(서) as quickly as possible 가능한 한 빨리 meet ~을 충족하다 needs 필요(로 하는 것) would like A to do: A가 ~하기를 원하다 cost estimate 비용 견적(서) including ~을 포함해 timeline 시간표 reach ~에게 연락하다

4. 화자는 무슨 종류의 업체에 연락하는가?
(A) 배송 서비스 회사
(B) 여행사
(C) 가구 제조사
(D) 백화점

정답 **(A)**

해설 담화를 시작하면서 화자가 상대방 회사의 해외 배송 옵션에 대한 요금에 관해 문의하기 위해 전화한다고(I'm calling to inquire about rates for your global shipping options) 언급하고 있으므로 (A)가 정답이다.

어휘 manufacturer 제조사

5. 화자는 4월에 무슨 일이 있을 것이라고 말하는가?
(A) 새로운 직장으로 옮길 것이다.
(B) 비즈니스 컨퍼런스가 열릴 것이다.
(C) 자신의 회사가 신제품을 출시할 것이다.
(D) 제품들이 프랑스로 배송될 것이다.

정답 **(D)**

해설 4월이라는 시점이 언급되는 초반부에 4월말 전에 프랑스로 700개의 안락의자와 500개의 소파를 배송할 계획이라고(We are planning to deliver 700 armchairs and 500 sofas to France before the end of April) 말하고 있으므로 (D)가 정답이다.

어휘 relocate to ~로 옮기다, 이전하다 take place (일, 행사 등이) 일어나다, 발생되다 launch ~을 출시하다

Paraphrase 700 armchairs and 500 sofas ➡ Items

6. 화자는 청자에게 무엇을 하도록 요청하는가?
(A) 제품 샘플을 보내는 일
(B) 요금에 관한 세부 정보를 제공하는 일
(C) 여행 일정표를 확인해 주는 일
(D) 회의 일정을 잡는 일

8. 화자는 청자들에게 무엇을 하도록 권하는가?
(A) 우산을 가져가는 일
(B) 따뜻한 옷을 착용하는 일
(C) 폐쇄된 도로를 피하는 일
(D) 자외선 차단제를 바르는 일

정답 (B)

해설 담화 중반부에 외출할 경우에 반드시 따뜻한 옷을 착용하도록 (~ make sure to wear warm clothing if you are going out) 권하는 말이 있으므로 이를 언급한 (B)가 정답이다.

어휘 advise A to do: A에게 ~하도록 권하다 put on ~을 착용하다 avoid ~을 피하다 closed 폐쇄된 apply ~을 바르다, 적용하다

Paraphrase wear warm clothing ➡ Put on warm clothes

9. 화자의 말에 따르면, 오늘 저녁에 무슨 일이 있을 것인가?
(A) 폭풍우가 시작될 것이다.
(B) 퍼레이드가 열릴 것이다.
(C) 콘서트가 개최될 것이다.
(D) 스포츠 행사가 시작될 것이다.

정답 (B)

해설 오늘 저녁이라는 시점이 언급되는 후반부에 봄철 퍼레이드가 열린다는(~ the city's spring parade this evening ~) 사실을 알리고 있으므로 (B)가 정답이다.

어휘 storm 폭풍우 take place (일, 행사 등이) 일어나다, 발생되다 hold ~을 개최하다, 열다

Questions 10–12 refer to the following tour information.

Good morning, everyone, and **🔟 welcome to Westside Foods' main manufacturing plant.** I'm afraid that **1️⃣1️⃣ we will have to wait around fifteen minutes, because the plant manager is stuck in traffic and will be a little late.** Once he arrives, we'll begin the tour of the facility. In the meantime, **1️⃣2️⃣ I'd like you to read these two information pamphlets.** The first pamphlet details all the products we make **🔟 here at the plant,** and the second one describes our company's philosophy and goals. I'm sure you'll find both of them highly informative.

안녕하세요, 여러분, 그리고 Westside Foods의 본사 제조 공장에 오신 것을 환영합니다. 우리가 약 15분 동안 대기해야 할 것 같은데, 공장 운영 책임자께서 교통 체증에 갇혀 조금 늦으실 것이기 때문입니다. 그분께서 도착하시는 대로, 시설 견학을 시작하겠습니다. 그 사이에, 이 두 가지 안내 정보 책자를 읽어 보시기 바랍니다. 첫 번째 안내 책자는 저희가 이 공장에서 만드는 모든 제품을 상세히 설명하고 있으며, 두 번째 책자는 저희 회사의 철학과 목표를 설명하고 있습니다. 분명 두 책자 모두 매우 유익하다고 생각하실 것입니다.

어휘 manufacturing plant 제조 공장 I'm afraid that (부정적인 일에

정답 (B)

해설 화자의 요청 사항이 언급되는 후반부에 배송 시간표를 포함해 배송 요금에 대한 비용 견적서를 보내 달라고(I'd like you to send me a cost estimate for your shipping rates ~) 요청하는 말이 있으므로 (B)가 정답이다.

어휘 ask A to do: A에게 ~하도록 요청하다 provide ~을 제공하다 details 세부 정보, 상세 사항 confirm ~을 확인해 주다 itinerary 일정(표) schedule ~의 일정을 잡다

Paraphrase cost estimate for your shipping rates ➡ details about rates

Questions 7–9 refer to the following radio talk.

Hi, **7️⃣ you're listening to the breakfast weather report on WKRY Radio in San Diego.** Temperatures are quite low this morning, so **8️⃣ make sure to wear warm clothing if you are going out.** However, it should warm up around lunchtime, and we expect sunny, clear skies all afternoon. This is good news for anyone planning to attend **9️⃣ the city's spring parade this evening on March Street.** Please note, however, that we are expecting severe thunderstorms all day tomorrow.

안녕하세요, 여러분은 지금 San Diego의 WKRY Radio에서 전해 드리는 아침 일기 예보를 듣고 계십니다. 오늘 아침에 기온이 꽤 낮으므로, 외출하실 경우에 반드시 따뜻한 옷을 착용하시기 바랍니다. 하지만, 점심쯤 따뜻해질 것이며, 오후 내내 맑고 화창한 하늘이 예상됩니다. 이는 오늘 저녁에 March Street에서 열리는 우리 도시의 봄철 퍼레이드 행사에 참석할 계획이신 분들에게 좋은 소식입니다. 하지만, 내일 하루 종일 극심한 뇌우가 예상된다는 점에 유의하시기 바랍니다.

어휘 temperature 기온, 온도 quite 꽤 make sure to do 반드시 ~하도록 하다 clothing 옷, 의류 however 하지만 warm up 따뜻해 지다 around ~ 쯤, ~ 경에 expect ~을 예상하다, 기대하다 plan to do ~할 계획이다 attend ~에 참석하다 note that ~라는 점에 유의하다, 주목하다 severe 극심한 thunderstorm 뇌우

7. 화자는 어디에서 일하고 있을 것 같은가?
(A) 경기장에서
(B) 극장에서
(C) 라디오 방송국에서
(D) 공원에서

정답 (C)

해설 담화를 시작하면서 WKRY Radio에서 전해 드리는 아침 일기 예보를 듣고 있다고(~ you're listening to the breakfast weather report on WKRY Radio ~) 알리는 말을 통해 라디오 방송국에서 일하고 있음을 알 수 있으므로 (C)가 정답이다.

대해) ~인 것 같다 **around** 약, 대략 **be stuck in traffic** 교통 체증에 갇히다 **a little** 약간, 조금 **once** ~하는 대로, ~하자마자 **arrive** 도착하다 **facility** 시설(물) **in the meantime** 그 사이에, 그러는 동안 **would like A to do:** A가 ~하기를 원하다 **pamphlet** 안내 책자, 소책자 **detail** v. ~을 상세히 설명하다 **plant** 공장 **describe** ~을 설명하다, 묘사하다 **philosophy** 철학 **find A 형용사:** A를 ~하다고 생각하다 **highly** 매우, 대단히 **informative** 유익한, 유용한 정보를 주는

10. 담화가 어디에서 이뤄지고 있는가?
(A) 레스토랑에서
(B) 대학교에서
(C) 슈퍼마켓에서
(D) 공장에서

정답 **(D)**

해설 담화를 시작하면서 Westside Foods의 본사 제조 공장에 온 것을 환영한다는(~ welcome to Westside Foods' main manufacturing plant) 인사를 하고 있으므로 (D)가 정답이다.

Paraphrase **manufacturing plant ➡ factory**

11. 청자들은 왜 기다려야 한다는 말을 듣는가?
(A) 문서가 분실되었다.
(B) 기계에 결함이 있다.
(C) 책임자가 늦고 있다.
(D) 회의실이 사용 중이다.

정답 **(C)**

해설 담화 초반부에 기다려야 하는 상황과 그 이유가 제시되고 있는데, 공장 운영 책임자가 교통 체증에 갇혀서 조금 늦는다는 말로(~ we will have to wait around fifteen minutes, because the plant manager is stuck in traffic and will be a little late) 기다려야 하는 이유를 알리고 있으므로 (C)가 정답이다.

어휘 **misplaced** 분실된, 없는 **faulty** 결함이 있는 **occupied** (사람이) 사용 중인, 점유된

12. 청자들은 무엇을 하도록 요청 받는가?
(A) 세미나에 참석하는 일
(B) 양식을 작성하는 일
(C) 몇몇 질문을 준비하는 일
(D) 일부 자료를 읽어보는 일

정답 **(D)**

해설 담화 후반부에 두 가지 안내 정보 책자를 읽어 보도록(~ I'd like you to read these two information pamphlets) 요청하고 있으므로 (D)가 정답이다.

어휘 **be asked to do** ~하도록 요청 받다 **attend** ~에 참석하다 **fill out** ~을 작성하다 **form** 양식, 서식 **prepare** ~을 준비하다 **material** 자료, 재료, 물품

Paraphrase **information pamphlets ➡ materials**

문제 유형 II

POINT 1, 2 기출 확인 PRACTICE

Question 1 refers to the following telephone message.

Hi, Jim. This is Karen calling. You know the business trip you took to Paris at the start of the month? Well, **1** I need to process the travel expense reimbursements by the end of this week, and I realized I still need you to send your receipts. It's already Thursday. As you know, I process all staff payments together at the end of each month, so I'm afraid I can't give you any extra time. Please get back to me as soon as possible.

안녕하세요, Jim 씨. 저는 Karen입니다. 이달 초에 파리로 출장 가셨던 것을 기억하시죠? 저, 제가 이번 주 말까지 출장 경비 환급 업무를 처리해야 하는데, 여전히 당신이 제게 영수증을 보내 주셔야 한다는 사실을 알게 되었습니다. 오늘이 벌써 목요일입니다. 아시다시피, 제가 매달 말일에 모든 직원 대상 지급액을 함께 처리하기 때문에, 추가 시간을 더 드릴 수 없을 것 같습니다. 저에게 가능한 한 빨리 다시 연락 주시기 바랍니다.

어휘 **take a business trip** 출장 가다 **process** ~을 처리하다 **expense** 경비, 지출 비용 **reimbursement** (비용) 환급 **realize (that)** ~임을 알게 되다 **still** 아직도, 여전히 **receipt** 영수증 **payment** 지급(액) **I'm afraid (that)** (부정적인 일에 대해) ~인 것 같다 **extra** 추가의, 별도의 **get back to** ~에게 다시 연락하다 **as soon as possible** 가능한 한 빨리

1. 여자가 "오늘이 벌써 목요일입니다"라고 말할 때 무엇을 암시하는가?
(A) 마감시한 연장이 필요하다.
(B) 자신의 급여를 받지 못했다.
(C) 자신의 출장이 연기되었다.
(D) 자신의 요청 사항이 긴급하다.

정답 **(D)**

해설 담화 초반부에 이번 주말까지 비용 환급 업무를 처리해야 한다는 말과 함께 영수증을 보내 달라고(I need to process the travel expense reimbursements by the end of this week ~) 요청한 뒤로 '벌써 목요일이다'라고 언급하는 상황이다. 이는 자신의 요청 사항이 빨리 이뤄져야 한다는 점을 강조하기 위한 말이므로 (D)가 정답이다.

어휘 **deadline** 마감시한 **extension** (기간 등의) 연장 **receive** ~을 받다 **wage** 급여, 임금 **postpone** ~을 연기하다 **request** 요청(서) **urgent** 긴급한

Question 2 refers to the following talk.

Attention, all hotel guests. We would like to inform you that two spaces have just become available on tomorrow's Midnight Safari tour. Unfortunately, two of our guests who booked spots on the safari have become ill and will not be able to participate. Rather than asking for a refund, they have offered their spots to any interested guests, free of charge! This is an <u>excellent opportunity</u>. There's normally a long waiting list. So, if you are interested, please <u>don't hesitate to tell</u> our front desk manager. Thank you!

호텔 내 모든 고객들께 알립니다. 저희 Midnight Safari 투어에 두 자리가 막 이용 가능한 상태가 되었다는 사실을 알려 드리고자 합니다. 안타깝게도, 해당 사파리 행사에 자리를 예약해 두셨던 저희 고객 두 분께서 몸이 좋지 않아 지셔서 참가하실 수 없습니다. 환불을 요청하시는 대신, 이분들께서는 누구든 관심 있는 고객들께 무료로 그 자리를 제공해 주셨습니다! 이는 아주 좋은 기회입니다. 보통 대기자 명단이 깁니다. 따라서, 관심이 있으실 경우, 주저하지 마시고 저희 프런트 데스크 책임자에게 말씀해 주십시오. 감사합니다!

어휘 **would like to do** ~하고자 하다, ~하고 싶다 **inform A that:** A에게 ~라고 알리다 **available** 이용 가능한 **unfortunately** 안타깝게도, 아쉽게도 **book** ~을 예약하다 **spot** 자리 **become + 형용사:** ~한 상태가 되다 **ill** 아픈 **be able to do** ~할 수 있다 **participate** 참가하다 **rather than** ~하는 대신, ~하지 않고 **ask for** ~을 요청하다 **refund** 환불 **offer** ~을 제공하다 **interested** 관심 있는 **free of charge** 무료로 **opportunity** 기회 **normally** 보통, 일반적으로 **hesitate to do** ~하기를 주저하다

2. 화자는 왜 "보통 대기자 명단이 깁니다"라고 말하는가?
(A) 취소에 대해 사과하기 위해
(B) 참가를 권장하기 위해
(C) 지체 상황을 설명하기 위해
(D) 서비스에 대해 불만을 제기하기 위해

정답 **(B)**
해설 담화 맨 마지막에 "보통 대기자 명단이 길다"고 말한 뒤로 관심이 있으면 주저하지 말고 프런트 데스크 책임자에게 말하라고 (So, if you are interested, please don't hesitate to tell our front desk manager) 당부하고 있다. 이는 참가를 권장하는 말에 해당되므로 (B)가 정답이다.

어휘 **apologize for** ~에 대해 사과하다 **cancellation** 취소 **encourage** ~을 권장하다, 장려하다 **participation** 참가 **explain** ~을 설명하다 **delay** 지체, 지연 **complain about** ~에 대해 불만을 제기하다

Question 3 refers to the following broadcast and map.

This is Beverly Marsh with your local news report on WTR Radio. A large pop concert is taking place at the convention center this evening. More than twenty thousand people are expected to attend, and the city council has taken action to avoid problems with traffic congestion near the venue. The main change is that ▣ the street <u>in front of the convention center's Entrance B will be temporarily closed</u> to all traffic, but will reopen early tomorrow.

저는 WTR Radio에서 지역 뉴스 보도를 전해 드리는 Beverly Marsh입니다. 오늘 저녁에 컨벤션 센터에서 대규모 팝 콘서트가 개최됩니다. 2만 명이 넘는 사람들이 참석할 것으로 예상되어, 시의회에서 행사장 근처에서 발생되는 교통 체증 문제를 피할 수 있도록 조치를 취해 두었습니다. 주요 변동 사항은, 컨벤션 센터의 입구 B 앞쪽 거리에 일시적으로 모든 교통이 통제되지만 내일 아침 일찍 다시 개방된다는 점입니다.

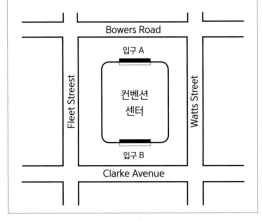

어휘 **local** 지역의, 현지의 **take place** (일, 행사 등이) 개최되다, 발생되다 **more than** ~가 넘는 **be expected to do** ~할 것으로 예상되다 **attend** 참석하다 **council** 의회 **take action** 조치를 취하다 **avoid** ~을 피하다 **traffic congestion** 교통 체증 **near** ~ 근처에 **venue** 행사장 **in front of** ~ 앞에 **temporarily** 일시적으로 **traffic** 교통, 차량들 **reopen** 다시 열리다

3. 시각자료를 보시오. 오늘 어느 도로에 교통이 통제되는가?
(A) Bowers Road
(B) Fleet Street
(C) Clarke Avenue
(D) Watts Street

정답 **(C)**
해설 담화 후반부에 컨벤션 센터의 입구 B 앞쪽 거리에 일시적으로 모든 교통이 통제된다고(~ the street in front of the convention center's Entrance B will be temporarily closed ~) 알리고 있는데, 시각자료에서 입구 B 앞쪽의 거리 명이 Clarke Avenue로 되어 있으므로 (C)가 정답이다.

Question 4 refers to the following excerpt from a meeting and chart.

Hi, everyone. During this meeting, I'd like to take a look at the visitor numbers for the four main attractions here in our town. Our budget next year will allow us to make improvements to one or two of the attractions. At the previous meeting, we already discussed ways to attract more visitors to our waterpark. **4** Today, let's turn our attention to the attraction that receives the fewest visitors.

안녕하세요, 여러분. 이번 회의 중에, 이곳 우리 도시에 위치한 네 곳의 주요 명소들에 대한 방문객 숫자를 한 번 살펴보고자 합니다. 내년 우리 예산으로 인해 우리는 한두 곳의 명소에 대해 개선 작업을 할 수 있게 될 것입니다. 이전 회의 시간에, 우리는 이미 워터파크에 더 많은 방문객들을 끌어들이는 방법들을 논의했습니다. 오늘은, 가장 적은 방문객을 받고 있는 명소로 눈길을 돌려 보겠습니다.

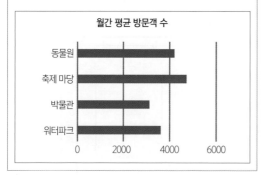

월간 평균 방문객 수

어휘   **take a look at** ~을 한 번 보다 **visitor** 방문객 **attraction** 명소, 인기 장소 **budget** 예산 **A allow B to do:** A로 인해 B가 ~할 수 있다, A가 B에게 ~하게 해주다 **make improvements** 개선하다, 향상시키다 **previous** 이전의, 과거의 **discuss** ~을 논의하다, 이야기하다 **way to do** ~하는 방법 **attract** ~을 끌어들이다 **turn one's attention to** ~로 눈길을 돌리다, 주의를 돌리다

4.   시각자료를 보시오. 화자는 곧이어 어느 명소를 이야기할 것인가?
(A) 동물원
(B) 축제 마당
(C) 박물관
(D) 워터파크

정답   **(C)**

해설   담화 중반부에 화자가 오늘은 가장 적은 방문객을 받는 명소를 확인해 보겠다고(Today, let's turn our attention to the attraction that receives the fewest visitors) 언급하고 있다. 시각자료에서 가장 적은 수치로 표기된 곳이 Museum이므로 (C)가 정답이다.

어휘   **average** 평균의 **monthly** 월간의, 달마다의 **fairground** 축제 마당, 풍물 장터

Questions 1-3 refer to the following telephone message.

Good morning, Ms. Klein. This is David calling from Computer World. **1** I took a look at the Nexus 300 laptop you brought in for repairs yesterday. It seems like you definitely did a lot of damage to it when you dropped it last week. The first thing I noticed is that **2** the entire outer casing is broken. And, it doesn't end there. I'm sorry to bring you bad news, but if I repair all of the problems, it will probably cost you quite a lot. **3** I've e-mailed you an estimate, so please consider this and let me know if you want me to proceed with the repairs. I look forward to hearing from you.

안녕하세요, Klein 씨. 저는 Computer World에서 전화 드리는 David입니다. 어제 수리를 위해 가져오셨던 Nexus 300 노트북 컴퓨터를 한 번 살펴봤습니다. 지난 주에 이 제품을 떨어뜨리셨을 때 분명히 큰 손상을 입히신 것 같습니다. 제 눈에 띈 첫 번째는 외부 케이스 전체가 망가져 있다는 점입니다. 그리고, 그게 끝이 아닙니다. 좋지 않은 소식을 전해 드려서 죄송하지만, 제가 모든 문제점들을 수리한다면, 아마 상당히 많은 비용을 들이셔야 할 것입니다. 제가 이메일로 견적서를 보내 드렸으므로, 이를 고려해 보시고 수리 작업을 진행하기를 원하시면 저에게 알려 주십시오. 연락 주시기를 기다리고 있겠습니다.

어휘   **take a look at** ~을 한 번 보다 **bring in** ~을 가져오다, 들여오다 **it seems like** ~인 것 같다 **definitely** 분명히 **do damage to** ~에 손상을 가하다 **drop** ~을 떨어트리다 **notice** ~을 주목하다, 알아차리다 **entire** 전체의 **casing** 케이스, 포장 용기 **repair** v. ~을 수리하다 n. 수리 **cost A B:** A에게 B의 비용이 들게 하다 **quite** 상당히, 꽤 **estimate** 견적(서) **consider** ~을 고려하다 **let A know if:** A에게 ~인지 알리다 **proceed with** ~을 계속 진행하다 **look forward to -ing** ~하기를 고대하다

1.   화자는 어디에서 근무할 것 같은가?
(A) 세탁소에서
(B) 제조 공장에서
(C) 자동차 수리소에서
(D) 전자제품 매장에서

정답   **(D)**

해설   담화 초반부에 화자가 상대방에게 수리를 위해 가져왔던 노트북 컴퓨터를 살펴봤다고(I took a look at the Nexus 300 laptop you brought in for repairs yesterday) 알리고 있는데, 이는 전자제품 매장에서 근무하는 직원이 할 수 있는 말이

므로 (D)가 정답이다.

어휘   manufacturing 제조 plant 공장 vehicle 자동차, 차량 electronics 전자제품

2. 화자가 "그리고, 그게 끝이 아닙니다"라고 말할 때 무엇을 암시하는가?

(A) 일정보다 앞서 일부 작업을 완료했다.
(B) 많은 추가 문제점들을 발견했다.
(C) 제품이 더 이상 구매 불가능하다고 생각한다.
(D) 자신의 사업을 접고 싶어하지 않는다.

정답   (B)

해설   담화 중반부에 화자가 외부 케이스 전체가 망가져 있다고(~ the entire outer casing is broken) 말한 뒤로 "그게 끝이 아니다"라고 언급하는 상황이다. 이는 추가 문제점이 있음을 나타내는 말이므로 (B)가 정답이다.

어휘   ahead of schedule 일정보다 앞서 additional 추가적인 no longer 더 이상 ~ 않다 available 구매 가능한, 이용 가능한 close one's business ~의 사업을 접다

3. 화자는 자신이 무엇을 했다고 말하는가?

(A) 견적서를 보낸 일
(B) 새 부품들을 주문한 일
(C) 제품을 업그레이드한 일
(D) 배송 일정을 잡은 일

정답   (A)

해설   담화 후반부에 견적서를 이메일로 보냈다고(I've e-mailed you an estimate) 알리는 내용이 있으므로 이를 언급한 (A)가 정답이다.

어휘   part 부품 schedule ~의 일정을 잡다

Questions 4-6 refer to the following telephone message.

Good morning, Phoebe. As you know, **4** our company is expanding next month and we plan to open a second warehouse to handle the increased inventory and wider distribution. Well, **5** we haven't found anyone who is qualified for the warehouse supervisor position yet, and there are only a couple of candidates left. I'm starting to think we should just look at filling the position internally. **6** You have the most qualified staff members at your branch, so I was hoping you could ask if anyone would be interested in taking the warehouse supervisor role at the new facility. Please let me know if you have any success. Thanks.

....

안녕하세요, Phoebe 씨. 아시다시피, 우리 회사가 다음 달에 사업

을 확장할 예정이며, 늘어난 재고 물량과 더 넓어진 유통 업무를 처리하기 위해 두 번째 창고를 개장할 계획입니다. 저, 우리가 아직 창고 관리 책임자 직책에 적격인 분을 찾지 못했는데, 오직 두세 명의 후보자만 남아 있는 상태입니다. 저는 우리가 내부에서 그 직책을 충원하는 일을 검토해 봐야 한다는 생각이 들기 시작했습니다. 당신 지사에 가장 뛰어난 자격을 지닌 직원들이 있으므로, 누구든 새로운 시설에서 창고 관리 책임자 역할을 맡는 데 관심이 있는 분이 있는지 물어보실 수 있기를 바랍니다. 어떤 성과라도 있으시면 저에게 알려 주십시오. 감사합니다.

어휘   expand (사업 등) 확장하다, 확대하다 plan to do ~할 계획이다 warehouse 창고 handle ~을 처리하다, 다루다 increased 늘어난, 증가된 inventory 재고(품), 재고 목록 distribution 유통, 배부 qualified 적격인, 자격이 있는 supervisor 책임자, 부서장, 감독 position 직책 there is A left: A가 남아 있다 candidate 후보자 look at ~을 검토하다, 살펴보다 fill ~을 충원하다, 채우다 internally 내부적으로 branch 지사, 지점 ask if ~인지 물어보다 be interested in ~에 관심이 있다 role 역할 facility 시설(물) let A know if: A에게 ~인지 알리다 success 성과, 성공

4. 화자의 말에 따르면, 다음 달에 무슨 일이 있을 것인가?

(A) 건물 개조 공사
(B) 회사 사업 확장
(C) 직원 모집 행사
(D) 교육 워크숍

정답   (B)

해설   다음 달이라는 시점이 언급되는 초반부에 회사가 다음 달에 사업을 확장한다고(~ our company is expanding next month ~) 알리고 있으므로 (B)가 정답이다.

어휘   take place (일, 행사 등이) 일어나다, 발생되다 renovation 개조, 보수 expansion 확장, 확대 recruitment 모집

5. 화자는 왜 "오직 두세 명의 후보자만 남아 있는 상태입니다"라고 말하는가?

(A) 도움을 요청하기 위해
(B) 우려를 나타내기 위해
(C) 면접 일정을 변경하기 위해
(D) 자신이 왜 일찍 떠나는지 설명하기 위해

정답   (B)

해설   담화 중반부에 아직 창고 관리 책임자 직책에 적격인 사람을 찾지 못했다고(~ we haven't found anyone who is qualified for the warehouse supervisor position yet ~) 말한 후에 "오직 두세 명의 후보자만 남아 있다"고 언급하는 흐름이다. 이는 해당 인원 채용 문제가 제때 해결되지 못할 가능성에 대한 우려를 나타내는 말이므로 (B)가 정답이다.

어휘   request ~을 요청하다 assistance 도움, 지원 express (감정, 생각 등) ~을 나타내다, 표현하다 concern 우려, 걱정 explain ~을 설명하다 leave 떠나다, 나가다

6. 화자는 청자에게 무엇을 하도록 요청하는가?

(A) 구인 자격 요건을 확인하는 일
(B) 창고를 점검하는 일
(C) 직원들과 이야기하는 일
(D) 교육 시간을 마련하는 일

정답 (C)

해설 담화 후반부에 상대방 지사에 뛰어난 직원들이 있다는 말과 함께 그 사람들에게 창고 관리 책임자 직책에 관심 있는지 물어 보도록(You have the most qualified staff members at your branch, so I was hoping you could ask if anyone would be interested ~) 요청하고 있으므로 (C)가 정답이다.

어휘 ask A to do: A에게 ~하도록 요청하다 requirement 요건, 필요 조건 inspect ~을 점검하다 organize ~을 마련하다, 조직하다 session (특정 활동을 위한) 시간

Paraphrase ask ➡ Speak

Questions 7-9 refer to the following announcement and site layout.

I'm pleased to tell you all that **7** we will be selling our baked goods, including our full range of cakes and pastries, at the upcoming concert in Fairfield Park on July 23. I have hired an excellent vendor site for us. **8** It's just on the left when people enter the park, next to a fruit smoothie vendor and directly opposite the Chinese Noodles. I think it's a good spot, and we should be able to make a lot of sales. **9** Penelope, I forgot to ask the concert organizer what time we should set up our stall, so I'd like you to give them a quick call today to find out about that. I'll discuss the other details with all of you at the staff meeting on Wednesday morning.

다가오는 7월 23일에 Fairfield Park에서 열리는 콘서트에서 모든 종류의 우리 케이크 및 패스트리를 포함한 제과 제품을 판매할 예정이라는 점을 여러분께 말씀 드리게 되어 기쁩니다. 제가 우리에게 필요한 아주 좋은 판매 위치를 임대해 두었습니다. 사람들이 공원에 입장할 때 바로 왼편에서 볼 수 있으며, 과일 스무디 판매점 옆에 위치한 곳이면서 중식 국수 판매점 바로 맞은편입니다. 저는 이곳이 좋은 자리라고 생각하고, 그래서 많이 판매할 수 있을 것입니다. Penelope 씨, 우리가 몇 시에 판매대를 설치해야 하는지 콘서트 주최자에게 물어보는 것을 깜빡 잊었기 때문에, 오늘 빨리 전화하셔서 그 부분에 대해 알아봐 주셨으면 합니다. 수요일 아침에 있을 직원 회의 시간에 여러분 모두와 함께 기타 세부 사항을 논의하겠습니다.

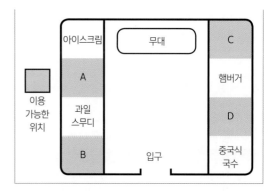

어휘 baked goods 제과 제품 including ~을 포함해 one's full range of 모든 종류의 upcoming 다가오는, 곧 있을 hire (돈을 내고) ~을 임대하다, 빌리다 vendor 판매 업체, 판매자 site 위치, 장소 on the left 왼편에 next to ~ 옆에 directly opposite ~ 바로 맞은편에 spot 자리, 지점 be able to do ~할 수 있다 make a lot of sales 많이 판매하다 forget to do ~하는 것을 잊다 organizer 주최자, 조직자 set up ~을 설치하다 stall 판매대, 가판대 would like A to do: A가 ~하기를 원하다 give A a quick call: A에게 급히 전화하다 find out about ~에 대해 알아보다 discuss ~을 논의하다 details 세부 사항, 상세 정보 available 이용 가능한

7. 화자는 무슨 종류의 업체를 소유하고 있을 것 같은가?

(A) 피자 레스토랑
(B) 음료 회사
(C) 제과점
(D) 건강 식품 매장

정답 (C)

해설 화자가 담화 초반부에 자신의 업체를 we로 지칭해 케이크와 패스트리 같은 제과 제품을 판매하는 일을(~ we will be selling our baked goods, including our full range of cakes and pastries ~) 언급하고 있으므로 (C)가 정답이다.

어휘 own ~을 소유하다

8. 시각자료를 보시오. 화자는 어느 판매 위치를 임대하기로 했는가?

(A) A
(B) B
(C) C
(D) D

정답 (B)

해설 화자가 담화 중반부에 사람들이 공원에 입장할 때 바로 왼편에서 볼 수 있고 과일 스무디 판매점 옆에 위치한 곳이면서 중식 국수 판매점 바로 맞은편이라고(It's just on the left when people enter the park, next to a fruit smoothie vendor and directly opposite the Chinese Noodles) 위치를 알려 주고 있다. 시각자료에서 이 위치에 해당되는 곳이 B이므로 (B)가 정답이다.

어휘 choose to do ~하기로 선택하다 rent ~을 임대하다, 대여하다

9. 화자는 Penelope 씨에게 무엇을 하도록 요청하는가?
(A) 회의 일정을 정하는 일
(B) 몇몇 홍보용 자료를 만드는 일
(C) 행사 주최자에게 연락하는 일
(D) 행사 장소를 방문하는 일

정답   (C)

해설   Penelope 씨의 이름이 언급되는 후반부에 몇 시에 판매대를 설치해야 하는지 콘서트 주최자에게 물어보는 것을 잊었다는 말과 함께 오늘 빨리 전화해서 알아봐 달라고(Penelope, I forgot to ask the concert organizer what time we should set up our stall, so I'd like you to give them a quick call ~) 요청하는 내용이 있으므로 (C)가 정답이다.

어휘   request that ~하도록 요청하다 create ~을 만들어내다 promotional 홍보의 material 자료, 재료, 물품 contact ~에게 연락하다

Paraphrase   give them a quick call ➡ Contact

Questions 10-12 refer to the following announcement and a floor directory.

Good morning, everyone. I'm happy to let you know that **10** we have finally installed fingerprint scanners on all doors on the fourth floor of our headquarters. However, we have noticed already that a few of them are **11** failing to recognize some of our workers' fingerprints, due to a software error. We aim to have this fixed within a couple of days. In the meantime, **12** if you have any problems using the scanners, please talk to Mr. Philips in Room 404. He will be able to help you out.

안녕하세요, 여러분. 우리가 마침내 본사 4층의 모든 출입문에 지문 인식기를 설치했다는 사실을 알려 드리게 되어 기쁩니다. 하지만, 소프트웨어 오류 문제로 인해 몇몇 기기들이 일부 우리 직원들의 지문을 인식하지 못하고 있다는 사실을 이미 알고 있습니다. 우리는 2~3일 내로 이 문제를 바로잡는 것을 목표로 하고 있습니다. 그 사이에, 인식기를 이용하는 데 어떤 문제점이라도 있으시면, 404호에 계신 Philips 씨에게 말씀해 주십시오. 그분께서 도와 드릴 수 있을 것입니다.

4층 안내	
방 번호	부서
401	영업부
402	인사부
403	회계부
404	총무부

어휘   let A know that: A에게 ~라고 알리다 finally 마침내, 드디어 install ~을 설치하다 fingerprint scanner 지문 인식기 headquarters

본사 however 하지만 notice that ~임을 알게 되다, 알아차리다 fail to do ~하지 못하다 recognize ~을 인식하다 due to ~로 인해 aim to do ~하는 것을 목표로 하다 have A p.p.: A가 ~되게 하다 fix ~을 바로잡다, 고치다 within ~ 이내에 in the meantime 그 사이에, 그러는 동안 be able to do ~할 수 있다 help A out: A를 돕다 directory (건물 입구 등의) 층별 안내

10. 화자는 주로 무엇을 이야기하고 있는가?
(A) 새로운 휴가 정책
(B) 다가오는 행사
(C) 부서 통합
(D) 새로운 보안 시스템

정답   (D)

해설   담화를 시작하면서 지문 인식기를 설치한 사실을(~ we have finally installed fingerprint scanners ~) 알리고 있는데, 이는 보안을 위한 장치이므로 (D)가 정답이다.

어휘   policy 정책, 방침 upcoming 다가오는, 곧 있을 merger 통합, 합병 security 보안

Paraphrase   fingerprint scanners ➡ security system

11. 화자는 무슨 문제점을 언급하는가?
(A) 방이 접근 불가능하다.
(B) 제품이 손상되었다.
(C) 소프트웨어 오류가 있다.
(D) 직원들이 자격 미달이다.

정답   (C)

해설   담화 중반부에 일부 지문을 인식하지 못하는 문제점과 함께 그 원인으로 소프트웨어 오류를(~ failing to recognize some of our workers' fingerprints, due to a software error) 언급하고 있으므로 (C)가 정답이다.

어휘   accessible 접근 가능한, 이용 가능한 damaged 손상된, 피해를 입은 underqualified 자격 미달인

12. 시각자료를 보시오. 청자들은 도움이 필요할 경우에 어느 부서로 가도록 권고되는가?
(A) 영업부
(B) 인사부
(C) 회계부
(D) 총무부

정답   (D)

해설   담화 마지막 부분에 문제가 있을 경우에 404호에 있는 Philips 씨에게 말하라고(~ if you have any problems using the scanners, please talk to Mr. Philips in Room 404) 당부하고 있다. 시각자료에서 404호로 표기된 곳이 General Affairs이므로 (D)가 정답이다.

어휘   department 부서 be advised to do ~하도록 권고되다 require ~을 필요로 하다

전화 메시지 & 광고

POINT 1 EXAMPLE

Questions 1-3 refer to the following telephone message.

Hello, Ms. Breyer. This is Graham Jackson from the Indigo Gallery. **1** The opening night of your upcoming exhibition is supposed to be next Friday, but I'm afraid we'll have to change it. Our current exhibition has proven to be quite popular, so **2** I had a meeting yesterday with my colleagues to see about extending it. I know this change is inconvenient, but I promise that it will benefit you. In fact, **3** if you could e-mail me a short introduction about you and your work, I will add it to our current pamphlet as an announcement for upcoming events. I look forward to your e-mail. Thanks.

안녕하세요, Breyer 씨. 저는 Indigo Gallery의 Graham Jackson 입니다. 다가오는 귀하의 전시회 개막식 밤 행사가 다음 주 금요일에 예정되어 있기는 하지만, 이를 변경해야 할 것 같습니다. 현재 저희가 운영 중인 전시회가 상당히 인기 있는 것으로 드러나서, 이를 연장하는 문제와 관련해 확인해 보기 위해 제 동료들과 어제 회의를 했습니다. 이 변동 사항이 불편한 일이라는 것을 알고 있지만, 귀하께 이득이 될 것임을 약속 드립니다. 실제로, 귀하와 귀하의 작품에 관한 간단한 소개를 저에게 이메일로 보내 주실 수 있으시면, 그 내용을 현재 사용 중인 팸플릿에, 다가오는 행사에 대한 공지로서 추가해 드리겠습니다. 귀하의 이메일을 기다리고 있겠습니다. 감사합니다.

어휘 upcoming 다가오는, 곧 있을 exhibition 전시(회) be supposed to do ~할 예정이다, ~하기로 되어 있다 I'm afraid (that) (부정적인 일에 대해) ~인 것 같다 current 현재의 prove to be 형용사: ~한 것으로 드러나다, 판명되다 quite 상당히, 꽤 extend (기간 등) ~을 연장하다 inconvenient 불편한 promise that ~임을 약속하다 benefit ~에게 이득이 되다, 도움이 되다 in fact 실제로, 사실 introduction 소개 description 설명, 묘사 add A to B: A를 B에 추가하다 pamphlet 팸플릿, 안내 책자 announcement 공지, 발표 look forward to + 명사: ~을 매우 기대하다

1. 남자는 왜 Breyer 씨에게 전화를 걸었는가?
(A) 연설을 하도록 요청하기 위해
(B) 불만을 제기하기 위해
(C) 업무를 배정하기 위해
(D) 행사 일정을 재조정하기 위해

정답 (D)

해설 담화를 시작하면서 상대방의 전시회 행사가 금요일로 예정되어 있다는 말과 함께 그 시점을 변경해야 할 것 같다고 (The opening night of your upcoming exhibition is supposed to be next Friday, but I'm afraid we'll have to change it) 알리고 있으므로 일정 재조정을 의미하는 (D)가 정답이다.

어휘 ask A to do: A에게 ~하도록 요청하다 speech 연설 make a complaint 불만을 제기하다 assign ~을 배정하다, 할당하다 task 업무, 일 reschedule 의 일정을 재조정하다

Paraphrase change ➡ reschedule

2. 남자는 어제 무엇을 했는가?
(A) 예약을 하는 일
(B) 동료와 만나는 일
(C) 계약을 취소하는 일
(D) 일부 미술품을 구입하는 일

정답 (B)

해설 어제라는 시점이 언급되는 중반부에 자신의 동료들과 회의를 했다고(I had a meeting yesterday with my colleagues ~) 알리고 있다. 따라서 자신의 동료와 만난 것을 언급한 (B)가 정답이다.

어휘 make a reservation 예약하다 meet with (약속하여) ~와 만나다 coworker 동료 cancel ~을 취소하다 contract 계약(서) purchase ~을 구입하다

Paraphrase colleagues ➡ coworkers

3. 남자는 Breyer 씨에게 무엇을 하도록 요청하는가?
(A) 일부 정보를 이메일로 보내는 일
(B) 답신 전화를 하는 일
(C) 전단을 디자인하는 일
(D) 한 장소를 방문하는 일

정답 (A)

해설 메시지 수신자로 처음에 언급된 Breyer 씨를 you로 지칭해 그 사람 자신과 작품에 관한 소개를 이메일로 보내 달라고(~ if you could e-mail me a short introduction about you and your work ~) 요청하고 있으므로 (A)가 정답이다.

어휘 ask A to do: A에게 ~하도록 요청하다 return a call 답신 전화를 하다 flyer 전단

Paraphrase introduction about you and your work ➡ information

Questions 1-3 refer to the following advertisement.

Have you always dreamed of mastering the piano? **2** You can learn all the skills you need to amaze your friends at your next dinner party by following the detailed lessons in **1** our Ivory Keys video series. These video lessons start with the foundations and then quickly build toward advanced techniques that will have you playing classical pieces in no time. If you purchase our piano lecture series, you will also receive a one-month subscription to Web Tempo, an online archive of sheet music that you can access from any device. This offer is only good through this month, so **3** visit our Web site now to purchase and download your first lesson.

피아노 연주법을 완벽히 익히는 것을 항상 꿈꿔 오셨나요? 저희 Ivory Keys 동영상 시리즈의 상세 강좌를 따라 하시면 다음 번에 있을 저녁 식사 파티에서 여러분의 친구들을 놀라게 하는 데 필요한 모든 능력을 배우실 수 있습니다. 이 동영상 강좌는 기초부터 시작해 단시간에 클래식 작품을 연주하게 해줄 고급 기술까지 빠르게 전개됩니다. 저희 피아노 강좌 시리즈를 구입하시면, 어떤 기기를 통해서도 접속하실 수 있는 온라인 악보 자료 사이트인 Web Tempo 1개월 이용권도 받으시게 됩니다. 이 제공 서비스는 오직 이번 달에만 유효하므로, 지금 저희 웹 사이트를 방문하셔서 첫 번째 강좌를 구입해 다운로드하시기 바랍니다.

어휘　master v. ~을 완벽히 익히다 amaze ~을 놀라게 하다 by (방법) ~함으로써, ~해서 follow ~을 따라하다 detailed 상세한 foundation 기초(적인 것) build 전개되다, 고조되다 toward (방향, 목적 등) ~을 향하여, ~을 위해, ~쪽으로 advanced 고급의 piece (글, 음악 등의) 작품 in no time 단시간에, 금방 purchase ~을 구입하다 subscription to ~에 대한 (정기) 구독, 서비스 이용 archive 자료 보관소 sheet music 악보 access ~에 접근하다, ~을 이용하다 device 기기, 장치 good 유효한

1.　무슨 제품이 광고되고 있는가?
(A) 악기
(B) 동영상 시리즈
(C) 도서
(D) CD

정답　**(B)**

해설　광고 제품의 종류가 언급되는 초반부에 our Ivory Keys video series라는 말로 동영상 시리즈임을 밝히고 있으므로 (B)가 정답이다.

2.　누가 해당 제품에 관심을 가질 것 같은가?
(A) 대학 교수

(B) 회사 임원
(C) 아마추어 음악인
(D) 전문 운동 선수

정답　**(C)**

해설　담화 초반부에 피아노를 배우는 법을 언급한 뒤로, 동영상 시리즈를 통해 친구와 가족을 놀라게 하는 데 필요한 모든 능력을 배울 수 있다고(You can learn all the skills you need to amaze your friends ~) 말하는 부분이 있는데, 이는 아마추어 음악인들 대상임을 나타내는 것이므로 (C)가 정답이다.

어휘　executive 임원 amateur 아마추어의 professional 전문적인 athlete 운동 선수

3.　해당 제품을 어떻게 구매할 수 있는가?
(A) 전화 번호로 전화함으로써
(B) 샘플을 요청함으로써
(C) 웹 사이트를 방문함으로써
(D) 행사에 참석함으로써

정답　**(C)**

해설　제품 구매 방법이 언급되는 맨 마지막에 웹 사이트를 방문해 구매하고 다운로드할 수 있다고(~ visit our Web site now to purchase and download your first lesson) 언급하고 있으므로 (C)가 정답이다.

어휘　request ~을 요청하다 attend ~에 참석하다

POINT 1, 2 기출 확인 PRACTICE

Questions 1-3 refer to the following recorded message.

Thanks for calling the Cloverfield Aviation Museum. I apologize, but **1** we are closed today due to a plumbing problem. We will open again tomorrow with our normal hours, and we will still start **2** our Space Exploration lecture series tomorrow without any changes to the original schedule. Engineer Senita Chawla will be our first guest speaker for the event, and **2** she will talk about the science behind the rockets that first went into space. While seating is limited, everyone is welcome to attend simply **3** by coming to the main lobby at 6 P.M. and registering at the front desk.

Cloverfield Aviation Museum에 전화 주셔서 감사합니다. 죄송하지만, 저희는 오늘 배관 문제로 인해 문을 닫은 상태입니다. 저희는 내일 정규 운영 시간에 다시 문을 열 것이며, 기존의 일정에 어떠한 변동도 없이 내일 Space Exploration 강연 시리즈를 그대로 시작할 것입니다. 공학자 Senita Chawla 씨가 행사의 첫 번째 초청

연사이시며, 처음 우주에 갔던 로켓 이면에 숨어 있는 과학과 관련된 이야기를 해 주실 것입니다. 좌석이 제한되어 있기는 하지만, 모든 분들이 단순히 오후 6시에 중앙 로비로 오셔서 프런트 데스크에서 등록하시는 방법으로 얼마든지 참석하실 수 있습니다.

어휘 **apologize** 사과하다 **due to** ~로 인해 **plumbing** 배관, 수도 시설 **normal** 정상의, 보통의 **original** 기존의, 원래의 **engineer** 공학자 **quest speaker** 초청 연사 **behind** ~ 이면의, 뒤의 **space** 우주 **while** ~이지만, ~인 반면 **seating** 좌석 **limited** 제한된 **be welcome to do** 얼마든지 ~해도 좋다 **attend** 참석하다 **simply** 단순히, 그저 **by** (방법) ~함으로써 **register** 등록하다

1. 박물관은 왜 오늘 문을 닫았는가?
(A) 직원 행사를 개최한다.
(B) 국경일이다.
(C) 개조 공사 중이다.
(D) 시설 관리를 위한 수리가 필요하다.

정답 **(D)**
해설 담화 시작 부분에 배관 문제로 인해 문을 닫은 상태라고(~ we are closed today due to a plumbing problem) 알리고 있는데, 이는 시설 관리를 위한 작업이 필요하다는 뜻이므로 (D)가 정답이다.
어휘 **hold** ~을 개최하다, 열다 **remodel** ~을 개조하다, 보수하다 **require** ~을 필요로 하다 **maintenance** 시설 관리, 유지 관리 **repair** 수리

2. 내일 무슨 행사가 계획되어 있는가?
(A) 과학 강연
(B) 학술 경연대회
(C) 전시회 개장
(D) 기금 마련 만찬

정답 **(A)**
해설 내일이라는 시점이 제시되는 중반부에 특정 강연 시리즈가 (our Space Exploration lecture series tomorrow) 언급되고 있고, 그 강연이 로켓의 이면에 존재하는 과학과 관련된 것이라고(~ she will talk about the science behind the rockets ~) 설명하고 있으므로 (A)가 정답이다.
어휘 **academic** 학술의, 학업의 **competition** 경연대회 **exhibit** 전시(회) **fundraising** 기금 마련, 모금

3. 청자들은 어떻게 행사에 등록할 수 있는가?
(A) 요청서를 제출함으로써
(B) 박물관을 방문함으로써
(C) 오리엔테이션에 참석함으로써
(D) 모바일 앱을 이용함으로써

정답 **(B)**
해설 행사 참가 방법이 언급되는 후반부에 로비로 와서 프론트 데스크에서 등록해야 한다고(~ by coming to the main lobby

at 6 P.M. and registering at the front desk) 알리고 있는데, 이는 직접 방문하는 것을 의미하므로 (B)가 정답이다.
어휘 **register** 등록하다 **submit** ~을 제출하다 **request** 요청(서)

Paraphrase coming to the main lobby ➡ visiting

Questions 4-6 refer to the following advertisement.

Do you want to get the best sleep of your life? Then Southside Mattress Supply can help you get it. **4** Everyone knows that we have the highest quality of mattresses, pillows, and sheets available in the area. Also, **5** anytime you come to our store, you can spin our Wheel of Deals to win a coupon ranging from 10 percent to 30 percent off your purchase. **6** We will also be expanding our inventory next month by offering a wide range of lamps, wall lights, and chandeliers. Come see for yourself at our location downtown in the Pendleton Plaza.

여러분의 삶에서 최고의 숙면을 취하기를 원하시나요? 그러시면, 저희 Southside Mattress Supply 사가 그렇게 하시도록 도와 드릴 수 있습니다. 지역 내에서 구매 가능한 최고급 매트리스와 베개, 그리고 시트를 저희가 보유하고 있다는 사실을 모든 분이 알고 계십니다. 그리고, 언제든지 저희 매장에 오시면, 구매 제품에 대해 10퍼센트에서 30퍼센트까지 할인되는 쿠폰을 받으실 수 있는 Wheel of Deals도 돌리실 수 있습니다. 저희는 또한 다음 달에 아주 다양한 전등과 벽 조명, 그리고 샹들리에를 제공하는 방법으로 재고 범위를 확대할 예정입니다. 시내에 위치한 Pendleton Plaza 내의 저희 지점으로 직접 오셔서 확인해 보세요.

어휘 **get the best sleep** 최고의 숙면을 취하다 **help A do**: A가 ~하도록 돕다 **the highest quality of** 최고급의 **pillow** 베개 **sheet** (침대) 시트 **have A available**: 구매 가능한 A가 있다 **area** 지역 **anytime** 주어 동사: 주어가 ~할 때는 언제든지 **spin** ~을 돌리다, 회전시키다 **win** (상 등) ~을 받다, 타다 **range from A to B**: A에서 B의 범위에 이르다 **purchase** 구매(품) **expand** ~을 확장하다, 확대하다 **inventory** 재고(품), 재고 목록 **by** (방법) ~함으로써 **a wide range of** 아주 다양한 **for oneself** 직접, 스스로 **location** 지점, 위치

4. 화자의 말에 따르면, 해당 매장은 무엇으로 알려져 있는가?
(A) 고객 서비스
(B) 시내에 위치한 매장
(C) 제품의 질
(D) 유명인인 소유주

정답 **(C)**
해설 담화 초반부에 최고급 매트리스와 베개, 그리고 시트를 보유하고 있다는 사실을 모든 사람들이 안다는(Everyone knows that we have the highest quality of mattresses, pillows, and sheets ~) 말로 해당 매장의 특징을 설명하고

있다. 이는 뛰어난 품질을 알리는 것에 해당되므로 (C)가 정답이다.

어휘   downtown 시내 be known for ~로 알려져 있다 quality 질, 품질 celebrity 유명인 owner 소유주

5.   고객들은 해당 매장을 방문할 때 무엇을 받을 것인가?
(A) 무료 제품
(B) 상품권
(C) 전단
(D) 온라인 코드

정답   **(B)**

해설   매장 방문 시에 주어지는 혜택이 언급되는 중반부에 10퍼센트에서 30퍼센트까지 할인되는 쿠폰을 받을 수 있다고 (~ anytime you come to our store, you can spin our Wheel of Deals to win a coupon ~) 안내하는 부분이 있는데, 이는 상품권이 제공된다는 말이므로 (B)가 정답이다.

어휘   receive ~을 받다 free 무료의 voucher 상품권, 쿠폰 flyer 전단

Paraphrase   coupon ➡ voucher

6.   다음 달에 매장에서 무슨 신제품을 판매할 것인가?
(A) 조명 기구
(B) 주방용품
(C) 사무용 가구
(D) 애완 동물 용품

정답   **(A)**

해설   next month라는 시점이 언급되는 후반부에 아주 다양한 전등과 벽 조명, 그리고 샹들리에를 제공할 것이라고 (~ expanding our inventory next month by offering a wide range of lamps, wall lights, and chandeliers ~) 알리고 있는데, 이 제품들은 조명 기구에 해당되므로 (A)가 정답이다.

어휘   light fixture 조명 기구 kitchenware 주방용품 supplies 용품, 물품

Paraphrase   lamps, wall lights, and chandeliers ➡ Light fixtures

Day 18   Check-up Test

1. (C)	2. (D)	3. (A)	4. (C)	5. (A)
6. (B)	7. (D)	8. (C)	9. (C)	10. (C)
11. (A)	12. (B)			

Questions 1–3 refer to the following telephone message.

Good morning, Ms. Greene. This is Laurence Burton from Thorpe and Sons. **2** While planting some of the shrubs on your property, **1** we came across a gas line that runs under the work area. We can dig around it, but it will alter the original designs considerably. **3** I've e-mailed you updated plans, so if you could check those as soon as possible, then we can move ahead with the work. There shouldn't be any increase to our estimate, so you don't need to worry about costs. Thanks.

안녕하세요, Greene 씨. 저는 Thorpe and Sons의 Laurence Burton입니다. 귀하의 건물에 일부 관목을 심는 동안, 작업 구역 밑을 지나는 가스 파이프를 우연히 발견했습니다. 그 주변을 파낼 수는 있지만, 그렇게 하면 기존의 디자인을 상당히 변경하게 될 것입니다. 업데이트된 도면을 이메일로 보내 드렸으므로, 가능한 한 빨리 확인해 보실 수 있으시면, 그 작업대로 진행할 수 있습니다. 저희 견적서에 증가되는 부분은 전혀 없으므로 비용 문제는 걱정하지 않으셔도 됩니다. 감사합니다.

어휘   while ~하는 동안 plant ~을 심다 shrub 관목 property 건물, 부동산 come across ~을 우연히 발견하다 run (길, 선 등이) 이어지다, 연결되다 dig 땅을 파다 alter ~을 변경하다 original 기존의, 애초의 considerably 상당히 plan 도면, 설계도 as soon as possible 가능한 한 빨리 move ahead with ~대로 진행하다 increase 증가, 인상 estimate 견적(서) worry about ~을 걱정하다 cost 비용

1.   메시지의 목적은 무엇인가?
(A) 비용을 확인하는 것
(B) 할인을 제공하는 것
(C) 문제점을 알리는 것
(D) 약속 일정을 잡는 것

정답   **(C)**

해설   담화 초반부에 가스 파이프를 발견한 사실과 그로 인해 디자인이 상당히 변경되는(~ we came across a gas line that runs under the work area. We can dig around it, but it will alter the original designs considerably) 문제점을 언급하고 있으므로 (C)가 정답이다.

어휘   confirm ~을 확인하다 offer ~을 제공하다 issue 문제, 사안 schedule ~의 일정을 잡다 appointment 약속, 예약

2.   Thorpe and Sons는 무슨 종류의 업체일 것 같은가?
(A) 부동산 중개업체
(B) 법률 회사
(C) 공공 서비스 회사
(D) 조경 업체

정답   **(D)**

해설　담화 초반부에 해당 업체 직원들이 한 일로 관목을 심는 작업이 (While planting some of the shrubs on your property, ~) 언급되어 있는데, 이는 조경 업체 직원들이 할 수 있는 일이므로 (D)가 정답이다.

어휘　real estate 부동산 agency 회사, 대행사 legal 법률의 firm 회사 utility (전기, 수도 등의) 공공 설비, 공익 사업 landscaping 조경

3. 청자는 무엇을 하도록 요청 받는가?
(A) 이메일을 확인하는 일
(B) 문서에 서명하는 일
(C) 마감 시한을 연장하는 일
(D) 작업 현장을 방문하는 일

정답　(A)

해설　담화 후반부에 업데이트된 도면을 이메일로 보낸 사실과 함께 그것을 가능한 한 빨리 확인하도록(I've e-mailed you updated plans, so if you could check those as soon as possible ~) 요청하고 있으므로 (A)가 정답이다.

어휘　extend ~을 연장하다 deadline 마감 시한 worksite 작업 현장

Questions 4-6 refer to the following advertisement.

Beauty Empire, your one-stop shop for stylish haircuts, soothing spa treatments, and high-quality cosmetics, **4** is excited to celebrate its five-year anniversary of its original location in Bellview Heights. As a way of commemorating the years of loyal support from our customers, **5** we will be holding a special, one-time only sale this week. All beauty services offered at our store will have a 30% discount. We also have something special for our Platinum Members: **6** a special gift bag of various eyeliners, nail polish, and lotions. To claim it, just show your Beauty Empire membership card at the main entrance.

멋진 헤어 스타일, 진정 효과가 있는 스파 치료, 그리고 고급 화장품을 한 번에 이용할 수 있는 매장 Beauty Empire가 Bellview Heights에 위치한 본점의 개장 5주년을 기념하게 되어 기쁩니다. 저희 고객들의 열렬한 성원으로 가득했던 그 시간을 기념하기 위한 방법으로, 이번 주에 1회성 특별 할인 행사를 개최할 예정입니다. 저희 매장에서 제공되는 모든 뷰티 서비스가 30퍼센트 할인될 것입니다. 또한 플래티넘 회원들을 위한 특별 선물로, 다양한 아이라이너와 매니큐어, 그리고 로션으로 구성된 특별 선물 가방이 준비되어 있습니다. 이 선물을 수령하시려면, 중앙 출입구에서 Beauty Empire 회원 카드를 제시하기만 하시면 됩니다.

어휘　soothing 진정시키는, 달래주는 treatment 치료 high-quality 고급의, 고품질의 cosmetics 화장품 be excited to do ~하게되어 기쁘다 celebrate ~을 기념하다, 축하하다(= commemorate) anniversary (해마다 돌아오는) 기념일 original 원래의, 기존의

location 지점, 위치 as a way of -ing ~하기 위한 방법으로 loyal support 열렬한 성원, 지지 hold ~을 개최하다, 열다 offer ~을 제공하다 various 다양한 nail polish 매니큐어 claim (상 등을) 차지하다, 얻다

4. 무슨 특별 행사가 언급되는가?
(A) 제품 시연회
(B) 지점 개장
(C) 매장 기념일
(D) 시상식

정답　(C)

해설　담화 시작 부분에 매장의 특징과 함께 개장 5주년을 기념한다는(~ is excited to celebrate its five-year anniversary of its original location ~) 사실을 언급하고 있으므로 (C)가 정답이다.

어휘　demonstration 시연(회) branch 지점, 지사 anniversary 기념일 award ceremony 시상식

5. 화자의 말에 따르면, 이번 주에 무슨 일이 있을 것인가?
(A) 특별 세일이 개최될 것이다.
(B) 강좌가 제공될 것이다.
(C) 매장이 일시적으로 문을 닫을 것이다.
(D) 공연이 열릴 것이다.

정답　(A)

해설　이번 주라는 시점이 언급되는 중반부에 1회성 특별 할인 행사를 개최한다고(~ we will be holding a special, one-time only sale this week) 알리고 있으므로 (A)가 정답이다.

어휘　hold ~을 개최하다 temporarily 일시적으로 performance 공연, 연주회 take place (일, 행사 등이) 일어나다, 발생되다

6. 고객들은 왜 중앙 출입구에 들러야 하는가?
(A) 환불을 요청하기 위해
(B) 선물을 받기 위해
(C) 회원 가입 신청을 하기 위해
(D) 신청서를 제출하기 위해

정답　(B)

해설　담화 마지막 부분에 몇몇 제품이 담긴 특별 선물 가방을 언급하면서 중앙 출입구에서 받을 수 있다고(~ a special gift bag of various eyeliners, nail polish, and lotions. To claim it, just show your Beauty Empire membership card at the main entrance) 알리고 있으므로 (B)가 정답이다.

어휘　stop by ~에 들르다 request ~을 요청하다 refund 환불 receive ~을 받다 apply for ~을 신청하다, ~에 지원하다 submit ~을 제출하다 application 신청(서), 지원(서)

Questions 7-9 refer to the following telephone message.

Good afternoon, Vernon. **7** This is Paula, the supervisor of the call center in the technology park. I need your authorization to purchase 20 new wireless headsets with microphones for our telephone operators. **8** A lot of our headsets have broken down recently, so we need to replace them. **9** My staff need devices that work properly so that they can deal with our customers effectively. I wanted to let you know about this issue before the end of today. You'll be finalizing the budget tomorrow, right? Please let me know if it's possible. Thank you.

안녕하세요, Vernon 씨. 저는 기술 단지 내의 콜 센터 책임자인 Paula입니다. 저희 전화 상담원들에게 필요한 마이크 달린 새 무선 헤드셋 20개를 구입하는 데 귀하의 승인이 필요합니다. 많은 헤드셋이 최근에 고장 나서, 저희는 그것들을 교체해야 합니다. 제 직원들은 효과적으로 고객들을 대할 수 있도록 제대로 기능하는 기기를 필요로 합니다. 오늘 하루 일과가 끝나기 전에 이 문제에 관해 알려 드리고 싶었습니다. 내일 예산을 최종 확정하실 거죠, 그렇죠? 그것이 가능한지 저에게 알려 주시기 바랍니다. 감사합니다.

어휘 supervisor 책임자, 상사, 부서장 technology park 기술 단지 authorization 승인 purchase ~을 구입하다 wireless 무선의 telephone operator 전화 상담원 break down 고장 나다 recently 최근에 replace ~을 교체하다, 대체하다 device 기기, 장치 work (기계 등이) 작동하다 properly 제대로, 적절히 so that (목적) ~할 수 있도록 deal with ~을 대하다, ~을 처리하다, 다루다 effectively 효과적으로 let A know about B: A에게 B에 관해 알리다 issue 문제, 사안 finalize ~을 최종 확정하다 budget 예산 possible 가능한

7. 화자는 어디에서 근무하는가?
(A) 창고에서
(B) 전자제품 매장에서
(C) 공장에서
(D) 콜 센터에서

정답 (D)

해설 담화 초반부에 화자가 자신을 'This is Paula, the supervisor of the call center ~'와 같이 콜 센터 책임자라고 소개하고 있으므로 (D)가 정답이다.

어휘 warehouse 창고 electronics 전자제품

8. 화자는 왜 제품을 구매해야 하는가?
(A) 고객 수요가 늘어났다.
(B) 새 업체 지점이 개업했다.
(C) 일부 기기에 결함이 있다.
(D) 신입 사원들이 고용되었다.

정답 (C)

해설 담화 중반부에 화자가 많은 헤드셋이 최근에 고장이 나서 교체해야 한다고(A lot of our headsets have broken down recently, so we need to replace them) 말하고 있으므로 기기 결함 문제를 언급한 (C)가 정답이다.

어휘 demand 수요 increase 늘어나다, 증가하다 location 지점, 위치 device 기기, 장치 faulty 결함이 있는 hire ~을 고용하다

Paraphrase headsets have broken down ➡ devices are faulty

9. 화자가 "내일 예산을 최종 확정하실 거죠, 그렇죠?"라고 말할 때 무엇을 암시하는가?
(A) 도움을 제공하고 싶어 한다.
(B) 경영진의 결정에 만족한다.
(C) 요청이 승인되기를 바란다.
(D) 예산 회의 일정을 재조정하고 싶어 한다.

정답 (C)

해설 메시지 중반부에 효과적으로 고객들을 대할 수 있도록 직원들이 제대로 기능하는 기기를 필요로 한다고(My staff need devices that work properly ~) 언급한 뒤로 '내일 예산을 최종 확정하실 거죠, 그렇죠?'라고 물으며 구매 승인이 가능한지 알려달라고 한다. 따라서, 필요한 기기를 구매하는 문제가 승인되기를 바라는 마음으로 묻는 질문임을 알 수 있으므로 (C)가 정답이다.

어휘 offer ~을 제공하다 assistance 도움, 지원 be pleased with ~에 만족하다 management 경영(진) decision 결정 request 요청(서) approve ~을 승인하다 reschedule ~의 일정을 재조정하다

Questions 10-12 refer to the following advertisement and price list.

10 Are you looking to rent a boat for a deep-sea fishing trip? Dave's Marina has everything that you'll need. With fifteen years of experience, we can equip you with a suitable boat and top-of-the-line equipment. **11** If you have children joining you on your adventure, then we have boats ready with a variety of entertainment devices and Internet services. And for this month only, **12** if you'd like to try out a short three-day trip, then now's the time. We're offering a special discount on that rental cost, so call today to arrange your dream fishing trip.

심해 낚시 여행을 위해 보트를 대여할 예정이신가요? Dave's Marina에 여러분께서 필요로 하시는 모든 것이 있습니다. 15년간의 경험으로 인해, 저희는 여러분에게 적합한 보트와 최신 장비를 갖춰 드릴 수 있습니다. 여러분의 모험에 함께 할 아이들이 있으시다면, 다양한 오락용 기기와 인터넷 서비스를 갖춘 보트들이 준비되어 있습니다. 그리고 이번 달에 한해, 3일간의 짧은 여행을 떠나 보기를 원하실 경우, 지금이 바로 그 때입니다. 저희가 해당 대여 요금

에 대해 특별 할인 서비스를 제공하고 있으므로, 오늘 전화하셔서 꿈에 그리던 낚시 여행을 준비하십시오.

대여 요금	
기간	요금 범위
1일	$700
3일	$1,800
1주일	$2,500
2주일	$3,200

어휘   look to do ~할 예정이다, ~할 생각이다 rent ~을 대여하다 deep-sea 심해의 equip A with B: A에게 B를 갖춰주다 suitable 적합한, 어울리는 top-of-the-line 최신의, 첨단의 equipment 장비 join ~와 함께 하다 adventure 모험 have A ready: A를 준비해 두다 a variety of 다양한 entertainment 오락 device 기기, 장치 would like to do ~하고 싶다 try out ~을 시도해 보다 offer ~을 제공하다 rental 대여, 임대 arrange ~을 준비하다, 조정하다 duration 기간, 지속 시간 range 범위, 폭

10. 광고의 주 목적은 무엇인가?
(A) 식당을 추천하는 것
(B) 계절 세일 행사를 설명하는 것
(C) 보트 회사를 홍보하는 것
(D) 상점 폐장을 공지하는 것

정답   **(C)**
해설   담화를 시작하면서 화자가 보트를 빌리는 일을 언급함과 동시에 소속 회사에 필요한 모든 것이 있다고(Are you looking to rent a boat for a deep-sea fishing trip? Dave's Marina has everything that you'll need) 알리고 있으므로 보트 회사 광고임을 알 수 있다. 따라서 이를 언급한 (C)가 정답이다.
어휘   describe ~을 설명하다 seasonal 계절적인 promote ~을 홍보하다 announce ~을 공지하다, 발표하다 closing 폐장

11. 화자는 아이들과 관련해 무엇을 언급하는가?
(A) 일부 특징들을 즐길 수 있다.
(B) 교육 강습을 받아야 한다.
(C) 참가하려면 반드시 특정 나이여야 한다.
(D) 무료 선물을 받을 것이다.

정답   **(A)**
해설   아이들과 관련된 정보가 제시되는 중반부에 다양한 오락 기기와 인터넷 서비스를 이용할 수 있다고(If you have children joining you on your adventure, then we have boats ready with a variety of entertainment devices and Internet services) 언급하고 있으므로 이를 '특징'이라는 말로 표현한 (A)가 정답이다.
어휘   feature 특징 take a course 강습을 받다 training 교육 certain 특정한, 일정한 participate 참가하다 receive ~을 받다 free 무료의

Paraphrase   a variety of entertainment devices and Internet services ➡ special features

12. 시각자료를 보시오. 광고에서 설명하는 선택권의 요금은 얼마인가?
(A) $700
(B) $1,800
(C) $2,500
(D) $3,200

정답   **(B)**
해설   담화 마지막에 3일간 여행을 떠나는 것에 대한 혜택이 언급되고 있는데(if you'd like to try out a short three-day trip, then now's the time), 시각자료에서 3일 기간에 해당되는 요금이 $1,800로 표기되어 있으므로(Three days - $1,800) (B)가 정답이다.

DAY 19
사내 공지 & 기타 장소 공지

POINT 1 EXAMPLE

Questions 1-3 refer to the following announcement.

Good morning, everyone. Before you start your work assignments for the day, I have an announcement regarding office waste. **1** Management has requested that we implement a new policy regarding paper and printing. From now on, you must use both sides of each piece of paper when printing documents. **2** This will not only cut down on unnecessary waste, but also on our monthly paper costs. Many of you wouldn't know how to change the settings on the printer, so **3** I will show you all how to do that now. Please follow me.

안녕하세요, 여러분. 각자 오늘의 배정 업무를 시작하기에 앞서, 사무실 내 쓰레기와 관련된 공지가 있습니다. 경영진은 우리가 종이 및 인쇄와 관련해 새로운 정책을 시행하도록 요청했습니다. 지금부터 문서를 출력할 때 반드시 각 용지의 양면을 모두 사용해야 합니다. 이는 불필요한 쓰레기 뿐만 아니라 우리의 월간 용지 비용도 줄여주게 될 것입니다. 자, 여러분 중 많은 분들이 프린터의 설정을 변경하는 방법을 알지 못하실 것이므로, 제가 여러분 모두에게 지금 그 방법을 알려 드리겠습니다. 저를 따라오십시오.

어휘   work assignment 배정 업무, 할당 업무 announcement 공지, 알림 regarding ~에 관하여 waste 쓰레기, 낭비 management

경영(진) request that ~하도록 요청하다 implement ~을 시행하다 policy 정책, 방침 not only A but also B: A 뿐만 아니라 B도 cut down on ~을 줄이다 unnecessary 불필요한 monthly 월간의, 해마다의 how to do ~하는 법 setting (기기 등의) 설정 show A B: A에게 B를 알려주다, 보여주다 follow ~을 따라가다

1. 화자는 주로 무엇을 이야기하고 있는가?
(A) 일부 새로운 장비
(B) 프로젝트 마감 시한
(C) 일부 중요한 문서
(D) 회사의 새로운 정책

정답 **(D)**

해설 담화 초반부에 경영진에서 종이 및 인쇄와 관련해 새로운 정책을 시행하도록 요청한(Management has requested that we implement a new policy ~) 사실을 언급하면서 그 내용을 전달하고 있으므로 (D)가 정답이다.

어휘 equipment 장비 deadline 마감 시한 policy 정책, 방침

2. 화자는 무슨 이점을 지적하는가?
(A) 지출 비용이 감소될 것이다.
(B) 생산성이 증가할 것이다.
(C) 고객들이 더욱 만족할 것이다.
(D) 직원들이 더욱 편해질 것이다.

정답 **(A)**

해설 담화 중반부에 새 정책 시행에 따른 긍정적인 결과로 쓰레기와 용지 비용 감소(This will not only cut down on unnecessary waste, but also on our monthly paper costs)를 언급하고 있으므로 이 둘 중 하나에 해당되는 (A)가 정답이다.

어휘 benefit 이점, 혜택 point out ~을 지적하다 expense 지출 (비용) reduce ~을 감소시키다 productivity 생산성 increase 증가하다 satisfied 만족한 comfortable 편한, 편안한

Paraphrase monthly paper costs ➡ Expenses

3. 화자는 청자들에게 무엇을 하도록 요청하는가?
(A) 시범 과정을 지켜보는 일
(B) 몇 가지 질문을 제출하는 일
(C) 각자의 업무 자리를 청소하는 일
(D) 건물을 견학하는 일

정답 **(A)**

해설 담화 마지막에 프린터 설정 변경 방법을 알려주겠다는 말과 함께 자신을 따라오도록(I will show you all how to do that now. Please follow me) 요청하고 있는데, 이는 시범 보이는 것을 볼 것을 요청하는 말이므로 (A)가 정답이다.

어휘 ask A to do: A에게 ~하도록 요청하다 demonstration 시범, 시연(회) submit ~을 제출하다 workstation 업무 자리 tour v. ~을 견학하다

POINT 2 EXAMPLE

Questions 1-3 refer to the following announcement.

Attention, travelers on **1** East Coast Rail Service 458. We regret to inform you that, **2** due to icy tracks, this train will be delayed. Maintenance workers are doing their best to remove the ice from the tracks, but **2** we expect to arrive at our destination at 5 P.M. instead of 3 P.M. Once you arrive at Glendale Terminal, please visit our customer service desk and present your ticket. **3** You will be provided with a coupon that can be used to obtain 10 percent off your next trip with us. We apologize for the inconvenience.

East Coast Rail Service 458 기차편을 이용하시는 여행객 여러분께 알립니다. 얼음으로 덮인 철로로 인해, 이 기차가 지연될 것이라는 사실을 알려 드리게 되어 유감입니다. 시설 관리 직원들이 철로에서 얼음을 제거하기 위해 최선을 다하고 있지만, 저희는 오후 3시 대신 5시에 목적지에 도착할 것으로 예상합니다. Glendale Terminal에 도착하는 대로, 저희 고객 서비스 데스크를 방문하셔서 표를 제시해 주시기 바랍니다. 다음 번에 저희를 이용하시는 여행에 대해 10퍼센트 할인을 받는 데 사용하실 수 있는 쿠폰이 제공될 것입니다. 불편에 대해 사과드립니다.

어휘 Attention 주목해 주세요 regret to do ~해서 유감이다 inform A that: A에게 ~라고 알리다 due to ~로 인해 icy 얼음으로 덮인 delayed 지연된, 지체된 maintenance 시설 관리, 유지 관리 do one's best 최선을 다하다 remove A from B: B에서 A를 제거하다, 없애다 expect to do ~할 것으로 예상하다 arrive 도착하다 destination 목적지, 도착지 instead of ~ 대신, ~가 아니라 once ~하는 대로, ~하자마자 present ~을 제시하다, 제공하다 be provided with ~을 제공 받다 obtain ~을 얻다, 획득하다 apologize for ~에 대해 사과하다 inconvenience 불편

1. 공지가 어디에서 이뤄지고 있을 것 같은가?
(A) 기내에서
(B) 버스에서
(C) 기차에서
(D) 여객선에서

정답 **(C)**

해설 담화 시작 부분의 East Coast Rail Service를 비롯해 바로 뒤이어 직접적으로 장소를 가리키는 this train 등의 말을 통해 기차에서 진행되는 공지임을 알 수 있으므로 (C)가 정답이다.

어휘 take place (일, 행사 등이) 일어나다, 발생되다

2. 화자의 말에 따르면, 무엇이 변경되었는가?
(A) 티켓 가격

(B) 도착 시간

(C) 목적지

(D) 오락 서비스

정답 (B)

해설 담화 중반부에 3시 대신 5시에 목적지에 도착한다고(~ we expect to arrive at our destination at 5 P.M. instead of 3 P.M.) 알리는 말을 통해 도착 시간이 변경되었음을 알 수 있으므로 (B)가 정답이다.

어휘 arrival 도착 destination 목적지 entertainment 오락

---

3. 화자는 청자들에게 무엇이 이용 가능하다고 말하는가?

(A) 무료 숙소

(B) 부분 환불

(C) 셔틀 버스 서비스

(D) 여행 할인

정답 (D)

해설 화자가 담화 후반부에 청자들을 You로 지칭해 다음 여행에 대해 10퍼센트 할인 받을 수 있는 쿠폰이 제공된다고(You will be provided with a coupon that can be used to obtain 10 percent off your next trip ~) 알리고 있으므로 (D)가 정답이다.

어휘 available 이용 가능한 free 무료의 accommodation 숙소, 숙박 시설 partial 부분적인 refund 환불

POINT 1, 2 기출 확인 PRACTICE

Questions 1-3 refer to the following announcement.

Good morning, staff. As you know, **1** the sales figures for our company, and those of our competitors in the toy manufacturing industry, were released publicly this week. We are obviously unhappy that we are no longer the leader in the industry. So, I'm pleased to announce that **2** Sara Goldman will be the new head of our Design & Innovation Team. This is very exciting news for us, as **2** she's an expert product developer. I'm sure her background in developing innovative toys will help us win over our competitors. **3** At the moment, she's speaking at a conference in California, but we look forward to welcoming her when she arrives here on Thursday.

안녕하세요, 직원 여러분. 아시다시피, 장난감 제조 업계에 속한 우리 회사와 우리 경쟁사들의 매출 수치가 이번 주에 공개적으로 발표되었습니다. 우리가 더 이상 업계 선두주자가 아니라는 점이 분명 불만스럽습니다. 따라서, 저는 Sara Goldman 씨가 우리 디자인

혁신 팀의 신임 부서장이 되신다는 사실을 알려 드리게 되어 기쁩니다. 이는 우리에게 매우 신나는 소식인데, 이분이 제품 개발 전문가이시기 때문입니다. 저는 혁신적인 장난감을 개발하는 데 있어 이분이 지니고 계신 경력이 우리가 경쟁사들을 이길 수 있게 도와 줄 것이라고 확신합니다. 현재, 이분은 캘리포니아에서 열리고 있는 컨퍼런스에서 연설을 하고 계시지만, 목요일에 이곳에 도착하시면 환영해 드릴 수 있기를 고대하고 있습니다.

어휘 sales 매출, 영업, 판매 figure 수치, 숫자 competitor 경쟁사, 경쟁자 manufacturing 제조 industry 업계 release ~을 발표하다, 출시하다, 공개하다 publicly 공개적으로 obviously 분명히, 확실히 no longer 더 이상 ~ 않다 be pleased to do ~하게되어 기쁘다 announce that ~임을 알리다, 공지하다 expert a. 전문가의 developer 개발자 background 경력, 배경 develop ~을 개발하다 innovative 혁신적인 win over a competitor 경쟁자를 물리치다 at the moment 현재 look forward to -ing ~하기를 고대하다

---

1. 화자의 말에 따르면, 이번 주에 무슨 일이 있었는가?

(A) 매출 수치가 발표되었다.

(B) 한 제품 라인이 출시되었다.

(C) 직원들이 전근되었다.

(D) 새 사업 지점이 개장되었다.

정답 (A)

해설 담화를 시작하면서 화자 자신의 회사와 경쟁사들의 매출 수치가 이번 주에 공개되었다는 사실을(~ the sales figures for our company, and those of our competitors ~ were released publicly this week) 전달하고 있으므로 (A)가 정답이다.

어휘 line (제품) 라인, 종류 launch ~을 출시하다, 공개하다 transfer ~을 전근시키다 location 지점, 지사

---

2. Sara Goldman 씨의 전문 영역은 무엇인가?

(A) 고객 관리

(B) 재무 컨설팅

(C) 제품 개발

(D) 온라인 마케팅

정답 (C)

해설 담화 중반부에 Sara Goldman 씨의 이름을 언급한 뒤로 그 사람을 she로 지칭해 제품 개발 전문가라고(~ she's an expert product developer) 소개하고 있으므로 (C)가 정답이다.

어휘 area of expertise 전문 영역 financial 재무의 development 개발

---

3. Sara Goldman 씨는 현재 무엇을 하고 있는가?

(A) 업무 일정을 만드는 일

(B) 신입 팀원들을 모집하는 일

(C) 계약 내용을 협의하는 일

(D) 컨퍼런스에 참석하는 일

정답 (D)

해설 담화 후반부에서 Sara Goldman 씨를 she로 지칭하면서 현재 컨퍼런스에서 연설하고 있다고(At the moment, she's speaking at a conference ~) 알리고 있으므로 (D)가 정답이다.

어휘 currently 현재 create ~을 만들어내다 recruit ~을 모집하다 negotiate ~을 협의하다, 협상하다 contract 계약(서) attend ~에 참석하다

Questions 4-6 refer to the following announcement.

Welcome, ladies and gentlemen. My name is Linda, and I'll be your guide during ◢ today's tour of Channel 3's main studio. This is where many of your favorite <u>TV shows are made</u>, and you will even have a chance to see some of the actors performing some scenes. Please keep in mind that the actors need to concentrate, so ▣ <u>refrain from talking loudly</u> or <u>doing anything noisy</u> that might distract them. At the end of the tour, I'll take you to our gift shop. ▣ It would be a great idea to <u>purchase a souvenir</u> so that you can remember today's tour even more fondly. Okay, let's begin!

환영합니다, 신사 숙녀 여러분. 제 이름은 Linda이며, 오늘 Channel 3의 본관 스튜디오에 대한 견학 중에 여러분의 가이드가 되어 드릴 것입니다. 이곳은 여러분께서 가장 좋아하시는 많은 TV 프로그램들이 제작되는 곳이며, 심지어 일부 장면들을 연기하는 몇몇 배우들을 보실 기회도 가지시게 될 것입니다. 배우들이 집중해야 하므로, 큰 소리로 이야기하시거나 배우들을 산만하게 할 수도 있는 어떠한 소란스러운 일도 삼가야 한다는 점을 명심하시기 바랍니다. 견학이 끝날 때, 여러분을 저희 선물용품 매장으로 모실 것입니다. 오늘 견학을 훨씬 더 좋게 기억하실 수 있도록 기념품을 구입하시는 것이 아주 좋은 생각일 수 있습니다. 그럼, 시작해 보겠습니다!

어휘 during ~ 중에, ~ 동안 tour 견학 favorite 가장 좋아하는 even 심지어 (~도), (비교급 수식) 훨씬 perform ~을 연기하다 scene 장면 keep in mind that ~임을 명심하다 concentrate 집중하다 refrain from -ing ~하는 것을 삼가다 loudly 크게 noisy 소란스러운, 시끄러운 distract ~을 산만하게 하다 take A to B: A를 B로 데려가다 purchase ~을 구입하다 souvenir 기념품 so that ~할 수 있도록 fondly 좋게, 애정을 갖고

4. 견학이 어디에서 이뤄지고 있는가?
(A) 제조 공장
(B) 텔레비전 스튜디오
(C) 백화점
(D) 공항 터미널

정답 (B)

해설 담화 시작 부분에 Channel 3 스튜디오를 언급하면서 TV 프로그램이 만들어지는 곳이라고(~ today's tour of Channel 3's main studio. This is where many of your favorite TV shows are made ~) 안내하고 있으므로 (B)가 정답이다.

어휘 take place (일, 행사 등이) 일어나다, 발생되다 manufacturing 제조 plant 공장

5. 청자들은 무엇을 하는 것을 피해야 하는가?
(A) 그룹에서 벗어나는 일
(B) 음식을 먹는 일
(C) 장비에 손대는 일
(D) 시끄럽게 하는 일

정답 (D)

해설 청자들이 하지 말아야 하는 일이 제시되는 중반부에 refrain from talking loudly or doing anything noisy라는 말로 크게 말하거나 시끄럽게 하지 말도록 당부하는 내용이 있으므로 (D)가 정답이다.

어휘 avoid -ing ~하는 것을 피하다 leave ~에서 벗어나다, ~을 떠나다 equipment 장비 make noise 시끄럽게 하다, 소란을 피우다

Paraphrase doing anything noisy ➡ Making noise

6. 화자는 청자들에게 무엇을 하도록 권하는가?
(A) 팸플릿을 읽어보는 일
(B) 기념품을 구입하는 일
(C) 질문을 하는 일
(D) 특정 의류를 입는 일

정답 (B)

해설 화자의 권장 사항이 언급되는 마지막 부분에 기념품을 구입하는 것이 좋은 생각이라고(It would be a great idea to purchase a souvenir ~) 권하는 말이 있으므로 이에 해당되는 (B)가 정답이다.

어휘 recommend that ~하도록 권하다 pamphlet 팸플릿, 안내 책자 specific 특정한, 구체적인

Paraphrase purchase ➡ Buy

Day 19 Check-up Test

1. (D)	2. (C)	3. (B)	4. (A)	5. (D)
6. (B)	7. (B)	8. (A)	9. (A)	10. (B)
11. (C)	12. (A)			

LC 정답 및 해설

Questions 1-3 refer to the following announcement.

Ladies and gentlemen, I have an important announcement on behalf of management here at **1** Wrigley Convention Center. Tonight's concert performance by the pop band Dream Brothers **2** will now be taking place in Hall 3 instead of Hall 2. This is due to some mechanical problems affecting the lighting in Hall 2. We apologize for any inconvenience caused by this unavoidable change. When you enter Hall 3, **3** please display your wristband to the employees at the doors. Thank you.

신사 숙녀 여러분, 이곳 Wrigley Convention Center의 경영진을 대표해 중요한 공지 사항이 하나 있습니다. 오늘밤에 있을 팝 밴드 Dream Brothers의 콘서트 공연이 이제 2번 홀 대신 3번 홀에서 열릴 것입니다. 이는 2번 홀의 조명에 영향을 미치는 일부 기계적인 문제점들로 인한 것입니다. 저희는 이 불가피한 변동 사항으로 인해 초래되는 모든 불편함에 대해 사과 드립니다. 3번 홀에 입장하실 때, 출입문에 있는 담당 직원들에게 여러분의 손목밴드를 보여 주시기 바랍니다. 감사합니다.

어휘 announcement 공지, 알림 on behalf of ~을 대표해, 대신해 management 경영(진) performance 공연 take place (일, 행사 등이) 일어나다, 발생되다 instead of ~ 대신에 due to ~로 인해 mechanical 기계적인 affect ~에 영향을 미치다 apologize for ~에 대해 사과하다 inconvenience 불편함 caused by ~에 의해 초래된, 야기된 unavoidable 불가피한, 어쩔 수 없는 display ~을 보여 주다 wristband 손목밴드

1. 공지가 어디에서 이뤄지고 있는 것 같은가?
(A) 레스토랑에서
(B) 영화관에서
(C) 시립 공원에서
(D) 콘서트 행사장에서

정답 (D)

해설 담화 시작 부분에 건물명과 행사명이 Wrigley Convention Center, Tonight's concert performance와 같이 언급되고 있으므로 (D)가 정답이다.

어휘 venue 행사장

2. 화자의 말에 따르면, 무엇이 변경되었는가?
(A) 입장료
(B) 행사 시작 시간
(C) 공연 장소
(D) 초청 연사

정답 (C)

해설 담화 중반부에 공연이 2번 홀이 아닌 3번 홀에서 열린다고 (~

will now be taking place in Hall 3 instead of Hall 2) 알리고 있는데, 이는 장소 변경을 의미하는 것이므로 (C)가 정답이다.

어휘 admission 입장 (허가) fee 요금, 수수료 location 장소, 위치

3. 화자는 청자들이 반드시 무엇을 보여주어야 한다고 말하는가?
(A) 행사 입장권
(D) 손목밴드
(C) 사진이 있는 신분증
(D) 홍보용 전단

정답 (B)

해설 청자들이 보여줘야 하는 것이 언급되는 후반부에 직원들에게 손목밴드를 보여주도록 요청하고 있으므로 (~ please display your wristband to the employees ~) (B)가 정답이다.

어휘 promotional 홍보의 flyer 전단

Questions 4-6 refer to the following announcement.

Welcome, everyone! Before you check in to your rooms, let me tell you about some exciting developments **4** here at the Sunset Inn. To celebrate the end of our renovations, we are hosting several musical performances throughout the day in the main lobby. We are also happy to host a food fair that you can visit in the grounds behind our building. Don't forget to check out **5** our brand new recreation room on the third floor, where you can play many games such as table tennis and pool. Lastly, **6** please meet in the lobby at 3 P.M. if you would like to take a trip to the old part of the city. Spaces are limited, so try to get here on time! We look forward to serving you here at the Sunset Inn!

환영합니다, 여러분! 체크인하고 객실로 가시기 전에, 이곳 Sunset Inn의 몇 가지 흥미로운 변화에 관해 말씀 드리겠습니다. 저희 개조 공사의 종료를 기념하기 위해, 오늘 하루 종일 중앙 로비에서 여러 음악 공연을 주최합니다. 또한 건물 뒤쪽 구내에서 방문하실 수 있는 음식 박람회도 주최하게 되어 기쁘게 생각합니다. 잊지 마시고 3층의 완전히 새로운 오락 공간을 확인해 보시기 바라며, 이곳에서 탁구나 당구 같은 여러 게임을 즐기실 수 있습니다. 마지막으로, 도시의 오래된 곳으로 여행을 떠나길 원하실 경우, 오후 3시에 로비로 모이시기 바랍니다. 자리가 제한되어 있으므로 제 시간에 이곳으로 오도록 하십시오! 저희 Sunset Inn은 여러분께 서비스를 제공해 드릴 수 있기를 고대합니다!

어휘 development 진전, 개발, 발전 celebrate ~을 기념하다, 축하하다 renovation 개조, 보수 host ~을 주최하다 several 여럿의, 몇몇의 performance 공연 throughout ~ 동안 내내 fair 박람회 grounds (건물) 구내 behind ~ 뒤에 forget to do ~하는 것을 잊다 recreation 오락 brand new 완전히 새로운 such as ~와 같은

table tennis 탁구 pool 당구 lastly 마지막으로 would like to do ~하고 싶다 take a trip to ~로 여행 가다 limited 제한된 try to do ~하도록 노력하다 on time 제 시간에 look forward to -ing ~하기를 고대하다

4. 공지가 어디에서 이뤄지고 있는가?
(A) 호텔에서
(B) 건강 관리 스파에서
(C) 스포츠 경기장에서
(D) 아파트 건물에서

정답 **(A)**
해설 담화 시작 부분에 현재 화자가 있는 장소 이름이 here at the Sunset Inn과 같이 제시되고 있으므로 이와 같은 시설물에 해당되는 (A)가 정답이다.
어휘 stadium 경기장

5. 청자들은 3층에서 무엇을 찾아볼 수 있는가?
(A) 수영장
(B) 레스토랑
(C) 피트니스 센터
(D) 게임장

정답 **(D)**
해설 3층이라는 위치가 언급되는 중반부에 그 층에 오락 공간이 있다는 말과 함께 여러 게임을 할 수 있다고(~ our brand new recreation room on the third floor, where you can play many games ~) 알리고 있으므로 (D)가 정답이다.

6. 청자들은 오후 3시에 무엇을 하도록 권장되는가?
(A) 공연을 보는 일
(B) 여행에 참가하는 일
(C) 티켓을 구입하는 일
(D) 식사를 하는 일

정답 **(B)**
해설 오후 3시가 언급되는 후반부에 도시의 오래된 곳으로 여행을 떠나길 원할 경우에 오후 3시에 로비로 모이도록(~ please meet in the lobby at 3 P.M. if you would like to take a trip to the old part of the city) 권하고 있으므로 (B)가 정답이다.
어휘 be encouraged to do ~하도록 권장되다 join ~에 참가하다, 함께 하다

Questions 7-9 refer to the following tour information.

Welcome to the Maven Pottery Studio. On today's tour, **7** we'll be looking at many of the beautiful pieces of pottery we produce here, including some vases made by our most experienced potter, Marcus Wright. Now, **8** this tour group is supposed to include thirty people, but I only count 25. Let's give it another five minutes. When we are all here and ready to head off, **9** please remember to stay in the group and do not wander off. There are several machines and tools that could potentially cause injury, and it is easy to get lost in this large building.

Maven Pottery Studio에 오신 것을 환영합니다. 오늘 견학 시간에는, 저희가 이곳에서 생산하는 여러 아름다운 도자기들을 보시게 될 것이며, 여기에는 가장 경험 많은 저희 도예 전문가인 Marcus Wright 씨께서 만드신 몇몇 꽃병들이 포함되어 있습니다. 자, 이번 견학 그룹은 30명의 인원이 포함되어 있어야 하지만, 인원수가 25명 밖에 되지 않습니다. 5분만 더 시간을 가져 봅시다. 모든 분이 이곳에 오셔서 출발할 준비가 되면, 그룹 내에 함께 모여 다니셔야 한다는 점을 기억해 주시기 바라며, 따로 벗어나지 않도록 하십시오. 잠재적으로 부상을 초래할 수 있는 여러 기계와 도구들이 있으며, 이 큰 건물 내에서 쉽게 길을 잃을 수 있습니다.

어휘 a piece of pottery 도자기 1점 produce ~을 생산하다 including ~을 포함해 vase 꽃병 experienced 경험 많은 potter 도예가 be supposed to do ~하기로 되어 있다, ~할 예정이다 include ~을 포함하다 give it another five minutes 5분 더 시간을 갖다 be ready to do ~할 준비가 되다 head off 출발하다 remember to do ~하는 것을 기억하다 wander off 다른 곳으로 벗어나다 several 여럿의, 몇몇의 tool 도구, 공구 potentially 잠재적으로 cause ~을 초래하다 injury 부상 get lost 길을 잃다

7. 청자들은 무슨 종류의 미술품을 볼 것인가?
(A) 그림
(B) 도자기
(C) 조각품
(D) 디지털 미디어

정답 **(B)**
해설 담화 시작 부분에 청자들이 보게 될 것으로 도자기가 언급되고 (~ we'll be looking at many of the beautiful pieces of pottery ~) 있으므로 (B)가 정답이다.

8. 화자가 "5분만 더 시간을 가져 봅시다"라고 말할 때 무엇을 암시하는가?
(A) 나머지 견학 참가자들을 기다릴 것이다.
(B) 간단한 소개를 할 것이다.
(C) 업체가 예상보다 일찍 문을 닫을 것이다.

(D) 동료 직원의 도착이 지연되었다.

정답 (A)

해설 담화 중반부에 30명이 견학에 참가해야 하지만 지금 25명 밖에 없다고(~ this tour group is supposed to include thirty people, but I only count twenty-five) 알린 뒤에 "5분만 더 시간을 가져 봅시다"고 말하는 흐름이다. 이는 아직 오지 않은 참가자들을 기다리겠다는 뜻이므로 (A)가 정답이다.

어휘 the other (한 범위 내에서 일정 부분 외의) 나머지의 participant 참가자 brief 간단한, 짧은 introductory 소개의 than expected 예상보다 colleague 동료 직원 be delayed in -ing ~하는 것이 지연되다 arrive 도착하다

9. 화자는 청자들에게 무엇을 하도록 요청하는가?
(A) 함께 머물러 있는 일
(B) 양식을 작성하는 일
(C) 강좌에 등록하는 일
(D) 보호용 의류를 착용하는 일

정답 (A)

해설 담화 후반부에 화자는 청자들에게 그룹 내에 모여 있으면서 따로 벗어나지 않도록(~ please remember to stay in the group and do not wander off) 요청하고 있으므로 (A)가 정답이다.

어휘 fill out ~을 작성하다 form 양식, 서식 sign up for ~에 등록하다, ~을 신청하다 protective 보호용의

Paraphrase stay in the group ➡ Stay together

Questions 10-12 refer to the following announcement and schedule.

Next week, our company will take part in the city's community clean-up program, so we will be sending staff to help out with litter collection around the city. **10** Any workers who wish to volunteer for litter collection duties will receive a cash bonus of fifty dollars at the end of the week, and they will still be paid for the time they miss from work. **11** Our CEO, Dave Seaman, will also be participating. He will work alongside our staff, picking up litter in Appleton Park. At the end of the week we'll have a family fun day, with lots of activities and food, as well as fundraising events for charity. **12** If you'd like to come to the family fun day, please contact Ms. Anderson in Personnel and let her know so that she can adjust work schedules accordingly.

다음 주에, 우리 회사가 시의 지역 사회 정화 프로그램에 참가하기 때문에, 도시 곳곳에서 쓰레기 수거 작업을 돕기 위해 직원들을 보낼 예정입니다. 쓰레기 수거 작업에 자원하기를 원하는 직원들은 누구든 주 말에 50달러의 현금 보너스를 받게 될 것이며, 회사에서 빠

지는 시간에 대해서도 여전히 급여를 지급 받을 것입니다. Dave Seaman 대표이사님께서도 참가하십니다. 직원들과 함께 일하시면서 Appleton Park에서 쓰레기를 주우실 것입니다. 주 말에, 우리는 자선 단체를 위한 모금 행사 뿐만 아니라 많은 활동 및 음식과 함께 가족 동반 야유회를 개최할 것입니다. 이 가족 동반 야유회에 오기를 원하실 경우, 인사부의 Anderson 씨에게 연락하셔서 알려 드리셔야 그분께서 그에 알맞게 업무 일정을 조정하실 수 있습니다.

지역 사회 정화의 주 일정	
월요일	쓰레기 수거 작업 (Regent Park)
화요일	쓰레기 수거 작업 (Marlin Beach)
수요일	쓰레기 수거 작업 (Appleton Park)
목요일	쓰레기 수거 작업 (Berry Beach)
금요일	가족 동반 야유회 (본사)

어휘 take part in ~에 참가하다 community 지역 사회 clean-up 정화, 청소 help out with ~을 돕다 litter 쓰레기 collection 수거, 가져가기, 찾아오기 volunteer for ~에 자원하다 duty 일, 의무 miss ~을 놓치다, 지나치다 participate 참가하다 alongside ~와 함께 pick up ~을 줍다 as well as ~뿐만 아니라 …도 fundraising 기금 마련, 모금 charity 자선 단체 contact ~에게 연락하다 Personnel 인사부 let A know: A에게 알리다 so that (결과) 그래야, 그러므로 (목적) ~할 수 있도록 adjust ~을 조정하다 accordingly 그에 알맞게, 적절하게 headquarters 본사

10. 화자의 말에 따르면, 일부 직원이 무슨 혜택을 받을 것인가?
(A) 추가 휴무일
(B) 추가 급여
(C) 더 많은 초과 근무 수당
(D) 연봉 인상

정답 (B)

해설 담화 초반부에 자원해서 참가하는 사람들에게 50달러의 현금 보너스가 주어진다는(Any workers who wish to volunteer for litter collection duties will receive a cash bonus ~) 혜택이 언급되고 있으므로 (B)가 정답이다.

어휘 benefit 혜택, 이득 extra 추가의, 별도의 additional 추가의 overtime rate 초과 근무 수당 annual 연간의, 해마다의 increase 인상, 증가

Paraphrase cash bonus ➡ additional payment

11. 시각자료를 보시오. 회사의 대표이사는 언제 자원 봉사자들과 함께 할 것인가?

(A) 월요일
(B) 화요일
(C) 수요일
(D) 목요일

정답 (C)

해설 담화 중반부에 대표이사가 직원들과 함께 Appleton Park에서 쓰레기를 주울 것이라고(Our CEO, Dave Seaman, will also be participating. He will work alongside our staff, picking up litter in Appleton Park) 알리고 있다. 시각자료에서 Appleton Park가 표기된 요일이 Wednesday이므로 (C)가 정답이다.

12. 가족 동반 야유회에 참석하기를 원하는 청자들은 무엇을 해야 하는가?

(A) Anderson 씨에게 알리는 일
(B) 서면 요청서를 제출하는 일
(C) Seaman 씨와 이야기하는 일
(D) 일정표를 확인하는 일

정답 (A)

해설 담화 마지막에 가족 동반 야유회 참가를 원하는 사람은 인사부의 Anderson 씨에게 연락하도록(If you'd like come to the family fun day, please contact Ms. Anderson in Personnel ~) 요청하고 있으므로 (A)가 정답이다.

어휘 attend ~에 참석하다 inform ~에게 알리다 submit ~을 제출하다 written 서면으로 된 request 요청(서)

Paraphrase contact ➡ Inform

DAY 20
소개 & 방송

POINT 1 EXAMPLE

Questions 1-3 refer to the following introduction.

Good evening, everyone. As company president, I'm pleased to see that so many people have come to ■ the retirement celebration for our financial director, James Booth. Many of you know that Mr. Booth has played an enormous role in making our company a success. ■ He was responsible for negotiating many crucial business deals that helped us to expand our market share. After 30 years of service, it is time for him to step down, and ■ he will be moving to Australia next month to be with his family. Now, let's give a warm welcome to James Booth.

안녕하세요, 여러분. 회사 대표로서, 저는 이렇게 많은 분들께서 우리 재무 이사이신 James Booth 씨의 은퇴 기념 연회에 자리해 주신 것을 보니 기쁩니다. 여러분 중 많은 분들이 Booth 씨가 우리 회사를 성공으로 이끄는 데 있어 엄청난 역할을 하셨다는 사실을 알고

계실 겁니다. Booth 씨는 우리의 시장 점유율을 늘리는 데 도움이 되었던 많은 중대한 사업 거래를 협상하는 일을 책임지셨습니다. 30년간의 재직 끝에, 이제 자리에서 물러나실 때가 되었으며, 가족과 함께 지내기 위해 다음 달에 호주로 이사하실 예정입니다. 이제, James Booth 씨를 따뜻하게 맞이합시다.

어휘 as (자격, 역할 등) ~로서 president 사장, 대표 retirement 은퇴, 퇴직 celebration 기념 연회, 축하 연회 financial 재무의, 재정의 director 이사 play an enormous role in ~하는 데 있어 엄청난 역할을 하다 make A B: A를 B로 만들다 success 성공 be responsible for ~을 책임지다 negotiate ~을 협상하다, 협의하다 crucial 중대한 deal 거래, 계약 expand ~을 확장하다, 확대하다 market share 시장 점유율 service 재직, 복무 step down (자리에서) 물러나다

1. 담화의 목적은 무엇인가?
(A) 새로운 사업 계획을 간략히 설명하는 것
(B) 회사의 신임 대표를 발표하는 것
(C) 은퇴하는 이사를 소개하는 것
(D) 오리엔테이션에 온 직원들을 환영하는 것

정답 (C)

해설 담화 시작 부분에 재무 이사인 James Booth 씨의 은퇴 기념 행사(the retirement celebration for our Financial Director, James Booth)라고 알리고 있으므로 (C)가 정답이다.

어휘 outline ~을 간략히 설명하다 announce ~을 발표하다 introduce ~을 소개하다 retire 은퇴하다

2. 화자의 말에 따르면, Booth 씨는 무엇을 했는가?
(A) 성공적인 제품을 디자인했다.
(B) 숙련된 직원을 모집했다.
(C) 중요한 거래를 협상했다.
(D) 연간 지출 비용을 줄였다.

정답 (C)

해설 담화 중반부에 Booth 씨를 He로 지칭해 여러 중대한 사업 거래를 협상하는 일을 책임졌다고(He was responsible for negotiating many crucial business deals ~) 알리고 있으므로 (C)가 정답이다.

어휘 successful 성공적인 recruit ~을 모집하다 skilled 숙련된 lower v. ~을 줄이다, 낮추다 annual 연간의, 해마다의 expense 지출 (비용)

3. Booth 씨는 다음 달에 무엇을 할 것인가?
(A) 새로운 사업을 시작하는 일
(B) 신입 사원을 교육하는 일
(C) 청중에게 연설하는 일
(D) 다른 나라로 이사하는 일

정답 (D)

해설 담화 후반부에 다음 달이라는 시점을 언급하면서 호주로 이사한다고(~ he will be moving to Australia next month ~) 말하고 있으므로 (D)가 정답이다.

어휘 audience 청중, 관객

POINT 2 EXAMPLE

Questions 1-3 refer to the following broadcast.

> Good morning, listeners. This is Mary Wells with the local news report. **1** The city council will be holding its annual fundraising event this afternoon in Baxter Park. Council Member Mark Harper has said that **2** all proceeds from this year's event will go towards repairing the community center. The event will include games and prizes, live music, and lots of food vendors. **3** Local residents are advised to use local buses to reach the event, instead of driving, in order to avoid causing traffic congestion near the park. You can visit the Channel 9 Web site for the bus routes to the venue.
>
> 안녕하세요, 청취자 여러분. 저는 지역 뉴스 보도를 맡고 있는 Mary Wells입니다. 시의회가 오늘 오후 Baxter Park에서 연례 기금 마련 행사를 개최할 것입니다. 시의회 의원인 Mark Harper 씨는 올해의 행사를 통해 얻은 모든 수익금이 지역 문화 센터를 수리하는 데 사용될 것이라고 밝혔습니다. 이 행사에는 게임과 상품, 라이브 음악 공연, 그리고 많은 음식 판매점들이 포함됩니다. 해당 공원 근처에서 교통 혼잡을 초래하는 일을 피할 수 있도록 차량을 운전하는 대신 지역 버스를 이용해 행사장을 찾아 가시도록 지역 주민들께 권해 드립니다. 행사장으로 가는 버스 노선을 보시려면 Channel 9 웹 사이트를 방문해 주시기 바랍니다.

어휘 local 지역의, 현지의 city council 시 의회 hold ~을 개최하다 annual 연례적인, 해마다의 fundraising 기금 마련, 모금 council member 의회 의원 proceeds 수익금 go towards ~에 사용되다 repair ~을 수리하다 community 지역 사회 include ~을 포함하다 prize 상 vendor 판매점, 판매상 resident 주민 be advised to do ~하도록 권해지다, 권장되다 use ~을 이용하다 reach ~에 도착하다, 도달하다 instead of ~ 대신에 in order to do ~하기 위해 avoid -ing ~하는 것을 피하다 cause ~을 초래하다 traffic congestion 교통 혼잡 near ~ 근처에 route 노선 venue 행사장

1. 오늘 오후에 무엇이 예정되어 있는가?
(A) 개장식 행사
(B) 시상식 저녁 만찬
(C) 의회 회의
(D) 연례 기금 마련 행사

정답 (D)

해설 오늘 오후라는 시점이 언급되는 초반부에 화자는 시의회에서 오늘 오후에 연례 기금 마련 행사를 개최한다고(The city council will be holding its annual fundraising event this afternoon ~) 알리고 있으므로 (D)가 정답이다.

어휘 grand opening 대규모 개장 fundraiser 기금 마련 행사, 모금 행사

2. 시의회는 무엇을 할 계획인가?
(A) 건물을 수리하는 일
(B) 시립 공원을 개발하는 일
(C) 새 버스 노선을 만드는 일
(D) 관광 산업을 증대하는 일

정답 (A)

해설 담화 중반부에 행사 수익금을 통해 지역 문화 센터를 수리한다고(~ all proceeds from this year's event will go towards repairing the community center) 알리는 부분이 있으므로 (A)가 정답이다.

어휘 plan to do ~할 계획이다 develop ~을 개발하다 create ~을 만들어내다 route 노선 increase ~을 증대하다, 증가시키다 tourism 관광 산업

3. 지역 주민들은 무엇을 하도록 권장되는가?
(A) 지정 구역에 주차하는 일
(B) 홍보용 자료를 배포하는 일
(C) 금전적 기부를 하는 일
(D) 대중 교통을 이용하는 일

정답 (D)

해설 담화 마지막에 지역 주민들에게 지역 버스를 이용하도록 권하는 말이 있는데(Local residents are advised to use local buses ~), 이는 대중 교통을 이용하라는 뜻이므로 (D)가 정답이다.

어휘 park 주차하다 designated 지정된 zone 구역 distribute ~을 배포하다, 나눠주다 promotional 홍보의 material 자료, 재료, 물품 financial 재정의, 재무의 donation 기부(금) public transportation 대중 교통

Paraphrase use local buses ➡ Use public transportation

POINT 1, 2 기출 확인 PRACTICE

Questions 1-3 refer to the following introduction.

> Good evening, and welcome to our annual Employee Awards Dinner. **1** This year, the Highest Sales Award goes to Ms. Stacey O'Donnell. **2** Ms. O'Donnell joined our firm one year ago and has quickly become our top seller. In fact, she broke

all sales records for our cable TV and Internet packages. Accordingly, she has been put in charge of our largest sales team, and we will be relying on her to boost sales **3** when we launch our new movie streaming service next month. Now, let's welcome Stacey O'Donnell to the stage and give her a big round of applause.

안녕하세요, 그리고 연례 직원 시상식 저녁 만찬에 오신 것을 환영합니다. 올해 최고의 영업인 상은 Stacey O'Donnell 씨에게 돌아갑니다. O'Donnell 씨는 1년 전에 우리 회사에 입사하셨으며, 빠르게 우리 회사 최고의 영업인이 되셨습니다. 실제로, O'Donnell 씨는 우리 케이블 TV와 인터넷 패키지 상품에 대한 모든 영업 기록을 경신하셨습니다. 그에 따라, 회사에서 가장 큰 영업팀을 맡게 되었으며, 우리가 다음 달에 새로운 영화 재생 서비스를 출시하면 O'Donnell 씨에게 의존해 매출을 끌어올릴 예정입니다. 자, Stacey O'Donnell 씨를 무대로 맞이해 따뜻한 박수 보내 주시기 바랍니다.

어휘　annual 연례적인, 해마다의 award 상 sales 영업, 매출, 판매 join ~에 입사하다, 합류하다 quickly 빠르게 in fact 실제로, 사실 break a record 기록을 경신하다 accordingly 그에 따라, 그래서 be put in charge of ~을 책임지게 되다, 맡게 되다 rely on ~에 의존하다 boost ~을 신장시키다 launch ~을 출시하다 streaming (동영상 등의) 재생 give A a round of applause: A에게 박수를 보내다

1.　담화의 목적은 무엇인가?
(A) 은퇴하는 직원을 기리는 것
(B) 영업팀을 축하하는 것
(C) 새로운 사업 계약을 발표하는 것
(D) 수상자를 소개하는 것

정답　(D)
해설　담화 시작 부분에 특정 부문의 상을 받을 수상자를 발표하고 그 사람의 업적을 소개하고(This year, the Highest Sales Award goes to Ms. Stacey O'Donnell) 있으므로 (D)가 정답이다.
어휘　honor ~을 기리다, ~에게 영예를 주다 retire 은퇴하다 congratulate ~을 축하하다 contract 계약(서) introduce ~을 소개하다 recipient 받는 사람

2.　화자는 O'Donnell 씨에 관해 무엇을 언급하는가?
(A) 다른 지사로 전근할 것이다.
(B) 회사에서 1년간 근무해 왔다.
(C) 신제품을 개발했다.
(D) 여러 상을 받았다.

정답　(B)
해설　담화 초반부에 O'Donnell 씨가 1년 전에 입사했다는(Ms. O'Donnell joined our firm one year ago ~) 사실을 밝히

고 있으므로 (B)가 정답이다.
어휘　transfer to ~로 전근하다 branch 지사, 지점 win (상 등) ~을 받다, 타다

Paraphrase　joined our firm one year ago ➡ has worked at the company for one year

3.　회사는 다음 달에 무엇을 할 것인가?
(A) 추가 영업사원을 모집하는 일
(B) 해외로 사업을 확장하는 일
(C) 신규 지점을 오픈하는 일
(D) 새로운 서비스를 출시하는 일

정답　(D)
해설　다음 달이라는 시점이 언급되는 후반부에 화자는 다음 달에 새로운 영화 재생 서비스를 출시한다고(~ when we launch our new movie streaming service next month) 알리고 있으므로 (D)가 정답이다.
어휘　recruit ~을 모집하다 salespeople 영업사원들 expand (사업을) 확장하다, 확대하다 overseas 해외로, 해외에

Questions 4–6 refer to the following broadcast.

Good morning, listeners. I'm Dana Schwarz, and **4** I'm here with your WPRN weather report. For anyone planning to go outdoors today, you'd be advised to take a warm jacket and an umbrella, as some showers are expected throughout the day. As you know, **5** our city is hosting its annual spring parade this afternoon on Main Street. Don't let the showers keep you away from this fun event. **6** You should visit our Web site to get up-to-date information on the weather conditions, as well as news about traffic and parking availability around Main Street.

안녕하세요, 청취자 여러분. 저는 Dana Schwarz이며, WPRN 일기 예보를 전해 드리겠습니다. 오늘 외출할 계획이신 분들은, 하루 종일 약간의 소나기가 예상되므로 따뜻한 재킷과 우산을 챙기시도록 권해 드립니다. 아시다시피, 우리 시는 오늘 오후에 Main Street에서 연례 봄철 퍼레이드 행사를 주최합니다. 따라서, 소나기로 인해 이 즐거운 행사를 멀리 하지 마시기 바랍니다. 저희 웹 사이트를 방문하셔서 Main Street 주변의 교통 상황과 주차 가능 여부에 관한 뉴스뿐만 아니라 기상 상태에 대한 정보도 확인해 보십시오.

어휘　plan to do ~할 계획이다 go outdoors 외출하다 be advised to do ~하도록 권해지다, ~하는 것이 좋다 as ~이므로 shower 소나기 expect ~을 예상하다 throughout ~ 동안 내내 host ~을 주최하다 annual 연례적인, 해마다의 let A do: A에게 ~하게 하다 keep A away from B: A를 B로부터 멀리하게 하다 up-to-date 최신의 weather conditions 기상 상태 as well as ~뿐만 아니라 …도 traffic 교통량, 차량들 parking 주차 availability 이용 가능 여부

4. 방송의 주제는 무엇인가?
(A) 교통 소식
(B) 일기 예보
(C) 도시 개발 계획
(D) 지역 기업

정답 **(B)**

해설 담화 초반부에 화자가 자신을 소개하면서 일기 예보를 전한다고(~ I'm here with your WPRN weather report) 밝히고 있으므로 (B)가 정답이다.

어휘 urban 도시의 development 개발, 발전 local 지역의, 현지의 corporation 기업

5. 화자의 말에 따르면, 오늘 무슨 일이 있을 것인가?
(A) 스포츠 토너먼트
(B) 상점 세일
(C) 거리 퍼레이드
(D) 음악 축제

정답 **(C)**

해설 오늘이라는 시점에 해당되는 this afternoon이 언급되는 중반부에 연례 봄철 퍼레이드 행사를 주최한다고(~ our city is hosting its annual spring parade this afternoon ~) 알리고 있으므로 (C)가 정답이다.

어휘 take place (일, 행사 등이) 일어나다, 개최되다 tournament 시합, 경기

6. 화자는 청자들에게 무엇을 하도록 권하는가?
(A) 대중 교통을 이용하는 일
(B) Main Street를 피하는 일
(C) 신중히 운전하는 일
(D) 웹 사이트를 확인하는 일

정답 **(D)**

해설 담화 후반부에 웹 사이트를 방문해 기상 조건과 교통 상황 등의 정보를 확인하도록(You should visit our Web site to get up-to-date information on the weather conditions ~) 권하고 있으므로 (D)가 정답이다.

어휘 encourage A to do: A에게 ~하도록 권하다, 장려하다 public transportation 대중 교통 avoid ~을 피하다 carefully 신중히, 조심스럽게

Day 20 Check-up Test

1. (C)	2. (A)	3. (A)	4. (D)	5. (D)
6. (B)	7. (D)	8. (B)	9. (C)	10. (D)
11. (A)	12. (B)			

Questions 1-3 refer to the following introduction.

◼1 Welcome to the European Software & Technology Convention. My name is Liz Heron, and I had the privilege of helping to organize this event, which is the most important event of the year in the software industry. In a moment, ◼2 I'll introduce our first speaker, Dennis Cooper, who many of you will know is the lead developer at Tektonic, which has made some of the most popular computer games of the past few years. Mr. Cooper will be talking to us about the new projects he is working on. When the presentation is done, ◼3 he'll show us some clips of these projects, which people all over the world are eager to see. You'll be the first! I'm sure you'll be excited by what he shows us.

European Software & Technology Convention에 오신 것을 환영합니다. 제 이름은 Liz Heron이며, 올해 소프트웨어 업계에서 가장 중요한 행사인 이번 행사를 조직하는 데 도움을 드리는 영광을 누리게 되었습니다. 잠시 후에, 오늘 우리의 첫 연설자이신 Dennis Cooper 씨를 소개해 드릴텐데, 이분은 여러분 중 많은 분들께서 지난 몇 년간 가장 인기 있었던 컴퓨터 게임들 중의 몇몇을 만든 Tektonic의 선임 개발자로 알고 계신 분입니다. Cooper 씨께서 작업 중이신 새로운 프로젝트들에 관해 우리에게 이야기해 주실 것입니다. 발표가 끝나면, 전 세계의 사람들이 간절히 보고 싶어 하는 이 프로젝트들의 일부 동영상을 우리에게 보여주시겠습니다. 여러분이 그 첫 번째 분들입니다! 그분이 저희에게 보여주는 것에 분명 흥분되실 겁니다.

어휘 have the privilege of -ing ~하는 영광을 누리다 organize ~을 조직하다, 준비하다 industry 업계 in a moment 잠시 후에 introduce ~을 소개하다 lead 선두의, 선임의 developer 개발자 popular 인기 있는 work on ~에 대한 작업을 하다 presentation 발표 clip 짧은 동영상 all over the world 전 세계의 be eager to do ~하기를 간절히 바라다 excited 흥분한, 들뜬

1. 담화가 어디에서 진행되고 있는가?
(A) 상점 개장식에서
(B) 시상식장에서
(C) 업계 컨벤션에서
(D) 채용 박람회에서

정답 **(C)**

해설 담화 시작 부분에 화자가 Welcome to the European Software & Technology Convention이라는 말로 컨벤션 행사장임을 알리고 있으므로 (C)가 정답이다.

어휘 take place (일, 행사 등이) 일어나다, 발생되다 recruitment 채용, 모집 fair 박람회

2. 화자가 누구를 소개하고 있는가?

(A) 게임 개발자
(B) 업체 대표이사
(C) 행사 조직자
(D) 마케팅 전문가

정답   (A)

해설   담화 중반부에 화자가 가장 인기 있었던 게임들 중 몇몇을 만
든 회사의 선임 개발자를 소개한다고(I'll introduce our first
speaker, Dennis Cooper, who many of you will know
is the lead developer at Tektonic, which has made
some of the most popular computer games) 알리고 있
으므로 (A)가 정답이다.

어휘   CEO 최고 경영자 organizer 조직자, 주최자 expert 전문가

3. 화자가 "여러분이 그 첫 번째 분들입니다"라고 말할 때 무엇을
의미하는가?
(A) 청중들이 독점 자료를 보게 될 것이다.
(B) 청중들이 행사 입장권을 얻을 수 있다.
(C) 청중들이 제품을 일찍 구입할 수 있다.
(D) 청중들이 콘테스트에 참가하게 될 것이다.

정답   (A)

해설   담화 후반부에 전 세계 모든 사람들이 보고 싶어 하는 프로젝
트 동영상을 본다고(~ he'll show us some clips of these
projects, which people all over the world are eager to
see) 알린 후에 "여러분이 첫 번째 분들입니다"라고 말하는 상
황이다. 이는 독점적으로 그 영상 자료를 본다는 뜻이므로 (A)
가 정답이다.

어휘   exclusive 독점적인 material 자료, 재료, 물품 obtain ~을 얻다,
획득하다 be entered into ~에 참가하게 되다

Questions 4-6 refer to the following broadcast.

Good morning, everyone. **4** You're tuned in to
Sportline, WZR Radio's sports news and
discussion show. As you know, Prentice Stadium
is home to our local baseball team, but **5** it is
also considered a landmark of our city due to
its innovative architecture. In fact, most people
throughout the country can recognize the
building, even if they have no interest in sports. Well,
the stadium is celebrating its 10th anniversary this
weekend, and it will be hosting a large celebration,
including an outdoor concert on Saturday, from
10 a.m. to 5 p.m. **6** Many famous singers will
perform, even Jenny Ortiz. You heard me right,
Jenny Ortiz. And, on today's show, we'll be running
a contest, and the winner will receive a pair of free
tickets to the event.

안녕하세요, 여러분. 여러분은 지금 WZR Radio의 스포츠 뉴스
및 토론 프로그램인 Sportline을 청취하고 계십니다. 아시다시피,
Prentice Stadium이 우리 지역 야구팀의 홈구장이지만, 혁신적인
건축 양식으로 인해 우리 도시의 명소로도 여겨지고 있습니다. 실제
로, 전국 대부분의 사람들이 스포츠에 관심이 없다 하더라도 이 건
물을 알아볼 수 있습니다. 자, 이 경기장이 이번 주말에 10주년 기념
일을 축하할 예정이며, 토요일 오전 10시부터 오후 5시까지 열리는
야외 콘서트를 포함해 대규모 기념 행사를 주최할 것입니다. 많은
유명 가수들, 심지어 Jenny Ortiz 씨도 공연합니다. 제대로 들으신
것이 맞습니다, Jenny Ortiz 씨입니다. 그리고, 오늘 프로그램 중
에, 저희가 콘테스트를 진행할 예정이며, 당첨자는 해당 행사 무료
입장권 2장을 받으시게 됩니다.

어휘   be tuned in to ~을 청취하다, ~에 채널이 맞춰져 있다 discussion
토론 local 지역의, 현지의 be considered A: A로 여겨지다
landmark 명소, 인기 장소 due to ~로 인해 innovative 혁신적인
architecture 건축학, 건축 양식 in fact 실제로, 사실은 throughout
~ 전역에서 recognize ~을 알아보다, 인식하다 even if 비록 ~라 하더
라도 interest in ~에 대한 관심 celebrate ~을 기념하다, 축하하다
anniversary 기념일 host ~을 주최하다 celebration 기념 행사,
축하 행사 including ~을 포함해 perform 공연하다 even 심지어
(~도) hear A right: A의 말을 제대로 듣다 run ~을 진행하다, 운영하
다 winner 당첨자, 수상자

4. 화자는 누구인가?
(A) 운동 선수
(B) 건축가
(C) 가수
(D) 라디오 방송 진행자

정답   (D)

해설   담화를 시작하면서 화자가 여러분은 WZR Radio의 스포츠 뉴
스 및 토론 프로그램인 Sportline을 청취하고 있다고(You're
tuned in to Sportline, WZR Radio's sports news and
discussion show) 말하는데, 이는 라디오 방송 진행자가 할
수 있는 말이므로 (D)가 정답이다.

5. 화자의 말에 따르면, Prentice Stadium은 무엇으로 가장 잘
알려져 있는가?
(A) 역사
(B) 편의시설
(C) 저렴한 입장권 가격
(D) 외관

정답   (D)

해설   담화 중반부에 화자가 해당 경기장을 it으로 지칭해 혁신적인
건축 양식으로 인해 명소로 여겨지고 있다는 점과 대부분의
사람들이 그 건물을 알아본다고(it is also considered a
landmark of our city due to its innovative architecture.
~ can recognize the building ~) 말한다. 이는 건물 외관상
의 특징을 말하는 것이므로 (D)가 정답이다.

어휘   be most known for ~로 가장 잘 알려져 있다

6. 화자가 왜 "제대로 들으신 것이 맞습니다, Jenny Ortiz 씨입니다"라고 말하는가?

(A) 새로 공개된 음악을 추천하기 위해
(B) 한 사람이 유명하다는 점을 강조하기 위해
(C) 한 연주자가 공연을 취소했음을 확인해 주기 위해
(D) 소성 현사를 소개하기 위해

정답   **(B)**

해설   담화 후반부에 많은 유명 가수들이 공연한다고 말하면서 Jenny Ortiz 씨의 이름을 언급한(Many famous singers will perform, even Jenny Ortiz) 뒤로 "제대로 들은 것이 맞다, Jenny Ortiz 씨다"라고 다시 한 번 말하는 흐름이다. 이는 그 사람이 얼마나 유명한지를 강조하는 것이므로 (B)가 정답이다.

어휘   recommend ~을 추천하다 release n. 공개(된 것), 출시(된 것) emphasize that ~임을 강조하다 individual n. 사람, 개인 confirm that ~임을 확인해 주다 performer 공연자 cancel ~을 취소하다 introduce ~을 소개하다

Questions 7-9 refer to the following broadcast and map.

Next, I have a traffic report for the downtown area. As I'm sure you are all aware, **7** we had extremely windy conditions throughout the night, and this has caused a large tree to fall down **8** at the junction of Harris Street and Fourth Avenue. Maintenance crews are on their way to remove the tree, but for now, you should expect traffic jams around that junction and consider taking a different route. This will not affect **9** this morning's food fair on Wood Street, as attendees can still reach that location easily via Fifth Avenue. I'll be back with another traffic report in thirty minutes.

다음 순서로, 시내 지역의 교통 소식을 전해 드리겠습니다. 여러분 모두 분명 아시겠지만, 밤새 내내 대단히 강한 바람이 부는 상태였으며, 이로 인해 Harris Street과 Fourth Avenue가 만나는 교차로에 큰 나무 한 그루가 쓰러지는 일이 초래되었습니다. 시설 관리 작업자들이 그 나무를 치우기 위해 이동 중이지만, 현재로서는, 그 교차로 주변으로 교통 혼잡을 예상해 다른 경로를 이용하는 것을 고려하셔야 합니다. 이 문제가 Wood Street에서 오늘 아침에 열리는 음식 박람회에 영향을 미치지는 않을 텐데, 참석자들이 여전히 Firth Avenue를 통해 그 장소에 쉽게 갈 수 있기 때문입니다. 30분 후에 또 다른 교통 소식과 함께 다시 돌아오겠습니다.

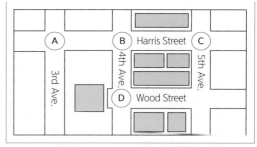

어휘   traffic 교통, 차량들 aware 알고 있는 extremely 매우, 대단히 condition 상태, 조건 throughout ~ 동안 내내 cause A to do: A가 ~하도록 하는 원인이 되다 fall down 쓰러지다, 넘어지다 junction 교차로 maintenance 시설 관리, 유지 관리 crew (함께 일하는) 작업팀, 작업자 on one's way to ~로 가는 중인, 오는 중인 remove ~을 치우다, 없애다 expect ~을 예상하다 traffic jam 교통 혼잡 consider -ing ~하는 것을 고려하다 take (교통편, 도로 등) ~을 이용하다, 타다 affect ~에 영향을 미치다 fair 박람회 as ~이므로 attendee 참석자 reach ~에 도착하다, 도달하다 via ~을 통해 in 시간: ~후에

7. 무엇이 문제점을 초래했는가?

(A) 폭우
(B) 얼어붙은 도로
(C) 교통 정체
(D) 강한 바람

정답   **(D)**

해설   담화 시작 부분에 대단히 강한 바람으로 인해 나무가 쓰러진 상황임을(~ we had extremely windy conditions throughout the night, and this has caused a large tree to fall down ~) 알리고 있으므로 (D)가 정답이다.

어휘   congestion 정체

Paraphrase   windy conditions ➡ Strong winds

8. 시각자료를 보시오. 화자는 어느 교차로를 주로 설명하고 있는가?

(A) 교차로 A
(B) 교차로 B
(C) 교차로 C
(D) 교차로 D

정답   **(B)**

해설   담화 초반부에 Harris Street과 Fourth Avenue가 만나는 교차로에서(at the junction of Harris Street and Fourth Avenue) 발생된 일을 말하고 있는데, 시각 정보에서 이 두 거리가 만나는 지점이 B이므로 (B)가 정답이다.

어휘   describe ~을 설명하다

9. 화자는 오늘 아침에 무슨 일이 있을 것이라고 말하는가?

(A) 가로등이 수리될 것이다.

(B) 도로가 재포장될 것이다.
(C) 음식 박람회가 개최될 것이다.
(D) 새 상점이 개장될 것이다.

정답 (C)

해설 오늘 아침이라는 시점 표현이 제시되는 후반부에 음식 박람회를(this morning's food fair) 언급하고 있으므로 (C)가 정답이다.

어휘 repair ~을 수리하다 resurface (도로, 바닥 등) ~을 재포장하다 hold ~을 개최하다, 열다

Questions 10–12 refer to the following news report and weather forecast.

It's that time of year again, listeners. Yes, **9** Shelbyville's annual Beach Film Festival will be held from August 23 to the 25th, and it promises to be as exciting as ever. As in previous years, a large screen is being set up on Big Dune Beach, and more than 20 films will be shown throughout the event. These include some much-loved classic films as well as current releases and independent films. Most of these will be shown between noon and 11 p.m., with some exceptions. **10** You can check the times for all of the showings on the event Web site at www.bffonline.com. Now, **11** the opening day of the event will be very warm and sunny, but you would be advised to take a warm jacket if you go on the next two days, as conditions are expected to worsen.

Friday	Saturday	Sunday	Monday
Cloudy	Sunny	Rainy	Stormy

일년 중 그때가 다시 돌아왔습니다, 청취자 여러분. 네, 바로 Shelbyville의 연례 Beach Film Festival이 8월 23일부터 25일까지 개최되며, 과거와 마찬가지로 흥미로울 것으로 보입니다. 과거의 여러 해와 마찬가지로, 대형 스크린이 Big Dune Beach에 설치될 예정이며, 20편이 넘는 영화들이 행사 기간 내내 상영될 것입니다. 여기에는 현 개봉작들과 독립 영화들뿐만 아니라 크게 사랑 받는 일부 고전 영화들도 포함됩니다. 이 작품들 대부분이 정오와 오후 11시 사이에 상영될 것이지만, 몇몇 예외도 있습니다. 해당 행사 웹 사이트 www.bffonline.com에서 모든 상영회에 대한 시간을 확인해 보실 수 있습니다. 자, 행사 개막 당일은 매우 따뜻하고 화창하겠지만, 다음 이틀 동안 가실 경우에는 따뜻한 재킷을 챙겨 가시는 것이 좋은데, 기상 상태가 나빠질 것으로 예상되기 때문입니다.

금요일	토요일	일요일	월요일
흐림	맑음	비	폭풍우

어휘 annual 연례적인, 해마다의 hold ~을 개최하다, 열다 promise to do ~할 것 같다, ~할 조짐이 보이다 as A as ever: 과거 그 어느 때만큼 A한 previous 이전의, 과거의 set up ~을 설치하다 more than ~가 넘는 film 영화 throughout ~ 동안 내내 include ~을 포함하다 much-loved 크게 사랑 받는 classic 고전적인 as well as ~뿐만 아니라 …도 current 현재의 release 개봉작, 출시 작품 independent 독립적인 between A and B: A와 B 사이에 exception 예외 showing 상영(회) be advised to do ~하는 것이 좋다, ~하도록 권고되다 as ~이므로 condition 상태, 조건 be expected to do ~할 것으로 예상되다 worsen 나빠지다, 악화되다 stormy 폭풍우가 몰아치는

10. 무슨 행사가 설명되고 있는가?
(A) 강연 시리즈
(B) 야외 콘서트
(C) 거리 퍼레이드
(D) 영화제

정답 (D)

해설 행사명이 언급되는 초반부에 Shelbyville's annual Beach Film Festival이라는 말로 연례 영화제가 열린다는 사실을 알리고 있으므로 (D)가 정답이다.

어휘 describe ~을 설명하다 outdoor 야외의

11. 화자의 말에 따르면, 청자들은 웹 사이트에서 무엇을 찾을 수 있는가?
(A) 행사 일정표
(B) 입장권 정보
(C) 운전자 길 안내
(D) 할인 쿠폰

정답 (A)

해설 웹 사이트가 언급되는 후반부에 www.bffonline.com에서 모든 상영회에 대한 시간을 확인해 볼 수 있다고(You can check the times for all of the showings on the event Web site at www.bffonline.com) 알리고 있으므로 (A)가 정답이다.

어휘 directions 길 안내, 찾아가는 길

12. 시각자료를 보시오. 행사가 어느 요일에 시작될 것인가?
(A) 금요일
(B) 토요일
(C) 일요일
(D) 월요일

정답 (B)

해설 담화 마지막 부분에 행사 개막일이 따뜻하고 화창하겠다고(~ the opening day of the event will be very warm and sunny ~) 알리고 있는데, 시각 정보에서 Sunny에 해당되는 요일이 Saturday이므로 (B)가 정답이다.